U0738686

印记与重塑 镇江博物馆考古报告集之五

镇江丁家村遗址

ZHENJIANG DINGJIACUN YIZHI

镇江博物馆 编著

江苏大学出版社
JIANGSU UNIVERSITY PRESS

图书在版编目(CIP)数据

镇江丁家村遗址/镇江博物馆编著.—镇江：江
苏大学出版社,2017.12
ISBN 978-7-5684-0646-8

Ⅰ.①镇… Ⅱ.①镇… Ⅲ.①商周文化(考古学)－文
化遗址－考古发掘－镇江 Ⅳ.①K871.3

中国版本图书馆 CIP 数据核字(2017)第 294431 号

镇江丁家村遗址
Zhenjiang Dingjiacun Yizhi

编　　著/镇江博物馆
责任编辑/吴小娟
出版发行/江苏大学出版社
地　　址/江苏省镇江市梦溪园巷 30 号(邮编：212003)
电　　话/0511-84446464(传真)
网　　址/http://press.ujs.edu.cn
排　　版/镇江文苑制版印刷有限责任公司
印　　刷/南京艺中印务有限公司
开　　本/889 mm×1 194 mm　1/16
印　　张/24.5　彩插 4.5
字　　数/712 千字
版　　次/2017 年 12 月第 1 版　2017 年 12 月第 1 次印刷
书　　号/ISBN 978-7-5684-0646-8
定　　价/168.00 元

如有印装质量问题请与本社营销部联系(电话：0511-84440882)

丛书编委会

主　　任：周文娟
副主任：张志耕　杨正宏
成　　员：周文娟　张志耕　杨正宏　王书敏
　　　　　张小军　徐　征　何汉生　许鹏飞
　　　　　霍　强　孙　研　司红伟　居法荣
　　　　　刘　敏　李西东

本书编委会

编　　著：镇江博物馆
主　　编：杨正宏
副主编：王书敏
执　　笔：司红伟

目　录

第一章　概　述

第一节　自然环境

一、地理位置

镇江市地处长江下游南岸,位于北纬31°37′~32°19′、东经118°58′~119°58′。东西最大直线距离95.5公里,南北最大直线距离76.9公里。东南接常州市,西邻南京市,北与扬州市、泰州市隔江相望(图1-1)。镇江市属北亚热带南部气候区,温暖湿润,四季分明,雨量充沛,无霜期长。境内有山有水,有平原有丘陵,有丰富的金属和非金属矿产资源,为发展工农业生产和多种经营提供了优越的自然条件。

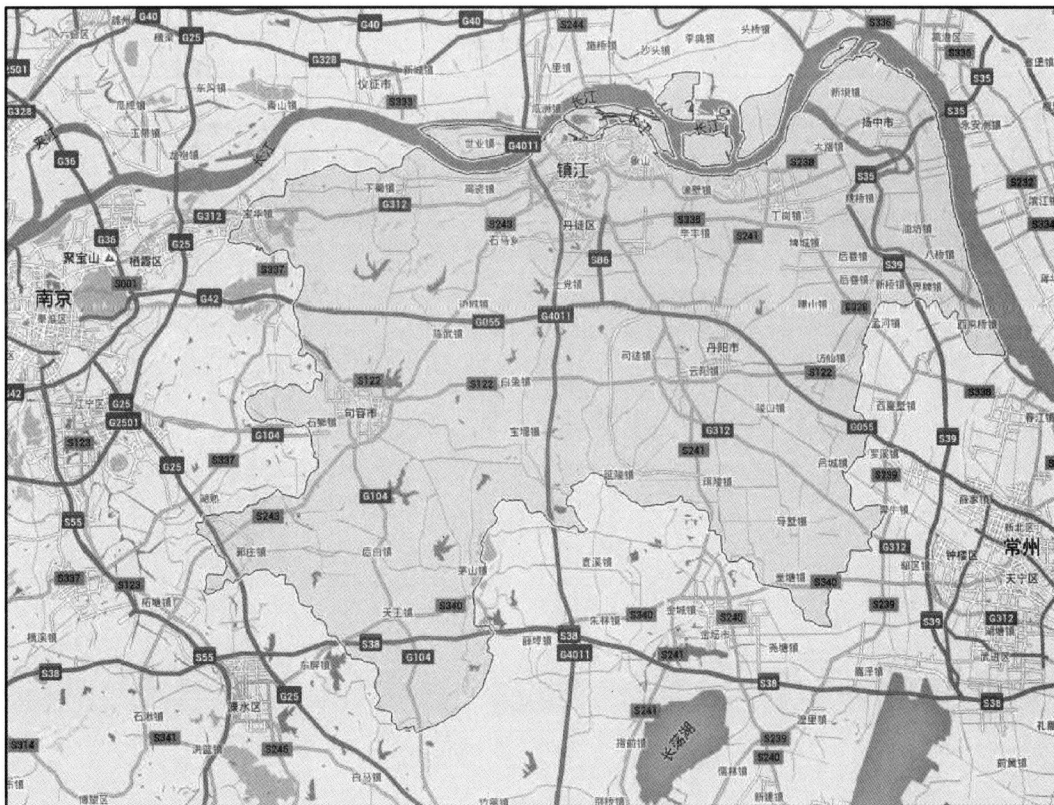

图1-1　镇江市行政区位图

二、地形地貌

镇江地形地貌呈现多样性,西部为丘陵岗地,东南部为平原,地势西高东低,由西北向东南倾斜(图1-2、图1-3、图1-4)。南有茅山余脉,丘陵岗地较多;中为宁镇山脉,横贯东西,岗峦向两侧延伸,将地面切割成山、谷、岗、塝、冲各级阶地;北枕长江,沿江圩区坦荡低平。形成有山有谷、有丘有圩、有洲有湖的复杂地貌。地面海拔高程2.5～349.7米。境内地貌大致可划分为四大类型:

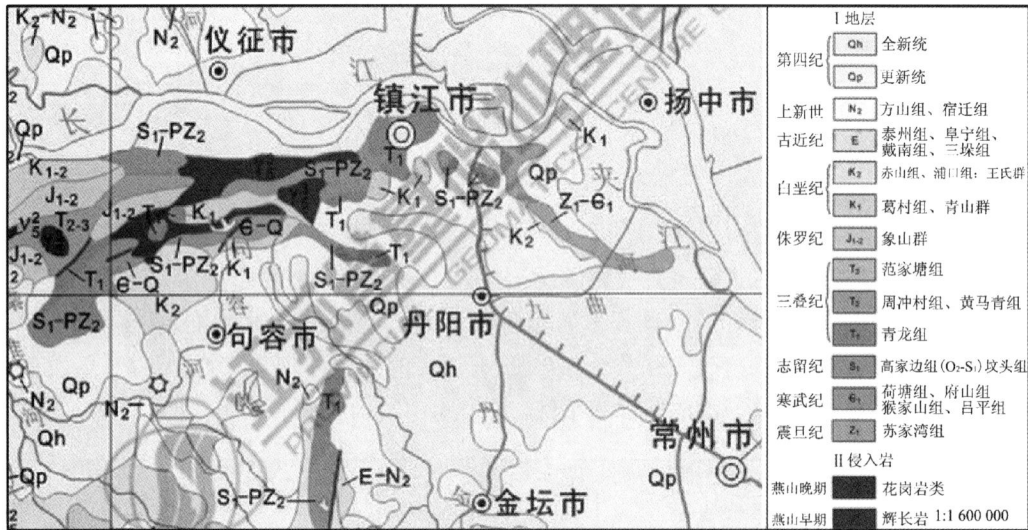

图1-2　镇江市地质图

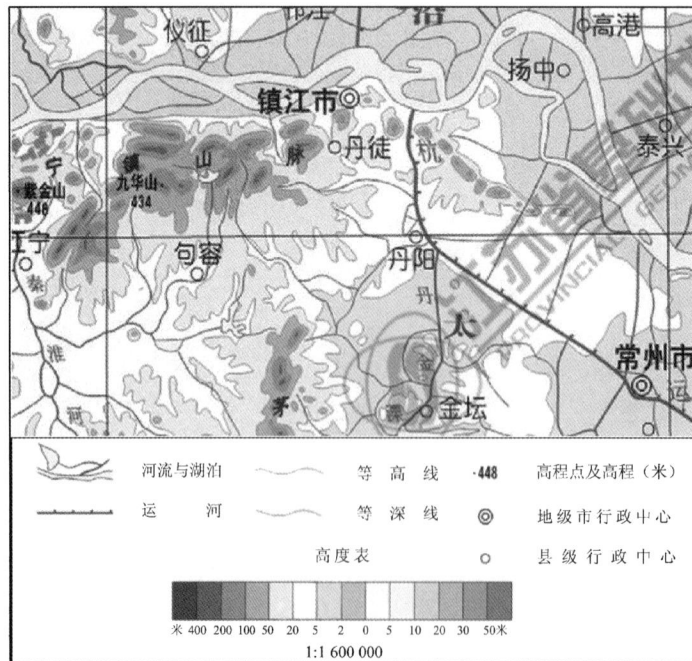

图1-3　镇江市地势图

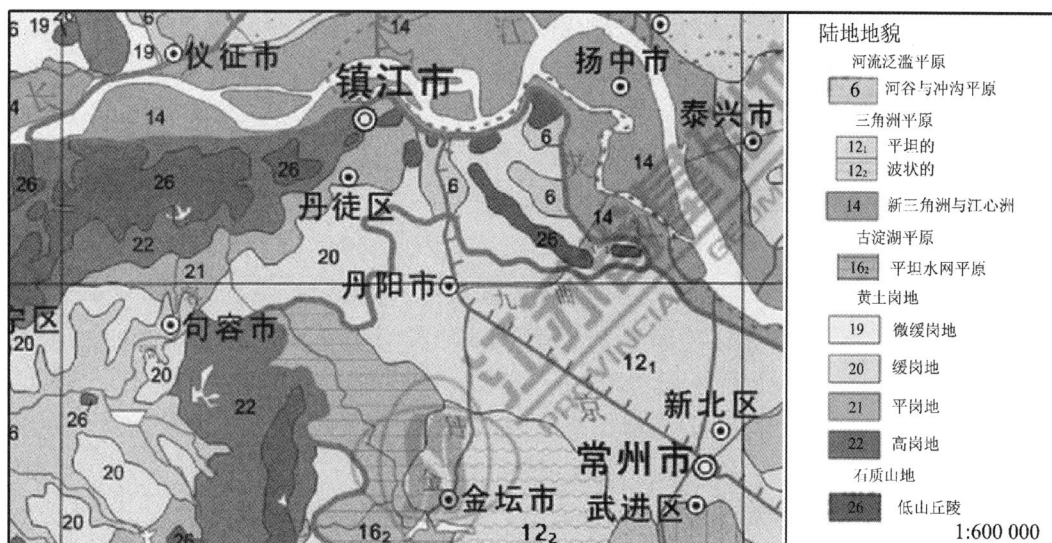

图 1-4　镇江市地貌图

低山丘陵　仅介绍丁家村遗址地处的宁镇山脉，它是长江下游沿江一带的主要山脉，主要分布在南京、镇江两市，广义的宁镇山脉的范围，包括西南起江宁铜井镇和朱门镇的苏皖界山，经句容市、镇江市润州区、京口区、丹徒区、丹阳市境内，东至武进县孟河镇黄山，全长约 150 多公里。宁镇山脉海拔 150～300 米，少量 300 米以上，其中 200 米以上的山体构成了高耸陡峻的山峰。十里长山、天王山、巢皇山、骑马岗、双岭山、五洲山、香山等150～200 米的山头，多由各个时代的石灰岩组成。海拔 100～150 米，由震旦系的马迹山、龙王山，泥盆系的横山、马鞍山、青山，二迭系的雩山组成，多为石灰岩残丘，部分为基岩残丘。在十里长山、五洲山、香山、天王山、高骊山等较高的山地，由山坡向外平缓延伸，有宽平的垄岗地形，即山麓面，可分为两级，高度 150～100 米为第一级，100～50 米为第二级。

河流阶地　按其高度和组成物质分为三级。(1)第三级阶地，为侵蚀阶地，海拔 50～80米，主要是各个时期的基岩被长江及其支流的流水侵蚀而成。由于横向流水的切割，多呈浑圆状弧丘，如观音山、烟墩山、背顶上、粮山等，阶地面上仅有薄层的残积物，基岩为碳酸盐类岩、火山岩或石英砂岩。(2)第二级阶地，为基座阶地(黄土低丘)。海拔 20～40 米，上覆上更新统下蜀黄土，基座为各种基岩。形成较早，地形部位较高，遭受侵蚀切割较深，形成明显的指状丘陵，具有岗、塝、冲的形态特征，谷地具有一定的走向性。(3)第一级阶地，为堆积阶地(黄土矮丘)，海拔 10～20 米，由冲积相的下蜀黄土组成。由于堆积时间较晚，侵蚀切割微弱，呈矮丘浅谷，其谷走向不定。

丘间谷地　有两种：(1)冲田，包括残丘间谷地和基座阶地被侵蚀切割成的谷地，宽几十米至几百米不等，长度由几百米至二三千米，具有一定的比降。(2)平田，发育于堆积阶地之间，比较宽平，纵向比降很小。

冲积平原　由长江及其支流冲积而成，地势平坦开阔，海拔 5～10 米。按地理位置和组成物质的特征，可分为三种：(1)河漫滩平原，主要是长江在侧向侵蚀和河床迁移过程中形成的。(2)沙洲平原,是长江泥沙沉积形成的浅滩不断淤积增高,使浅滩露出水面形成沙洲。(3)内河平原,由境内自北向南流和来自句容由西向东流的许多小河流冲积而成。[1]

三、地质

地层　境内地层发育较为齐全,石炭系在高资和石马的鸡笼山、香山、莉莉山、赣船山、双顶山、十里长山等地广为出露。石炭系中统丁山组为厚层白云岩,厚15.6米,分布于赣船山西端;黄龙组为较纯的厚层灰岩,底部常发育一层粗结晶灰岩,厚80~90米,岩性及厚度均较稳定。主要出露于赣船山、莉莉山等地段。本组灰岩厚度大、质纯,是良好的冶炼熔剂和水泥原料,已被开采利用。船山组为灰黑色灰岩,岩性比较均一,分为上、中、下三部分,总厚为40米,主要出露于赣船山、莉莉山地段。也是冶炼熔剂和水泥的良好原料。

岩浆岩活动　境内岩浆岩有侵入岩和火山岩,从基性岩至酸性岩均有分布,出露较差,大部分被第四系所覆盖。侵入岩岩体多而杂,主要有高资、石马、谏壁三个杂岩体,为燕山早晚期产物。高资杂岩体本体西越境至龙潭,东端侵入于下白垩统上党组,北以幕府山—焦山断裂为界,南缘在香山—五洲山一线,侵入于志留系至三叠系不同层位,并与石马杂岩体相接,东西长约20公里,最宽约5公里,基岩面积80余平方公里。本杂岩体为燕山晚期活动产物,属钙碱性岩系。石马杂岩体本岩体不规则地侵入宝华山—巢凤山复式背斜中,与之接触的地层从志留系—下白垩统上党组。岩体呈北东东向延伸,长约10公里。火山岩属宁镇火山岩区的中—东火山岩区,分布于上党盆地和圌山地区,为早白垩世早晚期火山活动产物。该区火山岩分布颇有规律性,按其岩性分为4个亚区。总厚度大于2184米。第一亚区火山岩以安山岩、石英安山岩为主,主要分布于石马以西至境外;第二亚区火山岩以石英粗安质火山岩为主,主要分布于石马东侧的燕子窝一带;第三亚区火山岩以石英粗面岩为主,主要分布于上党与石马之间的独山—横山一带;第四亚区火山岩以英安流纹岩、玄武岩为主,主要分布于上党东侧的土山、秃山等地[2]。

矿产资源　镇江市是江苏省重要矿产地之一。目前已发现了铁、铜、铅、锌、钼、金、银、硫铁矿、石灰石、白云石、大理石、膨润土、珍珠岩、沸石、粘土、硅灰石、煤、泥炭、硅石、磷、岩盐、石墨、花岗岩、玄武岩、透辉石、红柱石等44种矿产。其中探明工业储量的有32种,已开发利用的有20多种。另外,镇江市的二次资源(煤矸石、粉煤灰、尾矿等)也较为丰富。镇江市也是我省四大建材基地之一。其中石灰石、白云石、大理石素有"石三宝"之称。玄武岩、珍珠岩、沸石、石膏、泥炭、地热、矿泉水等也具有一定优势(图1-5)。

---

① 丹徒县地方志编纂委员会编:《丹徒县志》,江苏科学技术出版社,1993年。
② 尹焕章、张正祥:《宁镇山脉及秦淮河地区新石器时代遗址普查报告》,《考古学报》,1959年第1期,第13页。单树模、马湘泳:《江苏省志·地理志》,江苏古籍出版社,1999年。丹徒县地方志编纂委员会编:《丹徒县志》,江苏科学技术出版社,1993年。

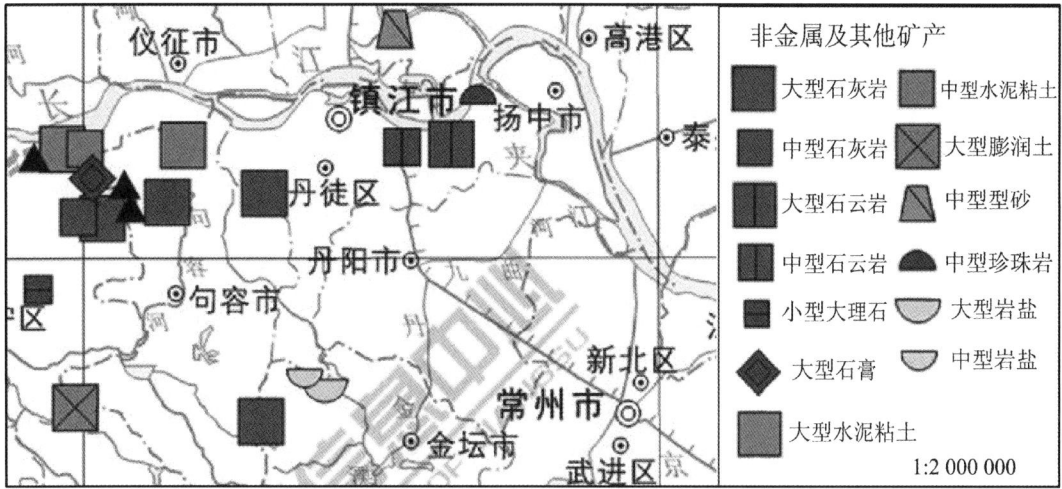

图1-5 镇江市矿产分布图

四、土壤

镇江土壤分布具有明显的地域性规律,低山丘陵区的土壤属地带性的黄棕壤,主要土种有香灰土、粗骨土和黄砂土。比较平缓的岗坡地则分布着经旱耕熟化的黄刚土,亦叫耕作黄棕土。在丘陵塝冲田和平田、洲地、圩区分布着大面积的水稻土。沿江冲积平原分布灰潮土,城镇附近有部分菜园土,此外在石灰岩的山坡和山脚有棕色石灰土及零星分布的紫色砂页岩发育而成的紫色岩土(图1-6、表1-1)。

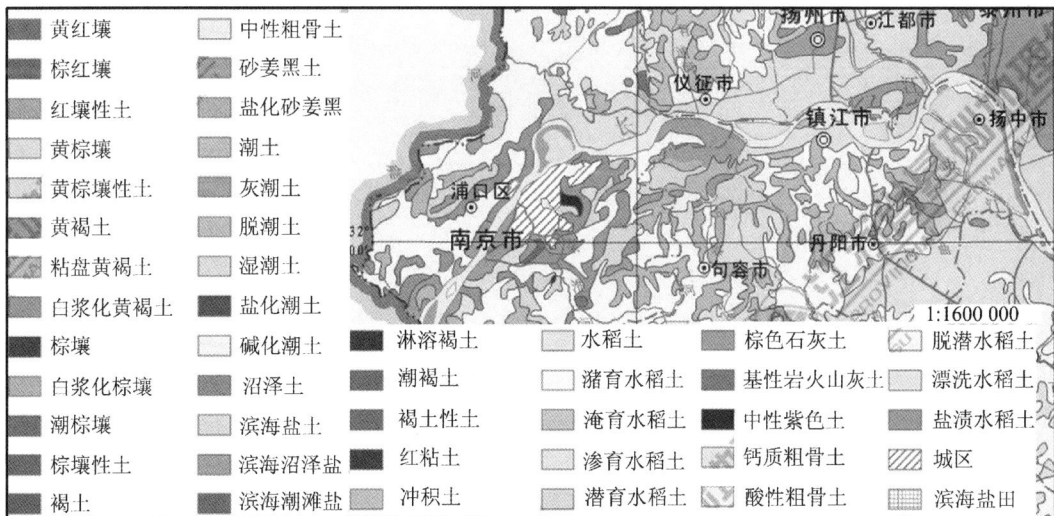

图1-6 镇江市土壤分布图

表 1-1　镇江市土壤分类表

土类	亚类	土属	土种名称	分布地域	土类面积及所占比重
水稻土	淹育型水稻土	黄白土	黄白土、黄土、小粉土	丘陵、塝土	面积244.8万亩,占土壤总面积的65.26%
	渗育型水稻土	淤泥土	黄沙土、沙底黄沙土、黄夹沙、夹沙土、漏沙土	沿江圩田洲地	
		潮沙土	灰沙土、粉沙土、狗头沙	孟河平田	
	潴育型水稻土	马肝土	马肝土、黄马肝土、灰马肝土	丘陵冲田、上冲田、下冲田	
		黄泥土	黄泥土、刚黄泥土	洮滆平原平田、高田	
	脱潜型水稻土	乌泥土	乌泥土	洮滆平原平田	
		乌栅土	乌栅土	赤山圩区	
	潜育型水稻土	青泥条	青泥条	丘陵低洼田	
		青泥土	青泥土	赤山圩区低田	
	漂洗型水稻土	白土	黄泥白土、河白土	洮滆平原、赤山高田	
潮土	灰潮土	江淤土	淤粘土、淤沙土、堆填土、江淤土	沿江区高田、扬中江岸、沿江滩地	面积10.71万亩,占2%~86%
黄棕壤	普通黄棕壤	香灰土	香灰土	丘陵低山山顶平缓处	面积111~40万亩,占29.7%
		粗骨土	粗骨土	丘陵山坡	
		黄砂土	黄砂土	丘陵低山山坡	
	粘盘黄棕壤	黄刚土	死黄土、黄刚土	丘陵岗地、岗塝地	
		老红土	老红土	茅山丘陵山麓	
石灰(岩)土	石灰土	棕色石灰土	棕色石灰土	丘陵山腰、麓	面积7.10万亩,占1%~89%
紫色岩土	紫色岩土	紫色土	紫色土	句容低山山麓	面积1~11万亩,占0.29%
		赤砂土	赤砂土	句容陈武、环城丘陵岗坡	

五、气候

镇江属于北亚热带季风气候区,具有明显的季风气候特点:春季风和日丽,夏季高温多雨,秋季秋高气爽,冬季微寒少雨。本地区热量充足,无霜期较长,光照充足,雨水充沛。年平均气温15.4℃,7月平均气温在28℃以上,市区极端最高气温40.9℃(1959年8月22日)。1月平均气温2~4℃,极端最低气温多年平均-8℃,市区极端最低气温-12℃(1955年1月6日、1969年2月5、6两日)。无霜期为238~229天。年日照时数2073小时,年太阳辐射111~113千卡/平方厘米。年降水量1060毫米,年平均雨日120天。镇江市光、热、水资源丰富,且配合较好,可满足农作物一年两熟的需要(图1-7、图1-8、图1-9、表1-2)。

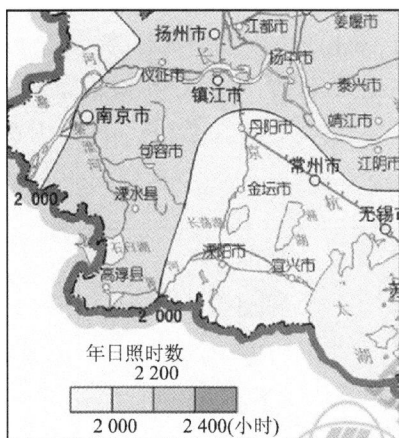

图1-7　镇江市年日照时数　　图1-8　镇江市七月平均气温　　图1-9　镇江市一月平均气温

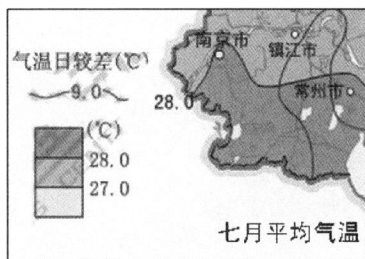

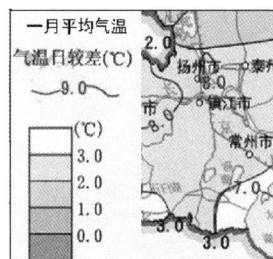

表1-2　镇江市四季气候要素概况表

气候要素	春季	夏季	秋季	冬季
平均初始日(月、日)	3、25	5、29	9、19	11、21
平均终止日(月、日)	5、28	9、18	11、20	3、24
历时天数(天)	64	113	63	125
平均降水量(毫米)	244.3	516.5	208.7	118.8
占全年降水量百分比(%)	22.4	47.5	19.2	10.9
平均日照时数(小时)	503.4	581.3	510.0	415.3
占全年日照时数百分比(%)	25.2	39.0	25.4	20.6

六、水系

镇江的地表水可分为沿江、秦淮河、太湖西区三大水系。其中沿江水系汇水面积为1231平方公里。镇江境内的主要河流为长江与运河。长江镇江段全长103.7千米,江宽一般为1000～5000米,多沙洲和边滩,京杭大运河全长1794千米,是世界上开凿最早、规模最大的人工河道。镇江境内的大运河长42.21千米,是江南运河的入江河段。历史上主要有大京口、小京口、甘露口、丹徒口和谏壁口等入江口。

七、动植物资源

镇江的自然植被类型为北亚热带常绿阔叶林与落叶阔叶林的混交林(图1-10)。镇江植被可分为自然植被和人工植被两种类型。自然植被主要分布于宁镇山脉和茅山山脉。乔木层由落叶栎类树种组成,以栓皮栎、麻栎和白栎占优势。其他落叶树种有抱树、黄连木、枫香、枫杨、黄檀、山槐等。常绿阔叶树主要有苦槠、青冈栎、冬青、石楠、石栎、紫楠等。人工植被主要有用材林、薪炭林、经济林(柳、桑、茶、果)、农作物等。野生植物资源主要有中草药、江边滩地芦苇、野生花木等植物资源丰富。镇江市的动物资源主要为野生动物种类,分为无脊椎动物和脊椎动物两大类,前者包括原生动物、多孔动物、腔肠动物、扁形动物、原腔动物、环节动物、软体动物和节肢动物;后者有鱼类、两栖类、爬行类、鸟类和哺乳类,分别归属于5个纲,如野猪、野狼、野兔等①。

图 1-10　镇江市植被分布示意图

第二节　周围古文化遗址的分布及其文化内涵

　　优越的地理环境和适宜的气候条件使这一区域成为古代先民选择这里生活的重要条件。根据考古发现,早在晚更新世末,镇江就有古人类活动的踪迹,镇江九华山、句容庙家山、镇江南山莲花洞等地点都发掘到旧石器时代古人类化石、动物群化石。当时的古人穴居,从事狩猎和采集。到了新石器时代,镇江地区也有相当于环太湖新石器时代马家浜、崧泽、良渚文化期的大量文物,他们的遗迹主要见于台形遗址的下层。当时人们已经进入以农业生产为主的聚落时期②。进入青铜时代,镇江地区台型遗址的文化内涵主要有点将台文化、湖熟文化、吴文化。目前发现的古遗址③主要有赵家团山遗址、城上村遗址、龙脉团山遗址、松子头遗址、左湖遗址、丁沙地遗址、点将台遗址等(图1-11)。

---

　　①　镇江市历史文化名城研究会:《镇江地质博物馆策划方案》,未出版,2013 年,第 17 页。
　　②　刘树人、谈三平、陆九皋、肖梦龙:《宁镇地区吴文化台形遗址与土墩墓的分布规律遥感研究》,《东南文化》,1993 年第 1 期。
　　③　国家文物局:《中国文物地图集·江苏分册》,中国地图出版社,2008 年。

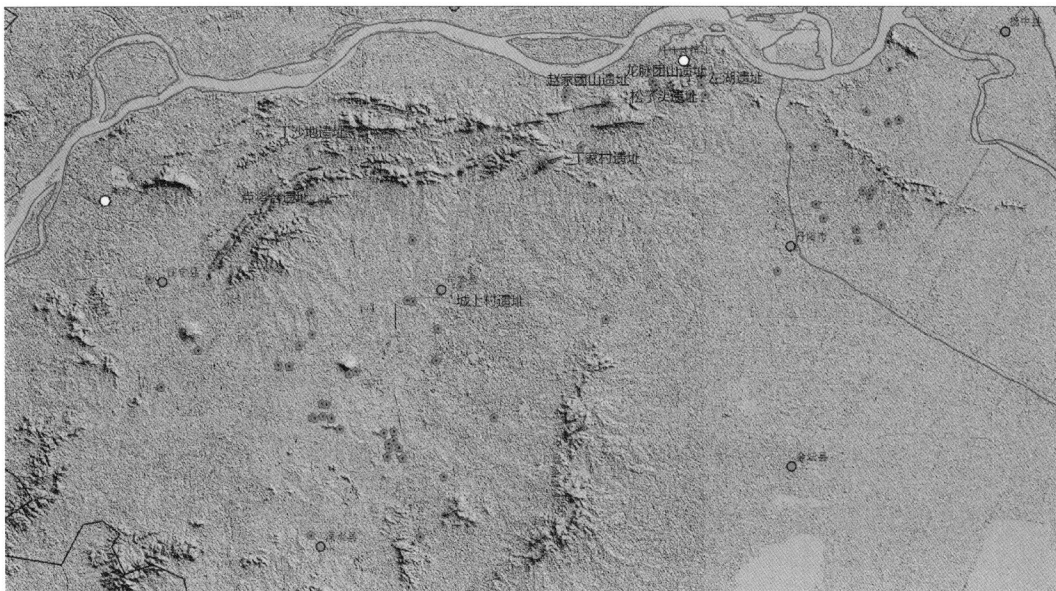

图 1-11　周围古文化遗址分布示意图

一、点将台文化

点将台文化是以江宁县点将台遗址命名的考古学文化。点将台文化遗存最早发现于1956 年发掘的南京安怀村遗址，其后在南京太岗寺遗址亦有发现①，目前发掘的典型遗址主要有江宁汤山点将台、句容城头山、丹徒团山等。点将台文化是江南宁镇地区最早的青铜文化，属于青铜文化的萌生期，其年代大致为公元前 2100—前 1700 年或稍后，与中原夏王朝的年代大体相当。

点将台文化的遗物，生产工具以石器为主，生活用具以陶器为主，青铜器尚未发现，但在朝墩头遗址和城头山遗址中都发现过青铜炼渣。从点将台文化出土有较多的斧、锛、刀、箭镞等石质生产工具和拥有发达的陶器制造业来看，点将台文化仍以农业经济为主，狩猎经济也占有一定的比例。②

二、湖熟文化

湖熟文化是因 1951 年南京博物院在南京市湖熟镇最初发现而得名，分布于长江沿岸的宁镇地区和皖东南地区。湖熟文化的典型遗址有：南京北阴阳营遗址第三层、锁金村遗址下层、太岗寺遗址上层等。湖熟文化的开始年代约相当于中原商代前期，下限应该到吴国建城之时，即西周初年。该文化的遗址一般高出地表数米，多分布于河流、湖沼沿岸的土墩及台地上，又叫台形遗址。文化层一般可以分为上下两层，代表连续发展的早晚两期③。

出土遗物以陶器为最多，其次有原始瓷器、印纹硬陶器、青铜器、石器等。其中生产工具

---

① 张敏：《试论点将台文化》，《东南文化》，1989 年第 3 期，第 125 – 140 页。

② 中国江南青铜时代考古文章是肖梦龙于 2004 年夏应邀赴韩国全南大学人类学科考古专业讲学大纲。

③ 毛颖、张敏：《长江下游的徐舒与吴越》，湖北教育出版社，2005 年，第 102 – 118 页。

主要是石器,器形有斧、锛、刀、镰等。农业生产工具较多,此外还有渔猎工具、石镞和网坠。说明其经济是以农业为主兼及渔猎。生活用具大多是陶器。以夹砂粗陶为主,还有泥质黑皮磨光陶、几何印纹陶和原始瓷器,器型多为鬲、甗、罐、鼎、瓮、簋、盆、豆、钵、盘等。带角状把手的鬲、鼎是具有地域性特点的器型。青铜生产工具有钻、削、鱼钩等,青铜兵器有戈、钺、箭镞,青铜容器有三羊罍、爵、斝等,另外发现冶炼青铜器的陶坩埚、陶勺和青铜炼渣等。点将台文化是湖熟文化的直接来源,湖熟文化在其发展过程中受到商文化的强烈影响。如青铜器的造型多仿中原商器,陶器中的绳纹鬲、簋等与商相同或相近①,这一特征在土墩墓的随葬品中也有体现。

三、吴文化

根据时空范围的不同,吴文化有狭义与广义之分,狭义的吴文化,只指先秦吴国的考古学文化,即从商末太伯建"勾吴"到公元前473年夫差的吴国被越国勾践所灭,时间延续约650年;而广义的吴文化,泛指吴地的文化,是加上狭义吴文化的文化源流部分,即吴地自有人类开始,直至现今的各种物质的、精神的文化创造。② 本书探讨的主要内容为狭义层面的吴文化,即是指吴国从太伯立国到夫差亡国之间吴人所创造的文化。李民、张国硕从吴文化的时段、族属、分布上进行如下总结:吴文化是指吴国存在时期的文化,在时间上从殷末周初延续到春秋末约七百余年;在族属上包括土著"荆蛮族"和部分华夏族人;在分布地域上,其中心地区是在今天的苏南一带,以后扩展至苏北、浙北、皖南及赣东地区。③ 从文化内涵上看,林留根认为吴文化是以吴国为核心的地域文化,在当地文化基础上受中原文化影响而形成,其文化形态为土墩墓和湖熟文化的台形遗址④,本书倾向于这一观点。宁镇地区是吴文化的发祥地,宁镇地区大量台型遗址和土墩墓的考古发现,为吴文化研究提供了可靠的实物资料。如李伯谦就曾用文化因素分析法对土墩墓考古资料进行研究,发现长江下游苏南、浙北、上海及皖南地区原吴国范围内的土墩墓,都是西周、春秋时期的吴文化遗存。⑤

---

① 中国江南青铜时代考古文章是肖梦龙于2004年夏应邀赴韩国全南大学人类学科考古专业讲学大纲。
② 同②。
③ 李民、张国硕:《吴文化与中原文化关系探索》,《中原文物》,1992年第2期,第81-86页。
④ 关于吴文化的论述得到林留根所长的指导,笔者才清晰地认识到吴文化的遗存为湖熟遗址吴立国后的文化堆积层,在此深表感谢。
⑤ 李伯谦:《吴文化及其渊源初探》,《中国青铜文化结构体系研究》,科学出版社,1998年,第243-253页。

第二章　遗址概况与地层堆积

第一节　遗址概况

一、遗址位置

　　丁家村遗址是 2013 年 12 月镇江博物馆对拟建设的 312 国道镇江段进行考古调查时发现的,位于镇江市润州区韦岗镇红旗村丁家组(图 2-1),中心地理坐标为北纬 32°06′23 ~ 54″、东经 119°19′45 ~ 28″。遗址外形为近马鞍形土台,南北长 220 米,东西宽 130 ~ 160 米,总面积约 29 000 平方米。遗址北部海拔高 22 米左右,南部海拔高 30 米左右,表面总体呈南高北低,南北高差约 8 米,遗址上坐落有现代村庄,中北部地表建有房屋,受村民生产、生活影响,遗址中北部保存较差,南部主体部分保存较好,遗址周边有 6 处水塘。遗址地处宁镇山脉南侧高骊山与十里长山的山间谷地,东侧有船山河流过,沿河而上还有赵家窑团山、磨盘山、巫岗村、涧西等遗址。

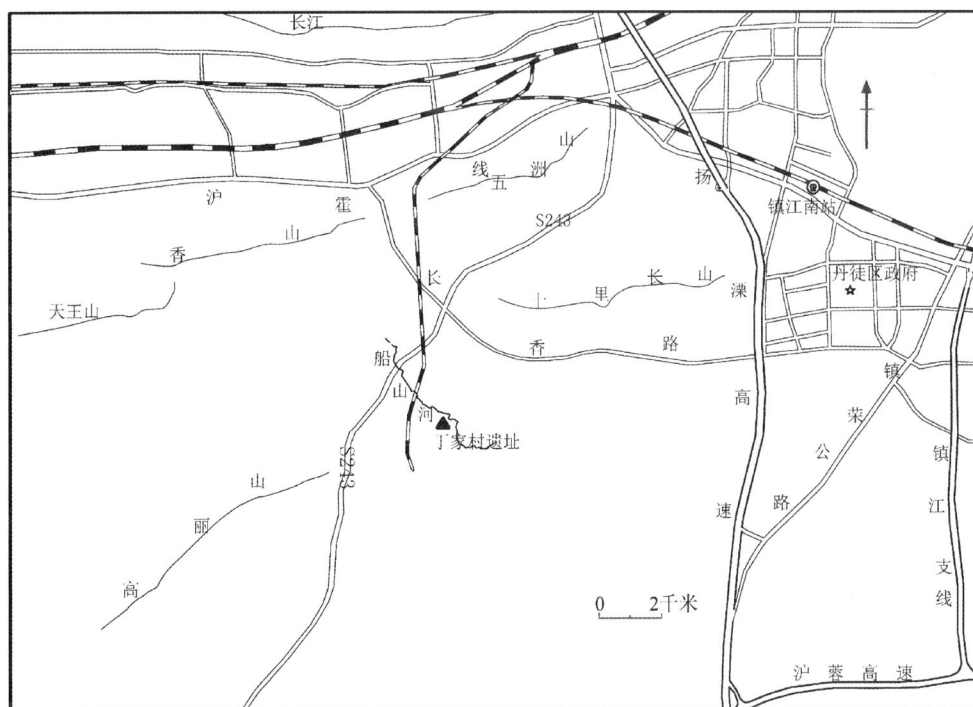

图 2-1　丁家村遗址位置示意图

二、遗址的发掘与整理

2014 年 2 月,在协商后确实无法避让的情况下,镇江博物馆对丁家村遗址受道路影响部分,进行了抢救性考古发掘,共布 10 米×10 米探方 26 个(图 2-2),发掘面积 2600 平方米,编号 为 2014ZDTN05E01—N05E04,TN05W01—TN05W05,TN06E01—TN06E04,TN06W01—TN06W06,TN07W02—TN07W04,TN08W04—TN08W05,除 TN05E04、TN06E04、TN07W06 三个探方未发掘完毕外,其他探方均发掘至生土或原始山体基岩。Z 代表镇江,D 代表丁家村遗址,T 代表探方,E、S、W、N(东、南、西、北)是以布方基点为参照的探方位置方向,数字是以布方基点为参照及以 10 米×10 米探方数量为单位的探方数。

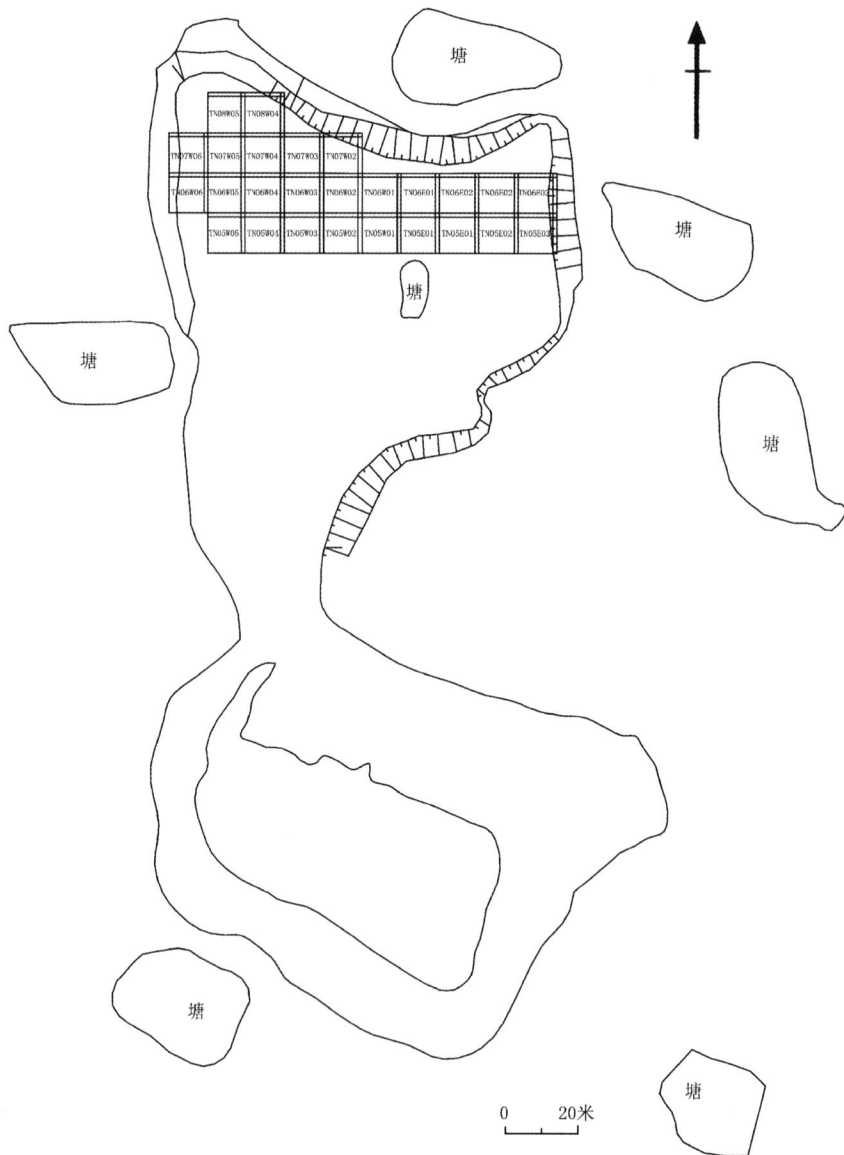

图 2-2　丁家村遗址探方分布图

本项目发掘领队为王书敏研究员,团体领队为南京博物院,参加发掘的业务人员有李永军、张磊(南京博物院)、孙研、刘敏、居法荣、魏保京等,整理工作主要由司红伟、张延红、张雅雅、刘敏、张娜娜、葛战顺、赫素祯、任婷、朱祎、尤嘉青等完成,绘图由杨亚宁、张雅雅等完成。2016 年开始对前期的发掘材料实施全面、系统的整理研究,重点是做各类出土材料的前期技术处理:(1)全部陶片的编号、分类、拼对、修复;(2)所有保存下来的文化层土壤的淘洗及其淘洗物的初步分类;(3)整理核查并完善各探方图片文字资料及其初步电子化处理。2017 年伊始,对发掘资料和发掘材料进行全面、系统的继续整理研究,重点是做各类出土材料的中期技术处理:(1)全部陶片的器型、质地、纹饰等信息记录与统计;(2)已修复陶器及挑选标本的绘图、拍照;(3)对从文化层中提取的土样和遗迹单元中提取的定量土样的分层淘洗、存放,以及显微镜下的逐步观察、分拣、统计;(4)动物骨骼标本的专门研究;(5)石质标本的整理记录和石器的微痕分析工作也顺利开展;(6)实现所有资料电子化处理并最终完成报告。报告整理的具体分工如下:第一、二章由司红伟执笔;第三章由司红伟、刘敏、赫素祯执笔;第四章由司红伟执笔,张雅雅、张延红、赫素祯、朱祎、尤嘉青参与了第四章标本的整理与画图工作;第五章由吴文婉(南京博物院)、王宁(江苏师范大学)、陈虹(浙江大学)、陈杰(上海博物馆)、司红伟等执笔;第六章由司红伟执笔。最终由司红伟系统整理成书。

另外,需要说明的是,本报告遗迹单位的深度测量为开口至底部的数据,器物的口径、底径皆为外缘径。

第二节　地层堆积

本次丁家村遗址发掘区域位于遗址的北部边缘,东西贯穿遗址,遗址发掘区呈现地表中部高、东西两端低趋势,遗址中部位凸起的探方,耕土层下基本为生土,无文化层堆积,在东、西部边缘处出现文化层,大致呈坡状堆积形式。地层堆积东西两边堆积略有不同,遗址东部堆积较厚且遗迹丰富,而西部堆积较薄、遗迹略少(图 2-3)。文化层堆积下的原始地表东西

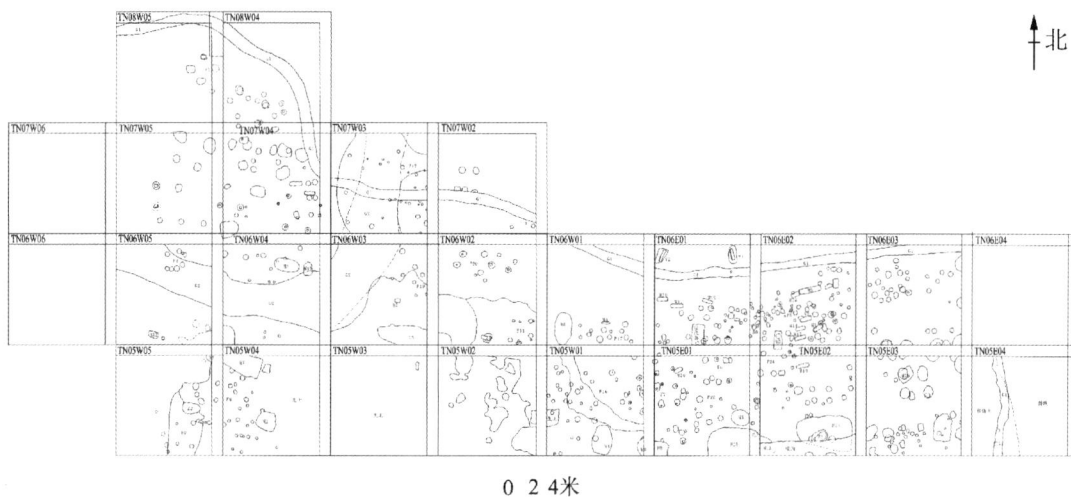

0　2　4米

图 2-3　丁家村遗址总平面图

部也存在差异,TN05W01、TN06W01内西部以西原始地表为生土面,两探方东部以东原始地表为基岩面,且发掘区原始地表地势呈现中间高、边缘低趋向(图2-4)。

图2-4 遗址原始地表情况

丁家村遗址是在原始台地及基岩层上发展起来的,发掘区文化层堆积中间较薄、北东西部较厚,边缘区域厚度在2米左右,中间部分有的探方耕土层下即为生土层,从整个发掘区讲文化层堆积厚度一般在1米左右。遗址可分为东西两区,东西分界为TN06W03、TN05W03,东西地层不统一,现对东西两区地层堆积分别进行介绍。

一、东区

东部探方以TN06E01、TN06E02、TN06E03南壁(图2-5)、TN06E02、TN05E02东壁(图2-6)为例进行介绍。

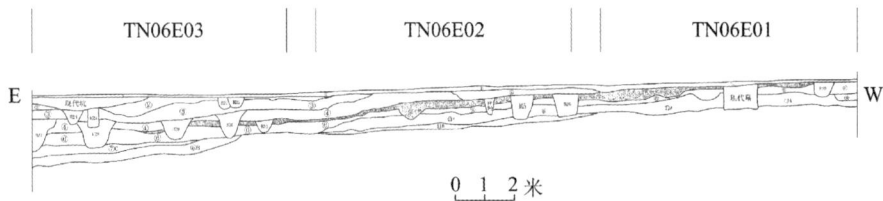

图2-5 TN06E01、TN06E02、TN06E03南壁剖面图

(一) TN06E01、TN06E02、TN06E03南壁

第①层:厚5～24厘米。耕土层,土质疏松,灰褐色土。全区分布,包含物有大量草本植物根系、现代瓷片、陶片等。

第②层:深6～46、厚0～48厘米。土质略软,灰褐色土,分布在TN06E03、TN06E02。包含物有陶片、少量石块及烧土块等。可辨器型有鼎、鬲、罐等。

第③层:深 12 ~ 73、厚 0 ~ 59 厘米,土质略硬,浅灰褐色土。分布在 TN06E03、TN06E02,稍呈西北高、东南低倾斜状。包含物有陶片、少量红烧土颗粒及石块等。陶片以夹砂灰陶、夹砂红陶为主,其次是泥质红陶、泥质灰陶、印纹硬陶。陶片以素面为主,纹饰有绳纹、方格纹、刻划纹等。可辨器型有鬲、罐等。

第④层:深 11 ~ 97、厚 0 ~ 50 厘米,土质略软,较致密,灰褐色土,含草木灰,分布在 TN06E03、TN06E02,呈西高东低倾斜状。包含物有陶片、红烧土颗粒及少量石块等,陶片以夹砂红陶为主,其次为夹砂灰陶、泥质红陶、印纹硬陶等。陶片以素面为主,纹饰有绳纹、回纹、方格纹等。可辨器型有鼎、鬲、甗、豆等。该层下发现柱洞群、M5、M8 等。

第⑤层:深 10 ~ 91、厚 0 ~ 75 厘米,为红烧土堆积层,土质略硬,普遍分布有断续。呈西高东低。包含物有少量陶片,以素面为主,少量回纹、方格纹、绳纹等。可辨器型有罐、鬲足、钵等。该层下发现柱洞群及墓葬。

第⑥层:深 10 ~ 132、厚 10 ~ 50 厘米,土质稍软,深灰色土,普遍分布,不连续,略西高东低。包含物有少量陶片、红烧土颗粒等。陶片以夹砂红陶为主,夹砂灰陶次之,少量泥质陶、印纹硬陶。陶片以素面为主,纹饰有方格纹、席纹等。可辨器型有鼎、鬲、罐等。

第⑦C 层:深 46 ~ 49、厚 8 ~ 24 厘米,土质稍硬,红褐色微泛黄色土,主要分布在 TN06E01 西部。包含物有陶片等,以夹砂红陶为主,泥质红陶次之,并有少量印纹硬陶、原始瓷。多为素面,纹饰有少量绳纹、回纹、梯格纹等。可辨器型有鼎足、鬲足、罐等。

第⑩层:深 50、厚 0 ~ 25 厘米,土质略致密,土色红褐夹黄褐,主要分布于 TN06E01 西北部。包含物有陶片等,以夹砂红陶为主,泥质红陶、灰陶次之。陶片以素面为主,纹饰有绳纹、梯格纹、回纹等。可辨器型有罐、器盖、刻槽盆等。

第⑪层:深 36 ~ 145、厚 0 ~ 60 厘米,土质硬,灰红褐色土,普遍分布,西高东低倾斜状。包含物有少量陶片、红烧土颗粒等。陶片以夹砂红陶、泥质红陶为主,其次为夹砂灰陶。陶片以素面为主,纹饰有绳纹、梯格纹等。可辨器型有鼎、鬲、盆等。

第⑫层:深 91 ~ 207、厚 0 ~ 45 厘米,土质硬,灰褐色土,分布在 TN06E03、TN06E02。包含物有少量陶片、红烧土颗粒及石块。陶片以夹砂红陶为主,夹砂灰陶次之。以素面为主,纹饰有绳纹、方格纹等。可辨器型有鬲、罐等。

第⑫层下为基岩。

另外东部探方 7A、7B、8A、8B、8C、9 层在上面剖面图中没有分布,这几层主要分布在 TN06W01、TN06W02 北部,以及 TN06E02 西北部。

(二) TN06E02、TN05E02 东壁

第①层:厚 5 ~ 16 厘米。土质疏松,灰褐色含灰白土色。全方分布,包含物有少量草本植物根系、现代瓷片、陶片等。此层下叠压 G1。

第②层:地表向下深 5 ~ 16、厚 0 ~ 32 厘米。土质略软,土色灰褐,基本全方分布。包含物有陶片,少量石块及烧土等。陶片以夹砂红陶为主,夹砂灰陶次之,少量泥质红陶、泥质灰陶、印纹硬陶及原始瓷。陶片以素面为主,纹饰有绳纹、梯格纹、刻划纹、回纹、方格纹等。可辨器型有鼎、鬲、罐、甗、钵等。此层下叠压柱洞、M5。

第③层:深 5~50、厚 0~40 厘米。土质略硬,土色浅灰褐色。基本全方分布。包含物有陶片,少量红烧土颗粒及石块等。陶片以夹砂灰陶、夹砂红陶为主,泥质红陶次之,少量泥质灰陶、印纹硬陶。陶片以素面为主,纹饰有绳纹、方格纹、刻划纹等。可辨器型有鬲、罐等。

第④层:深 15、厚 0~50 厘米。土质略软,较致密,土色灰褐,含红烧土颗粒,基本全方分布,包含物有陶片、红烧土颗粒及少量石块等,陶片以夹砂红陶为主,夹砂灰陶次之,部分泥质红陶,少量泥质灰陶、印纹硬陶。陶片以素面为主,纹饰有绳纹、回纹、方格纹、折线纹等。可辨器型有鼎、鬲、甗、豆、罐、簋、纺轮等。

第⑤层:叠压于第④层,位于探方西南。口距地表 27~90 厘米,向西 TN06E01、南 TN05E02、东 TN06E03 三个探方延伸。堆积面呈西高东低。发掘过程中发现较多柱洞和三座墓葬。

第⑥层:深 40~110、厚 10~75 厘米。土质软,土色深灰褐色,主要分布在中部,包含物有少量陶片、红烧土颗粒等。陶片以夹砂红陶为主,夹砂灰陶次之,少量泥质陶。陶片以素面为主,纹饰有绳纹、附加堆纹等。可辨器型有鼎、鬲、罐、刻槽盆、豆柄、陶拍等。

第⑧B 层:深 85~130、厚 0~93 厘米。土质硬,土色黄褐色,基本全方分布。包含物有陶片及少量红烧土颗粒等,陶片以夹砂红陶为主,其次夹砂灰陶及泥质红陶,另有少量泥质灰陶及印纹硬陶。陶片多为素面,纹饰有席纹、云雷纹等。可辨器型有鬲、罐等。

第⑫层:深 92~185、厚 0~72 厘米。土质硬,土色灰褐色,基本全方分布。包含物有陶片、红烧土颗粒及石块。陶片以夹砂红陶为主,夹砂灰陶次之,泥质陶较少。纹饰以素面为主,有绳纹等。可辨器型有鬲、罐等。

第⑫层下十分纯净,定为生土。

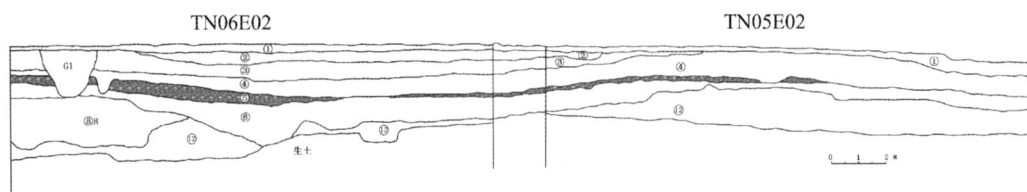

图 2-6　TN06E02、TN05E02 东壁剖面图

二、西区

西部探方以 TN06W04、TN06W05 北壁(图 2-7)为例进行介绍。

第①层:厚 5~20 厘米。耕土层,土质较疏松,土色灰褐色。全区分布,包含物有砖瓦、陶片等。该层下发现 F4 等遗迹。

第②A 层:深 5~7、厚 0~43 厘米。土质较硬,土色为灰黄褐色。主要分布在 TN05W05 西南部。包含物有大量红烧土颗粒及少量陶片等。陶片以夹砂红陶为主,泥质红陶次之,少量泥质灰陶、印纹硬陶等。陶片以素面为主,纹饰有绳纹、梯格纹等。可辨器型有鬲足、鼎足、罐等。

第④A 层:深 29~43、厚 0~28 厘米。土质略软,土色为浅黄褐色。主要分布在 TN06W05 西北部。包含物有较多陶片等。陶片以夹砂红陶为主,其次为泥质灰陶、泥质红陶,另有少量印纹硬陶、黑皮红陶等。陶片以素面为主,纹饰有绳纹、方格纹、席纹、梯格纹等。可辨器型有罐、鼎、甗、鬲、钵等。

第⑤A层:深 39 ~ 50、厚 0 ~ 22 厘米。土质较硬,土色为深黄褐色。主要分布在TN06W05、TN05W05、TN05W04 内。包含物较少,有陶片、少量石器等。陶片以夹砂红陶为主,其次为泥质红陶、泥质灰陶、印纹硬陶等。陶片以素面为主,纹饰有绳纹、梯格纹、回纹等。可辨器型有鬲、罐、甗等。

第⑥B层:深 6 ~ 20、厚 4 ~ 23 厘米。土质较硬,土色为浅灰褐色。主要分布在 TN06W05、TN06W04、TN06W03 内。包含物较少,有少量陶片等。陶片以夹砂红陶为主,泥质红陶、泥质灰陶等较少。陶片以素面为主,纹饰有绳纹、梯格纹、回纹等。可辨器型有鬲、罐、甗等。

第⑦层:深 4 ~ 71、厚 0 ~ 32 厘米。土质较硬,土色为黄褐偏红色。主要分布在TN06W05、TN05W05、TN05W04 内。包含物较少,有陶片等。陶片以夹砂红陶为主,其次为泥质红陶、泥质灰陶、印纹硬陶等。陶片以素面为主,纹饰有绳纹、梯格纹、回纹等。可辨器型有鼎、鬲、罐、甗等。此层下有 G2。

第⑦层下为生土。

另外西部探方②B、③、④B、④C、⑤B、⑥A 层在上面剖面图中没有分布,这几层主要分布遗址西、北部边缘探方。

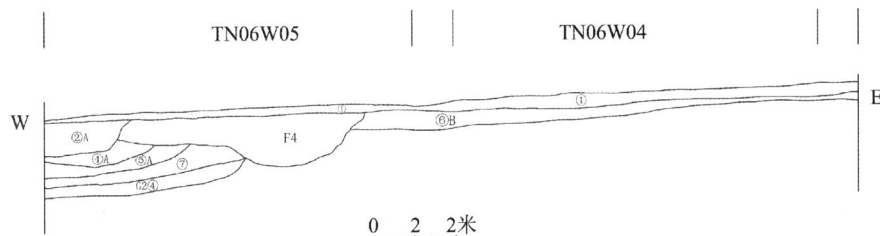

图 2-7 TN06W04、TN06W05 北壁剖面图

第三节 遗址地层堆积形成过程分析与分期

本次发掘区位于丁家村遗址的北部边缘,发掘表明这里是一处经多次营建与居住后形成的台坡村落遗址。由于长时段自然或人为的破坏,遗址上部文化层变薄或消失,再加上发掘区域有限,只能揭露遗址的局部堆积情况,因此不能对遗址、遗迹的形成与性质做全面而准确的判断,那么这里仅根据地层堆积、遗迹分布和出土的遗物情况对遗址发掘区域文化层堆积的形成过程阐述如下:

自基岩或生土至红烧土堆积层及相关遗迹为早期堆积,是本次发掘区域的主体文化堆积。早期文化层出现频度最大的是柱洞或柱洞群及红烧土堆积或红烧土块,根据柱洞群集中分布的频度及密集度,可以看出,早期文化层堆积中至少存在几个分布区域大、柱洞数量多密或红烧土堆积密集文化层。现按时间发展序列由早至晚进行介绍。

第一阶段:为人工营建层,基本上覆盖了整个发掘区。发掘区内生土面由西往东、由南至北倾斜的地势自然形成,局部呈沟塘状。东部第⑫及⑪层、西部第⑥及⑦层形成后,发掘区内开始有了最早的居住活动。发现有居住遗迹,为密集的多处柱洞群 F8、F9,同时存在与柱洞群相关的墓葬群 M14、M15、M16、M17,这个阶段的生活遗迹还有灰坑 H13、H14、H17、H18,烧造遗迹 Z2(图 2-8、图 2-9)。

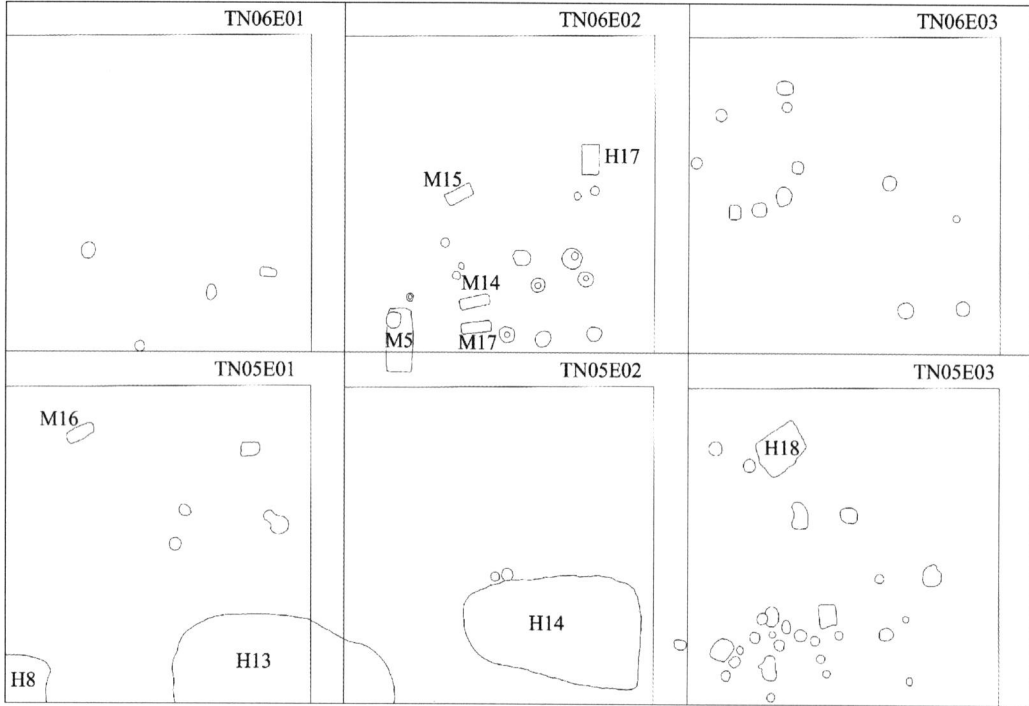

图 2-8　东部探方第一阶段遗迹分布情况

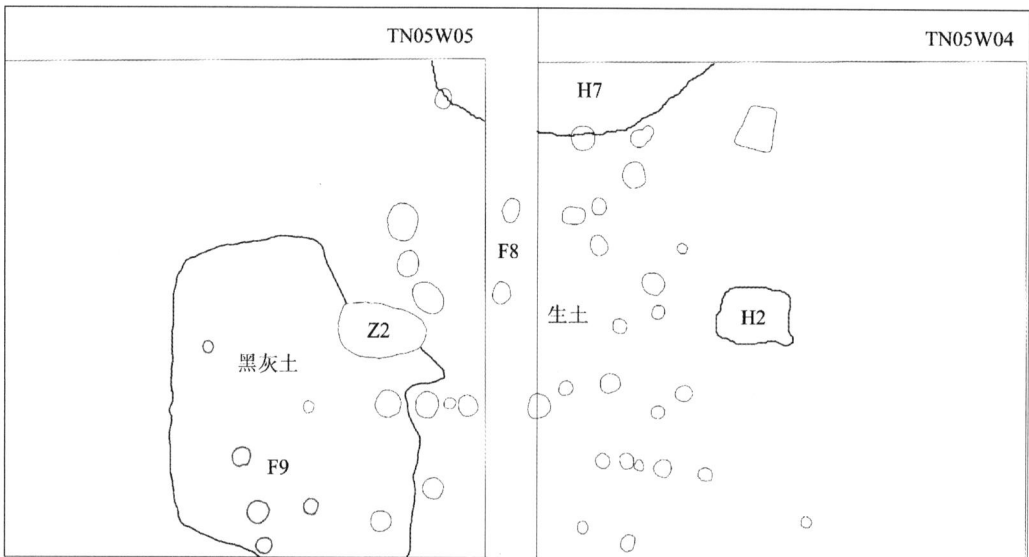

图 2-9　西部探方第一阶段遗迹分布情况

第二阶段:第⑧、⑨、⑩层也是人工营建层。发掘区西部原来地势稍高处较薄,东部原地势低堆积较厚,此阶段文化层主要分布在发掘区东部的 TN06E01、TN06E02、TN06E03、TN06E04、TN05E01、TN05E02、TN05E03、TN05E04 等探方内,有居住遗迹柱洞群 F5、F6 等,以及与之相关的墓葬群 M10、M11、M12、M13(图 2-10)。

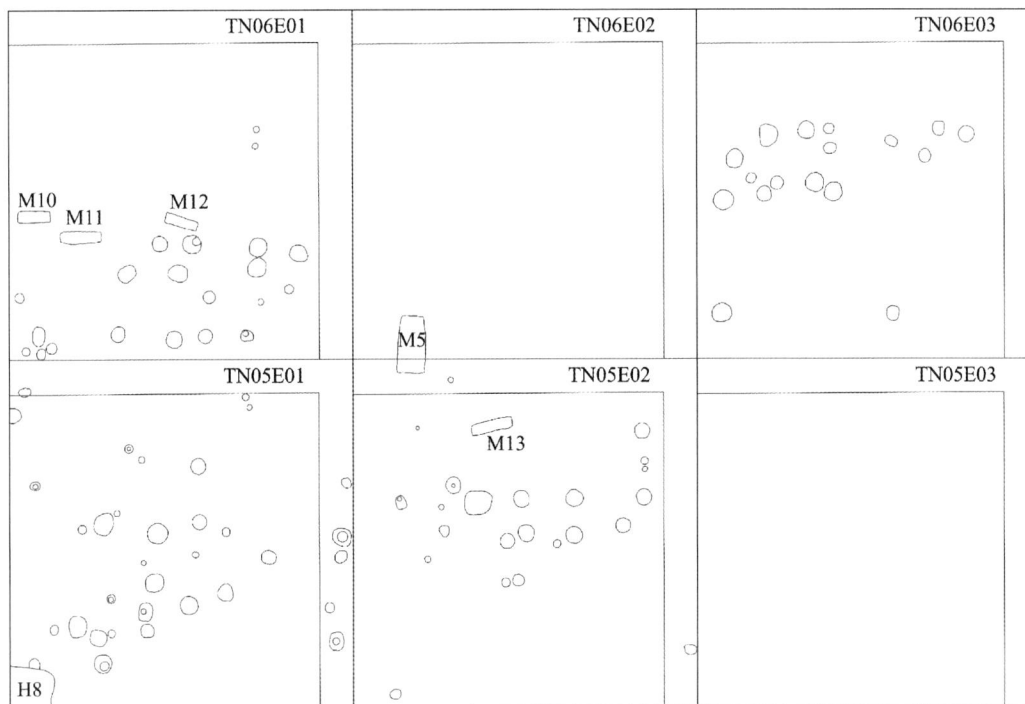

图 2-10　东部探方第二阶段遗迹分布情况

第三阶段:西部第③层和东部第⑤层是一次较大规模的居住遗迹的营建,基本覆盖了整个发掘区,文化层堆积基本为红烧土堆积,夹杂有较多生活废弃物,如陶片、石器、动物骨骼等。这个阶段发掘区与居住有关的遗迹基本是红烧土堆积、烧土面上的柱洞群 F4、F12、F15、F19,以及与柱洞群使用且共存的墓葬 M1、M2、M3、M5、M7、M8、M9,其形成应与柱洞群的居住活动密切相关。其他生活遗迹有灰沟 G2(图 2-11、图 2-12)。

第四阶段:遗址西部的第②、③层与东部的第②、③、④层是一种相对复杂的文化层,堆积基本呈由中间向遗址边缘的略倾斜状,尤其 TN06W06 地层基本为灰色淤积层,含较多青黄水浸痕迹,包含物复杂,推测为边缘的倾倒堆积。此阶段的居住遗迹有柱洞群 F4,其他生活遗迹还有灰坑 H23、H24、H25、H26、H27、H28、H29 等。

综合以上发掘情况,并结合文化遗物分析,将丁家村遗址的文化堆积分为早、晚两期,早期为第一至第三阶段的文化遗存,晚期为第四阶段的文化遗存,这些文化遗存均属于宁镇地区的商周时期文化,早晚期地层代表着发掘区的先后两个时间段的文化堆积。

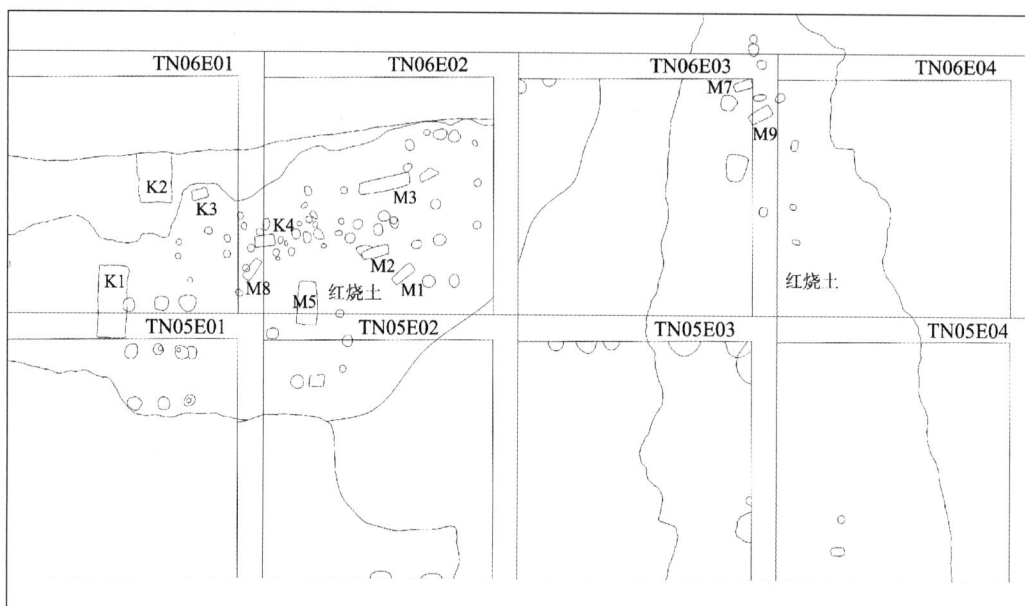

图 2-11 东部探方第三阶段遗迹分布情况

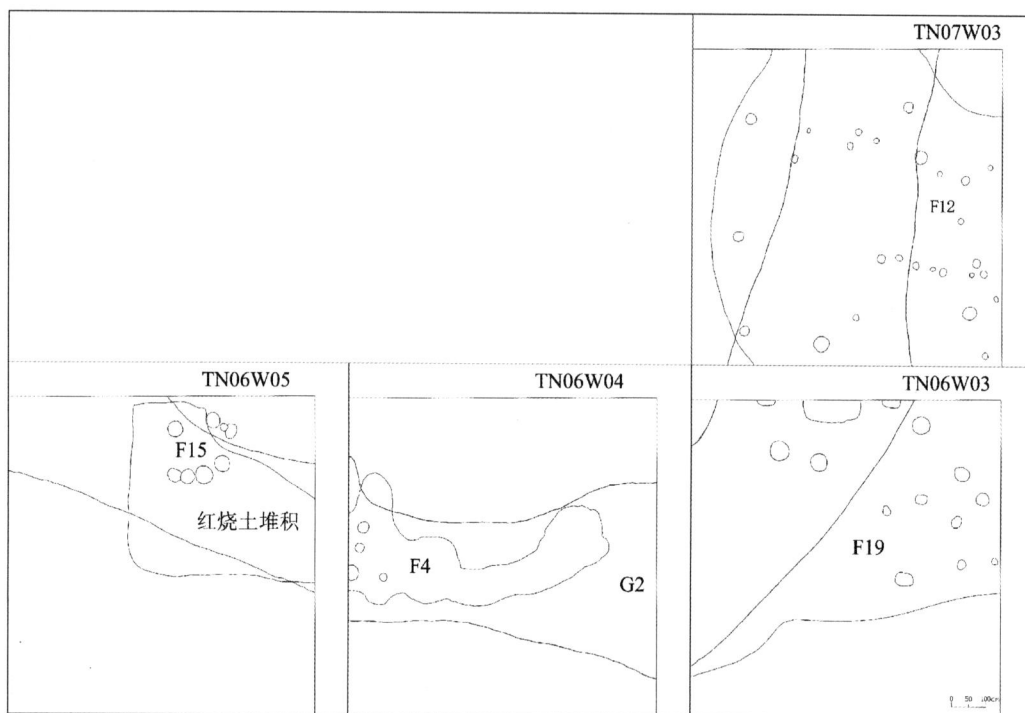

图 2-12 西部探方第三阶段遗迹分布情况

第三章　遗　迹

本次丁家村遗址发现的遗迹主要分布在遗址东、西部。发现与居住相关的建筑遗迹有23处，主要为柱洞和红烧土堆积（发掘编号统一标识为F），柱洞群的排列多没有明显的规律。墓葬14座，多为竖穴土坑，方向多为东西向。此外，还有灰坑31个、烧灶遗迹5处、灰沟2条等（附表一至十七）。现按照遗迹早晚关系，逐一进行介绍。

第一节　早　期

一、灰坑

1. H17

位于TN06E02中东部，开口于⑫层下，向下打破基岩层。平面为长方形，坑长88、宽48厘米，口距地表130、深42～46厘米。壁斜下收，平底，壁、底未见加工痕迹。填土土色为灰黑色，土质稍硬，包含有风化基岩块，无分层现象，未发现出土遗物（图3-1）。

2. H13

位于TN05E01东南角及TN05E02西南角，向南壁延伸至探方外，开口于⑪层下，向下打破基岩层。从发掘部分看平面近椭圆形，长约600、宽约270厘米，口距地表50～100、深约75厘米。壁斜下收，底不平，壁、底未见加工痕迹。填土土色为灰黑色，土质较致密稍硬，无分层现象，包含物有少量陶片等，陶片以夹砂红陶为主，其次为夹砂灰陶及泥质陶，以素面为主，纹饰有绳纹、梯格纹等，可辨器型有罐、鬲、盆等（图3-2）。

3. H19

位于TN05E01西部，部分延伸至北隔梁下，开口于⑪层下，向下打破基岩层。平面呈长方形，坑长150、宽70～80厘米，口距地表130、深35厘米。直壁平底，壁、底未见加工痕迹。填土土色为灰褐色，土质松软，无分层现象，未发现出土遗物（图3-3）。

4. H12

位于TN06W05西南部，开口于⑦层下，向下打破生土。平面呈圆角长方形，口长198、宽116、口距地表40厘米，底长176、宽96、最深56厘米。斜直壁，底微凹，壁、底未发现加工痕迹。填土土色为灰褐色，土质稍硬，无分层现象，未发现出土遗物（图3-4）。

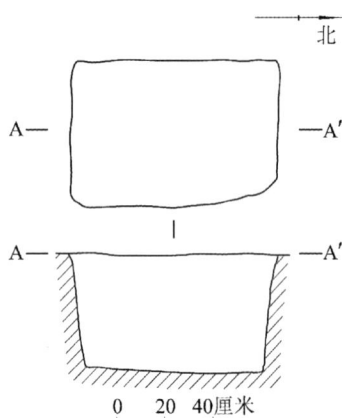

图 3-1 H17 平、剖面图

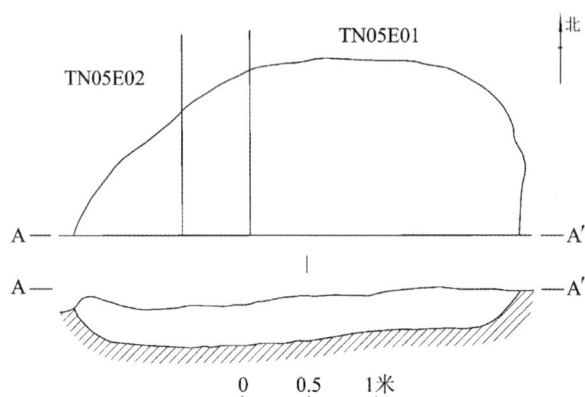

图 3-2 H13 平、剖面图

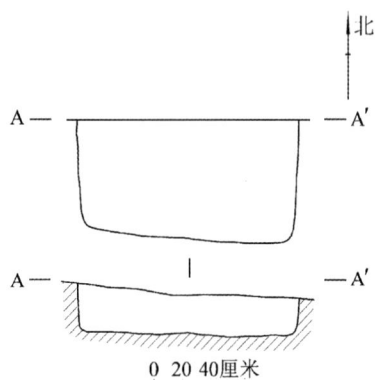

图 3-3 H19 平、剖面图

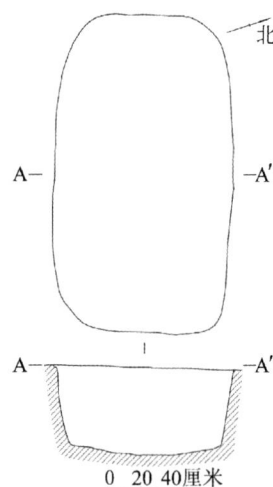

图 3-4 H12 平、剖面图

5. H10

位于 TN06W04 东北部,开口于⑥B 层下,向下打破生土。平面近弧边长方形,长 100、宽 40 厘米,口距地表 40、最深 30 厘米。壁略斜弧下收,底近平,壁、底未发现加工痕迹。坑上存在一层烧结面,填土为灰褐色,土质稍硬,无分层现象,未发现出土遗物(图 3-5)。

6. H18

位于 TN05E03 中北部,开口于⑥层下,向下打破基岩层。平面近长方形,坑长 140、宽 102~109 厘米,口距地表 130、深 10~24 厘米,坑壁斜下收,壁、底未见加工痕迹。填土土色为灰褐色,土质较软,包含有风化基岩块,无分层现象,未发现出土遗物(图 3-6)。

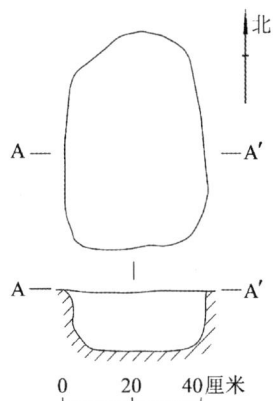

图 3-5 H10 平、剖面图

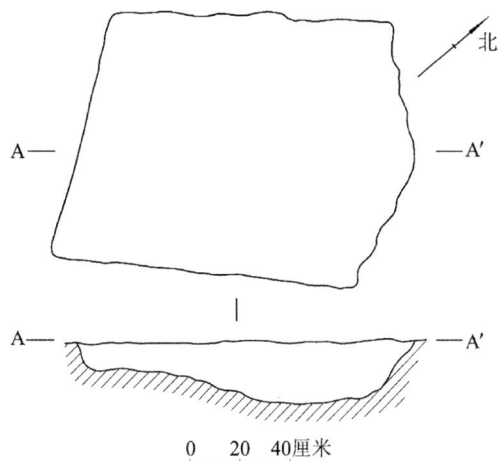

图 3-6 H18 平、剖面图

二、居住遗迹

1. F21

位于 TN06E03 西北部，开口于⑫层下，向下打破基岩层，口距地表 180 厘米，仅残留柱洞 8 个，多圆形，大致呈环状分布，深度均在 20～50 厘米。柱洞向下打破基岩，填土为黑褐色土，无包含物（图 3-7）。

2. F16

位于 TN05W01，开口于⑪层下，向下打破生土，口距地表 30～100 厘米，平面形状不清，仅残留柱洞 28 个，大小深浅不一，均无柱芯，柱洞呈不规则分布，内填灰褐土，无包含物（图 3-8）。

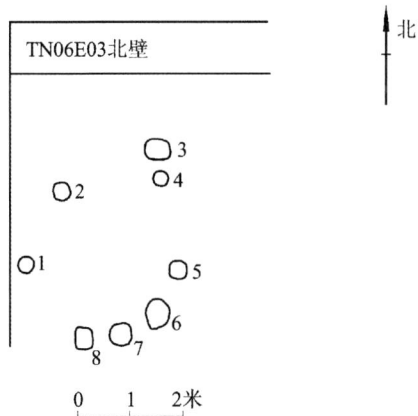

图 3-7 F21 平面图

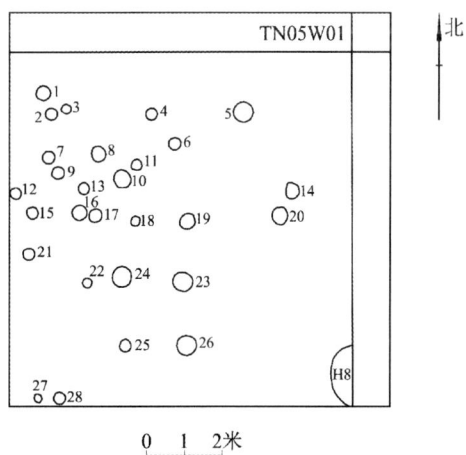

图 3-8 F16 平面图

3. F17

位于 TN06W01 南部,开口于⑪层下,向下打破基岩层,口距地表 110 厘米,平面形状不清,仅残留柱洞 12 个,大小深浅不一,均无柱芯,呈不规则分布。柱洞内填灰褐土夹风化基岩颗粒,无包含物(图 3-9)。

4. F18

位于 TN06E02 东南部,开口于⑪层下,向下打破⑫层,口距地表 56 厘米。平面形状不清,仅残留柱洞 11 个,深浅不一,其中 4 个柱洞有柱芯,其余均无。柱洞呈不规则分布。柱洞内均填灰褐土,无包含物(图 3-10)。

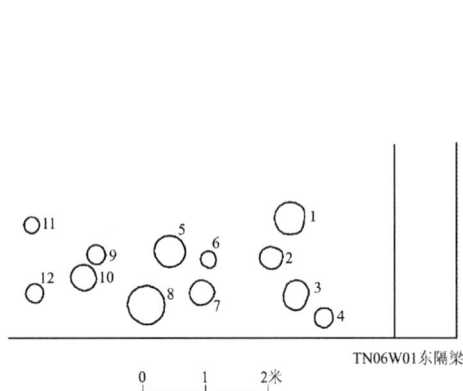

图 3-9　F17 平面图

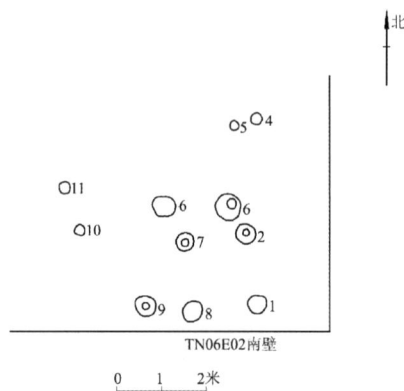

图 3-10　F18 平面图

5. F20

位于 TN06W02 北部,开口于⑪层下,向下打破生土,口距地表 175 厘米。仅残留柱洞 10 个,多圆形,深度 20～45 厘米。柱洞开口于基岩之上,填土为黑褐土,无包含物(图 3-11)。

6. F23

位于 TN05E01 中东部,开口于⑪层下,向下打破生土,口距地表约 100 厘米,平面形状不清,仅余 7 个柱洞,柱洞多圆形,呈环状排列,均无柱芯,柱洞内填灰黑土夹风化基岩颗粒,土质较软,无包含物(图 3-12)。

7. F11

位于 TN06W02 东南部,部分延伸至隔梁及相邻探方,开口于⑦A 层下,向下打破生土,口距地表 10 厘米。平面形状不规则,延伸至隔梁下。发掘部分长 575、宽 420、最深 50 厘米。房址内垫灰黑土,土质较硬,分层不明显。柱洞群有 9 个柱洞,深浅不一。出土少量陶片,不可辨器型,以夹砂陶为主,素面(图 3-13)。

8. F9

位于 TN05W05 东南部,开口于⑦层下,向下打破生土。被 F8 和 Z1 打破。口距地表 10 厘米。平面形状不规则,部分延伸至南壁下。本探方内长 585、宽 510、最深 65 厘米。柱洞群垫层为灰黑土,土质较硬,包含有少量陶片、红烧土块,未发现分层现象。F9 仅发现红烧土堆积及 8 个柱洞,柱洞底均为红烧土,个别柱洞内发现有少量陶片(图 3-14)。

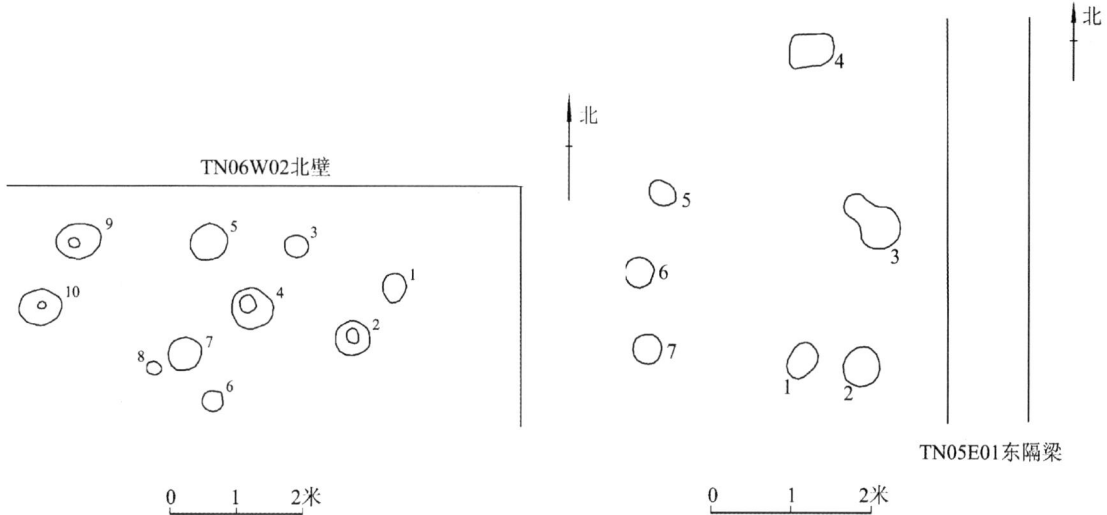

图 3-11　F20 平面图

图 3-12　F23 平面图

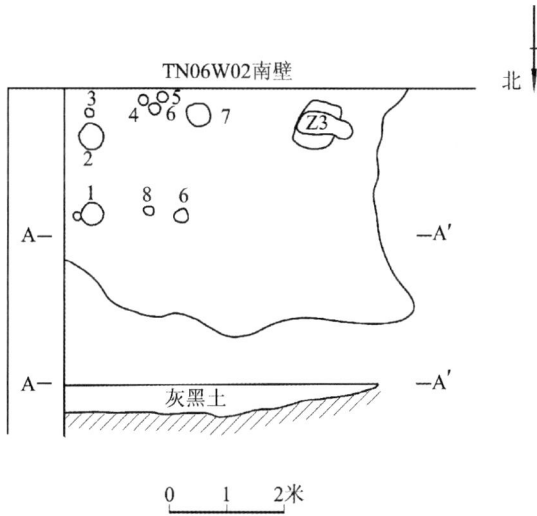

图 3-13　F11 平面图

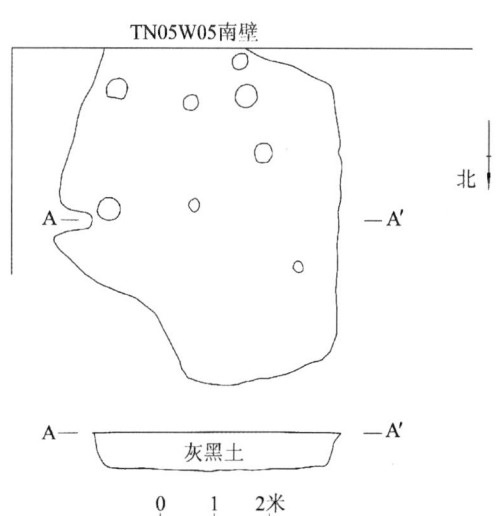

图 3-14　F9 平、剖面图

9. F13

位于 TN06E03 大部,开口于⑥层下,向下打破基岩层,口距地表约 100 厘米,平面形状不清,仅余 28 个柱洞;深浅不一,个别柱洞有柱芯,其余均无,柱洞内填灰褐土夹有风化基岩颗粒、烧土粒及草木灰。柱洞呈不规则分布,无包含物(图 3-15)。

10. F22

位于 TN05E01 大部,开口于⑥层下,向下打破生土层,口距地表约 60 厘米,平面形状不清,仅残留柱洞 26 个,深浅不一,个别柱洞有柱芯,其余均无,柱洞内填黄褐土。柱洞呈不规则分布,无包含物(图 3-16)。

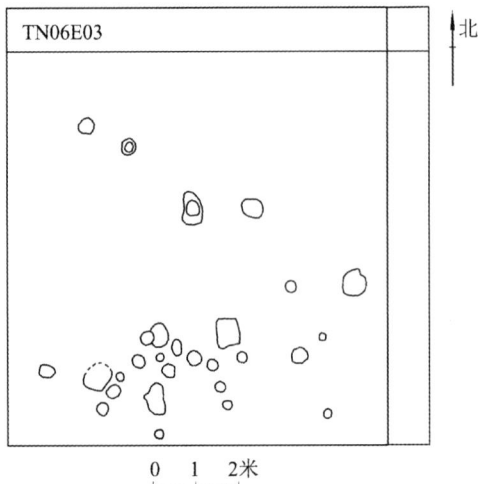

图 3-15　F13 平面图

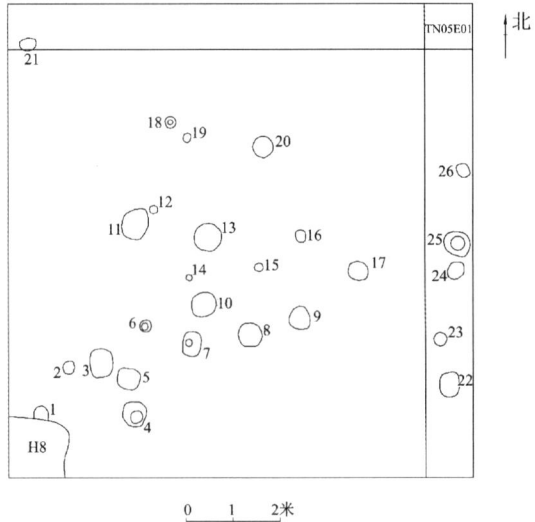

图 3-16　F22 平面图

11. F5

位于 TN06E02 大部,部分延伸至 TN06E01 内,开口于④层下,向下打破⑤层红烧土堆积。口距地表 20~50 厘米,F5 仅发现柱洞群及红烧土堆积,房址上层为红烧土,颗粒细小均匀,厚薄不均,下层为黄黑土垫层,土质较软。红烧土堆积面上有 20 余柱洞,柱洞分布规律不明显,直径为 15~60、深 20~50 厘米,柱洞内填土为灰黑土,柱洞向下打破红烧土及其垫层,其应为红烧土上房址,在红烧土表面有一层烧结硬面(图 3-17)。

12. F12

位于 TN07W03 大部,部分延伸至隔梁及相邻探方,开口于②B 层下,叠压于烧土层之上,向下打破 G2,口距地表 10 厘米左右。平面形状不规则,延伸至隔梁下。本探方内长900、宽 850、最深 140 厘米。房址上层为红烧土层,红烧土呈颗粒状,厚薄不均,下垫灰黑土,土质较疏松,分层不明显。残留柱洞 27 个,深浅不一,大小不同,未发现其分布规律,出土少量陶片,以夹砂红陶为主,少量泥质陶,纹饰有方格纹、绳纹等,素面为主(图 3-18)。

13. F19

位于 TN06W03 东北部,开口于②B 层下,向下打破 G2 及生土,口距地表 40 厘米。平面形状不清,仅余 8 个柱洞,大小及深浅不一,柱洞呈不规则分布,内填灰褐土,无包含物(图 3-19)。

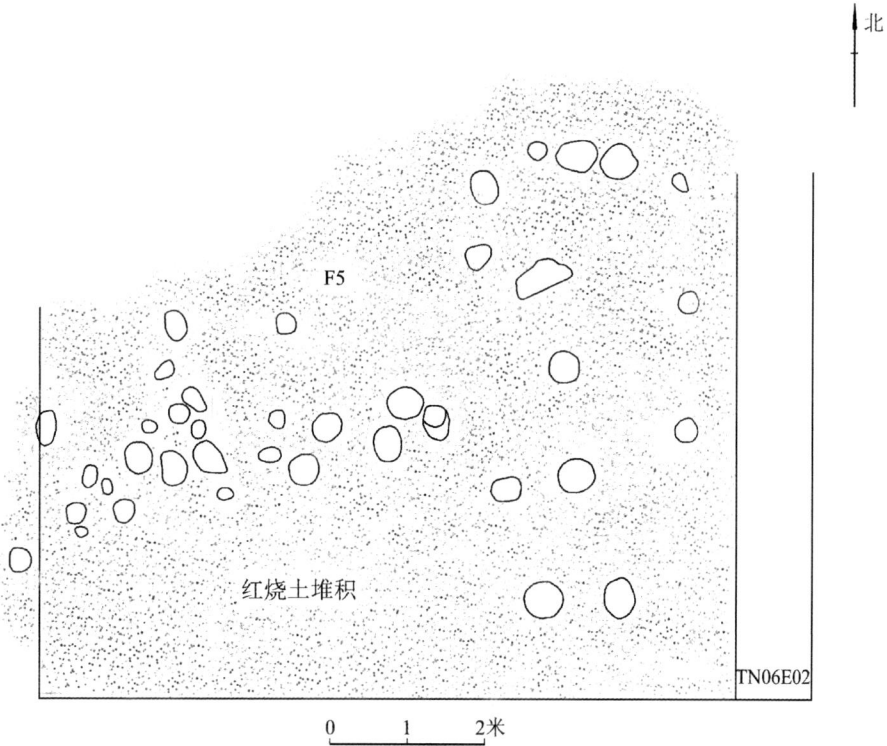

图 3-17 F5 平面图

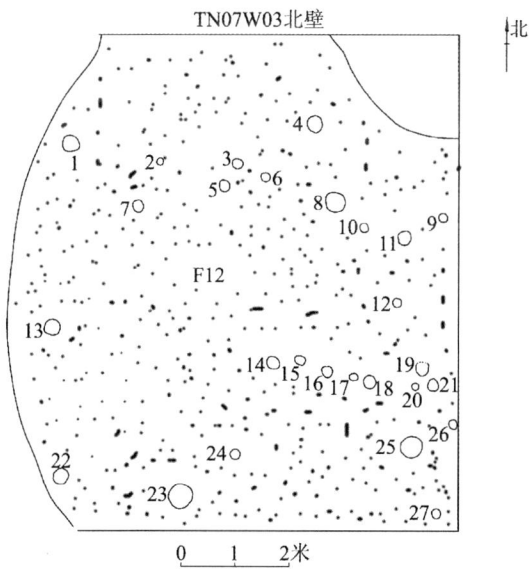

图 3-18 F12 平面图

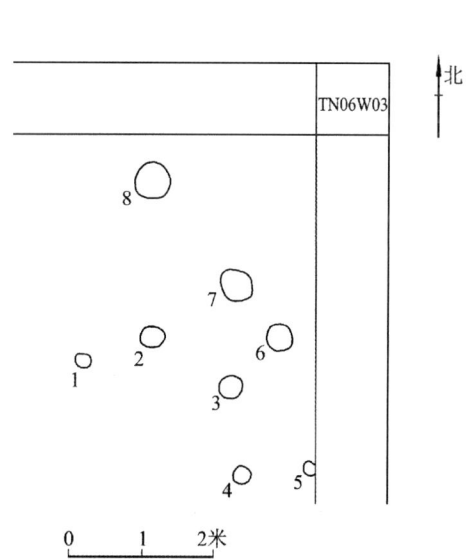

图 3-19 F19 平面图

14. F24

位于 TN05E02 西北角及 TN06E02 西南角,部分位于隔梁内,开口于②层下,向下打破⑤层红烧土堆积,口距地表 40 厘米。仅残留柱洞 8 个,多圆形,深度 10～22 厘米。柱洞开口于红烧土之上,填土为灰褐土,无包含物,柱洞围成一圆圈,形成房屋遗址。向下打破红烧土,推测应为红烧土上房址(图 3-20)。

15. F15

位于 TN06E01 东南部,部分延伸至东隔梁,开口于①层下,向下打破⑤层红烧土层,口距地表 10 厘米。F15 仅发现红烧土堆积及 6 个圆形柱洞,柱洞直径 18～32 厘米,6 个柱洞基本呈圆形排列,柱洞周围有红烧土堆积,6 个柱洞内填土均为灰褐土,残深为 16～27 厘米(图 3-21)。

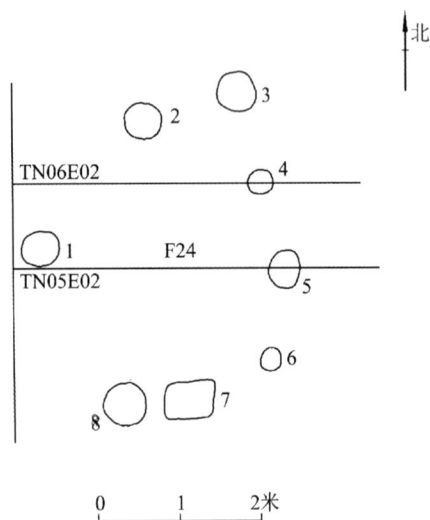

图 3-20　F24 平面图

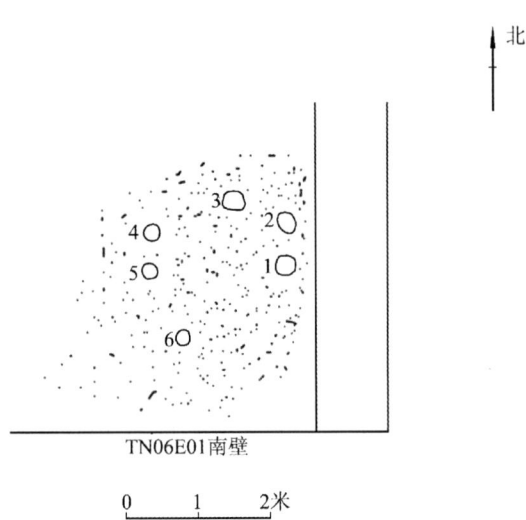

图 3-21　F15 平面图

16. F4

位于 TN06W05 大部及 TN06W04 中西部,开口于①层下,向下叠压 G2,口距地表 10 厘米左右。平面形状不规则,延伸至隔梁下。长 1620、宽 1070、最深 75 厘米。房址上层为红烧土层,在 TN06W05 内烧土层为红烧土块构成,在 TN06W04 内烧土层较薄,为红烧土颗粒构成,零散分布。烧土层下垫灰黑土,土质较疏松,出土少量陶片,器型不可辨,以夹砂红陶为主,素面无纹饰。残余柱洞在 TN06W05 发现 8 个,内均填黄土,圆形,直径 15～40 厘米,深 10～50 厘米,在 TN06W04 内发现 4 个,柱洞均有柱芯,柱芯有明显分层积压情况,柱洞底多为烧土形成,柱洞直径 20～35 厘米,深 20～40 厘米(图 3-22)。

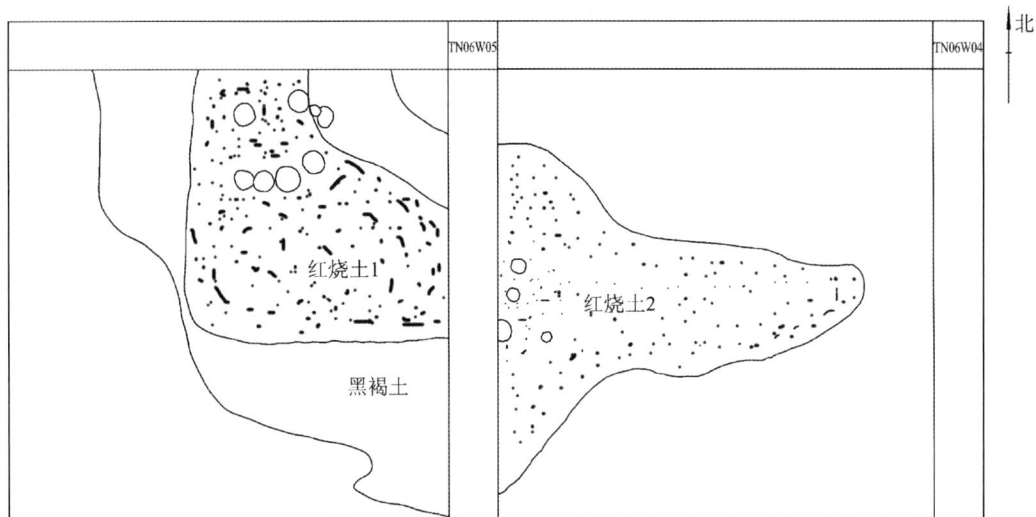

注：红烧土1为大块颗粒红烧土堆积；红烧土2为小颗粒红烧堆积

0　　1　　2米

图 3-22　F4 平面图

17. F8

位于 TN05W04 西部、TN05W05 东部，开口于①层下，向下打破生土。口距地表 10 厘米，F8 主要为柱洞群，柱洞均较浅，多为圆形，柱洞排列未发现明显规律(图 3-23)。

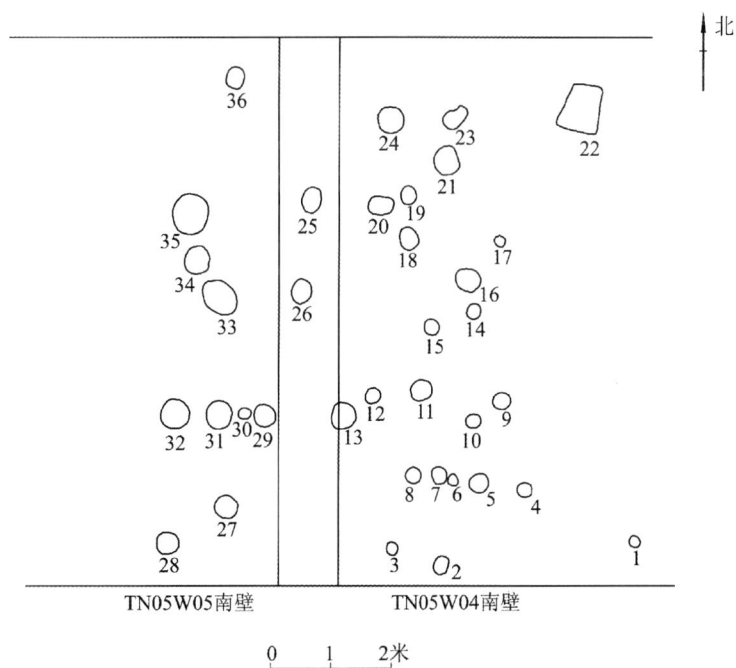

0　　1　　2米

图 3-23　F8 平面图

三、墓葬遗迹

1. M13

位于 TN05E02 中北部靠近北隔梁,开口于⑪层下,向下打破基岩层。平面呈圆角长方形,方向 83°,竖穴土坑墓。墓口距地表 90 ~ 110、深 16 ~ 30 厘米。墓口长 118、宽 24 ~ 30 厘米。直壁平底,壁底未见加工痕迹。墓内填灰花土含风化基岩,土质稍疏松。骨骼保存较差,从现存情况看葬式为仰身直肢,头向东,面向南,儿童墓葬,性别不明,未发现随葬品及葬具。头骨未变形,但有破损,体骨保存较差,长骨仅存骨干部分,脊椎骨仅存椎体部分,身长约 105 厘米。性别无法判断,为混合齿列,下颌第一臼齿已萌出,下颌门齿萌出约 1/2,推断其死亡年龄在 7 岁左右(图 3-24)。

2. M14

位于 TN06E02 中南部,方向 86°,竖穴土坑墓。开口于⑪层下,向下打破基岩层。平面呈圆角长方形,墓口距地表 100、深 24 厘米。墓口长 94、宽 28 ~ 30 厘米。直壁平底,壁、底未见加工痕迹。填土为黄褐花土,土质稍疏松。骨骼残留少许头骨,从现存情况看墓主葬式不明,头向东,面向、性别、年龄不详,未发现随葬品及葬具(图 3-25)。

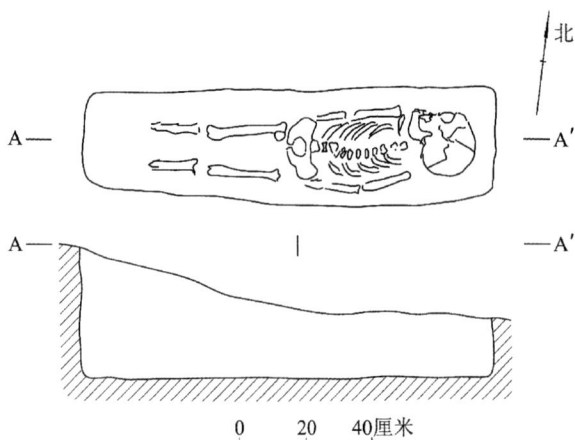

图 3-24 M13 平、剖面图

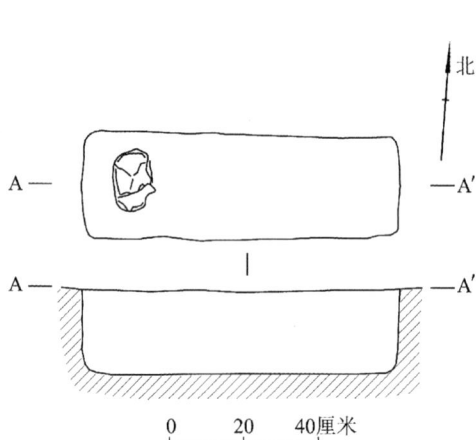

图 3-25 M14 平、剖面图

3. M15

位于 TN06E02 中部,方向 73°,竖穴土坑墓。开口于⑪层下,向下打破基岩层。平面呈圆角长方形,墓口距地表 100、深 20 厘米。墓口长 84、宽 30 ~ 40 厘米。直壁平底,壁、底未见加工痕迹。填土为黄褐花土,土质稍疏松。骨骼保存较差,从现存情况看、葬式为仰身屈肢,头向东,面向、性别不详,未发现随葬品及葬具。头骨压扁,仅存几根长骨的骨干部分,身长约 70 厘米。性别无法判断,可观察到乳上颌中门齿已萌出,但齿根尚未闭合,推断其死亡年龄在 1 岁左右(图 3-26)。

4. M16

位于 TN05E01 北隔梁中部,方向 70°,竖穴土坑墓。开口于⑪层下,向下打破基岩层。平面呈圆角长方形,墓口距地表 110、深 18 厘米。墓口长 104、宽 42 厘米。直壁平底,壁、底未见加工痕迹。填土为灰褐花土,土质稍疏松。骨骼保存较差,从现存情况看,葬式为仰身直肢,可判断墓主未成年,具体年龄不详,头向东,面向、性别不详,未发现随葬品及葬具(图 3-27)。

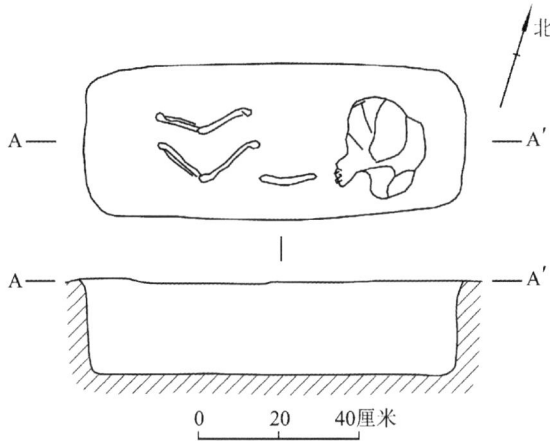

图 3-26　M15 平、剖面图

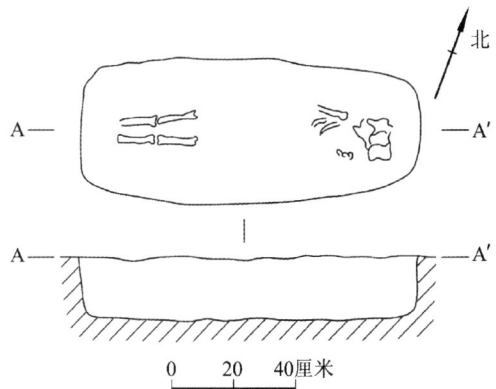

图 3-27　M16 平、剖面图

5. M17

位于 TN06E02 中南部靠近南隔梁,方向 81°,竖穴土坑墓。开口于⑪层下,向下打破基岩层。平面呈圆角长方形,墓口距地表 135、深 14 厘米。墓口长 110、宽 38 厘米。直壁平底,壁底未见加工痕迹。填土为灰褐色花土,土质稍疏松。骨骼保存较差,从现存情况看葬式为仰身直肢,头向东,面向上,性别不详,未发现随葬品及葬具,推断死亡年龄在 10 岁左右(图 3-28)。

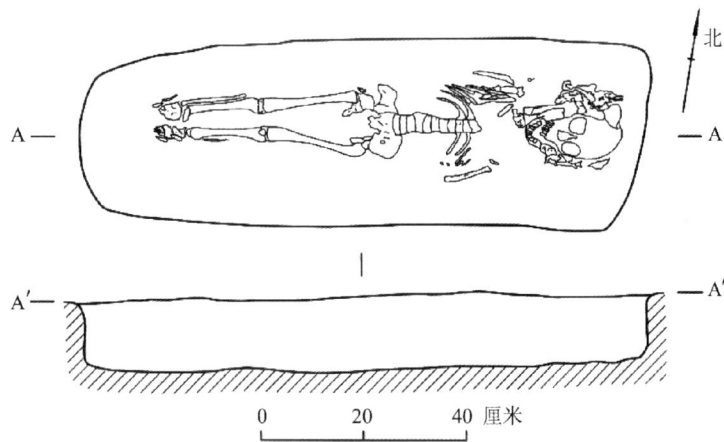

图 3-28　M17 平、剖面图

6. M10

位于 TN06E01 中部偏西靠近西隔梁,竖穴土坑墓,方向 94°,开口于⑥层下,向下打破⑩层。平面为长方形,墓口距地表 50、深 46 厘米。墓口长 96、宽 32 厘米。直壁,平底,壁、底未见加工痕迹。填土为黄褐花土,土质稍疏松。骨骼保存较差,从现存情况看葬式为仰身直肢葬,头向东,面向、性别、年龄不详,未发现葬具、随葬品(图 3-29)。

7. M11

位于 TN06E01 中部偏西,竖穴土坑墓,方向 96°,开口于⑥层下,向下打破⑩层。平面近圆角长方形,墓口距地表 50、深 12 厘米。墓口长 115、宽 25～30 厘米。直壁,底近平,壁、底未见加工痕迹。墓内填黄褐花土,土质稍疏松。可辨认出墓主为仰身直肢,头向东,面向上。头骨压碎,体骨保存较差,身长约 105 厘米。性别无法判断,可观察到下颌牙齿为混合齿列,乳齿未脱落,下颌第一臼齿已萌出,判断死亡年龄在 6 岁左右,未发现随葬品及葬具(图 3-30)。

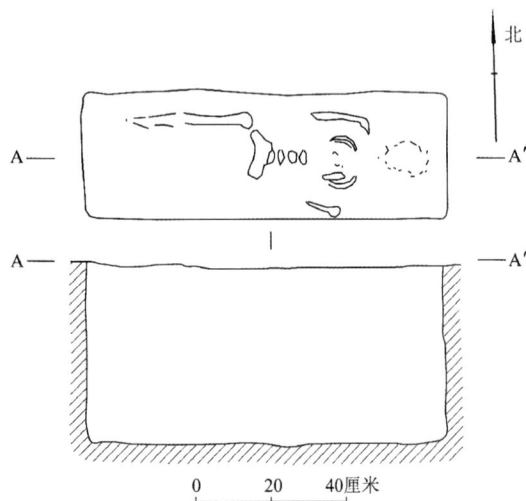

图 3-29　M10 平、剖面图

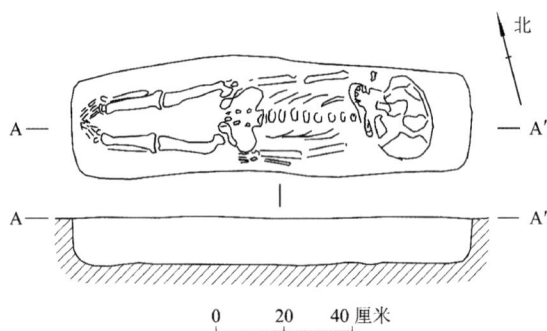

图 3-30　M11 平、剖面图

8. M12

位于 TN06E01 中部,竖穴土坑墓。方向 110°,开口于⑥层下,向下打破⑩层。平面为长方形,墓口距地表 50、深 20 厘米。墓口长 90、宽 26 厘米。直壁,平底,壁、底未见加工痕迹。墓内填黄褐花土,土质稍疏松。骨骼保存较差,从现存情况可辨认出墓主为仰身直肢,头向东,面向上,性别不详,未发现随葬品及葬具,仅可判断墓主人未成年,具体年龄不详(图 3-31)。

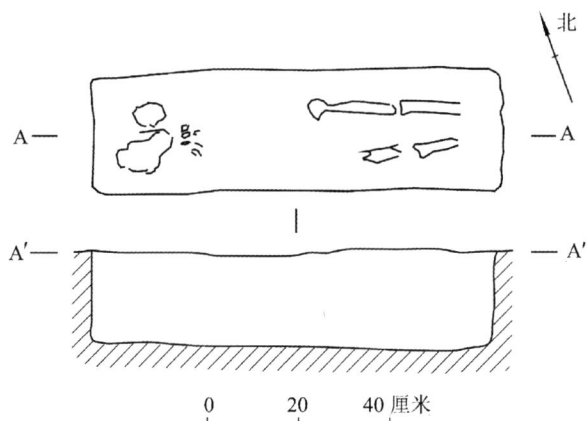

图 3-31 M12 平、剖面图

9. M6

位于 TN06E01 西南部，竖穴土坑墓。方向 98°，开口于⑥层下，向下打破⑩层。平面为长方形，墓口距地表 56、深 10 厘米。墓口长 64、宽 25 厘米。壁略直，平底，壁、底未见加工痕迹。墓内填黄褐花土，土质稍疏松。从现存情况可辨认出墓主为仰身直肢，头向东，面向不详，年龄在 1 岁左右，性别不详，未发现随葬品及葬具（图 3-32）。

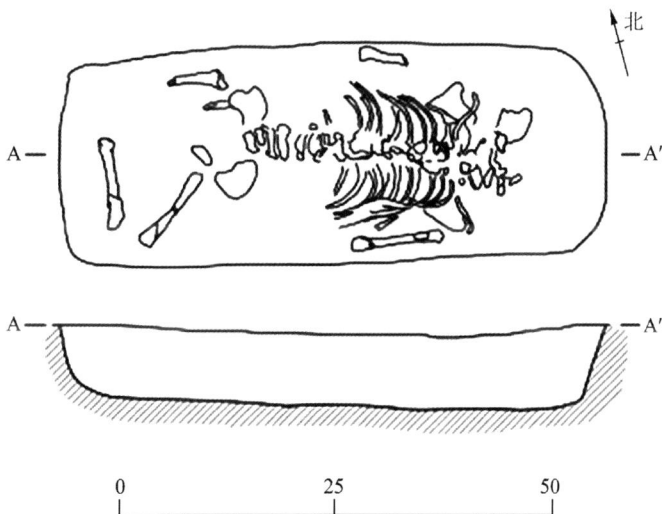

图 3-32 M6 平、剖面图

10. M1

位于 TN06E02 东南部，方向 57°，竖穴土坑墓。开口于④层下，向下打破⑤层红烧土堆积，平面呈圆角长方形，墓口距地表 35、深 3～10 厘米。长 108、宽 30～66 厘米。直壁，底一端略高一端略低，壁、底未见加工痕迹。填土为黑灰花土，土质稍疏松，包含物有少量红烧土块。骨骼保存较差，从现存情况可辨认出墓主为仰身直肢，头向东北，面向北，性别不详，死亡年龄在 10 岁左右，葬具不明，未发现随葬品及葬具（图 3-33）。

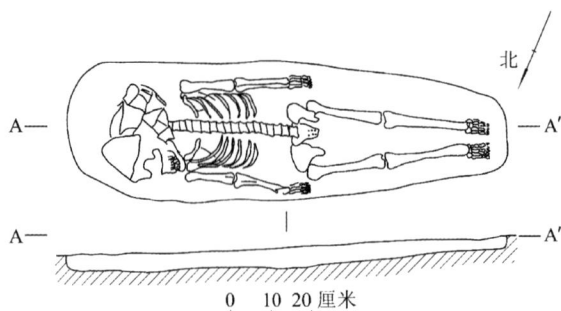

图 3-33　M1 平、剖面图

11．M2

位于 TN06E02 东南部，方向 78°，竖穴土坑墓。开口于④层下，向下打破⑤层红烧土堆积，墓口距地表 35、深 7 厘米。平面呈圆角长方形，长 102、宽 50～62 厘米。斜直壁下收，底近平，壁、底未见加工痕迹。填土为黑灰花土，土质稍疏松。骨骼保存较差，从现存情况可辨认出墓主为仰身直肢，头向东北，面向北，性别不详，死亡年龄在 1 岁半左右，未发现随葬品及葬具（图 3-34）。

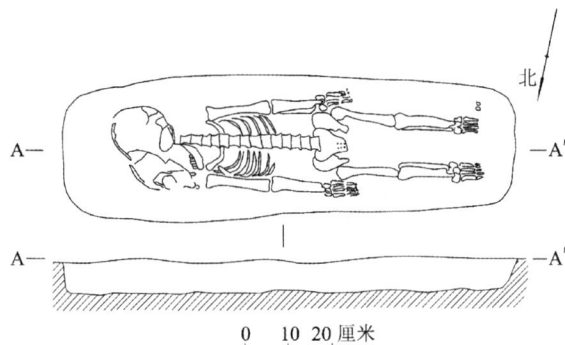

图 3-34　M2 平、剖面图

12．M4

位于 TN06E02 中部，方向 72°，为竖穴土坑墓。开口于④层下，向下打破⑤层红烧土，平面呈圆角长方形，东西长 186、南北宽 18～40、深 25～37 厘米，墓坑较窄，墓口距地表 35 厘米。直壁，底近平，壁、底未见加工痕迹。墓内填土为黑灰褐花土，土质稍疏松。骨骼保存较好，头部有一长方形石块，头顶部有一半残石刀，侧身直肢，头向东略偏北，面向不详，手部有交叉现象，根据骨盆及下颌骨特征推断应为男性（图 3-35）。

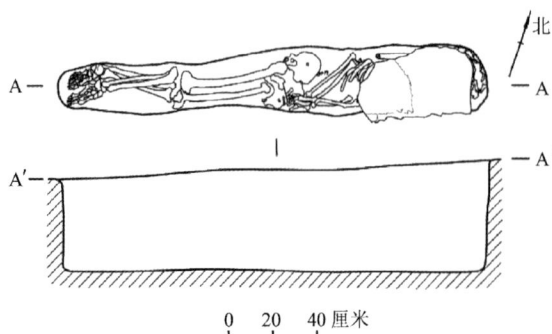

图 3-35　M4 平、剖面图

13. M7

位于 TN06E03 东部,部分压于探方东壁之下,方向 79°,为竖穴土坑墓,开口于④层下,向下打破⑤、⑥层。平面呈圆角长方形,东西长 126、南北宽 52、深 45 厘米,墓口距地表 100 厘米。直壁,底近平,壁、底未见加工痕迹。墓内填土为黑灰褐花土,土质稍疏松。骨骼仅保存一截支骨,头向、面向、年龄、性别不详,未发现随葬品及葬具(图 3-36)。

14. M9

位于 TN06E03 中部偏东,方向 52°,为竖穴土坑墓,开口于④层下,向下打破⑤、⑥层。平面呈圆角长方形,东西长 128、南北宽 55、深 35 厘米,墓口距地表 94 厘米。直壁,底近平,壁、底未见加工痕迹。墓内填土为灰褐土夹烧土颗粒,土质稍疏松。从现存情况可辨认出墓主为仰身直肢,头向东北,面向北,年龄在 3 岁左右,性别不详,未发现随葬品及葬具(图 3-37)。

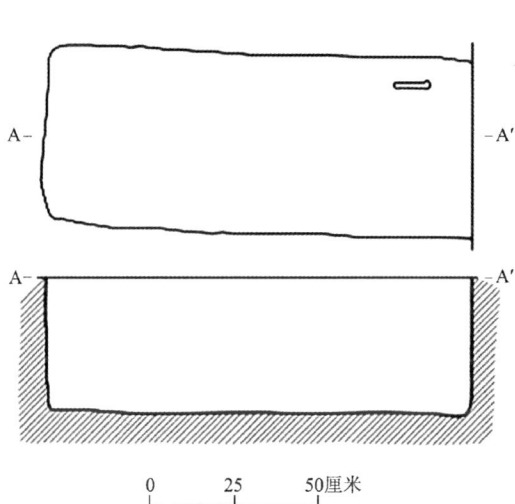

图 3-36　M7 平、剖面图

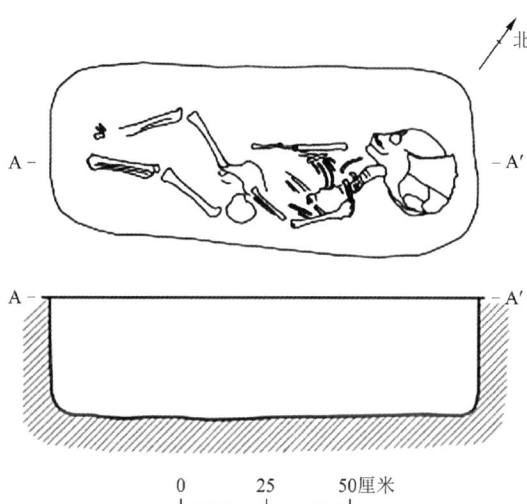

图 3-37　M9 平、剖面图

15. M8

位于 TN06E01 东隔梁内偏南,方向 48°。竖穴土坑墓。开口于②层下,向下打破⑤、⑥层。平面近椭圆形,墓口距地表 40 厘米,深 30 厘米,墓口长 90、宽 35 厘米。壁微斜下收,底近平,壁、底未见加工痕迹。填土为灰褐色,土质稍疏松,包含物有少量烧土颗粒。骨骼保存较差,从现存情况看葬式为仰身直肢葬,头向东北,面向北,性别、年龄不明,仅可判断墓主未成年,未发现随葬品及葬具(图 3-38)。

16. M3

位于 TN06W01 中南部,竖穴土坑墓,方向 88°,开口于①层下,向下打破⑥层。平面近椭圆形,墓口距地表 20~30、深 12~33 厘米,墓口长 75、宽 20~36 厘米,直壁,底近平,壁、底未见加工痕迹。填土为黄灰花土,土质稍疏松。骨骼保存较差,部分头骨及四肢头骨保存较好,其余均不见,从现存情况可辨认出墓主为仰身直肢,头向东,面向南,性别年龄不详,未发现随葬品及葬具(图3-39)。

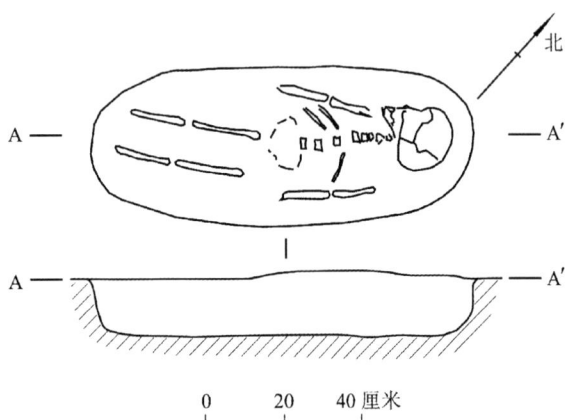

图 3-38　M8 平、剖面图

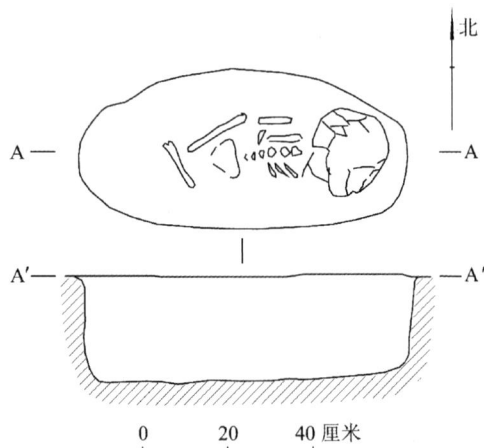

图 3-39　M3 平、剖面图

四、烧灶遗迹

1. Z4

位于 TN06E01 东南角,方向 32°,平面呈圆角长方形,叠压于⑪层下,向下打破生土,南北长约 176、东西宽约 38 厘米,底长 160、宽 20~38、深 10~26 厘米。填土为浅褐花土,包含物有红烧土块、红烧土颗粒,底部有一层厚 8~10 厘米灰白土,较软。Z4 壁微斜下收,为厚 6~28 厘米的红烧土,烧土范围南北长 186、宽 65~73 厘米。底部南高北低呈斜坡状,底面为红烧土硬面,较平(图3-40)。

2. Z5

Z5 位于 TN06E01 西北角,开口于⑪层下,向下打破生土,口距地表最深 185 厘米。平面呈长方形,敞口,中部有一凹槽,其余部分均为红烧土,剖面呈沟槽型,壁斜内收,底部南高北低呈坡形,底面为红烧土硬面,较平,底部有一薄层灰白土,较软。平面被⑧层破坏严重,北部只保留底部,南北长约 140、东西宽约 24 厘米,周围烧土范围南北长 165、宽 76、烧土厚 6~18 厘米(图3-41)。

3. Z3

位于 TN06W02 中南部,开口于⑦A 层下,向下打破 F11,口距地表 10 厘米。平面形状呈不规则圆形。宽 81、长 94、最深 15 厘米。灶壁斜下收。壁、底未发现加工痕迹,有烧灼痕迹,灶壁较硬。坑内填灰土,土质较软,由层状结构推测应为草木灰,未出土陶片等遗物。位于 F11 之上,向下打破 F11,推测可能为 F11 内(图3-42)。

4. Z2

位于 TN05W05 中东部,开口于⑦层下,向下打破 F9 及生土,口距地表 10 厘米。平面形
状为不规则圆形。长 166、宽 81、最深 12 厘米。灶壁斜下收。壁、底未发现加工痕迹,有烧
灼痕迹,灶壁较硬。灶内填灰黑土,土质较硬,似烧结面,未出土陶片等遗物。Z2 位于 F9 之
上,向下打破 F9,推测可能为 F9 内(图 3-43)。

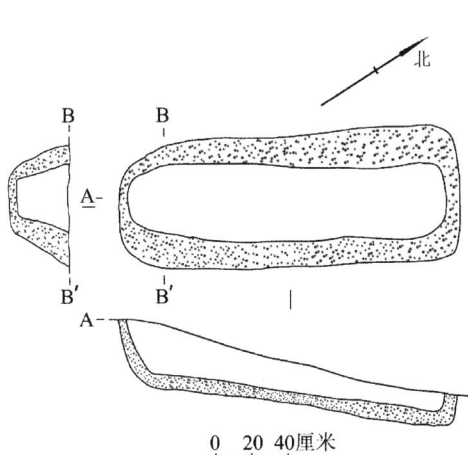

图 3-40 Z4 平、剖面图

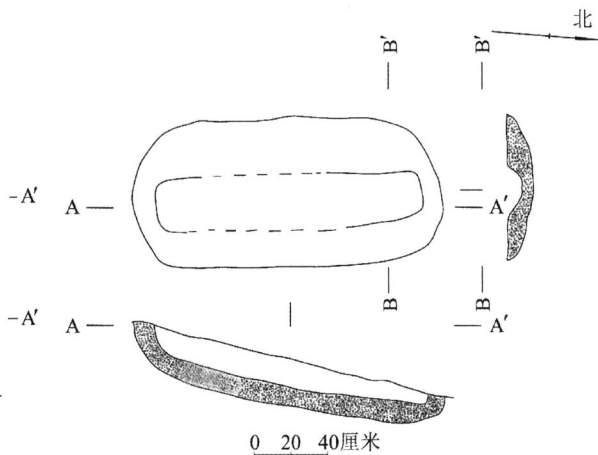

图 3-41 Z5 平、剖面图

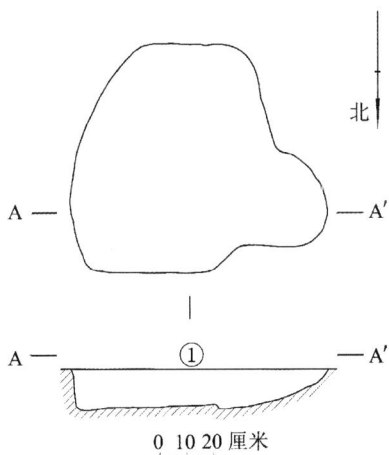

图 3-42 Z3 平、剖面图

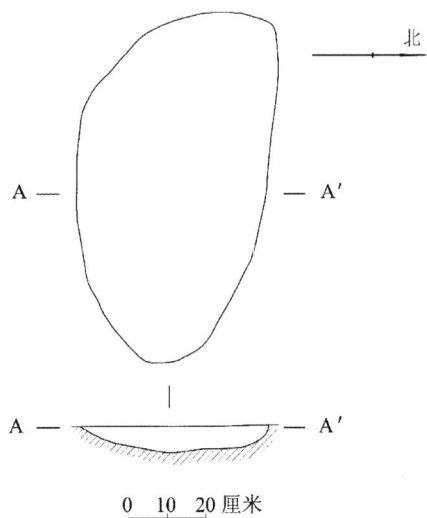

图 3-43 Z2 平、剖面图

五、灰沟遗迹

G2,分布于 TN06W03、TN06W04、TN07W03、TN06W05 等探方,叠压于②层下,向下打破
生土。位于发掘区西北角,平面呈半环状。沟口距地表 10~75、沟深 0~224 厘米。沟壁为
斜坡状,圜底,壁、底未发现加工痕迹。填土分为 5 层:①层,深灰褐色土,土质较硬。厚 0~

55厘米。包含物以陶片居多,其次有少量石器、兽骨、红烧土块、炭粒等。其中陶片以夹砂红陶为主,其次有泥质红陶、泥质灰陶、印纹硬陶。陶片多为素面,纹饰有绳纹、梯格纹、方格纹等。可辨器型有罐、鬲、甗、鼎等。②层,灰黑色土,土质疏松。厚0~85.5厘米。包含物有陶片、炭化植物种子、炭粒等。陶片以夹砂红陶为主,其次有泥质灰陶、泥质红陶、印纹硬陶。陶片多为素面,纹饰有绳纹、方格纹、间断绳纹等。可辨器型有罐、鬲、甗等。③层,黑灰褐色土,土质稍软。厚0~110厘米。④层,深褐色土,土质稍软。厚0~48厘米。较纯净,无出土遗物。⑤层,黄褐色,土质稍软。厚0~63厘米。较纯净,无出土遗物(图3-44)。

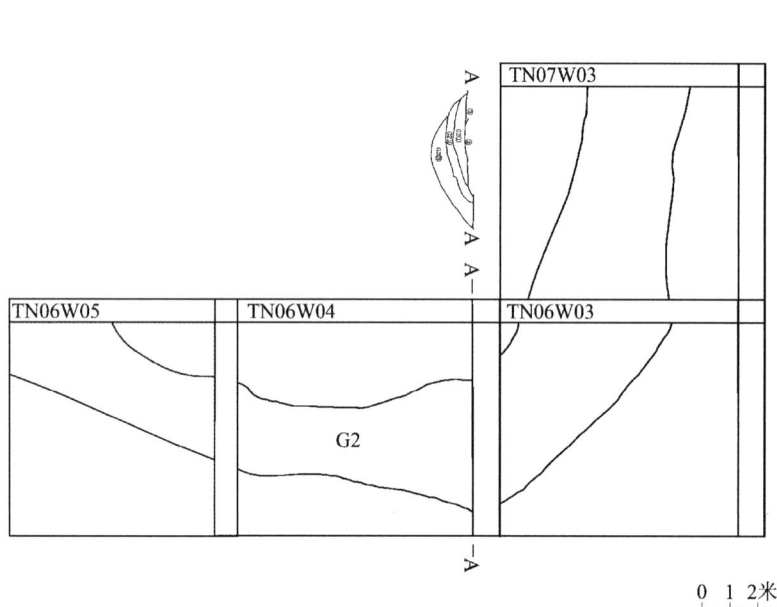

图3-44　G2平、剖面图

第二节　晚　期

一、灰坑

1. H20

位于TN05E01中北部,开口于④层下,向下打破⑤层红烧土堆积。平面近弧边三角形,长130、宽120厘米,口距地表130、深30厘米。壁斜弧下收,底近平,壁、底未见加工痕迹。填土土色为灰褐色,土质稍硬,无分层现象,未发现出土遗物(图3-45)。

2. H14

位于TN05E02东南角,开口于③层下,向下打破④层。平面形状不规则,长约520、宽75~325厘米,口距地表80、深约56厘米。斜直壁,底近平,坑壁斜下收,壁、底未见加工痕迹。填土土色为灰黑色,土质较致密,无分层情况,出土少量陶片,以夹砂红陶为主,其次为夹砂灰陶及泥质陶。陶片以素面为主，纹饰有绳纹、方格纹等。可辨器型有罐、鬲、盆等（图3-46）。

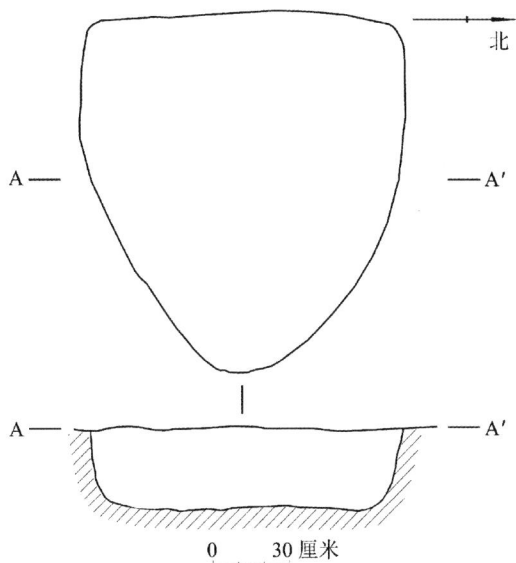

图 3-45 H20 平、剖面图

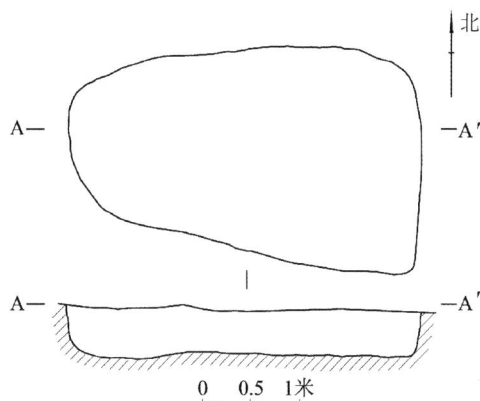

图 3-46 H14 平、剖面图

3. H27

位于 TN06E03 东南角，向东向南均深入隔梁之下，限于发掘面积，未完全揭露。开口于③层下，向下打破④、⑤层。灰坑平面呈扇形，坑口距地表 75 厘米，坑口直径约 100、短径约 90、深约 110 厘米。坑壁斜弧向下收，圜底。坑内填土呈灰褐色，土质较软，未发现遗物（图3-47）。

4. H28

位于 TN06E03 南部稍偏东，部分压于 TN05E03 北隔梁之下未发掘。开口于③层下，向下打破④、⑤、⑥层，并被 H24 和 H25 所打破。灰坑平面呈扇形，坑口距地表约 95、坑口直径约 145、短径 55、坑深约 90 厘米。坑壁斜弧向下收，底向下微弧。坑内填土呈深灰色，土质较软，未发现遗物（图3-48）。

5. H5

位于 TN05E01 东部。开口于②层下，向下打破③层，平面近圆形，直径约 156、坑口距地表 25、宽 140、坑深 24 厘米。壁弧下收，平底，壁、底未见加工痕迹。填土土色为深灰褐色，土质略软，包含物有红烧土块，无分层现象，未发现出土陶片（图3-49）。

6. H24

位于 TN06E03 南部偏东，部分压于 TN05E03 北隔梁之下未发掘。开口于②层下，向下打破③、④层及H28。灰坑平面呈半椭圆形,坑口距地表55、坑口直径约75、宽45、坑深约40厘米。坑壁斜弧向下收,底略平。坑内填土呈灰褐色,土质较软,未发现遗物(图3-50)。

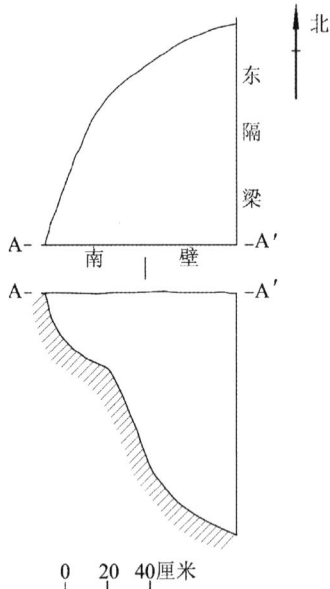

图3-47　H27平、剖面图

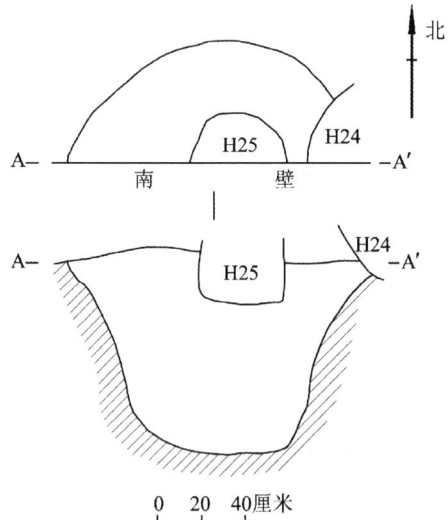

图3-48　H28平、剖面图

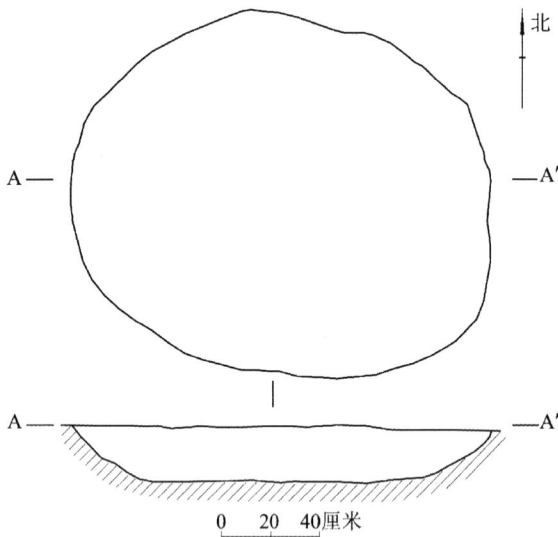

图3-49　H5平、剖面图

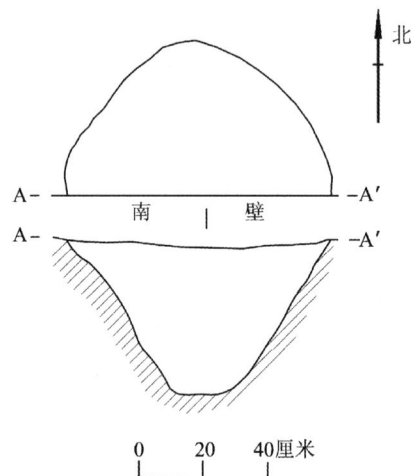

图3-50　H24平、剖面图

7. H25

位于TN06E03南部偏东,部分压于TN05E03北隔梁之下未发掘。开口于②层下,向下打破③和H28。灰坑平面呈半圆形,坑口距地表50、坑口直径约45、坑深约70厘米。坑壁较直,底略平。坑内填土呈黄灰色,土质较软,未发现遗物(图3-51)。

8. H1

位于TN06W04偏北部。开口于①层下,向下打破生土。平面为圆角长方形。坑长252、宽118厘米,口距地表10、最深38厘米。坑壁斜下收。壁、底未发现加工痕迹。填土土色为红褐色,土质稍硬,未发现分层情况,未发现出土遗物(图3-52)。

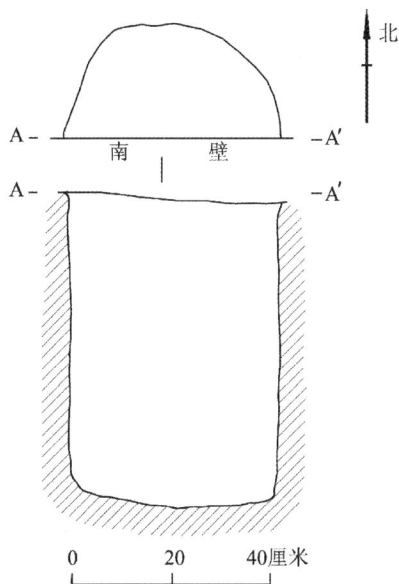

图3-51 H25平、剖面图

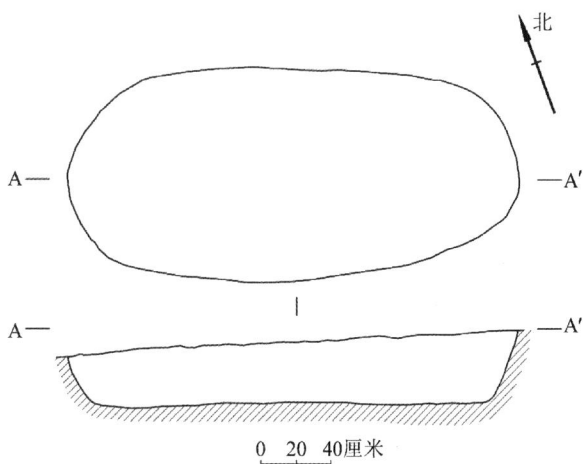

图3-52 H1平、剖面图

9. H2

位于TN05W04中部。开口于①层下,向下打破生土。平面形状不规则。坑长170、宽170厘米,口距地表10、最深33厘米。壁、底未发现加工痕迹。填土土色为灰褐色,土质较软,无分层情况,包含物有少量陶片。陶片以夹砂红陶为主。其次有少量夹砂灰陶、泥质红陶。纹饰有方格纹,以素面为主。可辨器型有鬲、罐等(图3-53)。

10. H3

分布于TN06W03东南部、TN06W02西南部及TN05W03、TN05W02北隔梁下。开口于①层下,向下打破生土。平面形状不规则,长700、宽210厘米,口距地表10、最深60厘米。壁、底未发现加工痕迹。填土土色为灰褐色,土质较软,无分层情况,包含物中有少量陶片。陶片以夹砂红陶为主,其次有少量泥质红陶。陶片以素面为主,纹饰为方格纹、绳纹等。可辨器型有鬲、罐等(图3-54)。

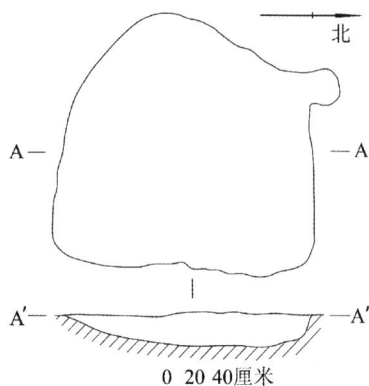

图 3-53　H2 平、剖面图

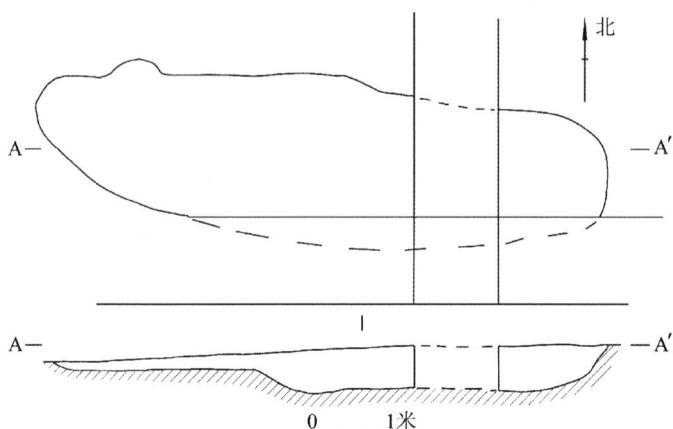

图 3-54　H3 平、剖面图

11．H4

位于 TN05W01 内。开口于①层下,向下打破第⑪层。平面近圆形,口直径约 224、径最长 272、最短 212 厘米。口距地表 10、距坑底深 40 厘米。坑壁弧形斜下收至底,底近平,壁、底未见加工痕迹。填土分为两层,①层填土为黑土,土质较松软,厚 0～16 厘米;②层填土为黄土,土质较硬,厚 0～35 厘米。包含物有红烧土块、陶片、石块等。出土遗物以陶片居多,其次有少量石器等。其中陶片以夹砂红陶为主,其次有泥质红陶、泥质灰陶、夹砂灰陶、硬陶。陶片多为素面,纹饰有绳纹、梯格纹、弦纹、菱形回纹等。可辨器型有鼎、鬲、甑等(图 3-55)。

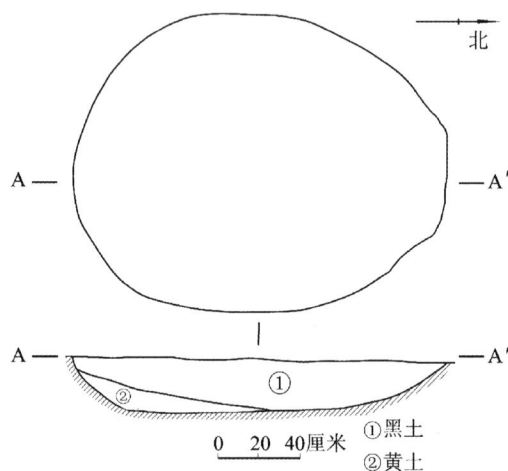

图 3-55　H4 平、剖面图

12．H6

位于 TN06W01 西南部。开口于①层下,向下打破⑨层。平面形状近椭圆形,坑长 294、宽 160 厘米,口距地表 10、最深 30 厘米。壁斜弧下收,底微圜。壁、底未发现加工痕迹。填土土色为灰褐色,土质较软,包含物有少量红烧土块、陶片。陶片以夹砂陶为主。可辨器型有鬲、盆、罐等(图 3-56)。

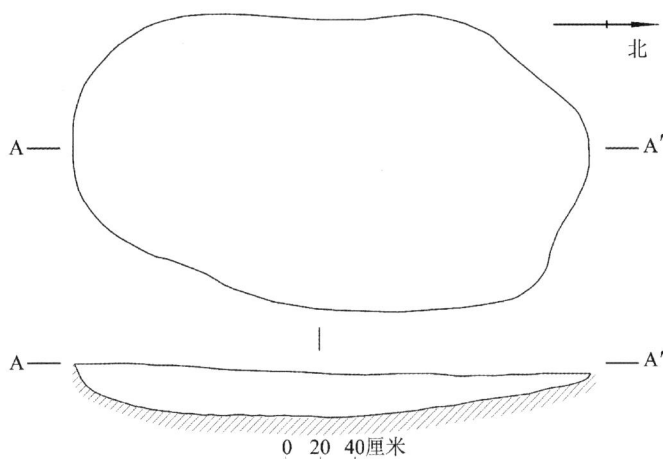

图 3-56 H6 平、剖面图

13. H7

分布于 TN06W04、TN06W05、TN05W04、TN05W05 四个探方相邻区域,开口于①层下,向下打破生土。平面形状不规则,长约 300、宽约 70 厘米,口距地表 10、深约 80 厘米。坑壁斜弧下收,底近平。壁、底未发现加工痕迹。填土土色为灰黑色,土质较硬,包含物有少量陶片。陶片以夹砂陶为主,少量泥质陶。可辨器型有鬲、盆、罐等(图 3-57)。

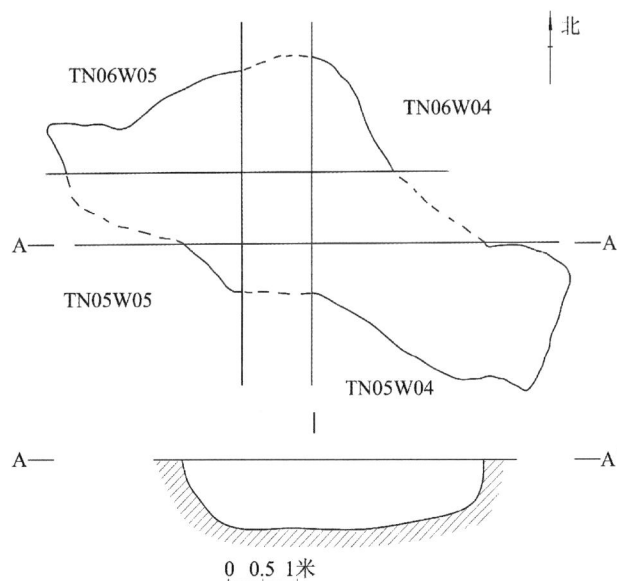

图 3-57 H7 平、剖面图

14. H8

分布于 TN05W01 东南角、TN05E01 西南角。开口于①层下,向下打破生土层。平面近弧边长方形,长 276、宽 154 厘米,口距地表 20、深 34~40 厘米。壁斜弧下收,平底,壁、底未见加工痕迹。填土为红褐色,土质稍硬,包含物有红烧土块、陶片等。出土遗物器型不可辨(图3-58)。

15. H9

位于TN06W03中东部。开口于①层下,向下打破生土。平面近弧边长方形,长90、宽48厘米,口距地表10、最深24厘米。坑壁斜直下收,平底。壁、底未发现加工痕迹。填土土色为灰褐色,土质较硬,无分层现象,未发现出土遗物(图3-59)。

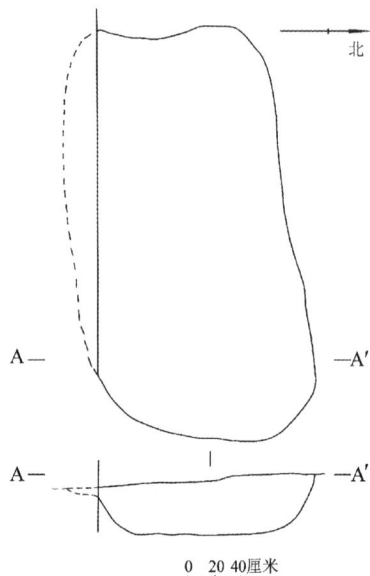

图3-58 H8平、剖面图

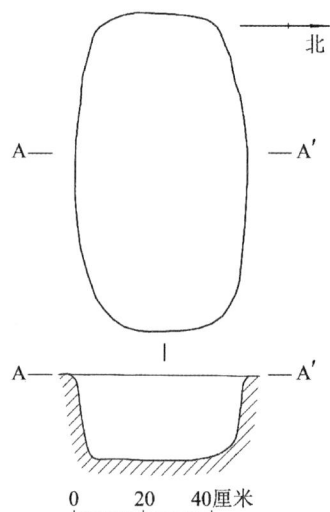

图3-59 H9平、剖面图

16. H21

位于TN06E03南部偏西,部分压于TN05E03北隔梁之下未发掘。开口于①层下,向下打破②层,并被H22所打破。灰坑平面呈扇形,坑口距地表10、坑口直径约40、宽约33、坑深约40厘米。坑壁斜弧向下收,圜底。坑内填土呈灰褐色,土质较软,未发现遗物(图3-60)。

17. H22

位于TN06E03南部偏西,部分压于TN05E03北隔梁之下未发掘。开口于①层下,向下打破②层。灰坑平面呈半圆形,坑口距地表10、坑口直径约60、坑深约32厘米。坑壁斜弧向下收,圜底。坑内填土呈黄灰色,土质较硬,包含有烧土粒,未发现遗物(图3-61)。

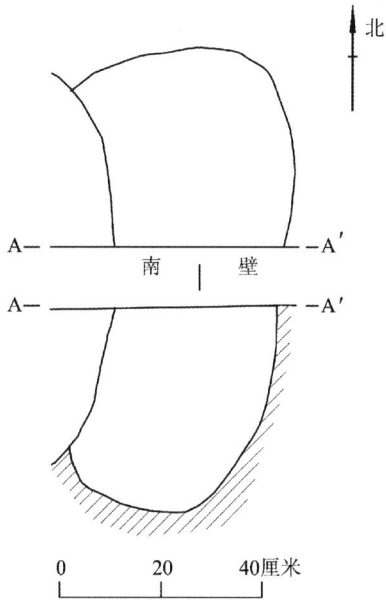

图 3-60　H21 平、剖面图

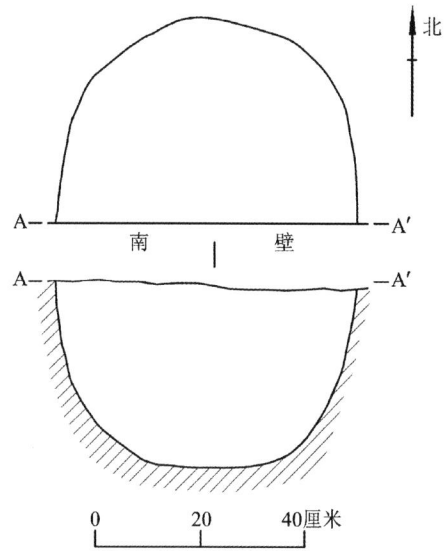

图 3-61　H22 平、剖面图

二、居住遗迹

1. F3

位于 TN05E03 中北部。叠压于③层下，向下打破④层。口距地表 50 厘米。F3 为四柱洞式柱洞群，4 个柱洞均为圆形，直径 64～80 厘米。4 个柱洞内填土均为灰黄土，深度 22～40 厘米（图 3-62）。

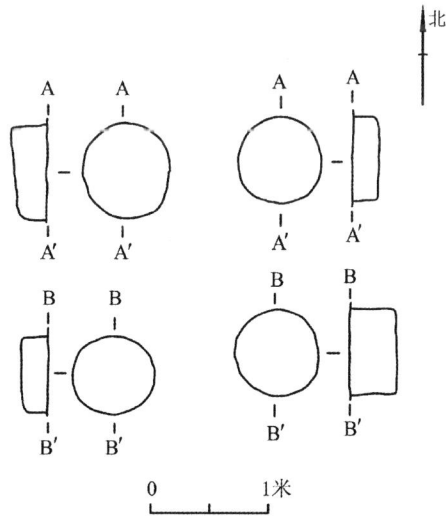

图 3-62　F3 平、剖面图

2. F6

位于TN05E01中北部及TN06E01中南部。开口于②层下,向下打破⑤层。口距地表20厘米,平面共9个圆形柱洞,三三分布。柱洞开口红烧土上,直径为26~50、深8~22厘米不等。有两个柱洞内部有柱芯,其余均无柱芯,内填灰褐土。活动面不见,但因打破红烧土,推测可能为红烧土上房址(图3-63)。

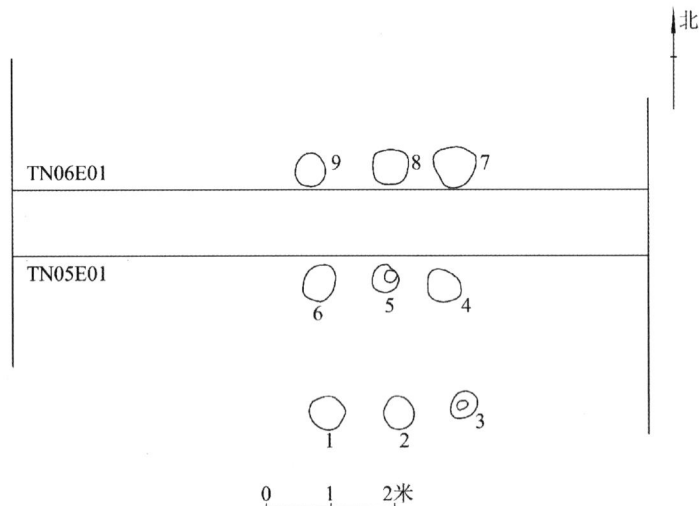

图3-63 F6平面图

3. F7

位于TN05E01中西部及TN05W01东部,部分延伸至隔梁内。开口于②层下,向下打破③层。口距地表20厘米,平面共10个圆形柱洞,大致三三对称分布。柱洞直径为30~50、深16~28厘米。有9个柱洞内部有柱芯,一个无柱芯,内填灰褐土,个别柱洞内填灰褐土夹红烧土。活动面不见,红烧土堆积层在该柱洞区域缺失,但其打破红烧土下垫土层(图3-64)。

4. F10

位于TN06E03南部,部分压在南壁下。叠压于②层下,向下打破③层。口距地表70~100厘米。F10为四柱洞式柱洞群,4个柱洞均为圆形,直径60~90厘米。4个柱洞内填土均可分为两层,①层黄褐土含灰土,②层灰褐土,深度30~40厘米(图3-65)。

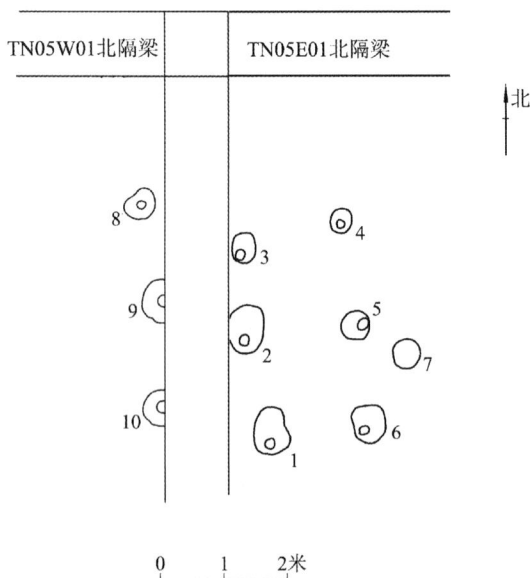

图3-64 F7平面图

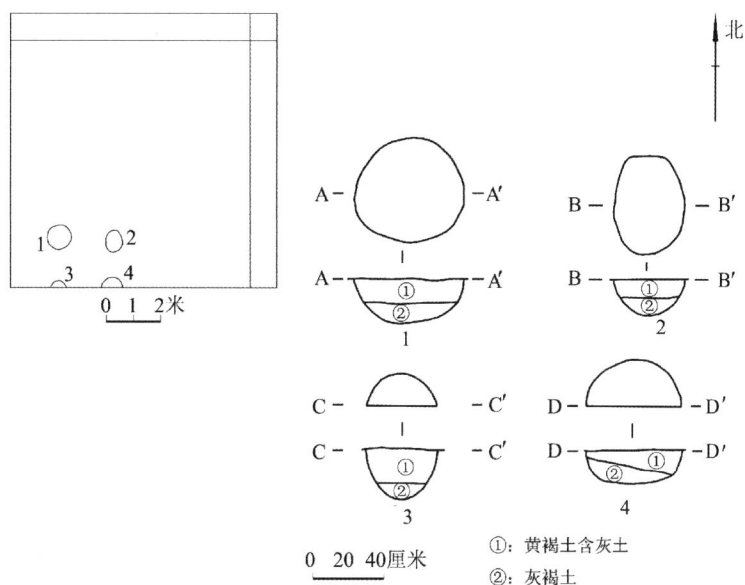

①：黄褐土含灰土
②：灰褐土

图 3-65 F10 平、剖面图

5. F1

位于 TN05E03 西南部。叠压于①层下,向下打破②层,口距地表约 10 厘米。生活面缺失,仅余 4 个柱洞,柱洞直径 80 ~ 100 厘米。4 个柱洞内填土均填灰黄土,深度 20 ~ 40 厘米。此房址类型应为柱基一类,活动面及房屋垫层均不见(图 3-66)。

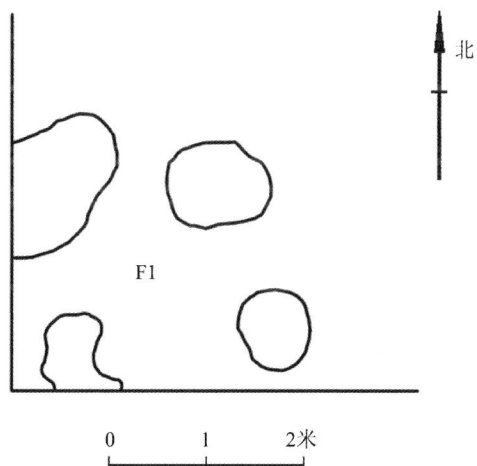

图 3-66 F1 平面图

6. F2

位于 TN05E03 中北部。叠压于①层下,向下打破②层,口距地表 10 厘米。生活面缺失,仅余 4 个圆形柱洞,柱洞直径 80 ~ 100 厘米。4 个柱洞内填土均填灰黄土,深度 17 ~ 40 厘米。此房址类型应为柱基一类,活动面及房屋垫层均不见(图 3-67)。

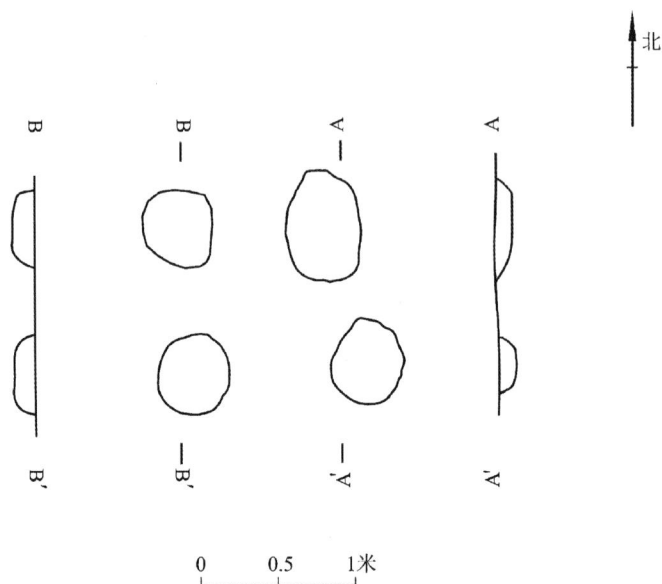

图 3-67　F2 平、剖面图

三、墓葬遗迹

1. M5

位于 TN06E02 西南角,部分延伸至南隔梁内。竖穴土坑墓。方向 23°。开口于②层下,向下打破⑤、⑥、⑪、⑫层。平面近长方形。墓口距地表 30、深约 75 厘米。墓口长 140、宽 65~80 厘米。直壁,底近平,壁、底未见加工痕迹。填土为黑灰花土,土质稍疏松。未发现骨骼遗存。葬式、性别不详,未发现随葬品及葬具(图 3-68)。

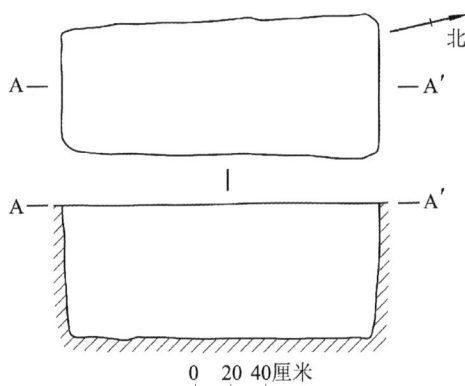

图 3-68　M5 平、剖面图

四、烧灶遗迹

Z1 位于 TN05E02 东南部。开口于④层下,向下打破红烧土堆积,口距地表 50 厘米。平面形状呈"U"形,有一"U"形灶壁,中空。长 98、宽 88、深 0~38 厘米。灶壁斜下收,顶部直下收。壁、底未发现加工痕迹,有烧灼痕迹,灶壁较硬。坑内填灰黑土,土质较硬,未出土陶片等遗物。位于红烧土之上,向下打破红烧土,推测可能为红烧土房屋内,边缘部分被现代沟打破(图 3-69)。

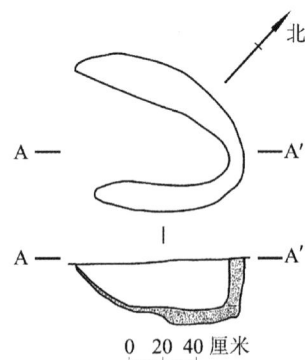

图 3-69　Z1 平、剖面图

第四章　出土遗物

第一节　早　期

　　早期遗物主要出土于各地层及遗迹,为陶器、原始瓷器、石器、青铜器、骨角标本等。其中陶器主要为夹砂红陶、泥质红陶,其次为印纹硬陶、夹砂灰陶、泥质灰陶。根据各探方统计表核算各比例为:夹砂陶63.14%,泥质陶30.8%,印纹硬陶4.67%,黑皮陶1.9%,原始瓷0.06%。

　　陶器器类为鬲、甗、鼎、罐、豆、钵、盆、器盖、陶饼、纺轮等,石器器类为锛、斧、铲、刀、饼、纺轮、镞、杵、砺石等,青铜器为镞,骨角器有管状器。

　　陶片多为素面,纹饰主要有绳纹、梯格纹、刻划纹、回纹、弦纹等,根据各探方统计表核算各比例为:素面66.82%,绳纹13.54%,梯格纹8.9%,方格纹1.2%,回纹5.6%,间断绳纹1.43%,弦纹0.9%,刻划纹0.62%,折线纹0.2%,另有少量附加堆纹、戳印纹、叶脉纹、夔纹等,还有一些复合纹饰,如回纹＋折线纹、梯格纹＋附加堆纹、间断绳纹＋刻划纹、方格纹＋绳纹等。

　　夹砂陶多为素面,纹饰多装饰在泥质红陶器上,尤以泥质红陶罐上施梯格纹最多,或横置或竖置,夹砂罐也是梯格纹居多。两种罐的纹饰其次为绳纹,多竖向拍印;夹砂鬲、甗的纹饰仅为绳纹,且数量不占优势;按窝纹主要施在鼎足及甗腰上;钵多素面,少数器壁外施竖向绳纹;刻槽盆内为单线或复线交错竖向刻划纹,外壁基本都有纹饰,施绳纹或梯格纹,两种纹饰数量相当,口沿处配以弦纹;器盖多素面;簋多素面,少数有折线纹。另外,印纹硬陶器上基本都有纹饰,且多为折线加回纹等组合纹饰;原始瓷器上多为弦纹。现依据器类、质料不同分别介绍如下。

一、陶瓷器

1. 鬲

　　共77件,根据有无纹饰分两型。

　　A型,59件,无纹饰。根据口沿又可分为两个亚型。

　　Aa型,50件,口沿外侈。标本TN07W03G2②:4,夹砂褐陶。斜方唇,卷沿,腹微鼓,分档,下有三锥状足,足内底稍尖窄。素面。口径19.6、腹径19、高22.4厘米(图4-1,1)。标本TN05W05③:1,夹砂红陶。斜方唇,折沿,沿面微弧形外卷,腹微弧,斜下收,分档,下接锥形足,足内底微圜,足跟较矮。素面。口径22、残高12.9厘米(图4-1,2)。标本TN05E03⑫:5,夹砂褐陶。斜方唇,圆折沿,沿面微弧外卷,弧腹,腹中部以下均残。素面。口径13.6、残高6.2厘米(图4-1,3)。标本TN06W05G2②:369,夹砂灰陶,器表因烧制不均匀,呈现灰、红二色。侈口,圆唇,折沿,溜肩,弧腹斜下收。素面。口径37.5、残高25.6厘米(图4-1,4)。标本TN06W01H6:2,夹砂褐陶。侈口,斜方唇,折沿,沿面弧形微外卷,弧肩,弧腹,腹中部以下均残。素面。口径19、残高9.2厘米(图4-1,5)。标本TN06E03⑦C:92,夹砂褐陶。斜方唇,沿面弧形微外卷,折沿,腹微弧斜下收。素面。口径18、残高8厘米(图4-1,6)。标本G2②:63,夹砂红陶。侈口,斜方唇,沿面微弧形外卷,折沿,腹壁微弧,有腹下分裆现象。素面。口径18、残高18.2厘米(图4-1,7)。标本G2②:52,夹砂红陶。侈口,圆唇,沿面微弧形外撇,折沿,腹壁微弧,有腹下分裆现象。素面。口径24、残高18.4厘米(图4-2,1)。标本G2②:28,夹砂红陶。侈口,圆唇,沿面近斜直外撇,折沿,腹壁微弧,有腹下分裆现象。素面。口径19、残高16.4厘米(图4-2,2)。标本G2②:555,夹砂红陶。侈口,圆唇,沿面微弧形外卷,圆折沿,腹壁微弧,有两处戳印纹,腹中部以下残。素面。口径23、残高9.8厘米(图4-2,3)。标本TN06W04⑥B:8,夹砂红陶。侈口,斜方唇,沿面弧形外卷,圆折沿,弧溜肩,腹上部微鼓斜下收。素面。口径25、残高10.8厘米(图4-2,4)。标本TN06W02⑦A:6,夹砂红陶。侈口,方唇,圆折沿,弧腹,腹以下残。素面。口径15、残高8.4厘米(图4-2,5)。标本TN06W04G2②:22,夹砂红陶。侈口,圆方唇,沿面微弧形外卷,圆折沿,弧腹斜下微收,腹下部残。素面。口径15、残高11.6厘米(图4-2,6)。标本G2②:72,夹砂红陶。侈口,圆方唇,沿面微弧形外卷,圆折沿,腹壁微弧斜下收,有腹下分裆现象。素面。口径18、残高15厘米(图4-2,7)。标本TN06W03G2②:21,夹砂褐陶。圆唇,弧腹微鼓,分裆,下有三锥状足,足底残。裆部有少许刻画纹。口径18.4、腹径9.8、高21.6厘米(图4-2,8)。标本TN05E03⑥:8,夹砂褐陶。斜方唇,沿面弧形微外卷,圆折沿,腹微弧。素面。口径15.6、残高8.9厘米(图4-2,9)。标本G2②:74,夹砂红陶。侈口,圆方唇,沿面微弧形外卷,折沿,腹壁微弧,有腹下分裆现象。素面。口径14、残高10.4厘米(图4-2,10)。标本TN05W05⑤A:52,夹砂红陶。斜方唇,沿面弧形外卷,圆折沿,高领,弧腹。素面。口径32、残高8.0厘米(图4-3,1)。标本TN05W05⑤A:71,夹砂红陶。方唇,敞口,圆折沿,沿面弧形外卷,溜肩,腹微弧,腹下已残,有下收倾向。素面。口径32、残高9.8厘米(图4-3,2)。标本TN06W05⑤A:24,夹砂红陶。斜方唇,敞口,折沿,沿面弧形微外卷,弧腹。素面。口径29、残高9.8厘米(图4-3,3)。标本G2②:414,夹砂红陶。侈口,尖圆唇,沿面微弧形外撇,圆折沿,弧肩,腹部微弧,斜下收。素面。口径25.6、残高10.8厘米(图4-3,4)。标本TN06W02⑦A:17,夹砂红陶。侈口,方唇,圆折沿,弧腹,腹以下残。素面。口径30.8、残高10.4厘米(图4-3,5)。标本G2②:310,夹砂红陶。侈口,斜方唇,唇面微凹,沿面近斜直外撇,折沿,腹部微弧,斜下收。素面。口径28.3、残高11.6厘米(图4-3,6)。标本G2②:611,夹砂红陶。侈口,圆方唇,沿面近斜直外撇,折沿,弧腹斜下微收。素面。口径34.4、残高11.8厘米(图4-3,7)。标本TN06E03⑦C:22,夹砂红陶,器表因烧制不均匀,呈现红、黑二色。斜方唇,下唇斜下张,弧形外撇撇度较大,折沿,腹微鼓。素面。口径21.6、残高6.6厘米(图4-3,8)。标本TN05E03⑫:4,夹砂褐陶。斜方唇,折沿,沿面微弧外卷,腹上部微弧,腹中部以下均残。素

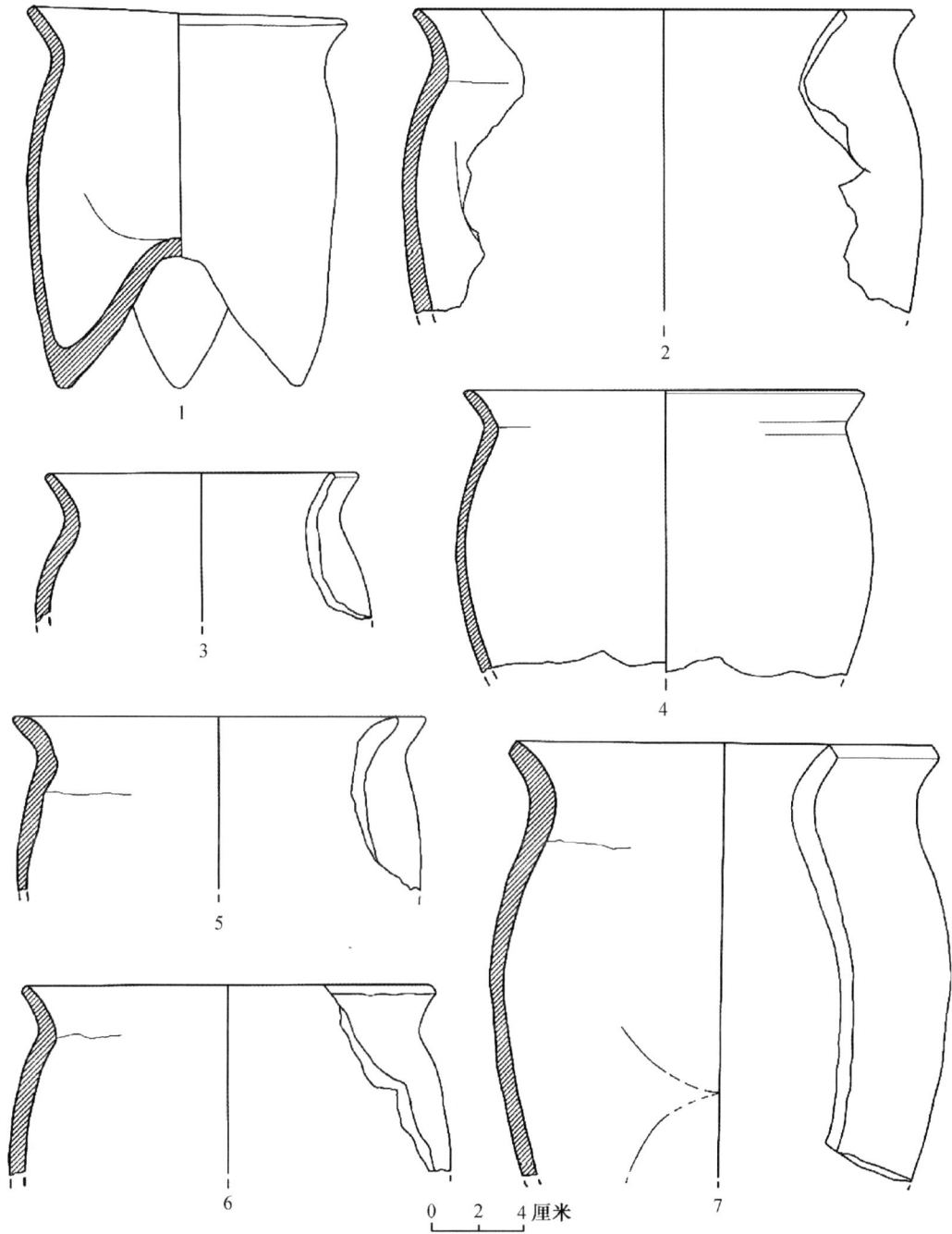

图 4-1　鬲（一）

1—7. Aa 型（TN07W03G2②:4、TN05W05③:1、TN05E03⑫:5、TN06W05G2②:369、TN06W01H6:2、
TN06E03⑦C:92、G2②:63）

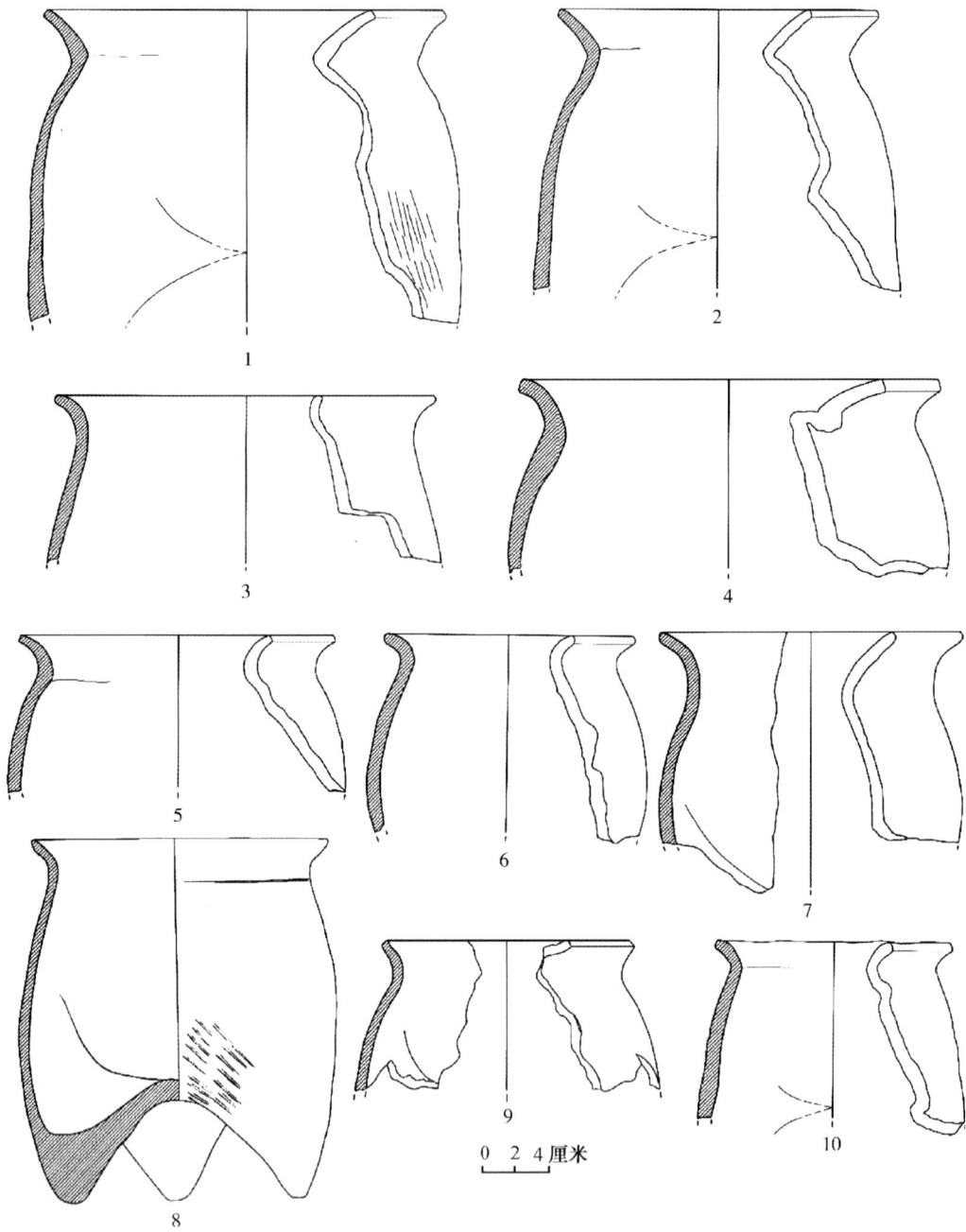

图 4-2 鬲（二）

1—10. Aa 型（G2②:52、G2②:28、G2②:555、TN06W04⑥B:8、TN06W02⑦A:6、TN06W04G2②:22、G2②:72、TN06W03G2②:21、TN05E03⑥:8、G2②:74）

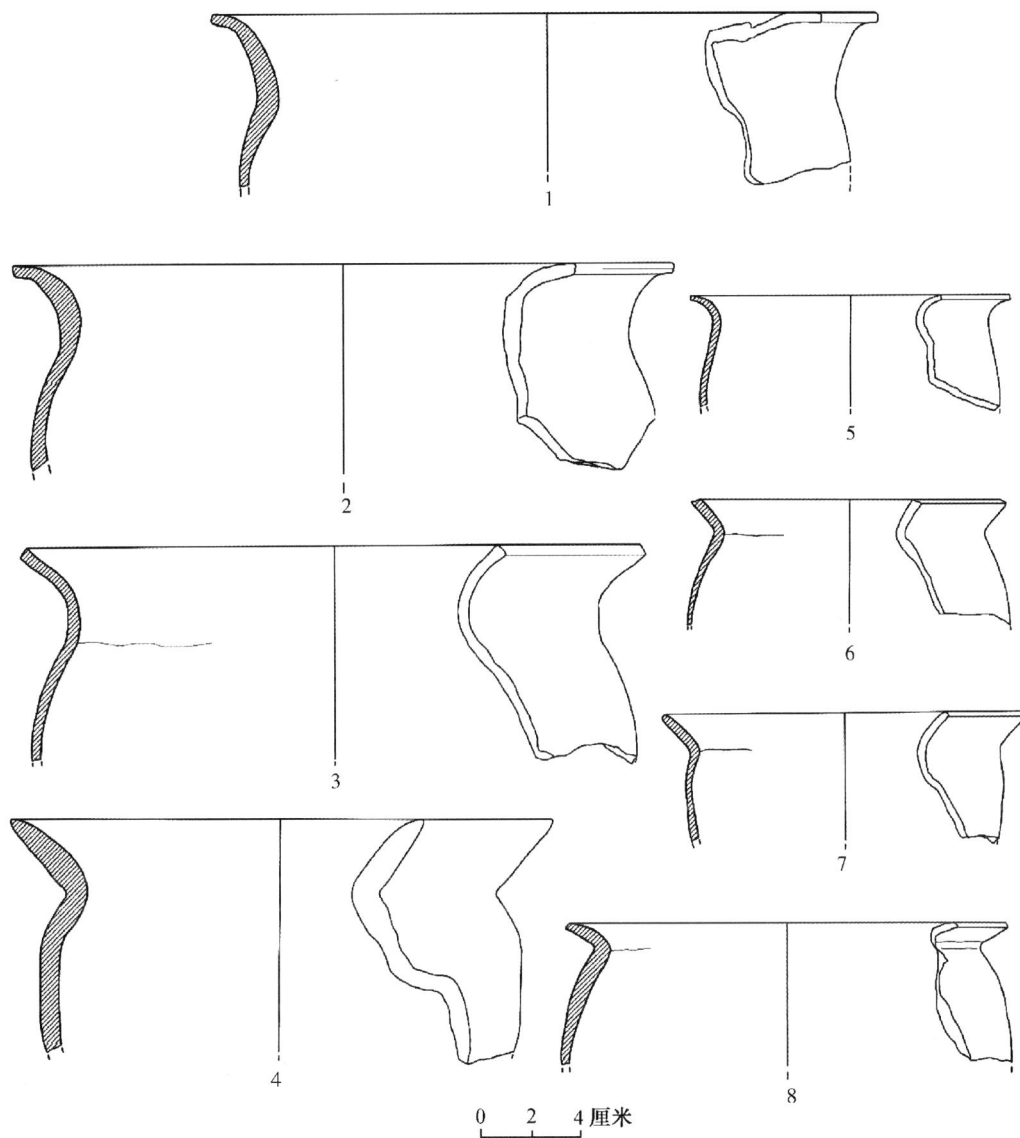

图4-3　鬲（三）

1—8. Aa 型（TN05W05⑤A：52、TN05W05⑤A：71、TN06W05⑤A：24、G2②：414、TN06W02⑦A：17、G2②：310、G2②：611、TN06E03⑦C：22）

面。口径22、残高6.1厘米（图4-4,1）。标本G2②:313,夹砂红陶。侈口,斜方唇,沿面近斜直外撇,折沿,腹部微弧,斜下收。素面。口径26.8、残高10.5厘米（图4-4,2）。标本TN05W05⑤A:15,夹砂褐陶。斜方唇,折沿,沿面弧形微外卷,弧腹。素面。有凹凸差分倾向,内有手制斜向痕迹。口径22.8、残高6.4厘米（图4-4,3）。标本TN06E03⑦C:23,夹砂灰陶。侈口,斜方唇,沿面弧形外卷,折沿,弧肩,弧腹。素面。口径25.6、残高6.2厘米（图4-4,4）。标本G2②:317,夹砂红陶。侈口,斜方唇,沿面较宽,呈微弧形外卷,折沿,弧溜肩,弧腹,腹中部以下残。腹壁饰弦断梯格纹。口径28.4、残高10.8厘米（图4-4,5）。标本TN05E03⑥:10,夹砂褐陶。斜方唇,唇面微凹,沿面弧形微外卷,圆折沿,腹微弧。素面。口径26、残高6.4厘米（图4-5,1）。标本TN05W05⑤A:9,夹砂褐陶。圆唇,翻沿,沿面弧形微外卷,沿面近唇处微凹,圆折沿,弧腹。肩部饰短斜刻划纹。口径16、残高4.6厘米（图4-5,2）。标本TN06E03⑦C:38,夹砂褐陶。侈口,斜方唇,沿面近斜直外撇,圆折沿,腹壁微弧,有腹下分裆现象。素面。口径13、残高4.8厘米（图4-5,3）。标本TN05W05⑤A:8,夹砂红陶。斜方唇,翻沿,圆折沿,腹微弧,腹下已残,有下收倾向,已出现鬲足偏分状态。素面。口径18.8、残高6.2厘米（图4-5,4）。标本TN06E03⑦C:54,夹砂褐陶。斜方唇,唇面有一浅凹槽,沿面微弧形外撇,折沿,弧腹。素面。口径20、残高5.7厘米（图4-5,5）。标本TN06E03⑦C:77,泥质灰陶。器内圜底,底以上均残,底下接矮圈足,弧形下张如喇叭状,圈足沿为尖圆唇。素面。底径13、残高5.4厘米（图4-5,6）。标本G2②:65,夹砂红陶。侈口,斜方唇,沿面近斜直外撇,折沿,腹壁微弧斜下收,有腹下分裆现象。素面。口径14、残高8厘米（图4-5,7）。标本G2②:17,夹砂红陶。侈口,斜方唇,沿面微弧形外卷,折沿,腹壁微弧斜下收,

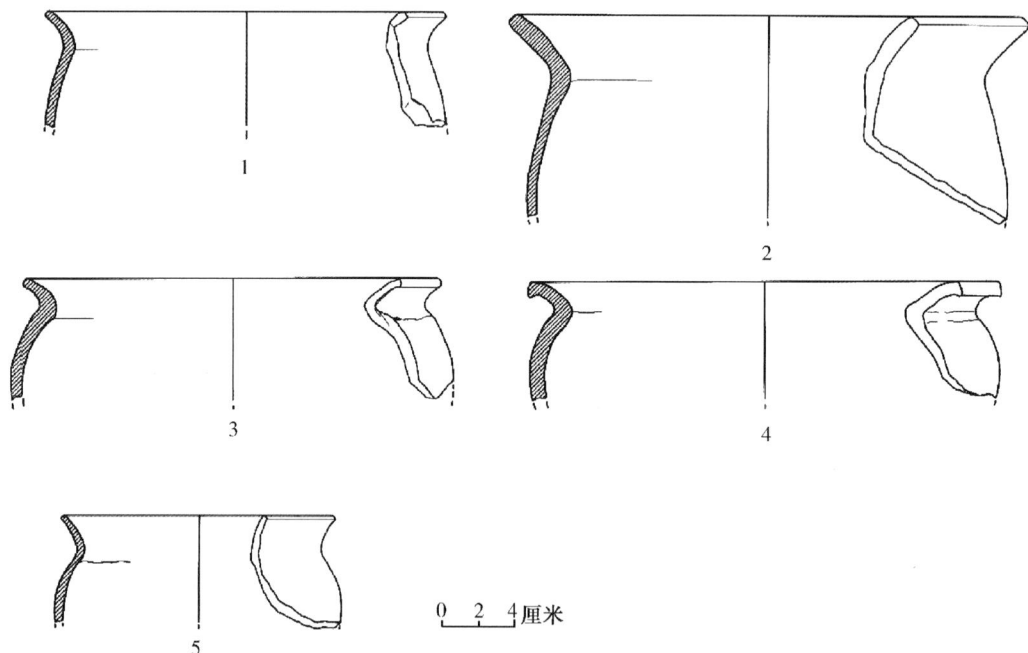

图4-4 鬲（四）

1—5. Aa 型（TN05E03⑫:4、G2②:313、TN05W05⑤A:15、TN06E03⑦C:23、G2②:317）

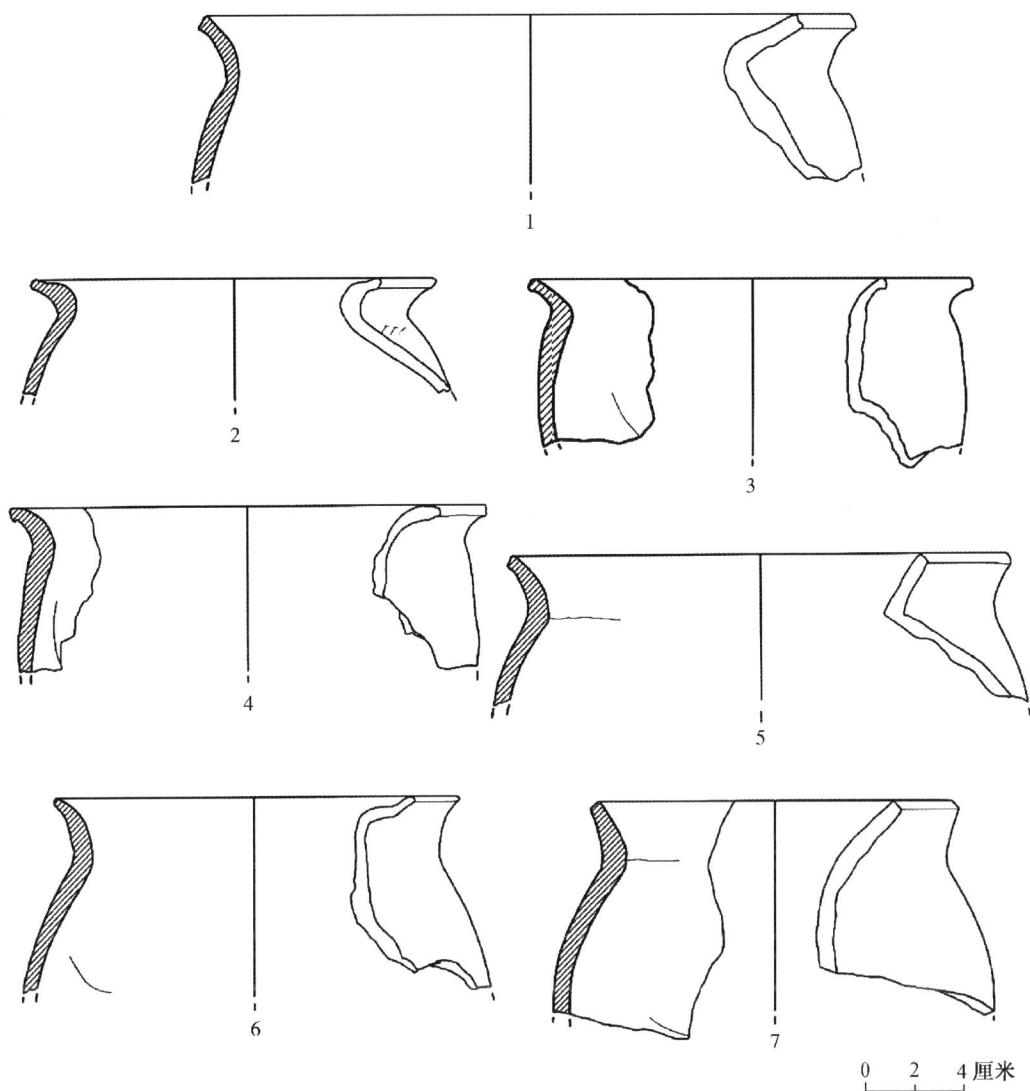

图 4-5　鬲（五）

1—7. Aa 型（TN05E03⑥:10、TN05W05⑤A:9、TN06E03⑦C:38、TN05W05⑤A:8、TN06E03⑦C:54、
TN06E03⑦C:77、G2②:65）

腹中部以下残。素面。口径 11、残高 7.1 厘米（图 4-6,1）。标本 TN06E03⑦C:25，夹砂红陶。圆唇，圆折沿，沿略外撇，腹微弧斜下张，未出现分裆。素面。口径 16.6、残高 6.4 厘米（图 4-6,2）。标本 TN06W04⑥B:7，夹砂红陶。侈口，圆方唇，沿面微弧形外侈，圆折沿，沿下内侧有一周凹槽，弧腹斜下微收，腹下部残，有腹下分裆现象。素面。口径 18、残高 7.8 厘米（图 4-6,3）。标本 TN06E03⑦C:18，夹砂红陶，器表因烧制不均匀，呈现红、灰二色。方唇，下唇斜下张，口沿下部有一周凹槽，弧形微外卷，折沿，腹部微鼓，弧腹斜下收，已出现鬲分裆。素面。口径 27.4、残高 11.8 厘米（图 4-6,4）。标本 TN07W04⑥B:14，夹砂红陶。侈口，尖圆唇，沿面微弧，腹部近直，腹以下残。口径 25、残高 8.4 厘米（图 4-6,5）。标本 TN06E03⑫:9，夹砂红陶。斜方唇，圆折沿，沿面微弧形外撇，弧腹斜下收，裆下微出。素面。

残宽8.3、残高11厘米(图4-6,6)。标本TN06W04G2②:32,夹砂褐陶。侈口,圆方唇,沿面微弧形外侈,圆折沿,弧腹斜下微收,腹下部残,有腹下分裆现象。素面。口径17、残高11.6厘米(图4-6,7)。标本TN05W05⑤A:13,夹砂红陶。侈口,斜方唇,翻沿,沿面弧形微外卷,圆折沿,弧腹。肩部饰一周凹弦纹。腹部已出现凸凹差分状态,内壁有手制痕迹。口径17.4、残高5.4厘米(图4-6,8)。标本TN05E03⑫:3,夹砂红陶。尖圆唇,圆折沿,沿面近斜直,腹上部近竖直,腹下部弧形斜下收,近底腹部及底残。素面。口径13、残高6.4厘米

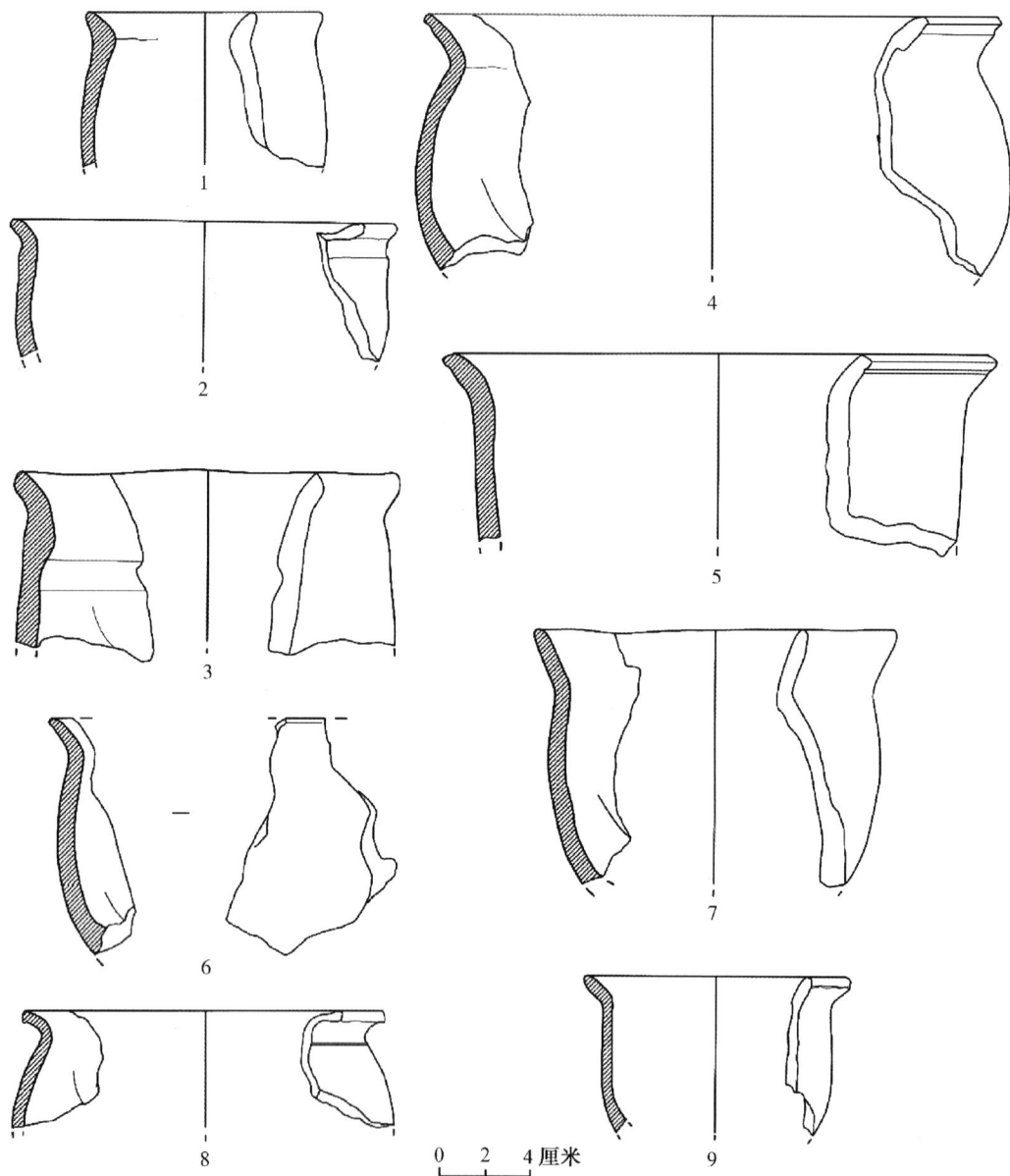

图4-6 鬲(六)

1—9. Aa 型(G2②:17、TN06E03⑦C:25、TN06W04⑥B:7、TN06E03⑦C:18、TN07W04⑥B:14、TN06E03⑫:9、TN06W04G2②:32、TN05W05⑤A:13、TN05E03⑫:3)

（图4-6,9）。标本 G2②:75,夹砂红陶。侈口,斜方唇,沿面微弧形外卷,圆折沿,腹壁微弧斜下收,腹中部以下残。素面。口径25、残高17厘米(图4-7,2)。标本 TN05W05⑦:3,夹砂褐陶。圆唇,圆折沿,沿面弧形外卷,腹微弧,腹下及底残。器身饰磨平的细绳纹。口径17.4、残高10厘米(图4-7,3)。标本 TN05W05⑤A:60,夹砂红陶。侈口,圆唇,沿面弧形微外卷,溜肩,弧腹斜下收。素面。口径20.6、残高8.7厘米(图4-7,4)。标本 TN06E03⑦C:15,夹砂灰陶。圆唇,沿面弧形微外卷,圆折沿,腹微弧斜下收。素面。口径19、残高5.4厘米(图4-7,5)。

Ab 型,9件,口沿外折,折度较大,近平。标本 TN06W05⑧:1,夹砂红陶。折沿,方唇,沿面内倾,弧腹斜内收,分裆,下接三锥状足,足内底稍尖窄。素面。口径18、腹径16、高15厘米(图4-8,1)。标本 TN07W04⑥B:8,夹砂褐陶。侈口,方唇,沿面微弧,弧腹,腹以下残。唇部有凹弦纹。口径24、残高9.6厘米(图4-8,2)。标本 TN06E01⑩:2,夹砂红陶。侈口,方唇,翻沿,沿面近斜直,圆折沿,弧腹,腹中部以下残。素面。口径21、残高5.2厘米(图4-8,3)。标本 TN06W02⑩:22,夹砂红陶。侈口,尖唇,翻沿,圆折沿,沿面有两周浅凹

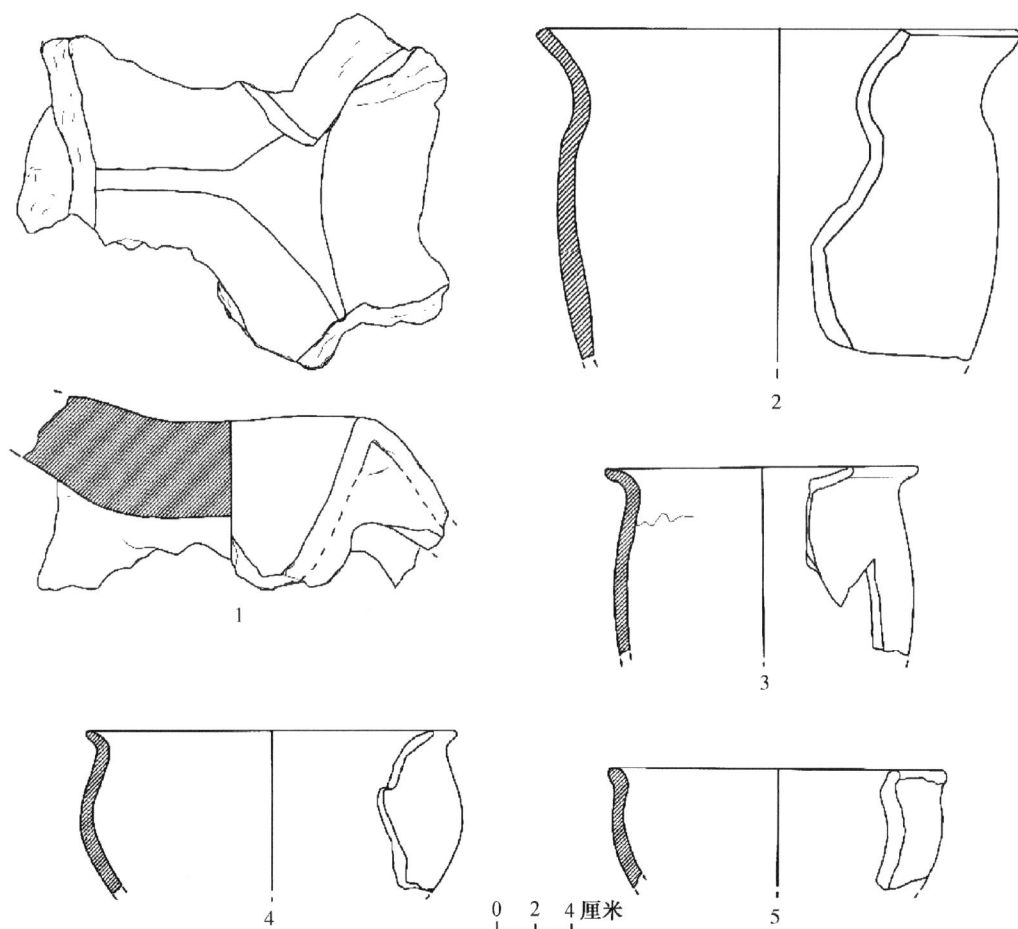

图 4-7　鬲（七）

1. 裆部（TN06E02⑧B:24）2—5. Aa 型（G2②:75、TN05W05⑦:3、TN05W05⑤A:60、TN06E03⑦C:15）

槽,弧腹斜下微收,腹下部残。素面。口径22.5、残高5.9厘米(图4-8,4)。标本 TN05W05
⑤A:62,夹砂红陶。斜方唇,唇面微凹,翻沿,圆折沿,沿面微内凹,腹微弧,腹下已残。素面。
口径24、残高4厘米(图4-8,5)。标本 TN05W05⑤A:20,夹砂红陶。斜方唇,唇面微凹,翻
沿,圆折沿,沿面微内凹,腹微弧,腹下已残。素面。口径23.6、残高5.2厘米(图4-8,6)。
标本 TN05W05⑤A:14,夹砂褐陶。圆唇,翻沿,腹上近竖直,腹下已残,有下收倾向。素面。
口径11、残高6.1厘米(图4-8,7)。标本 TN06E03⑦C:23,夹砂红陶。方唇,唇面微凹,卷
沿,沿面微凹,圆折沿,腹部微鼓。素面。口径26.4、残高5.6厘米(图4-8,8)。标本
TN05W05⑥A:8,夹砂红陶。斜方唇,唇面微凹,圆折沿,沿面弧形外翻,腹微弧,腹下及底
残。素面。口径31、残高4.6厘米(图4-8,9)。

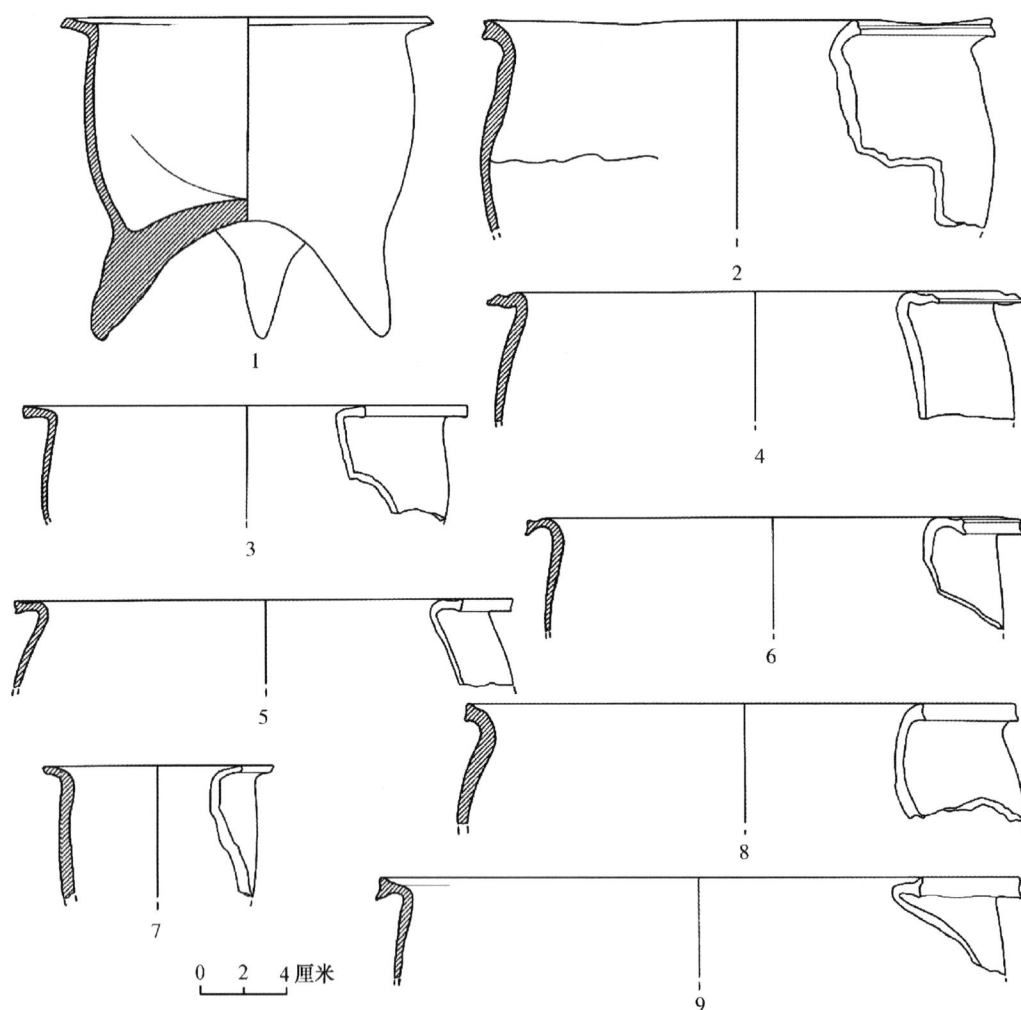

图4-8 鬲(八)

1—9. Ab 型(TN06W05⑧:1、TN07W04⑥B:8、TN06E01⑩:2、TN06W02⑩:22、TN05W05⑤A:62、
TN05W05⑤A:20、TN05W05⑤A:14、TN06E03⑦C:23、TN05W05⑥A:8)

B 型,18 件,饰有绳纹。根据口部特征可分为两个亚型。

Ba 型,10 件。口部近有领,有折棱。标本 TN05E01H19:3,夹砂红陶,略含细沙。斜方唇,折沿,沿面微凹,腹微弧斜下收,分裆,下接三锥状足,足尖微外撇,足内底微圜。器腹饰满细绳纹。口径 14.6、腹径 12.2、高 12.7 厘米(图 4-9,1)。标本 TN06E03⑦C:46,夹砂红陶。敞口,斜方唇,下唇斜下收,折沿,沿面内倾,高领,腹近直。腹部饰细绳纹。口径 27.4、残高 6.6 厘米(图 4-9,2)。标本 TN06E01⑩:4,夹砂红陶,夹细沙,近泥质。侈口,圆唇,沿面微凹,折沿,中领,腹壁近直,腹中部以下残。腹外壁饰绳纹。口径 18、残高 5.4 厘米(图 4-9,3)。标本 TN06E01⑫:12,夹砂红陶。侈口,方圆唇,沿面近平微凹,折沿,有领,腹壁近斜直。领外饰一周凸弦纹,腹外壁饰绳纹。口径 19、残高 6 厘米(图 4-9,4)。标本 TN06E03⑦C:49,夹砂红陶。侈口,尖圆唇,近唇部内侧有一周凹槽,折沿,高领斜下收,折肩,肩下部弧形下张。肩部饰细绳纹。口径 16.6、残高 7 厘米(图 4-9,5)。标本 TN07E01H19:3,夹砂红陶。敞口,尖唇,宽折沿,弧腹,下腹分裆。腹部饰有绳纹。口径 16、残高 10.7 厘米(图 4-9,6)。标本 TN07E01H19:2,夹砂灰陶。敞口,圆唇,宽平沿内倾,近直腹,腹以下残。腹部饰有绳纹。口径 19.6、残高 8.8 厘米(图 4-9,7)。标本 TN06W02⑦A:28,夹砂红陶。侈口,尖唇,折沿,弧腹,腹以下残。近唇部有一道凸棱,腹部饰有两道弦纹,下饰绳纹。口径 17、残高 6.6 厘米(图 4-9,8)。标本 TN05E03⑫:2,夹砂红陶。尖圆唇,折沿,沿面近斜直,腹上部微弧,腹中部以下均残。器腹外壁饰细绳纹。口径 28、残高 6.8 厘米(图 4-9,9)。标本 TN06E02⑥:3,夹砂红陶,略含细砂。斜方唇,唇面微凹,侈口,折沿,沿面微凹,中领,腹微弧,近直下收。腹部饰绳纹。口径 14.4、残高 6 厘米(图 4-9,10)。

Bb 型,8 件,口部无领,多无折棱。标本 G2②:24,夹砂红陶。侈口,圆唇,沿面微弧形外卷,圆折沿,溜肩,腹微弧,腹中部以下残。腹外壁饰绳纹。口径 22、残高 11.4 厘米(图 4-10,1)。标本 TN06E03⑦C:15,夹砂红陶。方唇,弧形微外卷,圆折沿,鼓腹,弧腹斜下收。口沿部饰磨平细绳纹,腹部饰细绳纹。口径 18、残高 10.7 厘米(图 4-10,2)。标本 G2②:25,夹砂红陶。侈口,圆唇,沿面微弧形外卷,圆折沿,溜肩,腹微弧,腹中部以下残。腹外壁饰绳纹。口径 23、残高 11 厘米(图 4-10,3)。标本 TN05W05⑤A:21,夹砂红陶。斜方唇,唇面微凹,折沿,沿面近斜直,腹近直。器身饰绳纹。口径 14、残高 2.7 厘米(图 4-10,4)。标本 TN06W01⑦E:52,夹砂红陶,夹细砂,近泥质。侈口,圆唇,弧腹斜下收,腹中部以下残。器腹外壁饰绳纹。口径 13、残高 5.9 厘米(图 4-10,5)。标本 TN06E03⑫:80,夹砂灰陶。斜圆方唇,圆折沿,沿面微弧形外卷,腹部近竖直,腹下部及底残。器身外壁饰绳纹。口径 20.4、残高 9.8 厘米(图 4-10,6)。标本 TN06W02⑩:51,夹砂红陶。侈口,圆唇,沿面近斜直外侈,圆折沿,弧腹斜下微收,腹下部残。腹外壁上部饰一周凹弦纹,下部饰间断粗绳纹。口径 21、残高 9.6 厘米(图 4-10,7)。标本 TN06W05G2②:20,夹砂灰陶。侈口,方唇,沿面近斜直外撇,圆折沿,弧溜肩,弧腹,腹中部以下残。腹壁饰细绳纹。口径 18、残高 9.5 厘米(图 4-10,8)。

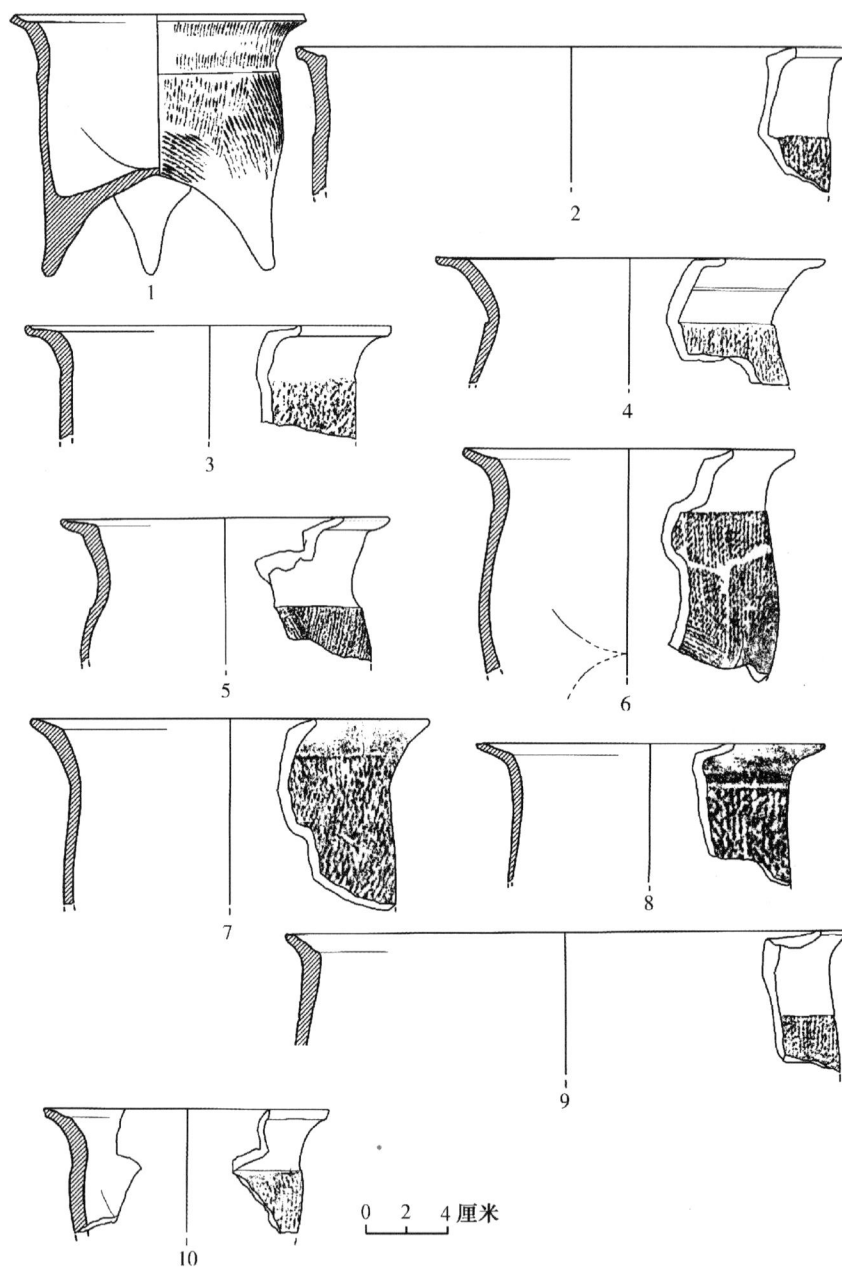

图 4-9 鬲(九)

1—10. Ba 型(TN05E01H19:3、TN06E03⑦C:46、TN06E01⑩:4、TN06E01⑫:12、TN06E03⑦C:49、TN07E01H19:3、TN07E01H19:2、TN06W02⑦A:28、TN05E03⑫:2、TN06E02⑥:3)

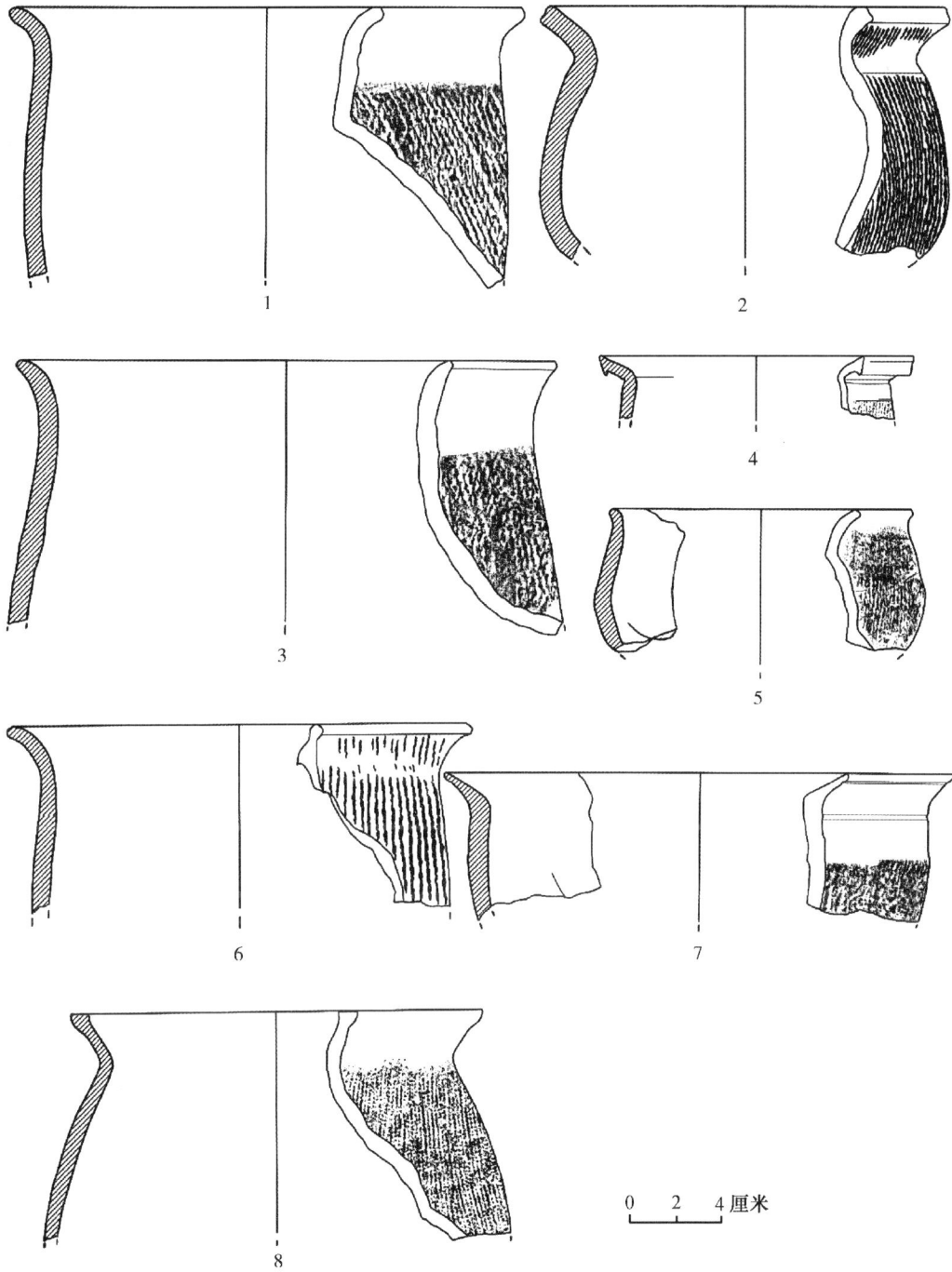

图 4-10　鬲（十）

1—8. Bb 型（G2②:24、TN06E03⑦C:15、G2②:25、TN05W05⑤A:21、TN06W01⑦E:52、TN06E03⑫:80、TN06W02⑩:51、TN06W05G2②:20）

2. 甗、鬲(甗)足

甗上部 共26件,未分型。

标本TN06W02⑨:54,泥质红陶。侈口,斜方唇,圆折沿,沿面弧形微内卷,弧腹。口沿内侧有一圆孔,颈部饰有刻划纹。口径24、残高13.5厘米(图4-11,1)。标本TN07W04④B:

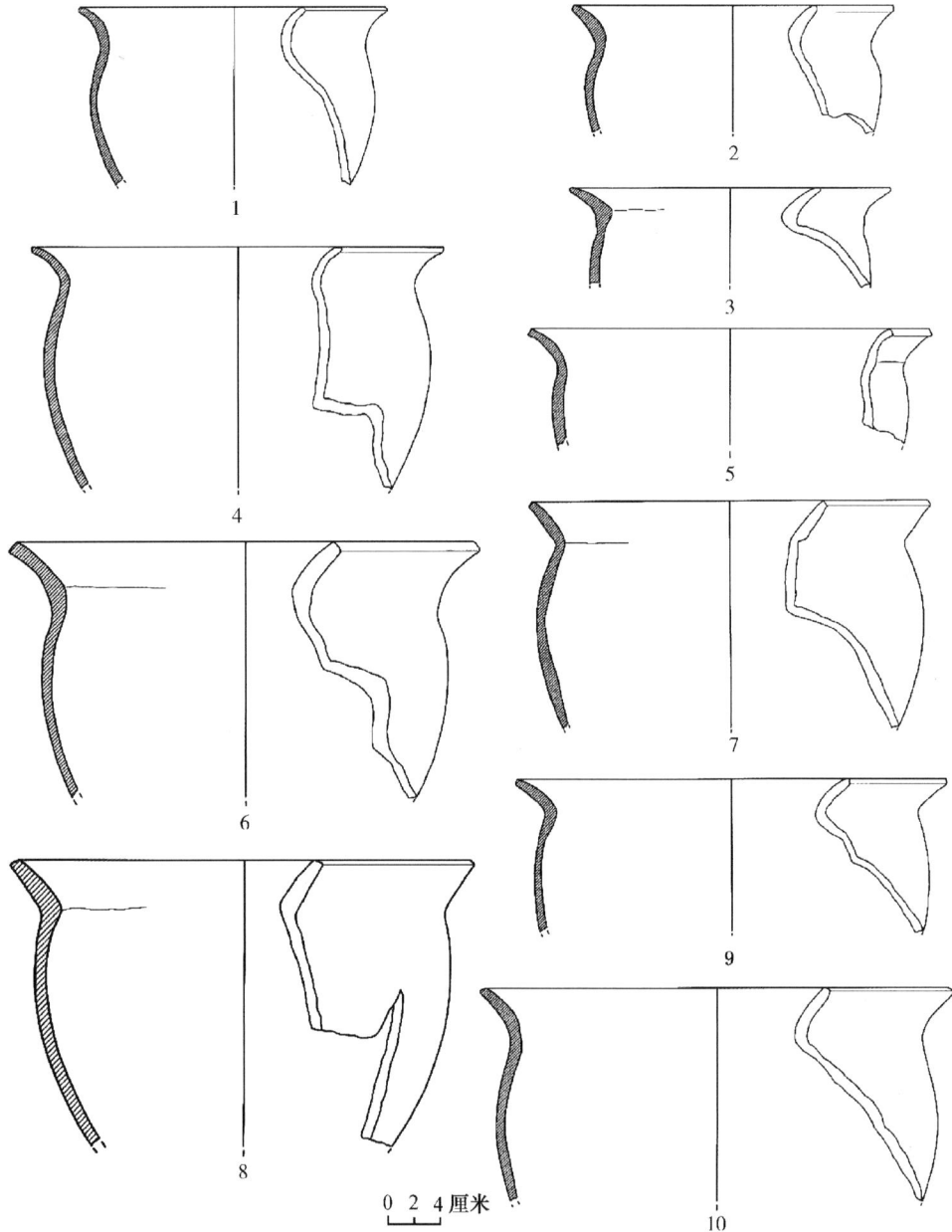

图4-11 甗上部(一)

1—10. (TN06W02⑨:54、TN07W04④B:8、TN05W01⑪:7、TN05E01⑪:11、TN05E03⑪:7、TN06W05G2②:351、TN05W01H8:5、G2②:746、TN05W01⑪:17、G2②:61)

8,夹砂红陶。侈口,圆方唇,弧形微外卷,圆折沿,弧溜肩,弧腹斜下收,最大径在腹上部。素面。口径12.5、残高9.7厘米(图4-11,2)。标本TN05W01⑪:7,夹砂褐陶。敞口,尖圆唇,沿面微弧外卷,折沿,腹部近直。口径25、残高7.3厘米(图4-11,3)。标本TN05E01⑪:11,夹砂红陶。斜方唇,圆折沿,沿面弧形外卷,弧腹,腹下部及底残。素面。口径26、残高14.7厘米(图4-11,4)。标本TN05E03⑪:7,夹砂红陶,器表因烧制不均匀,呈现红、褐二色。斜方唇,圆折沿,沿面弧形外卷,弧腹,腹下部及底残,有下收迹象。素面。口径32、残高9厘米(图4-11,5)。标本TN06W05G2②:351,夹砂红陶。侈口,方唇,折沿,弧腹,腹以下残。素面。口径27、残高14.5厘米(图4-11,6)。标本TN05W01H8:5,夹砂红陶。侈口,斜方唇,沿面近斜直外撇,折沿,腹部微弧斜下收。素面。口径30.8、残高17.6厘米(图4-11,7)。标本G2②:746,夹砂红陶。侈口,斜方唇,折沿,弧腹,腹以下残。素面。口径36、残高21.8厘米(图4-11,8)。标本TN05W01⑪:17,夹砂红陶。侈口,圆方唇,沿面微弧外卷,折沿,腹部近直,腹以下残。口径34、残高11.7厘米(图4-11,9)。标本G2②:61,夹砂红陶。侈口,斜方唇,沿面微弧形外卷,圆折沿,腹壁微弧,腹中部以下残。素面。口径36、残高16.1厘米(图4-11,10)。标本TN05E01H13:24,夹砂褐陶。侈口,斜方唇,折沿,腹近直,腹以下残。素面。口径28、残高7.6厘米(图4-12,1)。标本TN06E03⑦C:38,夹砂红陶黑皮,内红外黑。斜方唇,沿弧形外卷,折沿,弧腹斜下收。口径33.6、残高9.6厘米(图4-12,2)。标本G2②:615,夹砂红陶。侈口,斜方唇,沿面近斜直外撇,折沿,腹部微弧,斜下收。素面。口径34.8、残高18.5厘米(图4-12,3)。标本TN05W05⑤A:58,夹砂红陶。斜方唇,折沿,沿面呈宽弧形微外卷,腹微弧,斜下收。素面。口径38.6、残高8.8厘米(图4-12,4)。标本TN06W04G2①:93,夹砂灰陶。尖圆唇,沿面弧形微外卷,弧腹,腹以下残。唇部有一道凹弦纹。素面。口径31.4、残高12.8厘米(图4-13,1)。标本TN05E01H13:16,夹砂红陶。敞口,方唇,折沿,弧腹,腹以下残。口径25、残高8.9厘米(图4-13,2)。标本TN05E01H13:3,泥质红陶。侈口,尖唇,沿面微外卷,短领,广肩,肩以下残。沿面饰有七道凹弦纹,肩部饰弦断篮纹。口径18、残高6.6厘米(图4-13,3)。标本TN06E01⑪:5,夹砂红陶。圆唇,沿面弧形微外卷,折沿,弧腹。素面。口径31.2、残高20.2厘米(图4-13,4)。标本G2②:613,夹砂

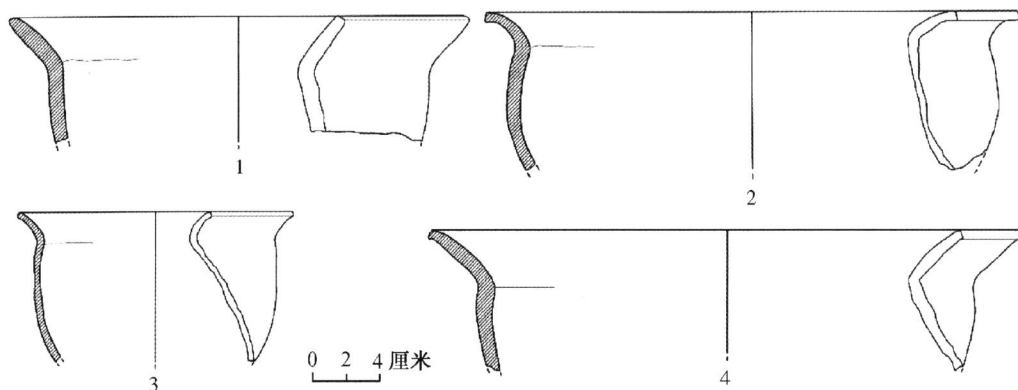

图4-12　甗上部(二)
1—4.(TN05E01H13:24、TN06E03⑦C:38、G2②:615、TN05W05⑤A:58)

红陶。侈口,斜方唇,沿面弧形微外卷,圆折沿,弧腹斜下收。素面。口径45、残高25.7厘米(图4-13,5)。标本 TN06E01⑪:6,夹砂红陶。圆唇,沿面弧形微外卷,弧腹。素面。口径26、残高11.2厘米(图4-13,6)。标本 G2②:400,夹砂红陶。侈口,斜方唇,沿面微弧形外

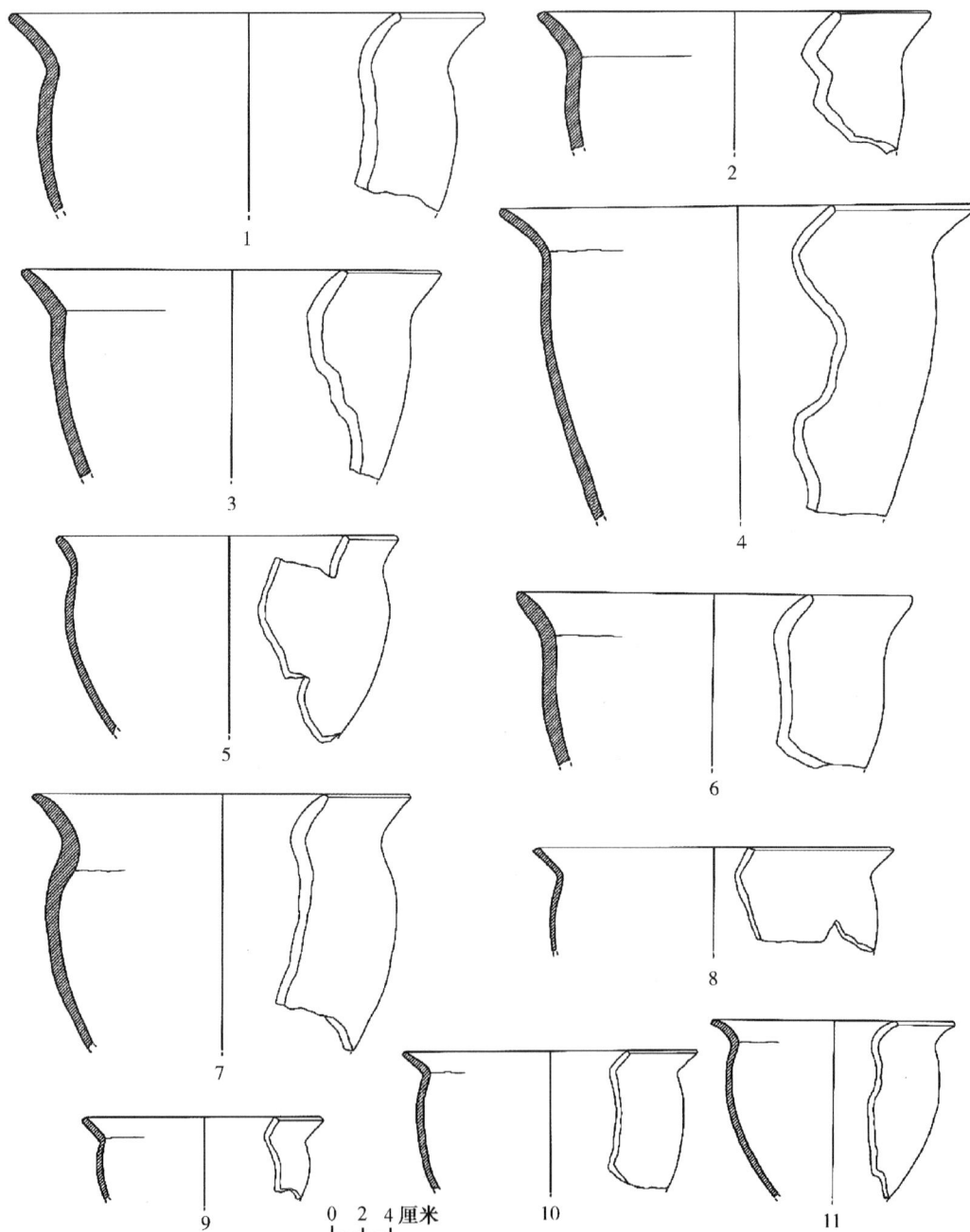

图4-13 甗上部(三)

1—11.(TN06W04G2①:93、TN05E01H13:16、TN05E01H13:3、TN06E01⑪:5、G2②:613、TN06E01⑪:6、G2②:400、G2②:748、G2②:314、G2②:78、G2②:607)

卷,折沿,腹壁微弧斜下收,腹中部以下残。素面。口径25、残高16.6厘米(图4-13,7)。标本 G2②:748,夹砂红陶。侈口,斜方唇,圆折沿,腹近直,腹以下残。素面。口径47.6、残高 13.6厘米(图4-13,8)。标本 G2②:314,夹砂红陶。侈口,斜方唇,沿面近斜直外撇,折沿, 弧溜肩,腹微弧,腹中部以下残。器肩上有轮制弦纹。口径31.6、残高10.5厘米(图4-13, 9)。标本 G2②:78,夹砂红陶。侈口,斜方唇,沿面近斜直外撇,折沿,弧肩,腹微弧斜下收, 腹中部以下残。素面。口径39、残高17.8厘米(图4-13,10)。标本 G2②:607,夹砂红陶。 侈口,斜方唇,沿面弧形微外卷,折沿,弧腹斜下收。素面。口径32、残高23厘米(图4-13, 11)。标本 TN06W05G2②:11,夹砂红陶,含砂量略少,近泥质陶。斜方唇,卷沿,沿面较窄, 微外卷,束颈,无肩,腹部弧形斜下收至甗腰,腹最大径在腹上部,甗腰以下残。腹部饰中绳 纹,略疏,被磨过,甗腰处有两周凸棱堆饰,有拼接痕迹。口径22.8、腰径9.9、残高20.5厘 米(图4-14,1)。

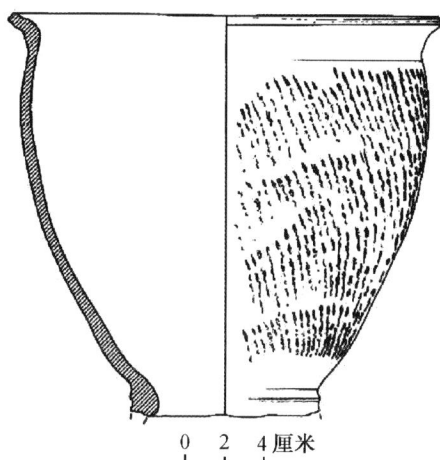

图4-14　甗上部(四)
1.(TN06W05G2②:11)

　　甗下部　共4件。标本 G2②:150,夹砂红陶,器表因火候原因形成不均匀的红、灰两种 陶色。甗腰以上残,束腰,内折,腰下分裆,下有三锥状足,足内底稍尖窄。甗腰有部分堆饰, 上饰椭圆形浅按窝纹,有拼接痕迹。下腹径23.6、残高29.4厘米(图4-15,1)。标本 TN06W06②:3,夹砂红陶。甗上部及甗腰残,甗腰有部分堆饰,有拼接痕迹。腰下分裆,下有 三锥状足,足内空,器表被磨过。下腹径23.5、残高28.2厘米(图4-15,2)。标本 G2②:2,夹 砂红陶,器表因火候原因形成不均匀的红、灰两种陶色。甗腰以上残,束腰,内折,腰下分裆, 下有三锥状足,足内底微圆。甗腰有部分堆饰,上饰近圆形按窝纹,有拼接痕迹。下腹径22、 残高25.2厘米(图4-15,3)。标本 TN05E01H13:1,夹砂红陶,器表因火候不均呈现红、黑二 色。甗腰以上残,束腰,内圆折,鼓腹,分裆,下接三锥状足,足内底稍尖窄。素面。腹径 18.8、残高20.8厘米(图4-15,4)。

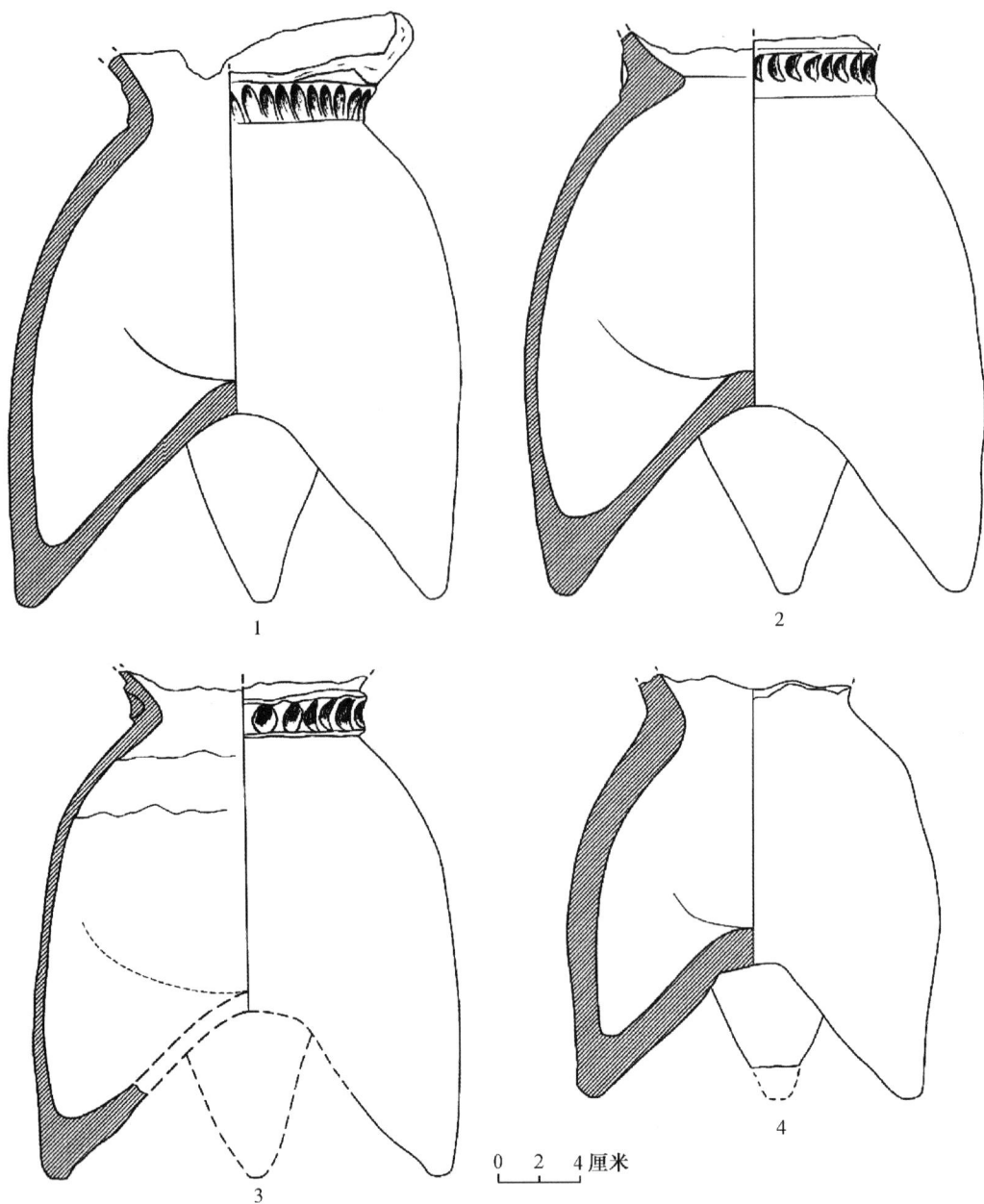

图 4-15　甗下部

1—4.（G2②:150、TN06W06②:3、G2②:2、TN05E01H13:1）

甗腰　共 15 件,根据有无堆饰分两型。

A 型,12 件,有堆饰。根据堆饰的不同又可分为两个亚型。

Aa 型,9 件,按窝纹堆饰。标本 TN06W04G2②:33,夹砂红陶。束腰,内圆折,甗腰下接腹部,微弧下张。甗腰外贴塑,上饰半月形浅按窝纹。内径 9.6、残高 5.3 厘米(图 4-16,1)。标本 TN06W02⑨:32,夹砂褐陶。束腰,内圆折,甗腰有拼接痕迹,甗腰下部弧形向下张。甗腰外壁有手捏纹。内径 6.6、残高 8 厘米(图 4-16,2)。标本 TN07W04④B:7,夹砂褐陶。束

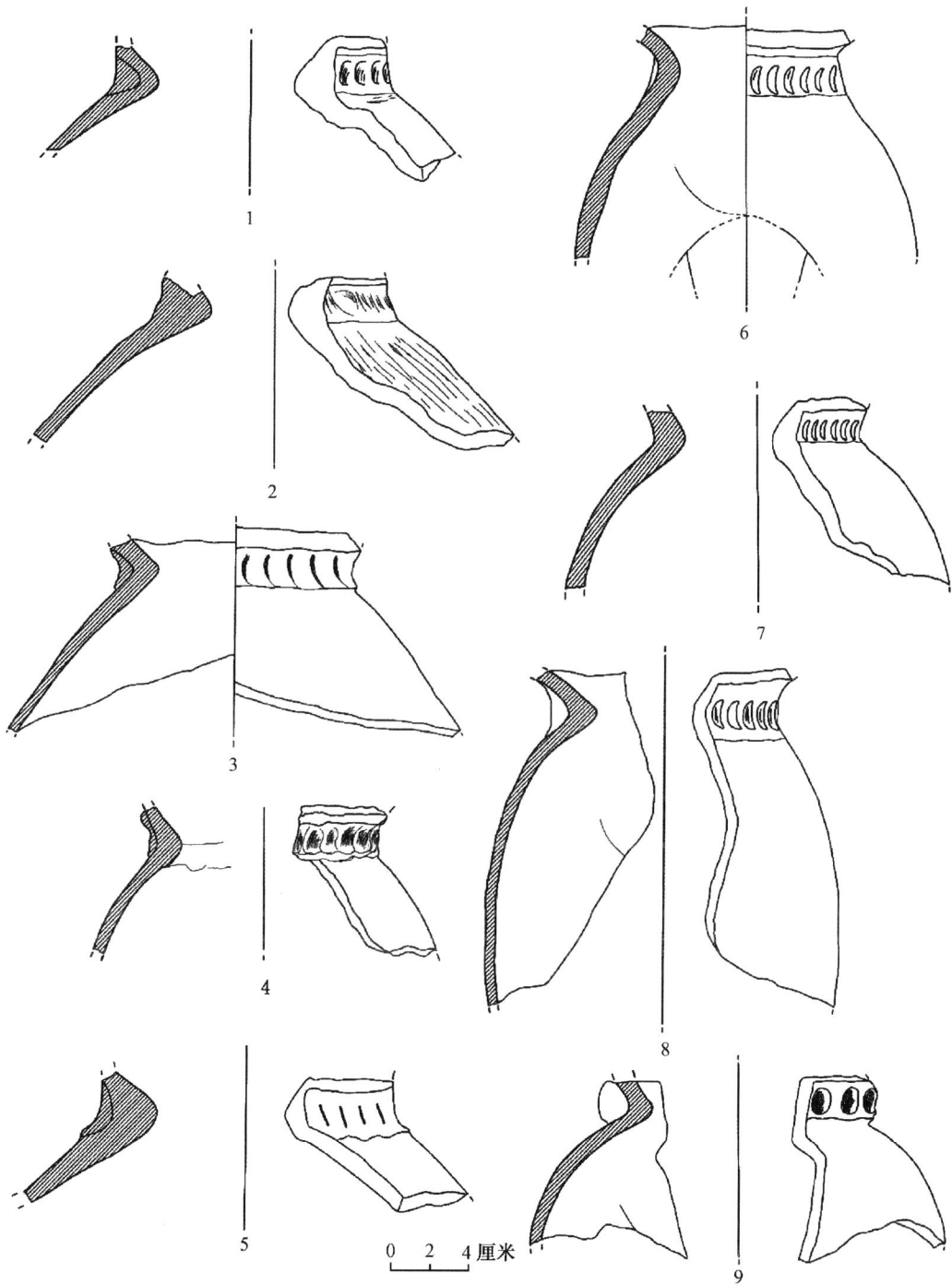

图 4-16　甗腰（一）

1—9. Aa 型（TN06W04G2②：33、TN06W02⑨：32、TN07W04④B：7、TN05E03⑥：28、H14：38、TN07W03G2②：616、G2②：907、G2②：909、TN05E01H13：8）

腰,内折,器腰上部均残,腰下腹部呈喇叭状弧形下张,其下残。腰外壁饰带月牙状的按窝纹。内径8、残高9.2厘米(图4-16,3)。标本TN05E03⑥:28,夹砂红陶。束腰,内折,甗腰下接腹部,弧形下张。甗腰饰有一周附加堆纹,上有按窝纹。残径13、残高7.7厘米(图4-16,4)。标本H14:38,夹砂红陶。束腰,内圆折,甗腰下接腹部,微弧下张。甗腰上饰浅按窝纹。内径9.6、残高6.4厘米(图4-16,5)。标本TN07W03G2②:616,夹砂红陶。束腰,内圆折,甗腰下接腹部,腹微弧,腹下分裆。甗腰饰有一周附加堆饰,上饰月牙状按窝纹。内径7、残高10.7厘米(图4-16,6)。标本G2②:907,夹砂褐陶。束腰,内圆折,甗腰下接腹部,近斜直下张,有分裆现象。甗腰饰有月牙状按窝纹。内径7.6、残高7.1厘米(图4-16,7)。标本G2②:909,夹砂红陶。束腰,内圆折,甗腰下接腹部,近斜直下张,有分裆现象。甗腰饰有一周附加堆饰,上饰月牙状按窝纹。内径7.2、残高16.6厘米(图4-16,8)。标本TN05E01H13:8,夹砂红陶。束腰,内圆折,甗腰上部向上外张,下部弧形向下张。甗腰上有圆形按窝纹。内径9.2、残高8.3厘米(图4-16,9)。

Ab型,3件,凸弦纹堆饰。标本TN05W01⑪:33,夹砂红陶。腹部微弧斜下收。残高7厘米(图4-17,1)。标本TN06W02⑩:19,夹砂褐陶。束腰,内圆折,甗腰下接腹部,近斜直下张,有分裆现象。甗腰饰有一周突棱。内径10、残高6.5厘米(图4-17,2)。标本TN06W02⑩:20,夹砂褐陶。束腰,内圆折,甗腰下接腹部,近斜直下张,有分裆现象。甗腰饰有一周突棱。内径9.2、残高7.9厘米(图4-17,3)。

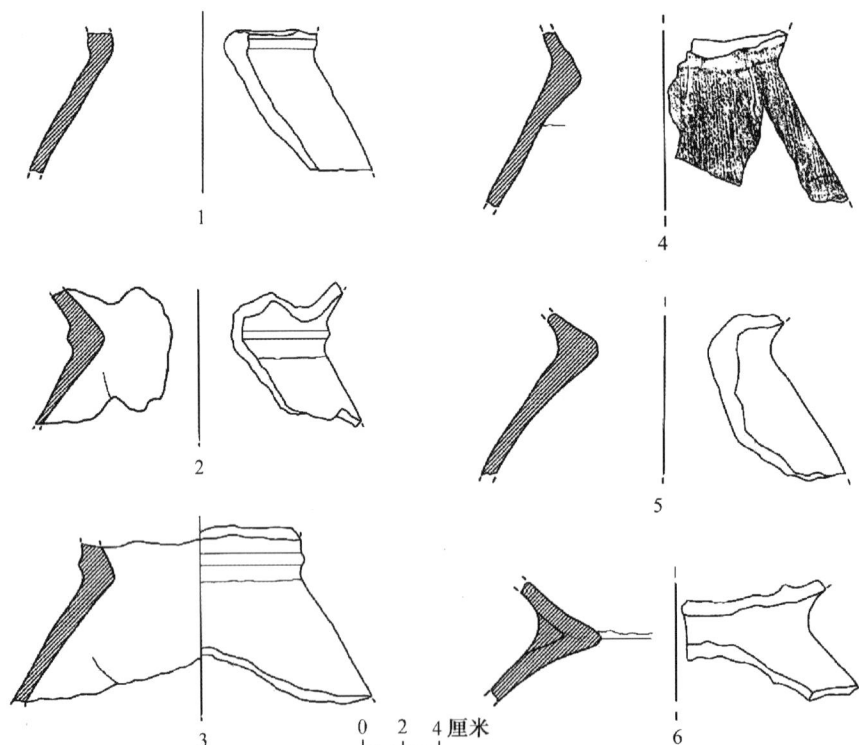

图4-17　甗腰(二)

1—3. Ab型(TN05W01⑪:33、TN06W02⑩:19、TN06W02⑩:20)
4—6. B型(TN06E03⑦C:101、TN06E03⑦C:65、TN05E03⑥:26)

B 型,3 件,无堆饰。标本 TN06E03⑦C:101,夹砂红陶。甗腰内折,下部弧形向下张,甗腰上部有拼接痕迹。外壁饰绳纹。内 9、残高 9 厘米(图 4-17,4)。标本 TN06E03⑦C:65,夹砂褐陶。束腰,内圆折,甗腰下接腹部,微弧下张。素面。残径 12.5、残高 8.4 厘米(图 4-17,5)。标本 TN05E03⑥:26,夹砂红陶。束腰,内折,甗腰下接腹部,微弧下张。素面。残径 14.6、残高 6.2 厘米(图 4-17,6)。

甗(鬲)裆部 1 件。标本 TN06E02⑧B:24,夹砂褐陶。残器,仅余分裆部,下接三足,已残。裆部有明显拼接痕迹。素面。残长 11.9、残宽 9.5、残高 5.2 厘米(图 4-7,1)。

甗(鬲)足 共 35 件,根据足跟分两型。

A 型,26 件,空足跟。标本 TN07W04⑥B:11,圆锥形足,足壁呈弧形,足内底稍尖,足跟稍矮。素面。残高 6.3 厘米(图 4-18,1)。G2②:798,夹砂褐陶。锥形袋状足,足外壁近斜直,足内底稍尖窄,足尖微外撇,足跟较高。素面。残高 13.7 厘米(图 4-18,2)。标本 G2②:442,夹砂褐陶。足外壁近斜直,足内底稍尖窄,足跟较高,足尖残。残高 13 厘米(图 4-18,3)。标本 TN05W05⑦:9,夹砂褐陶。圆锥形截尖足,足外壁斜直,足内底较尖窄。素面。残高 6.1 厘米(图 4-18,4)。标本 TN06W04⑥B:47,夹砂红陶。锥形足,足外壁近斜直,足内底稍圜,足跟稍高。素面。残高 10.9 厘米(图 4-18,5)。标本 G2②:808,夹砂褐陶。锥形袋状足,分裆,足外壁近斜直,足内底稍尖窄,足跟较高。素面。残高 15.9 厘米(图 4-18,6)。标本 G2②:796,夹砂褐陶。锥形袋状足,分裆,足外壁近斜直,足内底稍尖窄,足跟较高。素面。残高 14.6 厘米(图 4-18,7)。标本 TN06E02⑧B:6,夹砂红陶。圆锥截尖足,足壁稍弧,足内底稍尖窄,足跟稍矮。素面。残高 9.1 厘米(图 4-18,8)。标本 G2②:850,夹砂褐陶。锥形袋状足,分裆,足外壁近斜直,足内底稍尖窄,足跟较矮。素面。残高 10 厘米(图 4-18,9)。标本 H14:25,夹砂红陶。锥形截尖足,足外壁微弧,足内底稍圜,足跟较低。素面。残高 9.7 厘米(图 4-18,10)。标本 TN06W04⑥B:40,夹砂红陶。锥形足,足外壁微弧,足内底稍圜,足跟稍高。素面。残高 10.5 厘米(图 4-18,11)。标本 TN06W05F4:36,夹砂红陶。圆锥形足,足壁微弧,足跟较高。素面。残高 11 厘米(图 4-19,1)。标本 TN06W01④:23,夹砂红陶。乳丁锥形足,足壁呈弧形,足内底微圜,足跟稍矮。素面。残高 7.4 厘米(图 4-19,2)。标本 TN06W04G2②:31,夹砂红陶。锥形足,足外壁微弧,足内底稍圜,足跟较低。足上与器底相接处有拼接痕迹。足外壁饰绳纹。残高 7.8 厘米(图 4-19,3)。标本 TN05E04⑥:6,夹砂褐陶。锥形截尖足,足内底较尖窄。素面。残高 9 厘米(图 4-19,4)。标本 TN06E03⑦C:52,夹砂红陶。锥形袋状足,足壁稍直,空心。素面。残高 8 厘米(图 4-19,5)。标本 TN06E03⑦C:14,夹砂褐陶。侈口,斜方唇,折沿,腹极浅,似肩下即分裆,下接锥形袋状足,足底残,空心。素面。残高 8.8 厘米(图 4-19,6)。标本 TN05W05⑤A:95,夹砂红陶。锥形足,足外壁近斜直,足内另填筑泥巴,并抹平呈圜底。素面。残高 7.8 厘米(图 4-19,7)。标本 TN05W01⑪:11,夹砂褐陶。圆锥截尖形,足外壁近斜直,足内底略尖窄,足跟稍高。素面。残高 14.5 厘米(图 4-19,8)。标本 TN05W05⑥A:9,夹砂红陶。锥形袋状足,乳丁状足尖,微外撇,足内底微圜,足跟稍矮。素面。残高 7.4 厘米(图 4-19,9)。标本 TN05E04⑥:5,夹砂红陶。圆锥形足,足外壁近斜直,足内底微圜,有拼接痕迹。素面。残高 10 厘米(图 4-19,10)。标本 H14:32,夹砂红陶。锥形足,足外壁微弧,足内底稍尖窄,足跟较低。素

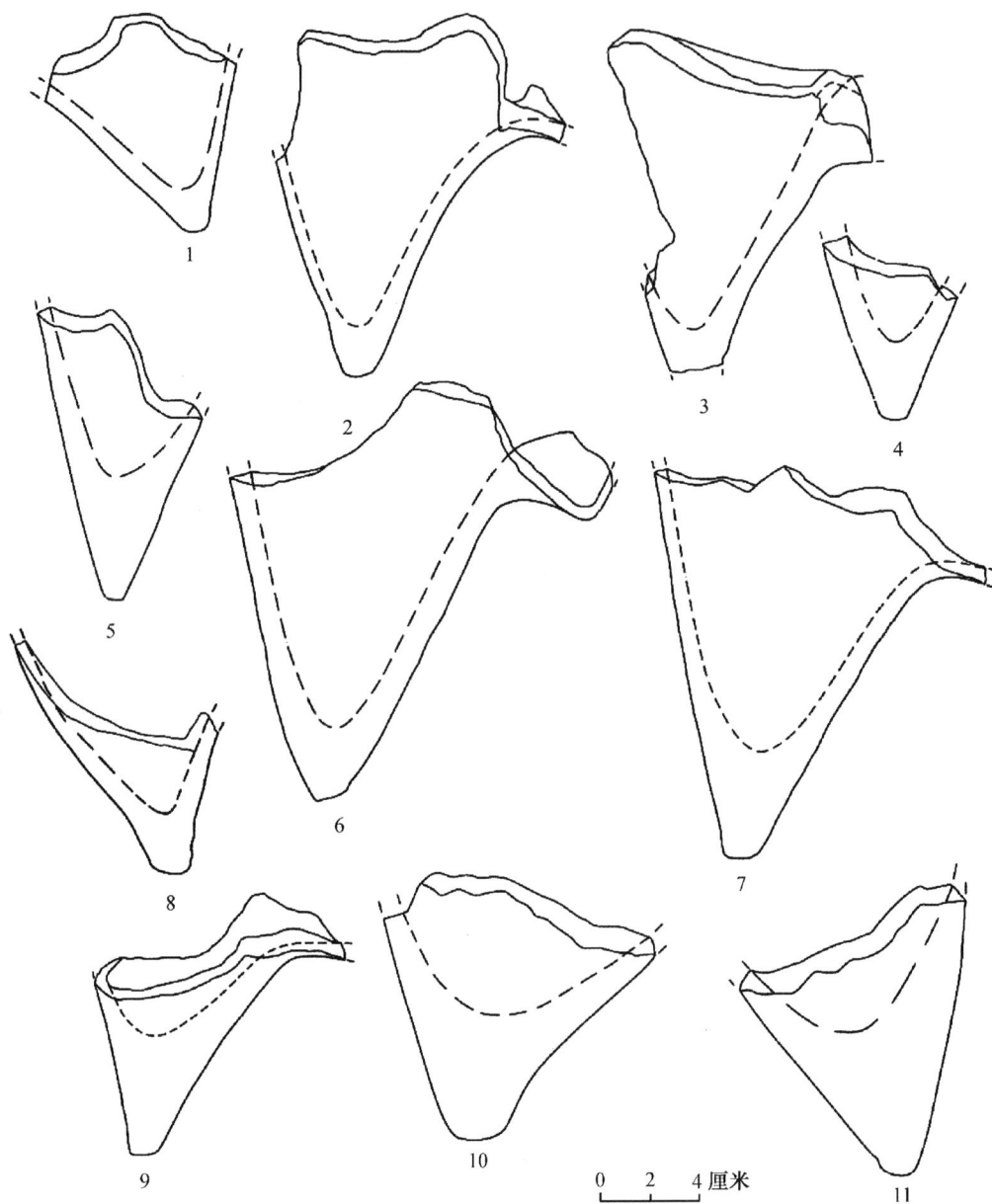

图 4-18 甗（鬲）足（一）

1—11. A 型（TN07W04⑥B:11、G2②:798、G2②:442、TN05W05⑦:9、TN06W04⑥B:47、G2②:808、G2②:796、TN06E02⑧B:6、G2②:850、H14:25、TN06W04⑥B:40）

面。残高 4.6 厘米（图 4-19,11）。标本 TN05W05⑤A:93,夹砂红陶。已残,仅余足底,锥形足,足内底微圜。素面。残高 4.6 厘米（图 4-19,12）。标本 TN06E03⑦C:53,夹砂红陶。锥形袋状足,足壁较弧,空心,足跟略残,足尖内收。素面。残高 9.4 厘米（图 4-19,13）。标本 TN06W05F4:37,夹砂褐陶。圆锥形足,足壁微弧,足跟稍矮。素面。残高 5 厘米（图 4-19,14）。标本 TN05W05⑦:9,夹砂红陶。乳丁状锥形袋状足,足内底较尖窄,足跟较矮。素面。残高 5.3 厘米（图 4-19,15）。

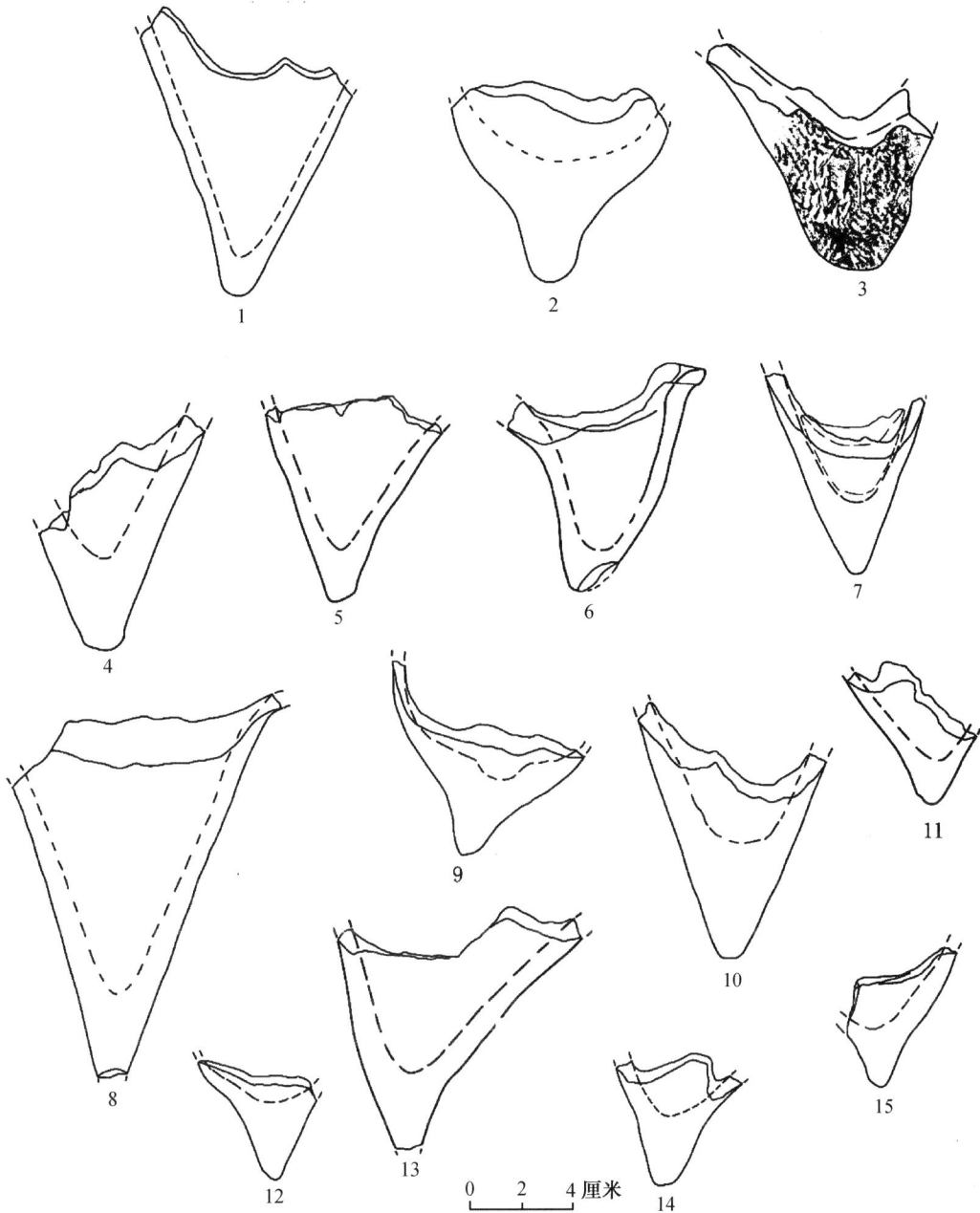

图 4-19 甗(鬲)足(二)

1—15. A 型(TN06W05F4:36、TN06W01④:23、TN06W04G2②:31、TN05E04⑥:6、TN06E03
⑦C:52、TN06E03⑦C:14、TN05W05⑤A:95、TN05W01⑪:11、TN05W05⑥A:9、TN05E04⑥:
5、H14:32、TN05W05⑤A:93、TN06E03⑦C:53、TN06W05F4:37、TN05W05⑦:9)

B 型,9 件,实足跟。标本 H14:24,夹砂红陶。锥形尖状足,足外壁微弧,足内底稍圜,足
跟稍高。足外壁饰绳纹。残高 11.3 厘米(图 4-20,1)。标本 TN06W01⑦E:17,夹砂红陶。
锥形足,实心,足尖部外层加固部分已剥落近半。剥落面上有绳纹。残高 9 厘米(图 4-20,

2)。标本 TN05W01H4:5,夹砂红陶。圆锥形足,足外壁近斜直,足内底较尖窄,足跟稍高。饰有绳纹。残高 11.5 厘米(图 4-20,3)。标本 TN06E01⑪:51,泥质灰陶。锥形足,足壁微弧,足尖外撇。素面。残高 4.7 厘米(图 4-20,4)。标本 TN06E01⑪:14,夹砂红陶。锥形足,

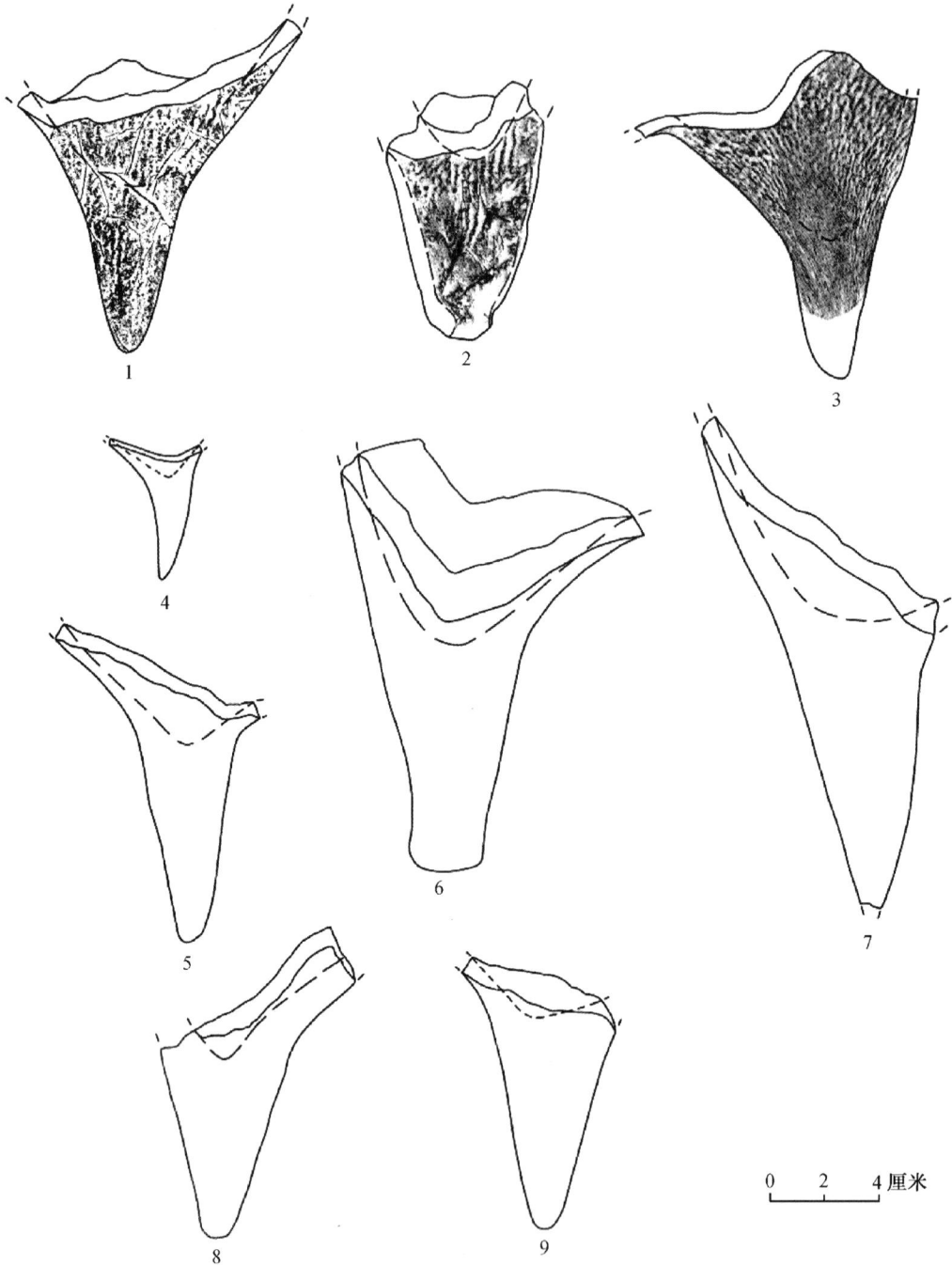

图 4-20　甗(鬲)足(三)

1—9. B 型(H14:24、TN06W01⑦E:17、TN05W01H4:5、TN06E01⑪:51、TN06E01⑪:14、H14:30、TN05W05⑦:10、TN06E03⑫:17、TN06W05④A:67)

足壁近斜直,足尖外撇。素面。残高 10.7 厘米(图 4-20,5)。标本 H14:30,夹砂红陶。锥形截尖足,足外壁微弧,足端近直,足内底稍尖窄,足跟稍高。素面。残高 7 厘米(图 4-20,6)。标本 TN05W05⑦:10,夹砂红陶。圆锥形足,足壁近斜直,足内底微圜,足跟较高。素面。残高 17.5 厘米(图 4-20,7)。标本 TN06E03⑫:17,夹砂灰陶。圆锥形足,足壁外侧斜直,内侧微弧,足内底较尖窄,足跟较高。足内壁有烟炱痕迹。素面。残高 11.2 厘米(图 4-20,8)。标本 TN06W05④A:67,夹砂褐陶。锥形足,足壁近斜直,足内底微圜,实足,足跟较高。素面。残高 9 厘米(图 4-20,9)。

3. 鼎

早期出土遗物中仅见鼎足标本。

鼎足,共 22 件,根据形状和装饰分四型。

A 型,10 件,圆锥状足。标本 H14:33,夹砂红陶。柱形截尖足,足尖微外撇,实心。足与器相接处,有拼接痕迹。素面。残高 9.2 厘米(图 4-21,1)。标本 TN05W05⑤A:33,夹砂红陶。锥形足,实心。素面。残高 8.2 厘米(图 4-21,2)。标本 TN05W05⑤A:29,夹砂红陶。圆锥形足,足外壁近斜直。素面。残高 10.6 厘米(图 4-21,3)。标本 TN05W05⑤A:24,夹砂红陶。锥形足,微扁,足外壁有一短竖突棱。残高 9.7 厘米(图 4-21,4)。标本 TN05W05⑥A:10,夹砂红陶。柱形足,足尖微弧,内底微圜。素面。残高 8.4 厘米(图 4-21,5)。标本 TN06E02⑧B:9,夹砂红陶。圆锥形足实心,微外撇。素面。残高 7.4 厘米(图 4-21,6)。标本 TN06W01⑦E:15,夹砂红陶。扁柱形尖状足,足尖外撇,实心。足与器相接处,有拼接痕迹。足外壁有两竖凹痕。残高 13 厘米(图 4-21,7)。标本 TN06W05F4:45,夹砂红陶。锥形足,足壁微弧,足跟较高。足与器相接处,有明显拼接痕迹。素面。残高 18.85 厘米(图 4-21,8)。标本 TN06W05G2①:4,夹砂红陶。足上部有拼接痕迹,下接扁柱状足,实心。素面。残高 10.8 厘米(图 4-21,9)。标本 TN06W05⑤A:9,夹砂红陶。锥形足,足外壁微弧,足内底稍尖,足尖微外撇。素面。残高 8.8 厘米(图 4-21,10)。

B 型,4 件,足上有按窝纹。标本 TN05W05⑤A:25,夹砂红陶。扁锥形足,实心。足上端一侧有一组手捏窝纹。残高 8 厘米(图 4-21,11)。标本 TN06W05⑤A:8,夹砂红陶。圆锥形足,足尖残。足上端一侧有两组手捏窝纹。残高 8.2 厘米(图 4-21,12)。标本 TN06W01⑦E:14,夹砂红陶。柱形足,足底残,实心,足上接器底处有拼接痕迹。足外壁近与器腹底相接以下,有三组手捏窝痕。残高 7.1 厘米(图 4-21,13)。标本 TN05W05⑦:15,夹砂红陶。柱形足,足底近圆尖。足与器相接处,有拼接痕迹。足外壁近与器腹底相接以下,有三组按窝纹。残高 12.6 厘米(图 4-21,14)。

C 型,5 件,足外侧有棱。标本 TN06W02⑨:76,夹砂红陶。锥形足,足尖微外撇,实心。足端有捏塑纹。残高 8.3 厘米(图 4-22,1)。标本 TN06W01⑦E:19,夹砂红陶。柱形足,足底残,实心。足与器相接处有拼接痕迹。足外壁上接器底处有一乳丁状突钮,其下为一竖突棱。残高 14.7 厘米(图 4-22,2)。标本 TN05W05⑦:14,夹砂红陶。扁柱形足,足下半部分残,足上接器底处突出一卯。足与器相接处有拼接痕迹。足外壁有两竖凹痕。残高 10 厘米(图 4-22,3)。标本 TN05W05⑤A:28,夹砂红陶。锥形足,微扁,实心,足尖微外撇。在足的

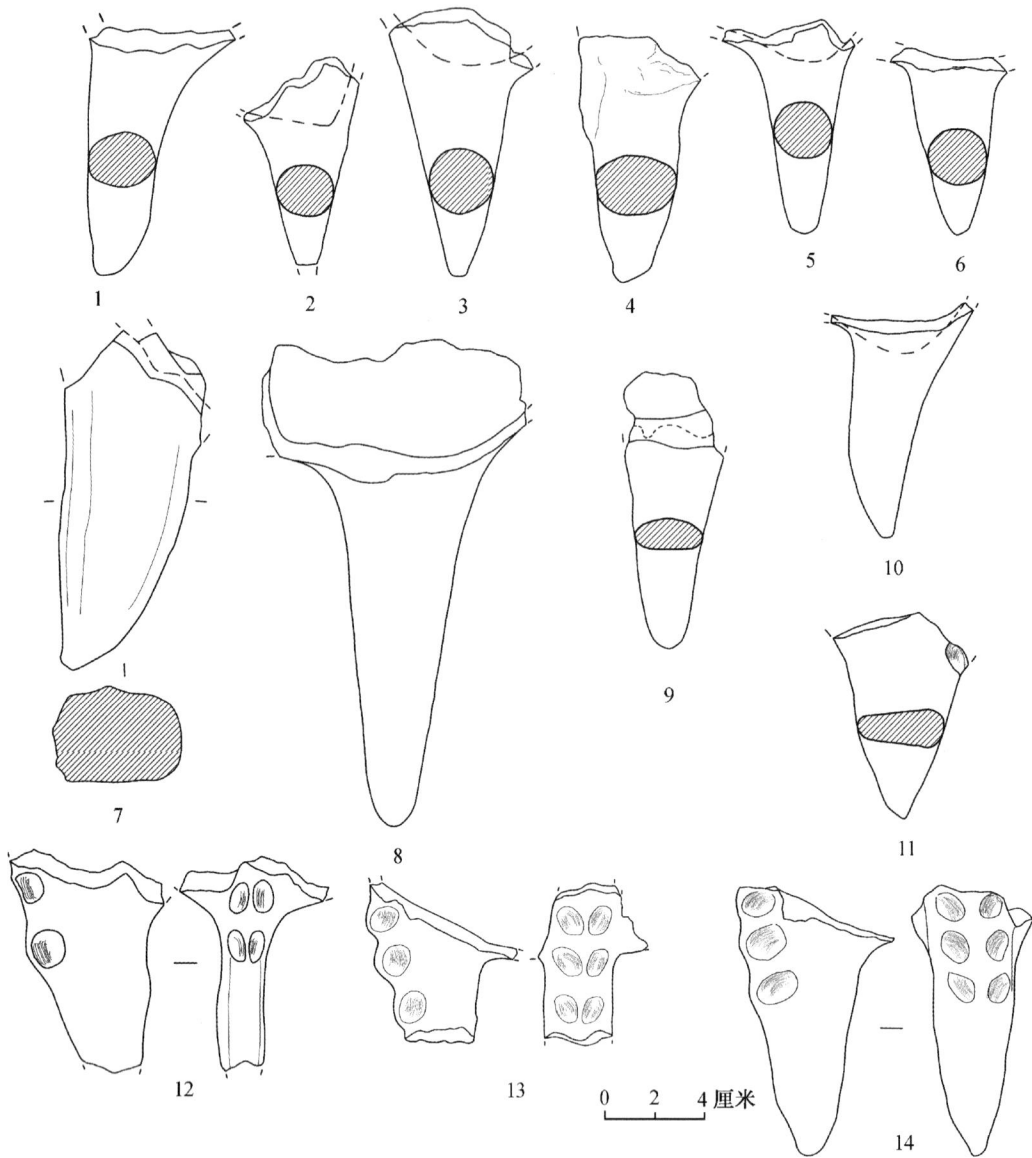

图 4-21 鼎足（一）

1—10. A 型（H14：33、TN05W05③：33、TN05W05③：29、TN05W05③：24、TN05W05④：10、
TN06E02⑤：9、TN06W01⑤：15、TN06W05F4：45、TN06W05G2①：4、TN06W05③：9）11—14. B 型
（TN05W05③：25、TN06W05③：8、TN06W01⑤：14、TN05W05⑤：15）

外侧有一竖道突棱。残高13.4厘米(图4-22,4)。标本 TN05W05⑦:13,夹砂红陶。柱形截尖足,足尖外撇,实心。足与器相接处有拼接痕迹。足外壁有一竖突棱。残高14.7厘米(图4-22,5)。

D 型,3件,侧扁状足。标本 TN06E01⑩:18,夹砂红陶。扁柱形足,两侧各出一突棱,横截面近呈十字形,足上与器底相接处有拼接痕迹。素面。残高9.4厘米(图4-22,6)。标本 TN06W02⑩:54,夹砂红陶。扁柱形足,足上与器底相接处有拼接痕迹,足壁外侧加固层剥落。素面。残高5.7厘米(图4-22,7)。标本 TN06W01⑦E:46,夹砂红陶。扁柱形足,足沿较宽,实心。足外壁饰数道刻划纹。残宽6.6、残高7.7厘米(图4-22,8)。

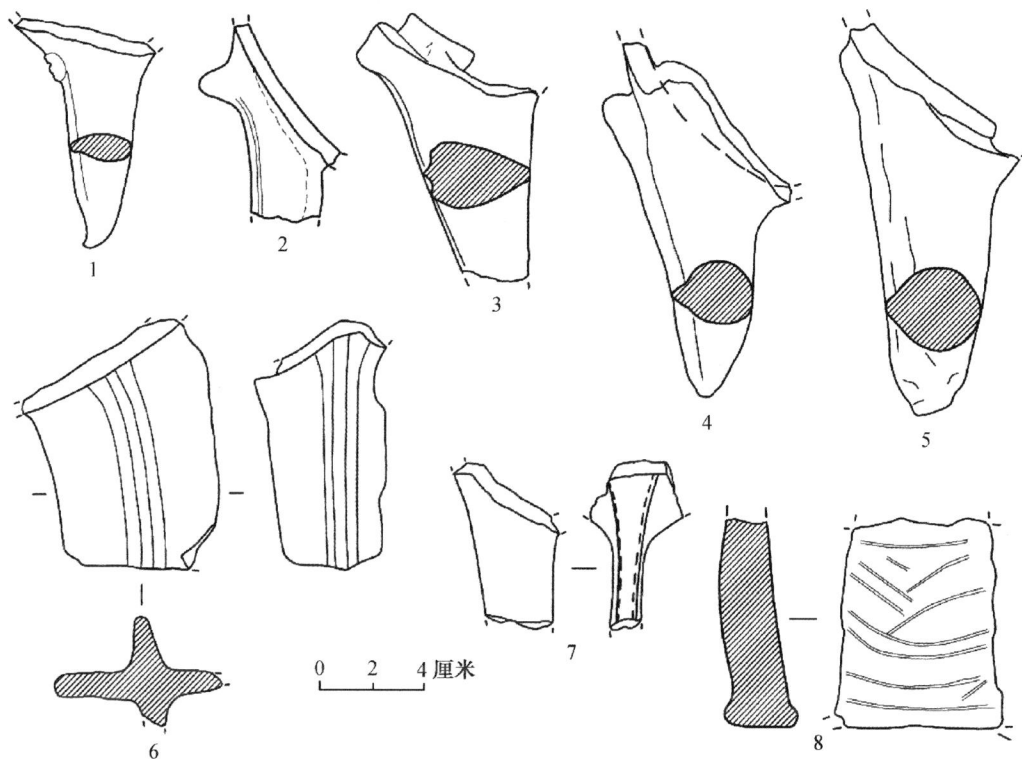

图4-22　鼎足(二)
1—5. C 型(TN06W02⑨:76、TN06W01⑦E:19、TN05W05⑦:14、TN05W05⑤A:28、TN05W05⑦:13)
6—8. D 型(TN06E01⑩:18、TN06W02⑩:54、TN06W01⑦E:46)

4. 罐

(1)夹砂罐

夹砂罐　共63件,根据纹饰、口部和肩部的不同分五型。

A 型,30件,素面。根据肩部又分两个亚型。

Aa 型,15件,斜溜肩,略广,据肩部发展趋向罐腹较鼓。标本 TN05W05⑤A:70,夹砂红陶。圆唇,敞口,宽沿,圆折沿,沿面弧形外卷,短颈,残余上腹微弧。颈上有一道附加堆纹,上饰有短斜刻划纹。口径25、残高7.4厘米(图4-23,1)。标本 TN06W01H6:3,夹砂红陶。

侈口,斜方唇,卷沿,平沿微内倾,弧溜肩,弧腹,腹以下残。素面。口径20、残高5.5厘米(图4-23,2)。标本TN06W04G2①:63,夹砂红陶。方唇,沿面弧形微外卷,弧腹,腹以下残。唇部有一道凹弦纹。素面。口径22、残高6.4厘米(图4-23,3)。标本TN06E03⑦C:52,夹砂红陶。侈口,尖唇,口沿外壁弧形,折沿,弧溜肩。素面。口径17、残高4.4厘米(图4-23,4)。标本TN06W04⑥B:5,夹砂红陶。侈口,斜方唇,圆折沿,沿面近斜直,弧溜肩。素面。口径15.6、残高5.1厘米(图4-23,5)。标本TN06W05⑤A:33,夹砂红陶。敞口,方唇,平沿微外卷,弧腹,腹以下残,口腹相接处内壁有凹窝。口径22、残高8.5厘米(图4-23,6)。标本TN06E02⑧B:4,夹砂红陶,器表因烧制不均匀,呈现红、灰二色。圆方唇,卷沿稍窄,口沿

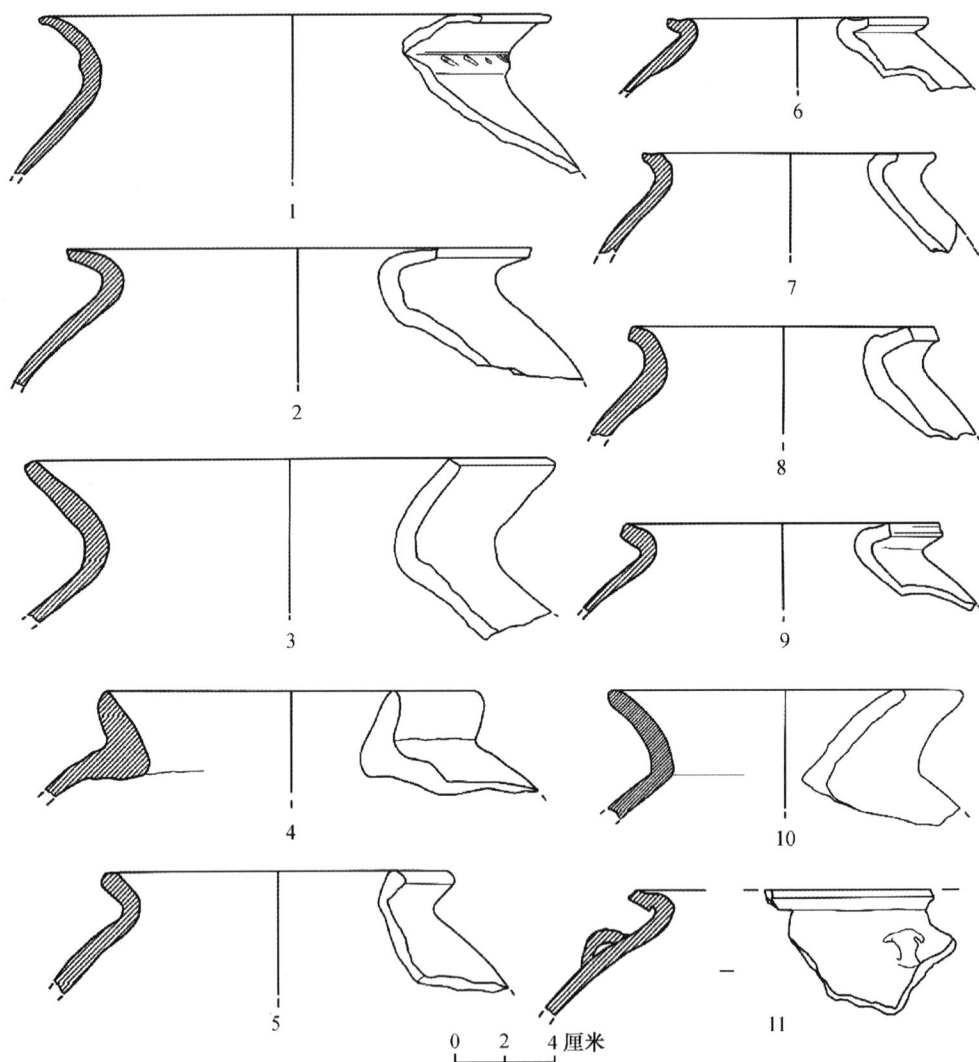

图4-23 夹砂罐(一)

1—11. Aa 型(TN05W05⑤A:70、TN06W01H6:3、TN06W04G2①:63、TN06E03⑦C:52、TN06W04⑥B:5、TN06W05⑤A:33、TN06E02⑧B:4、TN06E03⑦C:40、TN05W05⑥A:6、TN07W04⑥B:17、TN06E02⑧B:11)

下有一道凹槽,束颈,溜肩,鼓腹。素面。口径 12.6、残高 4.2 厘米(图 4-23,7)。标本 TN06E03⑦C:40,夹砂褐陶。侈口,斜方唇,沿面弧形外卷,圆折沿,弧溜肩。素面。口径 13.4、残高 4.6 厘米(图 4-23,8)。标本 TN05W05⑥A:6,夹砂红陶。斜方唇,侈口,圆折沿, 呈弧形外卷,沿面近唇处微凹,弧肩,肩下均残。素面。口径 14、残高 3.7 厘米(图 4-23,9)。 标本 TN07W04⑥B:17,夹砂灰陶。侈口,圆唇,沿面弧形外卷,折沿,广肩,肩以下残。素面。 口径 21、残高 7 厘米(图 4-23,10)。标本 TN06E02⑧B:11,夹砂红陶。斜方唇,唇面微凹,侈

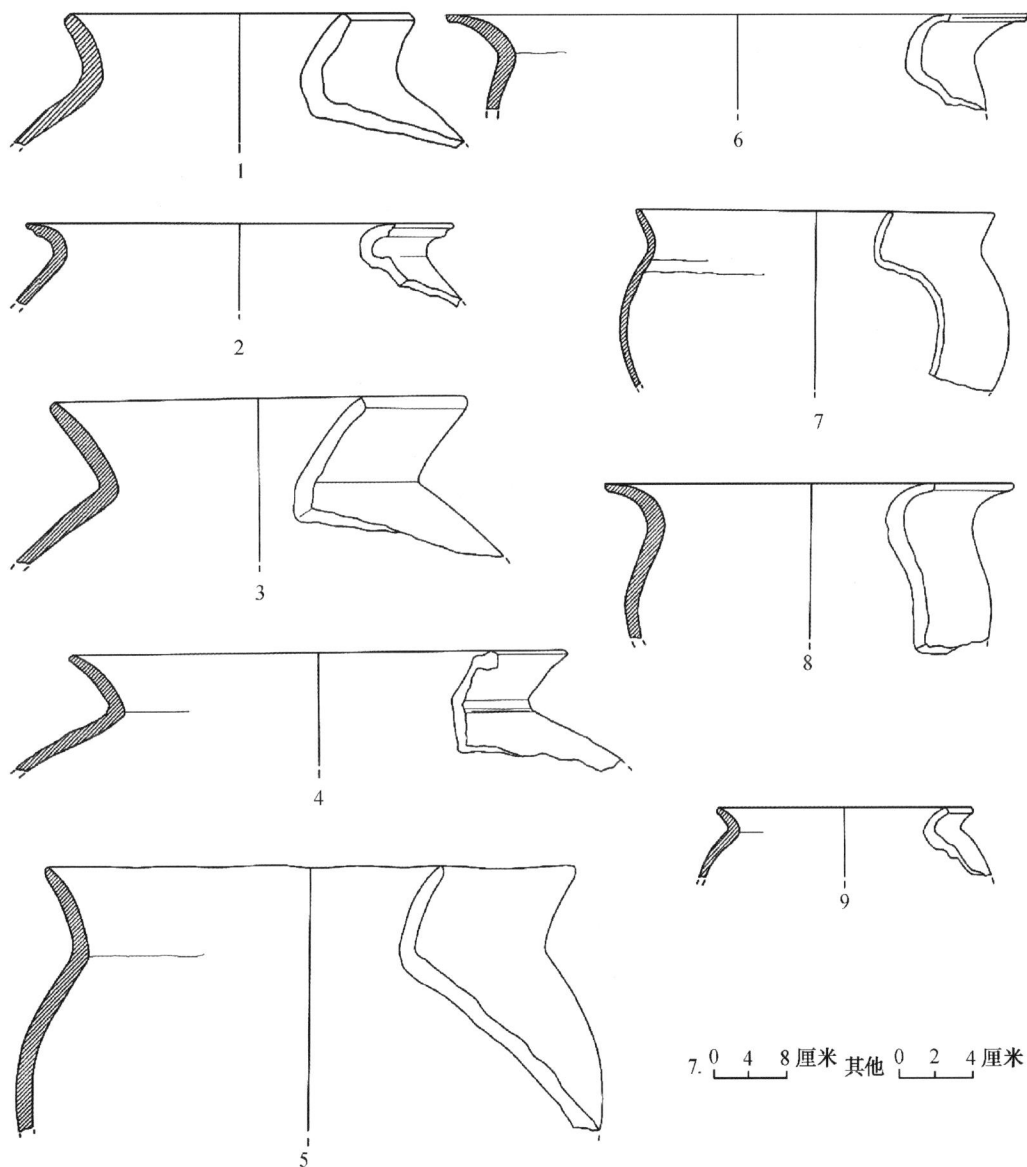

图 4-24 夹砂罐(二)

1—4. Aa 型(TN06W05G2①:1、TN05W05⑤A:66、TN07W04H1:4、TN05E04⑥:14)

5—9. Ab 型(G2②:600、TN05W05⑤A:54、G2②:257、H14:21、TN05E03⑥:12)

口,翻沿,圆折沿,沿面微凹,溜肩,肩上饰一桥形系,肩以下残。素面。残宽8.3、残高5.6厘米(图4-23,11)。标本TN06W05G2①:1,夹砂红陶。侈口,斜方唇,唇面有一凹槽,圆折沿,沿面微弧形外撇,广肩,腹部及底残。素面。口径18、残高6.6厘米(图4-24,1)。标本TN05W05⑤A:66,夹砂红陶。尖圆唇,沿面下有一周突棱,敞口,翻沿,圆折沿,沿面微弧形外卷,矮领,溜肩,残留腹微弧下张。素面。口径23.4、残高4.5厘米(图4-24,2)。标本TN07W04H1:4,夹砂褐陶,黑皮、褐胎。敞口,斜方唇,沿面弧形外卷,宽折沿,广肩,肩以下残。肩部饰有绳断弦纹。口径22、残高8.3厘米(图4-24,3)。标本TN05E04⑥:14,泥质灰陶,黑皮红胎。侈口,斜方唇,沿面较宽,呈弧形微外卷,折沿,溜肩。肩部饰弦断细绳纹。口径27、残高6厘米(图4-24,4)。

Ab型,15件,垂溜肩,据肩部发展趋向罐腹微弧鼓。标本G2②:600,夹砂红陶。侈口,圆唇,沿面较宽,呈微弧形外撇,折沿,腹壁弧形斜下收。素面。口径28、残高13.6厘米(图4-24,5)。标本TN05W05⑤A:54,夹砂红陶。敞口,斜方唇,沿面微弧形外卷,圆折沿,溜肩。素面。口径31.6、残高5.0厘米(图4-24,6)。标本G2②:257,夹砂红陶。侈口,圆唇,沿面近斜直外撇,圆折沿,弧肩,腹部微鼓,腹下部弧形斜下收。素面。口径38、残高18.3厘米(图4-24,7)。标本H14:21,夹砂红陶。侈口,斜方唇,沿面弧形外卷,圆折沿,溜肩,腹上部微弧,斜下收。素面。口径22、残高7.9厘米(图4-24,8)。标本TN05E03⑥:12,夹砂褐陶。斜方唇,沿面弧形微外卷,折沿,弧腹。素面。口径14、残高3.6厘米(图4-24,9)。标本TN06E01⑩:6,夹砂红陶。侈口,斜方唇,唇面微凹,沿面较宽,近斜直,圆折沿,弧溜肩,腹微鼓,腹中部以下残。器肩上有贴塑,腹外壁饰横置梯格纹。口径34、残高7厘米(图4-25,1)。标本G2②:745,夹砂灰陶。侈口,圆方唇,沿面较宽,呈微弧形外卷,折沿,弧溜肩,肩外置两对称系,系呈横管状,鼓腹,腹下部及底残。素面。口径21、残高17.3厘米(图4-25,2)。标本G2②:29,夹砂红陶。侈口,圆方唇,沿面微弧形外卷,圆折沿,弧溜肩,弧腹,腹下部弧形斜下收。素面。口径17.4、残高23.5厘米(图4-25,3)。标本TN05E03⑫:1,夹砂红陶。斜方唇,沿面较宽,呈弧形微外卷,折沿,腹微弧。素面。口径28、残高13.8厘米(图4-25,4)。标本H14:11,夹砂红陶。侈口,尖唇,沿面微弧形外卷,翻沿,弧溜肩,腹部微弧斜下收。素面。口径11、残高8.2厘米(图4-25,5)。标本TN05W05⑤A:3,夹砂红陶。圆唇,圆折沿,沿面弧形微外卷,腹微弧,腹下已残,有下收倾向。器腹饰短斜刻划纹。口径19.6、残高7.7厘米(图4-25,6)。标本TN06E03⑦C:42,夹砂灰陶。侈口,圆方唇,折沿,沿面微弧,弧溜肩。素面。口径26、残高6厘米(图4-25,7)。标本H14:6,夹砂红陶。侈口,尖圆唇,唇面微凹,沿面微弧形外卷,翻沿,溜肩,腹上部微弧。素面。口径16、残高5.8厘米(图4-25,8)。标本TN06W04G2①:52,夹砂红陶。侈口,方唇,圆折沿,沿面微弧外卷,矮领,弧溜肩,肩以下残。素面。口径15、残高7.4厘米(图4-25,9)。标本G2②:353,夹砂红陶。侈口,斜方唇,沿面微弧形外卷,折沿,弧肩,腹微弧,腹中部以下残。素面。口径22、残高9.5厘米(图4-25,10)。

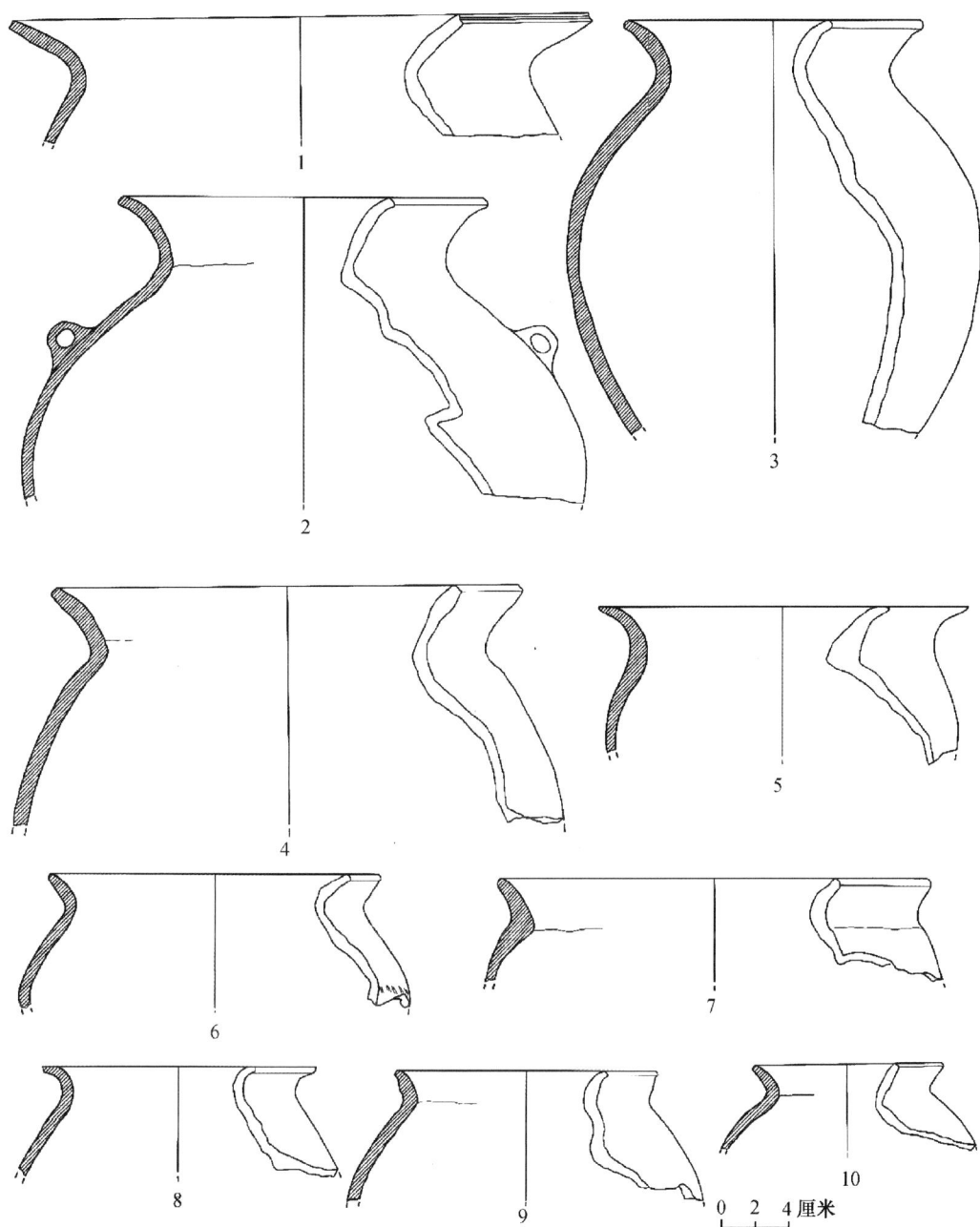

图 4-25　夹砂罐（三）

1—10. Ab 型（TN06E01⑩:6、G2②:745、G2②:29、TN05E03⑫:1、H14:11、TN05W05⑤A:3、TN06E03⑦C:42、H14:6、TN06W04G2①:52、G2②:353）

B 型,20 件,有纹饰。根据口部与肩部分三个亚型。

Ba 型,10 件,溜肩,口小于肩。标本 TN06W04G2②:896,夹砂褐陶。侈口,圆方唇,沿面较宽,呈微弧形外卷,圆折沿,弧溜肩,弧腹,腹中部以下残。腹壁饰弦断绳纹。口径 22、残高 8.3 厘米（图 4-26,1）。标本 TN06W04⑥B:16,夹砂褐陶。侈口,斜方唇,唇面微凹,沿面弧形外卷,圆折沿,弧肩。沿外壁饰磨平细绳纹,肩上部饰弦断细绳纹。口径17、残高5厘米(图4-26,2)。标本TN06E01⑪:28,夹砂红陶。侈口,斜方唇,沿面微弧形外卷,圆折沿,弧溜肩,腹上部微鼓。腹外壁饰弦断绳纹。口径16、残高5.7厘米(图4-26,3)。标本TN06W03⑦:7,夹砂红陶。侈口,斜方唇,唇面微凹,圆折沿,沿面较宽,呈弧形微外卷,弧肩,

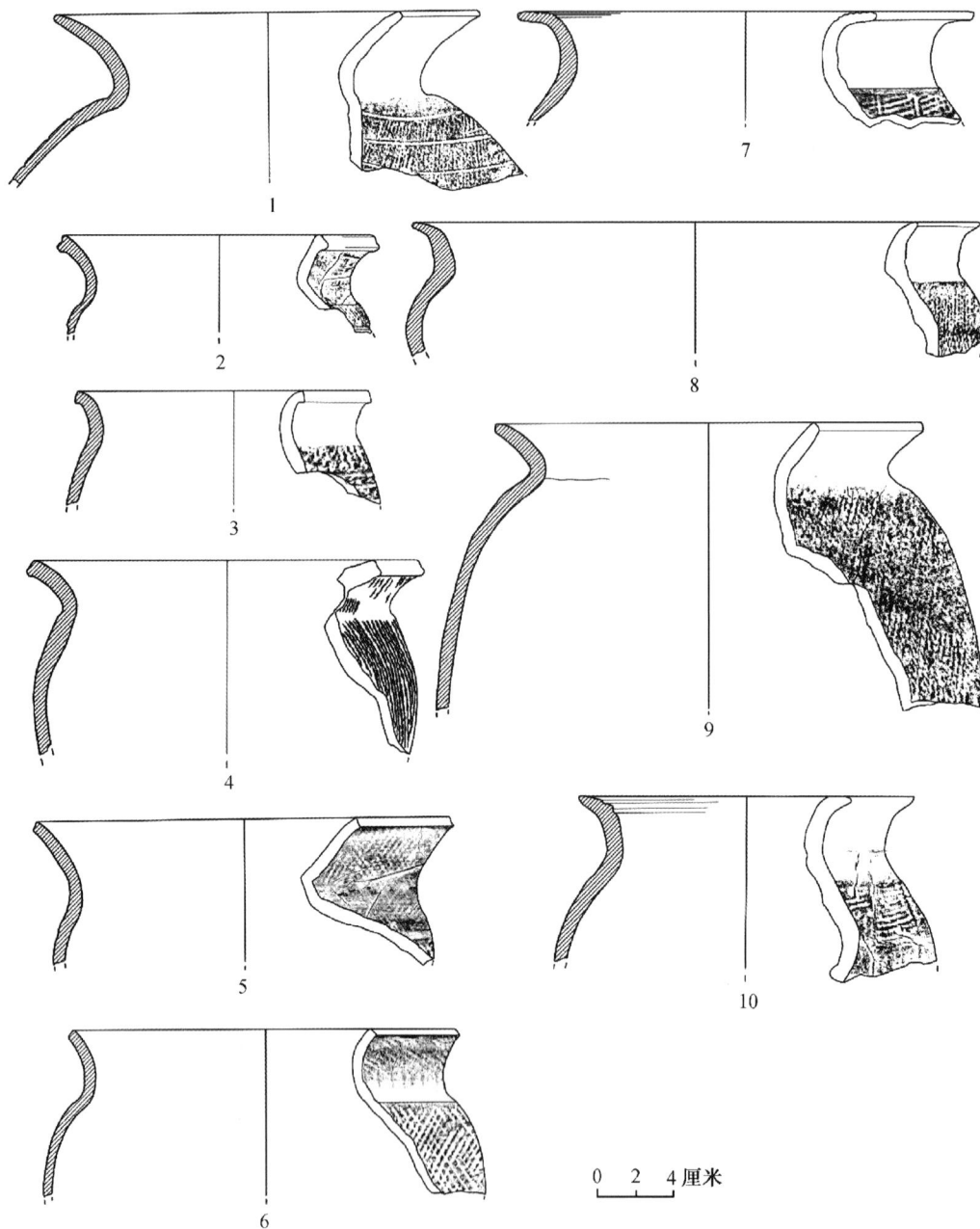

图4-26 夹砂罐(四)

1—10. Ba 型(TN06W04G2②:896、TN06W04⑥B:16、TN06E01⑪:28、TN06W03⑦:7、TN05W01⑥:46、TN05W01⑥:22、TN06W05F4:11、TN06E03⑦C:35、TN06W05G2②:597、H14:52)

腹上部微鼓,腹下部及底残。器身外壁饰绳纹。口径21、残高9.8厘米(图4-26,4)。标本TN05W01⑥:46,泥质红陶。侈口,斜方唇,唇面微凹,圆折沿,沿面较宽,呈弧形外卷,弧肩,腹上部微鼓。器沿面外壁饰磨平的绳纹,腹部饰间断绳纹。口径21.6、残高7.2厘米(图4-26,5)。标本TN05W01⑥:22,夹砂红陶。侈口,斜方唇,圆折沿,沿面弧形外卷,弧肩,腹上部微鼓。腹外壁饰绳纹。口径20、残高8.4厘米(图4-26,6)。标本TN06W05F4:11,夹砂红陶。侈口,尖圆唇,沿面弧形微外卷,矮领,广肩,肩以下残。口沿内饰有多道凹弦纹,肩部饰有梯格纹。口径23、残高5.5厘米(图4-26,7)。标本TN06E03⑦C:35,泥质灰陶,黑皮。侈口,尖圆唇,折沿,沿面弧形微外卷,弧肩,腹上部微鼓,腹下部及底残。器身外壁饰细绳纹。口径30、残高6.9厘米(图4-26,8)。标本TN06W05G2②:597,夹砂红陶。侈口,斜方唇,沿面微弧形外卷,折沿,腹壁微弧斜下收,腹中部以下残。腹壁饰绳纹。口径22、残高14.5厘米(图4-26,9)。标本H14:52,夹砂红陶。侈口,尖圆唇,沿面微弧,圆折沿,矮领,弧溜肩,腹上部微弧。器身饰梯格纹。口径17.2、残高8.2厘米(图4-26,10)。

Bb型,5件,溜肩,口部大于腹部,近盆形罐。标本G2②:376,夹砂红陶。侈口,圆唇,沿面弧形外卷,圆折沿,弧肩,腹部微鼓,腹下部弧形斜下收。腹壁饰绳纹。口径11、残高8.5厘米(图4-27,1)。标本TN06E03⑫:6,夹砂红陶。圆方唇,沿面弧形外卷,圆折沿,弧腹斜下收。肩部及腹部饰细绳纹。口径25、残高10.3厘米(图4-27,2)。标本TN06W05G2②:358,夹砂红陶。侈口,斜方唇,唇面微凹,沿面微弧形外卷,圆折沿,弧溜肩,腹微弧斜下收,腹中部以下残。沿面外壁饰磨平的细绳纹,腹外壁饰弦断绳纹。口径25.2、残高13.8厘米(图4-27,3)。标本TN06E03⑫:45,夹砂红陶,黑皮。侈口,斜方唇,唇下部有一周凹槽,弧形外卷,圆折沿,弧肩,弧腹。肩部饰一周凹弦纹及一周凸棱,腹上部饰弦断细绳纹。口径27.6、残高10.2厘米(图4-27,4)。标本TN06W04G2②:20,夹砂红陶。侈口,尖唇,沿面较宽,近斜直,圆折沿,弧溜肩,腹部微弧斜下收。器身饰梯格纹。口径32、残高8厘米(图4-27,5)。

Bc型,5件,广肩,口小于肩。标本TN05E03⑥:40,泥质红陶,黑皮。侈口,圆方唇,沿面弧形外卷,圆折沿,弧溜肩。肩部饰弦断细绳纹。口径22、残高7.8厘米(图4-27,6)。标本TN06E03⑦C:58,夹砂灰陶,黑皮。侈口,斜方唇,折沿,沿面较宽,微弧,弧溜肩,肩以下残。肩外壁饰弦断绳纹。口径25.6、残高6厘米(图4-27,7)。标本TN06E03⑦C:29,夹砂红陶。方唇,沿上面平,沿略外卷,圆折沿,溜肩。肩部饰间断横置篮纹。口径21、残高4.4厘米(图4-27,8)。标本TN06E03⑦C:34,夹砂红陶,黑皮。侈口,斜方唇,折沿,沿面弧形外卷,广肩,肩下部残。器肩以下饰弦断绳纹。口径17、残高4.8厘米(图4-27,9)。标本TN06W03⑦:18,夹砂红陶。侈口,斜方唇,唇上有一道凸起的制作痕迹,圆折沿,沿面弧形外卷,溜肩,腹部及底残。颈部有一圈戳印纹,肩上饰梯格纹。口径17、残高4.1厘米(图4-27,10)。

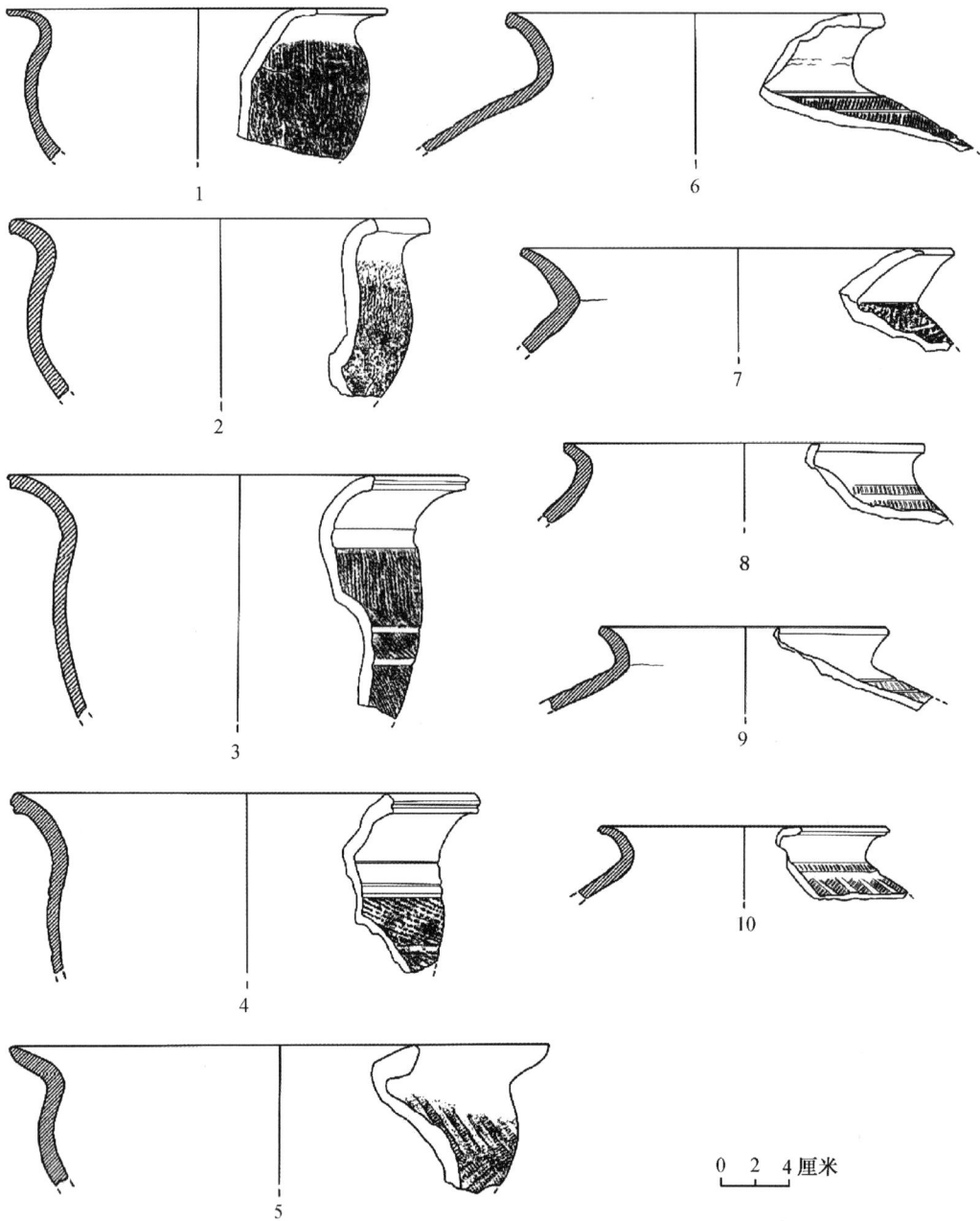

图 4-27　夹砂罐（五）

1—5. Bb 型（G2②:376、TN06E03⑫:6、TN06W05G2②:358、TN06E03⑫:45、TN06W04G2②:20）

6—10. Bc 型（TN05E03⑥:40、TN06E03⑦C:58、TN06E03⑦C:29、TN06E03⑦C:34、TN06W03⑦:18）

C 型，共 11 件，饰绳纹。根据口沿变化分两个亚型。

Ca 型，6 件，沿口稍向内或向外凸出。标本 TN06W04⑥B:7，夹砂红陶。敛口，圆唇，宽沿，沿面外倾，口沿下部向外凸，腹微弧斜下收。器身饰弦纹与细绳纹组合。口径 26、残高 6.6 厘米（图 4-28,1）。标本 TN06W02⑦A:27，夹砂红陶。敞口，尖圆唇，宽折沿微外倾，腹

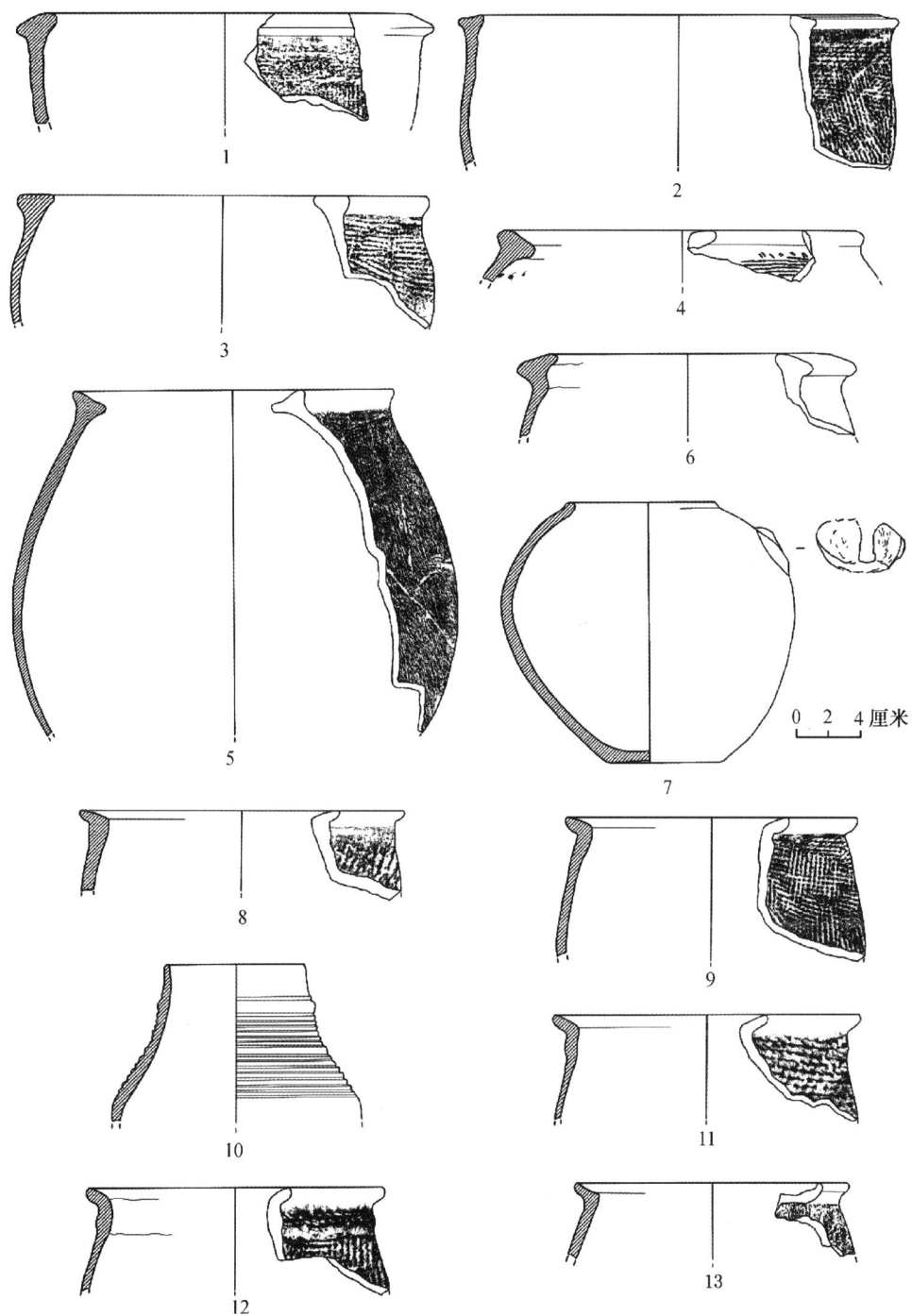

图 4-28　夹砂罐（六）

1—6. Ca 型（TN06W04⑥B：7、TN06W02⑦A：27、TN06W04G2①：88、TN05E03⑥：32、TN06W02⑨：42、TN06E03⑫：3）　7. D 型（TN06E03⑦C：12）　8、9、11—13. Cb 型（TN05W01H8：1、TN06W02⑦A：23、TN06W02⑦A：70、TN06W02⑦A：18、TN05W05⑦：7）　10. E 型（TN06W01⑦E：34）

上部近斜直,腹中部以下微弧,腹下部残。唇部有一道凹槽,腹部饰有绳纹。口径24、残高9厘米(图4-28,2)。标本TN06W04G2①:88,夹砂灰陶。敞口,方唇,平沿,微弧腹,腹以下残。腹部以下饰有绳纹。口径25、残高7.8厘米(图4-28,3)。标本TN05E03⑥:32,夹砂红陶。侈口,圆唇,沿面内倾,沿面下部有一周凸起,弧溜肩。肩部饰横置绳纹。口径23、残高3.1厘米(图4-28,4)。标本TN06W02⑨:42,夹砂红陶。侈口,尖圆唇,平沿微内倾,溜肩,弧腹,腹以下残。唇部有一道凹槽,腹部饰有绳纹,领部饰有刻划纹打断绳纹。口径22、残高23.2厘米(图4-28,5)。标本TN06E03⑫:3,夹砂红陶。口微敛,圆唇,宽沿,沿面外倾,口沿下内侧内凹,折沿,溜肩。肩部饰磨平细绳纹。口径21.4、残高5厘米(图4-28,6)。

Cb型,5件,小窄折沿,沿内有折棱。标本TN05W01H8:1,夹砂红陶。侈口,圆唇,沿面近斜直外侈,折沿,弧腹,腹中部以下残。腹外壁饰绳纹。口径20、残高4.85厘米(图4-28,8)。标本TN06W02⑦A:23,夹砂红陶。侈口,圆唇,折沿,弧腹,腹以下残。腹部饰有交错绳纹。口径18、残高8.5厘米(图4-28,9)。标本TN06W02⑦A:70,夹砂红陶。侈口,尖圆唇,折沿,弧腹,腹以下残。腹部饰有绳纹。口径19、残高6.2厘米(图4-28,11)。标本TN06W02⑦A:18,夹砂红陶。侈口,圆唇,折沿,弧腹,腹以下残。腹部饰有交错绳纹。口径18、残高6.1厘米(图4-28,12)。标本TN05W05⑦:7,夹砂红陶。圆唇,折沿,沿面微凹,腹微弧,腹下及底残。器身饰绳纹。口径17.4、残高4.5厘米(图4-28,13)。

D型,1件,无沿素面。标本TN06E03⑦C:12,夹砂灰陶。敛口,圆唇,肩中部设一横置的耳,耳残,仅存根部,鼓腹,腹下部弧形斜下收至底,最大径在腹上部,平底微凹。素面。口径9.4、腹径18.6、底径7.2、高16厘米(图4-28,7)。

E型,1件,无沿长领,饰凹弦纹。标本TN06W01⑦E:34,夹砂红陶。口微敛,尖圆唇,领部微束,弧溜肩,腹上部微鼓,腹中部以下残。器领外壁饰数周凹弦纹。口径8.5、残高9.4厘米(图4-28,10)。

夹砂罐底 共35件,根据底部形状分两型。

A型,8件,平底。标本TN05W01⑥:33,夹砂红陶。近底腹壁近斜直下收至底,平底。素面。底径15、残高3厘米(图4-29,1)。标本G2②:326,夹砂红陶。弧腹,平底。素面。底径8.6、残高7.5厘米(图4-29,2)。标本TN06W02F11:4,夹砂红陶。近底腹部近斜直,底平。素面。底径10、残高7.4厘米(图4-29,3)。标本TN06W02⑦A:73,夹砂红陶。弧腹,底平。素面。底径9.4、残高4.85厘米(图4-29,4)。标本TN06E01⑪:47,泥质红陶。腹下部微弧形斜下收至底,内底微圜,中部有一乳钉状突起,外平底。器内壁有轮制弦纹,外底有片割痕。底径5.8、残高2.6厘米(图4-29,5)。标本TN06E01⑪:27,夹砂褐陶。腹部微弧斜下收,底平。素面。底径7.4、残高3.5厘米(图4-29,6)。标本TN06E01⑪:28,夹砂红陶。腹部弧形斜下收,底平。素面。底径12、残高5.4厘米(图4-29,7)。标本TN06W02⑨:67,夹砂灰陶。腹部近斜直,平底。腹部饰有绳纹,器内底有轮制痕迹,器外底饰有刻划纹。底径13.6、残高6.9厘米(图4-29,8)。

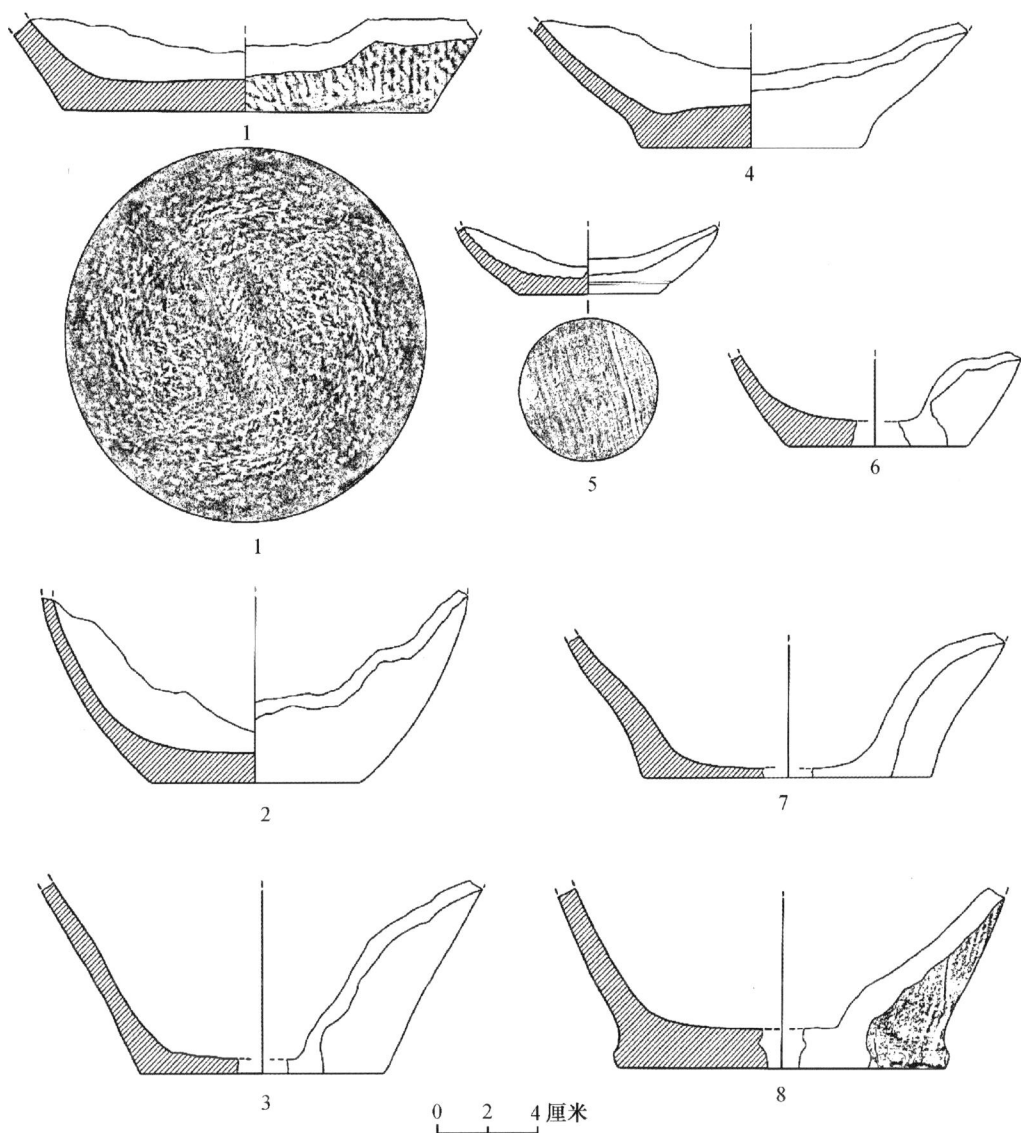

图 4-29　夹砂罐底（一）

1—8. A 型（TN05W01 ⑥：33、G2②：326、TN06W02F11：4、TN06W02 ⑦ A：73、TN06E01 ⑪：47、
TN06E01⑪：27、TN06E01⑪：28、TN06W02⑨：67）

　　B 型，27 件，凹圜底。标本 G2②：327，泥质红陶。弧腹，平底微凹。素面。底径 8、残高 6.2
厘米（图 4-30,1）。标本 G2②：750，夹砂灰陶。弧腹，平底微内凹。素面。底径 8.4、残高 9.4
厘米（图 4-30,2）。标本 G2②：325，夹砂红陶。弧腹，平底微凹。素面。底径 10、残高 6.8 厘米
（图 4-30,3）。标本 G2②：340，夹砂红陶。弧腹，平底微凹。素面。底径 13、残高 12.4 厘米（图
4-30,4）。标本 TN07W04H1：7，原始瓷，青釉灰褐胎，有脱釉现象。近平底微凹。底部饰有六条
突棱纹。底径 11.8、残高 4 厘米（图 4-30,5）。标本 TN05E03⑫：19，夹砂灰陶。腹上部残缺，腹
下部微弧斜下收，近底部微内凹，平底微凹。素面。底径 11.6、残高 4.9 厘米（图 4-30,6）。标

本 G2②:412,夹砂灰陶。腹壁微弧形斜下收至底,平底微内凹。素面。底径 12.8、残高 9.4 厘米(图 4-30,7)。标本 G2②:334,夹砂灰陶。弧腹,平底微凹。素面。底径 12、残高 14.4 厘米(图 4-30,8)。标本 TN06E01⑪:18,夹砂红陶。腹部微弧斜下收,底部微内凹。腹部以上残。素面。残高 3.5 厘米(图 4-30,9)。标本 TN07W04④B:26,夹砂灰陶。内红外灰,近器底腹近

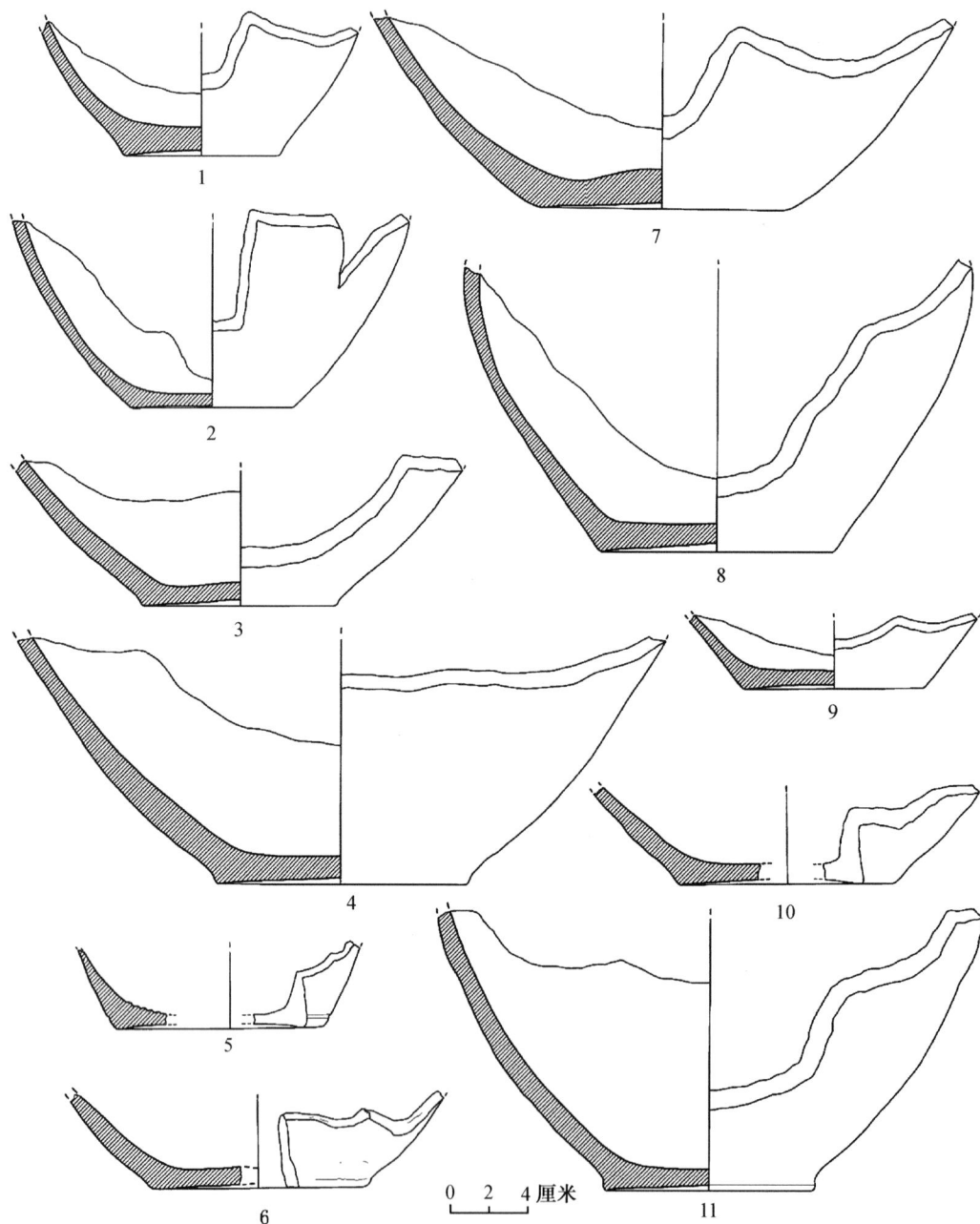

图 4-30　夹砂罐底(二)

1—11. B 型(G2②:327、G2②:750、G2②:325、G2②:340、TN07W04H1:7、TN05E03⑫:19、G2②:412、G2②:334、TN06E01⑪:18、TN07W04④B:26、G2②:387)

直,平底微凹。素面。底径11、残高4.6厘米(图4-30,10)。标本 G2②:387,夹砂红陶。深弧腹,平底微凹。素面。底径10.6、残高13.8厘米(图4-30,11)。标本 TN06E03⑫:23,夹砂红陶。器上部均残,近底腹部微弧形斜下收至底,平底微凹。素面。底径12、残高5厘米(图4-31,1)。标本 TN06W02⑩:45,夹砂红陶。腹下部近斜直下收至底,内底微圜,平底微凹。素面。底径14.6、残高4厘米(图4-31,2)。标本 G2②:288,夹砂红陶。微弧腹,平底为内凹。素面。底径10、残高10厘米(图4-31,3)。标本 TN05E03⑥:35,夹砂灰陶。腹上部

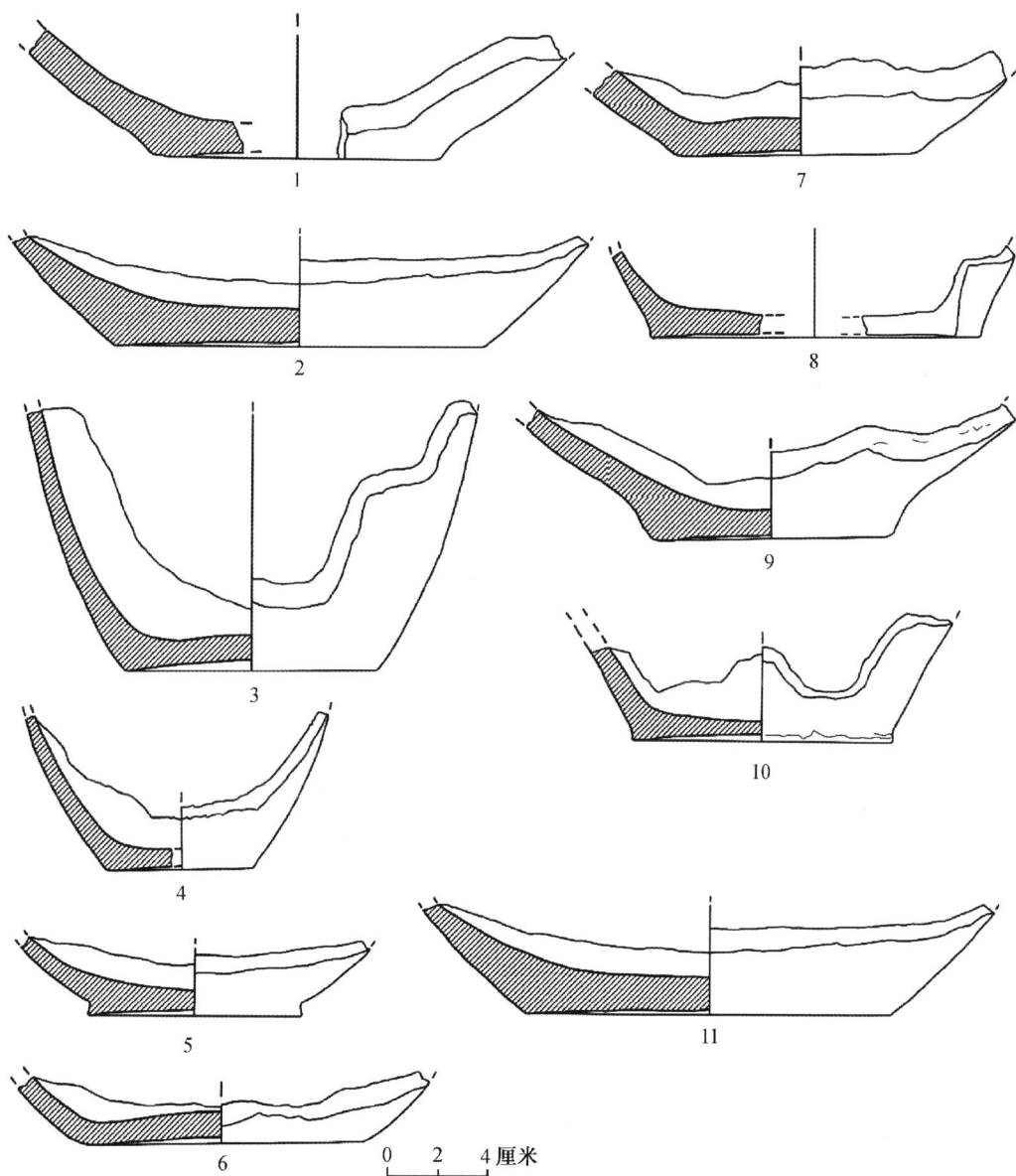

图4-31　夹砂罐底(三)

1—11. B 型(TN06E03⑫:23、TN06W02⑩:45、G2②:288、TN05E03⑥:35、TN05W01⑪:19、TN05E03⑥:34、TN05E03⑥:21、TN06W01⑦E:37、TN05E03⑥:19、TN05W05⑤A:45、TN06W02⑤:45)

残缺,腹下部微弧斜下收,平底微凹。素面。底径6、残高6.2厘米(图4-31,4)。标本 TN05W01⑪:19,夹砂灰陶。近底腹部微弧斜下收,底部微内凹。素面。底径8.5、残高2.65 厘米(图4-31,5)。标本 TN05E03⑥:34,夹砂灰陶。腹上部残缺,近底腹部微弧斜下收,平底 微凹。底下中部饰有绳纹。底径11.5、残高2.7厘米(图4-31,6)。标本 TN05E03⑥:21,夹 砂红陶。腹上部残缺,近底腹部近直斜下收至底,平底微凹。素面。底径10、残高4厘米(图 4-31,7)。标本 TN06W01⑦E:37,夹砂红陶。器上部均残,近底腹部微弧形斜下收至底,平 底微凹。素面。底径13.2、残高3.2厘米(图4-31,8)。标本 TN05E03⑥:19,夹砂褐陶。腹 上部残缺,腹下部微弧斜下收,近底部微内凹,平底微凹。素面。底径10、残高5.2厘米(图 4-31,9)。标本 TN05W05⑤A:45,夹砂红陶。器上部均残,近底腹部斜下收至底,平底微内 凹。器表有支座刮痕。底径10.8、残高5.1厘米(图4-31,10)。标本 TN06W02⑤:45,夹砂 红陶。腹下部近斜直下收至底,内底微圜,平底微凹。素面。底径14.6、残高4厘米 (图4-31,11)。标本 TN06W02⑨:64,夹砂红陶,黑皮。腹上部残缺,近斜直腹,平底微内凹。 腹部饰有绳纹,底部饰有交绳纹。底径12、残高9厘米(图4-32,1)。标本 TN05W05⑦:27, 夹砂红陶。器上部均残,腹下部近斜直下收至底,平底微内凹。素面。底径12、残高6.4厘

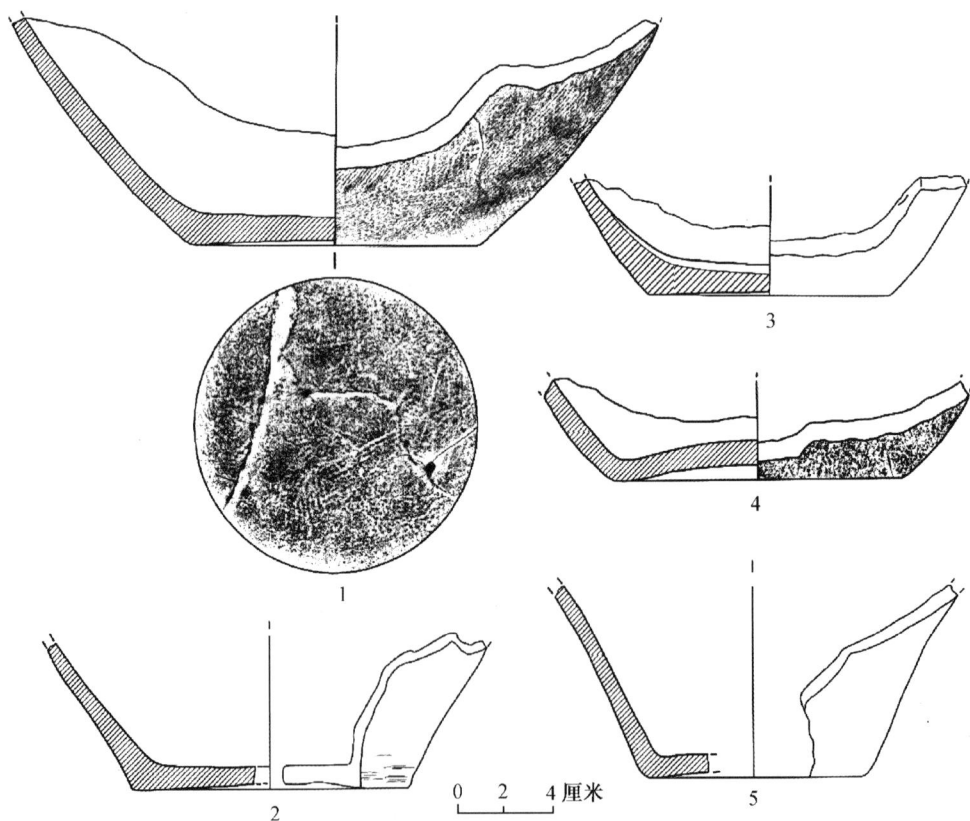

图4-32 夹砂罐底(四)

1—5. B 型(TN06W02⑨:64、TN05W05⑦:27、TN06W04G2①:78、TN06W04G2①:73、 TN05W05⑥A:12)

米(图4-32,2)。标本TN06W04G2①:78,夹砂灰陶。近底腹部微弧斜下收,平底微凹。拼接底部加固一层。素面。底径10、残高4.5厘米(图4-32,3)。标本TN06W04G2①:73,夹砂红陶。近底处弧形斜下收,平底微凹。素面。底径12、残高3.4厘米(图4-32,4)。标本TN05W05⑥A:12,夹砂红陶。器上部均残,腹下部近斜直下收至底,平底微内凹。素面。底径9.6、残高7.9厘米(图4-32,5)。

（2）泥质罐

泥质罐　共52件,根据有无纹饰分两型。

A型,9件,素面。根据肩部与腹部发展趋向分三个亚型。

Aa型,4件,广肩。标本TN06E03⑦C:92,夹砂灰陶。侈口,圆方唇,折沿,沿面微弧形外撇,广肩,腹部及底残。器肩外壁饰一周凹弦纹。口径22、残高4.7厘米(图4-33,1)。标本

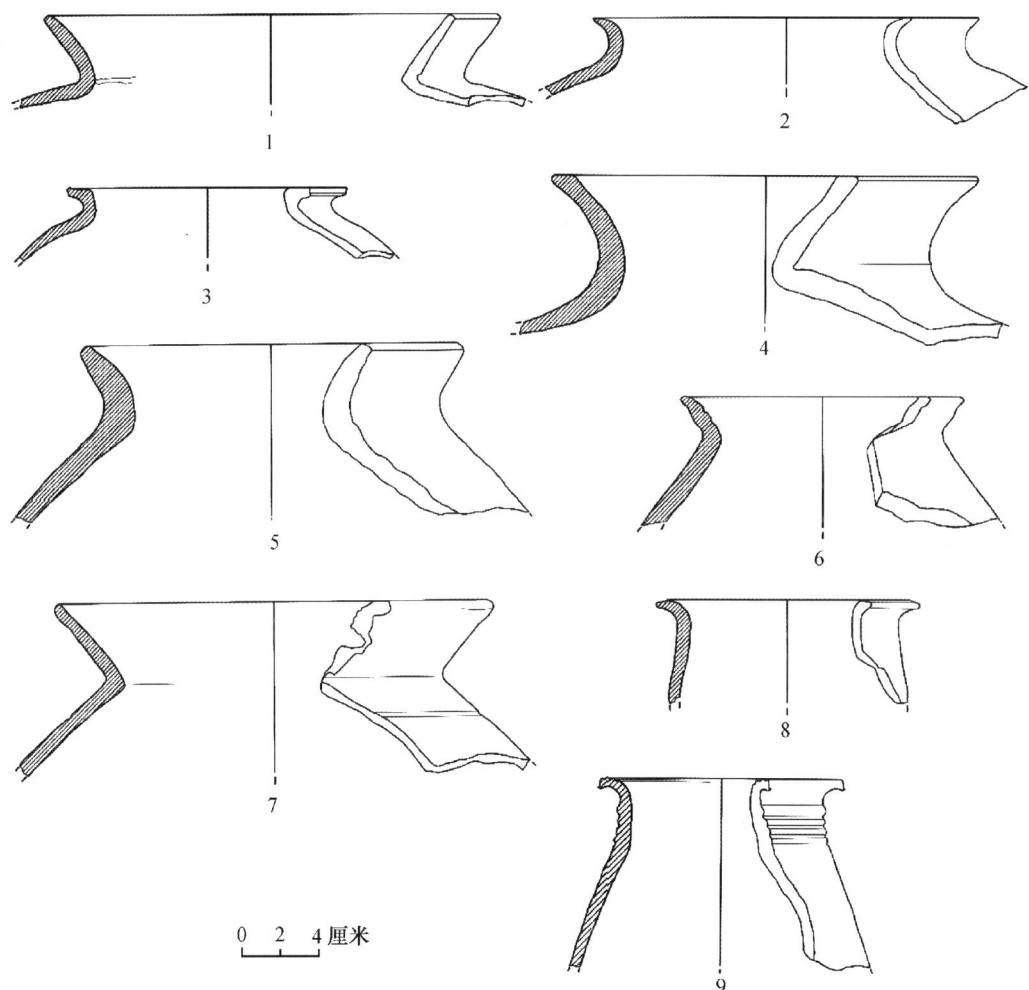

0　2　4厘米

图4-33　泥质罐（一）

1—4. Aa型（TN06E03⑦C:92、TN06W05⑥B:11、TN05W05⑥A:3、G2②:872）　5—7. Ab型（G2②:378、TN05W05⑤A:97、TN05E04⑥:12）　8—9. Ac型（TN06E02⑧B:7、G2②:900）

TN06W05⑥B:11，泥质红陶。侈口，尖圆唇，圆折沿，沿面微弧形外撇，广肩，腹部及底残。腹部饰有绳纹。口径20、残高3.5厘米（图4-33,2）。标本TN05W05⑥A:3，泥质红陶。圆方唇，圆折沿，沿面近平，弧肩，腹部及底部残。素面。口径14.6、残高3.6厘米（图4-33,3）。标本G2②:872，泥质灰陶。侈口，方唇，沿面微弧形外卷，圆折沿，矮领，弧溜肩，腹部残。领外有一周凸弦纹。口径22、残高7.4厘米（图4-33,4）。

Ab型，3件，溜肩。标本G2②:378，泥质褐陶。侈口，斜方唇，沿面微弧形外卷，圆折沿，弧溜肩，腹微弧，腹中部以下残。素面。口径19、残高8.6厘米（图4-33,5）。标本TN05W05⑤A:97，泥质灰陶。侈口，尖圆唇，圆折沿，沿面有四周凹痕，沿下有微凹，溜肩，上腹近直下张，腹下已残。素面。口径15、残高6.6厘米（图4-33,6）。标本TN05E04⑥:12，泥质灰陶，外灰里红。侈口，圆唇，沿面较宽，近斜直，折沿，肩近直斜下张。沿面外壁饰磨平细绳纹，肩部饰弦断细绳纹。口径23、残高8.8厘米（图4-33,7）。

Ac型，2件，无肩。标本TN06E02⑧B:7，泥质红陶。圆方唇，侈口，圆折沿，沿面弧形外卷，近唇沿面微凹，溜肩，腹微弧。素面。口径14、残高5.3厘米（图4-33,8）。标本G2②:900，硬陶（褐色）。侈口，斜方唇，唇面微凹，沿面微弧形外卷，沿面上有三周浅凹痕，圆折沿，中领，弧溜肩，腹壁微弧，腹中部以下残。领外饰四周凹弦纹，腹外壁饰弦纹和横置梯格纹。口径12、残高9.1厘米（图4-33,9）。

B型，43件，有纹饰。根据口部与肩部分三个亚型。

Ba型，31件，卷沿或折沿，沿面较宽，斜溜肩。标本TN05E01H13:18，泥质红陶。侈口，圆唇，沿面弧形外卷，弧溜肩。口沿内饰有两道凹弦纹，肩部饰有一周横置梯格纹，下饰斜置梯格纹。口径28、残高8.5厘米（图4-34,1）。标本G2②:867，泥质褐陶。侈口，圆唇，沿面微弧形外卷，圆折沿，弧溜肩，弧腹，腹中部以下残。腹壁饰绳纹。口径10、残高5.3厘米（图4-34,2）。标本TN06E01⑪:27，夹砂红陶。侈口，尖圆唇，沿面微弧形外卷，圆折沿，微领，腹壁近斜直。腹外壁饰交叉绳纹。口径21、残高5.6厘米（图4-34,3）。标本TN05E01H13:13，泥质红陶。侈口，尖唇，沿面微外卷，短领，广肩，肩以下残。沿面饰有七道凹弦纹，肩部饰梯格纹。口径18、残高6.6厘米（图4-34,4）。标本TN05W01⑥:48，泥质红陶。侈口，斜方唇，唇面微凹，圆折沿，沿面弧形外卷，近唇处微凹，弧溜肩，腹上部微鼓。腹上部饰云雷纹。口径26.8、残高5.2厘米（图4-34,5）。标本TN05E01⑤:7，泥质红陶。侈口，方圆唇，沿面微外卷，短领，广肩，肩以下残。肩部饰弦断绳纹。口径19、残高5.7厘米（图4-34,6）。标本TN06W02⑩:43，夹砂褐陶。侈口，圆方唇，沿面微弧形外侈，圆折沿，弧腹斜下微收，腹下部残。腹外壁上部饰凹弦纹，下部饰绳纹。口径21、残高9.6厘米（图4-34,7）。标本TN06E03⑦C:78，泥质灰陶。敞口，斜方唇，圆折沿，沿面弧形外卷，弧溜肩，腹上部微弧，腹下部及底残。器腹外壁饰绳纹。口径32、残高9.2厘米（图4-34,8）。标本TN05E01H12:31，泥质红陶。侈口，尖圆唇，折沿，沿面微外卷，短领，广肩，肩以下残。肩部饰梯格纹。口径20、残高4.3厘米（图4-34,9）。标本TN05W01⑥:45，夹砂红陶。侈口，圆唇，沿面近平，折沿，弧肩，腹微鼓，腹中部以下残。腹外壁饰绳纹。口径19、残高7.1厘米（图4-34,10）。标本G2②:795，泥质红陶。侈口，圆唇，沿面微弧形外卷，圆折沿，弧溜肩，弧腹，腹中部微鼓，腹下部弧形斜下收。腹壁饰梯格纹。口径18、残高13.1厘米（图4-34,11）。标本

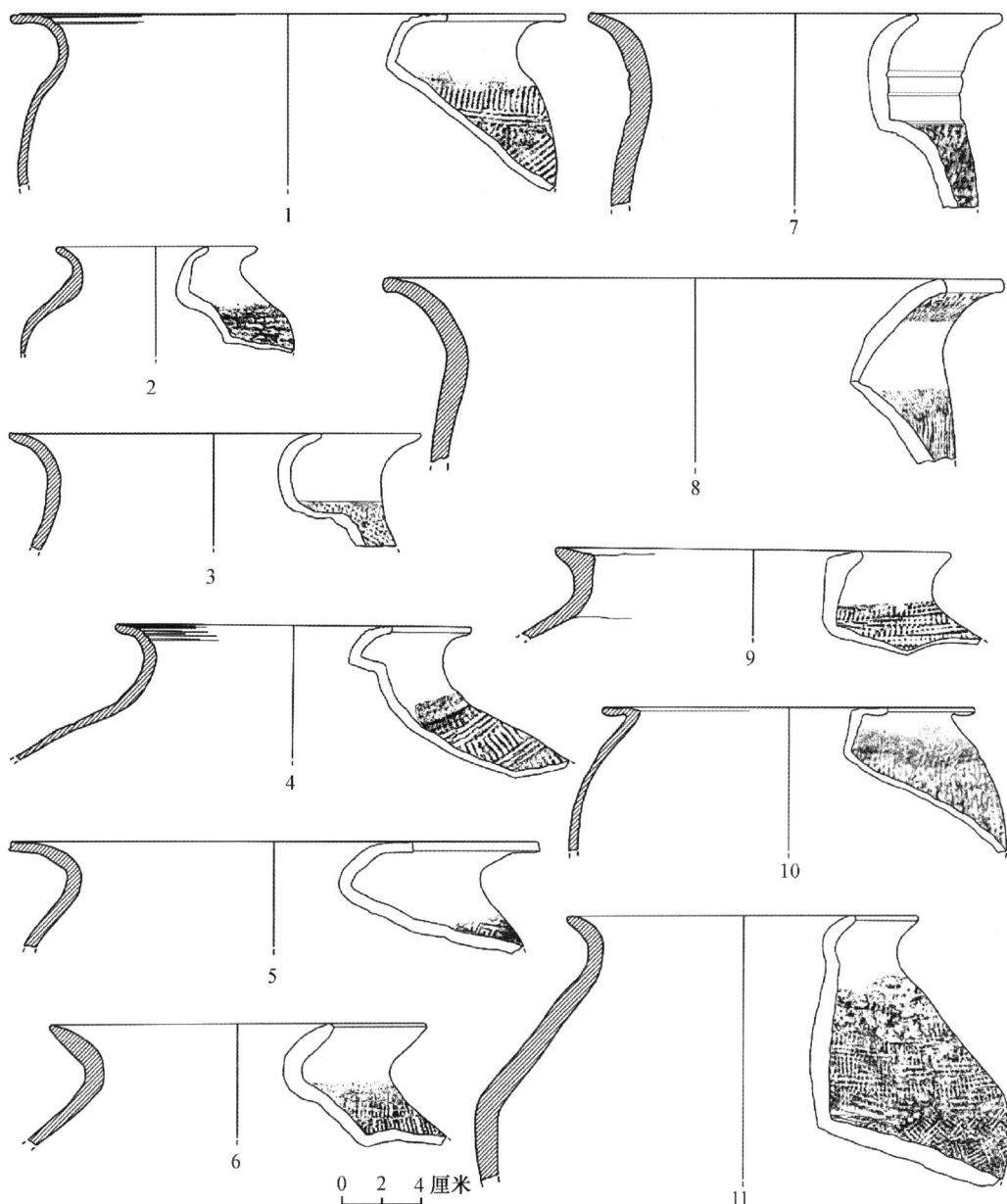

图 4-34　泥质罐（二）

1—11. Ba 型（TN05E01H13：18、G2②：867、TN06E01⑪：27、TN05E01H13：13、TN05W01⑥：48、
TN05E01⑤：7、TN06W02⑩：43、TN06E03⑦C：78、TN05E01H12：31、TN05W01⑥：45、G2②：795）

TN06W05F4：9，泥质红陶。侈口，尖圆唇，折沿，沿面弧形微外卷，矮领，广肩，弧腹，腹以下残。肩部以下饰有绳纹。口径 25、残高 6.3 厘米（图 4-35，1）。标本 TN05W05⑤A：57，泥质红陶。敞口，斜方唇，翻沿，圆折沿，沿面微弧形外卷，近唇处微凹，溜肩，腹微弧，腹下已残。器身饰绳纹。口径 18.6、残高 4.1 厘米（图 4-35，2）。标本 TN06E03⑦C：83，泥质灰陶，黑皮。侈口，斜方唇，圆折沿，沿面较宽，微弧，弧肩，肩以下残。肩外壁饰弦断绳纹。口径 17、

残高4.2厘米(图4-35,3)。采集,泥质灰陶。侈口,尖唇,折沿,沿面微弧微外卷,矮领,弧肩,弧腹,腹以下残。口沿上饰有数道弦纹,腹部饰有方格纹。口径12、残高4.6厘米(图4-35,4)。标本 TN06W05G2②:617,泥质红陶。侈口,圆方唇,沿面微弧形外卷,圆折沿,溜肩,腹上部微鼓,腹下部微弧形斜下收。腹壁饰梯格纹。口径19、残高16厘米(图4-35,5)。标本 TN06E03⑦C:16,泥质红陶。侈口,尖唇,沿面弧形微外卷,近唇处有一凹槽,折沿,口沿下有一小部分肩,斜下张。肩部横置梯格纹。口径19、残高3.1厘米(图4-35,6)。标本 TN05W01⑪:37,泥质红陶。敞口,尖圆唇,沿面弧形外卷,弧溜肩。领部饰有戳印纹,肩以下交错席纹。口径13.5、残高4.6厘米(图4-35,7)。标本 TN05W05⑦:33,泥质红陶。尖圆

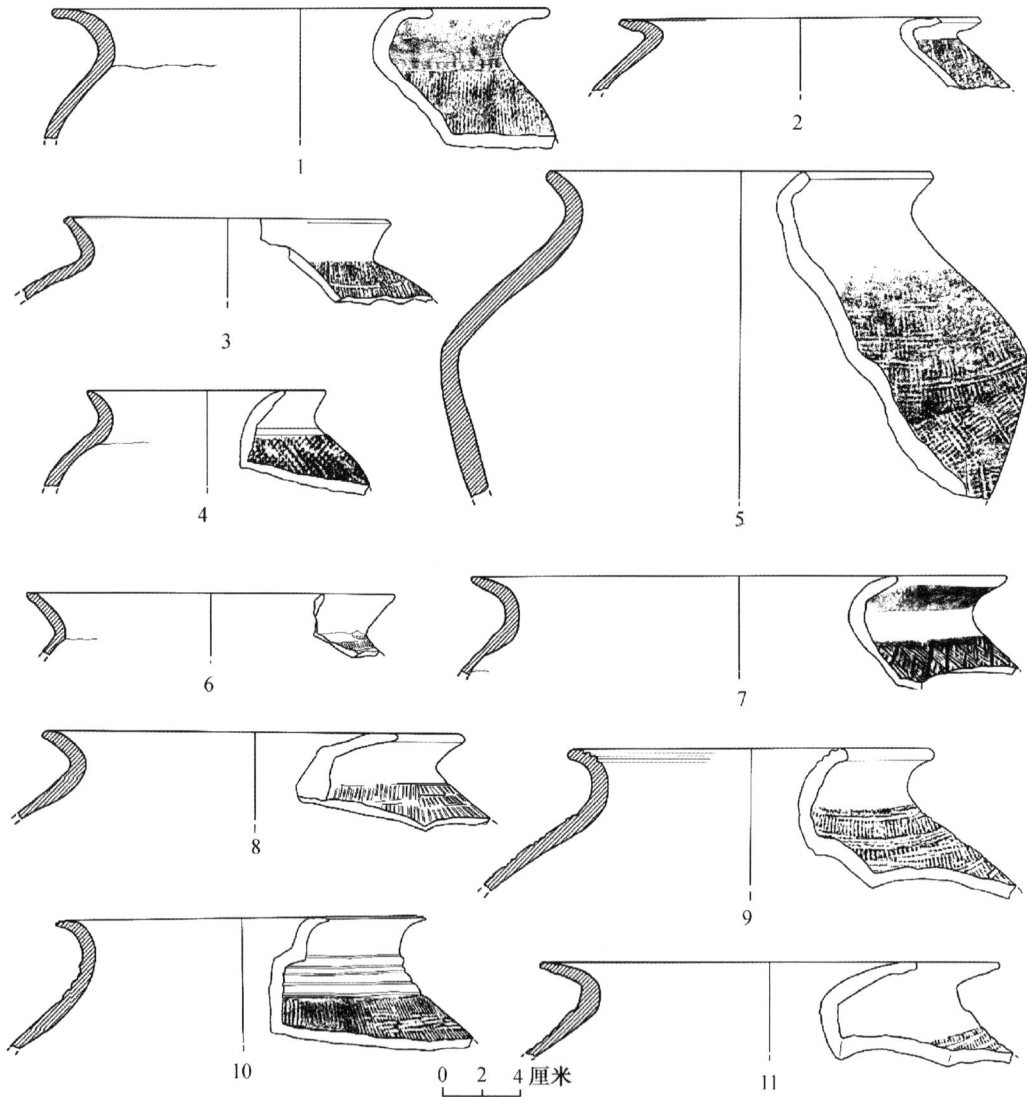

图 4-35　泥质罐(三)

1—11. Ba 型(TN06W05F4:9、TN05W05⑤A:57、TN06E03⑦C:83、采集、TN06W05G2②:617、TN06E03⑦C:16、TN05W01⑪:37、TN05W05⑦:33、TN06W04G2②:38、TN05E01H13:512、TN06E01⑪:38)

唇,圆折沿,沿面微弧形外卷,弧肩,腹微鼓,腹下及底残。腹上部饰横置梯格纹。口径22、残高4.4厘米(图4-35,8)。标本TN06W04G2②:38,泥质红陶。侈口,尖唇,沿面弧形外卷,沿面上有四周凹痕,圆折沿,弧溜肩,腹上部微鼓斜下收。素面。口径18、残高6.6厘米(图4-35,9)。标本TN05E01H13:512,泥质红陶。侈口,尖唇微外卷,宽沿,短领,弧肩,肩以下残。口沿三道凹弦纹,领部有五道凹弦纹,肩部饰篮纹和弦纹。口径18、残高6.1厘米(图4-35,10)。标本TN06E01⑪:38,泥质红陶。侈口,圆唇,沿面较宽,近斜直,圆折沿,广肩,腹部微弧。器身饰横置梯格纹。口径23、残高4厘米(图4-35,11)。标本TN05W05⑦:37,泥质红陶。尖圆唇,翻沿,沿面弧形外卷,弧广肩,腹微鼓,腹下及底残。腹上部饰梯格纹。口径27、残高4.8厘米(图4-36,1)。标本TN06E03⑦C:93,泥质灰陶。侈口,圆方唇,圆折沿,沿面微弧形外卷,溜肩,腹部以下残。器肩外壁有轮制痕迹,肩下饰弦断绳纹。口径22、残高5.9厘米(图4-36,2)。标本H14:61,泥质红陶。侈口,尖圆唇,卷沿,广肩,肩以下残。唇部内饰有多道凹弦纹,颈部饰有三道突棱,肩部以下饰有横置梯格纹(图4-36,3)。标本TN06W03⑦:10,泥质红陶。侈口,尖圆唇,圆折沿,沿面较宽,呈弧形外卷,弧溜肩,腹上部微鼓,腹下部及底残。器身外壁饰横置宽梯格纹。口径18.4、残高8.7厘米(图4-36,4)。标本TN06E01⑪:37,泥质红陶。侈口,圆唇,沿面较宽,呈弧形外卷,圆折沿,弧溜肩,腹部微鼓。器身饰横置梯格纹。口径18、残高5厘米(图4-36,5)。标本TN06E03⑦C:87,泥质红陶。敞口,圆唇,圆折沿,沿面较宽,微弧形外翻,弧肩,腹部及底残。器肩外壁饰横置梯格纹。口径20、残高3.3厘米(图4-36,6)。标本TN05W05⑤A:68,泥质褐陶。侈口,圆唇,圆折沿,沿面弧形微外卷,矮领,弧肩,腹微弧,腹下已残。器身饰绳纹。口径27.4、残高5.6厘米(图4-36,8)。标本TN06E02F5:1,泥质红陶。器口沿及颈残,弧溜肩,腹微鼓,腹下部弧形斜下收至底,平底微凹。器肩上部有三周凹弦纹,下部饰弦断篮纹,腹部饰梯格纹。腹径22.4、底径10、残高19.4厘米(图4-36,9)。标本TN06E03⑫:9,泥质红陶。侈口,尖圆唇,圆折沿,沿面弧形外卷,中领,肩以下残。沿面上有几周凹槽,领部外壁有几周突棱。口径19、残高3.7厘米(图4-36,10)。

Bb型,2件。矮直口,斜溜肩。标本TN06W06⑤:60,泥质红陶。侈口,圆方唇,圆折沿,沿较窄,弧肩,腹微鼓,腹下部及底残。腹外壁饰席纹。残宽7、残高5.4厘米(图4-36,7)。标本TN06W02⑩:40,泥质灰陶。口微敛,圆唇,中领微束,弧溜肩,腹上部微鼓。领部及肩部饰凹弦纹,腹外壁饰凹弦纹与折线纹组合。口径14、残高4厘米(图4-36,11)。

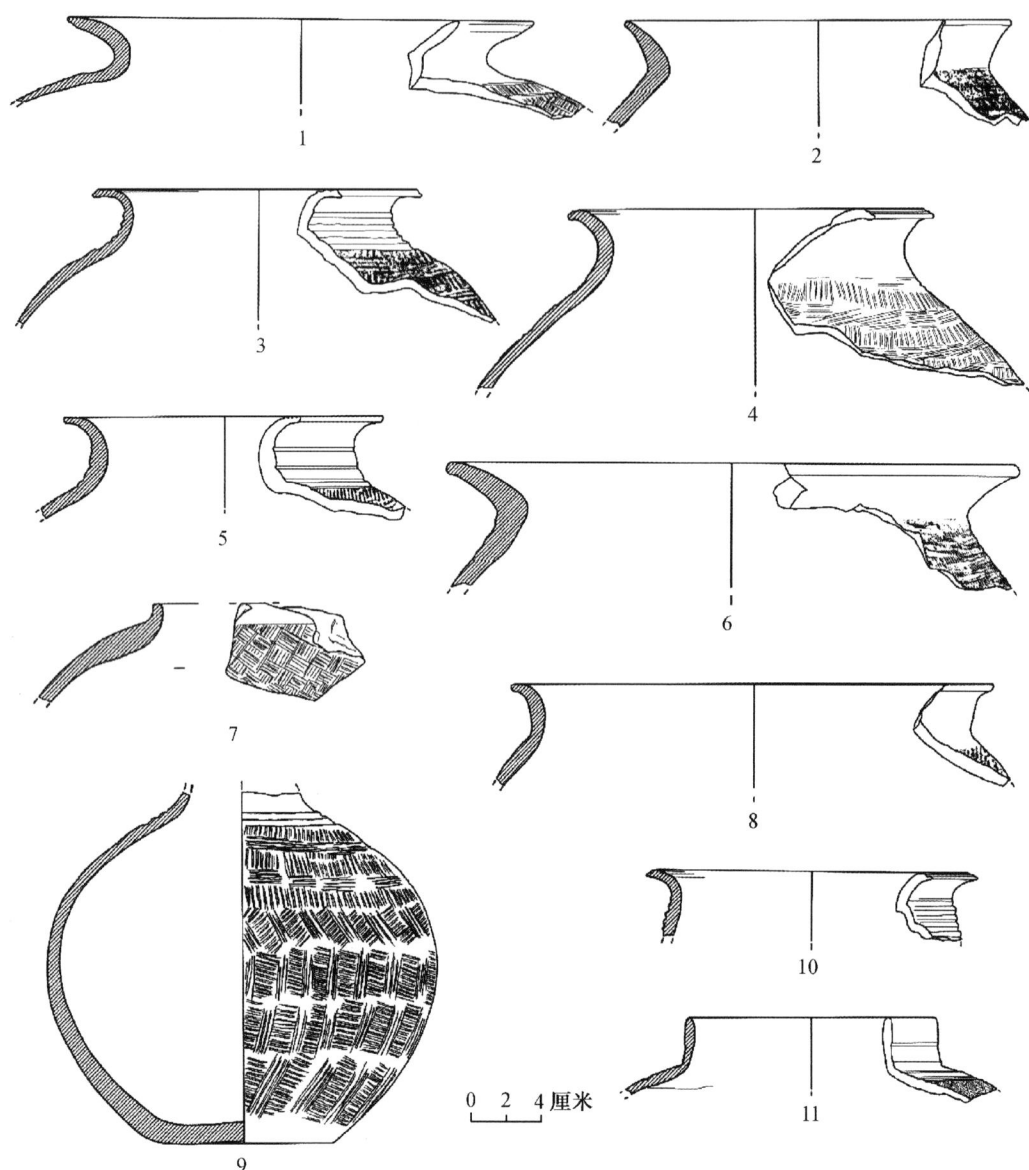

图 4-36　泥质罐（四）

1—6、8—10. Ba 型（TN05W05⑦:37、TN06E03⑦C:93、H14:61、TN06W03⑦:10、TN06E01⑪:37、TN06E03⑦C:87、TN05W05⑤A:68、TN06E02F5:1、TN06E03⑫:9）7、11. Bb 型（TN06W06⑤:60、TN06W02⑩:40）

　　Bc 型，10 件。盆形罐，卷沿或折沿，无肩或垂溜肩。标本 TN06E01⑪:41，泥质红陶。侈口，尖唇，沿面较宽，近斜直，圆折沿，弧溜肩，腹部微弧斜下收。器身饰梯格纹。口径 11、残高 6.8 厘米（图 4-37，1）。标本 TN06W05F4:10，泥质红陶。敞口，尖圆唇，沿面弧形微外卷，广肩，腹微弧，斜下收。唇部有一道凹弦纹，腹部饰有交错梯格纹。口径 20、残高 6.7 厘米（图 4-37，2）。标本 TN06E02⑧B:17，泥质红陶。敞口，尖圆唇，沿面微弧形外卷，腹微弧，斜下收。腹部饰梯格纹。口径 34.4、残高 7.6 厘米（图 4-37，3）。标本 TN05W05Z1:2，泥质红陶。侈口,斜方唇,圆折沿,沿面微弧形外卷,弧溜肩,弧腹,腹下及底残。器腹饰横置梯格纹。口径31、残高5.7厘米(图4-37,4)。标本 TN06E01⑪:40,泥质红陶。侈口,方圆唇,沿面较宽,近斜直,圆折沿,弧溜肩,腹部微弧斜下收。器身饰梯格纹。口径25、残高7.4厘米(图4-37,5)。标本 TN05W01⑪:35,泥质红陶。敞口,尖圆唇,沿面微弧外卷,弧溜肩。肩部以下饰有绳纹。口径24、残高7.6厘米(图4-37,6)。标本 TN05E01H19:4,泥质红陶,器表

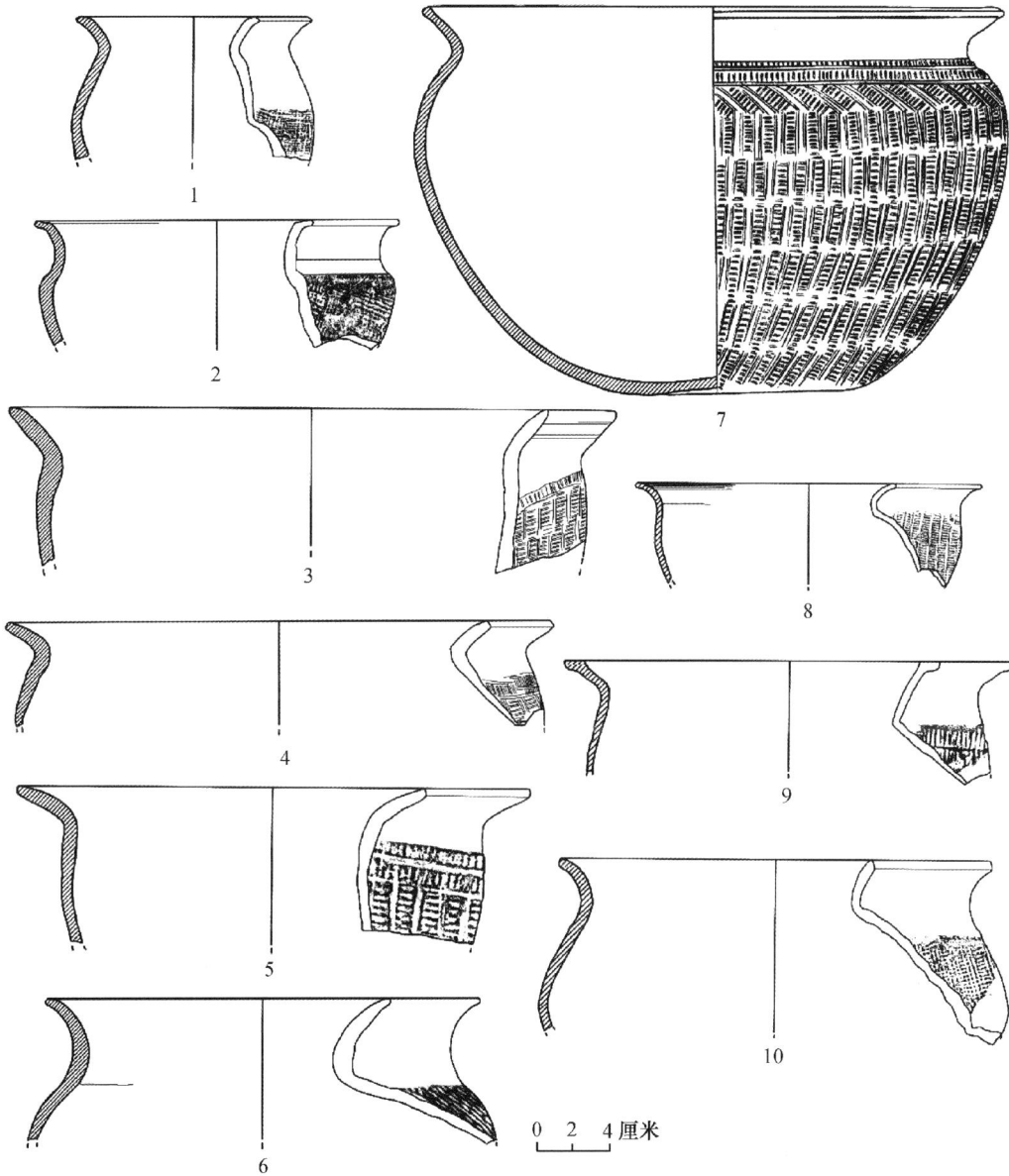

图 4-37　泥质罐(五)

1—10. Bc 型(TN06E01⑪:41、TN06W05F4:10、TN06E02⑧B:17、TN05W05Z1:2、TN06E01⑪:40、TN05W01⑪:35、TN05E01H19:4、TN06E01⑪:46、TN06W05⑤A:13、TN06W04G2①:77)

因加热不均匀,呈现红、黑二色。敞口,斜方唇,唇上有一周浅凹槽,沿面较宽,微弧形外撇,圆折沿,弧肩,腹上部微鼓,腹下部弧形斜下收至底,最大径在腹上部,圜底微内凹。器身饰梯格纹。口径28.9、腹径29.5、底径11.6、高18.7厘米(图4-37,7)。标本TN06E01⑪:46,泥质红陶。侈口,圆唇,沿面弧形微外卷,圆折沿,弧溜肩,腹部微弧斜下收。器身饰梯格纹。口径38.4、残高10.8厘米(图4-37,8)。标本TN06W05⑤A:13,泥质红陶。侈口,尖唇,平沿,沿面弧形微外卷,弧腹,腹以下残。腹部饰有弦断篮纹。底径25、残高6厘米(图4-37,9)。标本TN06W04G2①:77,泥质红陶。侈口,尖圆唇,沿面微外卷,短领,弧肩,肩以下残。肩以下饰弦断篮纹。口径24、残高9.3厘米(图4-37,10)。

泥质罐底 共9件,根据底部形状分两型。

A型,8件,平底微凹。标本TN06W02⑨:68,泥质红陶。腹部近斜直,平底微内凹。腹部和底饰有交错梯格纹。底径12、残高3.9厘米(图4-38,1)。标本TN06W02⑨:66,泥质红陶,黑皮。腹上部残缺,弧腹,平底微内凹。腹部饰有绳纹,器底饰满粗绳纹。底径10、残高5.5厘米(图4-38,2)。标本TN05W05F9:6,泥质红陶。器上部均残,近底腹部弧形斜下收至底,底近平。外壁饰绳纹。底径13、残高5.3厘米(图4-38,3)。标本TN06W05⑥B:20,泥质灰陶。弧腹,平底微凹。素面。底径7、残高4厘米(图4-38,4)。标本TN05W05⑦:39,泥质红陶。器上部均残,近底腹下部微弧斜下收至底,底近平,微内凹。外壁饰梯格纹。底径10、残高2.8厘米(图4-38,5)。标本TN05E03⑥:53,硬陶(灰色)。腹上部残缺,近底腹部微弧斜下收,底为凹圜底。腹下部饰菱形重回纹。底径8、残高1.7厘米(图4-38,6)。标本TN06E03⑫:18,泥质红陶,黑皮。腹上部残缺,腹下部微弧斜下收,平底微凹。素面。底径6.6、残高2.7厘米(图4-38,7)。标本TN05E03⑥:38,泥质红陶。腹上部残缺,腹下部微弧斜下收,平底内凹。底部饰细绳纹。底径11.5、残高2.7厘米(图4-38,8)。

B型,1件,圜底。标本TN06W02⑨:62,泥质灰陶。圜底,底以上残。底部饰有交错绳纹及方格纹。残高6.5厘米(图4-38,9)。

(3)硬陶罐

硬陶罐 共10件,根据肩部分两型。

A型,7件,直溜肩。标本TN06W02⑩:15,硬陶(褐色)。侈口,尖圆唇,折沿,沿外伸,沿面有两周浅凹痕,高领微束,弧溜肩,腹上部微鼓。领部饰数周凹弦纹,腹外壁饰斜置重回纹。口径18、残高4厘米(图4-39,1)。标本TN05E01⑤:1,硬陶(褐色)。侈口,尖唇外撇,翻沿,广肩,肩以下残。口沿三道凹弦纹,领部有11道凹弦纹,肩部饰有云雷纹。口径24、残高7.6厘米(图4-39,2)。标本TN06W02⑦A:99,硬陶(褐色)。敞口,方唇,沿面弧形微外卷,矮领,广肩,肩以下残。唇部有一道凹槽,领部饰有弦纹,肩部饰有回字纹。口径28、残高4.9厘米(图4-39,3)。标本TN05E01⑤:14,硬陶(褐色)。侈口,尖圆唇,平沿微外倾,长领,广肩,肩以下残。口沿饰有三道凸弦纹,领部饰有15道凹弦纹,肩部饰有勾连云雷纹。口径19、残高6.9厘米(图4-39,4)。标本TN05E03⑥:47,硬陶(褐色)。侈口,斜方唇,沿面弧形外卷,圆折沿,高领,弧广肩。唇面饰两周凹弦纹,领部有轮制时形成的弦纹,肩部饰菱形重回纹。口径27、残高7.3厘米(图4-39,5)。标本TN05E03⑥:40,泥质红陶,黑皮。侈口,圆方唇,沿面弧形外卷,圆折沿,弧溜肩。肩部饰弦断细绳纹。口径22、残高7.8厘米(图4-39,6)。

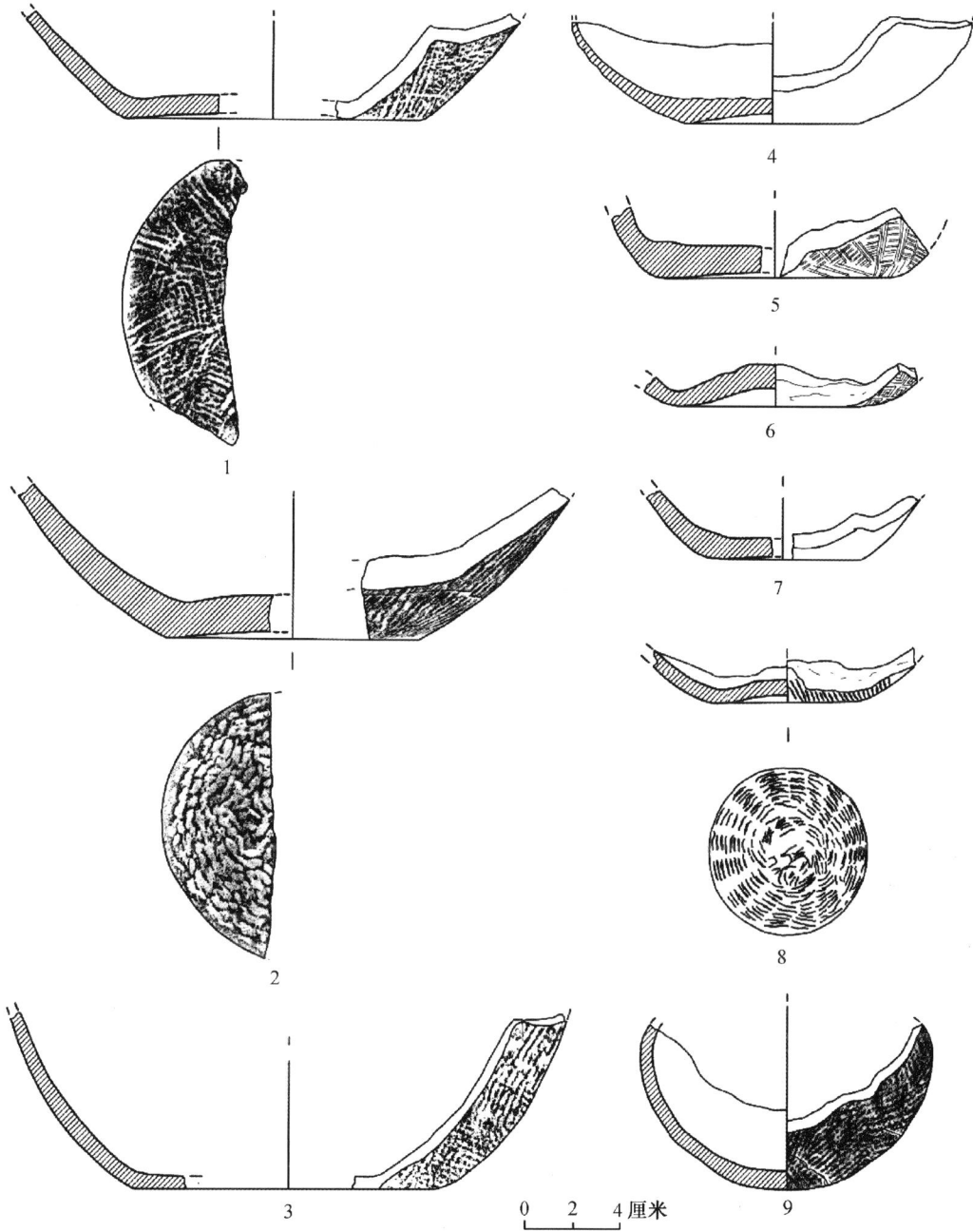

图 4-38　泥质罐底

1—8. A 型（TN06W02⑨:68、TN06W02⑨:66、TN05W05F9:6、TN06W05⑥B:20、TN05W05⑦:39、
TN05E03⑥:53、TN05E03⑫:18、TN05E03⑥:38）9. B 型（TN06W02⑨:62）

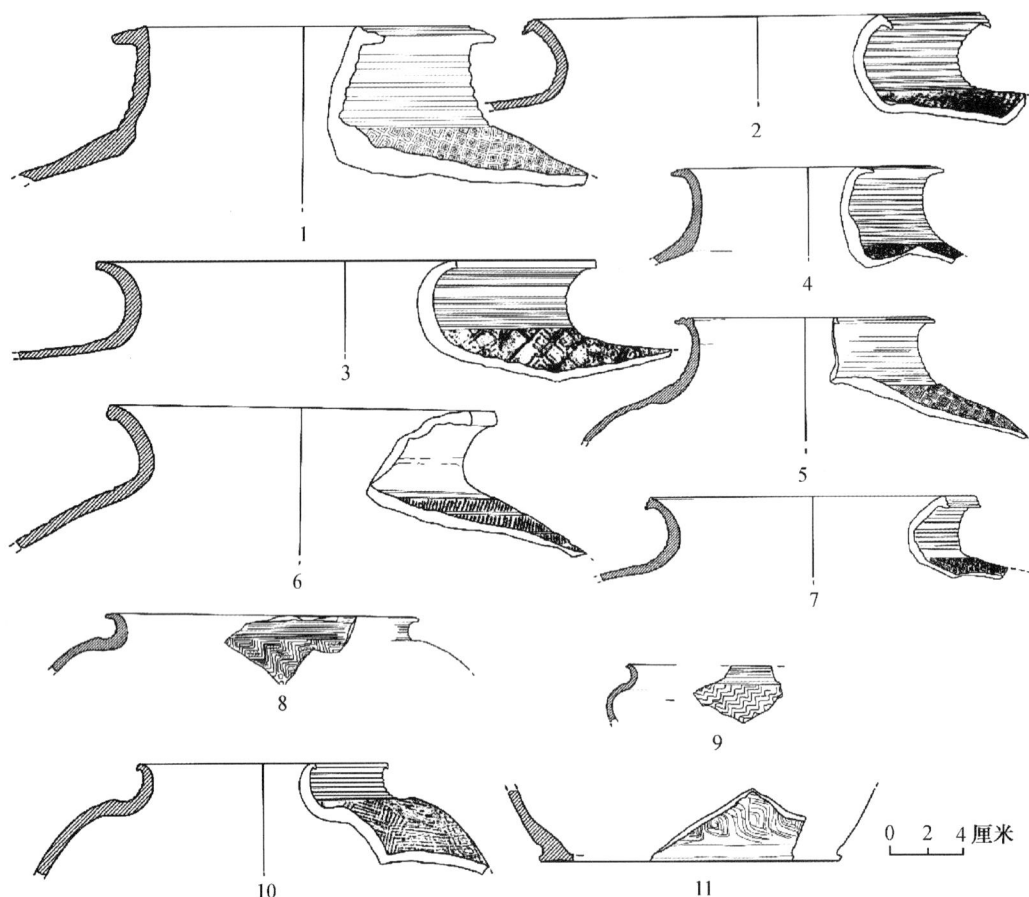

图 4-39　硬陶罐、硬陶罐底

1—7. A 型（TN06W02⑩:15、TN05E01⑤:1、TN06W02⑦A:99、TN05E01⑤:14、TN05E03⑥:47、TN05E03⑥:40、TN06E03⑦C:99）　8—10. B 型（TN05W05⑤A:121、TN06E03⑦C:117、TN05W01⑪:56）11. 硬陶罐底（TN05E03⑥:54）

标本 TN06E03⑦C:99，硬陶（灰色）。侈口，斜方唇，沿面弧形外卷，高领，广肩。唇面饰两周凹弦纹，领部有轮制时形成的弦纹，肩部饰菱形重回纹。口径 27、残高 6.5 厘米（图 4-39,7）。

　　B 型，3 件，耸肩。标本 TN05W05⑤A:121，硬陶（紫褐色）。侈口，斜方唇，唇面微凹，圆折沿，沿面弧形外卷，短颈，弧广肩，腹微弧，腹下已残。颈上有轮制弦纹，器身饰折线与麦穗纹组合。口径 25.8、残高 4.6 厘米（图 4-39,8）。标本 TN06E03⑦C:117，硬陶（褐色）。侈口，斜方唇，沿面弧形外卷，矮领，弧肩，腹上部微鼓，腹下部微弧斜下收，近底腹部及底残。领外饰凹弦纹，器身外壁饰折线纹。口径 12、残高 4.5 厘米（图 4-39,9）。标本 TN05W01⑪:56，硬陶（褐色）。侈口，尖唇微外卷，沿面弧形外卷，弧溜肩，弧腹，腹下部残。领部有七道凹弦纹，肩部有回字纹和折线纹。口径 14、残高 5.7 厘米（图 4-39,10）。

　　硬陶罐底　1 件。标本 TN05E03⑥:54，硬陶（褐色）。腹上部残缺，腹下部微弧斜下收，近底部微内凹，平底，足沿微外撇。腹下部饰云雷纹。底径 11.5、残高 2.7 厘米（图 4-39,11）。

5. 钵

夹砂钵　共 26 件,根据口部分两型。

A 型,17 件,口微敞或敛口。根据唇部变化分三个亚型。

Aa 型,4 件,方唇。标本 G2②:4,夹砂红陶。敞口,方唇,平沿,腹壁近斜直下收,平底。素面。口径 14.2、底径 7.4、高 9.6 厘米(图 4-40,1)。标本 TN06W03G2①:3,夹砂红陶。口

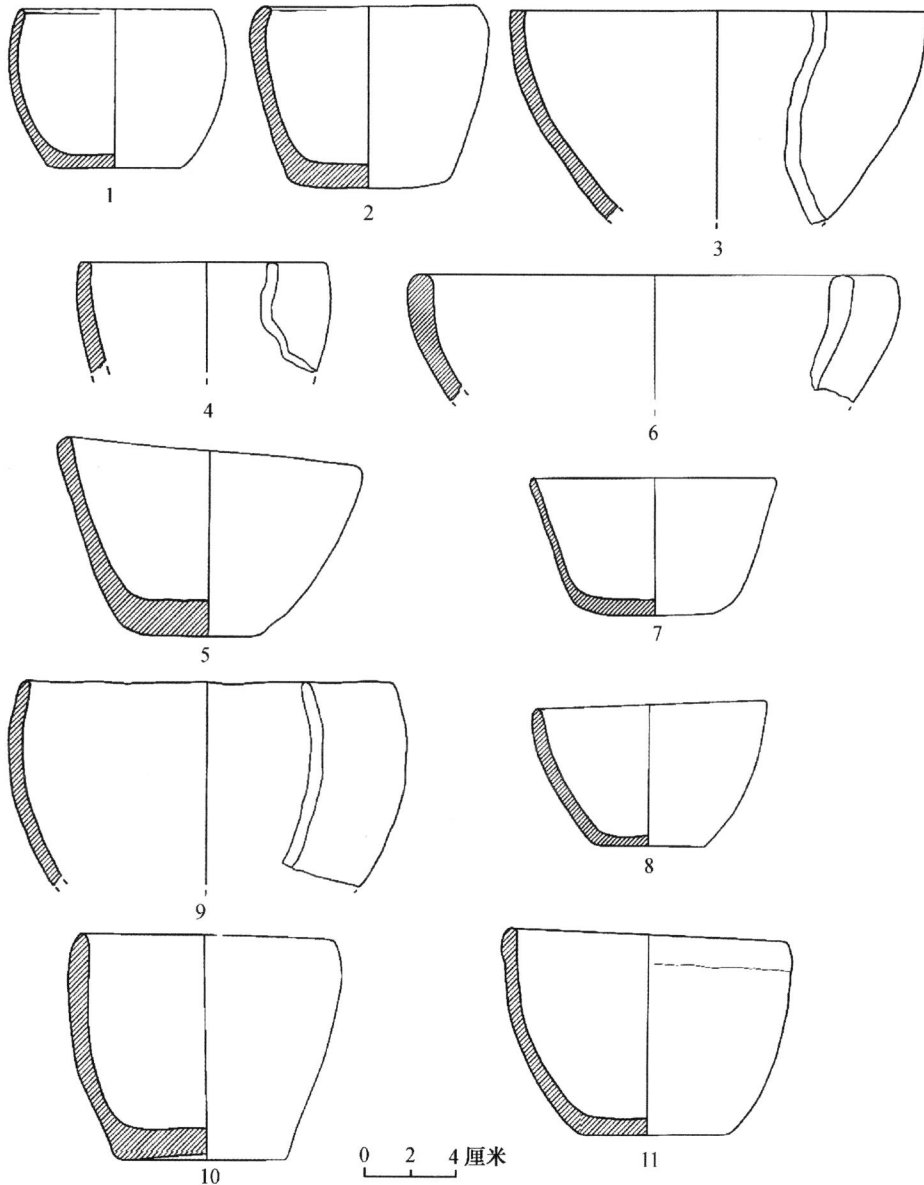

图 4-40　夹砂钵(一)

1—4. Aa 型(G2②:4、TN06W03G2①:3、G2②:605、TN06E03⑦C:103)　5—11. Ab 型(G2②:3、TN06E03⑦C:104、TN06W03H3:3、TN06W02⑦A:2、G2②:603、TN06W04G2①:4、TN06W05④A:6)

微敛,圆唇,弧腹斜下收至底,底部近平。素面。口径9.2、底径7、高8厘米(图4-40,2)。标本G2②:605,夹砂红陶,泛灰。口微敛,方唇,平沿,腹壁微弧形斜下收。素面。口径18、残高8.8厘米(图4-40,3)。标本TN06E03⑦C:103,夹砂褐陶。口微敛,方唇,平沿,弧腹斜下收。素面。口径11、残高4.7厘米(图4-40,4)。

Ab型,7件,圆唇或尖圆唇。标本G2②:3,夹砂红陶。敞口,方唇,腹壁近斜直下收,平底。素面,器表不规整,下部表面剥落严重。口径13.5、底径6、高8.5厘米(图4-40,5)。标本TN06E03⑦C:104,夹砂灰陶。口微敛,圆方唇,腹微弧斜下收。素面。口径24、残高6厘米(图4-40,6)。标本TN06W03H3:3,夹砂灰陶。侈口,圆唇,腹壁近直斜下收至底,底部近平。素面。口径12、底径6.4、高6.6厘米(图4-40,7)。标本TN06W02⑦A:2,夹砂灰陶。敞口,方唇,腹弧形斜下收,平底。素面。口径11.6、底径5.6、高7厘米(图4-40,8)。标本G2②:603,夹砂褐陶。口微敛,圆唇,腹壁微弧形斜下收。素面。口径16、残高8.7厘米(图4-40,9)。标本TN06W04G2①:4,夹砂红陶。口微敛,圆唇,腹微弧斜下收,平底微凹。素面。口径11.4、腹径12.2、底径7.6、高5.5厘米(图4-40,10)。标本TN06W05④A:6,夹砂灰陶。口微敛,圆唇,近口沿处外侧微凹,弧腹斜下收至底,底部近平。素面。口径12.5、腹径13、底径6.7、高8.9厘米(图4-40,11)。

Ac型,6件,唇部或口沿内收。标本TN06W04H1:1,泥质灰陶。口微敛,方圆唇,口沿微内折,腹上部近口沿处圆鼓,腹下部微弧斜下收至底,最大径在腹上部,底微凹,底边沿向外伸出一周凸棱。底部有直线刻划纹,腹下部有数道刻划痕迹。口径17.3、腹径18.1、底径7.2、高8.1厘米(图4-41,1)。标本TN05E01H19:5,泥质灰陶。敛口,尖唇,腹微鼓,下腹微弧斜下收至底,最大径在腹上部,下接矮圈足,圈足下部分残,有下张迹象。器表光滑,制作规整。素面。口径14、腹径18.7、底径10.8、高12.2厘米(图4-41,2)。标本TN05W05⑤A:112,泥质灰陶。尖唇,口微敛,肩部折收,腹下残。腹上部有一周凹弦纹。口径15、残高3.4厘米(图4-41,3)。标本TN05W01⑪:42,泥质灰陶。敞口,方唇,宽沿,腹部微弧,腹以下残。口沿上饰有两道凹弦纹,腹部饰有六道凹弦纹。口径26、残高5.9厘米(图4-41,4)。标本TN06W02F11:8,泥质灰陶。敛口,圆唇,折肩,腹以下残。素面。口径12、残高4.2厘米(图4-41,5)。标本TN06W02⑩:12,夹砂红陶。敛口,尖唇,腹壁微鼓,弧形下收。腹外壁饰绳纹。口径29、残高5厘米(图4-41,6)。

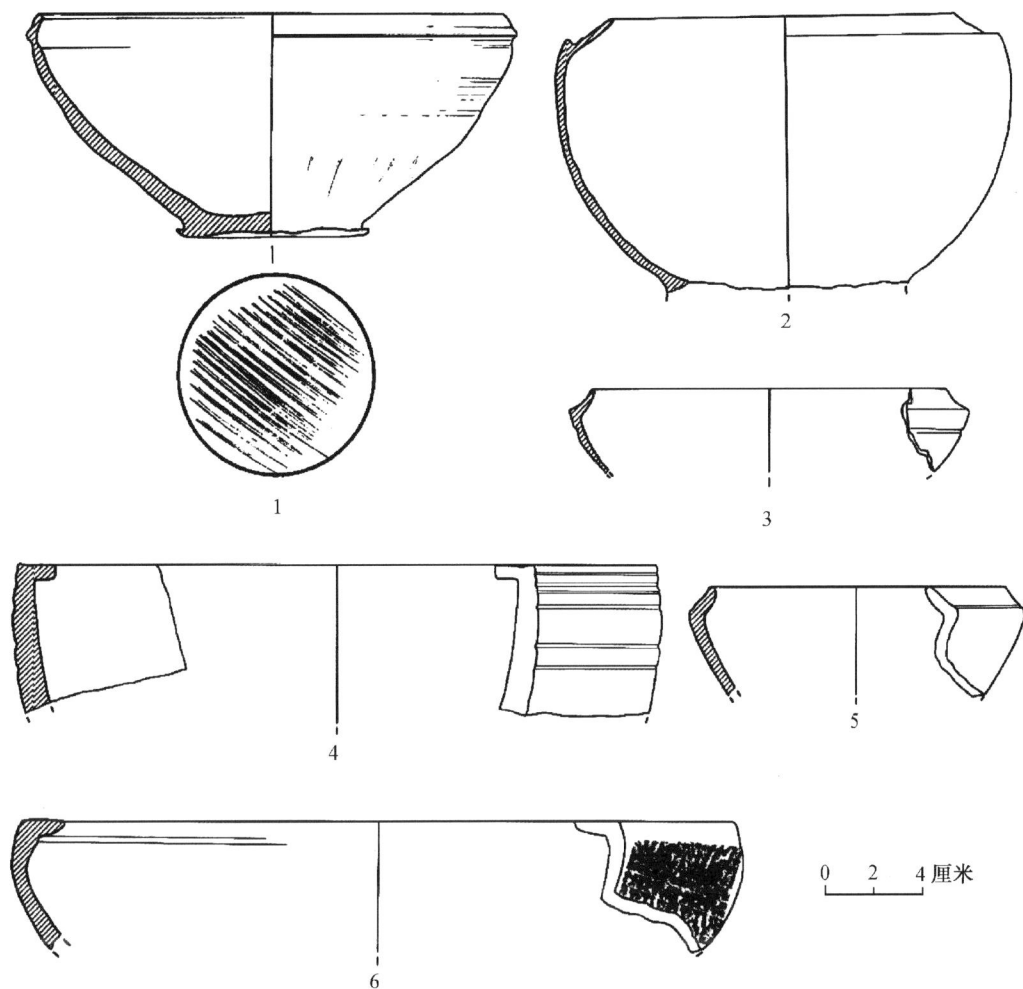

图 4-41　夹砂钵（二）

1—6. Ac 型（TN06W04H1：1、TN05E01H19：5、TN05W05⑤A：112、TN05W01⑪：42、TN06W02F11：8、TN06W02⑩：12）

　　B 型，9 件，大敞口。标本 TN06W05F4：29，夹砂红陶。敞口，斜方唇，弧腹，腹以下残。素面。口径 25、残高 7.9 厘米（图 4-42,1）。标本 H14：72，夹砂红陶。敞口，斜方唇，沿面内侧高于外侧，腹壁近斜直下收。素面。残长 8、残宽 4.4 厘米（图 4-42,2）。标本 TN06W05F4：30，夹砂红陶。敞口，圆唇，弧腹，腹以下残。口径 22、残高 7.4 厘米（图 4-42,3）。标本 TN05W05⑦：30，夹砂红陶。尖圆唇，敞口，腹近斜直，下收。素面。口径 22、残高 5.3 厘米（图 4-42,4）。标本 TN06W05F4：28，夹砂红陶。敞口，方唇，近斜直腹，腹以下残。唇部有一道凹弦纹。口径 28、残高 5.8 厘米（图 4-42,5）。标本 TN05W05⑤A：106，夹砂红陶。斜方唇，敞口，口沿下微凹，腹部近斜直下收。素面。口径 18、残高 3.8 厘米（图 4-42,6）。标本 TN06E03⑦C：65，夹砂红陶。敞口，圆方唇，下唇斜下张，口沿内侧有一周凹槽，弧腹斜下收。素面。口径 31.2、残高 5.2 厘米（图 4-42,7）。标本 TN05E03⑥：16，夹砂红陶。

敞口,方唇,唇面有一周凹槽,腹微弧斜下收。素面。口径 37、残高 8.1 厘米(图 4-42,8)。
标本 TN05E04⑥:10,夹砂红陶。口微敛,圆方唇,平沿,弧腹斜下收,腹下部及底残。素面。
口径 34、残高 5.4 厘米(图 4-42,9)。

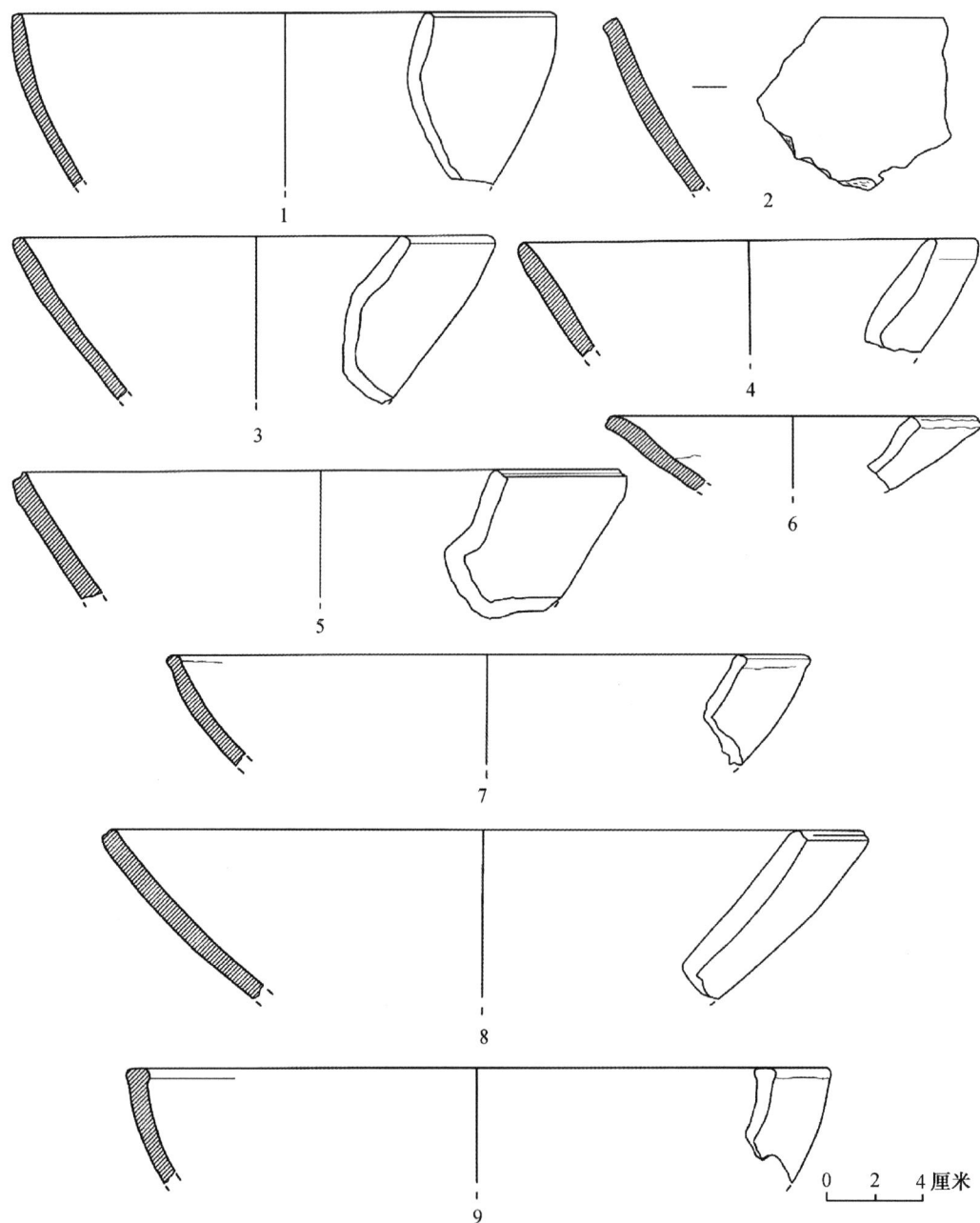

图 4-42 夹砂钵(三)

1—9. B 型(TN06W05F4:29、H14:72、TN06W05F4:30、TN05W05⑦:30、TN06W05F4:28、TN05W05⑤
A:106、TN06E03⑦C:65、TN05E03⑥:16、TN05E04⑥:10)

泥质钵　共 12 件,根据口部分两型。

A 型,8 件,敛口。标本 TN05E04⑥:11,泥质灰陶。敛口,圆方唇,唇面内倾,弧肩,腹微鼓,弧形下收,腹下部及底残。素面。口径 18、残高 5.6 厘米(图 4-43,1)。标本 TN07E03G2②:7,泥质灰陶,皮稍深。尖唇,敛口,腹圆鼓,壁弧下收,圜底。素面。口径 32、残高 5.5、厚 0.9～1.4 厘米(图 4-43,2)。标本 G2②:892,泥质灰陶。口微敛,方唇,沿面内倾,腹壁微弧形斜下收。腹壁饰绳纹。口径 21、残高 11 厘米(图 4-43,3)。标本 TN06E01⑪:3,泥质褐陶。圆唇,口微敛,腹略弧形下收至底,凹圜底。器表光滑,制作工整。腹下部及底部饰磨平

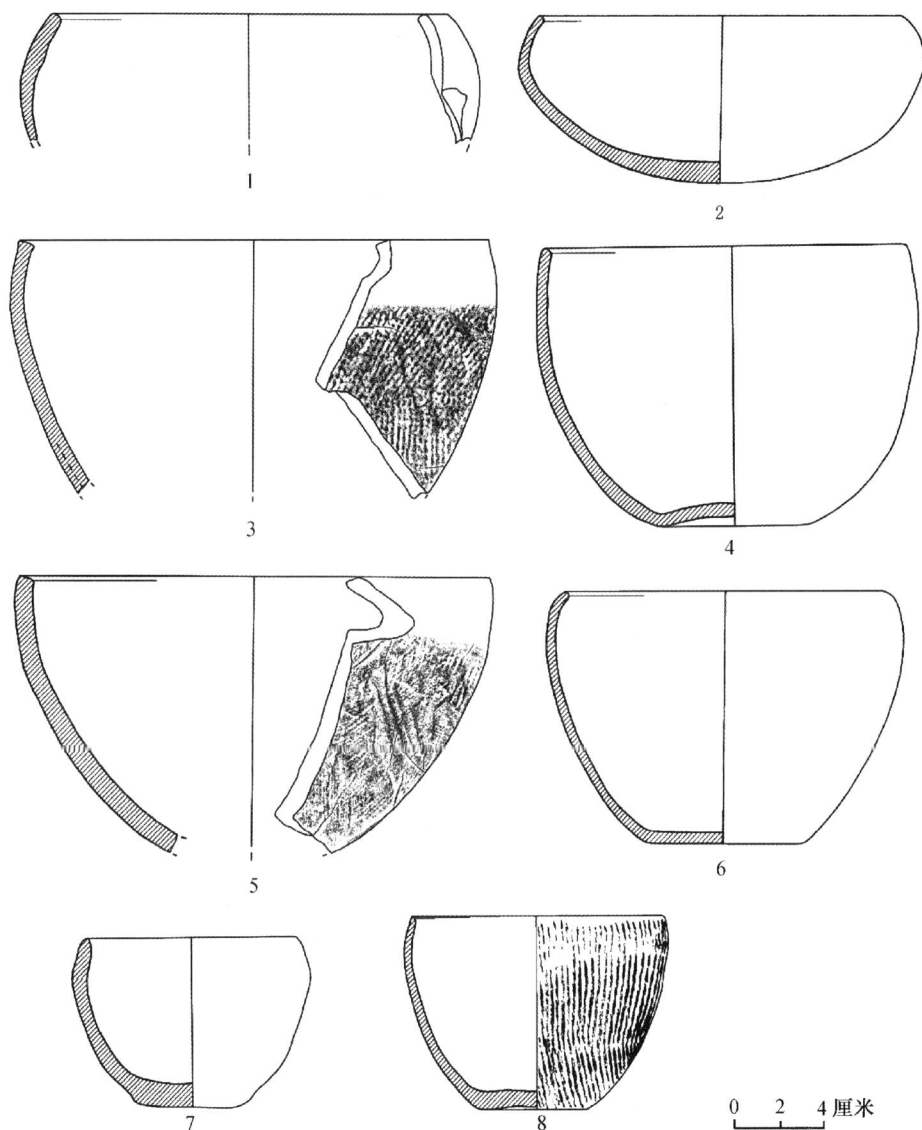

图 4-43　泥质钵

1—8. A 型(TN05E04⑥:11、TN07E03G2②:7、G2②:892、TN06E01⑪:3、G2②:894、TN05E01⑤:1、TN06W03G2②:20、TN06W03⑥B:1)

的细绳纹。口径 17.2、底径 7、高 12.4 厘米（图 4-43，4）。标本 G2②:894，泥质灰陶。口微敛，方唇，沿面内倾，腹壁微弧形斜下收。腹壁饰细绳纹。口径 21、残高 12 厘米（图 4-43，5）。标本 TN05E01⑤:1，泥质红陶。敛口，尖唇，弧腹，斜下收至底，最大径在腹上部，平底。器表光滑，制作规整。素面。口径 14.4、腹径 16.3、底径 7.2、高 11.2 厘米（图 4-43，6）。标本 TN06W03G2②:20，泥质灰陶，内红外灰。敛口，圆方唇，平沿，腹微鼓，腹下部微弧斜下收至底部，最大径在腹上部，平底。器表制作规整。素面。口径 10.2、腹径 11.4、底径 5.6、高 7.9 厘米（图 4-43，7）。标本 TN06W03⑥B:1，泥质灰陶。口微敛，圆唇，腹略弧形斜下收至底，最大径在腹上部，平底微凹。器表光滑，制作规整。器身饰细绳纹。口径 12.1、底径 5.4、腹径 12.7、高 9.1 厘米（图 4-43，8）。

B 型，4 件，大敞口。标本 TN06W01H6:8，泥质灰陶。敞口，腹近直，腹以下残。腹部饰有绳纹。口径 24、残高 5.1 厘米（图 4-44，1）。标本 TN06E03⑦C:116，泥质灰陶，黑皮。口微敛，圆方唇，唇下内侧微凹，腹部微弧斜下收，近底腹部及底残。腹外部饰绳纹。口径 25、残高 4.8 厘米（图 4-44，2）。标本 TN06W04G2①:96，泥质灰陶。微敛口，方唇往内倾，弧腹，

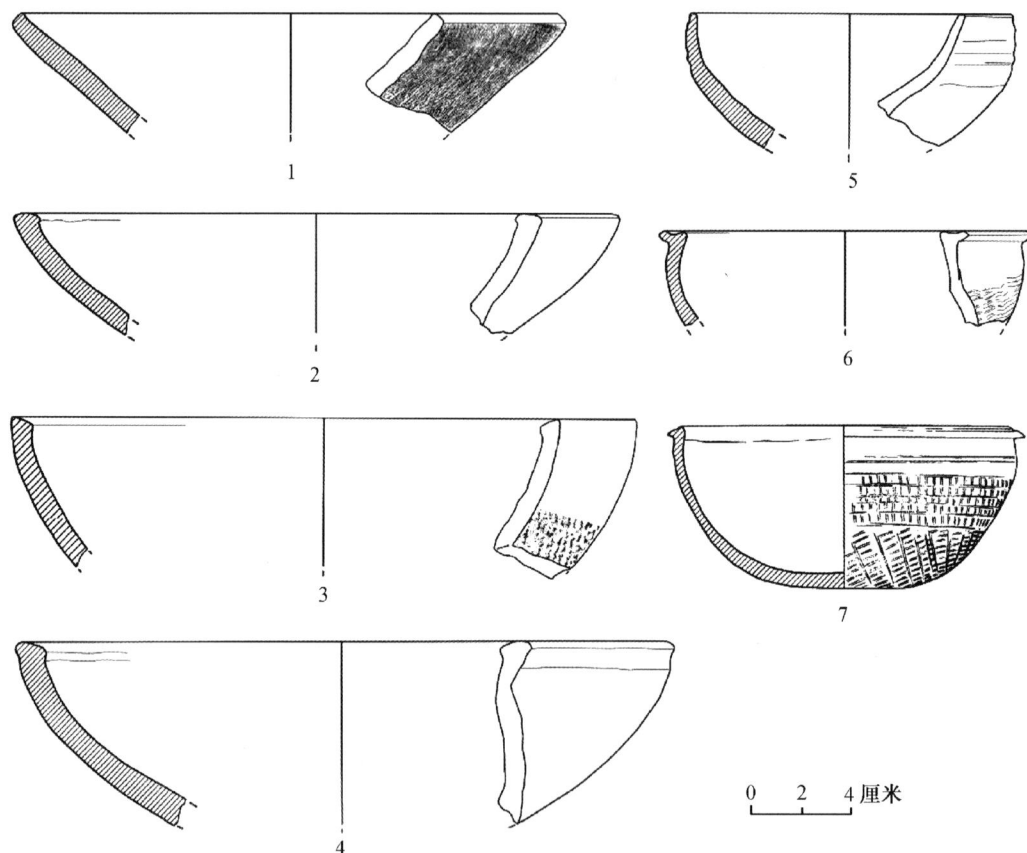

图 4-44　钵

1—4. 泥质钵 B 型（TN06W01H6:8、TN06E03⑦C:116、TN06W04G2①:96、TN06E03⑦C:70）

5. 原始瓷钵（TN06E03⑦C:95）　6、7. 硬陶钵（TN05W05⑤A:123、TN06W04G2②:16）

腹以下残。腹部饰有绳纹。口径25、残高5.8厘米(图4-44,3)。标本 TN06E03⑦C:70,泥质灰陶黑皮。敞口,斜方唇,沿面内倾,内侧略凸伸,弧腹斜下收。素面。口径27.2、残高7.2厘米(图4-44,4)。

原始瓷钵　1件。标本 TN06E03⑦C:95,硬陶,褐色。敛口,圆唇,弧腹斜下收,底残。器身内外壁均有轮制痕迹。口径13、残高5.3厘米(图4-44,5)。

硬陶钵　2件。标本 TN05W05⑤A:123,硬陶(褐色)。近子母口,微敛,沿微凹,腹微弧,斜下收。器腹饰梯格纹。口径15、残高3.7厘米(图4-44,6)。标本 TN06W04G2②:16,印纹硬陶(褐色)。敞口,尖唇,折沿,沿面微外倾,腹壁斜弧下收至底,底大部分残,从发展趋向推断底近平。沿面上有三周凹弦纹,腹上部饰两周横向梯格纹,腹下部及底部饰竖向辐射状梯格纹。口径14.5、底径6、高6.4厘米(图4-44,7)。

6. 豆

夹砂豆　共7件。

豆盘,2件。标本 H14:42,夹砂红陶。敞口,斜方唇,宽沿,沿面内侧高于外侧,腹微弧斜下收。素面。口径19、残高5厘米(图4-45,1)。标本 TN05W05⑤A:107,夹砂红陶。敛口,斜方唇,平沿,腹微弧,近斜直下收。素面。口径19.2、残高4.2厘米(图4-45,2)。

豆柄,5件。标本 TN06W02⑨:14,夹砂褐陶。圈足微下张,足沿尖圆唇,宽平沿,外撇。素面。底径15、残高9.2厘米(图4-45,3)。标本 TN06E03⑦C:74,夹砂红陶。圈足下张呈微喇状,足沿圆方唇,圈足上部承接器底,内底微圜。素面。底径13、残高7.7厘米(图4-45,4)。标本 G2②:775,夹砂红陶。器上部均残,器底微圜,底下接微喇叭状圈足,高圈足,足沿为方唇。素面。残高11.5厘米(图4-45,5)。标本 TN05W05⑦:5,夹砂红陶。圈足以上残,足壁下张呈喇叭状,足沿为尖圆唇。足身素面。底径14、残高6.6厘米(图4-45,6)。标本 TN06E03⑫:35,夹砂褐陶。器底以上均残,底内为圜底,下接圈足,下微张,足下部残。素面。残高5.8厘米(图4-45,7)。

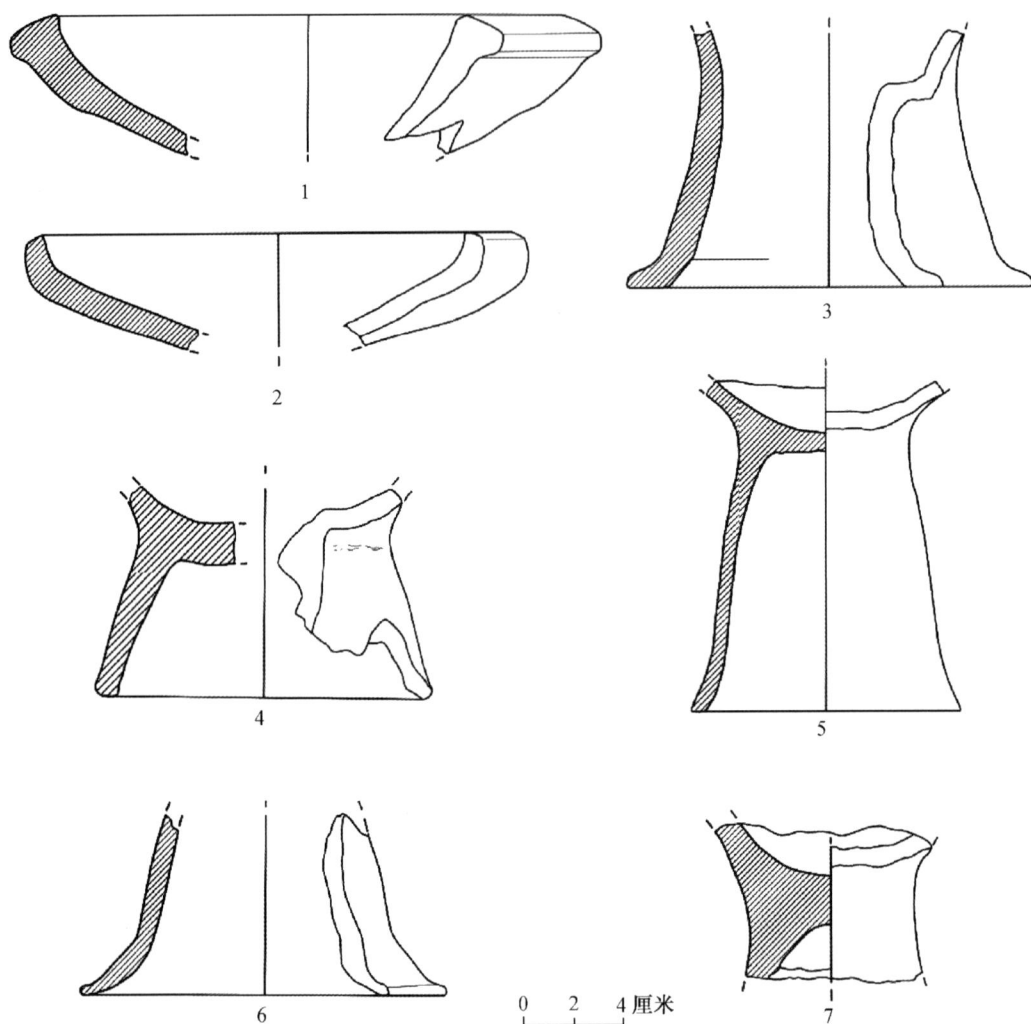

图 4-45 夹砂豆盘、夹砂豆柄

1、2. 夹砂豆盘（H14：42、TN05W05⑤A：107） 3—7. 夹砂豆柄（TN06W02⑨：14、TN06E03⑦C：74、G2②：775、TN05W05⑦：5、TN06E03⑫：35）

泥质豆

豆盘，共 13 件。根据盘深分两型。

A 型，3 件，深盘豆。根据口沿变化分两个亚型。

Aa 型，1 件，敞口出沿。标本 TN06W02⑩：2，泥质灰陶。敞口，圆唇，折沿，沿面较宽，近平，内沿向内勾，外沿向外平伸。敞口，深盘，盘壁上部近口沿处圆鼓，壁下部弧形急下收至底，底部分残，下有残圈足。沿面上有四周凹弦纹。口径 21.6、残高 8.2、残圈足径 8.5 厘米（图 4-46，1）。

Ab 型，2 件，敛口无沿。标本 TN05E04⑥：1，泥质灰陶。子母口，沿面微凹，肩上有几周凹弦纹，肩外置四鋬形耳，耳上有三短竖刻划纹，弧腹斜下内收，高圈足，圈足下张，呈喇叭状，足沿为圆唇。圈足上部有一凸棱，下部有几道凹弦纹。整器制作工整，器表光滑。口径

15、两身间距 18.5、底径 13.5、高 11.4 厘米（图 4-46,2）。标本 TN06E03⑫:15,泥质灰陶。腹上部残缺,腹下部微弧斜下收,内底微圜,底下部有拼接痕迹。盘壁及底有轮制弦纹。底径 7、残高 3.3 厘米（图 4-46,3）。

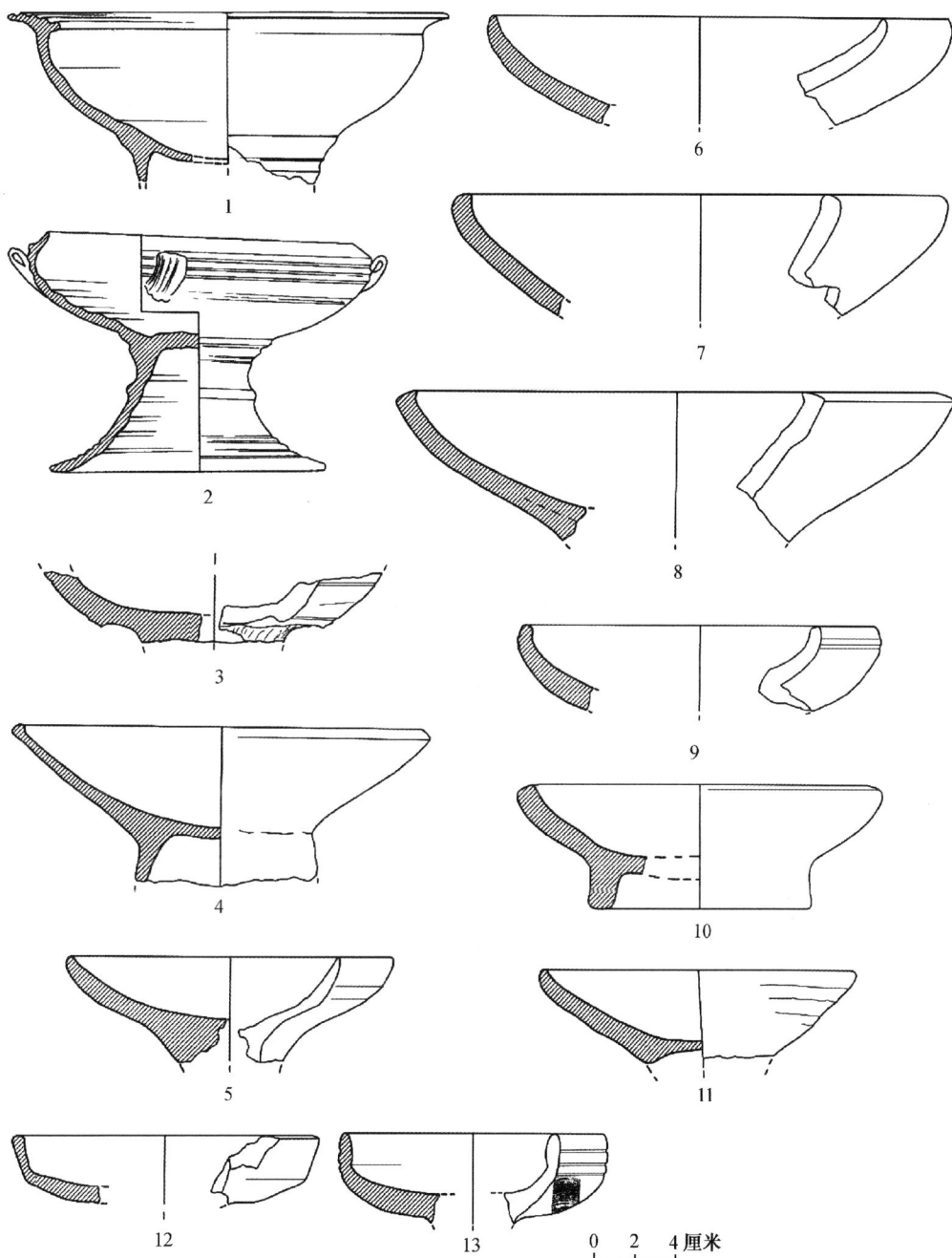

图 4-46 泥质豆盘

1. Aa 型（TN06W02⑩:2） 2、3. Ab 型（TN05E04⑥:1、TN06E03⑫:15） 4—11. Bb 型（TN06W05G2②:12、TN06E03⑫:12、TN06W04G2①:66、TN07W04⑥B:9、G2②:898、TN06W04G2①:86、TN06W03G2②:22、TN06W03F19:1） 12—13. Ba 型（TN06E03⑦C:113、TN05E01⑪:38）

B 型, 10 件, 浅盘豆。根据盘壁变化分两个亚型。

Ba 型, 2 件, 折壁。标本 TN06E03⑦C:113, 泥质红陶, 黑皮。口微敞, 方唇, 折壁, 上壁近直, 下壁微弧斜下收, 底残。素面。口径 15、残高 3.2 厘米 (图 4-46, 12)。标本 TN05E01⑪:38, 泥质灰陶。侈口, 尖圆唇, 腹上部微内弧, 折腹, 腹下部弧形下收, 底残。腹上部饰有三道弦纹, 豆盘底饰有环状的三角纹和圆圈纹。口径 12.4、残高 4.2 厘米 (图 4-46, 13)。

Bb 型, 8 件, 弧壁。标本 TN06W05G2②:12, 泥质灰陶。口微敛, 方唇, 沿面内侧高于外侧, 盘壁微弧斜下收至底, 底部分残, 下有残圈足。圈足下沿为方唇。器表制作规整, 素面。口径 20、高 7.4、圈足底径 8.5 厘米 (图 4-46, 4)。标本 TN06E03⑫:12, 泥质灰陶。口微敛, 圆唇, 弧腹斜下收, 内底微圜, 下承豆柄, 残缺, 盘底接圈足处有明显拼接痕迹。腹部有轮制时形成的弦纹。口径 16、残高 5 厘米 (图 4-46, 5)。标本 TN06W04G2①:66, 泥质灰陶。敛口, 尖唇, 弧腹, 腹以下残。钵身饰有刻划纹 (图 4-46, 6)。标本 TN07W04⑥B:9, 夹砂灰陶。侈口, 尖圆唇, 平沿, 微弧腹, 腹以下残。口径 19、残高 10 厘米 (图 4-46, 7)。标本 G2②:898, 泥质灰陶。口微敛, 方唇, 沿面内侧高于外侧, 口沿向内出沿, 沿下内侧微凹, 盘壁微弧, 斜下收, 下接圈足, 底残。素面。口径 25、残高 7 厘米 (图 4-46, 8)。标本 TN06W04G2①:86, 泥质红陶。敛口, 圆唇, 弧腹, 腹以下残。沿面上饰有两道凹弦纹。口径 17、残高 4 厘米 (图 4-46, 9)。标本 TN06W03G2②:22, 泥质灰陶, 含细砂。敞口, 圆方唇, 平沿, 盘壁微弧斜下收至底, 底大部分残, 内底微圜, 下接矮圈足, 足壁近直, 圈足下沿为方唇。器表制作规整, 素面。口径 18、高 5.9、圈足底径 11 厘米 (图 4-46, 10)。标本 TN06W03F19:1, 泥质灰陶。敞口, 圆唇, 浅盘, 盘壁微弧斜下收至底, 内底凹圜, 外底残, 盘内壁制作稍规整, 外壁制作略粗糙, 底下接圈足处有拼接痕迹。素面。口径 15.6、残高 4.7 厘米 (图 4-46, 11)。

豆柄, 共 18 件。根据高矮分三型。

A 型, 4 件, 柄较高。标本 TN05W01⑥:65, 泥质灰陶。器底以上均残, 底内微圜, 下接高柄, 足柄微竖, 下沿微张, 足沿残, 情况不详。素面。残高 10.1 厘米 (图 4-47, 1)。标本 TN07W04④B:2, 泥质灰陶。器上部均残, 器底微圜形, 器底下接高圈足, 弧形下张如喇叭状, 圈足沿为尖圆唇。素面。残高 10.5 厘米 (图 4-47, 2)。标本 TN06E02⑧B:18, 泥质灰陶, 黑皮。足壁下张呈喇叭状, 内壁有轮制痕迹。外壁有数道细弦纹。残高 8.2 厘米 (图 4-47, 3)。标本 TN05W05⑤A:117, 泥质灰陶。圈足以上残, 圈足较高, 足壁下张呈喇状, 足沿为尖圆唇。足身饰数道凹弦纹。残高 9.5 厘米 (图 4-47, 4)。

B 型, 7 件, 柄较矮。标本 TN05W01⑪:51, 泥质红陶, 黑皮。腹部微弧斜下收, 内底近平, 下接矮圈足, 微下张, 足沿圆唇。残高 5.1 厘米 (图 4-47, 5)。标本 TN06E01⑪:48, 泥质灰陶。器底以上均残, 底内微圜, 下接圈足, 圈足略高, 下微张, 足底残, 足沿情况不详。圈足外壁近器底处有几周凹弦纹。残高 5.3 厘米 (图 4-47, 6)。标本 TN06W02⑩:62, 泥质灰陶。器底以上残, 内底微圜, 下接圈足, 足壁弧形斜下张呈喇叭状, 足沿残。圈足上接器底及近足沿处有凹弦纹。残高 4.7 厘米 (图 4-47, 7)。标本 TN06E03⑦C:75, 泥质红陶。圈足下张呈微喇状, 足沿圆唇, 圈足上部承接器身及器底, 器身向上张, 内底微圜。素面。底径 7.6、残高 4.4 厘米 (图 4-47, 8)。标本 TN06W05⑤A:16, 泥质灰陶。圈足以上残, 圈足较矮, 足壁下张呈喇叭状, 足沿为尖圆唇。足身饰一道凸弦纹。素面。底径 11、残高 3.5 厘米 (图 4-47, 9)。

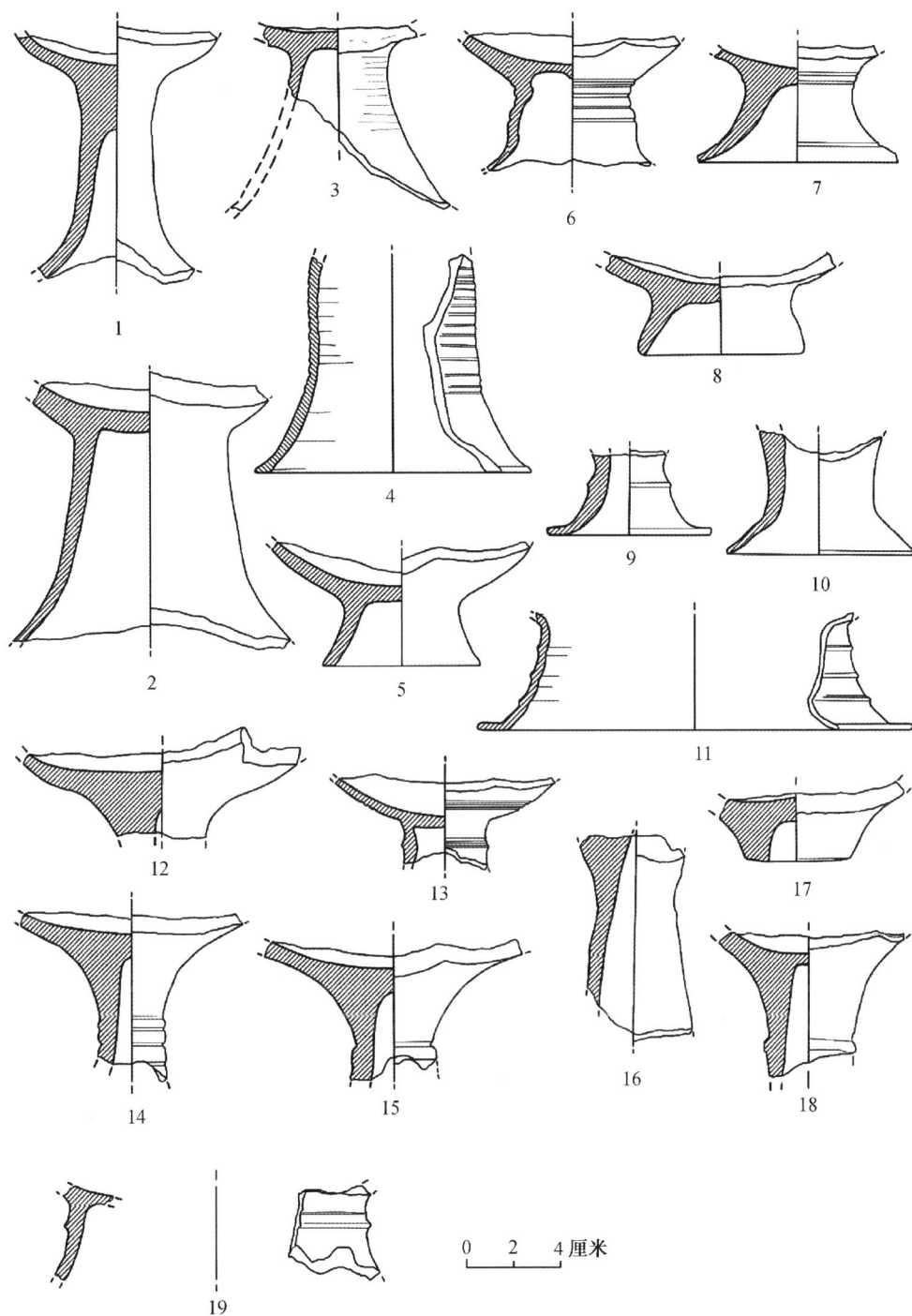

图 4-47 泥质豆柄、泥质残豆柄

1—4. A 型（TN05W01⑥:65、TN07W04④B:2、TN06E02⑧B:18、TN05W05⑤A:117） 5—11. B 型（TN05W01 ⑪:51、TN06E01 ⑪:48、TN06W02 ⑩:62、TN06E03 ⑦C:75、TN06W05 ⑤A:16、TN06E03⑦C:75、TN05W05⑤A:118） 12—18. C 型（TN06E03⑫:14、TN06W01⑦E:68、TN06E01 ⑪:49、TN06W01⑦E:70、TN05E01⑪:46、TN06E02⑧B:19、G2②:741） 19. 泥质残豆柄（TN06E02⑥:23）

标本 TN06E03⑦C:75,泥质灰陶。器余部残,仅留豆柄底端。豆柄微束,近底处外张呈微喇状,足沿圆方。素面。底径8.4、残高5.4厘米(图4-47,10)。标本 TN05W05⑤A:118,泥质灰陶。器上端残,足壁微弧下张呈微喇状,折沿,沿近平,足沿圆唇。圈足外壁饰有几周突棱。口径20、残高5.2厘米(图4-47,11)。

C型,7件,高矮不详。标本 TN06E03⑫:14,泥质灰陶。底以上均残,近底腹部微弧斜下收,底内为圜底,下接豆柄,残。素面。残高5厘米(图4-47,12)。标本 TN06W01⑦E:68,泥质灰陶。器上部均残,器内底微圜,下接圈足,足壁微束,其下残。足壁上部近盘底处有一周突棱。残高3.65厘米(图4-47,13)。标本 TN06E01⑪:49,泥质灰陶。器底以上均残,底内微圜,下接高柄,足柄微竖,下微张,足底残,足沿情况不详。足柄外壁饰有几周突棱。残高6.7厘米(图4-47,14)。标本 TN06W01⑦E:70,泥质灰陶。器上部均残,器内底微圜,下接圈足,足壁微束,其下残。足壁上部近盘底处两周凹痕。残高3.65厘米(图4-47,15)。标本 TN05E01⑪:46,泥质灰陶。器底以上均残,底内为近平底,下接圈足,足柄微竖,下微张,足底残,足沿情况不详。素面。残高8.4厘米(图4-47,16)。标本 TN06E02⑧B:19,泥质灰陶,黑皮。盘底近平,柄下部残,断面重新磨平,为二次磨制利用。素面。残高3.4厘米(图4-47,17)。标本 G2②:741,夹砂红陶。底部微圜,下接喇叭状圈足。素面。残高5.4厘米(图4-47,18)。

残豆柄,1件。标本 TN06E02⑥:23,泥质红陶。器底与圈足连接处有明显拼接痕迹。内底微圜,足壁下微张,足底残。拼接处饰折线纹,圈足上部饰两周凸弦纹及一周凸棱,内外壁有轮制痕迹。残高4.2厘米(图4-47,19)。

瓷胎无釉豆 共6件。

完整器,1件。标本 TN06W02⑩:3,灰胎未见釉层。尖唇,略内勾,似子母口,敞口,口沿外残二方形堆饰錾,豆盘壁弧形斜下收至底,内底凹,中间有一小凸起,下接圈足,喇叭状,圈足下部外撇,撇度稍大,圈足沿为方唇。子母口处有一周凹弦纹,錾上有数道短竖刻划纹,豆盘内壁有数周凹弦纹,似轮制痕迹,圈足外壁有数周凹弦纹。口径16.5、高12、圈足底径13.1厘米(图4-48,1)。

豆盘,2件。标本 TN06W02⑩:16,瓷胎无釉。口微敛,上壁近斜直,于近口沿处有錾形系,盘壁圆折收,下壁近斜直。上壁饰四周凹弦纹,錾上有三竖浅凹槽,盘内壁有轮制弦纹。口径18、残高5.6厘米(图4-48,2)。标本 TN06E03⑦C:119,瓷胎无釉(灰色)。侈口,尖圆唇,沿面微凹,壁圆折,折壁处置錾形耳,下壁微弧斜下收,盘底残。上壁饰两周凹弦纹,耳上有三竖凹痕。口径15.4、残高4.2厘米(图4-48,3)。

豆柄,3件。标本 TN06E01⑩:42,瓷胎无釉(灰色)。器底以上均残,底内微圜,下接圈足,足柄微竖,下沿微张,足沿残,情况不详。圈足上部有一周突棱,外壁有轮制弦纹。残高4.9厘米(图4-48,4)。标本 TN05W05⑦:2,瓷胎无釉(红色)。器上部均残。底座上端有两对称附耳,底座外壁呈喇叭状,底座上有拼接的痕迹。器耳上饰几道竖凹弦纹,足壁上有几个近长方形的镂孔,外有轮制痕迹。底径16.6、残高10.6厘米(图4-48,5)。标本 TN05W05⑦:44,瓷胎无釉(灰色)。器腹内圜底,下接圈足,微下张,足底残。圈足上接腹底处有一周突棱,圈足外壁饰数道凹弦纹。残高5.4厘米(图4-48,6)。

原始瓷豆　共6件。

豆盘,4件,分根据盘壁变化两型。

A型,3件,折壁。又分两个亚型。

Aa型,1件,折壁折沿。标本TN06W02⑩:18,原始瓷。敞口,圆折沿,上壁近直,盘壁中部折收,下壁近斜直。沿面饰有篦梳纹。口径18、残高3.6厘米(图4-48,7)。

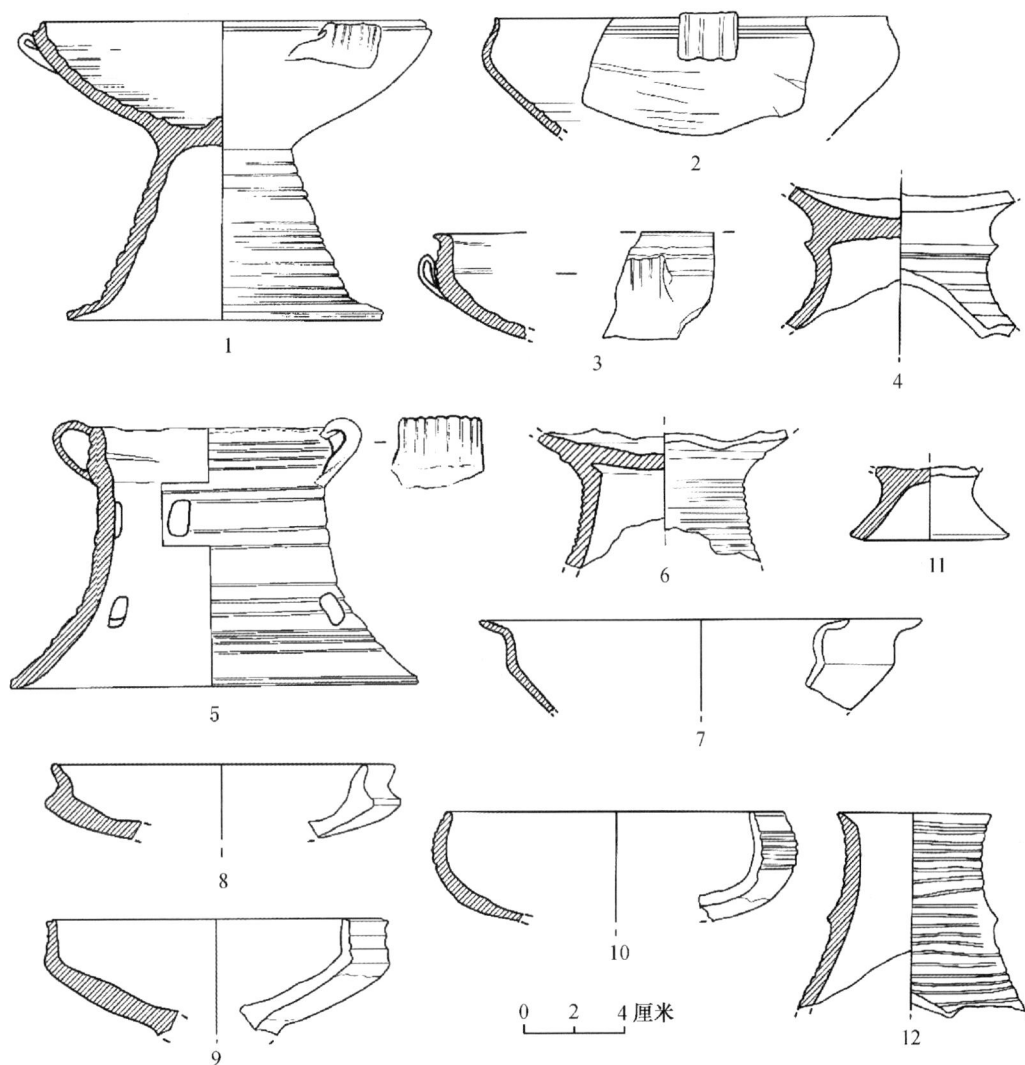

图4-48　豆

1—6.瓷胎无釉豆(TN06W02⑩:3、TN06W02⑩:16、TN06E03⑦C:119、TN06E01⑩:42、TN05W05⑦:2、TN05W05⑦:44)　7.原始瓷豆盘Aa型(TN06W02⑩:18)　8、9.原始瓷豆盘Ab型(TN05W05⑤A:122、TN06E03⑦C:97)　10.原始瓷豆盘B型(TN05W05⑦:42)　11、12.原始瓷豆柄(TN05W05⑤A:120、TN06E01⑩:45)

Ab 型,2 件,折壁直口。标本 TN05W05⑤A:122,青釉灰白胎,釉层严重脱落。圆唇,侈口,豆盘折壁,上壁沿微外卷,下壁略弧下收,底残。口径 14、残高 3 厘米(图 4-48,8)。标本 TN06E03⑦C:97,原始瓷,青釉灰胎。直口,方唇,唇面微凹,折腹,腹上部近直微凹,腹下部微弧斜下收。腹上部饰三周凹弦纹。口径 14、残高 4.6 厘米(图 4-48,9)。

B 型,1 件,弧壁,口微敛。标本 TN05W05⑦:42,青釉灰白胎,施釉至腹下部,有流釉脱釉现象。圆唇,敛口,腹微鼓,斜弧下收,器底有拼接痕迹。器外壁近口沿部有数周凹弦纹。口径 14、残高 4.4 厘米(图 4-48,10)。

豆柄,2 件。标本 TN05W05⑤A:120,原始瓷,青釉灰白胎,圈足内底不施釉。器残,仅余底座,足下张,呈喇叭状,足沿为尖圆唇,外尖端微上抬。素面。底径 6.8、残高 2.9 厘米(图 4-48,11)。标本 TN06E01⑩:45,原始瓷。豆柄上接豆盘处有拼接痕迹,豆柄微束,弧形斜下张,足沿残。豆柄外壁有轮制弦纹,中部有贴塑。残高 7.7 厘米(图 4-48,12)。

7. 簋

夹砂簋 共 23 件。

完整器,2 件。标本 TN06W03G2②:5,泥质灰陶,黑皮,略含细砂,器表因火候原因形成不均匀的黑、灰两种陶色。敞口,斜方唇,宽沿,沿内部制作不太规整,有疑似拼接痕迹,上腹微鼓,下腹部弧形斜下收至底,最大径在腹上部,圜内底,底下接矮圈足,圈足斜下微张,足沿为方圆唇。器腹外表饰三角折线纹与弦纹组合。整器制作规整,器表光滑。口径 29、底径 12.4、高 21.8 厘米(图 4-49,5)。标本 G2②:7,泥质红陶,器表因火候原因形成不均匀的红、灰两种陶色。侈口,斜方唇,宽沿,微弧形外卷,圆折沿,束颈,弧腹斜下收,最大径在腹中部,圜内底,矮圈足,圈足斜下微张,圈足下沿为圆方唇。素面。口径 22.2、腹径 18.5、底径 13.5、高 18.5 厘米(图 4-49,6)。

口沿,3 件。标本 TN06W04G2②:19,夹砂红陶。侈口,尖圆唇,沿面较宽,微弧形外卷,圆折沿,弧溜肩,腹部微弧斜下收。素面。口径 24、残高 12.2 厘米(图 4-49,2)。标本 G2②:73,夹砂灰陶。侈口,斜方唇,沿面微弧形外卷,折沿,弧肩,腹微弧形斜下收。素面。口径 25.8、残高 10.1 厘米(图 4-49,3)。标本 G2②:35,夹砂灰陶。侈口,斜方唇,沿面微弧形外卷,折沿,弧肩,腹微弧形斜下收。腹壁饰刻划纹。口径 24、残高 10.6 厘米(图 4-49,4)。

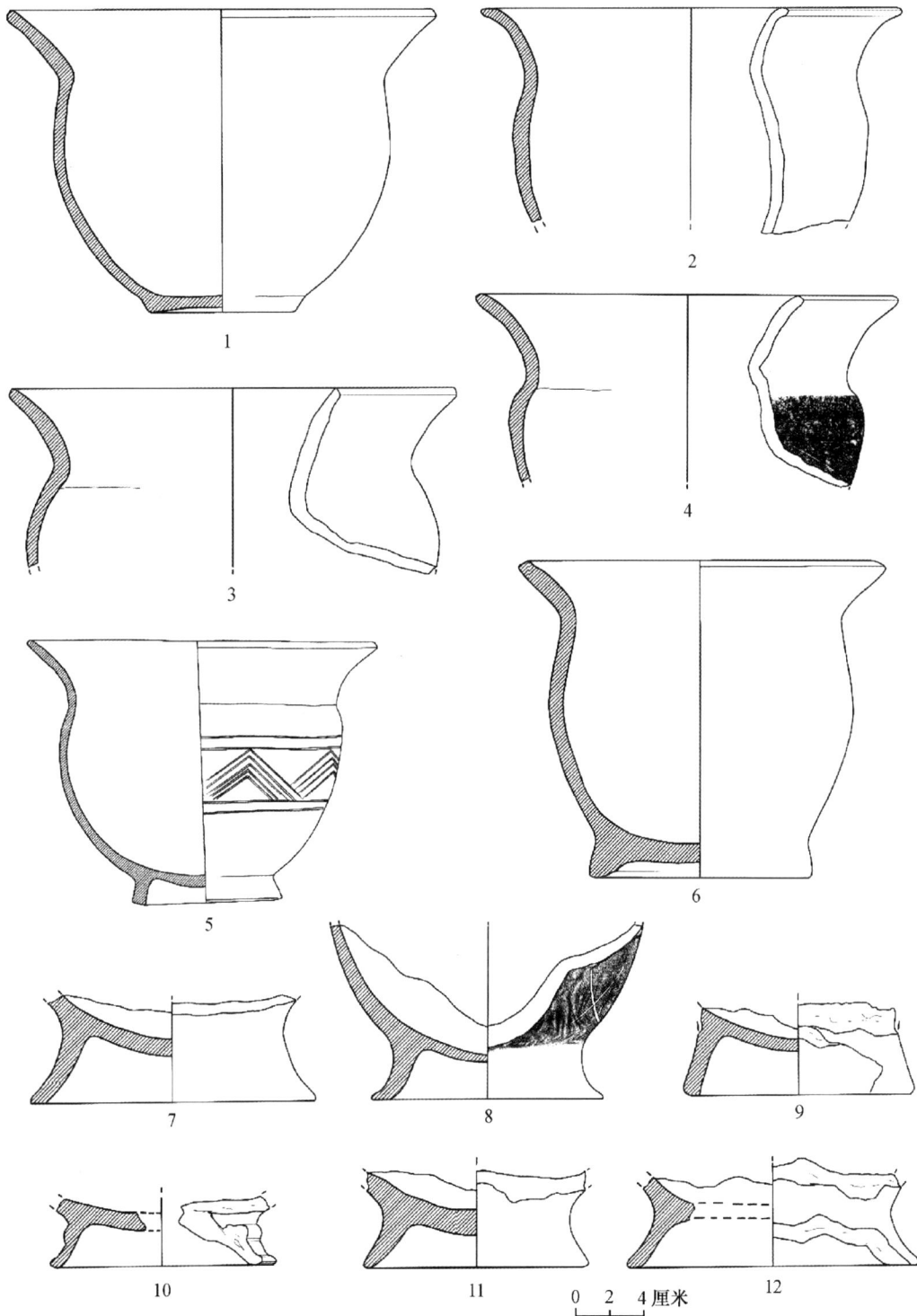

图 4-49 簋

1、7—12. 泥质簋（G2：1265、TN06W02⑨：26、TN06W02⑨：19、TN05E03⑫：18、TN05E03⑫：21、
TN06E03⑦C：77、TN05E03⑫：17）　　2—6. 夹砂簋（TN06W04G2②：19、G2②：73、G2②：35、
TN06W03G2②：5、G2②：7）

夹砂簋座,共 18 件。根据圈足不同分两型。

A 型,9 件。高圈足。标本 TN05E01⑤:11,夹砂红陶。腹部微弧斜下收,器底微圜,下接圈足,圈足下张呈喇叭状,足沿方圆唇。素面。底径 15.2、残高 7 厘米(图 4-50,1)。标本 TN07W04④B:24,夹砂灰陶。器上均残,内底微圜,下接残圈足,近斜直下张,素面。口径 14.4、残高 5.6 厘米(图 4-50,2)。标本 TN06E03⑫:22,夹砂灰陶。器底以上均残,底内为圜

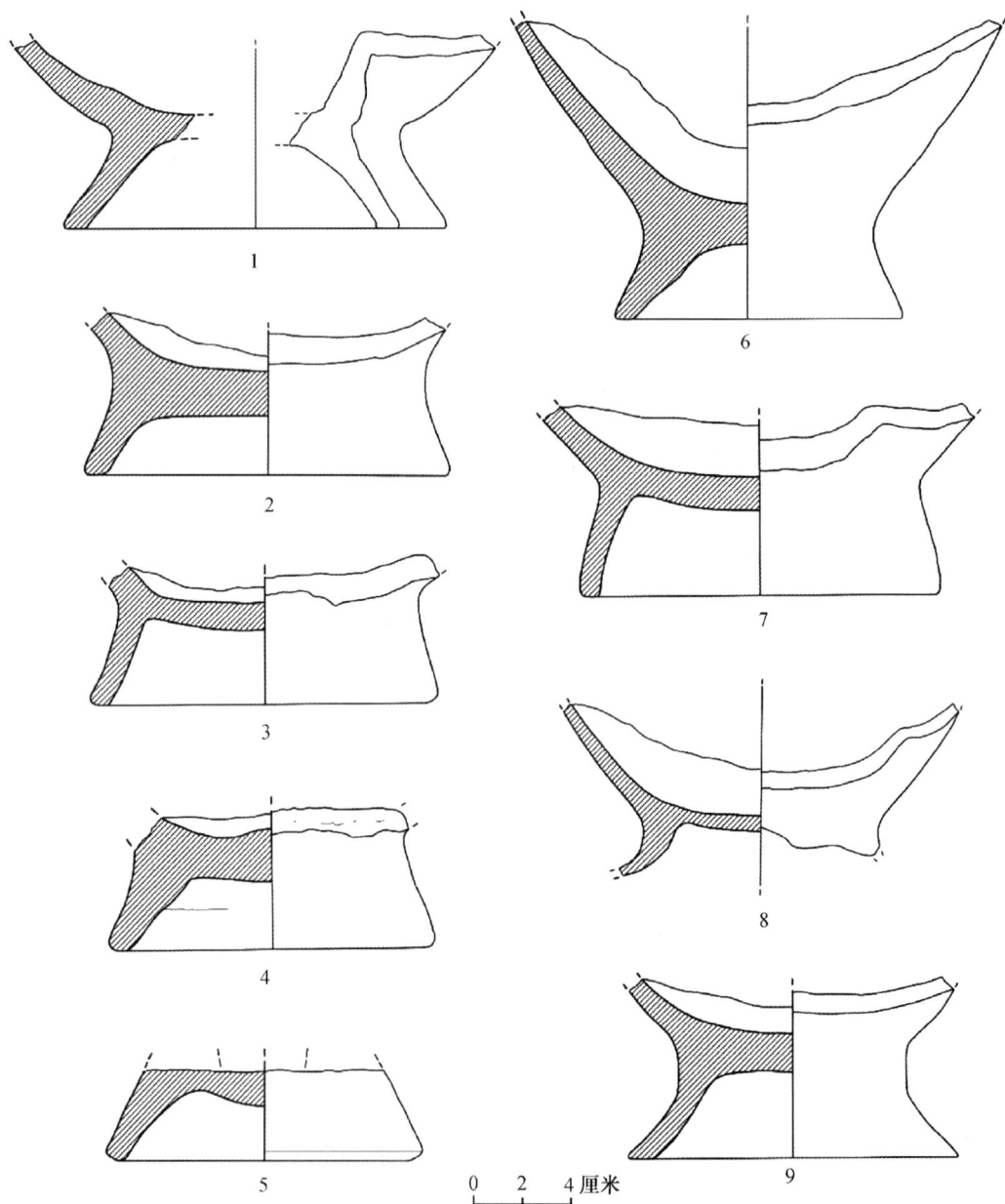

图 4-50　夹砂簋座(一)

1—9. A 型(TN05E01⑤:11、TN07W04④B:24、TN06E03⑫:22、TN05E03⑫:14、G2②:763、G2②:773、TN06W02⑨:25、TN06E01⑪:36、TN06E01⑪:19)

底,下接矮圈足,下微张,足沿圆方唇。素面。底径14.2、残高5.8厘米(图4-50,3)。标本 TN05E03⑫:14,夹砂褐陶。圈足下张呈微喇状,足沿圆唇,圈足上部承接器底,圜内底。素面。底径13.4、残高5.5厘米(图4-50,4)。标本 G2②:763,夹砂红陶。喇叭状,底部微凹,足沿斜方唇,圈足与器相接处,有拼接痕迹。素面。底径11.6、残高3.5厘米(图4-50,5)。标本 G2②:773,夹砂灰陶。近斜直腹,足底微圜,下接矮圈足。素面。底径11.5、残高11.5厘米(图4-50,6)。标本 TN06W02⑨:25,夹砂红陶,黑皮。器上均残,内底微圜,下接喇叭状圈足,近斜直下张,足沿微敛。素面。底径14、残高6.8厘米(图4-50,7)。标本 TN06E01⑪:36,夹砂红陶。腹下部微弧形斜下收至底,内底微圜,下接圈足,足壁弧形外张呈微喇状,足沿残。素面。残高6.4厘米(图4-50,8)。标本 TN06E01⑪:19,夹砂红陶。近底腹部微鼓斜下收,内底微圜,下接矮圈足,微下张,圈足沿宽平。残高6.5厘米(图4-50,9)。

B 型,9 件。矮圈足。标本 TN06W05⑤A:23,夹砂红陶。近底腹部微弧,器底微圜,下接微喇叭状较矮圈足,足沿为圆唇。素面。底径11、残高4.2厘米。(图4-51,1)。标本 TN07W04④B:5,夹砂灰陶。近器底腹近直,器底为圜,下接微敞口矮圈足,足沿平。素面。底径12.6、残高4.3厘米(图4-51,2)。标本 TN06W02⑨:24,夹砂褐陶。器上均残,内底微圜,下接矮圈足,足沿宽平。素面。底径14.6、残高4.1厘米(图4-51,3)。标本 TN05E03⑥:20,夹砂红陶。圈足下张呈微喇状,足沿圆唇,圈足上部承接器身及器底,器身微弧向上张,圜内底。素面。底径11.5、残高4.3厘米(图4-51,4)。标本 TN06W04G2①:84,夹砂红陶。近底处弧形斜下收,近平底,下接微喇叭形圈足。素面。底径10.6、残高4.5厘米(图4-51,5)。标本 G2②:786,夹砂灰陶。近底腹部微弧形,底近平,下接喇叭口圈足,足沿方唇。素面。底径11.4、残高6.3厘米(图4-51,6)。标本 TN06W04G2①:10,夹砂红陶。近底处弧腹,器底微圜,下接喇叭形圈足。素面。底径13.8、残高10厘米(图4-51,7)。标本 G2②:761,夹砂灰陶。弧腹,微圜底。腹部饰有两道凹弦纹和篮纹。底径11.8、残高7厘米(图4-51,8)。标本 TN06E03⑫:20,夹砂红陶。器底以上均残,近底腹部斜下收至底,底内为圜底,下接矮圈足,下微张,足沿圆唇,较厚,圈足内底有明显拼接痕迹。素面。底径16、残高5.8厘米(图4-51,9)。

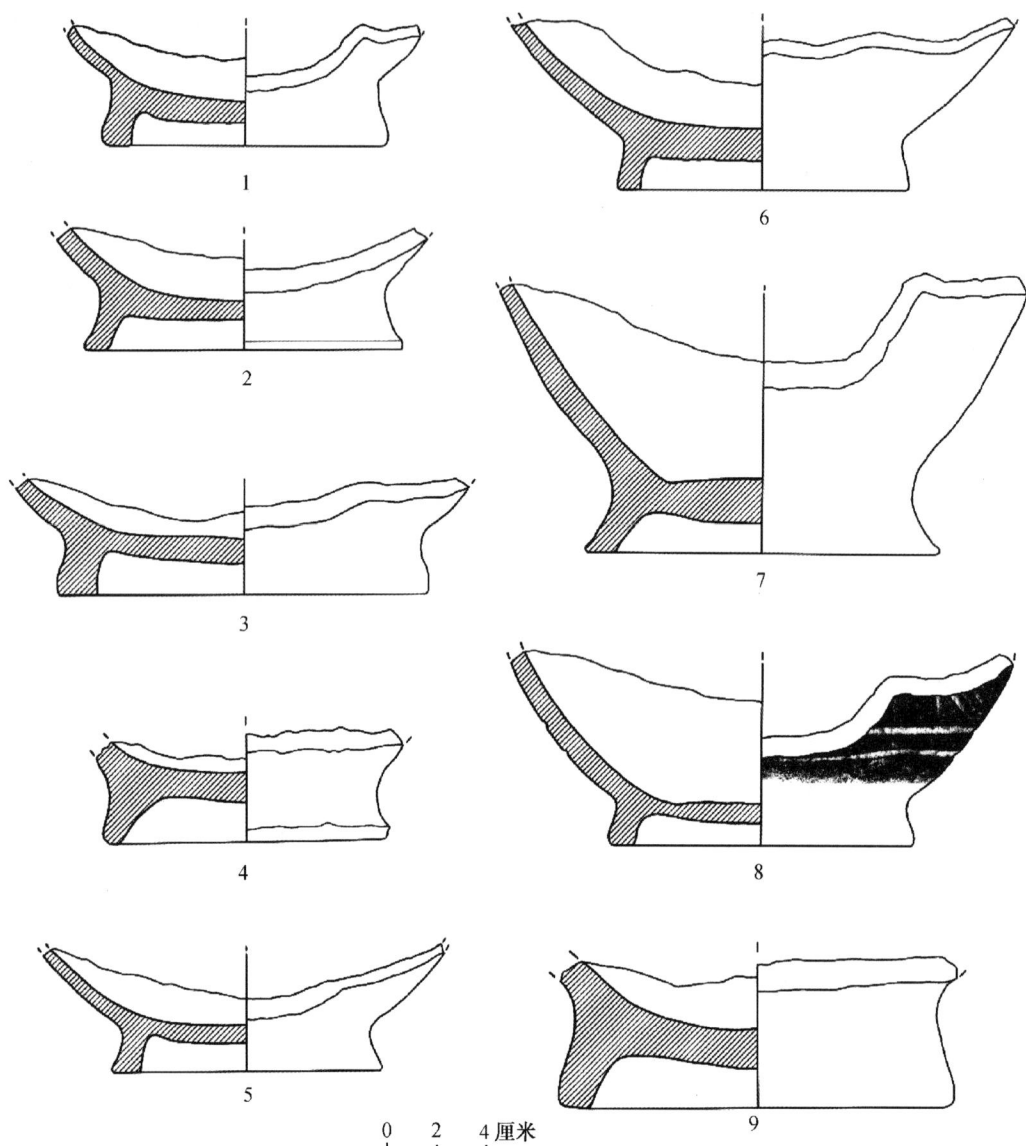

0　2　4厘米

图4-51　夹砂簋座(二)

1—9. B 型(TN06W05⑤A:23 、TN07W04④B:5 、TN06W02⑨:24 、TN05E03⑥:20 、TN06W04G2①:
84 、G2②:786 、TN06W04G2①:10 、G2②:761 、TN06E03⑫:20)

泥质簋　共7件。

完整器,1 件。标本 G2:1265,泥质红陶,外红内灰。敞口,斜方唇,沿面较宽,微弧形外撇,圆折沿,弧腹斜下收至底,最大径在腹上部,平底微内凹。素面。口径25.3、底径8.8、高17.6 厘米(图4-49,1)。

簋座,6 件。标本 TN06W02⑨:26,泥质红陶,黑皮。器上均残,内底微圜,下接喇叭状圈足,近斜直下张,足沿方唇。素面。底径18、残高5.5 厘米(图4-49,7)。标本 TN06W02⑨:19,泥质红陶,黑皮。弧腹,内底微圜,下接矮圈足,足沿尖圆唇,外撇。腹部饰有刻划纹

"×",近底饰有浅细绳纹。底径13、残高9.5厘米(图4-49,8)。标本TN05E03⑫:18,泥质褐陶,黑皮。圈足下张呈微喇状,足沿圆方唇,圈足上部承接器底,圜内底。素面。底径14、残高5.3厘米(图4-49,9)。标本TN05E03⑫:21,泥质灰陶。圈足下张呈微喇状,足沿圆方唇,圈足上部承接器底,圜内底。圈足壁中部饰一周凸棱及两周凹弦纹。底径13、残高3.8厘米(图4-49,10)。标本TN06E03⑦C:77,泥质灰陶。器内圜底,底以上均残,底下接矮圈足,弧形下张如喇叭状,圈足沿为尖圆唇。素面。底径13、残高5.4厘米(图4-49,11)。标本TN05E03⑫:17,泥质灰陶。圈足下张呈微喇状,足沿圆唇,圈足上部承接器身及器底,器身微弧向上张。素面。底径17、残高6厘米(图4-49,12)。

8. 刻槽盆

夹砂刻槽盆　6件。标本TN06W05⑧:2,夹砂红陶。敞口,斜方唇,沿面内侧略高于外侧,腹部近斜直下收至底,平底。内壁及底部饰刻划纹。口径21.7、底径11.7、高14.7厘米(图4-52,1)。标本TN06W02⑨:9,夹砂红陶。弧腹,平底微凹。腹部饰有绳纹,器内饰有刻槽纹。底径8.5、残高4.3厘米(图4-52,2)。标本TN07E01H19:4,夹砂红陶。敛口,方唇,弧腹,腹以下残。腹部饰有绳纹,内饰刻槽纹。口径21、残长11.6厘米(图4-52,3)。标本TN05W01H8:9,夹砂红陶。敞口,斜方唇,唇面微凹,沿下内侧微凹,腹壁微弧斜下收。腹外壁饰细绳纹,内壁饰交错刻划纹。口径18.4、残高12.4厘米(图4-52,4)。标本TN06E03⑦C:58,夹砂褐陶。流沿外侈,尖圆唇,腹微弧形斜下收,底残。器腹外壁饰绳纹,内壁饰交错刻划纹。残宽5.6、残高9.5厘米(图4-52,5)。标本TN06W02⑩:14,夹砂灰陶。口微敛,尖圆唇,腹壁微弧斜下收。腹外壁饰绳纹,内壁部分残缺,残余部分可见两道刻划纹。口径25、残高6.7厘米(图4-52,6)。

泥质刻槽盆　共11件。根据有流和无流分两型。

A型,4件,有流。标本TN05W01⑥:59,泥质灰陶。口微敛,斜方唇,唇面有两周浅凹痕,带流,腹上壁微折,腹下壁微弧斜下收。腹外壁饰绳纹,内壁饰交错复线刻划纹。口径24、残高7.4厘米(图4-53,1)。标本TN06E01⑪:50,泥质灰陶。敞口,斜方唇,唇面微凹,带流,流两侧有乳丁状堆饰,腹壁微弧斜下收。腹外壁饰折线纹,内壁饰交错刻划纹。残宽9.1、残长12.25厘米(图4-53,2)。标本TN06E03⑦C:1,泥质红陶。敛口,尖圆唇,带流,呈圆弧状,其两侧有两个椭圆形突起,弧肩,肩部和腹部微折,弧腹,斜下收至底,圜底。口沿处有一道凹弦纹,器身饰梯格纹,器内壁饰交错复线刻划纹。口径32.4、高14厘米(图4-53,3)。标本TN06W04⑥B:3,硬陶(灰色)。口微敛,方唇,沿面内倾,口沿下部微内凹,弧腹斜下收。腹上部有轮制时形成的弦纹,腹下部饰梯格纹,器身内壁饰交错复线刻划纹。残长11.7、残宽12.7、残高13.7厘米(图4-53,4)。

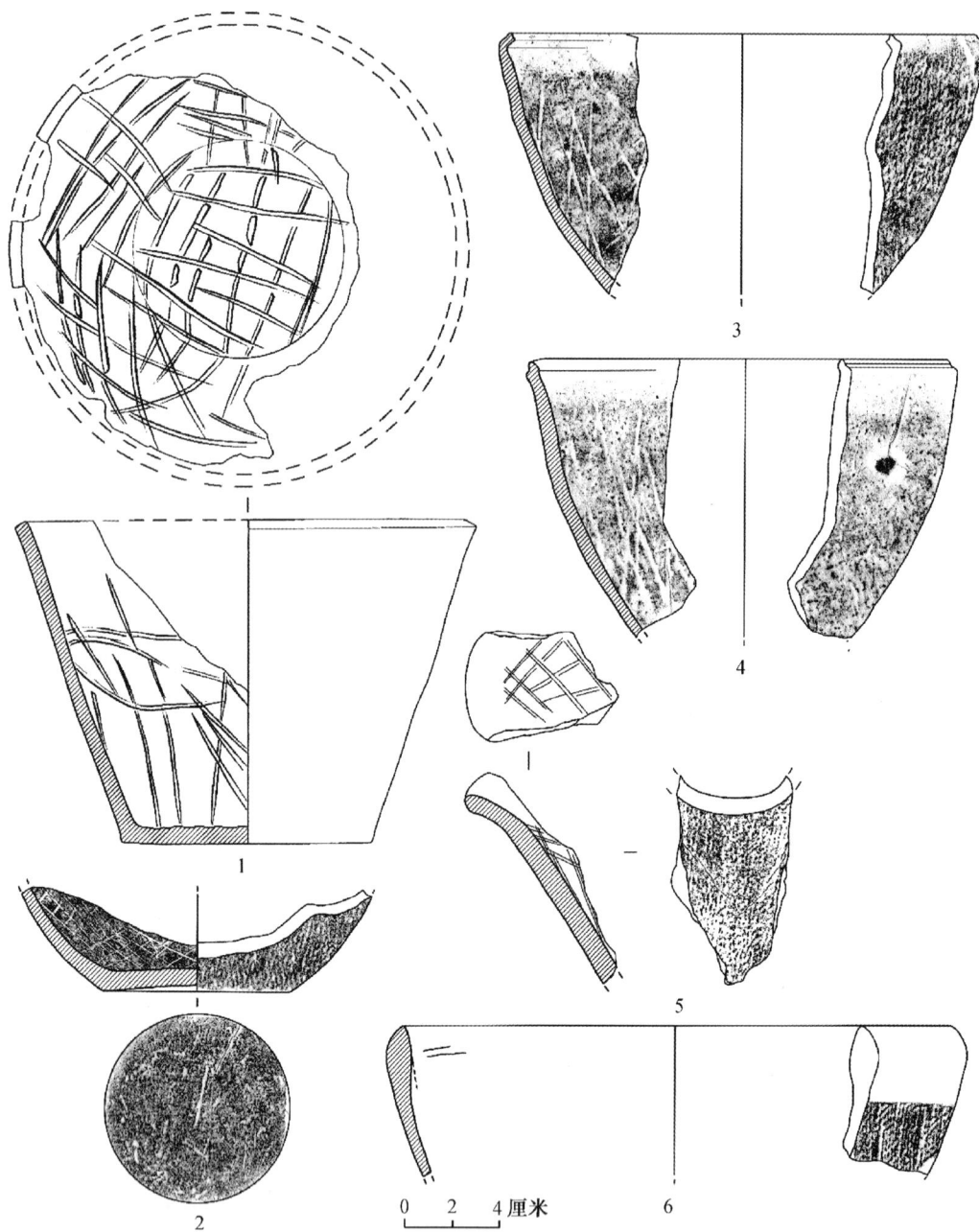

图 4-52　夹砂刻槽盆

1— 6.（TN06W05 ⑧：2、TN06W02 ⑨：9、TN07E01H19：4、TN05W01H8：9、TN06E03 ⑦ C：58、TN06W02 ⑩：14）

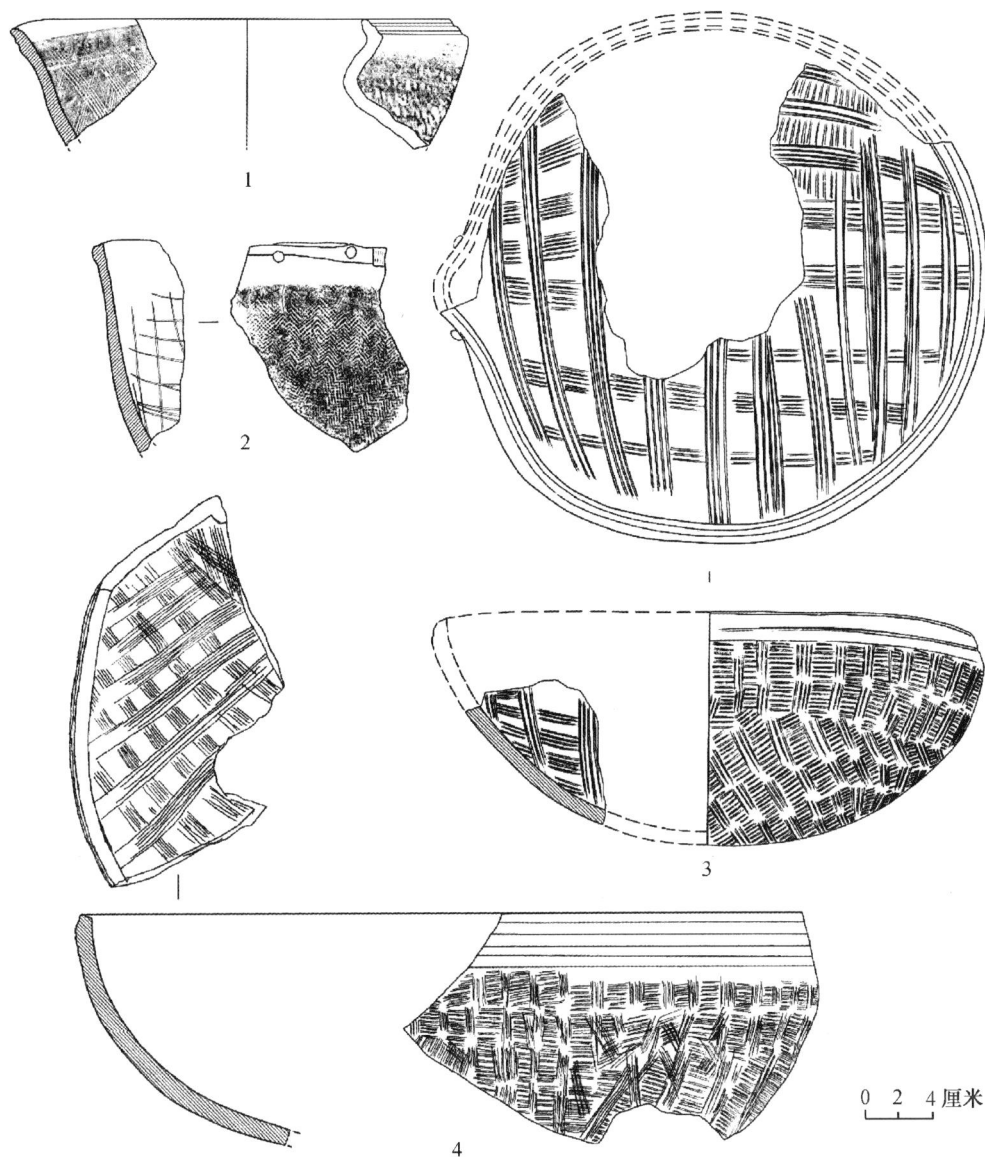

图4-53　泥质刻槽盆(一)

1—4. A型(TN05W01⑥:59、TN06E01⑪:50、TN06E03⑦C:1、TN06W04⑥B:3)

B型,7件,无流。根据沿部分三个亚型。

Ba型,3件,口沿向内伸出。标本TN06E03⑫:5,泥质灰陶。敞口,尖圆唇,沿面近平,口沿内侧微向上凸起,沿面有一周浅凹槽,腹近直斜下收。腹部饰两周凹弦纹及有轮制时形成的弦纹,器身内壁饰刻划纹。口径30、残高6厘米(图4-54,1)。标本TN05W05⑤A:114,泥质灰陶。敛口,圆唇,沿内折,沿面近平,沿面上有两道浅凹槽,弧腹斜下收,腹下及底残。肩外部有两周凹弦纹,器内壁饰交错复线刻划纹。口径28.6、残高4.8厘米(图4-54,2)。标本TN05E01⑪:27,泥质灰陶,黑皮。敛口,尖圆唇,平沿,弧腹斜下收。器身内壁饰刻划纹。口径21、残高10.1厘米(图4-54,3)。

Bb 型,2 件,口沿内勾,未伸出。标本 TN07W04⑥B:24,泥质红陶。敛口,方唇,弧腹,腹以下残。腹部饰有绳纹,内饰刻槽纹。口径 22、残高 6.6 厘米(图 4-54,4)。标本 TN06E03⑦C:60,泥质灰陶。敛口,方唇,下唇向内下张,弧腹微鼓,斜下收。腹部饰磨平细绳纹。口径 20、残高 7.6 厘米(图 4-54,5)。

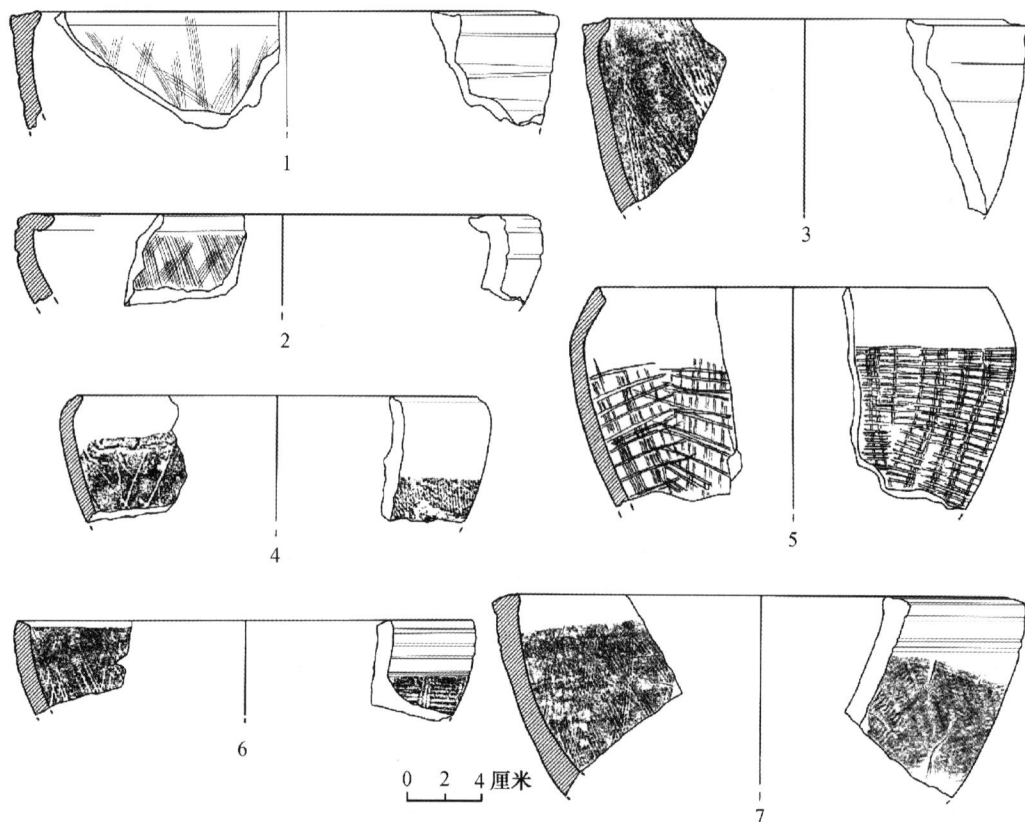

图 4-54 泥质刻槽盆(二)

1—3. Ba 型(TN06E03⑫:5、TN05W05⑤A:114、TN05E01⑪:27) 4、5. Bb 型(TN07W04⑥B:24、TN06E03⑦C:60) 6、7. Bc 型(TN06W05④A:47、G2②:901)

Bc 型,2 件,直口,不向内外伸出。标本 TN06W05④A:47,泥质灰陶。敞口,方唇,弧腹,腹以下残。器内饰有交错刻划纹,近口部饰有四道凹弦纹,其下饰有梯格纹。口径 24.8、残高 5 厘米(图 4-54,6)。标本 G2②:901,泥质灰陶。敞口,圆方唇,唇面弧有两周凹痕,腹壁微弧斜下收。腹壁近口沿处饰凹弦纹,其下饰绳纹,内壁饰交错复线刻划纹。口径 25.6、残高 10.6 厘米(图 4-54,7)。

9. 盆、筒形器

盆 6 件。标本 TN06W05⑤A:29,夹砂红陶。斜方唇,敞口,沿面弧形微外卷,弧腹。素面。口径 56.6、残高 12.5 厘米(图 4-55,1)。标本 TN06E03⑦C:81,泥质灰陶。侈口,圆方唇,唇面外倾,腹上部微弧形下收,腹下部圆折收,底残。器身外壁饰四周凹弦纹。口径 22、残高 10.6 厘米（图 4-55,2）。标本 TN05W05⑤A:119,泥质灰陶。侈口,斜方唇,沿面弧形微外卷,折肩,弧腹斜下收,底残。领上有轮制弦纹。口径 18.6、残高 4.2 厘米（图 4-55,3）。标本 TN05W05⑦:8,泥质红陶。敞口,尖圆唇,圆折沿,弧形外卷,沿面微凹,溜肩,腹微弧,腹下及底残。器身腹部对称有两鋬,素面。口径 13、残高 4.9 厘米（图 4-55,4）。标本 TN06E03⑦C:47,夹砂红陶。敞口,尖圆唇,沿面较宽内凹,有两周凹槽,弧腹斜下收。素面。口径 27、残高 6.7 厘米（图 4-55,5）。标本 TN05W01⑪:2,泥质灰陶。侈口,圆唇,沿面弧形微外卷,腹上部折壁,上壁近斜直,下壁微弧斜下收至底,平底。器表制作规整。素面。口径 23.6、底径 12.5、高 11 厘米（图 4-55,6）。

简形器 1 件。标本 TN07W03G2②:8,夹砂红陶,器表因火候原因形成不均匀的红、黑两种陶色。圆唇,侈口,筒壁上部微弧形外撇,下部近直,底残,整器稍大。器表制作不甚规整。口径 29.3、高 26 厘米（图 4-55,7）。

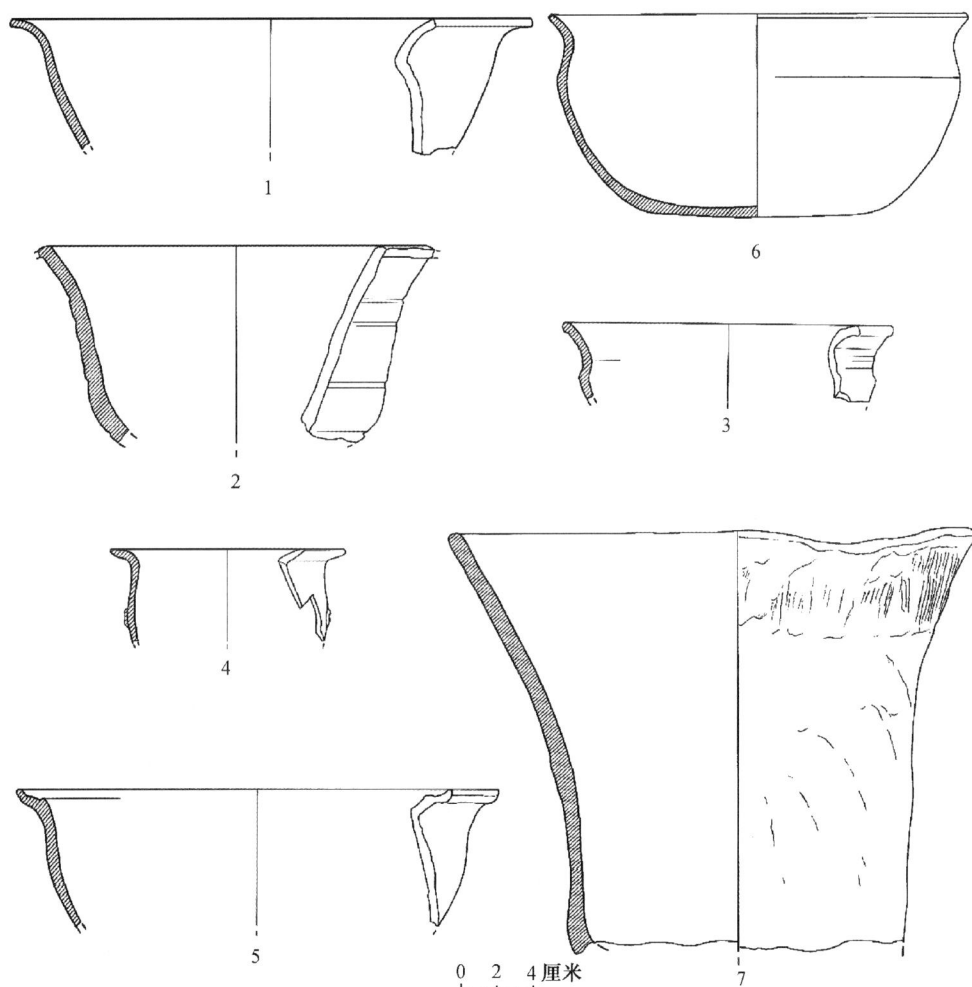

图 4-55　盆、简形器

1—6. 盆（TN06W05⑤A:29、TN06E03⑦C:81、TN05W05⑤A:119、TN05W05⑦:8、TN06E03⑦C:47、TN05W01⑪:2）　7. 简形器（TN07W03G2②:8）

10. 器盖

夹砂器盖 4 件。标本 TN06W01⑦E：5，夹砂红陶。盖顶向上出沿，圆唇，呈微喇状；盖壁斜下张，呈喇叭状，壁沿为圆唇。素面。盖口径 12.7、高 6.1 厘米（图 4-56,11）。标本 TN06W02⑩：1，夹砂红陶，夹细砂，近泥质。盖顶部向上出沿，呈微喇状，圆唇；盖壁近斜直下张，圆方唇，盖顶接捉手处有浅按窝痕。素面。盖径 15.5、高 7.5 厘米（图 4-56,12）。标本 TN06W01⑦E：47，夹砂红陶。盖顶捉手微弧形斜上张，斜方唇，唇面微凹；盖壁微弧下张，盖沿残。素面。捉手径 5.3、残高 3.9 厘米（图 4-56,13）。标本 TN06E01⑩：22，夹砂红陶。器盖部分残，盖顶斜向外出沿，形成捉手，捉手方唇，中部微凹；盖壁微弧形斜下张，盖沿残。素面。顶径 7.6、残高 5.6 厘米（图 4-56,14）。

泥质器盖 共 10 件。除 2 件残器无盖钮，另外 8 件根据盖钮分四型。

A 型，4 件，圆环钮，钮盖中空。标本 TN05E01H19：2，泥质红陶。顶部捉手平面呈玉璧状，内中空，盖壁微弧斜下张，呈喇叭状，斜方唇，唇面有一凹槽。盖壁外有轮制时形成的弦纹。捉手径 7.9、盖径 20.4、高 5.8 厘米（图 4-56,1）。标本 TN06W02⑩：52，泥质灰陶。器盖部分残，盖顶捉手平面近呈玉璧形，捉手沿面内倾；盖壁微弧形斜下张，盖沿残。盖外壁中部饰三周凹弦纹。顶径 6、残高 3.3 厘米（图 4-56,2）。标本 TN06E01⑩：37，泥质灰陶。器盖部分残，盖顶捉手平面近呈玉璧形，捉手沿面微内倾；盖壁弧形斜下张，盖沿残。盖外壁有轮制弦纹。顶径 6.5、残高 3.3 厘米（图 4-56,3）。标本 TN05W01H8：10，泥质红陶。器盖部分残，盖顶捉手平面近呈玉璧形，捉手沿下内侧微凹；盖壁微弧形斜下张，盖沿为圆唇。盖外壁中部饰三周凹弦纹。顶径 3.6、残高 3.4 厘米（图 4-56,4）。

B 型，1 件，凹弧钮。标本 TN06W04G2②：18，夹砂褐陶。盖顶向上出沿，微外撇，圆唇，盖壁微弧斜下张，器下沿为斜方唇，口沿略内收。素面。盖顶径 3.6、高 6.3、盖下口径 13.9 厘米（图 4-56,5）。

C 型，2 件，平钮微凹。标本 TN05W05⑤A：115，泥质红陶。盖顶向上出矮捉手，捉手为平顶，微内凹；盖壁呈近斜直下张，盖沿为斜方唇，上唇沿微向上抬起。素面。盖径 6.7、高 3.4 厘米（图 4-56,6）。标本 TN06W01⑦E：48，夹砂红陶。盖顶捉手微弧形斜上张，圆方唇，捉手微内凹；盖壁微弧下张，盖沿残。素面。捉手径 4.2、残高 2.9 厘米（图 4-56,7）。

D 型，1 件，伞状钮。标本 TN06W05F4：48，泥质灰陶。伞状形，盖钮上部略呈圆锥形。残高 4.9 厘米（图 4-56,8）。

残盖壁，2 件。标本 TN05W05⑤A：111，泥质灰陶。器盖顶部残，盖壁微弧，斜下张，折沿，沿近平，盖沿为圆唇。素面。口径 16、残高 4.4 厘米（图 4-56,9）。标本 TN06E03⑦C：69，泥质灰陶。敞口，浅盘，方唇，宽平沿，弧腹斜下收，腹上部有一周折痕。素面。口径 22.4、残高 3.6 厘米（图 4-56,10）。

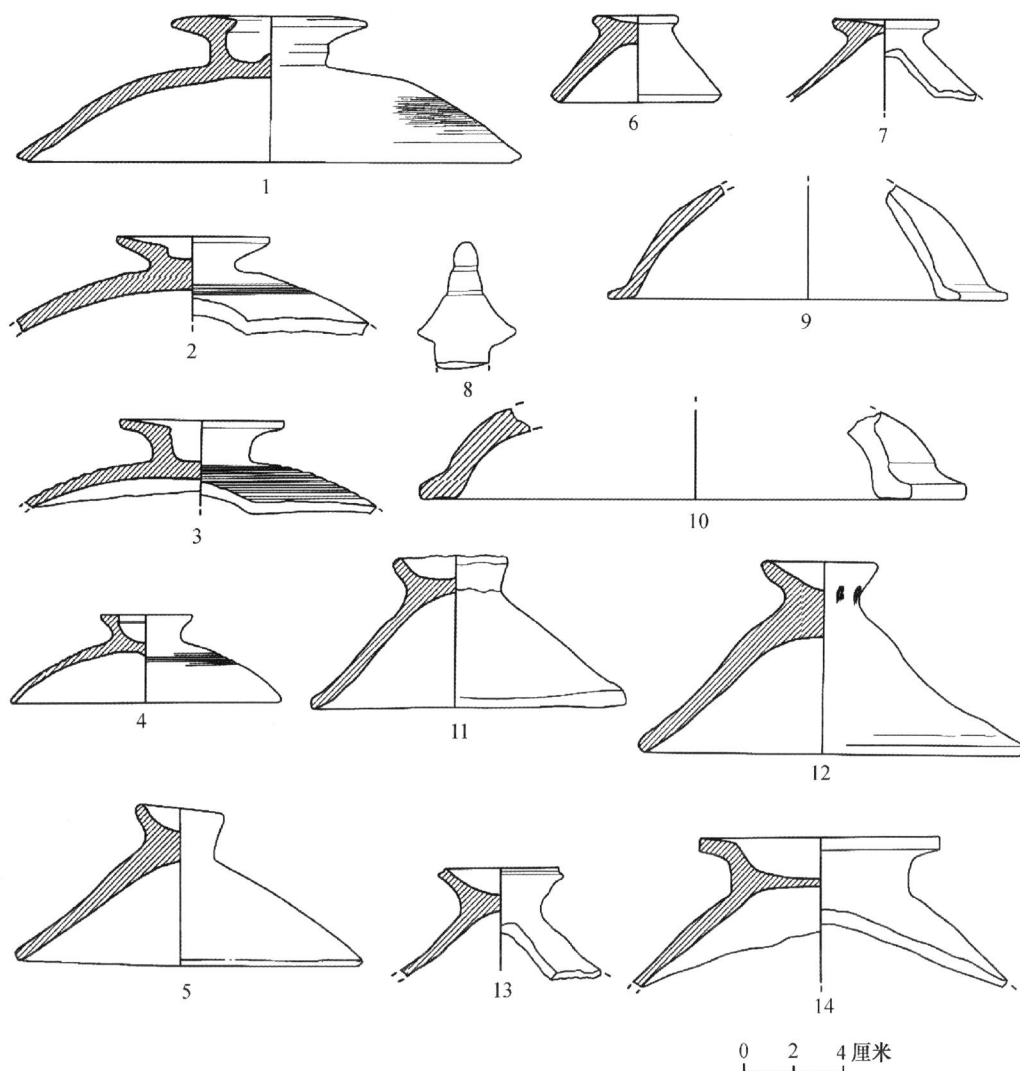

图 4-56　器盖

1—4. A 型泥质器盖（TN05E01H19：2、TN06W02⑩：52、TN06E01⑩：37、TN05W01H8：10）

5. B 型泥质器盖（TN06W04G2②：18）　6、7. C 型泥质器盖（TN05W05⑤A：115、TN06W01⑦E：48）　8. D 型泥质器盖（TN06W05F4：48）　9、10. 泥质残器盖（TN05W05⑤A：111、TN06E03⑦C：69）　11—14. 夹砂器盖（TN06W01⑦E：5、TN06W02⑩：1、TN06W01⑦E：47、TN06E01⑩：22）

11. 三足器、三足器足、鋬、把手

三足器 3件。标本TN06E03⑫:13，泥质灰陶。敞口，斜方唇，折沿，沿面近平，上有两周浅凹槽，弧腹，下收至底，底近平，下接足，足已残。器腹外壁有几周轮制时形成的弦纹。口径20.4、残高5.6厘米（图4-57,1）。标本TN07W04④B:27，泥质红陶。尖唇，平沿，圜内底，下承三残足。素面。口径17、残高5.4厘米（图4-57,2）。标本TN06W04⑥B:2，泥质红陶。敛口，圆唇，鼓腹斜下收，最大径在腹上部，圜底，底下部有三锥状足，实心。器表制作规

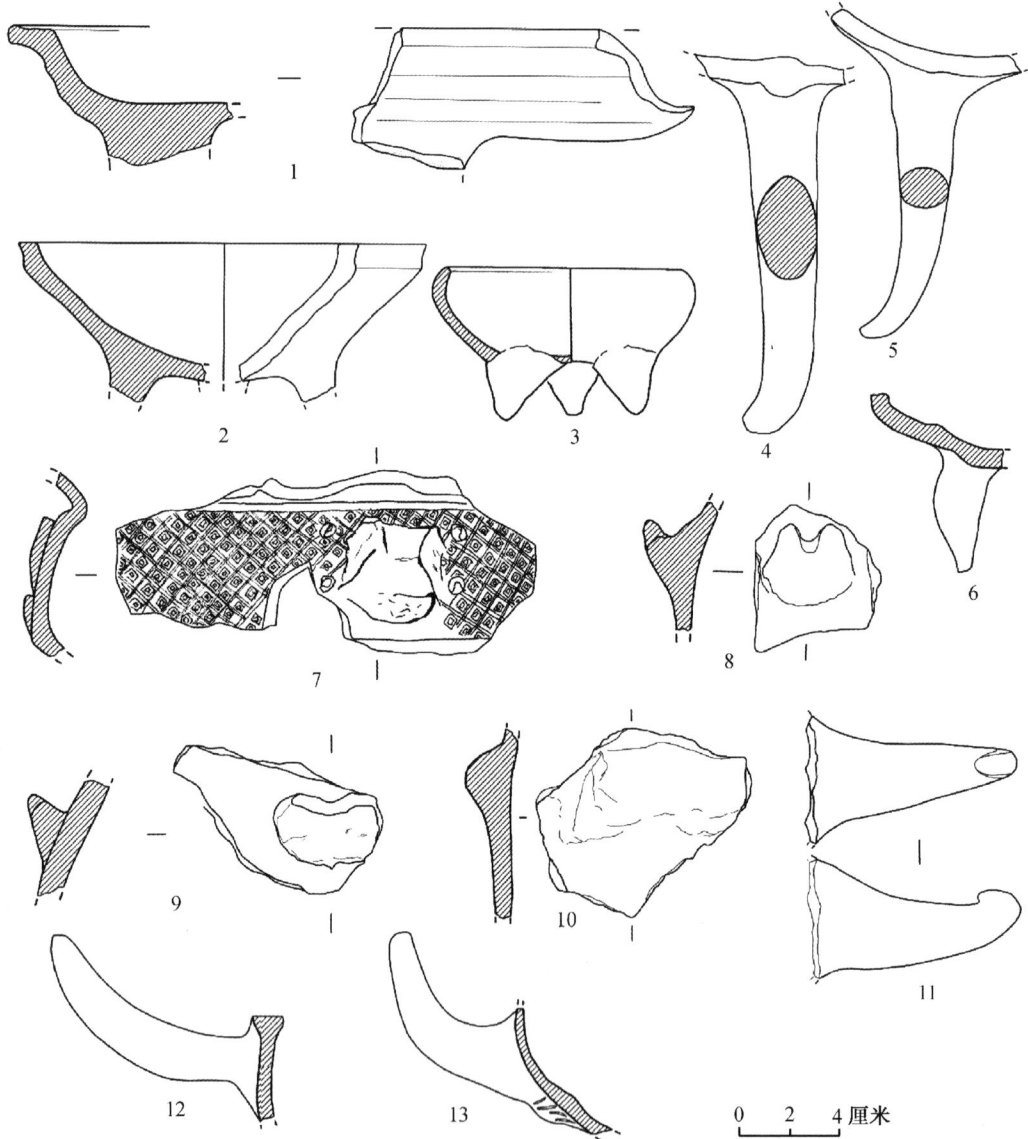

图 4-57 三足器、三足器足、鋬、把手

1—3. 三足器（TN06E03⑫:13、TN07W04④B:27、TN06W04⑥B:2） 4、5. A型三足器足（TN05W01⑪:52、G2②:811） 6. B型三足器足（G2②:816） 7—10. 鋬（TN06E03⑦C:84、TN06E03⑦C:56、TN05W05⑤A:108、TN06E03⑦C:100） 11—13. 把手（H14:35、TN05E01⑪:34、TN06W05⑥B:25）

整。素面。口径9.8、腹径10.7、底径7、高6.2厘米(图4-57,3)。

三足器足 共3件,据高矮及形态差异分两型。

A型,2件,瘦长足,足跟向外弧撇。标本TN05W01⑪:52,泥质红陶,黑皮。尖圆锥形,足外壁近直,足内底近平,足跟高,足尖外撇。素面。残高14.8厘米(图4-57,4)。G2②:811,泥质灰陶。柱形足,足尖外撇,实心。素面。残高12.3厘米(图4-57,5)。

B型,1件,矮短锥状足。标本G2②:816,泥质灰陶,浅盘,下承三足。口沿内壁有凹弦纹。素面。残高6.9厘米(图4-57,6)。

鋬 4件。标本TN06E03⑦C:84,泥质灰陶,黑皮。口沿及底部残缺,侈口,圆折沿,弧肩,弧腹。腹部饰菱形回纹,腹部有一残鋬,残鋬四角有四个锥形乳突。残宽17.2、残高7.4厘米(图4-57,7)。标本TN06E03⑦C:56,夹砂灰陶。呈驼峰型,略上翘,有贴附痕迹。素面。残宽5.1、残高5.1厘米(图4-57,8)。标本TN05W05⑤A:108,夹砂红陶。整器已残,仅余一驼峰型鋬。素面。残长8.5、残高4.5~6.0厘米(图4-57,9)。标本TN06E03⑦C:100,夹砂红陶。整器已残,仅余一横置长条形鋬手。鋬有拼接痕迹,素面。残宽8.8、残高7.5厘米(图4-57,10)。

把手 3件。标本H14:35,夹砂红陶。器余部均残,仅留一羊角形把手,近圆锥形,微弧形外卷,尖端向上勾折,根部接器身处有拼接痕迹。素面。残高8.15厘米(图4-57,11)。标本TN05E01⑪:34,夹砂红陶。整体呈羊角状弧形向上卷,实心。素面。宽4.1、残高7.2厘米(图4-57,12)。标本TN06W05⑥B:25,夹砂红陶。整体呈羊角状弧形向上卷,实心。把手与器身有拼接痕迹。近器身处有多道刻划纹。宽9、残高8厘米(图4-57,13)。

12. 器耳

共12件,据器形和装饰分三型。

A型,5件,牛鼻形耳。标本TN06E03⑦C:95,夹砂红陶。整器已残,仅余一驼峰形鋬手。鋬旁器壁饰有刻划折线纹。残宽7.5、残高7厘米(图4-58,1)。标本TN07W04H1:13,夹砂灰陶。整器已残,仅余一桥形耳,实心,器耳接器身处有拼接痕迹。残宽6.4、残长6.9厘米(图4-58,2)。标本TN06E03⑦C:55,夹砂红陶。呈牛鼻状,耳左右两侧有孔,有拼接痕迹。素面。残宽7.2、残高5.5厘米(图4-58,3)。标本TN06W02⑨:69,泥质红陶。驼峰形鋬,耳部有圆形穿口。素面。残长5.4、残宽7.4厘米(图4-58,4)。标本TN07W04④B:32,夹砂灰陶。器其余部分均残,仅余残器耳,略呈半桥形。素面。残高8.5、残长9.3厘米(图4-58,5)。

B型,6件,桥形耳。标本TN06W04⑥:9,夹砂红陶。整器已残,仅余一桥形耳,耳内穿孔近圆。器身饰有交错刻划纹。残宽11.3、残高8.3厘米(图4-58,6)。标本TN06E03⑫:11,夹砂红陶。器余部均残,剖面近呈三角形。残宽8.6、残高8.8厘米(图4-58,7)。标本TN06W02⑨:72,夹砂红陶。近桥形。素面。残长6.2、残宽4.6厘米(图4-58,8)。标本TN06E03⑦C:57,夹砂红陶。呈桥形。素面。残宽5.2、残高5.4厘米(图4-58,9)。标本TN05W05⑤A:48,夹砂红陶。整器已残,仅余一桥形耳。素面。残宽9.3、残高6.6厘米(图4-58,10)。标本TN06W01⑦E:51,夹砂红陶。整器已残,仅余一桥形耳。素面。残宽9.4、残高8.7厘米(图4-58,11)。

C型,1件,花式圆点装饰耳。采集:19,夹砂红陶。鼓腹,腹部有一堆塑的器耳,口沿及腹以下残。腹部饰有绳纹和堆塑纹。残宽14.9、残长7.3厘米(图4-58,12)。

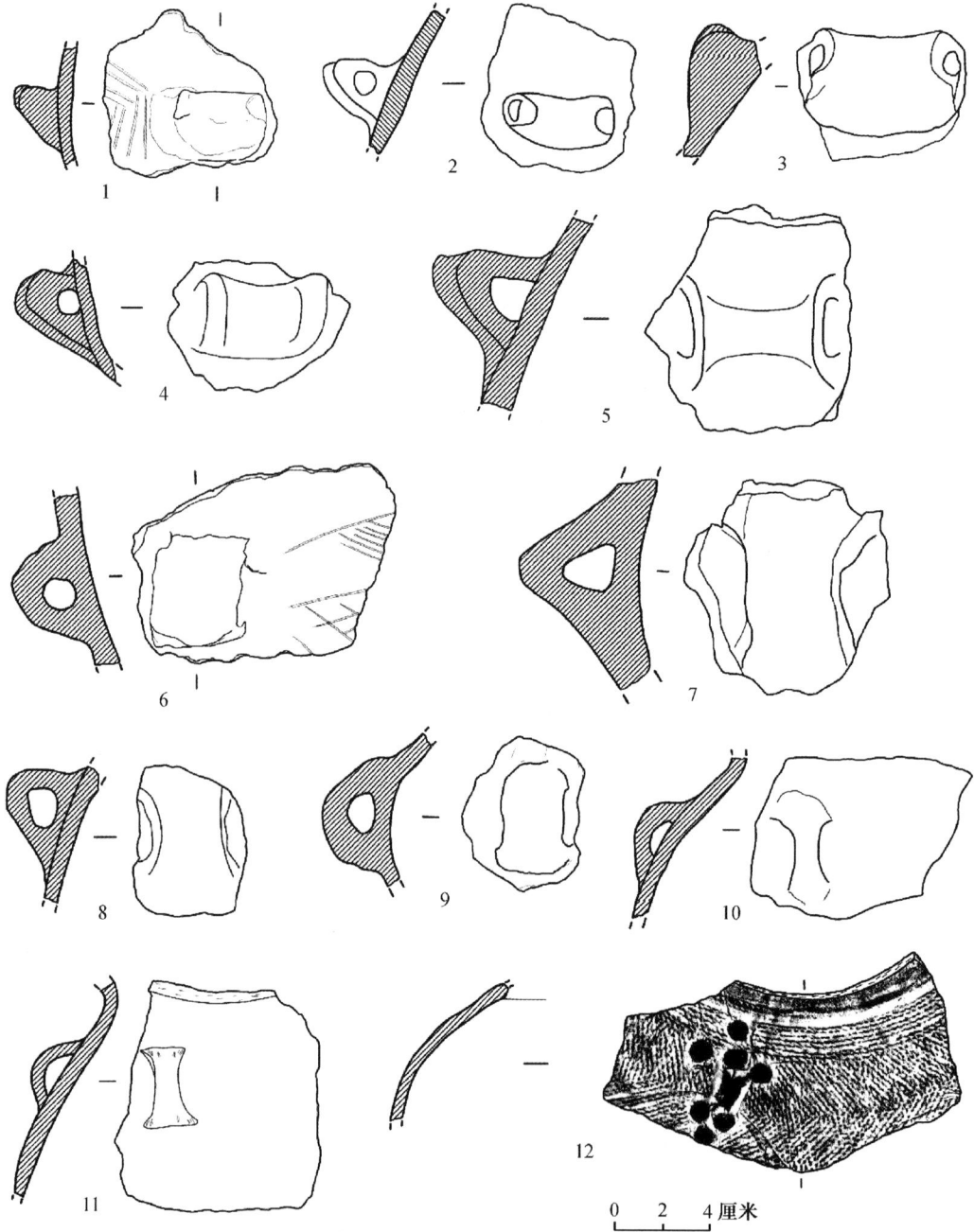

图4-58　器耳

1—5. A 型(TN06E03⑦C:95、TN07W04H1:13、TN06E03⑦C:55、TN06W02⑨:69、TN07W04④B:32)　6—11. B 型(TN06W04⑥:9、TN06E03⑫:11、TN06W02⑨:72、TN06E03⑦C:57、TN05W05⑤A:48、TN06W01⑦E:51)　12. C 型(采集:19)

126

13. 陶饼

共 16 件,根据有无穿孔分为两型。

A 型,3 件,有穿孔。标本 TN05W05⑤A:124,夹砂褐陶。周边已残,仅余中部,上有七个孔。素面。残径 7.6~8.0、孔径约 0.5、厚 1.3 厘米(图 4-59,1)。标本 TN05E03⑤:10,夹砂褐陶。残半,边缘圆弧,中间较厚,边缘略薄,上有数个穿孔。素面。残径 9.4、厚 2.3 厘米(图 4-59,2)。标本 TN05E03⑥:7,夹砂褐陶。残断,平面略呈扇形,中间较厚,四周较薄,两面有数个圆形小孔,未穿透。残径 11.4、厚 2.5 厘米(图 4-59,3)。

B 型,13 件,无穿孔。标本 TN06E02⑧B:111,夹砂褐陶。器余部均残,边缘略呈圆形,上下表面近平。素面。残径 9、厚 1.0 厘米(图 4-59,4)。标本 TN06E03⑦C:8,泥质灰陶,器表因烧制不均匀,呈现灰、红二色。残断,平面呈扇形,一面微弧,一面平,尖圆唇。残径 6.7~8.8、厚 1 厘米(图 4-59,5)。标本 TN06W05④A:72,夹砂褐陶。边缘残,上下表面近平。素

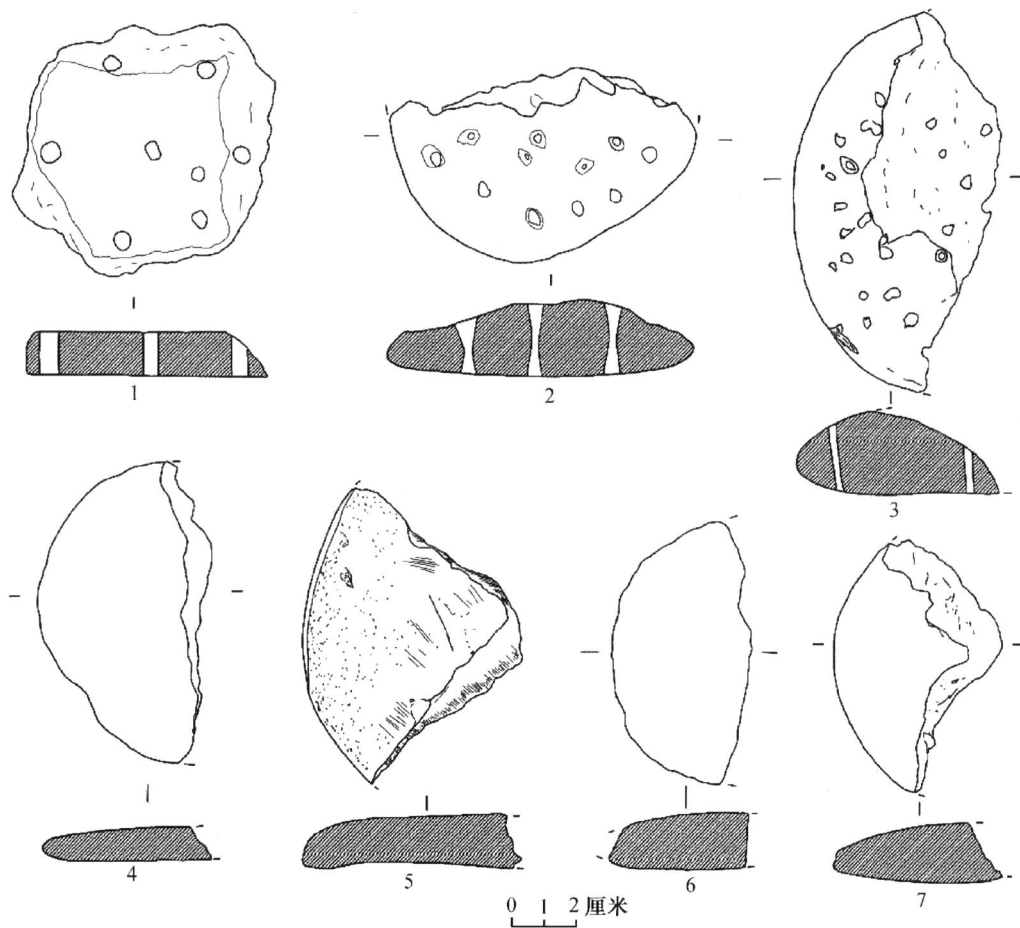

图 4-59　陶饼(一)

1—3. A 型(TN05W05⑤A:124、TN05E03⑤:10、TN05E03⑥:7)　4—7. B 型(TN06E02⑧
B:111、TN06E03⑦C:8、TN06W05④A:72、TN06W03G2②:15)

面。残长 7.8、宽 4.3、厚 1~1.6 厘米（图 4-59,6）。标本 TN06W03G2②:15,夹砂红陶。整
体呈圆形,边缘微竖,两面微弧,中间较厚,边缘较薄。残径 7.5、厚 1.8 厘米（图 4-59,7）。
标本 TN06W04⑥B:3,夹砂红陶。平面呈圆形,一面平,一面微弧,中间厚,边缘薄。素面。
直径 10.1、厚 2 厘米（图 4-60,1）。标本 TN05E04⑤:2,夹砂红陶。部分残,呈圆形,中间较
厚,边缘较薄,两面微弧。直径 10.2、厚 2.2 厘米（图 4-60,2）。标本 TN06W05④A:6,夹砂

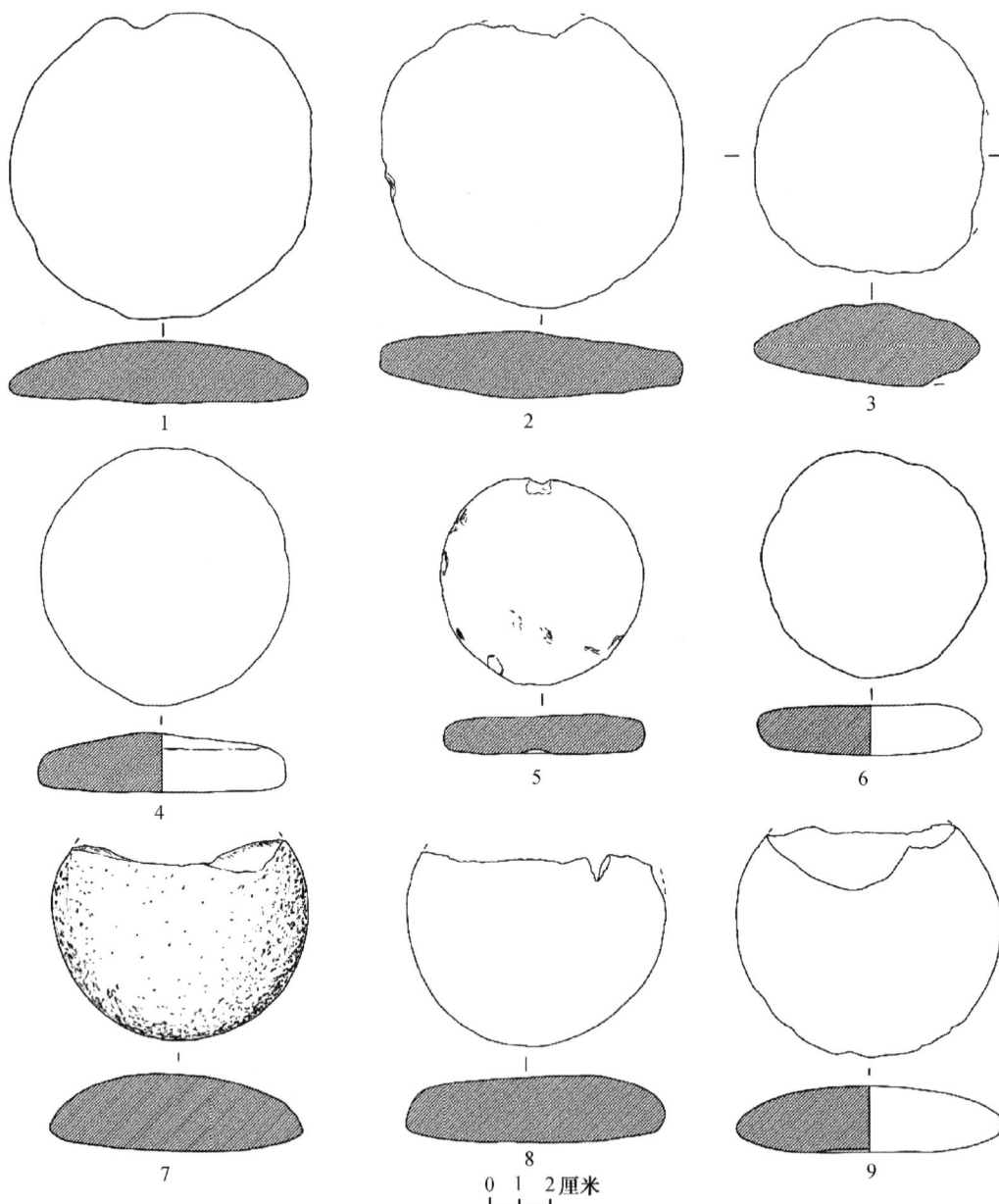

图 4-60 陶饼（二）

1—9. B 型（TN06W04 ⑥ B：3、TN05E04 ⑤：2、TN06W05 ④ A：6、TN06E02 ⑧ B：1、
TN05E02H14:4、TN06W04G2:3、TN06E03⑦C:9、TN05E04⑥:4、TN06E03⑦C:2）

褐陶。略残,边缘较尖,一面平,一面弧形,中间厚,边缘薄。素面。长径8.3、厚2.7厘米(图4-60,3)。标本TN06E02⑧B:1,夹砂褐陶。平面呈圆形,中间较厚,四周略薄,边缘圆弧。直径8.5、厚2厘米(图4-60,4)。标本TN05E02H14:4,夹砂褐陶。平面呈圆形,两面较平,边缘圆弧。直径6.8、厚1.3厘米(图4-60,5)。标本TN06W04G2:3,泥质褐陶。平面呈圆形,中间略厚,四周较薄,边缘圆弧。素面。直径7.6、厚1.6厘米(图4-60,6)。标本TN06E03⑦C:9,夹砂褐陶,器表因烧制不均匀,呈现褐、灰二色。残断,平面略呈半圆形,一面微弧,一面近平,尖圆唇。直径8.8、厚2.5厘米(图4-60,7)。标本TN05E04⑥:4,夹砂褐陶。残断,平面略呈扇形,中间厚,边缘略薄,边缘圆弧。直径8.8、厚2.2厘米(图4-60,8)。标本TN06E03⑦C:2,夹砂红陶。部分残,呈圆形,中间较厚,边缘略薄,一面近平,一面微弧。直径9、厚2.2厘米(图4-60,9)。

14. 陶拍

共4件,根据捉手的长短分为两型。

A型,1件,捉手较长。标本TN06W04⑤:3,泥质褐陶。整体呈倒蘑菇形,下为圆饼状,上有捉手,捉手较长,实心。直径5.6~6、高9.2厘米(图4-61,1)。

B型,3件,捉手较短。标本TN05E03⑥:6,夹砂红陶。整体呈倒蘑菇形,下为圆饼状,上有捉手,捉手部分残,实心。直径7.8~7.9、残高3.9厘米(图4-61,2)。标本TN06W01G2:6,泥质褐陶。呈倒蘑菇形,下为圆饼状,上有圆弧形捉手,实心。直径8.6、高2.6厘米(图4-61,3)。标本TN06E03⑦C:3,夹砂灰陶。残,上部捉手残,下为圆饼状,一面平,一面微弧,中间较厚,边缘略薄。直径9.2、残高2.2厘米(图4-61,4)。

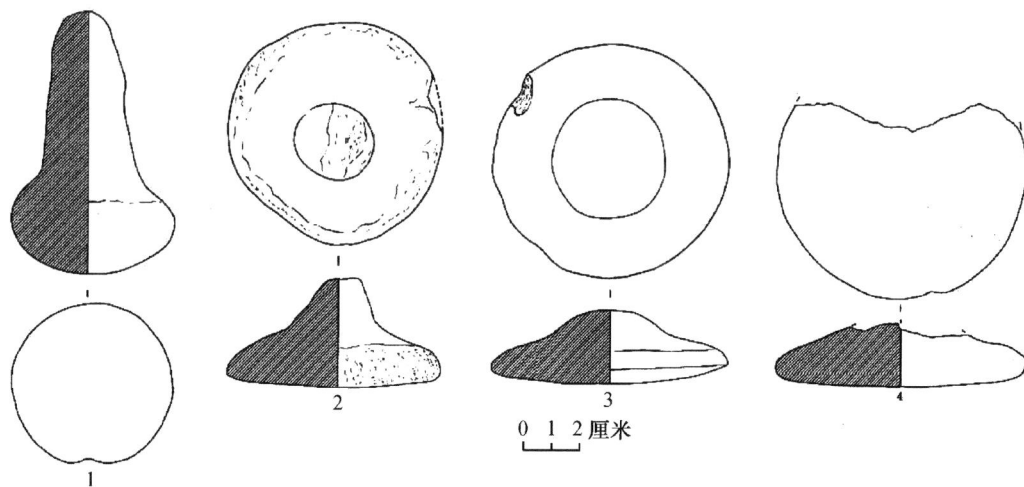

图4-61 陶拍
1. A型(TN06W04⑤:3) 2—4. B型(TN05E03⑥:6、TN06W01G2:6、TN06E03⑦C:3)

15. 陶纺轮

共8件,根据整体形制分为两型。

A 型,5 件,圆饼形。标本 TN05E03⑥:9,泥质灰陶。呈璧形,两面平整,中部穿孔,边缘圆弧。直径 4.8~4.9、孔径 0.7、厚 0.85 厘米(图 4-62,1)。标本 TN06W04G2②:4,泥质红陶。呈璧形,两面平整,中部穿孔,边缘圆弧。外径 4.1、内径 3.6、孔径 0.5、厚 1.4 厘米(图 4-62,2)。标本 TN07W03F12:1,泥质灰陶。璧形纺轮,两面平整,边缘圆弧,中部穿孔。直径 3.9~4.2、孔径 0.45、厚 1.4 厘米(图 4-62,3)。标本 TN06E03⑫:2,夹砂红陶。整体呈璧形,两面工整,中间有一圆形穿孔。直径 5.6、孔径 0.85、厚 1.2 厘米(图 4-62,4)。标本 TN05W01⑥:2,泥质灰陶。圆饼形纺轮,两面微弧,中部穿孔,边缘圆弧。直径 2.8~3、厚 0.9 厘米(图 4-62,5)。

B 型,3 件,算珠形。标本 TN06E03⑦C:2,夹砂灰陶。整体呈算珠形,中间较鼓,边缘略圆弧,中部有一穿孔。直径 2.6、孔径 0.4、高 2.2 厘米(图 4-62,6)。标本 TN06E03⑦C:1,泥质黑陶。整体呈璧形,两面平整,中部穿孔,边缘圆弧。直径 3.45、孔径 0.6、高 2.4 厘米(图 4-62,7)。标本 TN06W05⑤A:5,泥质褐陶。算珠形纺轮,中部穿孔,孔残。直径 4.8、孔径 0.4~0.7、高 2.5 厘米(图 4-62,8)。

16. 小陶器

共 13 件。根据器形分为四类。

小陶钵 10 件。标本 G2②:3,夹砂红陶。敞口,方唇,腹壁近斜直下收,平底。素面,器表不规整,下部表面剥落严重。口径 13.5、底径 6、高 8.5 厘米(图 4-62,9)。标本 TN06W03H3:3,夹砂灰陶。侈口,圆唇,腹壁近直斜下收至底,底部近平。素面。口径 12、底径 6.4、高 6.6 厘米(图 4-62,10)。标本 TN06W05H5:3,泥质红陶。敛口,圆唇,口部有残缺,腹微弧斜下收,圜底。素面。口径 3.5、腹径 5.1、高 3.8 厘米(图 4-62,11)。标本 TN05E03⑥:1,泥质灰陶。敛口,圆唇,弧腹斜下收,平底微弧。素面。口径 3.5、底径 2.3、高 3.8 厘米(图 4-62,12)。标本 TN06W05F15:2,泥质灰陶。厚圆唇,弧壁,圜底。素面。口径 1.6、腹径 3.3、高 1.9 厘米(图 4-62,13)。标本 TN05W05⑤A:110,夹砂红陶。口微敛,方唇,平沿,溜肩,弧腹斜下收至底,圜内底,平底。素面。口径 5.6、腹径 6.8、底径 4.7、高 3.3 厘米(图 4-62,14)。标本 TN05W01⑥:4,泥质灰陶。厚圆唇,壁微弧斜下收至底,平底微内凹。素面。口径 3.2、底径 2.4、高 1.6 厘米(图 4-62,15)。标本 TN05W02②:3,泥质红陶,器表因烧制不均匀,呈现红、灰二色。敛口,尖唇,腹微弧斜下收至底,平底微弧。口径 3.4、底径 3、高 2.8 厘米(图 4-62,16)。标本 TN07W04④B:55,泥质灰陶。微敛口,方唇,弧腹,腹以下残。口径 9、残高 5.1 厘米(图 4-62,17)。标本 TN06E03⑦C:4,泥质褐陶,器表因烧制不均匀,呈现褐、灰二色。直口,尖唇,弧腹斜下收,平底。素面。口径 2.2、底径 1.2、高 3.6 厘米(图 4-62,18)。

小陶杯 1 件。标本 TN06W02⑦A:56,泥质灰陶,微弧腹斜下收至底,近平底。素面。残高 3.6 厘米(图 4-62,19)。

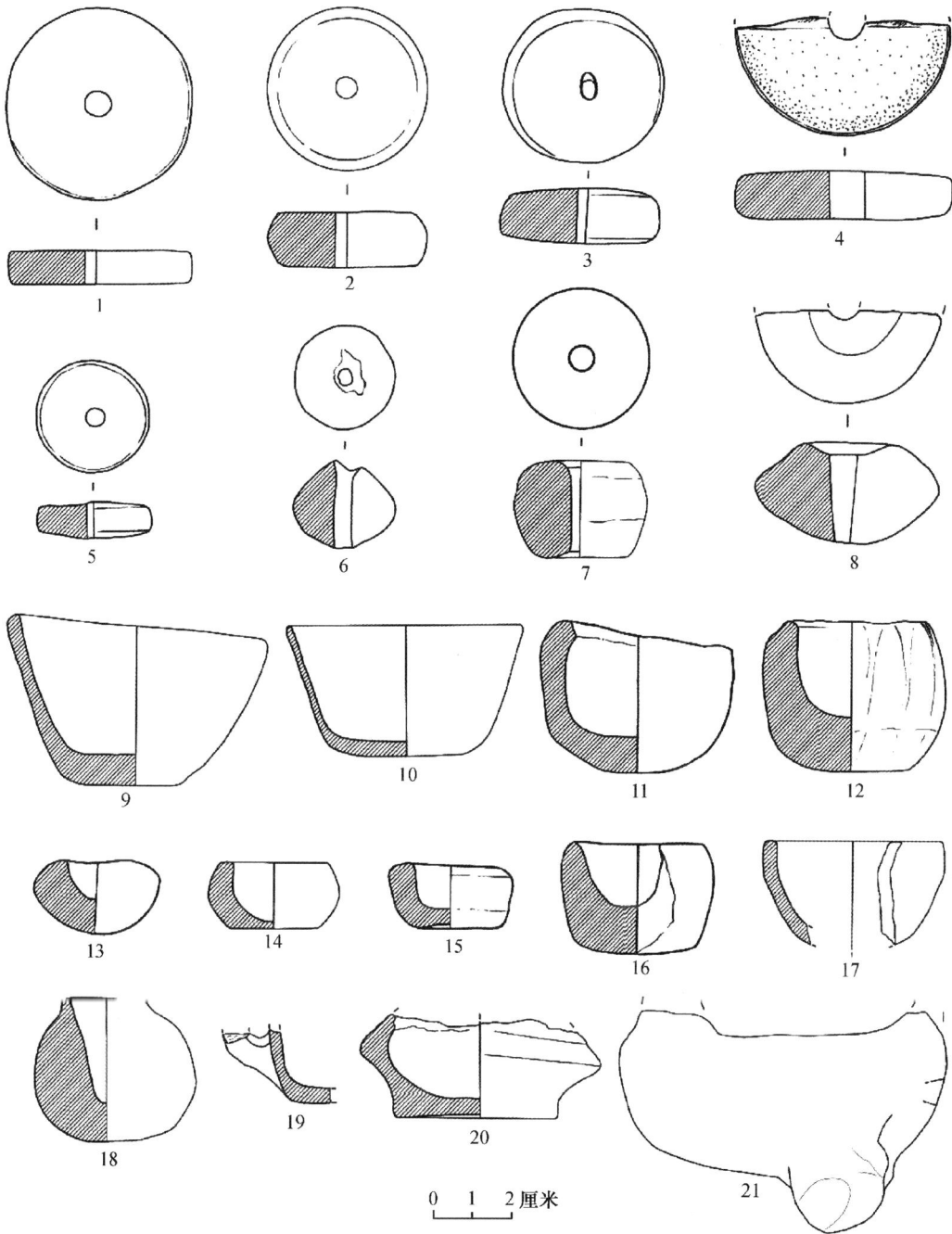

图 4-62 陶纺轮及小陶器

1—5. A 型陶纺轮（TN05E03⑥:9、TN06W04G2②:4、TN07W03F12:1、TN06E03⑫:2、TN05W01⑥:
2） 6—8. B 型陶纺轮（TN06E03⑦C:2、TN06E03⑦C:1、TN06W05⑤A:5） 9—18. 小陶钵（G2
②:3、TN06W03H3:3、TN06W05H5:3、TN05E03 ⑥:1、TN06W05F15:2、TN05W05 ⑤ A:110、
TN05W01⑥:4、TN05W02②:3、TN07W04④B:55、TN06E03⑦C:4） 19. 小陶杯（TN06W02⑦A:
56） 20. 小陶盂（TN05E01H19:6） 21. 不明器型（TN06W05④A:7）

小陶盂 1件。标本TN05E01H19:6,口部残缺,折腹,腹下部微内凹斜下收,平底。素面。腹径6.2、底径4.2、残高2.6厘米(图4-62,20)。

不明器型 1件。标本TN06W05④A:7,泥质红陶。形状像桥形,其上有一孔,未穿透。素面。最长处为8.4厘米(图4-62,21)。

二、石器

1. 石锛

共51件,根据有无段分为两型。

A型,4件,有段。标本TN06E03⑦C:13,灰白色石料。上端略窄,刃部略宽,一面平,一面有段,单面刃,通体磨光。长7.9、宽3.6、厚1.3厘米(图4-63,1)。标本TN06W02F22:3,灰白色石质。平面略呈长方形,两面平,上部有一段,通体磨光,截面呈刀形。长7.5、宽3.6、厚2.3厘米(图4-63,2)。标本TN06W05G2④:1,灰白色石料。整体呈长方形,一面平,一面有段、微弧,单面刃,刃部略宽,整体磨光。长8.2、宽2.8、厚1.7厘米(图4-63,3)。标本TN05E04⑥:2,灰白色石质。平面呈长方形,一面平,一面上部有段,平刃微弧,单面刃,通体磨光。长6.8、宽4、厚2.4厘米(图4-63,4)。

B型,共47件,无段,根据整体形状分为两亚型。

Ba型,27件,宽扁形。标本TN06E03⑫:1,黄褐色石质。平面呈方形,一面平,一面弧形,平刃微弧,单面刃,截面略呈梯形。长5.6、宽5.5、厚1.35厘米(图4-63,5)。标本TN06W01H6:1,青灰色石质。平面略呈正方形,上部略窄,刃部较宽,背部微弧,平刃微弧,单面刃,通体磨光,截面呈梯形。长5.9、上宽4.6、刃宽5.3、厚1.5厘米(图4-63,6)。标本TN05E01⑪:1,黑灰色石质。平面呈长方形,正面平,背微弧,平刃,单面刃,通体磨光,截面呈梯形。长5.6、宽3.9、厚1.6厘米(图4-63,7)。标本TN05W04H2:1,灰白色石质。平面略呈长方形,正面平,背微弧,上部有一道凹槽,平刃微弧,单面刃,刃部有一残缺,通体磨光,截面呈梯形。长5、宽4.2、厚1.45厘米(图4-63,8)。标本TN06W05④A:1,青灰色石质。平面略呈方形,两面微弧,平刃,单面刃,通体磨光,截面呈梯形。长4.9、宽5、厚1.6厘米(图4-63,9)。标本TN05E01H19:1,黄白色石质。平面呈梯形,两面平,平刃微弧,单面刃,通体磨光,截面呈梯形。长5、宽4.5、厚1.8厘米(图4-63,10)。标本TN06W02⑨:1,青灰色石料。上端已残,刃部略宽,一面平,一面微弧,单面刃,整体磨光。残长6.4、宽5.3、厚2.1厘米(图4-63,11)。标本TN07W03G2②:5,黑灰色石质。平面呈圆角长方形,两面微弧,弧刃,单面刃,截面呈梯形。长10、宽3.5、厚3.2厘米(图4-63,12)。标本TN06W05G2②:6,灰褐色石料。整体呈长方形,两面微弧,刃部略宽,单面刃,通体磨光。长4.4、宽3.2、厚1.4厘米(图4-63,13)。标本TN05W01⑪:1,白色石质。平面呈方形,一面平,一面微弧,斜刃,单面刃,截面呈梯形。长3.6、宽3.2、厚0.95厘米(图4-63,14)。标本TN06W02⑦A:11,青灰色石料。近长方形,刃部略宽,一面平,一面微弧,单面刃,通体磨光。长3.5、宽3.1、厚0.9厘米(图4-63,15)。标本TN06E01⑪:1,青灰色石质。平面呈长方形,上部略窄,下部略宽,两面平,弧刃,单面刃,刃部有残断,通体磨光,局部残断,截面略呈梯形。长10.8、

图 4-63　石锛（一）

1—4. A 型（TN06E03⑦C：13、TN06W02F22：3、TN06W05G2④：1、TN05E04⑥：2）5—15. Ba 型
（TN06E03⑫：1、TN06W01H6：1、TN05E01⑪：1、TN05W04H2：1、TN06W05④A：1、TN05E01H19：1、
TN06W02⑨：1、TN07W03G2②：5、TN06W05G2②：6、TN05W01⑪：1、TN06W02⑦A：11）

宽5.4、厚2.7厘米(图4-64,1)。标本TN06W04G2②:8,青灰色石质。平面略呈长方形,两面微弧,刃部有残断,单面刃,通体磨光,局部残断。长11.2、宽5.3、厚2.3厘米(图4-64,2)。标本TN06W02⑦A:13,青灰色石料。残,余部形状不甚规整,一端较窄,一端略宽,一面微弧,另一面残,有磨平。残长9.9、残宽4.8、厚2.3厘米(图4-64,3)。标本TN06E01⑪:52,黑灰色石质。残断,平面略呈梯形,正面微弧,背面平,通体磨光,截面呈梯形。残长9.9、宽5.3、厚3厘米(图4-64,4)。标本TN06W03G2②:18,黑灰色石质。平面呈长方形,刃部残断,单面刃,截面呈锲形。长7.9、宽4.3、厚1.8厘米(图4-64,5)。标本TN05E02H14:1,青灰色石料。上端部分残,整体近长方形,一面近平,一面微弧,单面刃,有磨平。残长7.7、宽4.3、厚2.3厘米(图4-64,6)。标本TN06E03⑦C:7,青灰色石料。上端较窄,刃部略宽,一面平,一面微弧,单面刃,通体磨光。长7.6、宽3.7、厚1厘米(图4-64,7)。标本ZDG2②:9,灰褐色石料。整体呈长方形,上端略窄,部分残,刃部略宽,两面不甚规整,单面刃,有磨光。长9.1、宽4.8、厚1.6厘米(图4-64,8)。标本TN07W04④B:30,石质,深灰褐色。砺石部分残。余者近呈钺形,两面平,壁竖直。素面。残长9、宽5、厚1.1~2厘米(图4-64,9)。标本TN06E02⑧B:1,青灰色石质。平面略呈长方形,两面微弧,平刃微弧,单面刃,通体磨光,局部残断,截面略呈梯形。长8.8、宽5.8、厚3.1厘米(图4-64,10)。标本TN05E02⑪:3,青灰色石质。平面略呈长方形,一面光滑平整微弧,一面不平,刃微弧,单面刃,通体磨光。长8.4、宽4.7、厚1.2厘米(图4-64,11)。标本TN06E03⑦C:4,青灰色石质。平面略呈长方形,一面平整微弧,一面平,刃微弧,单面刃,通体磨光。长8.7、宽3.9、厚2.7厘米(图4-64,12)。标本TN06W05⑤A:8,青灰色石质。残断,平面呈长方形,两面平,下部平,截面略呈梯形。残长4、宽3.2、厚2.2厘米(图4-64,13)。标本TN05W05F8:1,灰褐色石质。平面呈长方形,背微弧,平刃,单面刃,通体磨光,截面略呈梯形。长5.7、宽3.4、厚1.5厘米(图4-64,14)。标本TN06W05④A:4,灰褐色石质。残断,平面略呈方形,两面平,下部弧形,截面呈长方形。残长5.1、宽5.3、厚1.35厘米(图4-64,15)。标本TN06W04G2②:12,灰褐色石质。面部残缺,背部微弧,平刃微弧,单面刃,通体磨光。残长5.7、宽5.3、残厚1厘米(图4-64,16)。

Bb型,20件,窄长条形。标本TN06W05G2②:5,青灰色石料。整体呈长方形,体形较厚,一面近平,一面微弧,单面刃,整体磨平。长10.4、宽4.1、厚3.5厘米(图4-65,1)。标本ZDG2②:10,青灰色石料。上端残,整体呈长方形,一面平,一面微弧,单面刃,通体磨光。残长10、宽4.2、厚4.4厘米(图4-65,2)。标本TN06W04G2②:3,青灰色石质。近长方形,一面平,一面微弧,双面刃,通体磨光。长8.8、宽3.2、厚2.6厘米(图4-65,3)。标本ZDG2②:11,青灰色石料。整体呈长方形,两面近平,刃部略宽,单面刃,通体磨光。长10.1、宽3.5、厚3厘米(图4-65,4)。标本TN05E03⑥:5,灰白色石质。平面呈长方形,两面平,平刃,单面刃,截面略呈梯形。长14、宽3.8、厚3.5厘米(图4-65,5)。标本TN05E04⑥:3,灰白色石质。平面略呈长方形,两面微弧,平刃微弧,双面刃,截面呈楔形。长12.3、宽3.3、厚4.6厘米(图4-65,6)。标本TN07W03G2②:5,黑灰色石质。平面呈圆角长方形,两面微弧,弧刃,单面刃,截面呈梯形。长10、宽3.5、厚3.2厘米(图4-65,7)。标本TN06W04G2①:5,灰白色石质。平面呈长方形,背部微弧,刃部近平,单面刃,截面呈梯形。长9.6、宽3.7、厚3.7

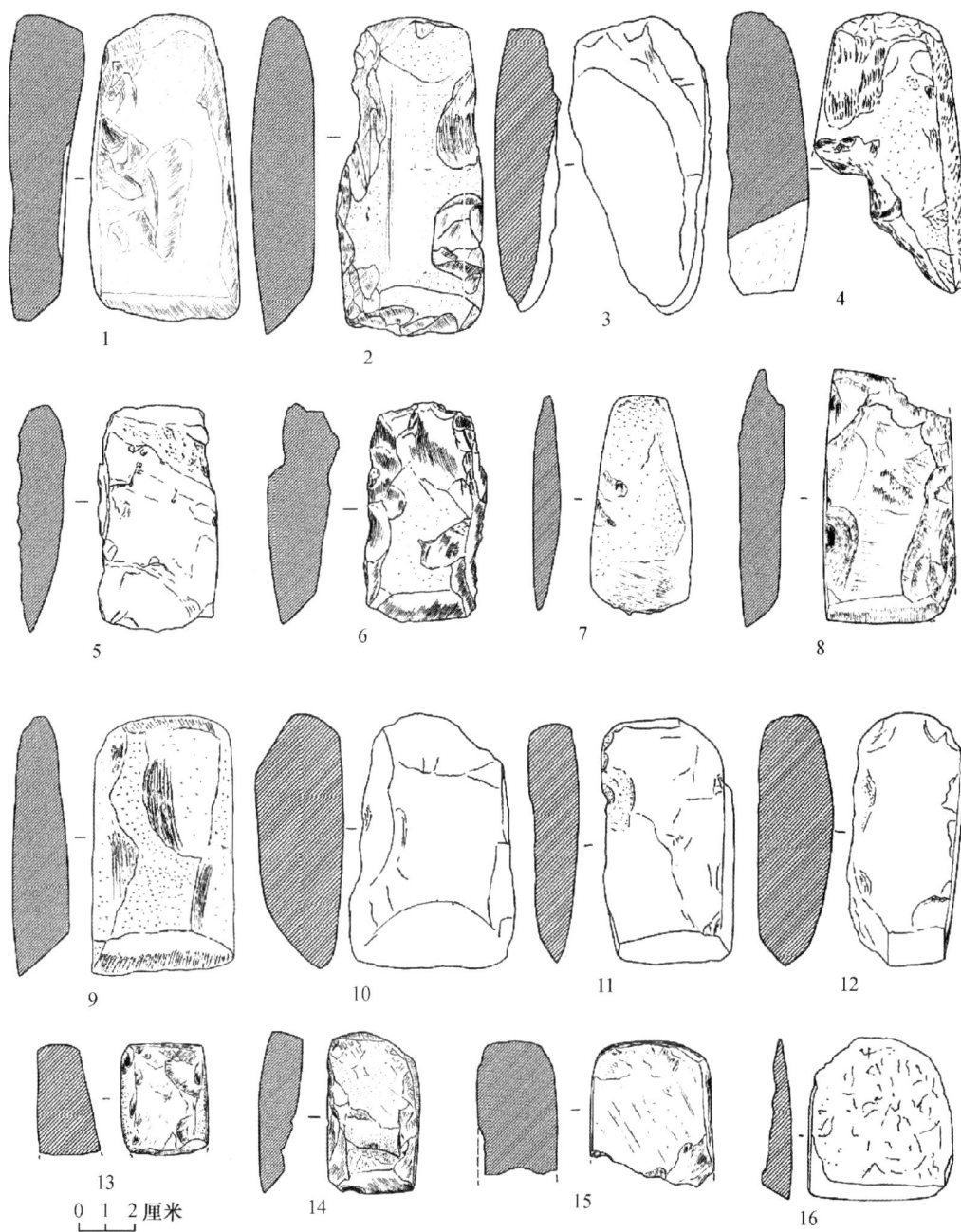

图 4-64　石锛（二）

1—16. Ba 型（TN06E01⑪：1、TN06W04G2②：8、TN06W02⑦A：13、TN06E01⑪：52、TN06W03G2②：18、TN05E02H14：1、TN06E03⑦C：7、ZDG2②：9、TN07W04④B：30、TN06E02⑧B：1、TN05E02⑪：3、TN06E03⑦C：4、TN06W05⑤A：8、TN05W05F8：1、TN06W05④A：4、TN06W04G2②：12）

厘米(图4-65,8)。标本 TN06E01⑪:4,青灰色石质。平面呈长方形,两面平,平刃微弧,单面刃,上部有残断,截面呈平行四边形。长9.2、宽3.8、厚1.65厘米(图4-65,9)。标本 TN06W02F12:1,深灰色石质。平面呈长方形,两面平,弧刃,单面刃,两面磨平,截面呈梯形。长8、宽3.35、厚2.3厘米(图4-65,10)。标本 TN07W03G2②:6,深紫色石质。平面呈长方形,两面微弧,平刃微弧,单面刃,通体磨光,截面呈梯形。长7.4、宽2.4、厚2.9厘米(图4-66,1)。标本 TN06W05④A:2,黑灰色石质。残断,平面略呈长方形,两面平,弧刃,单面刃,除右侧外磨光,截面呈梯形。残长7.8、宽2.2、厚2.6厘米(图4-66,2)。标本 TN05E01⑪:58,黑灰色石质。略残,呈长方形,一面平,一面微弧,弧刃,单面刃。残长8.1、宽3、厚2.7厘米(图4-66,3)。标本 TN06W05⑦:1,灰白色石料。残,上端不明确,一面平,一面微弧,单面刃,通体磨光。残长5.9、宽2.9、厚1.7厘米(图4-66,4)。标本 TN06W03G2②:9,青灰色石料。近长方形,刃部略宽,一面平,一面微弧,单面刃,通体磨光。长5、宽2.7、厚1.2厘米(图4-66,5)。标本 TN06W01⑥:1,深灰色石质。体形短而厚,上端略小,刃部略宽,两面近平,单面刃,通体磨光。长6.4、宽3.5、厚2.2厘米(图4-66,6)。标本 TN06W02⑦A:10,灰白色石料。近长方形,刃部略收,两面均平,一面柄端有浅凹槽,单面刃,通体磨光。长5.6、宽2.3、厚1.6厘米(图4-66,7)。标本 TN06W02⑩:4,灰白色石质。平面略呈长方形,两面微弧,平刃,单面刃,通体磨光,截面呈梯形。长5.5、宽2.2、厚1.15厘米(图4-66,8)。标本 TN06W05⑤A:1,紫褐色石质。平面呈长方形,两面微弧,平刃,单面刃,通体磨光,截面略呈楔形。长4.9、宽2.4、厚0.9厘米(图4-66,9)。标本 TN06W05⑦:2,青灰色石料。整体呈长方形,两面近平,单面刃,通体磨光。长2.9、宽1.6、厚0.8厘米(图4-66,10)。

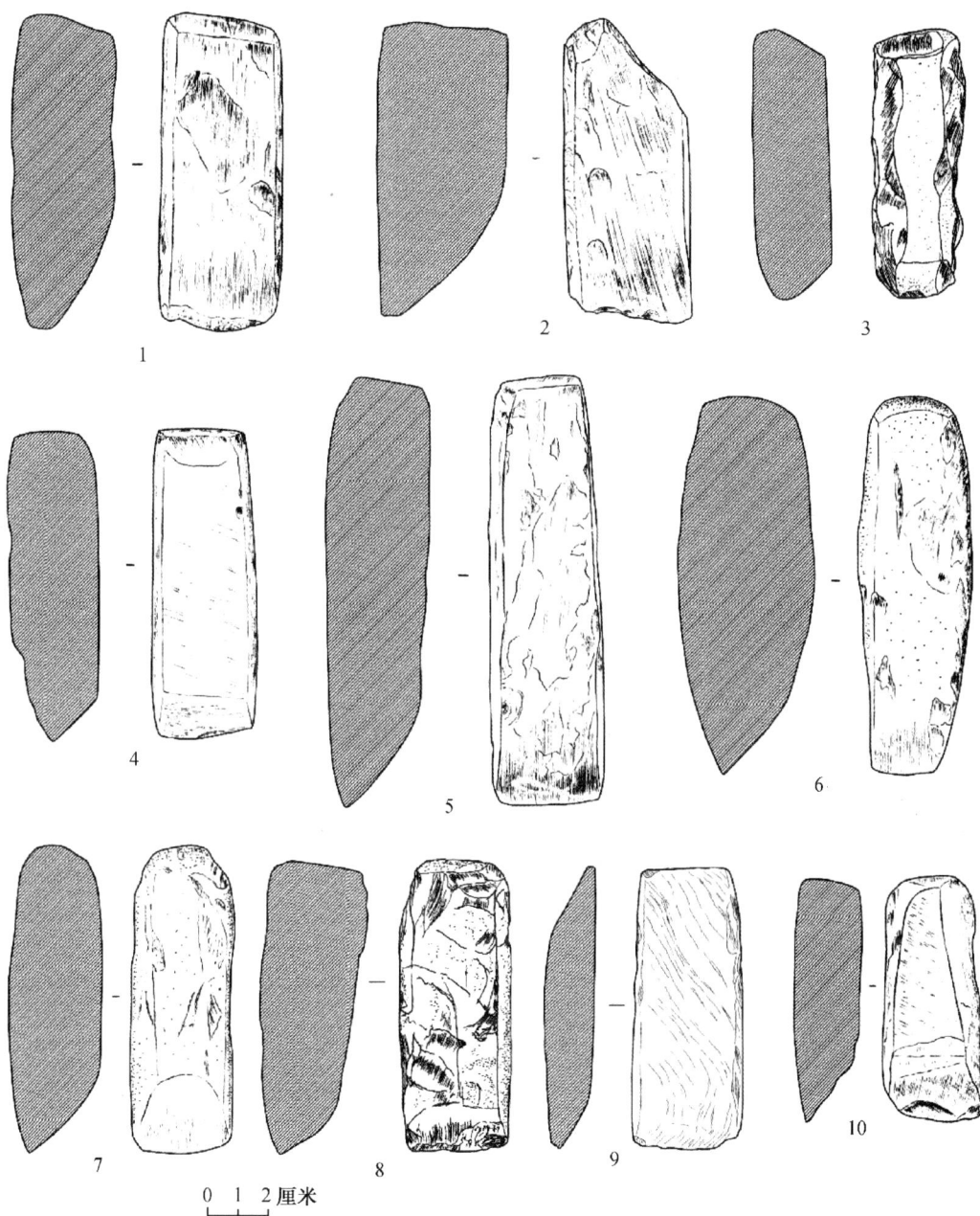

0　1　2厘米

图4-65　石锛（三）

1—10. Bb 型（TN06W05G2②：5、ZDG2②：10、TN06W04G2②：3、ZDG2②：11、TN05E03⑥：5、
TN05E04⑥：3、TN07W03G2②：5、TN06W04G2①：5、TN06E01⑪：4、TN06W02F12：1）

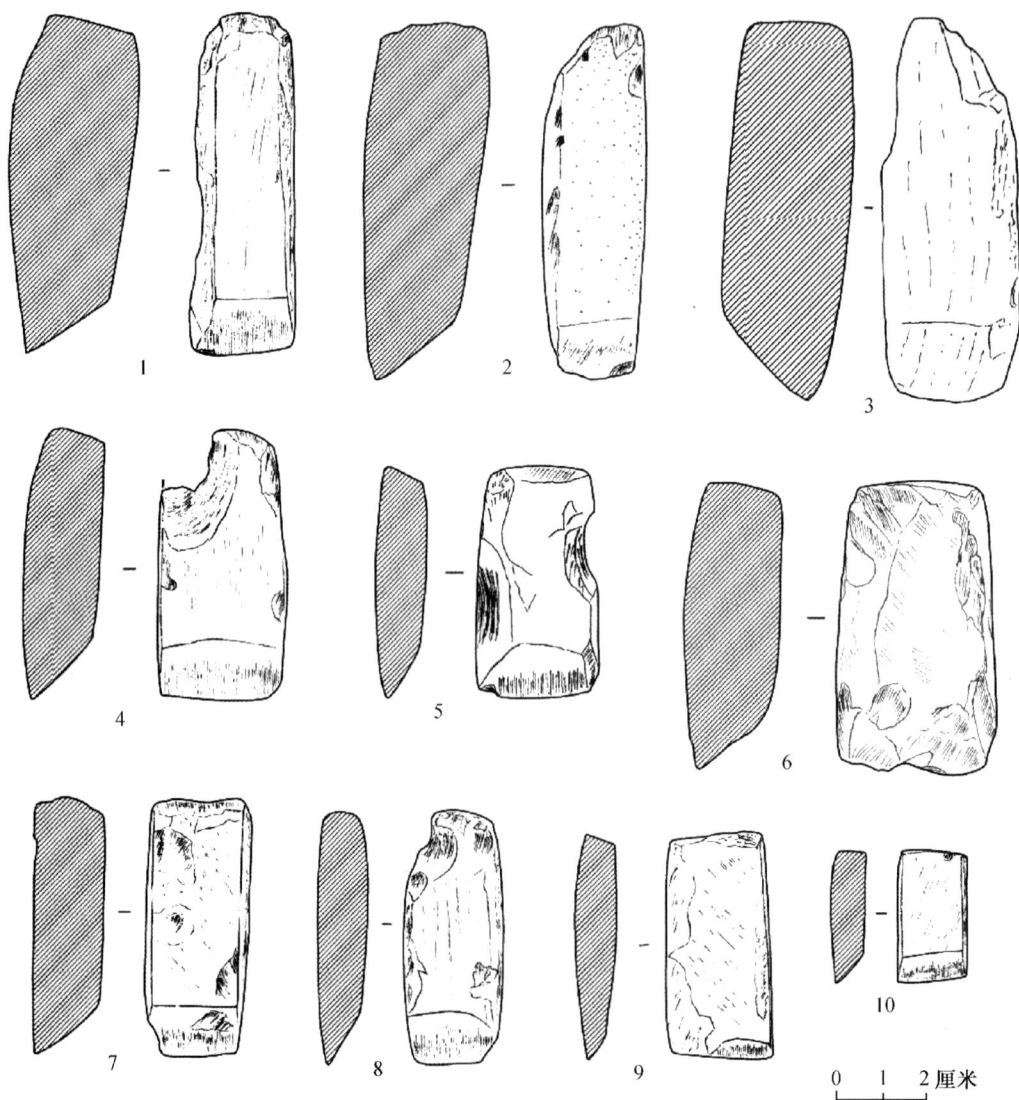

图 4-66　石锛（四）

1—10. Bb 型（TN07W03G2②:6、TN06W05④A:2、TN05E01⑪:58、TN06W05⑦:1、TN06W03G2②:9、TN06W01⑥:1、TN06W02⑦A:10、TN06W02⑩:4、TN06W05⑤A:1、TN06W05⑦:2）

2. 石刀

石刀，共 21 件，根据刃、背部情况分为两型。

A 型，5 件，直刃。标本 TN06W03H3:1，灰白色石质。整体长条形，刃部及背部微弧，两面近平，单面刃，上有两个对钻的穿孔，通体磨光。长 11.4、宽 3.7、厚 0.5 厘米（图 4-67,1）。标本 TN06W04G2②:1，青灰色石质。平面略呈长方形，两面平，上部有两个对钻的穿孔，左侧和下部都有刃，平刃，单面刃，通体磨光，截面呈梯形。长 8.3、宽 3、厚 0.5 厘米（图 4-67,2）。标本 TN06E03⑫:4，灰色石料。残，背部微内弧，刃部微斜弧，一面平，一面微弧，单面

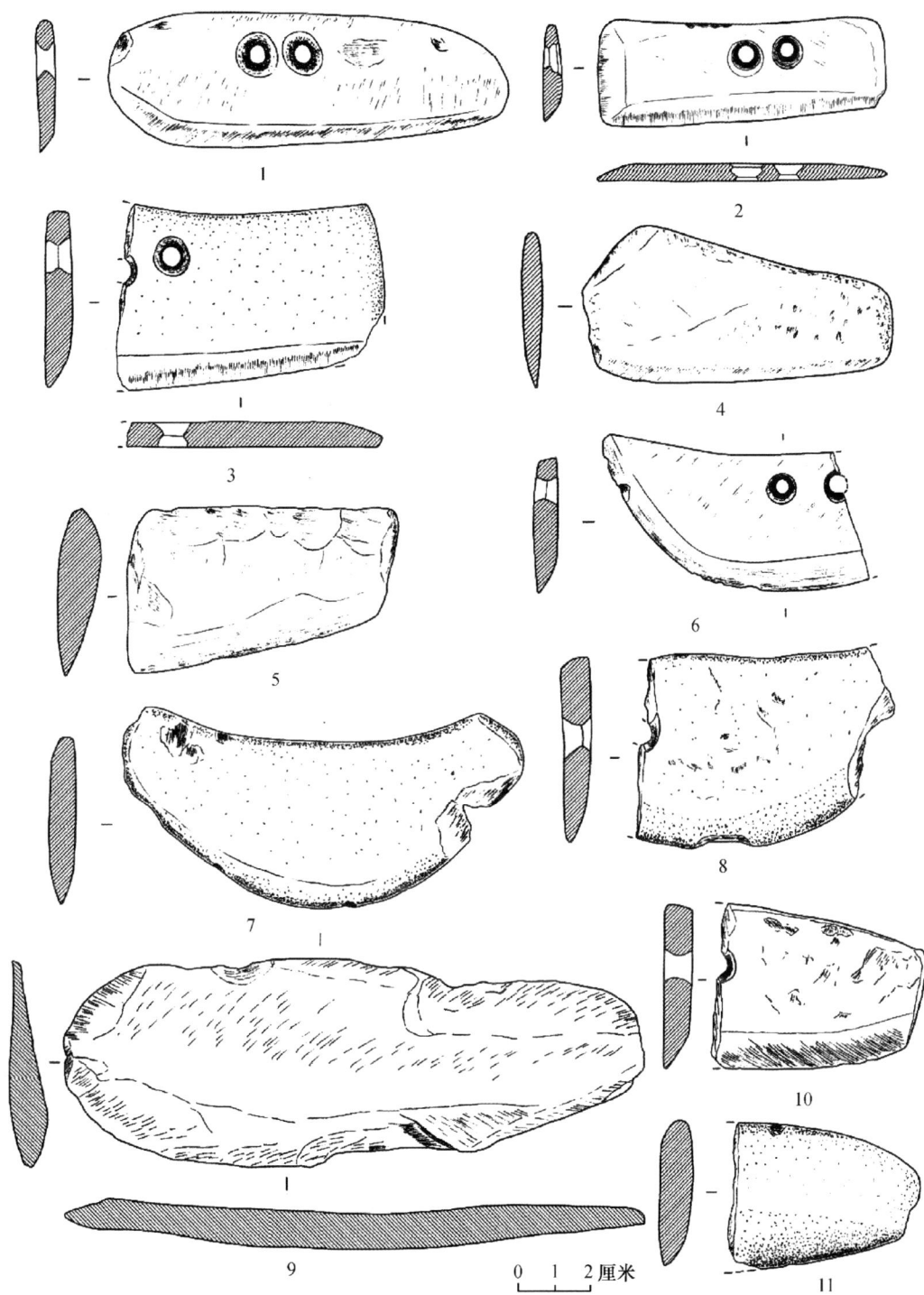

图 4-67　石刀（一）

1—5. A 型（TN06W03H3∶1、TN06W04G2②∶1、TN06E03⑫∶4、TN06W05④A∶1、TN06W05G2②∶3）

6—11. Ba 型（TN06E02M4∶1、TN06W05F15∶4、G2②∶8、TN06E01⑪∶1、TN06W03G2②∶8、TN06W02⑦A∶9）

刃,上有两个对钻的穿孔,通体磨光。残长7.6、宽5.2、厚0.7厘米(图4-67,3)。标本TN06W05④A:1,白灰色石料。残,整体近长方形,刃部及背部微弧,一面近平,一面微弧,单面刃,整体磨平。残长7.6、宽3.7、厚0.45厘米(图4-67,4)。标本TN06W05G2②:3,青灰色石料。残,背部近直,刃部近斜直,一面微平,一面微弧,单面刃,通体磨光。残长7.6、宽4.5、厚1.2厘米(图4-67,5)。

B型,共16件,弧刃。根据背部情况分两个亚型。

Ba型,6件,弧背。标本TN06E02M4:1,红褐色石料。残,整体呈长条形,刃部及背部微弧,两面近平,单面刃,上有两个对钻的穿孔,整体磨光。残长7.6、宽3.8、厚0.7厘米(图4-67,6)。标本TN06W05F15:4,黑灰色石料。整体近呈弯月形,背部内弧,刃部凸弧,两面近平,单面刃,通体磨光。长11.4、宽4.6、厚0.7厘米(图4-67,7)。标本G2②:8,灰褐色石料。残,背部及刃部微弧,一面平,一面微弧,单面刃,上有对钻穿孔,有磨平。残长7.5、宽5.4、厚0.8厘米(图4-67,8)。标本TN06E01⑪:1,黄褐色石质。平面呈不规则形,有残断现象,截面略呈楔形。长16.5、宽5.7、厚1厘米(图4-67,9)。标本TN06W03G2②:8,黑灰色石料。残,整体长条形,背部近平,刃部微弧,两面近平,单面刃,上残有一个对钻穿孔,通体磨光。残长6.2、宽4.6、厚0.8厘米(图4-67,10)。标本TN06W02⑦A:9,灰褐色砂石。残,整体近长方形,刃部及背部微弧,一面近平,一面微弧,单面刃,通体磨光。残长5.6、宽4.1、厚0.9厘米(图4-67,11)。

Bb型,10件,直背。标本TN06E03⑦C:6,灰褐色石质。残断,平面略呈三角形,两面平,斜弧刃,单面刃,右侧有两孔,一孔未穿透,一孔残缺,为两面钻,未穿而断,刃部磨光,截面呈梯形。残长10.4、宽5.7、厚0.8厘米(图4-68,1)。标本TN06E03⑦C:7,灰色石质。残断,平面呈扇形,两面平,斜弧刃,单面刃,左侧有一残孔,两面钻,未穿而断,截面略呈梯形。残长7.3、宽5.5、厚0.7厘米(图4-68,2)。标本TN06W05⑤A:2,红褐色石质。残断,两面平,弧刃,单面刃,刃部磨光,截面略呈梯形。残长4.7、宽6、厚1厘米(图4-68,3)。标本TN06W05G2②:8,灰褐色石料。残,背部近直,刃部微弧,两面平整,单面刃,上有一个对钻的穿孔,通体磨光。残长5.4、宽5.5、厚1.1厘米(图4-68,4)。标本TN06E03⑫:28,黄褐色石质。残断,平面呈扇形,两面平,斜弧刃,单面刃,截面呈楔形。残长6.3、宽5.4、厚0.8厘米(图4-68,5)。标本TN06W05G2②:4,灰褐色石料。残,刃部及背部微弧,两面平整,单面刃,上有两个对钻的穿孔,有磨平。残长6.4、宽5.3、厚0.8厘米(图4-68,6)。标本TN06W02⑨:2,灰褐色石料。残,整体近长方形,背部近平,刃部微弧,一面平,一面微弧,单面刃,上残有一个对钻的孔,通体磨光。残长5.4、残宽5.2、厚0.95厘米(图4-68,7)。标本TN06W02⑦A:8,黑色石料。整体近长方形,刃部及背部微弧,两面近平,单面刃,上有两个对钻的孔,通体磨光。残长6.4、宽4.6、厚0.5厘米(图4-68,8)。标本TN05E03⑥:2,黑灰色石质。平面呈长条形,两面平,上部钻孔,两面钻,未穿而断,刃部弧形,单面刃,刃部有一块残缺,刃部磨光,截面略呈梯形。长16.2、宽5.3、厚0.8厘米(图4-68,9)。标本TN06W03G2②:12,黑灰色石料。残,整体近长方形,刃部及背部微弧,两面近平,单面刃,通体磨光。残长4、宽4.3、厚0.8厘米(图4-68,10)。

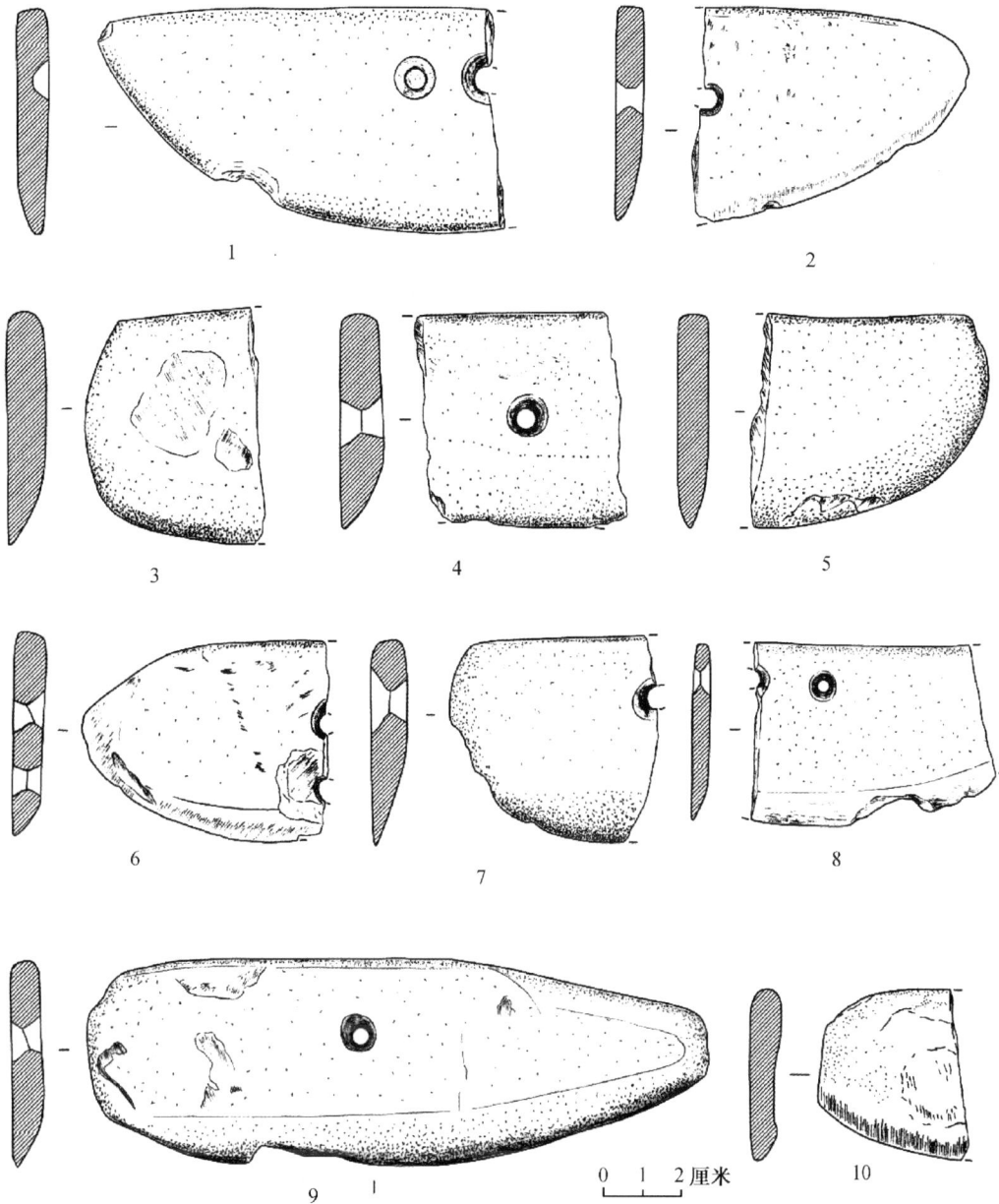

图 4-68 石刀(二)

1—10. Bb 型(TN06E03⑦C:6、TN06E03⑦C:7、TN06W05⑤A:2、TN06W05G2②:8、TN06E03⑫:
28、TN06W05G2②:4、TN06W02⑨:2、TN06W02⑦A:8、TN05E03⑥:2、TN06W03G2②:12)

3. 石铲

共 14 件,根据有无肩分为两型。

A 型,共 6 件,有肩。

完整器,4 件。标本 TN05E04⑥:1,青灰色石质。残断,肩部较明显,刃部残断,截面略
呈长方形。长 13.8、宽 9.3、厚 3.1 厘米(图 4-69,1)。标本 TN05W05⑤A:2,深灰色石质。

肩部不太明显,两面微弧,弧刃,刃部残断,双面刃,通体磨光,局部残断。长 13.7、宽 9.6、厚 2.35 厘米(图 4-69,2)。标本 TN06W04G2②:11,青灰色石质。残断,面部较平,背部弧形微鼓,有肩,肩的一侧较明显,另一侧不甚明显,刃部微弧,双面刃,刃部磨光。残长 13.9、残宽 8、厚 3 厘米(图 4-69,3)。标本 TN07W04H2:7,青灰色石质。亚腰形,两面微弧,单面刃,刃部近平。长 12.7、上宽 5.9、下宽 11.9 厘米(图 4-69,4)。

残器,2 件。标本 TN06E03⑦C:9,青灰色石料。上端较窄,已残,刃部较宽,微弧,一面平,一面微弧,双面刃,通体磨光。残长 9.3、残宽 7.9、厚 1.7 厘米(图 4-69,5)。标本 TN06W04⑥B:1,灰色石质。残断,平面略呈长方形,肩部较明显,肩的一侧残断,面部微内凹,背部微弧,单面刃,刃部有残断现象。残长 11、残宽 6.6、厚 1.9 厘米(图 4-69,6)。

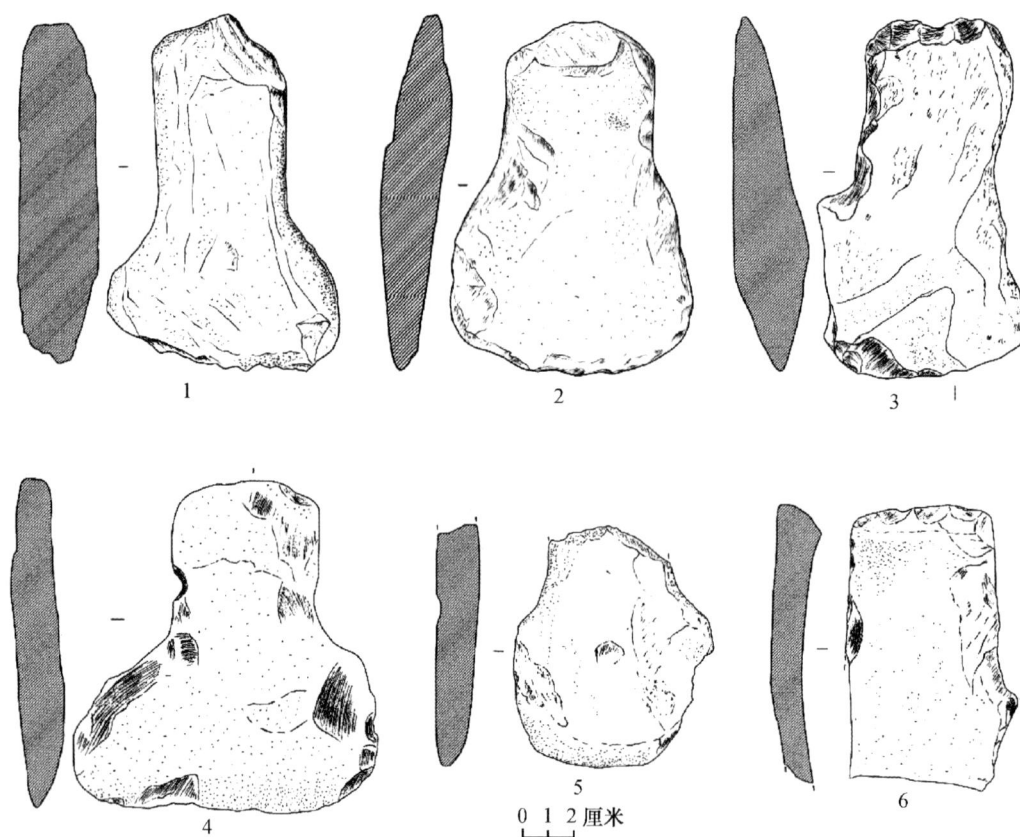

图 4-69　石铲(一)

1—6. A 型(TN05E04⑥:1、TN05W05⑤A:2、TN06W04G2②:11、TN07W04H2:7、TN06E03⑦C:9、TN06W04⑥B:1)

B 型,共 8 件,无肩。

完整器,4 件。标本 TN07W04⑥B:7,青灰色石质。磨光,整体略呈长方形,两面刃。素面。残长 17.3、宽 4.7~7.5、厚 1.8 厘米(图 4-70,1)。标本 TN06W05G2②:7,黑灰色石料。上端略窄,下端较宽,两面近平。做工不甚规整。长 17.6、宽 7.8、厚 3.3 厘米(图 4-70,2)。标本 TN05W04H7:1,青灰色石质。残断,平面略呈长方形,两面微弧,弧刃,双面刃,通体磨光,局部残断,截面呈倒三角形。长12.8、宽6.8、厚2.2厘米(图4-70,3)。标本TN05W01 ⑥:5,灰褐色石料。形体较长,双肩不太明显,上部窄,刃部略宽,呈弧形,双面刃,通体磨光。 长13.4、宽7.5、厚1.65厘米(图4-70,4)。

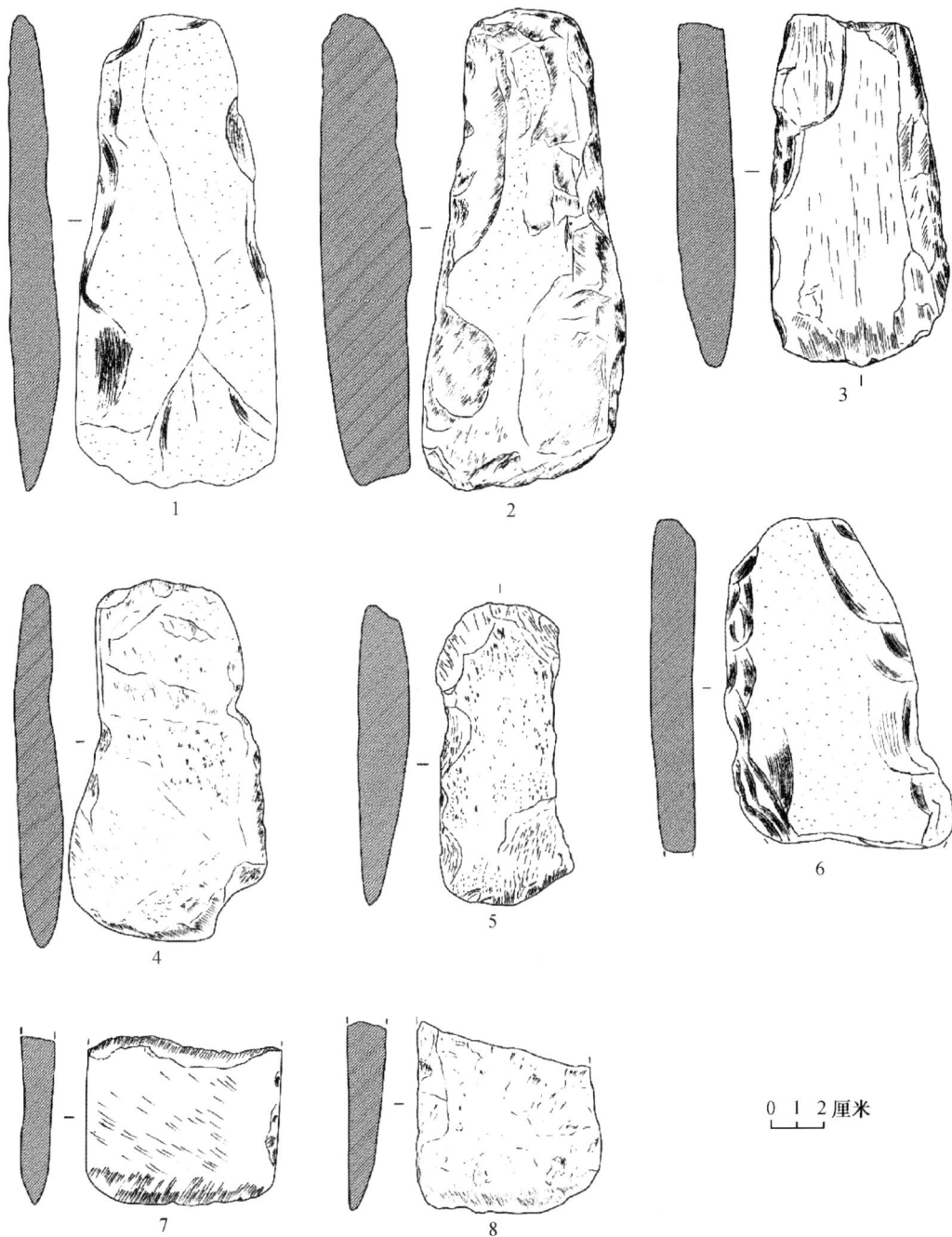

图4-70 石铲(二)

1—8.B型(TN07W04⑥B:7、TN06W05G2②:7、TN05W04H7:1、TN05W01⑥:5、TN06W03G2②: 10、TN06E03⑫:3、TN06W03G2②:6、TN06W02⑨:3)

残器,4件。标本TN06W03G2②:10,灰白色石料。残,整体近呈长方形,一面平,一面微弧,单面刃,通体磨光。长11.1、残宽5、厚1.9厘米(图4-70,5)。标本TN06E03⑫:3,深青灰色石质。平面呈不规则形,一面弧形,一面近平,刃部残断,截面呈近长方形。残长12.1、宽8.2、厚1.2~1.7厘米(图4-70,6)。标本TN06W03G2②:6,黑白色石质。残断,平面略呈方形,两面平,平刃微弧,双面刃,通体磨光,截面呈倒三角形。残长6.2、宽7.3、厚1.3厘米(图4-70,7)。标本TN06W02⑨:3,灰褐色石料。残,整体近呈方形,上柄部残,下刃略宽,微弧,一面平,一面微斜直收,单面刃,制作较粗糙。残长7.1、宽7、厚1.5厘米(图4-70,8)。

4. 石镰、石斧、石钺及石杵

石镰 3件。标本TN06E03⑦C:5,青灰色石质。残断,平面略呈三角形,一面微弧,一面平,平刃,双面刃,通体磨光,截面呈倒三角形。残长12.5、宽4.6、厚1.2厘米(图4-71,1)。标本TN06W04F21:1,黑灰色石料。弧背,刃部微凹,两面微弧,双面刃,通体磨光,末端残。残长6.5、宽3.5、厚1.05厘米(图4-71,2)。标本TN06W04G2①:4,灰白色石质。残,平面略呈三角形,两面微弧,平刃,双面刃,截面呈长方形。残长8.8、宽3.4、厚1.1厘米(图4-71,3)。

石斧 3件。标本TN06W05H5:6,青灰色石质。平面呈梯形,上部较窄,下部较宽,两面微弧,弧刃,双面刃。长13.5、宽8、厚5.7厘米(图4-71,4)。标本TN05W01⑥:1,青灰色石料。整体近呈长方形,上端略窄,刃部较宽,两面近平,双面刃,通体磨光。长13.6、宽7.7、厚4.5厘米(图4-71,5)。标本TN06E01⑪:26,青灰色石料。整体呈长条形,上部略窄,刃部略宽,双面刃,通体磨光。长14.4、宽5.0、厚4厘米(图4-71,6)。

石钺 2件。标本TN06W04G2②:9,深灰色石质。平面略呈梯形,两面平,平刃,双面刃,上部有一残孔,通体磨光,截面略呈倒三角形。残长8.2、残宽4.9、厚0.95厘米(图4-71,7)。标本TN06W03G2②:7,深灰色石质。残断,平面略呈梯形,两面平,平刃,双面刃,刃部有一残断,上部有一残孔,通体磨光。残长8.5、残宽5.1、厚1.1厘米(图4-71,8)。

石杵 1件。标本TN06E01⑪:2,青灰色石料。整体近呈长方形,一端平,一端呈圆弧状,整体磨光。长7.0、宽3.2、厚3.0厘米(图4-71,9)。

图 4-71　石镰、石斧、石钺及石杵

1—3. 石镰（TN06E03⑦C：5、TN06W04F21：1、TN06W04G2①：4）　4—6. 石斧（TN06E05H5：6、TN05W01⑥：1、TN06E01⑪：26）7、8. 石钺（TN06W04G2②：9、TN06W03G2②：7）　9. 石杵（TN06E01⑪：2）

5. 石镞、石饼、石纺轮

石镞　共6件，根据有无铤及整体形状分为两型。

A型，2件，无铤，弧边三角形。标本 TN06E02⑧B：2，红褐色石料。残，整体呈剑形，两面刃，横断面呈棱形，整体磨光。残长6.3、宽3.6、厚0.4厘米（图4-72，1）。标本 TN06W05

④A:1,黑灰色石质。残断,平面略成倒三角形,两面平,通体磨光,截面略呈平行四边形。残长7.6、宽3.5、厚0.8厘米(图4-72,8)。

B型,共4件,有铤,长条形。根据铤长短分两个亚型。

Ba型,1件,铤较长。标本TN05W05F9:1,灰白色石质。体扁平,两面刃,刃部扁平,通体磨光,截面呈剑形。残长10.9、宽4.3、厚1.0厘米(图4-72,2)。

Bb型,3件,铤较短。标本TN05E01⑥:2,青灰色石质。体扁平,两面刃,刃部扁平,通体磨光,纵截面呈剑形。长11.8、宽3.1、厚1.1厘米(图4-72,3)。标本TN07W03G2:1,青绿色石质。残断,双翼,中有脊,双面刃,扁锥形铤,通体磨光。残长6.1、宽2.1、厚0.7厘米(图4-72,4)。标本TN05W05⑦:1,黑灰色石质。部分残,上粗下细,呈棒槌形,截面微呈菱形,向下略收,下端残,有铤。残长6.3、宽1.8、厚0.7厘米(图4-72,5)。

石饼 1件。标本TN07W04H1:6,椭圆形,略残,边缘一边近直,一边圆弧,上下两面平。素面。直径6.8、厚0.7~1厘米(图4-72,6)。

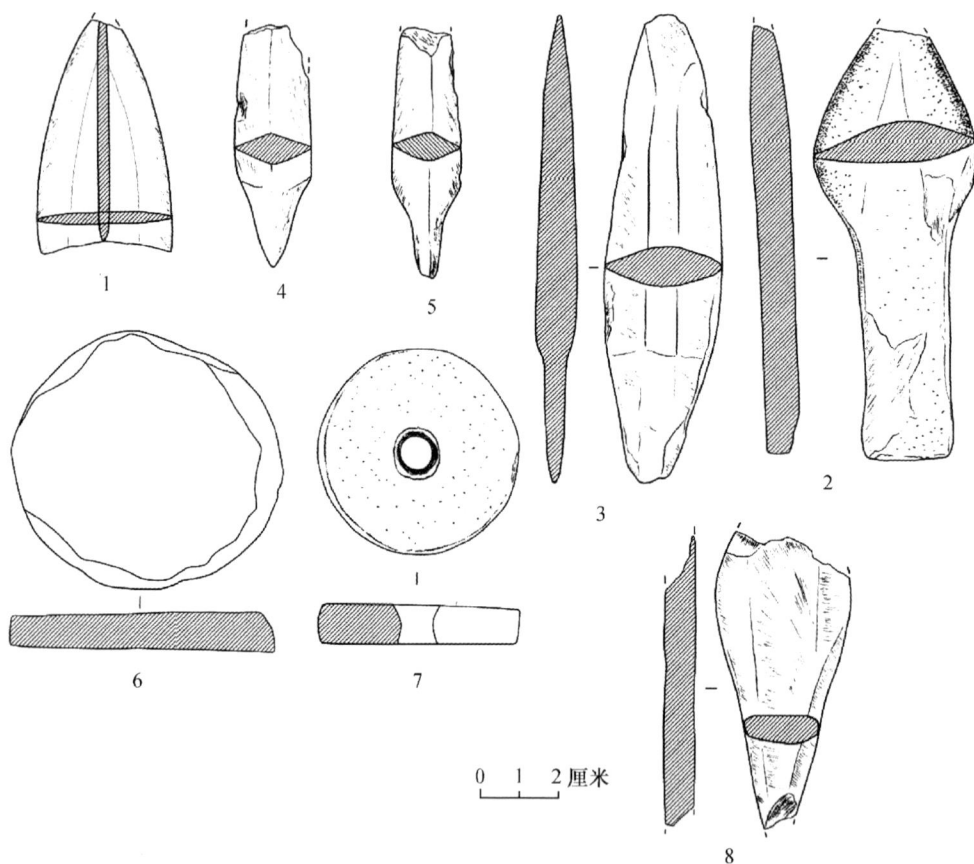

图4-72 石镞、石饼、石纺轮

1、8. A型石镞(TN06E02⑧B:2、TN06W05④A:1) 2. Ba型石镞(TN05W05F9:1) 3—5. Bb型石镞(TN05E01⑥:2、TN07W03G2:1、TN05W05⑦:1) 6. 石饼(TN07W04H1:6) 7. 石纺轮(TN06W03G2②:5)

石纺轮　1件。标本 TN06W03G2②:5,黑灰色石质。两面平整,中部穿孔,两面钻,未穿而断,边缘圆弧。直径5.2~5.3、厚1厘米(图4-72,7)。

6. 砺石

共7件。标本 TN06W03⑥B:3,灰褐色砂石。残,体不规则,两面近平,其中一面有一竖浅凹槽,制作不甚工整。残长8.9、宽6、厚3.3厘米(图4-73,1)。标本 TN06W02⑦A:12,青

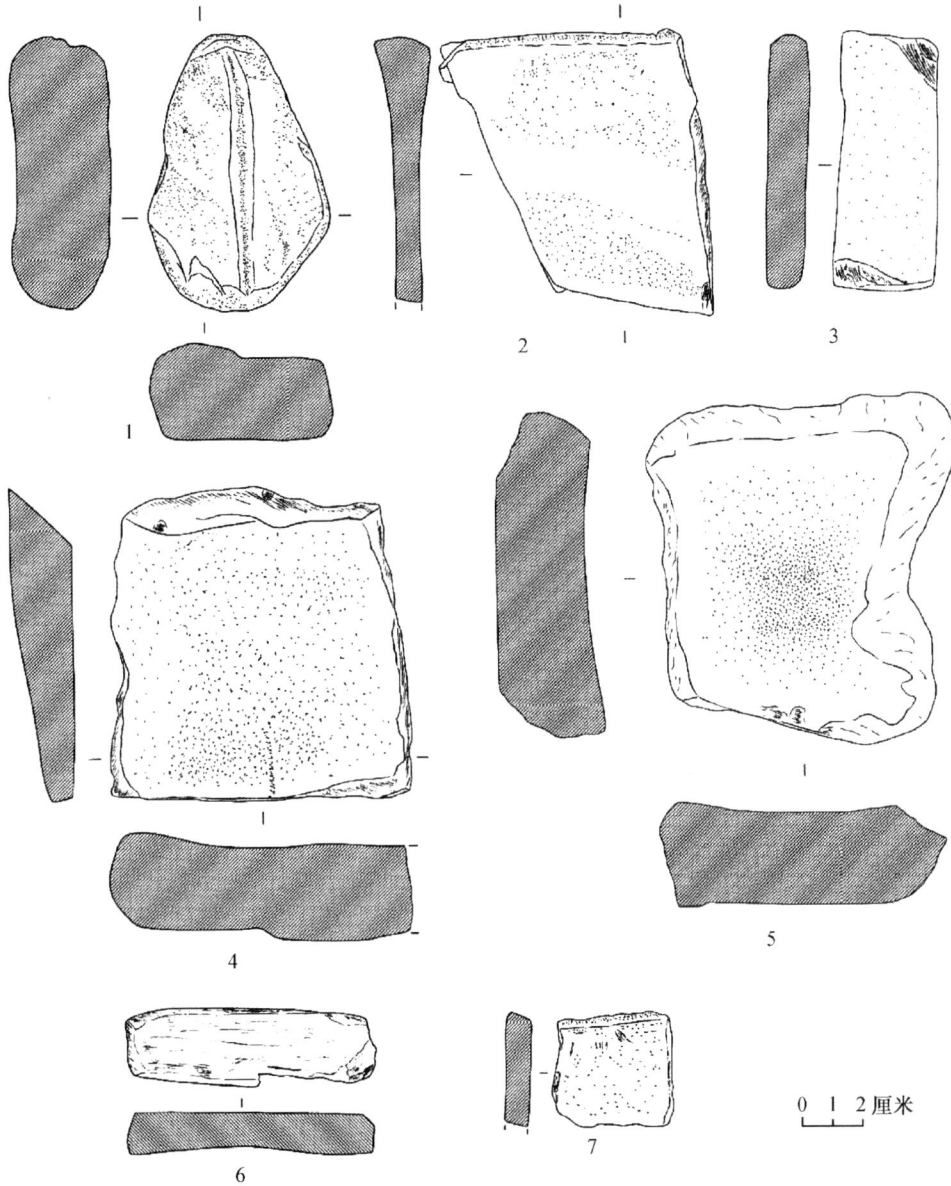

图 4-73　砺石

1—7.　(TN06W03⑥B:3、TN06W02⑦A:12、TN07W04④B:67、TN06W03G2②:14、TN05W01⑥:3、TN06W02⑦A:14、TN05W04H7:3)

灰色石料。残,余部略呈梯形,一端边缘较厚,两面微凹,制作较平整。残长9.1、残宽7.9、厚1.8~0.8厘米(图4-73,2)。标本TN07W04④B:67,石质,灰褐色。砺石部分残。余者近呈钺形,两面平,壁竖直。素面。残长8、宽3.2、厚1.2~1.3厘米(图4-73,3)。标本TN06W03G2②:14,黄褐色石质。残断,平面呈方形,较平整,截面呈长方形。残长10.7、残宽9.9、厚3.1厘米(图4-73,4)。TN05W01⑥:3,红褐色石质。残断,平面呈不规则形,一面微内凹,一面平,截面略呈长方形。残长11.2、残宽10.2、厚3.4厘米(图4-73,5)。标本TN06W02⑦A:14,青灰色石料。残,余部形状近呈长方形,一面近平,另一面微内凹,有磨平。残长8.2、宽2.5、厚1.3厘米(图4-73,6)。标本TN05W04H7:3,灰褐色石料。残,余部形状近呈方形,两面近平,厚度较均匀,有磨平。残长4、残宽3.7、厚0.9厘米(图4-73,7)。

7. 未加工完成石器

共13件。标本TN06W02⑨:3,灰褐色石料。残,整体近呈方形,上柄部残,下刃略宽,微弧,一面平,一面微斜直收,单面刃,制作较粗糙。残长7.1、宽7、厚1.5厘米(图4-74,1)。标本TN06W05④A:5,灰褐色石质。平面略呈长方形,两面平,下部弧形,截面呈长方形。长7.5、宽5.7、厚1厘米(图4-74,2)。标本TN06E03⑦C:8,青灰色石料。未完工,残,两面近平,上残有一对钻的穿孔,有磨平。残长6.8、宽5.4、厚1.2厘米(图4-74,3)。标本TN06E03⑫:29,灰褐色石质。平面近呈长方形,两面平,横截面呈平行四边形,未加工完成。长11.4、宽3.4、厚2.1厘米(图4-74,4)。标本TN06E03⑫:30,灰褐色石质。平面略呈平行四边形,两面平,平刃,刃部有残断,横截面呈平行四边形。残长8.6、宽2、厚1.1厘米(图4-74,5)。标本TN06W05⑤A:7,灰白色石质。平面呈长方形,右侧有切割痕迹,两面平,通体磨光,截面呈长方形。长6.5、残宽2.2、厚1.6厘米(图4-74,6)。标本TN06E01⑪:3,灰褐色石质。残断,平面略呈梯形,两面平,下部平,通体磨光,截面呈长方形。残长6.7、宽1.8、厚0.75厘米(图4-74,7)。标本TN06W05G2②:3,黑灰色石料。整体呈长方形,一端略窄,一端略宽,四壁近竖直,两面有残缺,近窄端有一圆形对钻的穿孔。长8、宽3.7、厚1.0厘米(图4-74,8)。标本TN06W05⑤A:3,平面呈梯形,一面微弧,一面平,平刃微弧,单面刃,截面呈梯形。长9.8、宽2.9、厚3厘米(图4-74,9)。标本TN06W02⑨:4,灰褐色砂石。残,余部形状近呈长方形,两面平,有磨平。残长3.9、宽4.5、厚1.3厘米(图4-74,10)。标本TN06W04G2②:10,浅黄色,含细砂石质。整体呈长方体,大而平,面部有残断现象,截面略呈刀形。长8.7、宽5.6、厚1.6厘米(图4-74,11)。标本TN05E03⑥:3,紫色砂岩。平面略呈梯形,上部较宽,下部较窄且较尖,截面呈梯形。长8.3、宽2.7、厚2.3厘米(图4-74,13)。标本TN06W05④A:4,灰褐色石质。残断,平面略呈方形,两面平,下部弧形,截面呈长方形。残长5.1、宽5.3、厚1.35厘米(图4-74,13)。

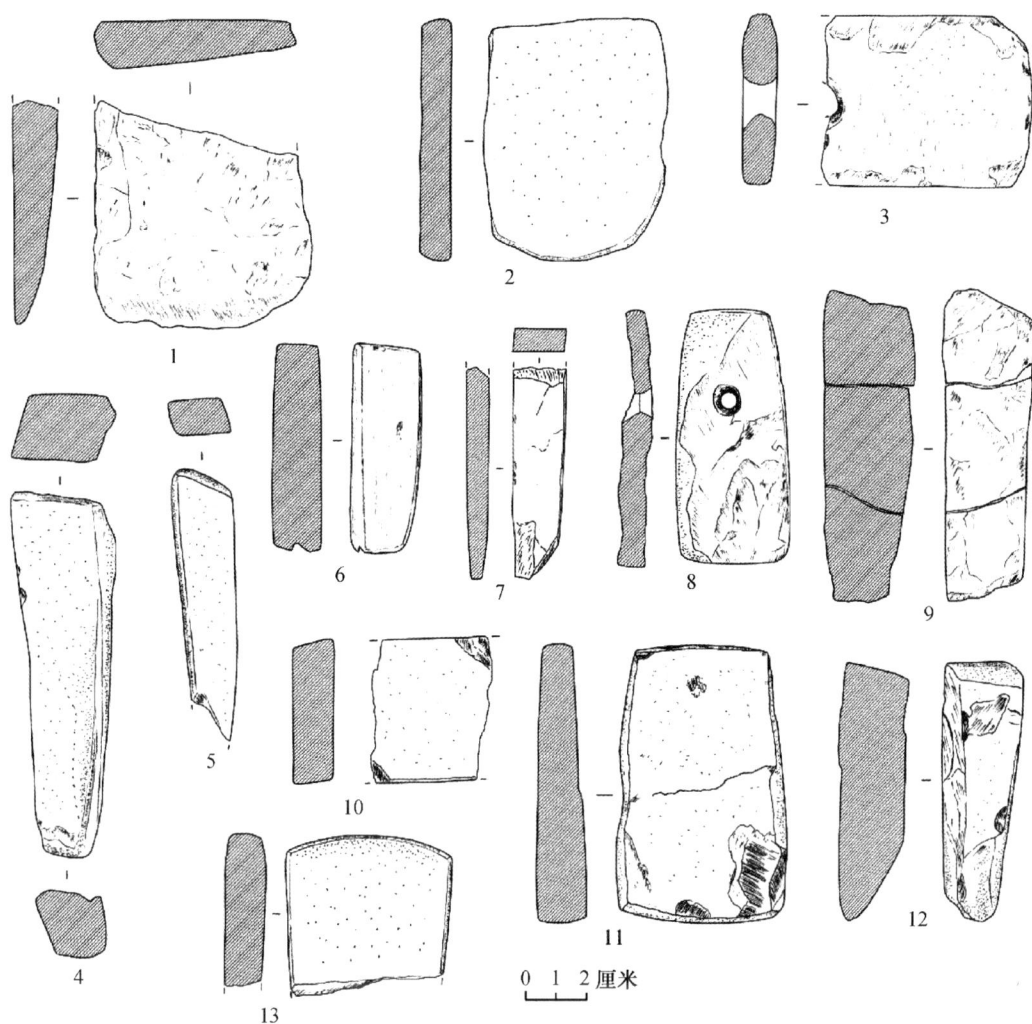

图 4-74　未加工完成器

1—13.（TN06W02 ⑨：3、TN06W05 ④A：5、TN06E03 ⑦C：8、TN06E03 ⑫：29、TN06E03 ⑫：30、TN06W05⑤A：7、TN06E01 ⑪：3、TN06W05G2②：3、TN06W05 ⑤A：3、TN06W02 ⑨：4、TN06W04G2 ②：10、TN05E03⑥：3、TN06W05④A：4）

三、铜器

铜镞，共 4 件，根据有翼无翼分为两型。

A 型，2 件，有翼。标本 TN06W04G2：1，铜质，绿色。双翼，中有脊，圆铤。残长 5.7、宽 2.0 厘米（图 4-75，1）。标本 TN06E01F5：2，绿色铜质。双翼，中有脊，出后锋，圆铤。残长 6.5、宽 1.9 厘米（图 4-75，2）。

B 型，2 件，无翼。标本 TN06W05G2②：1，铜质，绿色。镞头横断面呈六边形，有铤。残长 3.8、宽 0.8 厘米（图 4-75，3）。标本 TN06W04G2：2，铜质，绿色。上粗下细，呈棒槌形，截面呈正方形，向下略收，下端残，方铤。残长 2.5、宽 0.7 厘米（图 4-75，4）。

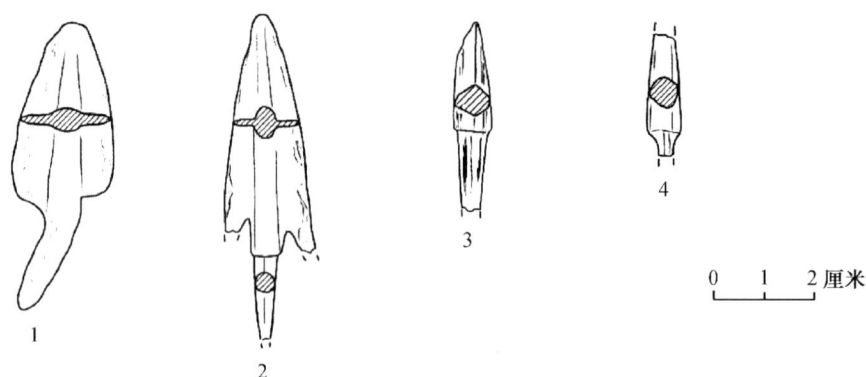

图 4-75　铜镞
1、2. A 型(TN06W04G2:1、TN06E01F5:2)　3、4. B 型(TN06W05G2②:1、TN06W04G2:2)

四、骨角标本

鹿角　2 件。标本 TN05W01⑥:4,鹿角。残长 22.3 厘米(图 4-76,2)。标本 TN05W01⑥:3,残长 14.1、宽 4.3 厘米(图 4-76,3)。

牙齿　1 件。标本 TN06W04G2②:3,牛科动物,游离齿,左上颌 M^2。长 6.9、宽 3.3、厚 2.4 厘米(图 4-76,6)。

鱼骨　1 件。标本 TN06E03⑫:21,骨器。残长 7.4、宽 7.9、厚 0.5 厘米(图 4-76,7)。

骨器　2 件。标本 TN06E03 ⑫:20,骨匕,用中型哺乳动物肢骨制成,下端磨制呈圆弧状,似骨匕。残长 16.2、宽 2.9 厘米(图 4-77,9)。标本 TN06E03⑦C:11－4,由中型鹿科动物的鹿角制作而成,鹿角为自然脱落,近角盘处有对穿的方形孔,上端残。角盘直径 6.2 ～ 7.2、残长 11 厘米(图 4-77,11)。

骨器半成品　2 件。标本 TN06W04G2①:6,用麋鹿的鹿角制成,下部有明显的切割痕迹,角尖部有磨制后形成的平面。残长 12.2、宽 4.3 厘米(图 4-76,4)。标本 TN06E03⑥:3,用鹿角制成,一端有截取骨料后留下的砍痕,鹿角表面修整成平面,鹿角中段有明显的砍斫和切削痕迹。残长 14.4、宽 2.2、厚 1.6 厘米(图 4-76,5)。

骨管　1 件。标本 TN06W02F22:1,鹿角料,内近圆,外近方,表面经磨制较为光滑。高 3.3、孔径 1.1、外径 1.9 ～ 2.0 厘米(图 4-76,1)。

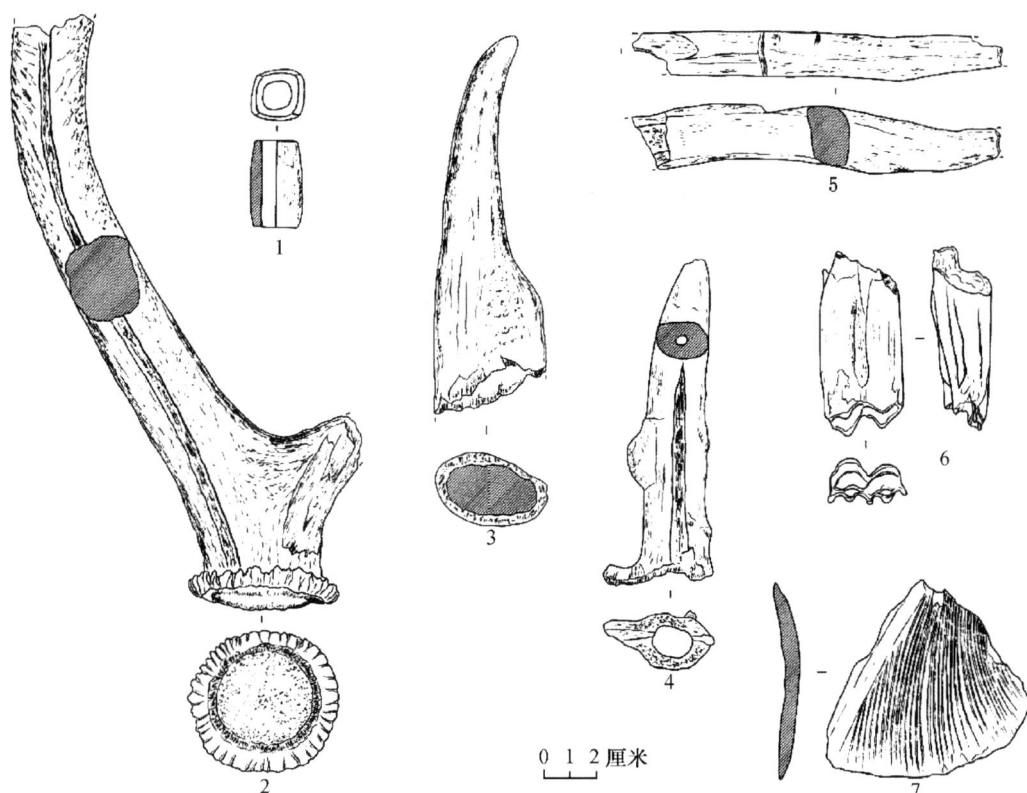

图 4-76　鹿角、牙齿及骨器半成品

1. 骨管（TN06W02F22∶1）　2、3. 鹿角（TN05W01⑥∶4、TN05W01⑥∶3）　4、5. 骨器半成品
（TN06W04G2①∶6、TN06E03⑥∶3）　6. 牙齿（TN06W04G2②∶3）　7. 鱼骨（TN06E03⑫∶21）

　　骨骼　9 件。标本 TN06W02⑨∶6-1，猪寰骨。长 13.5、宽 6.7 厘米（图 4-77,1）。标本
TN07W03G2②∶910，中型鹿科动物，右头骨带角。残长 12、宽 5.4 厘米（图 4-77,2）。标本
TN07W03G2②∶911，马科动物胫骨，左胫骨远端，保存较好，关节处有明显的狗咬痕迹。残长
18.2、远端宽 7.5、厚 4.2 厘米（图 4-77,3）。标本 TN06E03⑦C∶11-1，麋鹿右掌骨。长
19.1、宽 6.2、厚 3.4 厘米（图 4-77,4）。标本 TN06W04G2②∶1，大型鹿科动物，跖骨左距骨近
端。残长 9.3、宽 5.5、厚 3.5 厘米（图 4-77,5）。标本 TN06W04G2②∶2，水牛腰椎（疑似）。
残长 9.6、残宽 8.6、厚 9.1 厘米（图 4-77,6）。标本 TN06E03⑫∶22，动物骨骼，种属不详。长
10.9、宽 4.5、厚 0.5 厘米（图 4-77,7）。标本 TN06W02⑨∶6-2，牛左跟骨，远端关节脱落。
残长 14.4、宽 6.3 厘米（图 4-77,8）。标本 TN06W02⑦A∶15，梅花鹿左桡骨，左桡骨远端。远
端宽 3.4、残长 11.2、厚 3.5 厘米（图 4-77,10）。

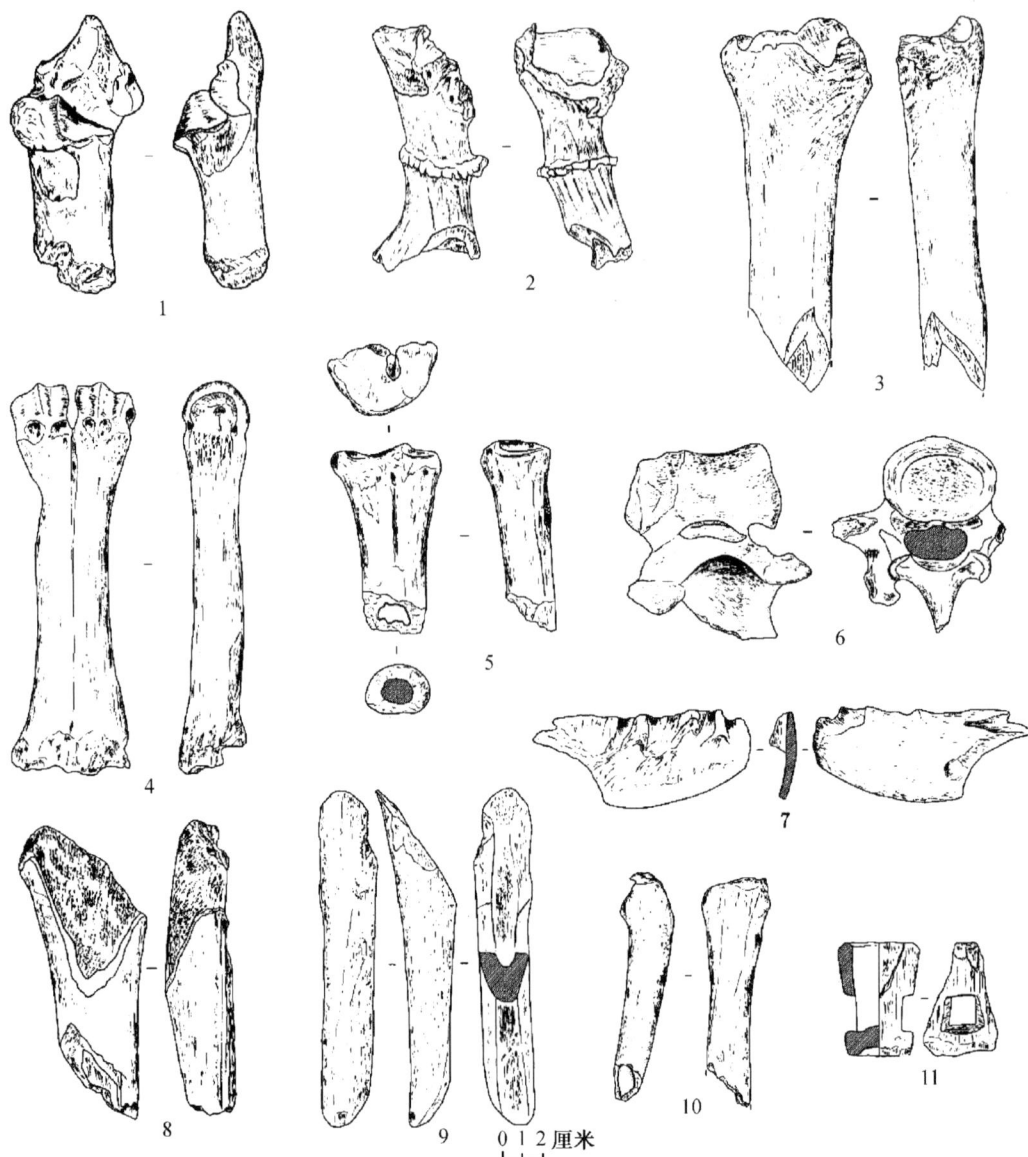

图 4-77 骨骼及骨器

1—8、10. 骨骼（TN06W02⑨:6－1、TN07W03G2②:910、TN07W03G2②:911、TN06E03⑦C:11－1、TN06W04G2②:1、TN06W04G2②:2、TN06E03⑫:22、TN06W02⑨:6－2、TN06W02⑦A:15）
9、11. 骨器（TN06E03⑫:20、TN06E03⑦C:11－4）

第二节 晚 期

晚期遗物主要出土于各地层，为陶器、原始瓷器、石器、青铜器、骨角标本等，其中陶器主要为夹砂红陶、泥质红陶，其次为印纹硬陶、夹砂灰陶、泥质灰陶。根据各探方统计表核算各比例为：夹砂陶68.97%，泥质陶24.49%，印纹硬陶3.95%，黑皮陶2.57%，原始瓷0.02%。

陶器器类为鬲、甗、鼎、罐、豆、钵、盆、器盖、圈足盘、陶饼、**瓶**、纺轮等，石器器类为锛、斧、铲、刀、饼、纺轮、镞、杵等，青铜器为镞，骨角器有多为半成品。

陶片多为素面，夹砂陶尤甚，纹饰种类有方格纹、梯格纹、绳纹、回纹、折线纹、刻划纹、按窝纹、弦纹等。素面 73.2%，绳纹 13.2%，梯格纹 5.4%，方格纹 1.4%，回纹 2.9%，间断绳纹 1.5%，弦纹 0.39%，刻划纹 0.41%，折线纹 0.27%，另有附加堆纹、戳印纹、叶脉纹、夔纹、席纹等，还有少量复合纹饰，如夔纹 + 回纹、戳印纹 + 重回纹、方格纹 + 席纹、绳纹 + 刻划纹等。

纹饰多装饰在泥质红陶器上，尤以泥质红陶罐上施席纹、绳纹、方格纹居多，梯格纹减少，夹砂罐素面居多，有少量绳纹、梯格纹等；夹砂鬲的纹饰仅为绳纹，且数量不占优势；按窝纹主要施在鼎足及瓶腰上；钵多素面，夹砂钵基本为素面，泥质钵部分器壁外施竖向绳纹；豆基本为素面，有少量弦纹；刻槽盆内为单线或复线交错竖向刻划纹，外壁基本都有纹饰，施绳纹居多，梯格纹减少，个别口沿处配以弦纹；器盖多素面；另外，印纹硬陶器上基本都有纹饰，且多为折线加回纹、云雷纹加回纹等组合纹饰，也有折线、回纹单一纹饰（附表十九、附表二十）。现依据器类、质料不同分别介绍如下。

一、陶瓷器

1. 鬲

鬲，共 116 件。根据有无纹饰分两型。

A 型，共 104 件，素面。根据口、腹变化分为四亚型。

Aa 型，52 件。口沿方折或圆折，腹稍鼓，腹径多大于口径。标本 TN05E03②:18，夹砂红陶。斜方唇，沿面弧形微外卷，圆折沿，弧腹。素面。口径 13.4、残高 10.3 厘米（图 4-78，1）。标本 TN05E03②:38，夹砂红陶。斜方唇，折沿沿面近斜直，腹微弧。素面。口径 24、残高 6.1 厘米（图 4-78，2）。标本 TN06W06④C:12，夹砂红陶。斜方唇，折沿，沿面微弧形外卷，弧腹，腹中部以下残。素面。口径 16、残高 5 厘米（图 4-78，3）。标本 TN05E03②:16，夹砂红陶。圆唇，沿面微弧形外卷，折沿，腹微弧，沿面下内侧有捏塑拼接痕迹。素面。口径 20、残高 6.7 厘米（图 4-78，4）。标本 TN05E03③:40，夹砂褐陶。斜方唇，唇面微凹，圆折沿，沿面微弧形外卷，弧腹，腹下部及底残。素面。口径 11.6、残高 8.2 厘米（图 4-78，5）。标本 TN07W06②:33，夹砂红陶。侈口，尖圆唇，沿面微弧形外撇，折沿，腹部微弧。素面。口径 24、残高 8.5 厘米（图 4-78，6）。标本 TN06W06②B:18，夹砂褐陶。圆唇，折沿，沿面弧形外卷，腹微弧，腹下部及底残。素面。口径 18、残高 4.2 厘米（图 4-78，7）。标本 TN06E03②B:37，夹砂褐陶。侈口，方唇，沿面弧形微外卷，折沿，腹部近直。素面。口径 21、残高 7.3 厘米（图 4-78，8）。标本 TN05E03②:19，夹砂红陶。斜方唇，唇面有一周凹槽，沿面弧形外卷，折沿，腹微弧。素面。口径 14、残高 5.4 厘米（图 4-78，9）。标本 TN05E03②:46，夹砂红陶。斜方唇，沿面微弧，折沿，腹微弧。素面。口径 22、残高 6.8 厘米（图 4-78，10）。标本 TN05E03④:19，泥质红陶，黑皮。侈口，斜方唇，折沿，沿面近斜直，弧溜肩，腹微弧，腹下部及底残。腹上部有一周折痕。口径 25.4、残高 5.6 厘米（图 4-79，1）。标本 TN06E03④:54，夹砂褐陶。侈口，斜方唇，折沿，沿面微弧形外卷，弧溜肩，腹微弧。素面。口径 32、残高

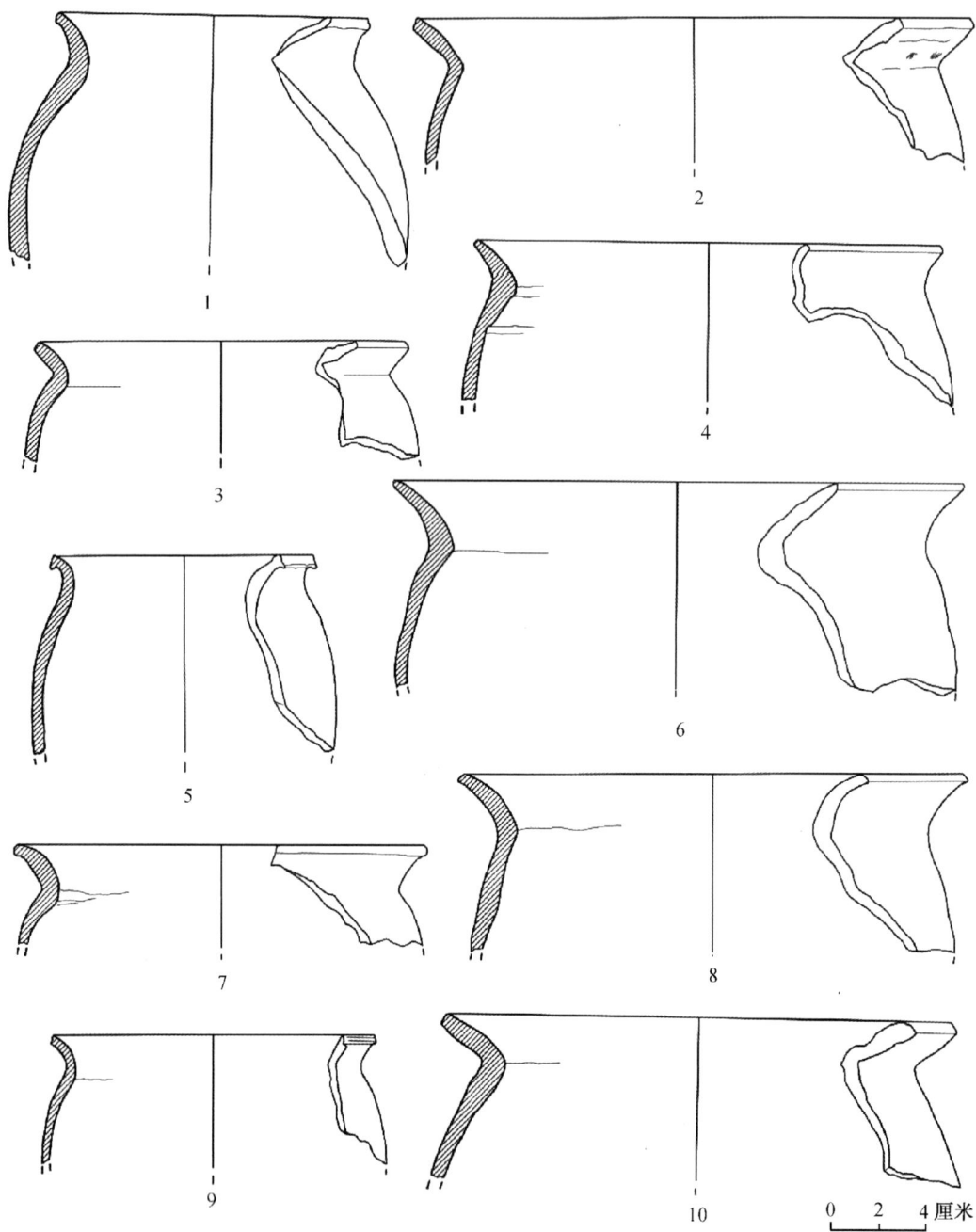

图 4-78　鬲（一）

1—10. Aa 型（TN05E03②：18、TN05E03②：38、TN06W06④C：12、TN05E03②：16、TN05E03③：40、TN07W06②：33、TN06W06②B：18、TN06E03B②：37、TN05E03②：19、TN05E03②：46）

12.1厘米（图4-79,2）。标本TN06W06④C:16,夹砂红陶。侈口,圆方唇,沿面弧形微外卷,圆折沿,弧溜肩。素面。口径26、残高7.8厘米（图4-79,3）。标本TN06W06②B:21,夹砂褐陶。斜方唇,沿面弧形微外卷,折沿,弧腹。素面。口径19、残高10厘米（图4-79,4）。标本TN07W03②B:4,夹砂褐陶。敞口、斜方唇,折沿,弧腹,腹以下残,已有裆线迹象。素面。口径24、残高12.4厘米（图4-79,5）。标本TN05E03④:20,夹砂褐陶。斜方唇,沿面微弧形外卷,折沿,腹微弧。素面。口径20、残高11.6厘米（图4-79,6）。标本TN06W06④C:14,夹砂红陶。斜方唇,沿面较宽,呈微弧形外撇,折沿,腹微弧。素面。口径29、残高9.6厘米（图4-79,7）。标本TN06E03④:13,夹砂褐陶。斜方唇,折沿,沿面微弧,腹微弧斜下收,腹下部均残,有分裆现象。素面。口径19、残高7.8厘米（图4-79,8）。标本TN06E02④:36,夹砂红陶。方唇,卷沿稍外撇,束颈,肩略鼓。口沿下饰有一圈弦纹。口径33.6、残高6厘米（图4-79,9）。腹残余较短。标本TN06E03④:17,夹砂褐陶。侈口,方唇,下唇斜内收,弧形外卷,折沿,弧溜肩。素面。口径15、残高5厘米（图4-79,10）。标本TN06W06②B:19,夹砂红陶。侈口,斜方唇,圆折沿,弧溜肩。素面。口径19、残高6.2厘米（图4-80,1）。标本TN05E03②:45,夹砂褐陶。斜方唇,沿面弧形外卷,折沿,弧腹。素面。口径19、残高6.6厘米（图4-80,2）。标本TN06W04①:2,夹砂红陶。侈口,圆唇,折沿,腹微弧。素面。口径18、残高5.2厘米（图4-80,3）。标本TN05E03④:9,夹砂褐陶。斜方唇,圆折沿,沿面弧形外撇,腹微弧,腹下部及底残。素面。口径19、残高5.8厘米（图4-80,4）。标本TN05W05②A:2,夹砂红陶。斜方唇,圆折沿,沿面弧形外卷,矮领,弧腹斜下收,腹下及底残。器腹饰磨平的细绳纹。口径16.6、残高7.2厘米（图4-80,5）。标本TN06E02④:30,夹砂红陶,略含细砂,内灰外红。圆方唇,卷沿外撇,束颈,鼓腹。素面。口径12.2、残高3.8厘米（图4-80,6）。标本TN05E03③:5,夹砂灰陶。斜方唇,折沿,沿面近斜直,腹微弧,腹下部及底残,有下收迹象。素面。口径12、残高5.4厘米（图4-80,7）。标本TN06E02④:5,夹砂褐陶。圆方唇,侈口,折沿,沿面弧形外卷,弧溜肩,肩以下残。素面。口径13、残高3厘米（图4-80,8）。标本TN06E03④:49,夹砂红陶。侈口,斜方唇,沿面微弧,折沿,溜肩。素面。口径15、残高3.4厘米（图4-80,9）。标本TN06W04①:12,夹砂红陶。侈口,方唇,下唇斜下张,弧形外卷,圆折沿,腹微弧。素面。口径13.4、残高6.1厘米（图4-80,10）。标本TN06W04①:40,夹砂红陶,器表因烧制不均匀,呈现红、灰二色。侈口,方唇,下唇斜下张,圆折沿,弧腹。素面。口径14、残高5.5厘米（图4-80,11）。标本TN06E02④:4,夹砂红陶。圆唇,折沿,沿面较宽,腹上壁近直,腹下部残。沿下部饰细弦纹。口径26.6、残高7厘米（图4-81,1）。标本TN06W04②B:11,夹砂褐陶。斜方唇,唇面微凹,沿面弧形微外卷,圆折沿,腹微弧。素面。口径29、残高7.5厘米（图4-81,2）。标本TN06W06④C:5,夹砂红陶。圆唇,折沿,沿面微外侈,侈度较大,腹微鼓,腹中部一足外侧有一单把,把仅残存根部,分裆,下有三锥状足,足跟残。素面。口径11.5、腹径13.7、高13.8厘米（图4-81,3）。标本TN06E03③:14,夹砂红陶。尖圆唇,弧形微外卷,折沿,弧腹,已出现鬲分裆迹象,有裆线。素面。口径13.6、残高10.4厘米（图4-81,4）。标本TN06W06④C:22,夹砂红陶。尖唇,折沿,沿面略宽,近斜直,腹微弧,腹下部及底残。素面。口径19、残高7厘米（图4-81,5）。标本TN06W02②:6,夹砂红陶。侈口,方唇,圆折沿,弧腹,腹以下残。素面。口径15、残高8.4厘米（图4-81,6）。标

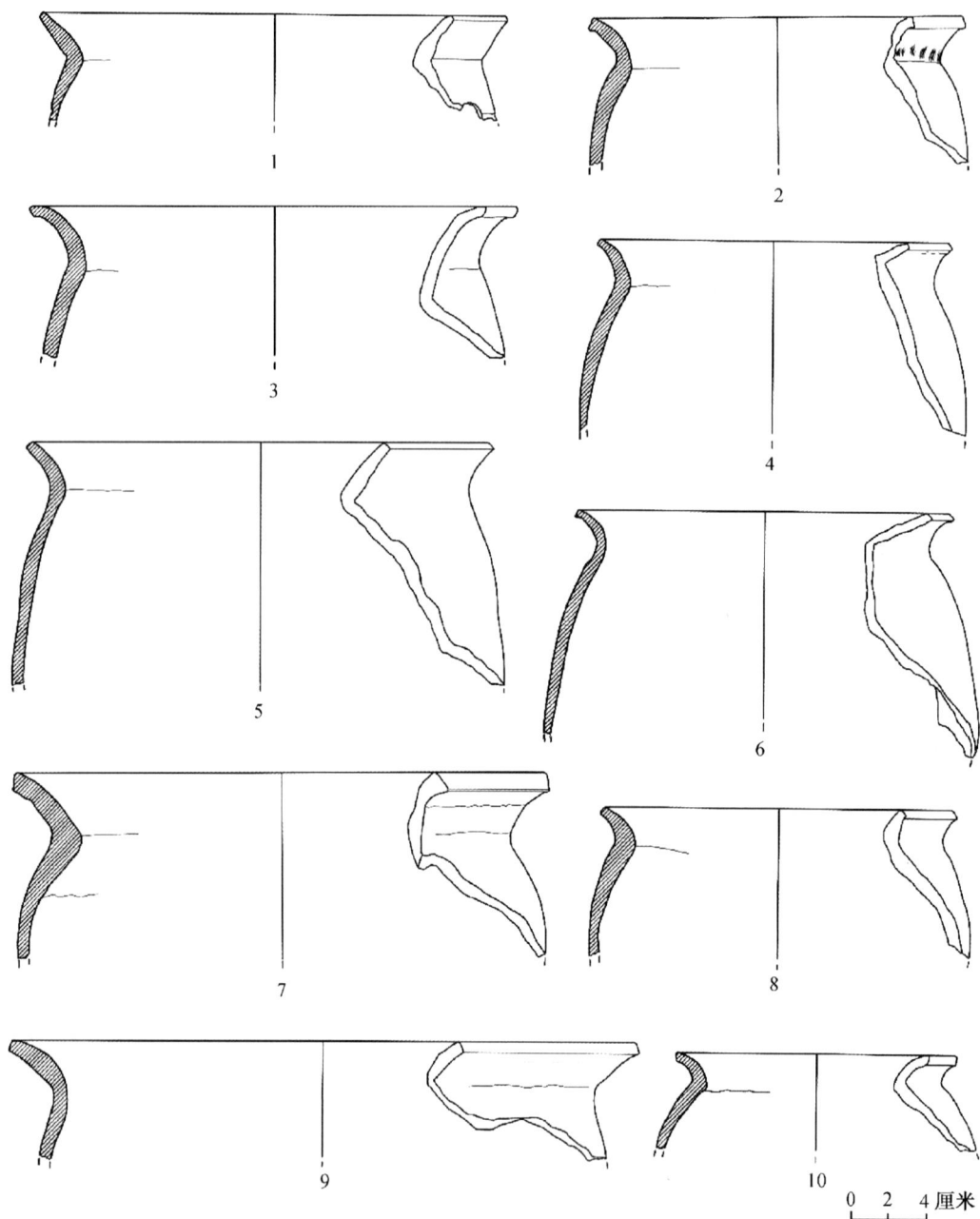

图4-79 鬲(二)

1—10. Aa 型（TN05E03④:19、TN06E03④:54、TN06W06④C:16、TN06W06②B:21、TN07W03②B:4、TN05E03④:20、TN06W06④C:14、TN06E03④:13、TN06E02④:36、TN06E03④:17）

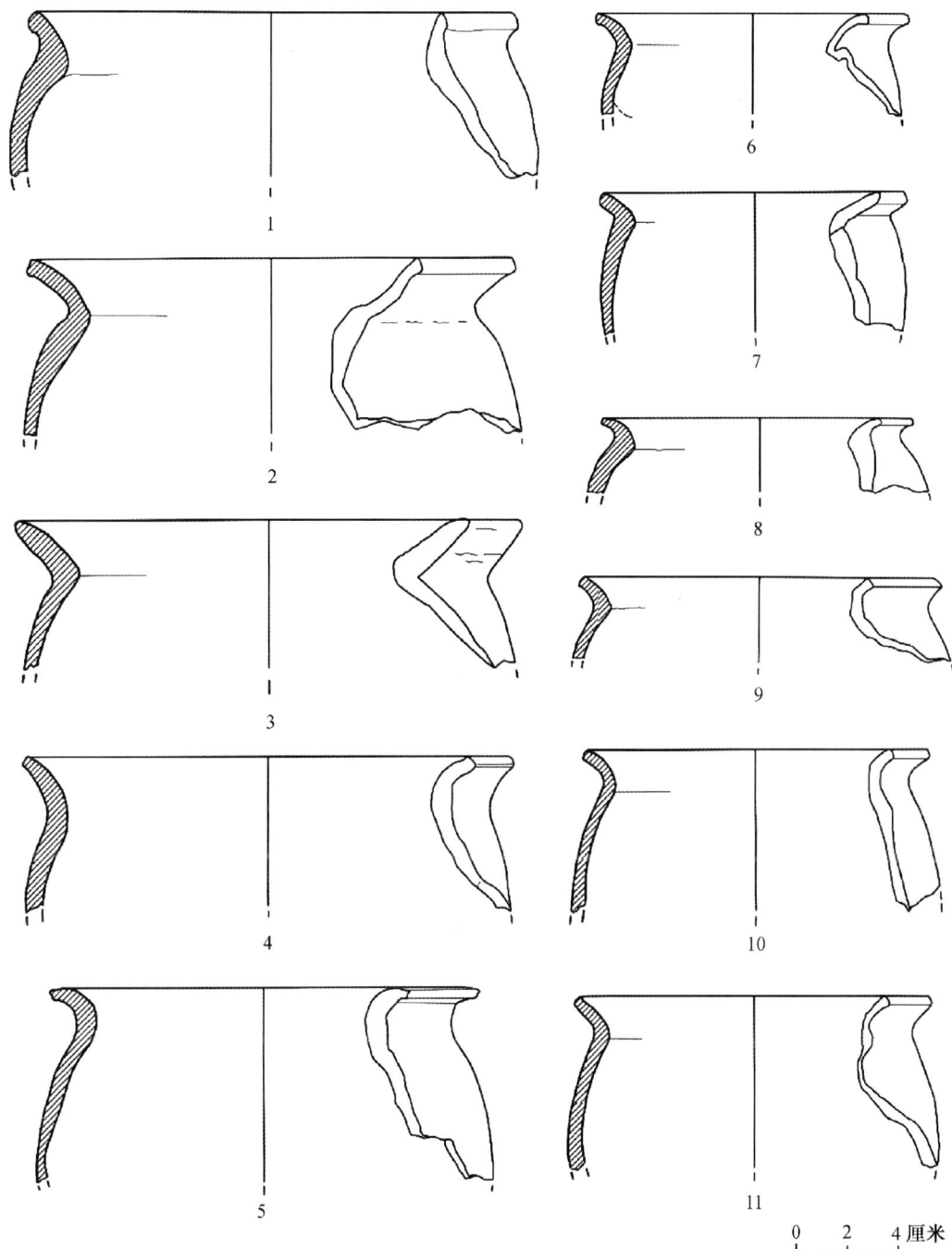

图 4-80　鬲（三）

1—11. Aa 型（TN06W06②B∶19、TN05E03②∶45、TN06W04①∶2、TN05E03④∶9、TN05W05②A∶2、TN06E02④∶30、TN05E03③∶5、TN06E02④∶5、TN06E03④∶49、TN06W04①∶12、TN06W04①∶40）

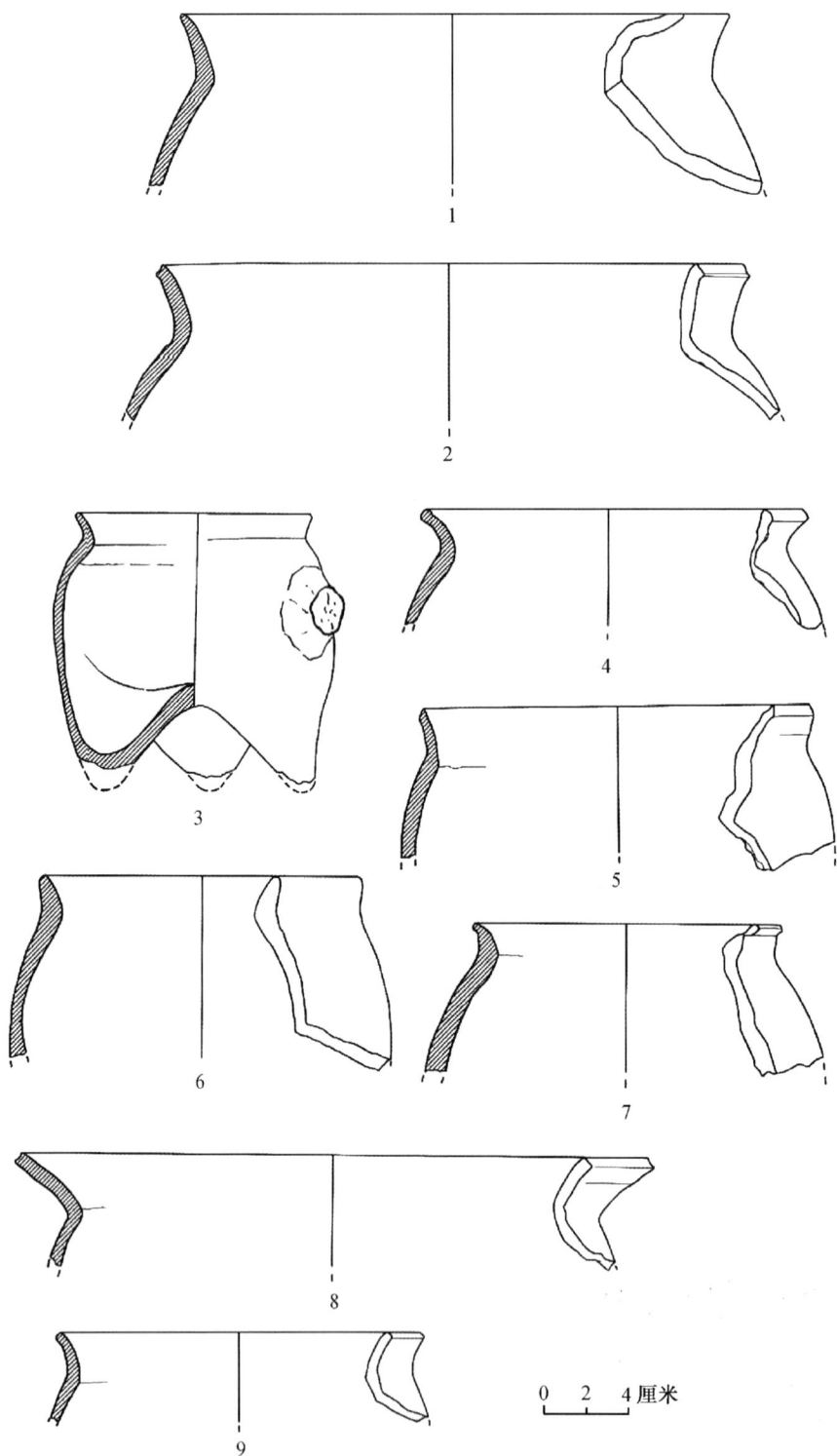

图4-81 鬲(四)

1—9. Aa 型 (TN06E02④:4、TN06W04②B:11、TN06W06④C:5、TN06E03③:14、TN06W06④C:22、TN06W02②:6、TN05E03②:17、TN06E03 东扩①:9、TN06E03 东扩①:7)

本 TN05E03②:17,夹砂红陶。方唇,沿面弧形外卷,圆折沿,腹微弧。素面。口径 15、残高 7
厘米(图 4-81,7)。标本 TN06E03 东扩①:9,夹砂红陶。侈口,斜方唇,唇面微凹,折沿,沿面
较宽,近斜直,弧肩。素面。口径 32、残高 5.4 厘米(图 4-81,8)。标本 TN06E03 东扩①:7,
夹砂褐陶。斜方唇,沿面弧形微外卷,折沿,腹微弧。素面。口径 18、残高 4.2 厘米(图 4-
81,9)。标本 TN05E03②:30,夹砂红陶。斜方唇,沿面近斜直,折沿,腹微弧。素面。口径
13.4、残高 7.4 厘米(图 4-82,1)。标本 TN06W06②B:58,夹砂红陶。方唇,翻沿,沿面弧形
外卷,圆折沿,腹微弧。素面。口径 15.6、残高 6.5 厘米(图 4-82,2)。标本 TN05E03④:2,
夹砂灰陶。斜方唇,沿面弧形微外卷,圆折沿,沿下内凹,弧腹。素面。口径 14.8、残高 7 厘
米(图 4-82,3)。标本 TN06W04②B:369,夹砂灰陶,器表因烧制不均匀,呈现灰、红二色。侈
口,圆唇,折沿,溜肩,弧腹斜下收。素面。口径 37.5、残高 25.6 厘米(图 4-82,4)。标本
TN06W04①:8,夹砂红陶,器表因烧制不均匀,呈现红、灰二色。侈口,方唇,下唇斜下张,弧
形外卷,圆折沿,弧腹。素面。口径 14、残高 9.2 厘米(图 4-82,5)。标本 TN06W01③:16,夹
砂褐陶。敞口,方唇,圆折沿,弧腹,腹以下残。唇部有一道凹弦纹。口径 25、残高 7 厘米(图
4-82,6)。标本 TN06W04①:5,夹砂褐陶。侈口,方唇,下唇斜下张,弧形外卷,圆折沿,腹微
弧。口径 13、残高 4.5 厘米(图 4-82,7)。标本 TN06W06④C:11,夹砂红陶。斜方唇,圆折
沿,沿面微弧形外卷,腹微弧,腹中部以下残。口径 14、残高 6.6 厘米(图 4-82,8)。TN06E03
东扩①:10,夹砂红陶。斜方唇,唇面微凹,沿面较宽,呈弧形微外卷,折沿,弧腹。素面。口
径 28、残高 8.7 厘米(图 4-82,9)。标本 TN06E02④:36,夹砂红陶。方唇,卷沿稍外撇,束
颈,腹上部略鼓。素面。口径 33.6、残高 6 厘米(图 4-83,1)。腹残余较短。标本 TN06W01
③:16,夹砂褐陶。敞口,方唇,圆折沿,弧腹,腹以下残。唇部有一道凹弦纹。口径 25、残高
7 厘米(图 4-83,2)。标本 TN06W06④C:10,夹砂红陶。斜方唇,折沿,沿面弧形外卷,沿面
近唇处微凹,腹部微弧,腹下部及底残。素面。口径 25、残高 6.1 厘米(图 4-83,3)。

Ab 型,34 件。口沿方折或圆折,腹不鼓,直向下发展或微弧向下,腹径多小于口径。标
本 TN06W03①:14,夹砂红陶。敞口,方唇,折沿,腹部近直,腹以下残。素面。口径 24、残高
7.8 厘米(图 4-83,4)。标本 TN06W06④C:24,夹砂红陶。圆唇,折沿,沿面弧形微外卷,腹
部微弧,腹下部及底残。素面。口径 23、残高 5.5 厘米(图 4-83,5)。标本 TN05E03③:33,
夹砂红陶。斜方唇,折沿,沿面微弧形外撇,腹微弧,腹下部及底残。素面。口径 14、残高
6.8 厘米(图 4-83,6)。标本 TN05E03④:15,夹砂灰陶。斜方唇,圆折沿,沿面微弧形外撇,
腹上部微弧。素面。口径 15、残高 6.3 厘米(图 4-83,7)。标本 TN06W06②B:25,夹砂褐陶。
圆唇,敞口,折沿,沿面微外翻,溜肩,腹微弧,腹下及底残。素面。口径 16、残高 6.3 厘米(图
4-83,8)。标本 TN06W03②B:44,夹砂褐陶。侈口,尖圆唇,沿面弧形微外卷,圆折沿,腹部
近直,腹以下残。口径 18、残高 6.6 厘米(图 4-83,9)。标本 TN06E03④:19,夹砂红陶。侈
口,斜方唇,沿面近斜直外撇,圆折沿,腹壁近竖直,腹下部残。素面。口径 16、残高 6.5 厘米
(图 4-84,1)。标本 TN05E03②:102,夹砂红陶。圆方唇,沿面弧形微外卷,折沿,腹近直,沿
下内侧有拼接捏塑痕迹。素面。口径 19、残高 3.8 厘米(图 4-84,2)。标本 TN06W04②B:
20,夹砂红陶。斜方唇,唇面微凹,圆折沿,弧腹斜下收。口径 22、残高 4.6 厘米(图 4-84,
3)。标本 TN06W06②B:28,夹砂红陶。尖圆唇,沿面弧形微外卷,圆折沿,腹微弧。素面。

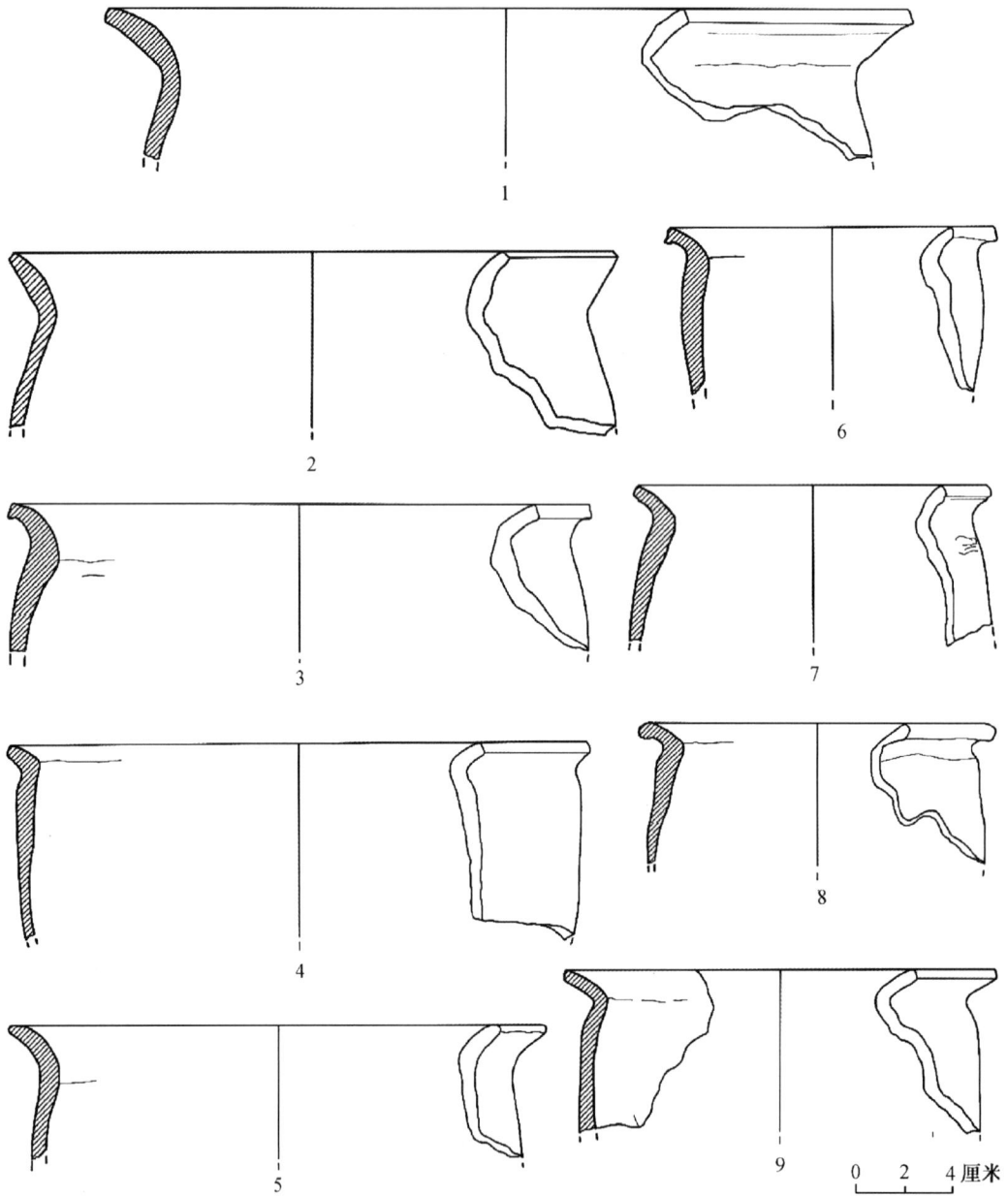

图 4-82　鬲（五）

1—9. Aa 型（TN05E03②:30、TN06W06②B:58、TN05E03④:2、TN06W04②B:369、TN06W04①:8、
TN06W01③:16、TN06W04①:5、TN06W06④C:11、TN06E03 东扩①:10）

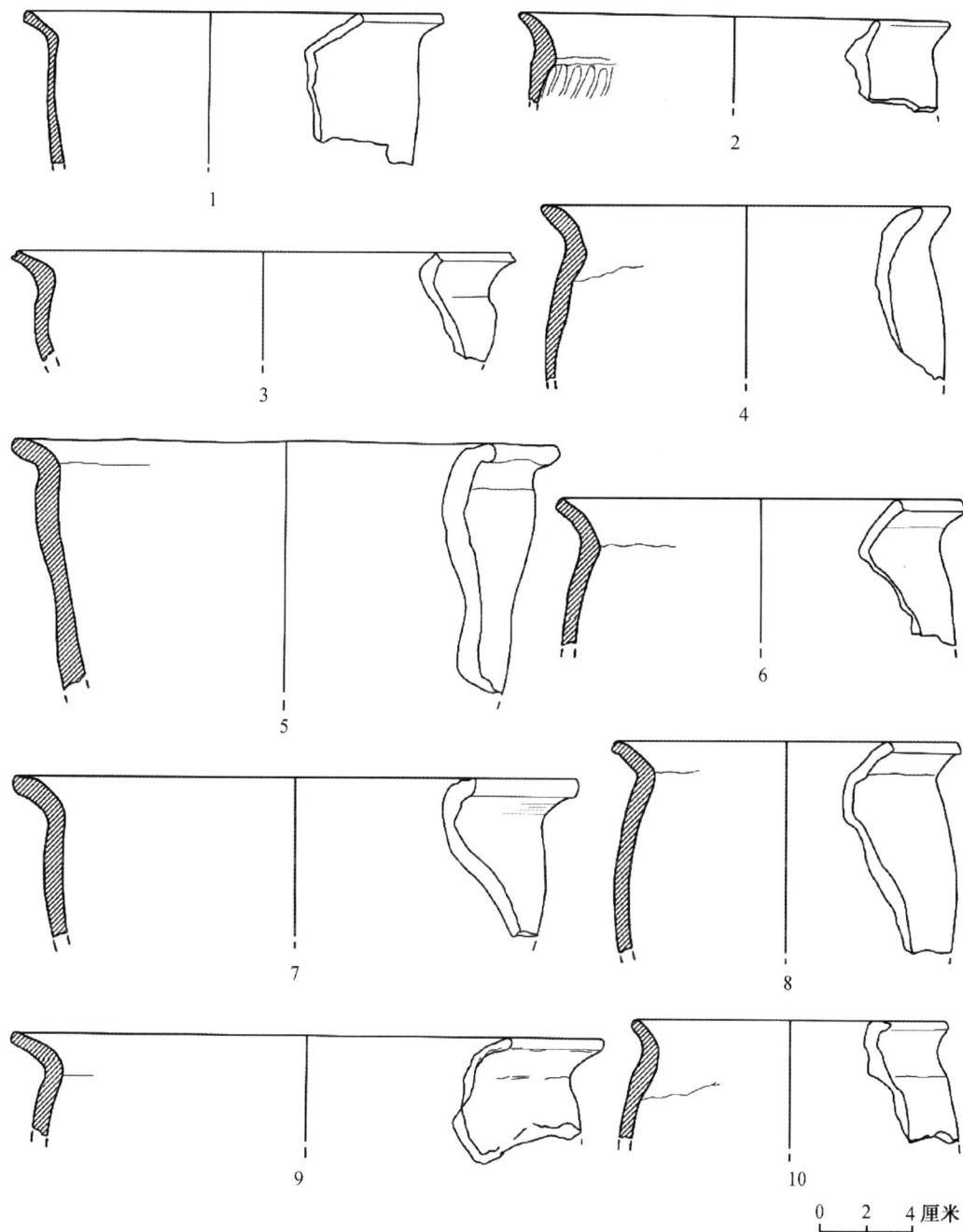

图 4-83　鬲（六）

1—3. Aa 型（TN06E02④:36、TN06W01③:16、TN06W06④C:10）4—9. Ab 型（TN06W03①:14、
TN06W06④C:24、TN05E03③:33、TN05E03④:15、TN06W06②B:25、TN06W03②B:44）

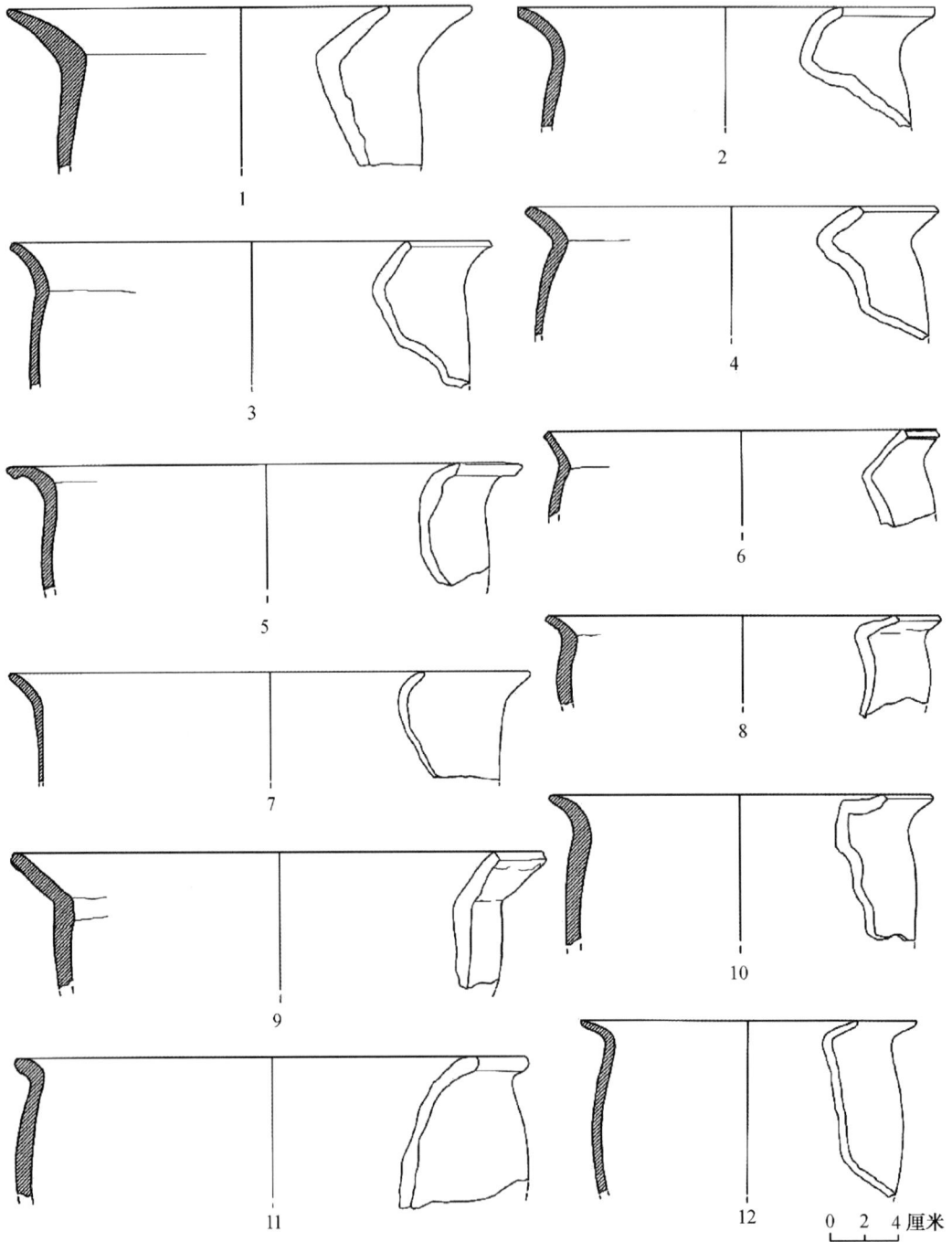

图4-84　鬲（七）

1—10. Ab 型（TN06E03④:19、TN05E03②:102、TN06W04②B:20、TN06W06②B:28、TN06W06④
C:1、TN06E03②:40、TN05W05②A:28、TN06E03③:9、TN06W06②B:15、TN06W06④C:50）

口径18、残高7.4厘米(图4-84,4)。标本TN06W06④C:1,夹砂灰陶。圆方唇,折沿,沿面外撇,腹部微弧形斜下收,腹上部微内凹,腹下部及底残。素面。口径24、残高10.6厘米(图4-84,5)。标本TN06E03②:40,夹砂红陶。斜方唇,沿面弧形微外卷,沿面近唇处微凹,折沿,腹微弧。素面。口径18、残高6.2厘米(图4-84,6)。标本TN05W05②A:28,夹砂红陶。尖圆唇,敞口,沿面弧形微外卷,近唇处微凹,溜肩,腹微弧,斜下收,腹下及底残。素面。口径25、残高6.8厘米(图4-84,7)。标本TN06E03③:9,夹砂红陶,内红外黑。方唇,下唇斜下张,折沿外撇,腹微弧,内壁有手制痕迹。素面。口径15.4、残高9厘米(图4-84,8)。标本TN06W06②B:15,夹砂红陶。圆方唇,圆折沿,腹微弧。素面。口径26、残高5.4厘米(图4-84,9)。标本TN06W06④C:50,夹砂红陶。圆唇,沿面弧形微外卷,圆折沿,腹微弧。素面。口径14、残高5.2厘米(图4-84,10)。标本TN07W05②B:10,夹砂红陶。侈口,圆唇,折沿,腹部近竖直。素面。口径28、残高9.3厘米(图4-85,1)。标本TN07W03②B:2,夹砂褐陶。敞口,方唇,圆折沿,沿面弧形微外卷,腹部近斜直,腹以下残。素面。口径25、残高7厘米(图4-85,2)。标本TN07W06②:18,夹砂红陶。侈口,斜方唇,沿面较宽,呈弧形外卷,折沿,腹壁微弧,腹中部以下残。素面。口径29、残高8.4厘米(图4-85,3)。标本TN06W03②B:36,夹砂褐陶。侈口,方唇,圆折沿,沿面微弧外卷,腹部近直。素面。口径24、残高7.5厘米(图4-85,4)。标本TN06W06④C:9,夹砂红陶。斜方唇,唇面微凹,翻沿,沿面弧形外卷,圆折沿,腹微弧。素面。口径32、残高7.4厘米(图4-85,5)。标本TN05E03②:36,夹砂红陶。斜方唇,沿面近斜直,折沿,腹微弧。素面。口径24、残高5.8厘米(图4-85,6)。标本TN06W01④:37,夹砂红陶。侈口,圆唇,腹部近直,沿面微弧,腹中部以下残。素面。口径32、残高6.5厘米(图4-85,7)。标本TN06W06②B:30,夹砂红陶。斜方唇,折沿,弧腹。素面。口径24、残高5.2厘米(图4-85,8)。标本TN05E03③:7,夹砂褐陶。斜方唇,沿面近斜直,折沿,腹微弧。素面。口径33、残高8.3厘米(图4-85,9)。标本TN06W06②B:22,夹砂红陶。斜方唇,圆折沿,沿面微弧形外卷,腹微弧,腹下及底残。素面。口径23.4、残高8.6厘米(图4-85,10)。标本TN06W06④C:15,夹砂红陶。圆唇,圆折沿,沿面微弧形外撇,腹微弧。素面。口径31.6、残高8.2厘米(图4-85,11)。标本TN06W05①:22,夹砂褐陶。侈口,尖唇,沿面弧形微外卷,圆折沿,腹部近直。素面。口径20、残高10.1厘米(图4-85,12)。标本TN06E03②:36,夹砂红陶。斜方唇,沿面弧形外卷,折沿,腹微弧斜下收。素面。口径18、残高8厘米(图4-86,1)。标本TN05W05②A:3,夹砂灰陶。斜方唇,侈口,折沿,溜肩,腹微弧,斜下收,腹下及底残。素面。口径16.6、残高5.2厘米(图4-86,2)。标本TN06W04②B:14,夹砂褐陶。斜方唇,沿面弧形外卷,圆折沿,腹微弧。口径19、残高5.8厘米(图4-86,3)。标本TN06W06④C:8,夹砂红陶。圆唇,圆折沿,溜肩。素面。口径16、残高2.9厘米(图4-86,4)。标本TN06E03③:27,夹砂红陶,器表因烧制不均匀,呈现红、黑二色。敞口,方唇,折沿,沿面微弧形外卷,腹部稍鼓,弧腹斜下收,腹下部及底残,已出现鬲分裆迹象。素面。口径19.6、残高6厘米(图4-86,5)。标本TN05E03②:32,夹砂红陶。尖圆唇,沿面微弧形外翻,圆折沿,腹微弧。素面。口径14、残高7.6厘米(图4-86,6)。

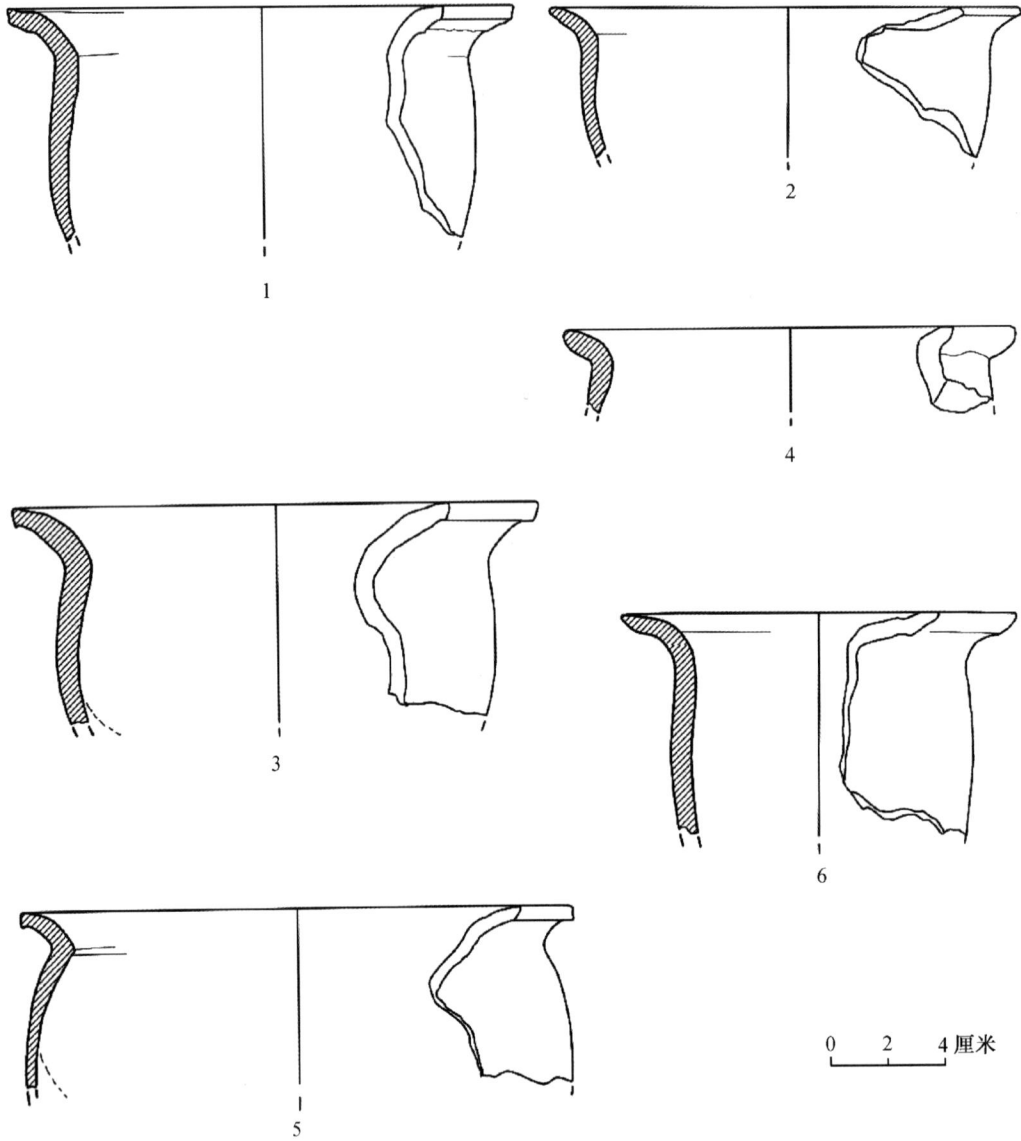

图4-85 鬲(八)

1—12. Ab 型 (TN07W05②B：10、TN07W03②B：2、TN07W06②：18、TN06W03②B：36、TN06W06④ C：9、TN05E03 ②：36、TN06W01 ④：37、TN06W06 ② B：30、TN05E03 ③：7、TN06W06 ② B：22、 TN06W06④C：15、TN06W05①：22)

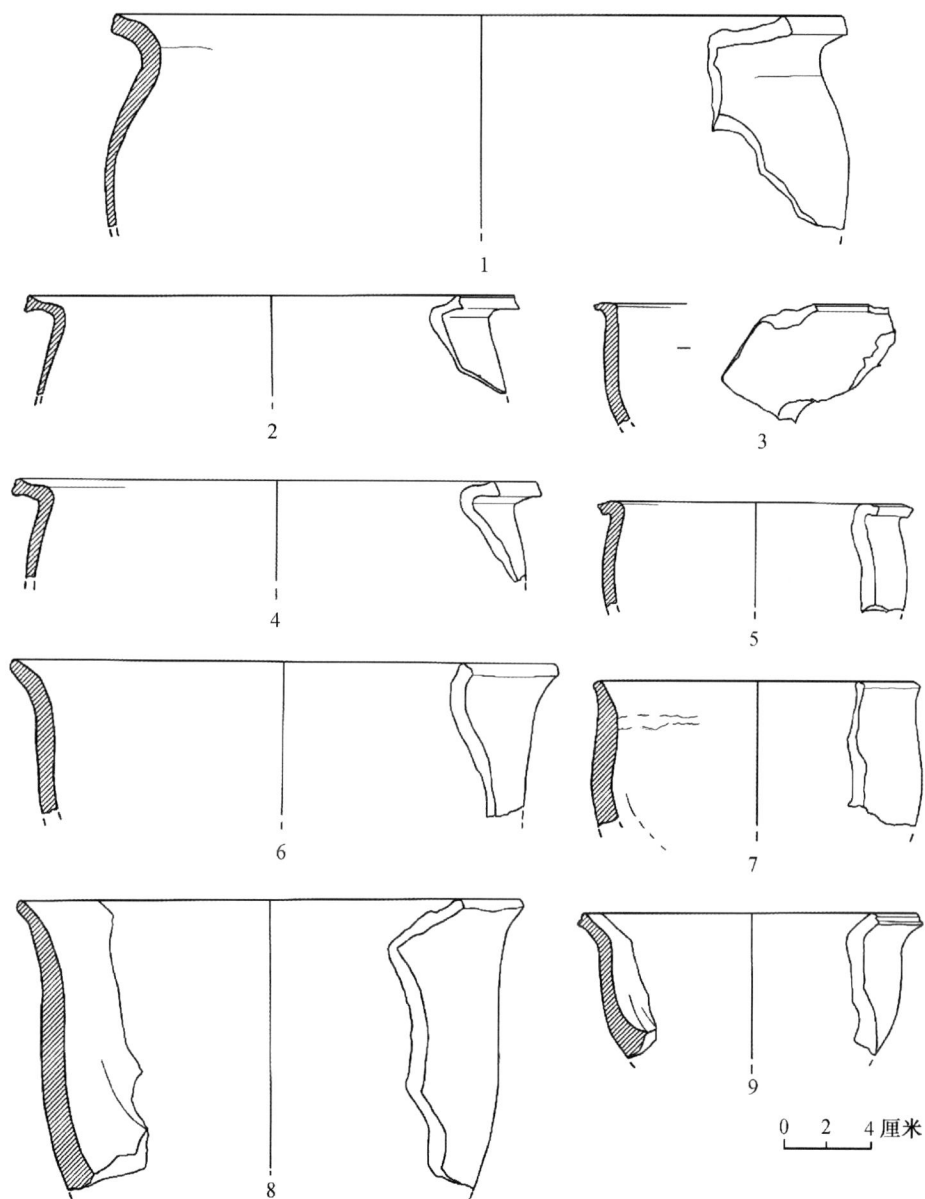

图 4-86　鬲(九)

1—6. Ab 型(TN06E03②:36、TN05W05②A:3、TN06W04②B:14、TN06W06④C:8、TN06E03③:27、TN05E03②:32)

Ac 型,5 件。折沿外翻近平,窄小沿,腹径小于口径。标本 TN06W06①:4,夹砂红陶,器表因烧制不均匀,呈现红、灰二色。斜方唇,圆折沿,沿面微凹,弧溜肩,腹微弧,腹下部及底残。素面。口径 33.4、残高 9.4 厘米(图 4-87,1)。标本 TN05E03③:72,夹砂红陶。斜方唇,唇面有凹槽,圆折沿,沿面微凹,腹微弧,腹下部及底残。素面。口径 22.6、残高 4.4 厘米(图 4-87,2)。标本 TN05W05②A:33,夹砂红陶。斜方唇,敞口,翻沿,沿面近平,溜肩,腹微弧,斜下收,下腹及底残。器腹饰细绳纹。残宽 8、残高 5.4 厘米(图 4-87,3)。标本 TN05W05②A:14,夹砂红陶。斜方唇,折沿,沿面微凹,腹微弧,腹下及底残。素面。口径 24、残高 4.4 厘米(图 4-87,4)。标本 TN05W05②A:18,夹砂红陶。斜方唇,敞口,折沿,沿近平,溜肩,腹微弧,斜下收,腹下及底残。素面。口径 15.4、残高 5 厘米(图 4-87,5)。

Ad 型,13 件。口沿微外撇,与腹壁几乎成一条直线,腹径几乎等于口径。标本 TN06E02④:28,夹砂红陶。圆方唇,沿面微弧形外卷,腹微弧,近直下收。素面。口径 25、残高 6.8 厘米(图 4-87,6)。标本 TN06E03②:23,夹砂灰陶。圆方唇,折沿,弧腹斜下收,已出现分裆。素面。口径 15、残高 6.4 厘米(图 4-87,7)。标本 TN06E03③:25,夹砂红陶,内红外黑。敞口,圆方唇,沿面弧形微外卷,器腹部弧形斜下收,腹下部及底残,已出现鬲分裆。素面。口径 23、残高 11.8 厘米(图 4-87,8)。标本 TN06E03④:16,夹砂褐陶。斜方唇,唇面有一周凹槽,为制作痕迹。折沿,弧腹斜下收,有分裆现象。素面。口径 16、残高 6.4 厘米(图 4-87,9)。标本 TN06W01②:8,夹砂褐陶。敞口,尖圆唇,沿面弧形微外卷,弧腹,腹以下残。素面。口径 23.4、残高 15.5 厘米(图 4-88,1)。标本 TN06W01④:54,夹砂褐陶。斜方唇,侈口,沿面弧形微外卷,圆折沿,腹部微弧斜下收,腹部以下残。素面。底径 24、残高 9.5 厘米(图 4-88,2)。标本 TN05E03②:28,夹砂红陶。斜方唇,唇面微凹,圆折沿,沿面微弧形外撇,腹微弧,腹下部及底残。素面。口径 27.6、残高 6.8 厘米(图 4-88,3)。标本 TN06E02②:92,夹砂红陶。斜方唇,沿面弧形微外卷,腹微弧斜下收。素面。口径 32、残高 6.4 厘米(图 4-88,4)。标本 TN06E03②:46,夹砂红陶。圆唇,沿面弧形微外撇,折沿,弧腹斜下收。沿下有拼接痕迹,素面。口径 20、残高 8 厘米(图 4-88,5)。标本 TN05E03④:8,夹砂灰陶。斜方唇,沿面弧形微外卷,圆折沿,弧腹斜下收。素面。口径 19、残高 6.4 厘米(图 4-88,6)。标本 TN05E03③:8,夹砂红陶。斜方唇,沿面弧形微外卷,弧腹。素面。口径 17、残高 8.2 厘米(图 4-88,7)。标本 TN05E04④:3,夹砂红陶。斜方唇,沿面近斜直,圆折沿,弧腹斜下收。素面。口径 17、残高 8.8 厘米(图 4-88,8)。标本 TN05E03④:13,夹砂灰陶。斜方唇,沿面弧形微外撇,折沿,弧腹斜下收。素面。口径 14、残高 6.6 厘米(图 4-88,9)。

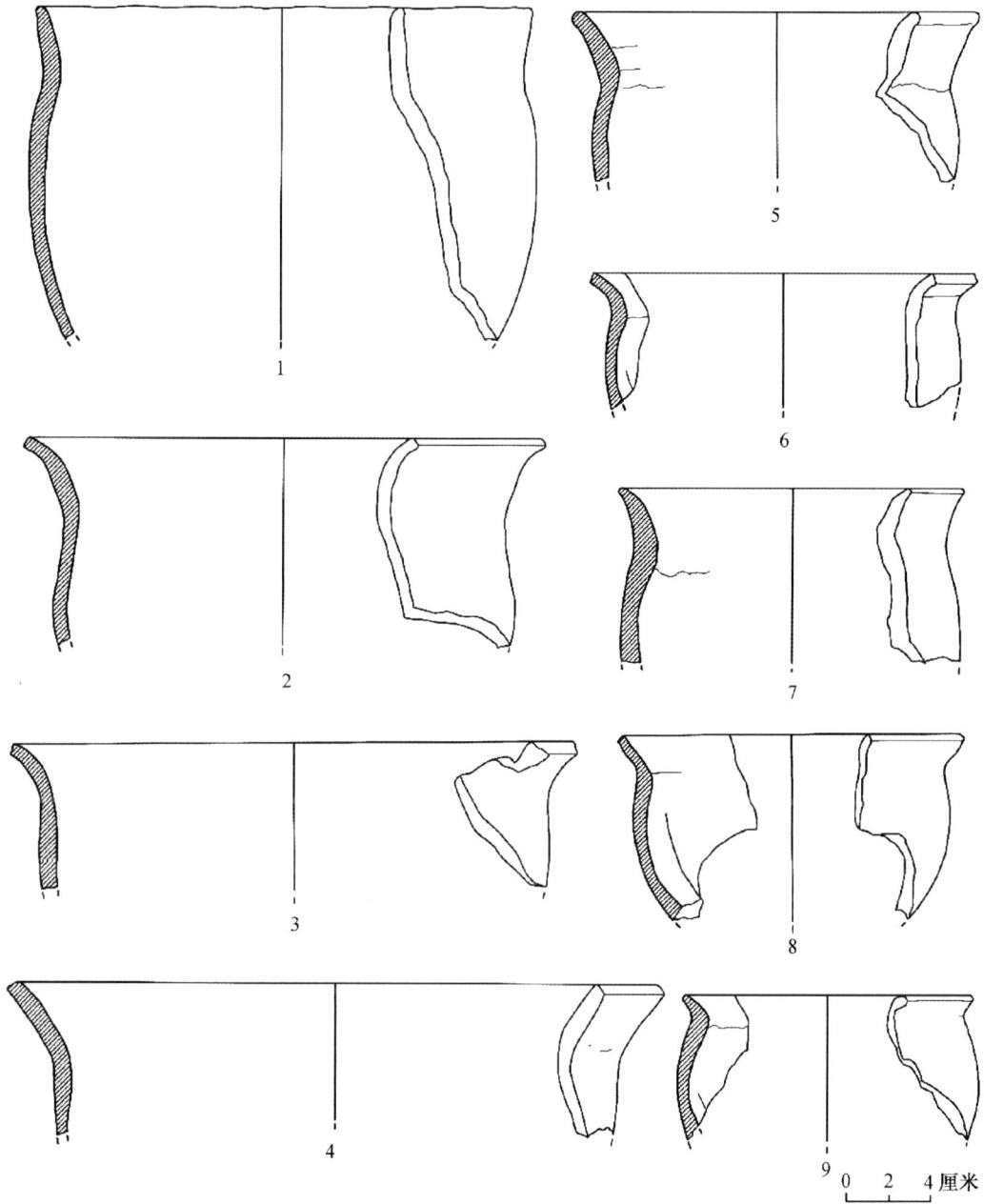

图 4-87　鬲（十）

1—5. Ac 型（TN06W06①:4、TN05E03③:72、TN05W05②A:33、TN05W05②A:14、TN05W05②A:18）

6—9. Ad 型（TN06E02④:28、TN06E03②:23、TN06E03③:25、TN06E03④:16）

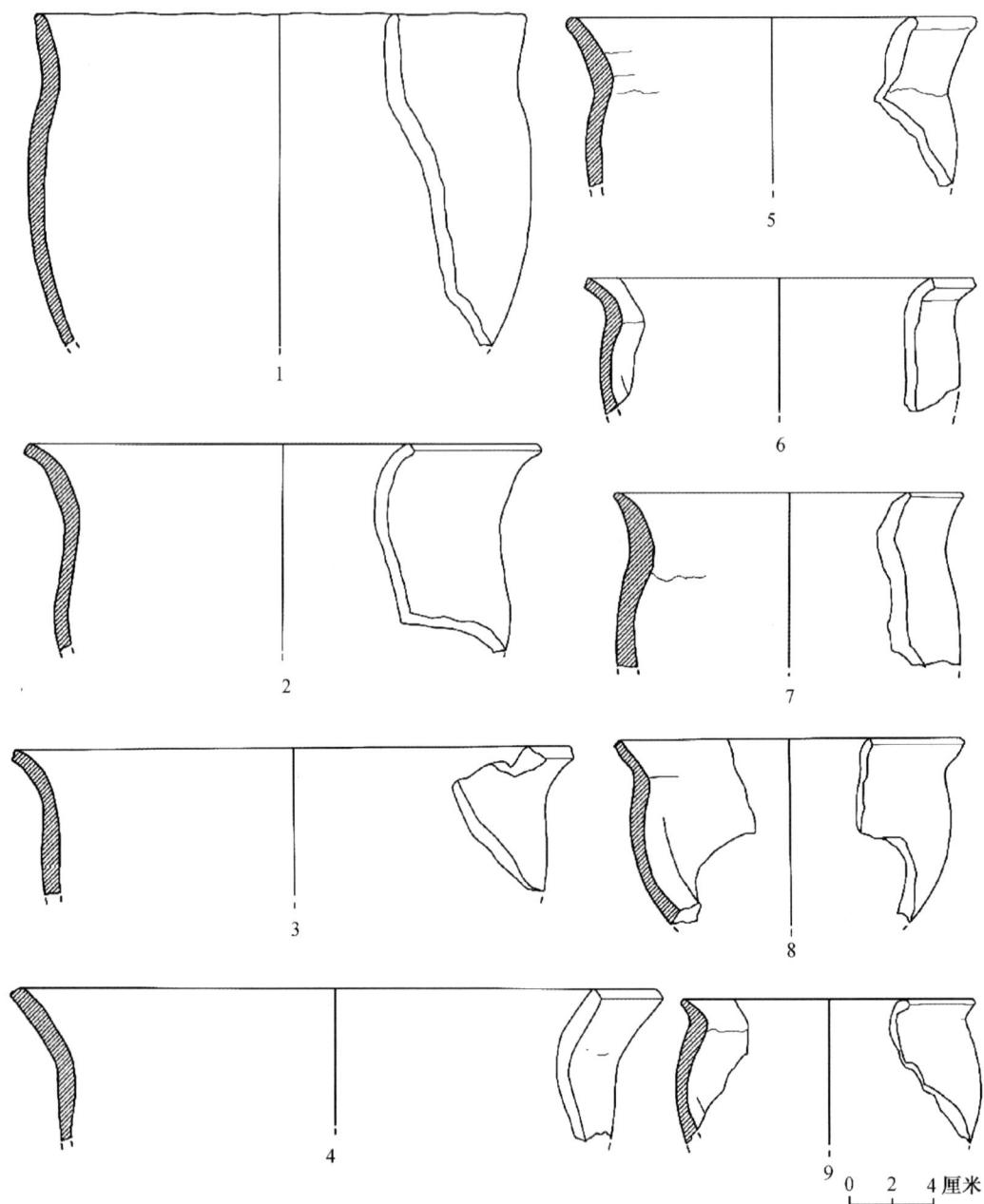

图 4-88　鬲（十一）

1—9. Ad 型（TN06W01②:8、TN06W01④:54、TN05E03②:28、TN06E02②:92、TN06E03②:46、
TN05E03④:8、TN05E03③:8、TN05E04④:3、TN05E03④:13）

B 型,共 12 件。有纹饰。根据口沿分两亚型。

Ba 型,9 件。口沿上、下各有一处折棱。标本 TN06W03②B:58,夹砂红陶。圆方唇,折沿,沿面微凹,竖颈,高领,领下腹上有一周折痕。腹部饰细绳纹。口径 19、残高 5 厘米(图 4-89,1)。标本 TN05W05②A:13,夹砂红陶。斜方唇,折沿,沿面近斜平,腹微弧斜下收,腹下及底残。器腹饰绳纹。口径 19.6、残高 6 厘米(图 4-89,2)。标本 TN06W04②B:12,夹砂红陶。圆唇,唇面有一周凹槽,折沿,沿面微凹,中领,腹壁近直。肩下部饰细绳纹。口径

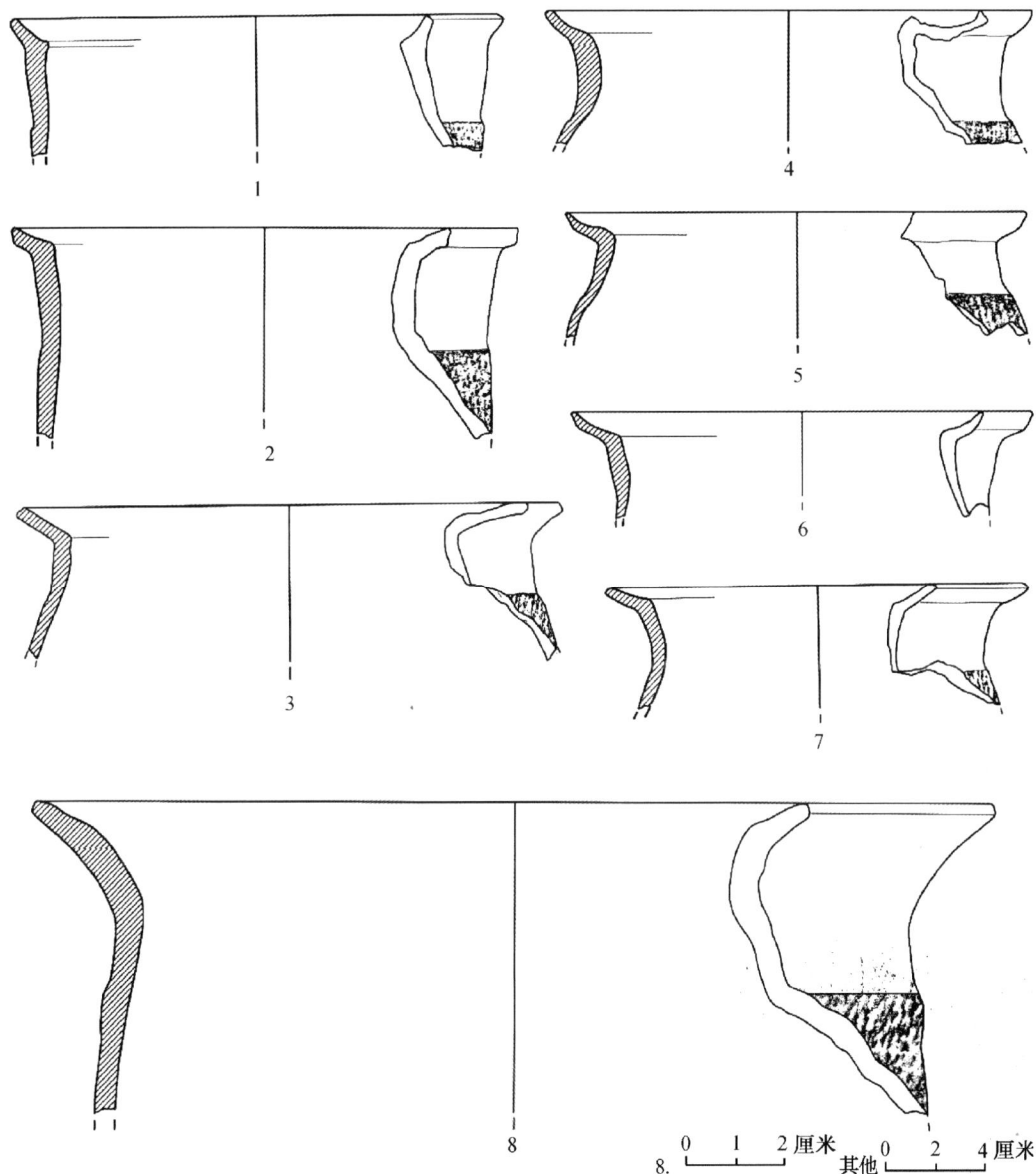

图 4-89　鬲(十二)

1—8. Ba 型(TN06W03②B:58、TN05W05②A:13、TN06W04②B:12、TN06W06④C:4、TN05E03②:31、TN06W06②B:56、TN05W05②A:17、TN06W01③:18)

169

21.4、残高 5.7 厘米（图 4-89,3）。标本 TN06W06④C:4,夹砂红陶。圆唇,沿面微内凹,折沿,高领,弧腹。腹部饰细绳纹。口径 18、残高 5 厘米（图 4-89,4）。标本 TN05E03②:31,夹砂褐陶。尖唇,沿面微内凹,折沿,中领,腹微弧。腹部饰细绳纹。口径 18、残高 4.7 厘米（图 4-89,5）。标本 TN06W06②B:56,夹砂红陶。尖唇,沿面内侧微凹,折沿,高领,腹壁微弧。素面。口径 18、残高 3.2 厘米（图 4-89,6）。标本 TN05W05②A:17,夹砂红陶。尖圆唇,折沿,沿面微凹,高领,腹微弧,腹下及底残。器身饰绳纹,领外绳纹已磨平。口径 16.6、残高 4.6 厘米（图 4-89,7）。标本 TN06W01③:18,夹砂红陶。敞口,方唇,圆折沿,近直腹,腹以下残。腹部饰有绳纹（图 4-89,8）。标本 TN06W06②B:17,夹砂红陶。圆方唇,折沿,沿面微凹,腹微弧。素面。口径 19、残高 9.8 厘米（图 4-90,1）。

Bb 型,3 件。圆折沿。标本 TN06W03②B:27,夹砂褐陶。圆唇,沿面微弧,中领,腹上部微弧,腹下及底残。器外壁饰绳纹。口径 17、残高 5.5 厘米（图 4-90,2）。标本 TN06W01④:25,夹砂红陶。侈口,圆方唇,圆折沿,沿面微弧形外卷,腹微弧,腹中部以下残。腹部饰有交错的间绳纹。口径 22、残高 6.2 厘米（图 4-90,3）。标本 TN05W01①:1,夹砂红陶。侈口,圆方唇,沿面弧形外卷,圆折沿,弧腹,腹中部以下残,有腹下分档现象。腹外壁饰绳纹。口径 12、残高 5.6 厘米（图 4-90,4）。

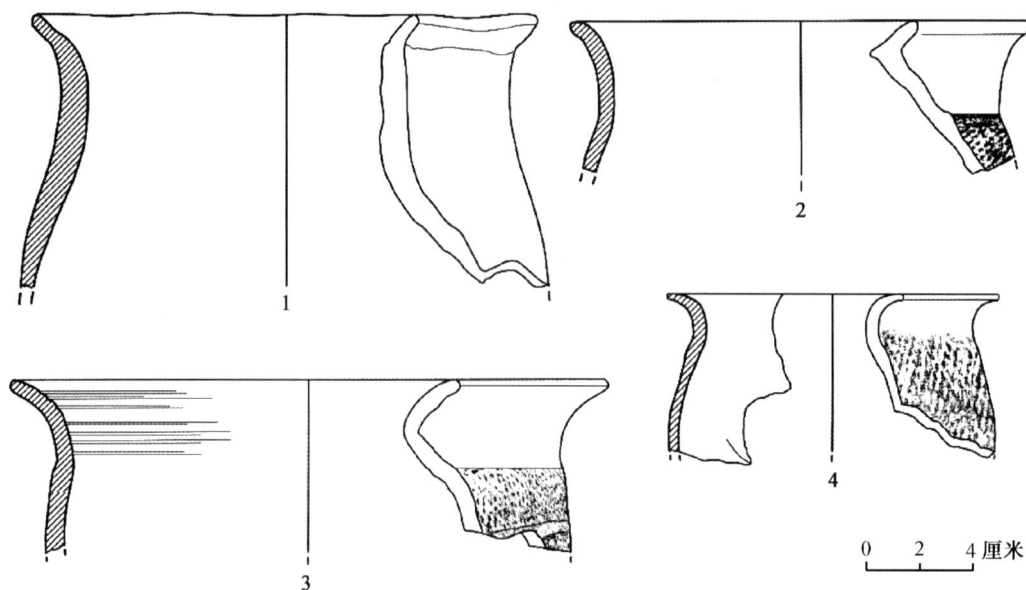

图 4-90 鬲（十三）

1. Ba 型（TN06W06②B:17）　2—4. Bb 型（TN06W03②B:27、TN06W01④:25、TN05W01①:1）

2. 甗、甗腰、甗（鬲）足

甗 18 件,未分型。标本 TN06E03④:22,夹砂红陶。侈口,斜方唇,沿面近斜直外撇,圆折沿,腹部微弧。素面。口径 34、残高 6.8 厘米（图 4-91,1）。标本 TN06W06④C:14,夹砂红陶。斜方唇,宽沿,沿面弧形外卷,弧腹,腹下部及底残。素面。口径 35、残高 6.2 厘米

（图4-91，2）。标本TN06W06②B:39，夹砂红陶。侈口，斜方唇，沿面较宽，呈弧形外卷，圆折沿，腹微弧。素面。口径33.4、残高6.3厘米（图4-91，3）。标本TN06W06②B:53，夹砂红陶。侈口，斜方唇，沿面弧形微外卷，折沿，弧腹。素面。口径33、残高7.6厘米（图4-91，4）。标本TN05E03③:4，夹砂褐陶。圆唇，沿面弧形微外卷，圆折沿，弧腹。素面。口径33.6、残高7.6厘米（图4-91，5）。标本TN06E03②:25，夹砂红陶。斜方唇，沿面弧形外卷，圆折沿，腹上部微弧。素面。口径32、残高7.5厘米（图4-91，6）。标本TN06E03②:45，夹砂红陶。斜方唇，圆折沿，沿面微弧形外撇，弧腹斜下收。素面。口径29、残高7.8厘米（图4-91，7）。标本TN06W03②B:5，夹砂红陶。侈口，圆方唇，折沿，沿面较宽，近斜直，腹上部微鼓，腹下部弧形斜下收，近底腹部及底残。素面。口径35、残高21.6厘米（图4-91，8）。标本TN05E03②:57，夹砂灰陶。斜方唇，沿面微弧形外卷，折沿，腹微弧斜下收。素面。口径24、残高11.3厘米（图4-91，9）。标本TN06W01③:22，夹砂红陶。敞口，方唇，折沿，弧腹，腹以下残。唇部饰有一道凹弦纹。口径25、残高10.5厘米（图4-91，10）。标本TN06W01④:38，夹砂红陶。方圆唇，敞口，沿面弧形微外卷，圆折沿，腹部微弧斜下收，腹部以下残。素面。底径25.6、残高11厘米（图4-91，11）。标本TN06W01③:39，夹砂红陶。敞口，方唇，圆折沿，弧腹，腹以下残。素面。口径25、残高11.6厘米（图4-91，12）。标本TN05E03③:4，夹砂褐陶。圆唇，沿面弧形微外卷，圆折沿，弧腹。素面。口径33.6、残高7.6厘米（图4-92，1）。标本TN06E02②:93，夹砂红陶。斜方唇，沿面弧形外卷，圆折沿，弧腹斜下收。素面。口径39、残高9厘米（图4-92，2）。标本TN05E03④:10，夹砂红陶。侈口，斜方唇，圆折沿，沿面近斜直，弧肩，弧腹。素面。口径38.6、残高7.8厘米（图4-92，3）。标本TN06E03②:67，夹砂褐陶。斜方唇，圆折沿，沿面较宽，微弧形外卷，腹部微弧斜下收，腹下部及底残。素面。口径41、残高9.9厘米（图4-92，4）。标本TN07W04②:8，夹砂红陶。侈口，圆方唇，弧形微外卷，圆折沿，弧溜肩，弧腹斜下收，最大径在腹上部。素面。口径12.5、残高9.7厘米（图4-93，1）。标本TN06E03③:164，夹砂红陶，器表因烧制不均匀，呈现红、灰二色。侈口，方唇，唇面有一周凹槽，弧形微外卷，圆折沿，弧腹斜下收。素面。口径38、残高14.4厘米（图4-93，2）。

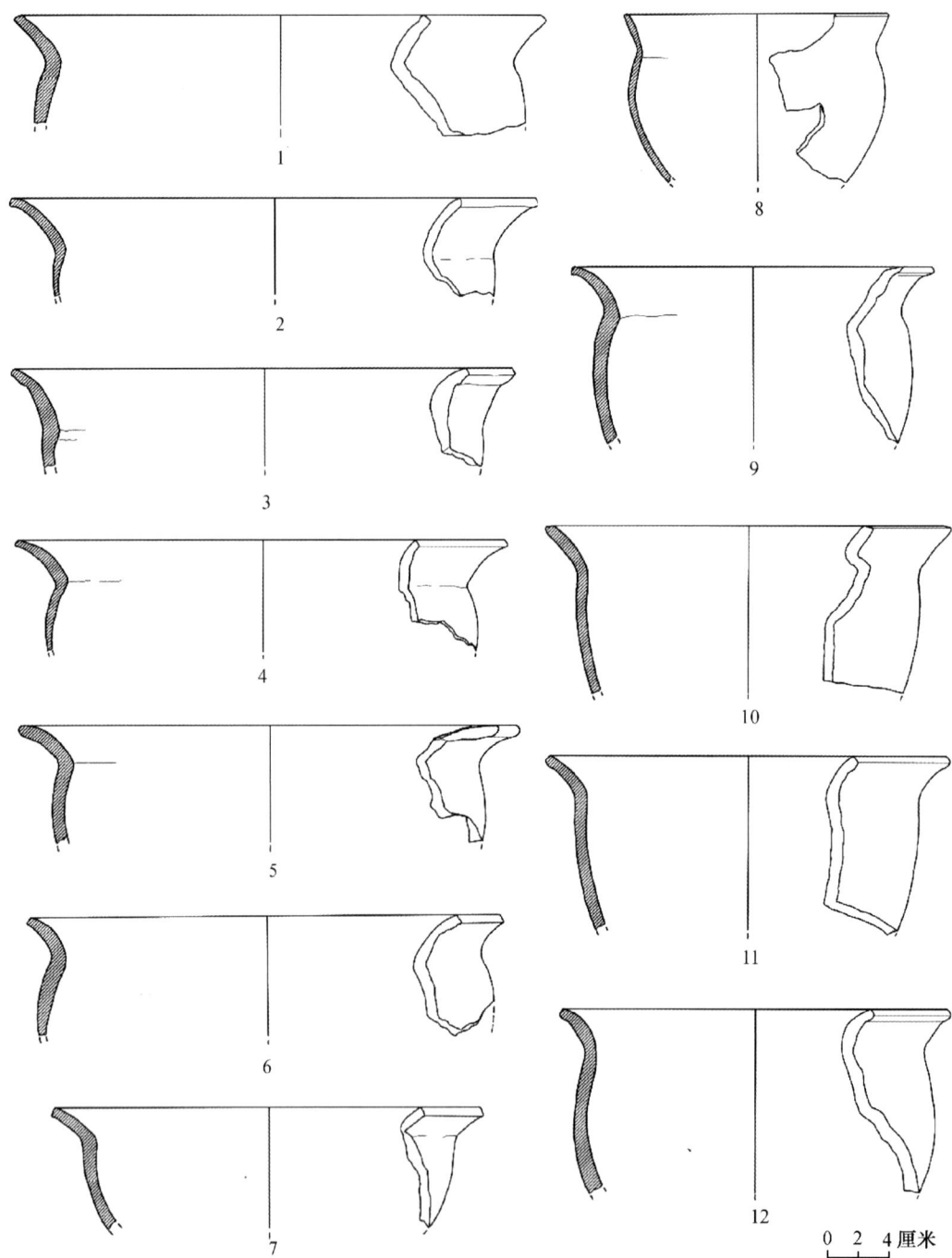

图 4-91　瓿（一）

1—12.（TN06E03④:22、TN06W06④C:14、TN06W06②B:39、TN06W06②B:53、TN05E03③:4、
TN06E03②:25、TN06E03②:45、TN06W03②B:5、TN05E03②:57、TN06W01③:22、TN06W01④:
38、TN06W01③:39）

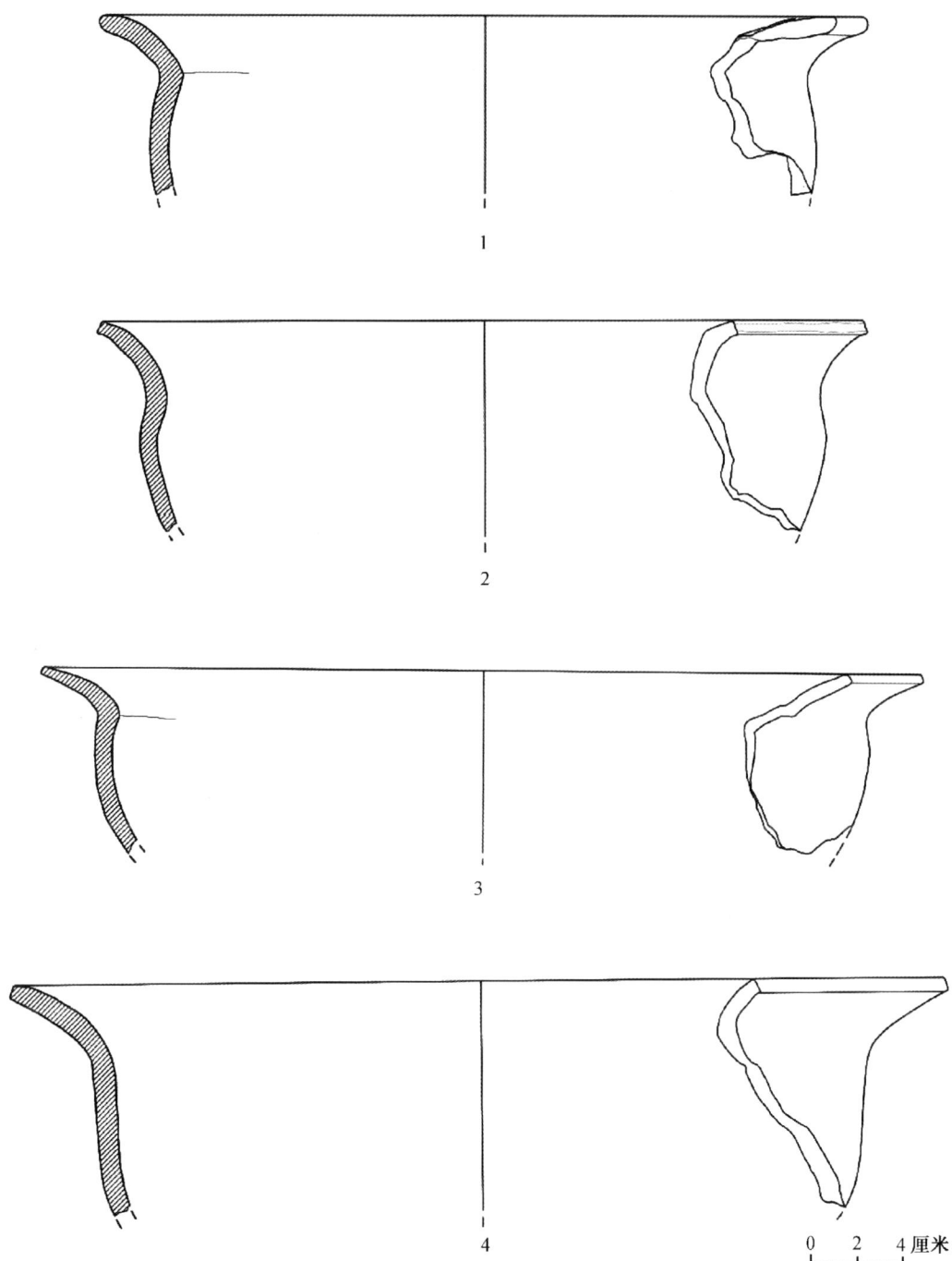

图 4-92　甗（二）

1—4.（TN05E03③:4、TN06E02②:93、TN05E03④:10、TN06E03②:67）

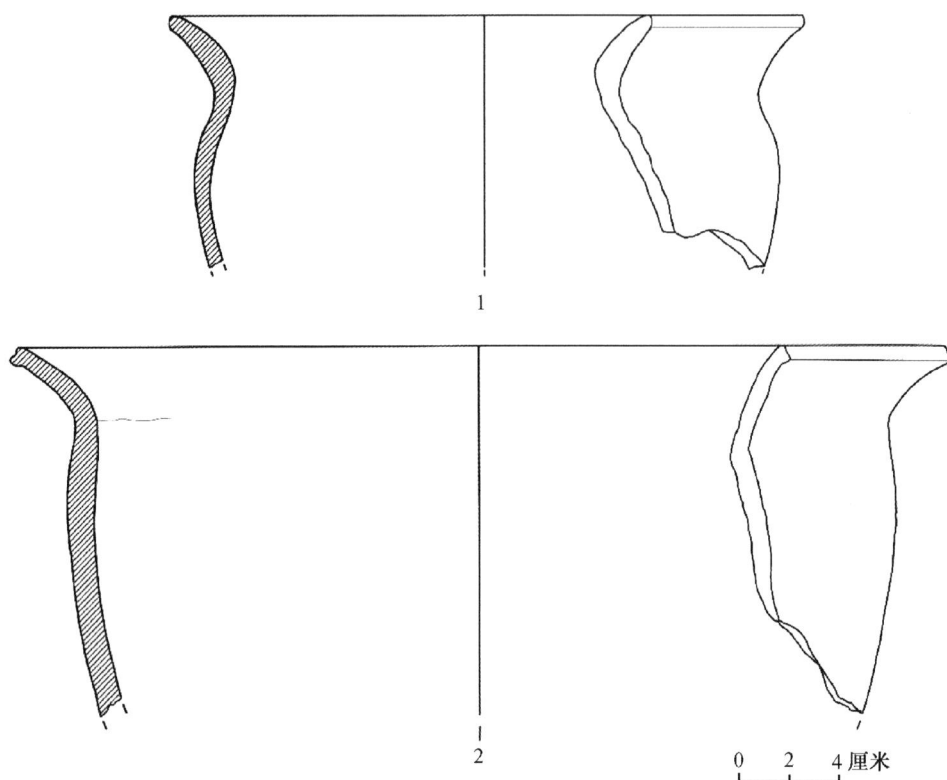

图 4-93 甗(三)

1、2.(TN07W04②:8、TN06E03③:164)

甗腰 共 14 件,根据有无堆饰分两型。

A 型,共 10 件,有堆饰。

Aa 型,9 件,有按窝纹堆饰。标本 TN05E03②:75,夹砂红陶。束腰,内折,甗腰上部向上外张,下部弧形向下张。甗腰外壁有圆形按窝纹。内径 15、残高 5.8 厘米(图 4-94,1)。标本 TN06E02②:96,夹砂褐陶。束腰,内折,器腰上部均残,腰下腹部呈喇叭状弧形下张,其下残。腰外壁饰带月牙状按窝纹的附加堆纹。内径 9.6、残高 7.8 厘米(图 4-94,2)。标本 TN06E02①:24,夹砂红陶。束腰,内折,器腰上部均残,腰下腹部呈喇叭状弧形下张,其下残。腰外壁饰锯齿状附加堆纹。内径 9、残高 5.2 厘米(图 4-94,3)。标本 TN05E03②:74,夹砂灰陶。束腰,内圆折,甗腰上部向上外张,下部弧形向下张。甗腰外壁有戳印纹。内径 10、残高 5.6 厘米(图 4-94,4)。标本 TN06W06④C:48,夹砂褐陶。束腰,内折,甗腰下部弧形向下张。甗腰饰一周附加堆纹,上有圆形按窝纹。内径 10、残高 9 厘米(图 4-94,5)。标本 TN06W03②B:68,夹砂红陶。束腰,内折,甗腰下接腹部,微弧下张。甗腰饰有一周附加泥条,上有按窝纹。内径 7、残高 6 厘米(图 4-94,6)。标本 TN05E02④:10,夹砂红陶。束腰,内折,甗腰下接腹部,微弧下张。甗腰饰有一周附加泥条堆纹,上有浅按窝痕。内径 8、残高 5.6 厘米(图 4-94,7)。标本 TN06W03②B:25,夹砂红陶。束腰,内折,甗腰接上腹处有明显拼接痕迹;甗腰接下腹部,微弧下张。甗腰饰有一周附加泥条,上饰浅按窝纹。内径 10、残高 7.4 厘米(图 4-94,8)。标本 TN06W06④C:47,夹砂红陶。束腰,内圆折,甂腰上部及下部残缺。甂腰饰一周附加堆纹,上有浅按窝纹。内径 12、残高 4.6 厘米(图 4-94,9)。

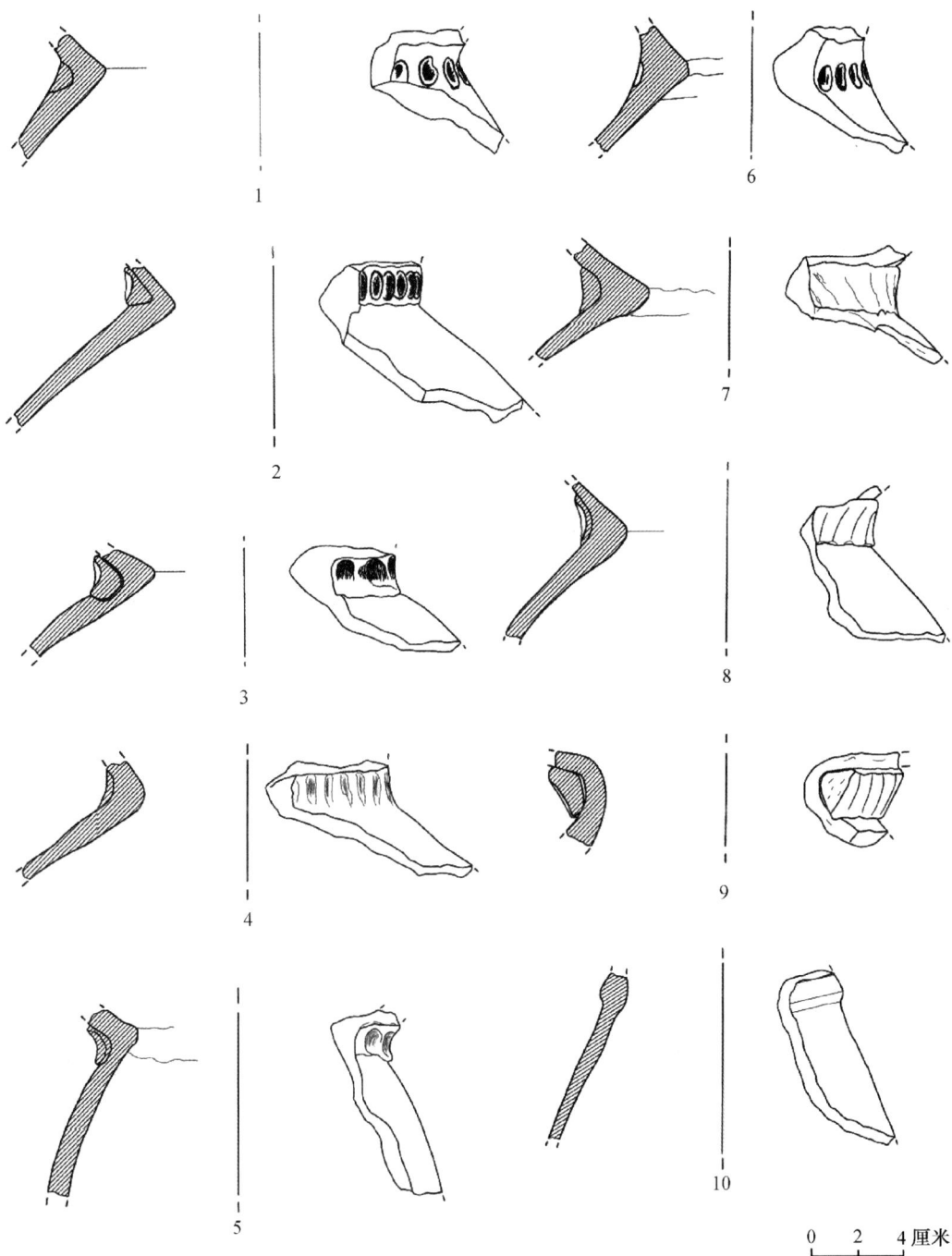

图 4-94　甂腰(一)

1—9. Aa 型 (TN05E03②:75、TN06E02②:96、TN06E02①:24、TN05E03②:74、TN06W06④C:48、TN06W03②B:68、TN05E02④:10、TN06W03②B:25、TN06W06④C:47) 　10. Ab 型(TN06W03①:2)

Ab 型,1 件,有凸弦纹堆饰。标本 TN06W03①:2,夹砂红陶。束腰,内圆折,甗腰上部向上外张,下部弧形向下张。素面。内径 6.2、残高 8.2 厘米(图 4-94,10)。

B 型,4 件,无堆饰。标本 TN05E02④:9,夹砂红陶。束腰,甗腰内部有一周折痕,下部接腹部,弧形斜下收。素面。内径 7、残高 9.4 厘米(图 4-95,1)。标本 TN05E02②:16,夹砂褐陶。束腰,甗腰下接腹部,微弧下张。素面。残径 11.2、残高 7.9 厘米(图 4-95,2)。标本 TN05E03②:76,夹砂红陶。束腰,内折,甗腰上部向上外张,下部弧形向下张。素面。内径 10、残高 9 厘米(图 4-95,3)。标本 TN05E03③:39,夹砂褐陶。束腰,内折,甗腰上部向上外张,下部弧形向下张。素面。内径 9、残高 8 厘米(图 4-95,4)。

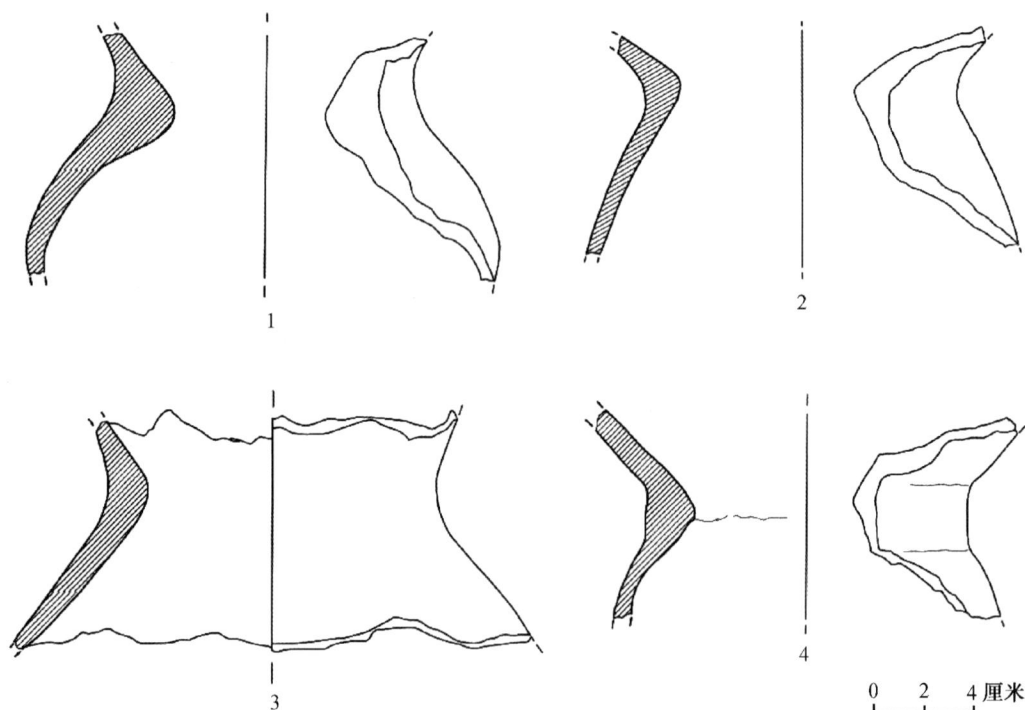

图 4-95　甗腰(二)

1—4. B 型(TN05E02④:9、TN05E02②:16、TN05E03②:76、TN05E03③:39)

甗(鬲)足　共 47 件,据足跟分两型。

A 型,16 件,空足跟。标本 TN06W06④C:40,夹砂红陶。乳丁状锥形足,足外壁微弧,足内底微圜,足跟较矮。素面。残高 5.4 厘米(图 4-96,1)。标本 TN06W06②B:81,夹砂红陶。锥形截尖足,足内底较尖窄。素面。残高 7.4 厘米(图 4-96,2)。标本 TN06E02①:12,夹砂红陶。锥形截尖足,足壁外侧近斜直,内侧微弧,足内底微圜,足跟较矮。素面。残高 6.4 厘米(图 4-96,3)。标本 TN05E03④:34,夹砂红陶。锥形截尖足,分档,足外壁近斜直,足内底稍尖窄,足跟较低。素面。残高 8.6 厘米(图 4-96,4)。标本 TN06E01②:21,夹砂红陶。锥形足,足壁呈弧形,足内底稍尖窄,足跟稍矮。素面。残高 7.4 厘米(图 4-96,5)。标本 TN05W05②A:11,夹砂红陶。圆锥形足,足外壁近斜直,中间用泥填筑,然后磨平,足内底微圜。素面。残高 9 厘米（图 4-96,6）。标本 TN05E03②:17,夹砂红陶。方唇,沿面弧形外卷,圆折沿,腹微弧。素面。口径 15、残高 7 厘米（图 4-96,7）。标本 TN05E04④:7,夹砂褐陶。圆锥形,足外壁近斜直,足内底稍尖窄,足下端微外撇,足尖残缺。素面。残高 10.5 厘米（图

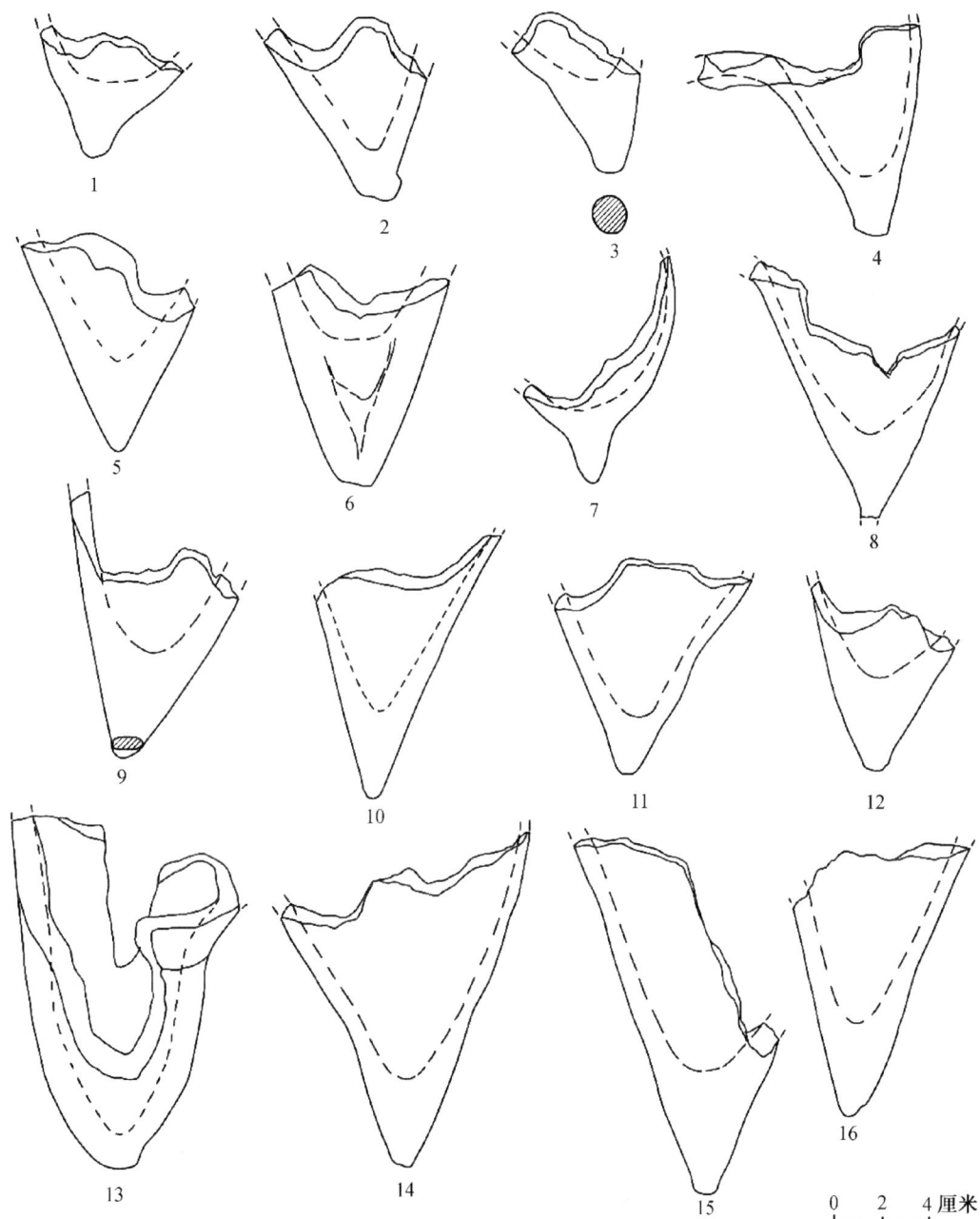

图 4-96　鬲（鬲）足（一）

1—16. A 型（TN06W06④C:40、TN06W06②B:81、TN06E02①:12、TN05E03④:34、TN06E01②:21、TN05W05②A:11、TN05E03②:17、TN05E04④:7、TN06W06④C:37、TN05E02②:5、TN06W06④C:16、TN05W05③:94、TN05E01②:10、TN05E03④:33、TN06W06④C:34、TN06E03④:64）

4-96,8)。标本TN06W06④C:37,夹砂红陶。圆锥足,足尖处较扁,足内底稍尖窄。素面。残高10.8厘米(图4-96,9)。标本TN05E02②:5,夹砂红陶。锥形袋状足,足外壁斜直,足内底稍尖,足跟稍高,空心。素面。残高10.5厘米(图4-96,10)。标本TN06W06④C:16,夹砂红陶。圆锥形足,足壁外侧近斜直,内侧微弧,足内底稍尖窄。素面。残高8.7厘米(图4-96,11)。标本TN05W05③:94,夹砂红陶。锥形截尖足,足内底稍尖窄。素面。残高7.6厘米(图4-96,12)。标本TN05E01②:10,夹砂红陶。圆锥形截尖足,足外壁微弧,足内底稍尖窄。素面。残高14.2厘米(图4-96,13)。标本TN05E03④:33,夹砂红陶。锥形袋状足,足壁微弧,足内底较尖窄,足跟稍低。素面。残高13.6厘米(图4-96,14)。标本TN06W06④C:34,夹砂红陶。锥形截尖足,足外壁微弧,足内底微圜。素面。残高14.4厘米(图4-96,15)。标本TN06E03④:64,夹砂红陶。锥形足,足外壁内侧微弧,足内底稍尖窄,足跟稍矮。素面。残高10.7厘米(图4-96,16)。

B型,共31件,实足根。据足尖分两亚型。

Ba型,25件,圆锥状足根。标本TN06W06④C:17,夹砂红陶。圆锥形足,足壁外侧斜直内微弧,足内底微圜,足跟较高。素面。残高15.3厘米(图4-97,1)。标本TN06W06④C:24,夹砂红陶。圆锥形足,足外壁近斜直,足内底微圜,足跟稍高,足内底处有明显拼接痕迹。素面。残高10.4厘米(图4-97,2)。标本TN05W01①:6,夹砂红陶。锥形足,足外壁近斜直,足内底稍圜,足跟稍高。足壁饰绳纹。残高8.8厘米(图4-97,3)。标本TN06W06④C:30,夹砂红陶。圆锥形足,足外壁斜直,足内底微圜,足跟稍高。素面。残高9.6厘米(图4-97,4)。标本TN05E03②:96,夹砂红陶。锥形足,足外壁微弧,足内底微圜。素面。残高16.1厘米(图4-97,5)。标本TN06W01④:23,夹砂红陶。乳丁锥形足,足壁呈弧形,足内底微圜,足跟稍矮。素面。残高7.4厘米(图4-97,6)。标本TN06W06②B:75,夹砂红陶。圆锥形足,足外壁近斜直,足内底微圜。素面。残高8.6厘米(图4-97,7)。标本TN06E03③:160,夹砂红陶。袋状足,圆锥截尖,足稍高,半实心。素面。残高10厘米(图4-97,8)。标本TN06W06②B:79,夹砂红陶。圆锥形足,足外壁近斜直,足内底稍尖窄,足跟较低。素面。残高7.6厘米(图4-97,9)。标本TN06W06②B:86,夹砂红陶。圆锥形足,足内底微圜,足跟稍高,上接器底处有拼接痕迹。素面。残高8.6厘米(图4-97,10)。标本TN06W06④:23,夹砂红陶。锥形截尖足,足外壁近斜直,足内底略尖窄。素面。残高8.6厘米(图4-97,11)。标本TN06W06②B:77,夹砂红陶。圆锥形足,足内底微圜。素面。残高8.2厘米(图4-97,12)。标本TN06W03②B:50,夹砂灰陶。锥形截尖足,足外壁斜直,足内底微圜,足跟稍矮。足内壁有烟炱痕迹。素面。残高7.8厘米(图4-97,13)。标本TN06W06④C:31,夹砂红陶。圆锥形足,足外壁内侧近直外侧微弧,足内底微圜,足跟稍高。素面。残高8.3厘米(图4-97,14)。标本TN06W06④C:51,夹砂红陶。锥形足,足外壁微弧,足尖微外撇。素面。残高7厘米(图4-97,15)。标本TN06W06④:25,夹砂红陶。锥形截尖足,足外壁一侧近斜直,一侧微弧,足内底微圜。素面。残高7.7厘米(图4-97,16)。标本TN06W01②:18,夹砂红陶。圆锥形足,实足跟,足内底微圜。素面。残高8.1厘米(图4-98,1)。标本TN05E03②:78,夹砂红陶。圆锥形足,足内底微圜。足上外壁饰绳纹。残高8.4厘米(图4-98,2)。标本TN06E02②:104,夹砂红陶。圆锥形足,足外壁斜直,足内底微圜,足内有

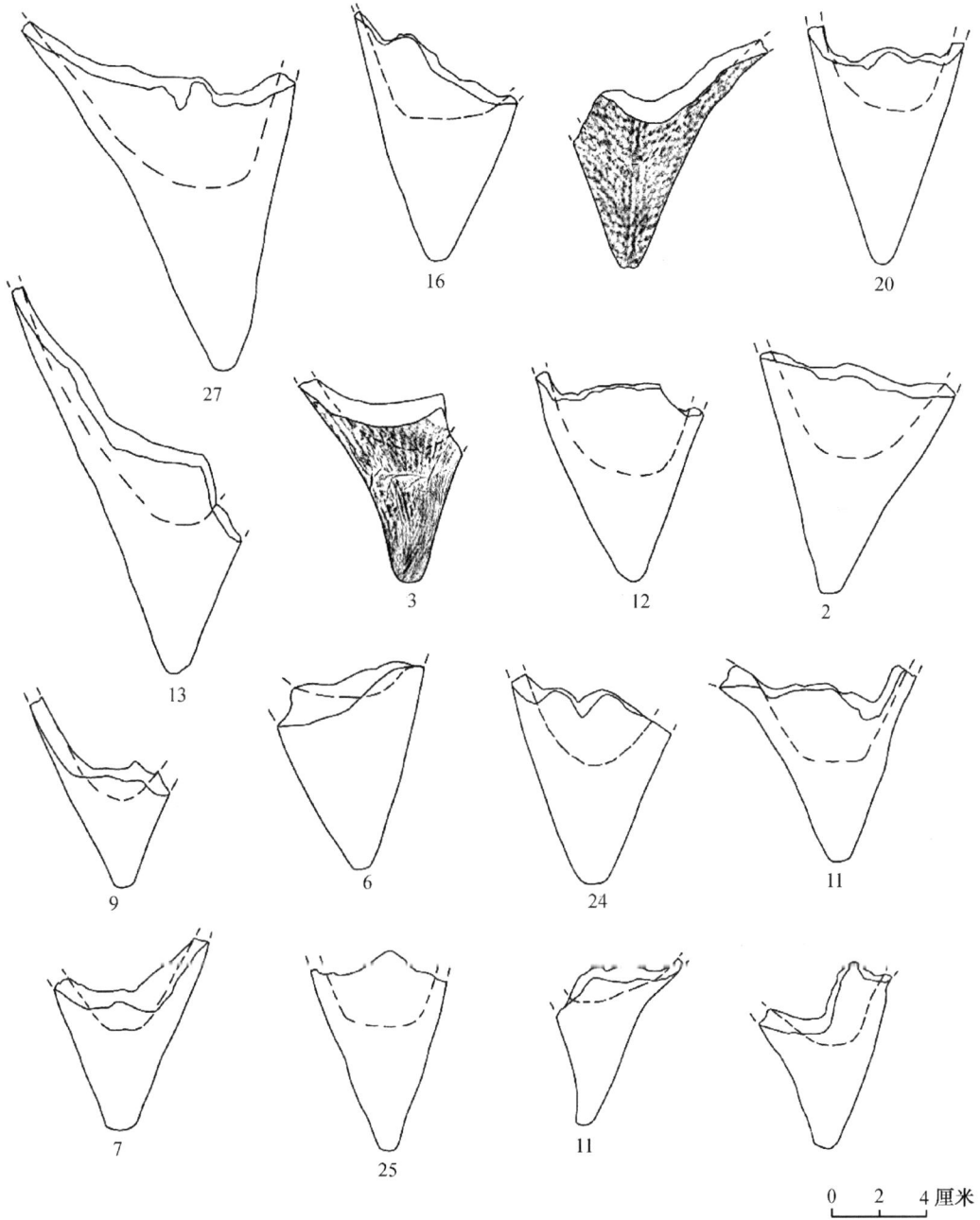

图 4-97　鬲（鬲）足（二）

1—16. Ba 型（TN06W06④C：17、TN06W06④C：24、TN05W01①：6、TN06W06④C：30、TN05E03②：96、TN06W01④：23、TN06W06②B：75、TN06E03③：160、TN06W06②B：79、TN06W06②B：86、TN06W06④：23、TN06W06②B：77、TN06W03②B：50、TN06W06④C：31、TN06W06④C：51、TN06W06④：25）

拼接痕迹。素面。残高8.4厘米（图4-98,3）。标本 TN07W06②:4,夹砂红陶。锥形足,足外壁近斜直,足内底微圜,足跟稍高。素面。残高9厘米（图4-98,4）。标本 TN08W05②B:104,夹砂红陶。锥形截尖足,足外壁斜直,足内底微圜,足跟稍矮。素面。残高10.6厘米（图4-98,5）。标本 TN06W06④C:18,夹砂红陶。圆锥形足,足壁近斜直,足内底微圜。素面。残高8.5厘米（图4-98,6）。标本 TN05E02②:9,夹砂红陶。锥形足,足外壁斜直,足内

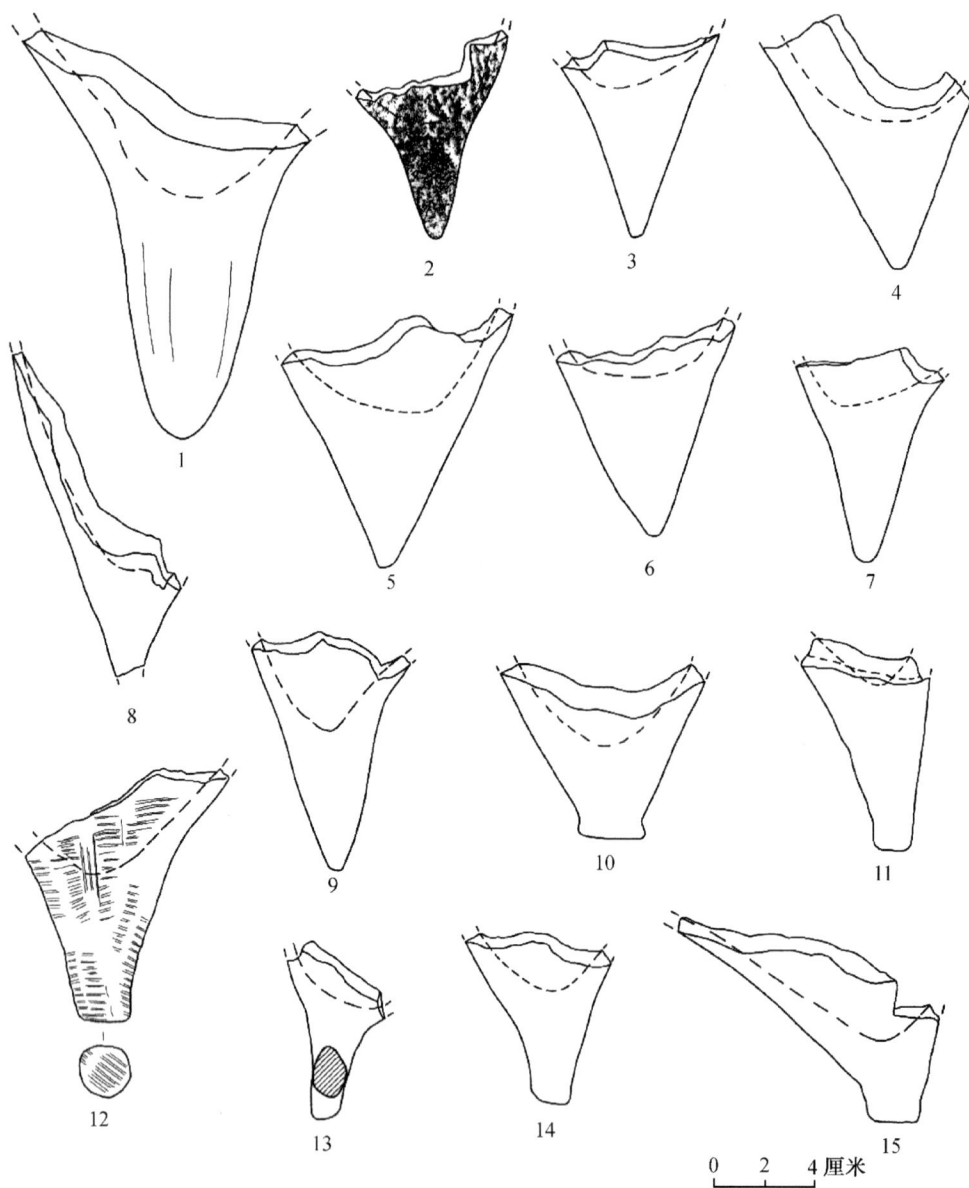

图4-98 甗（鬲）足（三）

1—9. Ba 型（TN06W01②:18、TN05E03②:78、TN06E02②:104、TN07W06②:4、TN08W05②B:104、TN06W06④C:18、TN05E02②:9、TN05E04④:8、TN06E02②:105） 10—15. Bb 型（TN06W01④:22、TN06W01②:17、TN06W04①:24、TN06W06④C:44、TN07W03②B:14、TN06W06④C:20）

底稍尖,实心。素面。残高7.9厘米(图4-98,7)。标本TN05E04④:8,夹砂褐陶。锥形足,足内底稍尖窄,足尖残缺。素面。残高13.4厘米(图4-98,8)。标本TN06E02②:105,夹砂红陶。圆锥形足,足外壁近斜直,足内底较尖窄足跟稍高。素面。残高9.8厘米(图4-98,9)。

Bb型,6件,圆锥截尖状或柱状足根。标本TN06W01④:22,夹砂褐陶。袋状足,足外壁近斜直,足内底稍尖窄,足底平呈近圆形。素面。残高6.5厘米(图4-98,10)。标本TN06W01②:17,夹砂红陶。圆锥形足,实足根,足内底稍尖。足上端与器底相接处有明显拼接痕迹。器身有多道凹弦纹。残高7.5厘米(图4-98,11)。标本TN06W04①:24,夹砂红陶,器表因烧制不均匀,呈现红、灰二色。锥形截尖足,足上与器底相接处有拼接痕迹。足部及足底饰间断篮纹。残高10.4厘米(图4-98,12)。标本TN06W06④C:44,夹砂红陶。扁柱形足,足跟稍矮。素面。残高7.4厘米(图4-98,13)。标本TN07W03②B:14,夹砂红陶。圆柱形截尖足,足壁微弧,足内底微圜,足尖稍平,空心。残高6.6厘米(图4-98,14)。标本TN06W06④C:20,夹砂红陶。锥形截尖足,足外壁微弧,足内底稍尖窄,足跟较矮。素面。残高8.5厘米(图4-98,15)。

3. 鼎

鼎 共5件,完整器4件。根据形制不同分两型。

A型,共4件,盆型鼎。根据足部变化分两个亚型。

Aa型,2件,均为完整器。鼎足微外撇。标本TN07W06②:3,夹砂红陶,器表因火候不均,呈现红、灰二色。斜方唇,口沿外撇,腹微弧,斜下收至底部,内底微圜,下接三圆柱形足,足下部残,实心。素面。口径10.4、底径7、高11.2厘米(图4-99,1)。标本TN07W05②B:2,夹砂红陶。斜方唇,敞口,折沿,沿内部制作不太规整,有拼接痕迹,弧腹斜内收,内圜底,下接三圆锥状足。素面。口径31.2、腹径27、高25.6厘米(图4-99,4)。

Ab型,2件,完整器1件。鼎足外撇幅度较大。标本TN06W06②B:2,夹砂红陶。敞口,圆唇,宽沿,沿面内倾,腹微弧,腹上部一足外侧有一单把,呈舌状,单把微斜上卷,圜内底,底部下有三个锥形足,足尖外撇。素面。口径14.1、底径10、高10.4厘米(图4-99,2)。标本TN06W06④C:49,夹砂红陶。器底不甚规整,凹凸不平,上承鼎身斜上张,下接鼎足,已残缺。素面。残高6.5厘米(图4-99,3)。

B型,1件,为完整器。钵型鼎。标本ZD南部TG2:11,夹砂红陶,内灰外红,器表因烧制不均匀,呈现红、黑二色。口微敛,圆唇,弧腹斜下收,圜底,下接三柱状截尖足,足尖微外撇,足内实心。素面。口径11.3、腹径11.7、高11.1厘米(图4-99,5)。

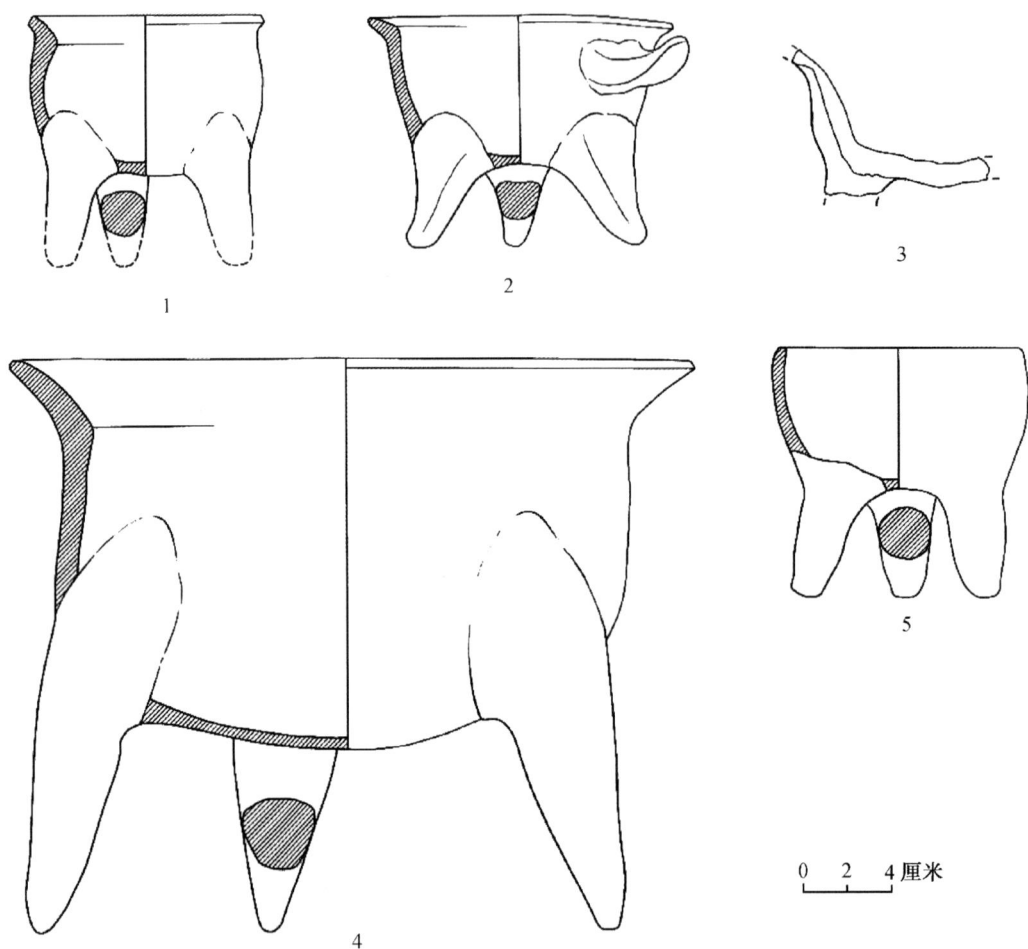

图 4-99　鼎（一）
1、4. Aa 型（TN07W06②:3、TN07W05②B:2）　2、3. Ab 型（TN06W06②B:2、TN06W06④C:49）
5. B 型（ZD 南部 TG2:11）

鼎足　共 38 件。根据形状和装饰分四型。

A 型，共 31 件，圆锥状足。根据足尖不同分两个亚型。

Aa 型，12 件，圆锥尖足。标本 TN05W05②A:22，夹砂红陶。锥形足，实心。足与器相接处有拼接痕迹。素面。残高 6.6 厘米（图 4-100，1）。标本 TN06W06①:22，夹砂红陶，器表因烧制不均匀，呈现红、灰二色。圆锥形足，足壁近斜直。素面。残高 7.6 厘米（图 4-100，2）。标本 TN05W05②A:25，夹砂红陶。圆锥形足，足尖微外撇。足与器相接处有明显拼接痕迹。素面。残高 8.4 厘米（图 4-100，3）。标本 TN06W06④C:48，夹砂红陶。扁锥形足，足微外撇，实心。素面。残高 10.4 厘米（图 4-100，4）。标本 TN06W03②B:37，夹砂红陶。扁锥形足，足上接器底处有拼接痕迹。素面。残高 10 厘米（图 4-100，5）。标本 TN06W01④:32，夹砂红陶。圆锥形，底尖外撇。足与器相接处有拼接痕迹。残高 13.4 厘米（图 4-100，6）。标本 TN07W05②B:7，夹砂红陶。锥形足，足上与器底相接处有拼接痕迹。素面。残高 12.9 厘米（图 4-100，7）。标本 TN08W05②B:163，夹砂红陶。圆锥形足，实心。足跟稍矮，

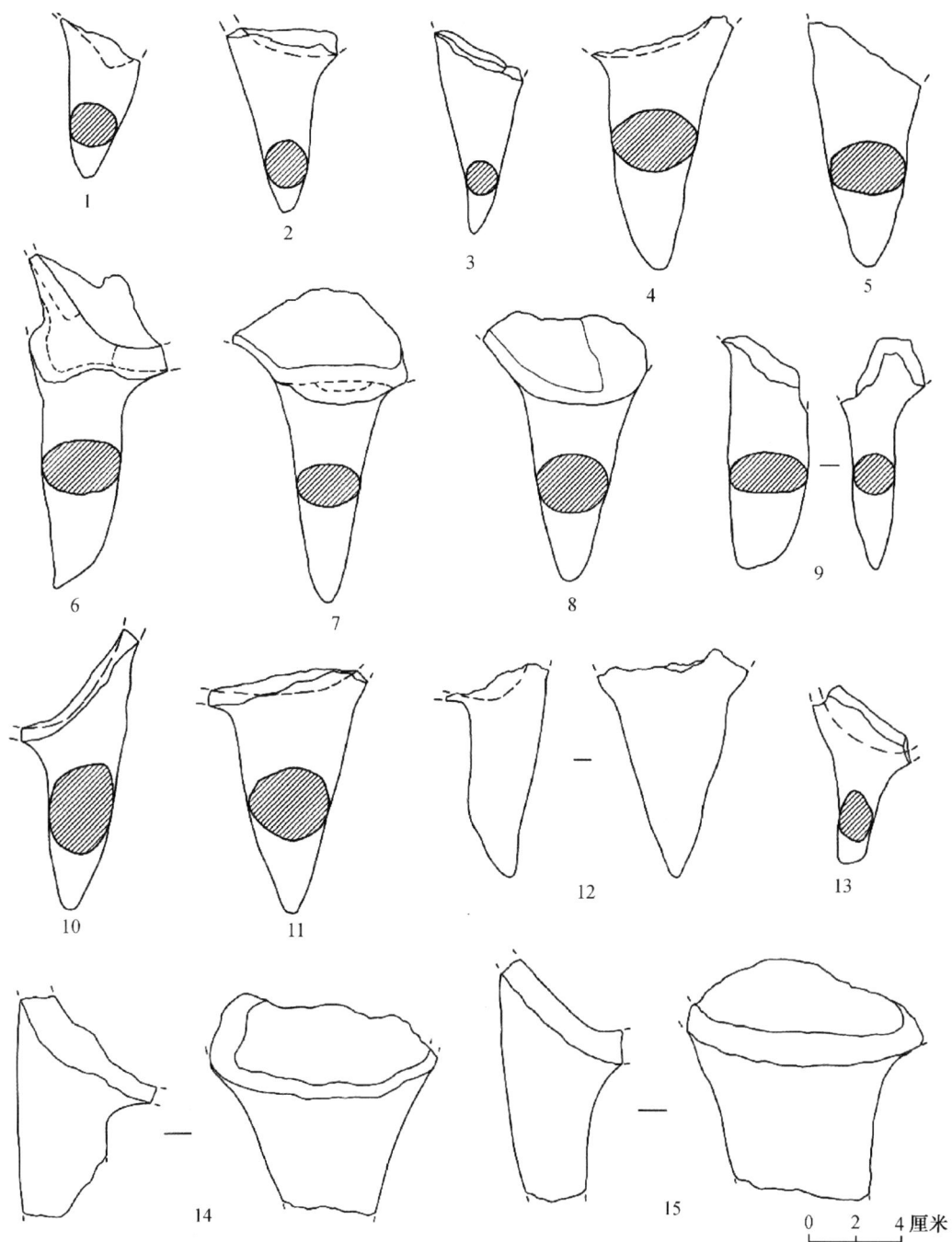

图 4-100　鼎足（一）

1—12. Aa 型（TN05W05②A：22、TN06W06①：22、TN05W05②A：25、TN06W06④C：48、TN06W03②B：37、TN06W01④：32、TN07W05②B：7、TN08W05②B：163、TN06E03④：60、TN06W06②B：61、TN06W03②B：57、TN05E03④：35）　13—15. Ab 型（TN06W06④C：44、TN07W05②B：27、TN07W05②B：13）

足与器相接处,有拼接痕迹。素面。残高 11.1 厘米(图 4-100,8)。标本 TN06E03④:60,夹砂红陶。扁柱形足,足上与器底相接处有拼接痕迹。素面。残高 5.7 厘米(图 4-100,9)。标本 TN06W06②B:61,夹砂红陶。扁锥形足,足上与器底相接处有拼接痕迹。素面。残高 11.5 厘米(图 4-100,10)。标本 TN06W03②B:57,夹砂红陶。圆锥形足,实心。素面。残高 10.1 厘米(图 4-100,11)。标本 TN05E03④:35,夹砂红陶。扁锥形足,足尖微外撇,足上接器底处有拼接痕迹。素面。残高 9.5 厘米(图 4-100,12)。

Ab 型,19 件,圆锥截尖或近柱状足。标本 TN06W06④C:44,夹砂红陶。扁柱形足,足跟稍矮。素面。残高 7.4 厘米(图 4-100,13)。标本 TN07W05②B:27,夹砂褐陶。柱形足,足下部残,实心。素面。残高 9.1 厘米(图 4-100,14)。标本 TN07W05②B:13,夹砂红陶。柱形足,足下部残,实心。素面。残高 9.9 厘米(图 4-100,15)。标本 TN06W06④:17,夹砂红陶。器底微圜,下接柱状足,足端微外撇,实心。素面。残高 7.3 厘米(图 4-101,1)。标本 TN06E02②:108,夹砂红陶。柱形足,足尖稍残。足上端有拼接痕迹。残高 7.9 厘米(图 4-101,2)。标本 TN07W06②:10,夹砂红陶。柱状足,略扁,足上与器底相接处有拼接痕迹,并突出一卯。素面。残高 8.7 厘米(图 4-101,3)。标本 TN05W05②A:21,夹砂红陶。扁柱形足,足微外撇。素面。残高 8.6 厘米(图 4-101,4)。标本 TN05E03②:81,夹砂红陶。柱形截尖足,实心。素面。残高 9.4 厘米(图 4-101,5)。标本 TN06E02②:106,夹砂红陶。扁锥形截尖足,足端微外撇,足上接器底处有拼接痕迹。扁足壁上有浅凹槽。残高 7.7 厘米(图 4-101,6)。标本 TN06W06①:41,夹砂红陶。扁柱形足,足底残,实心。素面。残高 8.2 厘米(图 4-101,7)。标本 TN05W05②A:20,夹砂红陶。柱形截尖足,内底微圜。素面。残高 10.8 厘米(图 4-101,8)。标本 TN06W06②B:64,夹砂红陶。扁柱形足,足尖外撇,实心。素面。残高 12 厘米(图 4-101,9)。标本 TN06W06④C:47,夹砂红陶。柱形足,足微外撇,足壁外侧近直,内侧微弧。素面。残高 10.6 厘米(图 4-101,10)。标本 TN06W06①:20,夹砂红陶。柱形足,足上部有拼接痕迹。素面。残高 9.1 厘米(图 4-101,11)。标本 TN06W06④C:52,夹砂红陶。手制,先成一足心,再逐层加厚形成。呈扁柱形,上部有拼接痕迹,实心。素面。残宽 7.4、残高 9.4 厘米(图 4-101,12)。标本 TN08W05②B:166,夹砂红陶。柱形足,足尖残,实心。足跟稍高,足与器相接处,有拼接痕迹。素面。残高 15.1 厘米(图 4-101,13)。标本 TN05W05④:10,夹砂红陶。柱形足,足尖微弧,内底微圜。素面。残高 8.4 厘米(图 4-101,14)。采集,夹砂红陶,圆锥足,足尖微外撇,实心。足与器相接处,有拼接痕迹。素面。残高 10.1 厘米(图 4-101,15)。标本 TN06W06④C:45,夹砂红陶。扁柱形足,足微外撇,实心。素面。残高 11.4 厘米(图 4-101,16)。

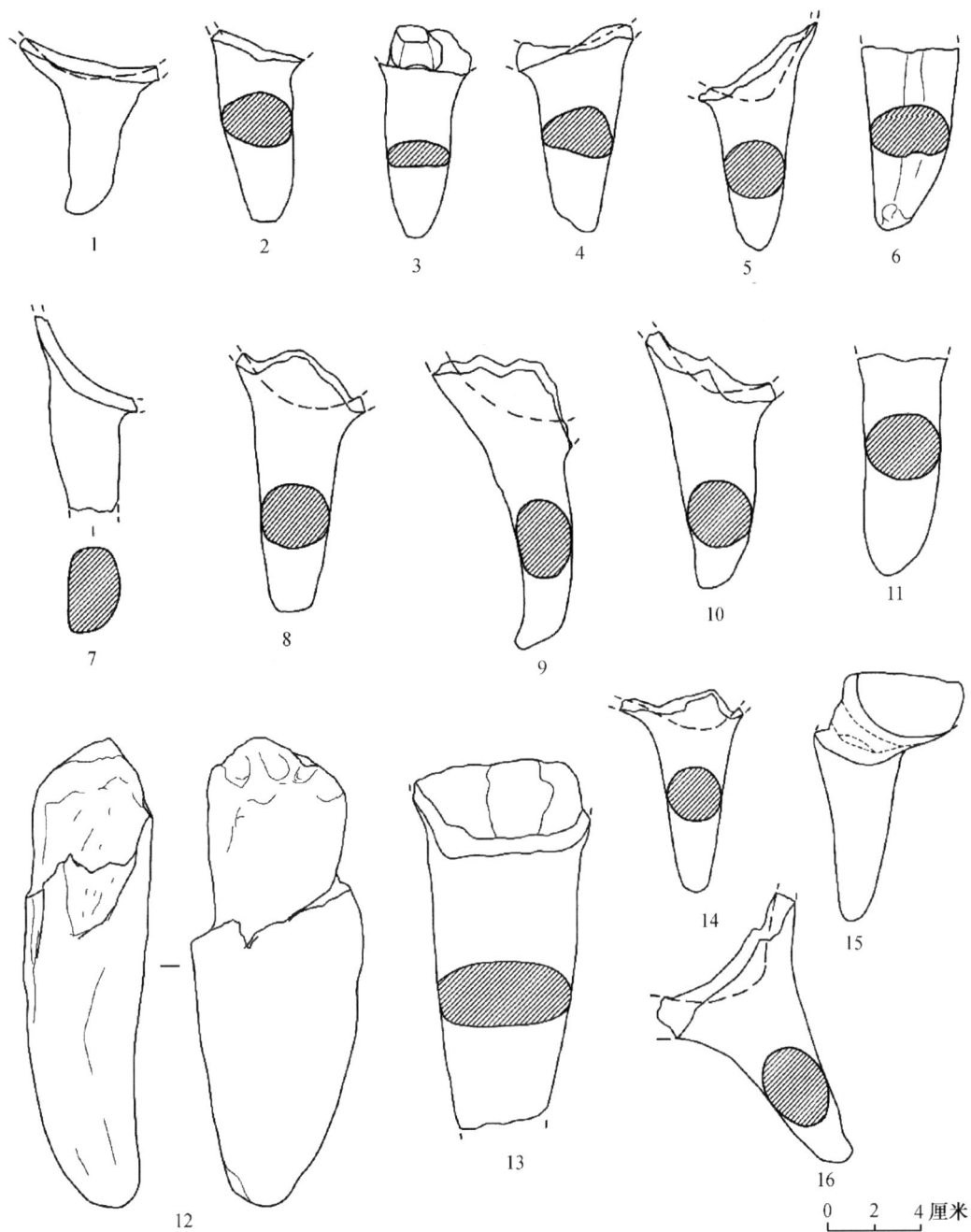

图 4-101　鼎足（二）

1—16. Ab 型（TN06W06④∶17、TN06E02②∶108、TN07W06②∶10、TN05W05②A∶21、TN05E03②∶81、TN06E02②∶106、TN06W06①∶41、TN05W05②A∶20、TN06W06②B∶64、TN06W06④C∶47、TN06W06①∶20、TN06W06④C∶52、TN08W05②B∶166、TN05W05④∶10、采集、TN06W06④C∶45）

B 型,2 件,有按窝纹。标本 TN06W03②B:13,夹砂红陶。锥形足,足尖微外撇。足上部有三足手捏窝痕。残高 14.2 厘米(图 4-102,1)。标本 TN06W06①:40,夹砂红陶。柱形足,足底残,实心。足外壁近与器腹底相接以下,有三组手捏窝痕。残高 10.3 厘米(图 4-102,2)。

C 型,2 件,有突棱。标本 TN06W03②B:11,夹砂红陶。锥形足,足尖微外撇,足上接器底处有拼接痕迹。足壁外侧饰一竖向突棱。残高 12.6 厘米(图 4-102,3)。标本 TN06W06④C:50,夹砂红陶。扁柱形足,足下部残,实心。足外一侧饰一竖扉棱。残高 6.8 厘米(图 4-102,4)。

D 型,3 件,侧扁状足。标本 TN06E02②:107,夹砂红陶。侧扁足,鱼鳍形,上下两端均残,实心。足壁上有斜向刻划。残宽 5.1、残高 6.1 厘米(图 4-102,5)。标本 TN06W01④:29,夹砂红陶。扁足,实心。残高 7.5 厘米(图 4-102,6)。标本 TN06W06②B:70,夹砂红陶。扁柱形足,近锛状。素面。残高 5 厘米(图 4-102,7)。

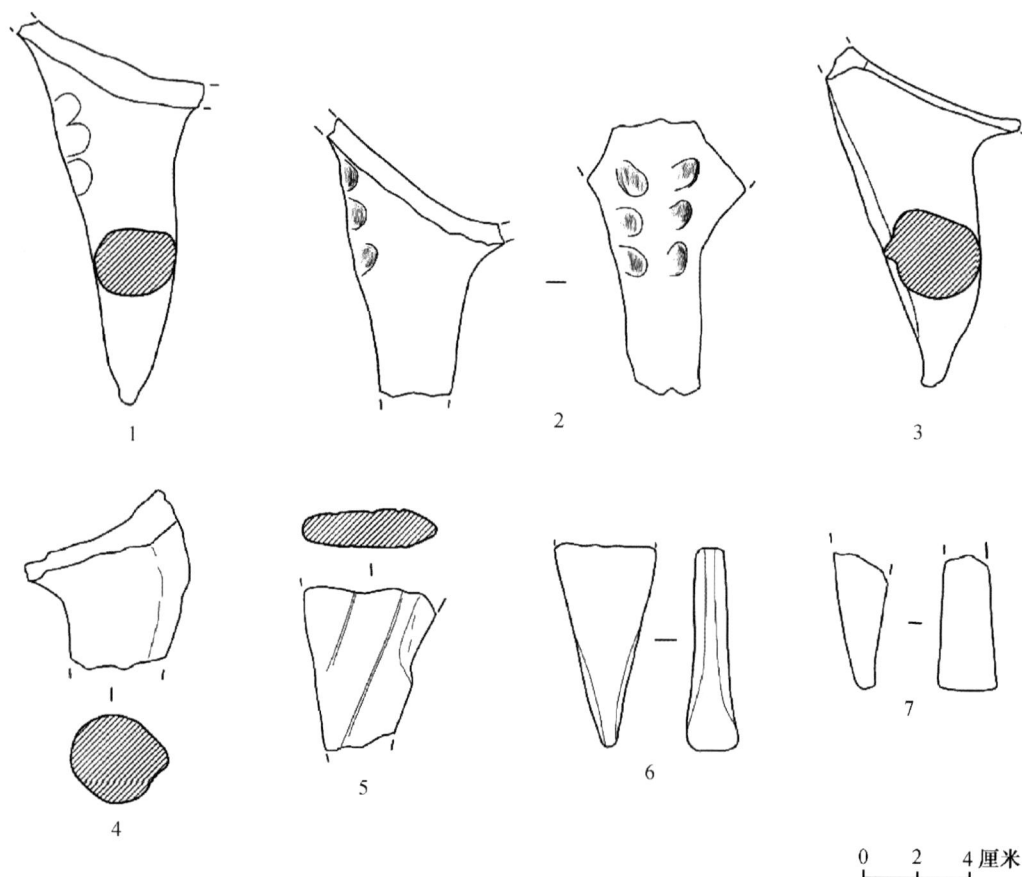

图 4-102　鼎足(三)

1、2. B 型(TN06W03②B:13、TN06W06①:40)　　3、4. C 型(TN06W03②B:11、TN06W06④C:50)
5—7. D 型(TN06E02②:107、TN06W01④:29、TN06W06②B:70)

4．罐

（1）夹砂罐

夹砂罐 共 67 件，据有无纹饰分为两型。

A 型，共 19 件，有纹饰。根据口沿及肩部分四亚型。

Aa 型，7 件，广肩，沿稍宽。标本 TN07W06②:38，夹砂红陶，黑皮。侈口，斜方唇，沿面弧形外卷，圆折沿，弧溜肩，腹上部微鼓。腹壁饰梯格纹。口径 20、残高 6 厘米（图 4-103，

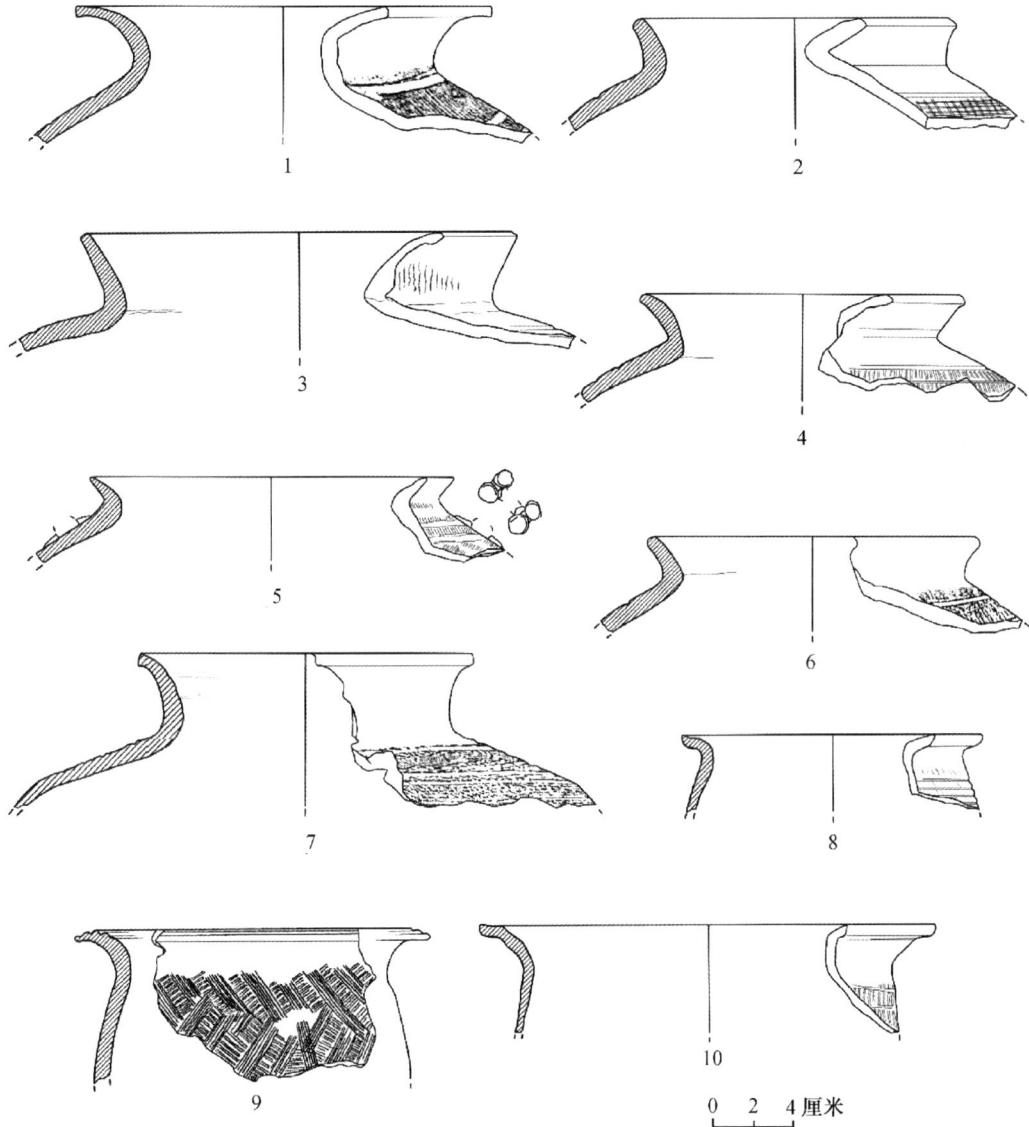

图 4-103 夹砂罐（一）

1—7. Aa 型（TN07W06②:38、TN06E03②:57、TN06E03②:56、TN05E04④:12、TN06W04②
B:40、TN06E03②:203、TN06E03:80） 8—10. Ab 型（TN06W03②B:49、TN06W04②B:17、
TN05W05②A:56）

1）。标本TN06E03②:57，夹砂灰陶。侈口，斜方唇，沿面微弧形外卷，圆折沿，弧溜肩。肩部饰弦纹与方格纹组合。口径16、残高5.3厘米（图4-103，2）。标本TN06E03②:56，夹砂褐陶。侈口，斜方唇，折沿，沿面稍宽，微弧形外撇，广肩。肩下部饰弦纹与细绳纹组合。口径21.4、残高5.6厘米（图4-103，3）。标本TN05E04④:12，夹砂红陶，黑皮。侈口，斜方唇，沿面弧形外卷，折沿，弧广肩。肩部饰弦断绳纹。口径16、残高5.2厘米（图4-103，4）。标本TN06W04②B:40，夹砂红陶。侈口，尖圆唇，沿面弧形微外卷，圆折沿，溜肩，肩部堆饰两对称錾，已残。肩部饰间隔绳纹。口径18、残高4厘米（图4-103，5）。标本TN06E03②:203，夹砂灰陶，黑皮。侈口，斜方唇，沿面弧形微外卷，折沿，溜肩。肩部饰弦断绳纹。口径17.6、残高4.9厘米（图4-103，6）。标本TN06E03:80，夹砂灰陶。侈口，斜方唇，唇面微凹，圆折沿，沿面弧形微外卷，广肩，腹上部微鼓，腹中部以下残。器肩外壁饰弦断绳纹。口径16.4、残高7.4厘米（图4-103，7）。

Ab型，3件，垂溜肩，沿略宽，标本TN06W03②B:49，夹砂褐陶。敞口，尖圆唇，圆折沿，沿面微凹，弧溜肩，腹部及底残。肩外壁饰弦断绳纹。口径15、残高3.6厘米（图4-103，8）。标本TN06W04②B:17，夹砂红陶。敞口，尖圆唇，圆卷沿，翻沿，弧溜肩，腹上部微弧，腹中部以下已残。沿面饰四周凹弦纹，器外壁饰交错梯格纹。口径18、残高7.5厘米（图4-103，9）。标本TN05W05②A:56，夹砂红陶。尖圆唇，敞口，折沿，沿面微凹，矮领，溜肩，腹上部微弧斜下张，腹下及底残。器腹部饰横置梯格纹。口径22.4、残高5.1厘米（图4-103，10）。

Ac型，3件，沿向内外凸伸，近无肩。标本TN06W06④C:41，夹砂红陶。口微敛，圆唇，宽沿，沿面微内凹，口沿向内伸出，矮领，溜肩。领部饰有刻划纹，肩部饰细绳纹。口径22.4、残高3.4厘米（图4-104，1）。标本TN06W04②B:31，夹砂红陶。敛口，圆方唇，宽沿，沿面外倾，弧溜肩，腹上部微弧，腹中部以下残。器身外壁饰绳纹。口径23.6、残高7.3厘米（图4-104，2）。标本TN06E02②:116，泥质红陶。敛口，圆唇，宽沿，沿面外倾，溜肩。肩部饰绳纹。口径21.6、残高5.8厘米（图4-104，3）。

Ad型，6件，折沿，且折沿处有折棱，垂溜肩或近无肩。标本TN06W02②:15，夹砂褐陶。侈口，圆唇，折沿，弧腹，腹以下残。腹部饰有绳纹。口径22、残高8厘米（图4-104，4）。标本TN06W04①:31，夹砂褐陶。侈口，圆唇，沿面内凹，口沿下部内凹，腹微弧。腹部饰细绳纹。口径20、残高10厘米（图4-104，5）。标本TN06W06④C:32，泥质红陶，稍夹细砂。侈口，圆唇，沿面微内凹，折沿，溜肩。肩部饰细绳纹。口径26、残高4.4厘米（图4-104，6）。标本TN05E03②:25，夹砂红陶。直口，尖圆唇，宽沿，沿面内倾，口沿下部有一周凹槽，高领，腹稍直微下张。腹部饰绳纹。口径23、残高6.6厘米（图4-104，7）。标本TN06W04①:16，夹砂褐陶。侈口，圆唇，口沿内侧有一周浅凹槽，弧溜肩。肩部饰细绳纹。口径25.2、残高5.2厘米（图4-104，8）。标本TN05E03②:53，夹砂红陶。侈口，圆唇，沿面微凹，沿面外折，腹近直。腹部饰横向绳纹。口径27、残高5.9厘米（图4-104，9）。

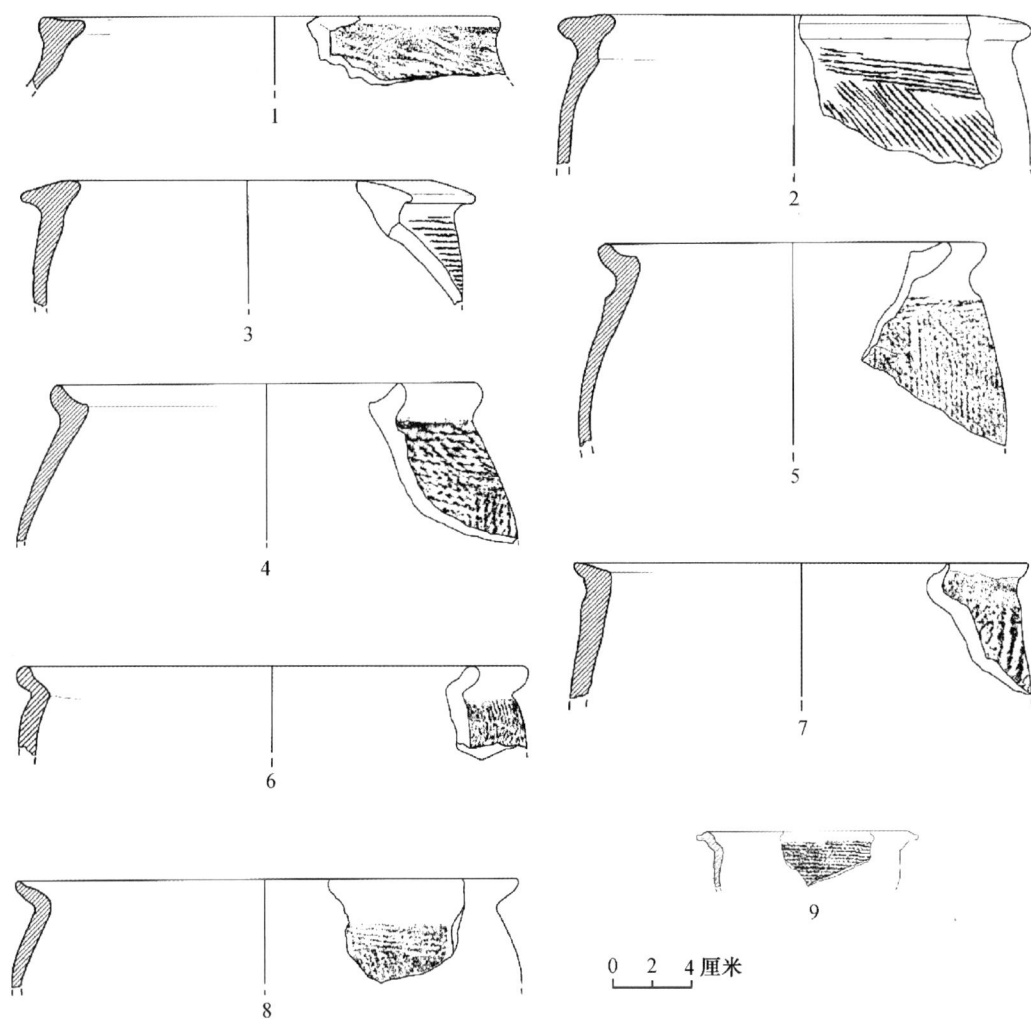

图 4-104　夹砂罐（二）

1—3. Ac 型（TN06W06④C:41、TN06W04②B:31、TN06E02②:116）　4—9. Ad 型（TN06W02②: 15、TN06W04①:31、TN06W06④C:32、TN05E03②:25、TN06W04①:16、TN05E03②:53）

B 型,共 48 件,素面。根据口沿及肩部分四亚型。

Ba 型,8 件,沿面宽且近直,外撇,肩近无。标本 TN05E03④:7,夹砂红陶。侈口,斜方唇,折沿,沿面较宽,呈弧形微外卷,弧溜肩,腹部及底残。素面。口径 24、残高 5.4 厘米（图 4-105,1）。标本 TN06W04②B:24,夹砂红陶。敞口,斜方唇,折沿,沿面较宽,微弧形外卷,广肩,肩以下残。素面。口径 26、残高 7 厘米（图 4-105,2）。标本 TN05E02④:7,夹砂红陶。侈口,斜方唇,折沿,沿面较宽,微弧形外卷,矮领,弧溜肩,腹部及底残。素面。口径 27、残高 6.2 厘米（图 4-105,3）。标本 TN05E03③:46,夹砂褐陶。侈口,尖圆唇,折沿,广肩。素面。口径 18、残高 4.7 厘米（图 4-105,4）。标本 TN05E03④:8,夹砂褐陶。侈口,斜方唇,折沿,沿面较宽,呈微弧形外卷,广肩。素面。口径 27、残高 7 厘米（图 4-105,5）。标本 TN06E03 ③:69,夹砂红陶。侈口,圆方唇,下唇斜下张,弧形微外卷,折沿,溜肩。素面。口径 18.6、残高 4.7 厘米(图 4-105,6)。标本 TN06W06④C:21,夹砂红陶。侈口,斜方唇,沿面较宽,近斜直,折沿,弧广肩。素面。口径 46、残高 7.2 厘米(图 4-105,7)。标本 TN06E03④:53,夹砂红陶。侈口,斜方唇,沿面较宽,呈微弧形外卷,圆折沿,弧溜肩,腹部残。素面。口径 24.8、残高 6 厘米(图 4-105,8)。

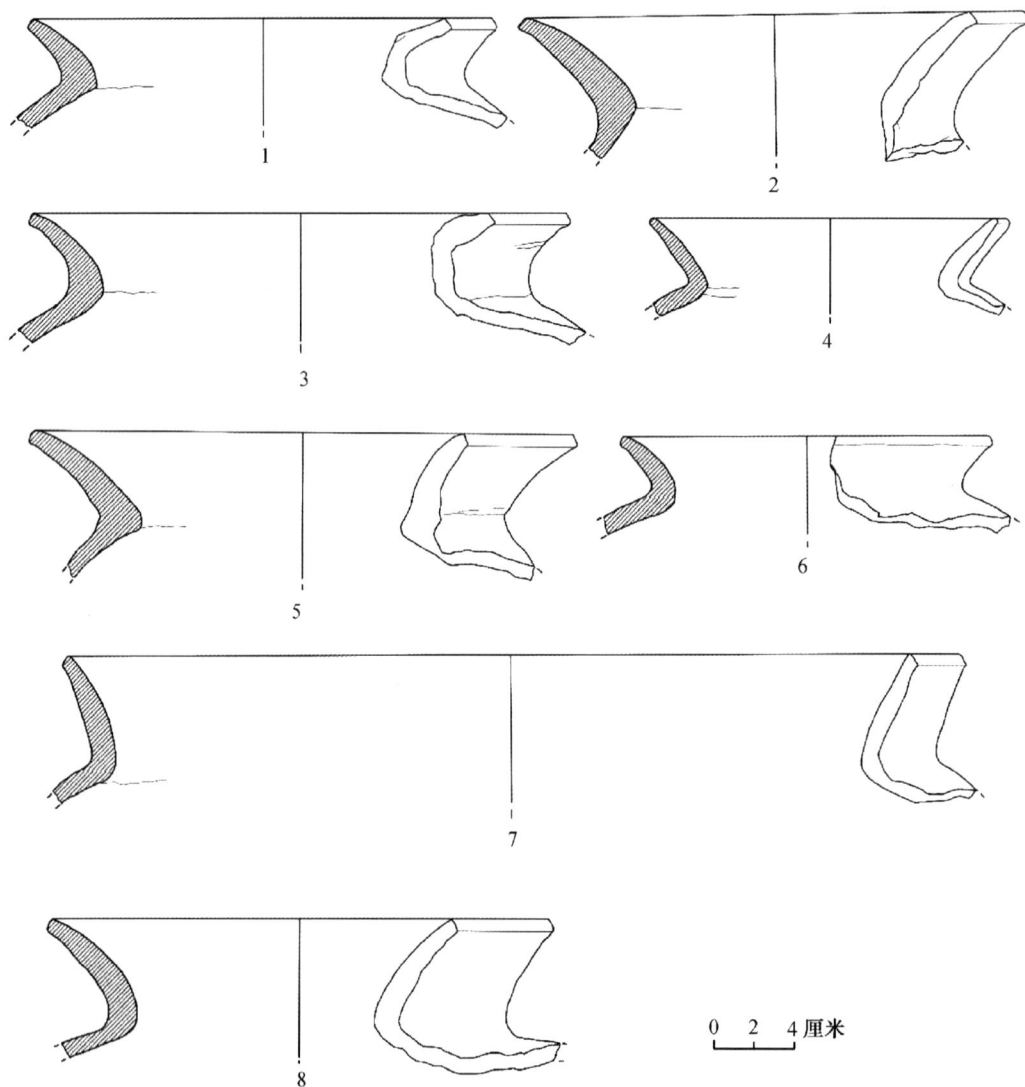

图 4-105 夹砂罐(三)

1—8. Ba 型(TN05E03④:7、TN06W04②B:24、TN05E02④:7、TN05E03③:46、TN05E03④:8、TN06E03③:69、TN06W06④C:21、TN06E03④:53)

Bb 型,10 件,近直口,沿微外撇。标本 TN06W04②B:11,夹砂褐陶。斜方唇,唇面微凹,沿面弧形微外卷,圆折沿,腹微弧。素面。口径 29、残高 7.5 厘米(图 4-106,1)。标本 TN06W06②B:32,夹砂褐陶。圆唇,折沿,沿面微外撇,腹微弧,腹下部及底残。素面。口径 13.4、残高 5.8 厘米(图 4-106,2)。标本 TN06E03③:73,夹砂红陶。口微侈,圆唇,唇微残,矮直领,直溜肩,内壁有口沿的拼接痕迹。素面。口径 20、残高 5.5 厘米(图 4-106,3)。标本 TN06W06④:10,夹砂红陶。口微侈,尖圆唇,圆折沿,沿面微弧,弧肩,微折,腹上部微弧,腹中部以下残。素面。口径 11、残高 4.5 厘米(图 4-106,4)。标本 TN06W06④C:3,夹砂红

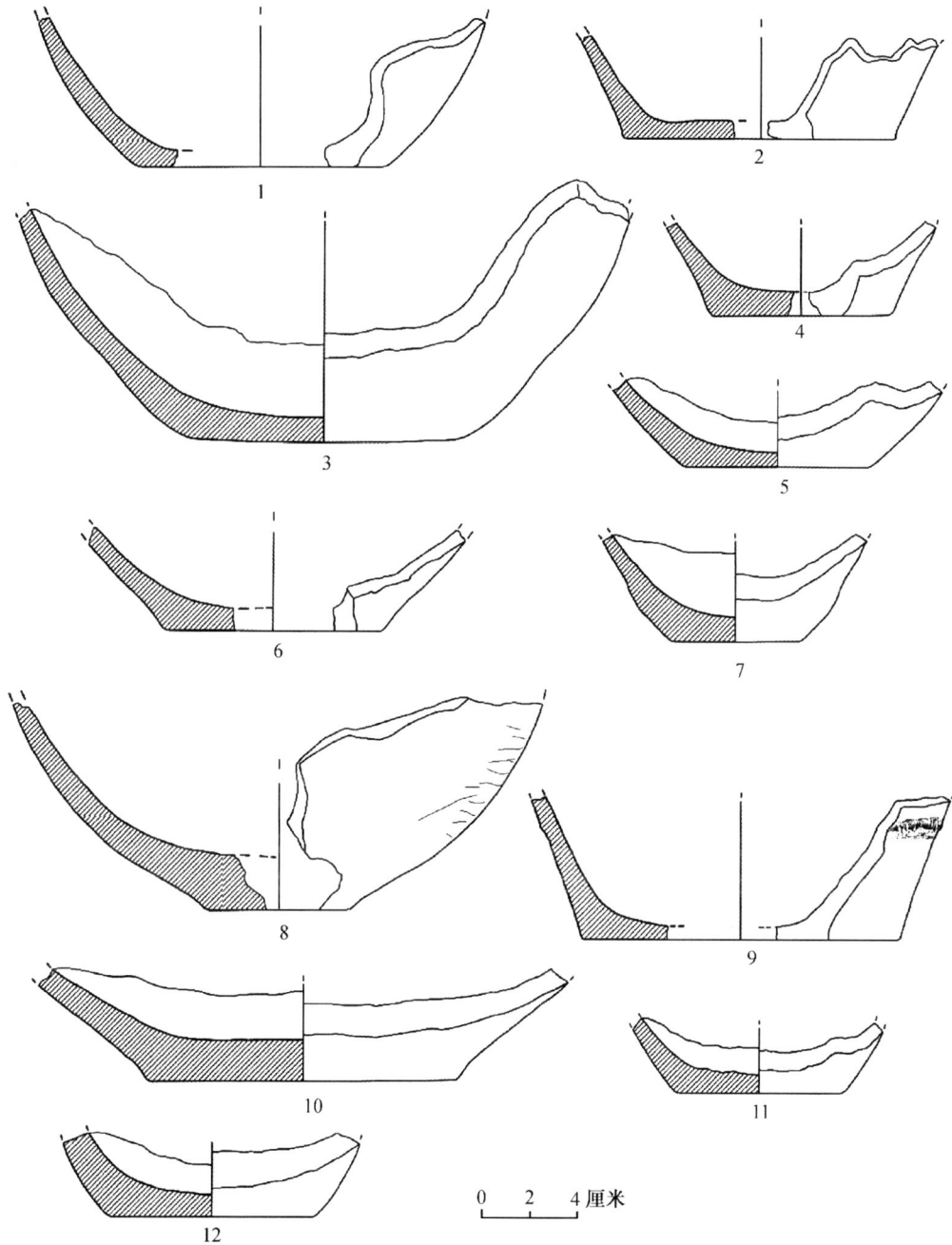

图 4-106　夹砂罐(四)

1—10. Bb 型(TN06W04②B:11、TN06W06②B:32、TN06E03③:73、TN06W06④:10、TN06W06④C:3、TN06E03②:39、TN06E03④:45、TN05E03②:17、TN06W06②B:23、TN06W06④:9)

陶。侈口,尖圆唇,弧形微外卷,沿面近唇处微凹,圆折沿,弧溜肩。素面。口径19、残高4.2厘米(图4-106,5)。标本TN06E03②:39,夹砂褐陶。侈口,斜方唇,沿面弧形微外卷,折沿,弧肩。素面。口径18、残高5.2厘米(图4-106,6)。标本TN06E03④:45,夹砂灰陶。侈口,斜方唇,唇沿内侧略高于外侧,圆折沿,弧溜肩,腹部微鼓。素面。口径16、残高5厘米(图4-106,7)。标本TN05E03②:17,夹砂红陶。方唇,沿面弧形外卷,圆折沿,腹微弧。素面。口径15、残高7厘米(图4-106,8)。标本TN06W06②B:23,夹砂褐陶。斜方唇,弧形微外卷,圆折沿,腹微弧。素面。口径14、残高7.8厘米(图4-106,9)。标本TN06W06④:9,夹砂红陶。侈口,圆唇,圆折沿,沿面微弧形外卷,弧肩,腹上部微鼓,腹中部以下残。器肩上有浅窝痕,腹内壁有轮制痕迹。口径13、残高5.4厘米(图4-106,10)。

Bc型,6件,卷沿且沿面外卷。标本TN06W06④C:2,夹砂红陶。侈口,斜方唇,折沿,沿面弧形外卷,弧肩,腹部及底残。素面。口径22.6、残高4.7厘米(图4-107,1)。标本TN05E03②:115,夹砂红陶。侈口,尖圆唇,沿面较宽,呈弧形外卷,圆折沿,广肩。素面。口径23、残高4.1厘米(图4-107,2)。标本TN05W05②A:69,泥质灰陶(灰色)。圆唇,侈口,圆折沿,沿面弧形外卷,矮领,弧溜肩,腹微鼓,斜下收,腹下及底残。器沿内及领外均有几周凹弦纹,器腹饰磨平的斜方格纹。口径17、残高11.4厘米(图4-107,3)。标本TN06W04②B:42,泥质红陶。侈口,圆唇,圆折沿,沿面弧形外卷,高领,肩部以下残。沿面近唇部有三周凹槽。口径14、残高6厘米(图4-107,4)。标本TN05W05③:134,夹砂红陶。敞口,圆唇,宽沿,圆折沿,沿面弧形外卷,弧肩,肩上有一小耳,残余上腹微鼓。素面。残宽5.3、残高4.5厘米(图4-107,5)。标本TN05W05②A:29,夹砂红陶。方唇,敞口,圆折沿,沿面微凹,矮领,弧溜肩,弧腹斜下收,下腹及底残。素面。口径22、残高6厘米(图4-107,6)。

Bd型,24件,折沿稍窄。标本TN05E03②:54,夹砂红陶。侈口,圆方唇,沿面弧形微外卷,圆折沿,溜肩。口沿下部饰一周凹弦纹,肩上部饰刻划纹及一圆形钮。口径14、残高7.6厘米(图4-107,7)。标本TN06W03②B:14,夹砂红陶。侈口,尖圆唇,圆折沿,沿面弧形外卷,弧溜肩,腹微鼓,腹下部及底残,有下收迹象。口沿外侧饰有浅按窝痕。口径19、残高9.4厘米(图4-107,8)。标本TN05E03②:35,夹砂褐陶。圆唇,沿面弧形微外卷,折沿,腹微弧。素面。口径16、残高6.2厘米(图4-107,9)。标本TN06W06②B:34,夹砂红陶。侈口,斜方唇,折沿,沿面微弧形外撇,弧肩。素面。口径29.4、残高5.4厘米(图4-107,10)。标本TN05E03③:52,夹砂红陶。侈口,圆唇,圆折沿,沿面微弧形外卷,弧溜肩,弧腹,腹下部及底残,沿下有拼接痕迹。素面。口径10、残高8.8厘米(图4-107,11)。标本TN05E03②:29,夹砂红陶,略含细砂。斜方唇,沿面近平,折沿,腹微弧。素面。口径21、残高5.1厘米(图4-108,1)。标本TN05E03③:42,夹砂红陶。侈口,斜方唇,唇面有一周凹槽,沿弧形微外卷,圆折沿,弧溜肩。素面。口径16、残高4.2厘米(图4-108,2)。标本TN06W06④C:3,夹砂红陶。侈口,尖圆唇,弧形微外卷,沿面近唇处微凹,圆折沿,弧溜肩。素面。口径19、残高4.2厘米(图4-108,3)。标本TN06E03②:32,夹砂灰陶。侈口,斜方唇,沿面弧形外卷,圆折沿,弧溜肩。素面。口径20、残高4.6厘米(图4-108,4)。标本TN05E03②:46,夹砂红陶。斜方唇,沿面微弧,折沿,腹微弧。素面。口径22、残高6.8厘米(图4-108,5)。标本TN06W06②B:20,夹砂红陶。侈口,圆唇,圆折沿,弧溜肩。素面。口径18、残高6.2厘米

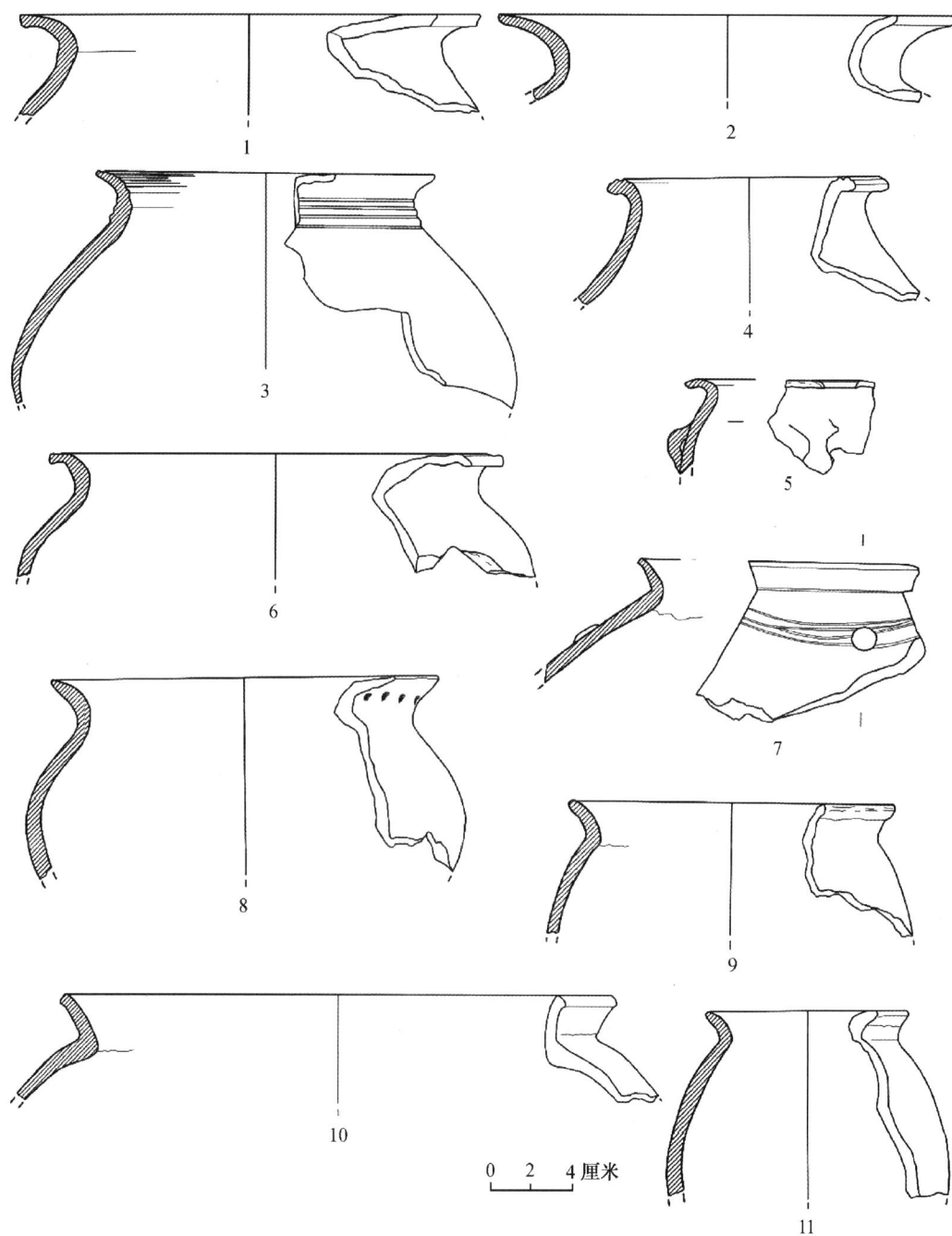

图 4-107　夹砂罐（五）

1—6. Bc 型（TN06W06④C；2、TN05E03②；115、TN05W05②A；69、TN06W04②B；42、TN05W05③；
134、TN05W05②A；29）　7—11. Bd 型（TN05E03②；54、TN06W03②B；14、TN05E03②；35、
TN06W06②B；34、TN05E03③；52）

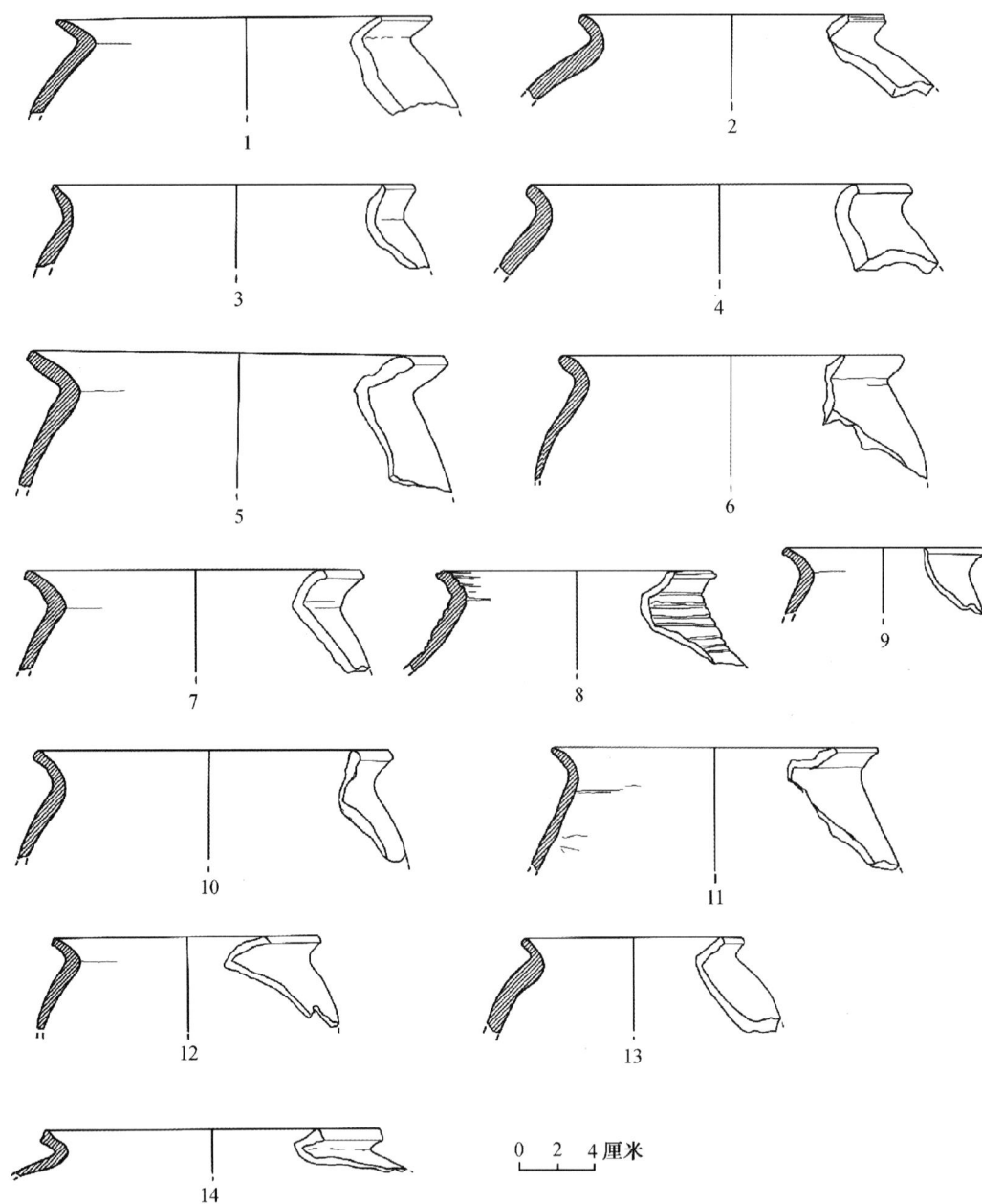

图 4-108 夹砂罐（六）

1—14. Bd 型（TN05E03②:29、TN05E03③:42、TN06W06④C:3、TN06E03②:32、TN05E03②:46、TN06W06②B:20、TN05E04④:4、TN06W06④C:38、TN06E03②:41、TN06W04②B:14、TN06W06④C:5、TN06E03②:27、TN05E03②:60、TN06W06④C:25）

（图 4-108,6）。标本 TN05E04④:4,夹砂红陶。侈口,斜方唇,沿面微弧形外卷,折沿,弧溜肩。素面。口径 19、残高 5.5 厘米（图 4-108,7）。标本 TN06W06④C:38,泥质红陶。侈口,尖唇,圆折沿,高领,溜肩。口沿内侧饰三周凹弦纹,领外壁饰数周凹弦纹,肩部饰重菱形纹。口径 14.8、残高 5 厘米（图 4-108,8）。标本 TN06E03②:41,夹砂褐陶。侈口,斜方唇,沿面弧形微外卷,沿面近唇处微凹,折沿,溜肩。素面。口径 10.6、残高 3.3 厘米（图 4-108,9）。标本 TN06W04②B:14,夹砂褐陶。斜方唇,沿面弧形外卷,圆折沿,腹微弧。口径 19、残高 5.8 厘米（图 4-108,10）。标本 TN06W06④C:5,夹砂红陶。侈口,圆唇,沿面弧形微外卷,圆折沿,溜肩。沿下内壁有明显拼接痕迹,素面。口径 17、残高 6.2 厘米（图 4-108,11）。标本 TN06E03②:27,夹砂褐陶。侈口,斜方唇,折沿,沿面微弧,弧溜肩,弧腹,腹下部及底残。素面。口径 15、残高 4.9 厘米（图 4-108,12）。标本 TN05E03②:60,夹砂红陶。侈口,斜方唇,圆折沿,弧溜肩,弧腹。素面。口径 11.6、残高 4.8 厘米（图 4-108,13）。标本 TN06W06④C:25,夹砂红陶。侈口,斜方唇,唇面微凹,圆折沿,沿面微凹,弧肩,腹部及底残。素面。口径 18、残高 2.2 厘米（图 4-108,14）。标本 TN06E03②:39,夹砂褐陶。侈口,斜方唇,沿面弧形微外卷,折沿,弧肩。素面。口径 18、残高 5.2 厘米（图 4-109,1）。标本 TN05E03②:104,夹砂红陶。圆方唇,沿面弧形外卷,圆折沿,腹微弧。素面。口径 12.6、残高 5 厘米（图 4-109,2）。标本 TN07W05②B:4,夹砂红陶。侈口,斜方唇,沿面较宽,呈弧形外卷,折沿,弧溜肩,弧腹。素面。口径 18、残高 6.2 厘米（图 4-109,3）。标本 TN05E03②:39,夹砂红陶。圆方唇,沿面弧形外卷,折沿,弧腹。口径 16、残高 4.8 厘米（图 4-109,4）。标本 TN06E02④:5,夹砂褐陶。圆方唇,侈口,折沿,沿面弧形外卷,弧溜肩,肩以下残。素面。口径 13、残高 3 厘米（图 4-109,5）。

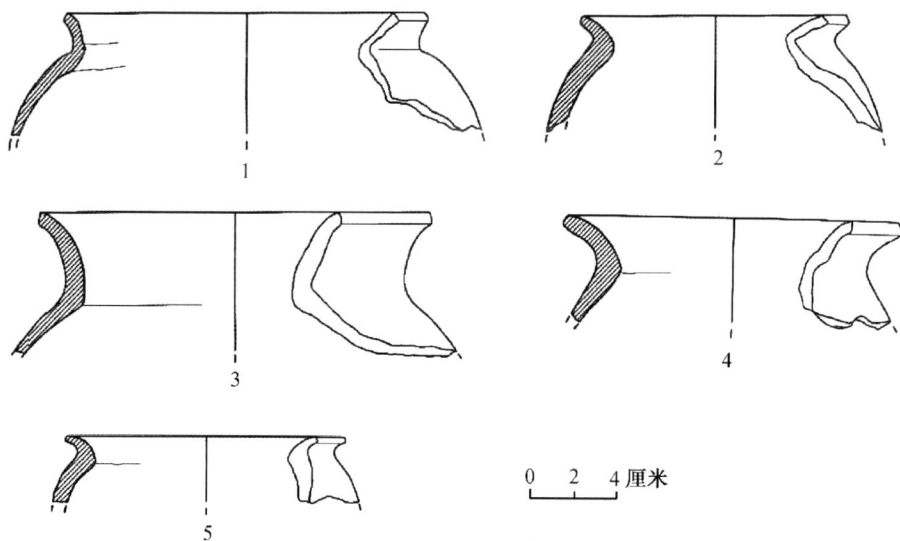

图 4-109　夹砂罐（七）

1—5. Bd 型（TN06E03②:39、TN05E03②:104、TN07W05②B:4、TN05E03②:39、TN06E02④:5）

夹砂罐底 共37件,根据底部分两型。

A 型,17件,平底。标本TN06E03③:122,夹砂红陶。腹上部残缺,腹下部弧形斜下收,平底。素面。底径11、残高6.3厘米(图4-110,1)。标本TN05W05②A:44,夹砂红陶。器上部均残,腹下部近斜直下收至底,平底。素面。底径12、残高4.3厘米(图4-110,2)。标本TN06E03④:75,夹砂红陶。腹下部微弧形斜下收至底,内底微圜,外平底。素面。底径11、残高9厘米(图4-110,3)。标本TN07W05②B:5,器上部均残,近底腹部微凹斜下收至底,内底近平。素面。底径7.6、残高3.7厘米(图4-110,4)。标本TN07W05②B:6,夹砂褐陶。器上部均残,近底腹部近直斜下收至底,内底近平。素面。底径8、残高3.2厘米(图4-110,5)。标本TN05E03④:14,夹砂红陶。器上部均残,腹下部近斜直下收至底,平底。素面。底径9.6、残高4.3厘米(图4-110,6)。标本TN06W01④:62,夹砂褐陶。腹上部残缺,腹下部微弧斜下收,平底。素面。底径5.4、残高4.2厘米(图4-110,7)。标本TN05E03③:28,夹砂红陶。斜方唇,唇面微凹,圆折沿,沿面微弧形外撇,腹微弧,腹下部及底残。素面。口径27.6、残高6.8厘米(图4-110,8)。标本TN06W03①:28,夹砂红陶。腹上部残缺,近底腹下部近直斜下收,近底部微内凹,平底。腹部饰有刻划纹。底径13、残高5.5厘米(图4-110,9)。标本TN06W01④:68,夹砂褐陶。腹上部残缺,腹下部近直斜下收,平底。素面。底径13、残高4厘米(图4-110,10)。标本TN06E03④:78,夹砂红陶。近底腹部斜直下收至底,外平底。素面。底径7、残高2.6厘米(图4-110,11)。标本TN07W05②B:3,夹砂红陶,器上部均残,近底腹部弧形斜下收至底,内底近平,素面。底径8.6、残高3.1厘米(图4-110,12)。标本TN06W01④:69,夹砂红陶,黑皮。腹上部残缺,腹下部微弧斜下收,平底。腹部和底均有绳纹。底径12、残高6.2厘米(图4-111,1)。标本TN06W03①:13,夹砂红陶。腹上部残缺,鼓腹,平底。素面。底径12.6、残高17厘米(图4-111,2)。标本TN06W01③:46,夹砂红陶。近底腹近直,底近平。腹部饰有一周附加堆纹,附加堆纹上饰有刻划纹。底径16、残高6厘米(图4-111,3)。标本TN06W01②:14,夹砂红陶。近底腹近直,底近平。素面。底径6、残高5.5厘米(图4-111,4)。标本TN06W06④C:85,夹砂红陶。腹上部及以上均残,腹下部近直斜下收至底,平底微凹。素面。底径16、残高8.4厘米(图4-111,5)。

B 型,20件,凹圜底。标本TN06W06④C:85,夹砂红陶。腹上部及以上均残,腹下部近直斜下收至底,平底微凹。素面。底径16、残高8.4厘米(图4-112,1)。标本TN05W05③:42,夹砂红陶。器上部均残,近底腹部斜下收至底,平底微内凹。器表有支座刮痕。底径10.8、残高5.1厘米(图4-112,2)。标本TN05W05⑤:27,夹砂红陶。器上部均残,腹下部近斜直下收至底,平底微内凹。素面。底径12、残高6.4厘米(图4-112,3)。标本TN05E03③:30,夹砂红陶。器上部均残,近底腹部微弧形斜下收至底,平底微内凹。素面。底径15、残高4.9厘米(图4-112,4)。标本TN06E03③:156,夹砂红陶,黑皮。腹上部残缺,腹下部微弧斜下收,底为凹圜底。素面。底径12.6、残高3.6厘米(图4-112,5)。标本TN06W04①:26,夹砂红陶。腹上部残缺,腹下部近直斜下收,平底。素面。底径10、残高6.4厘米(图4-112,6)。标本TN06W06④C:53,夹砂红陶,黑皮。器上部均残,近底腹下部近斜直下收至底,平底微内凹。腹外壁饰绳纹。底径11、残高4.8厘米(图4-112,7)。标本TN06E03④:80,夹砂灰陶。腹下部近斜直下收至底,平底微凹,器内底有拼接加固痕迹。素面。底径

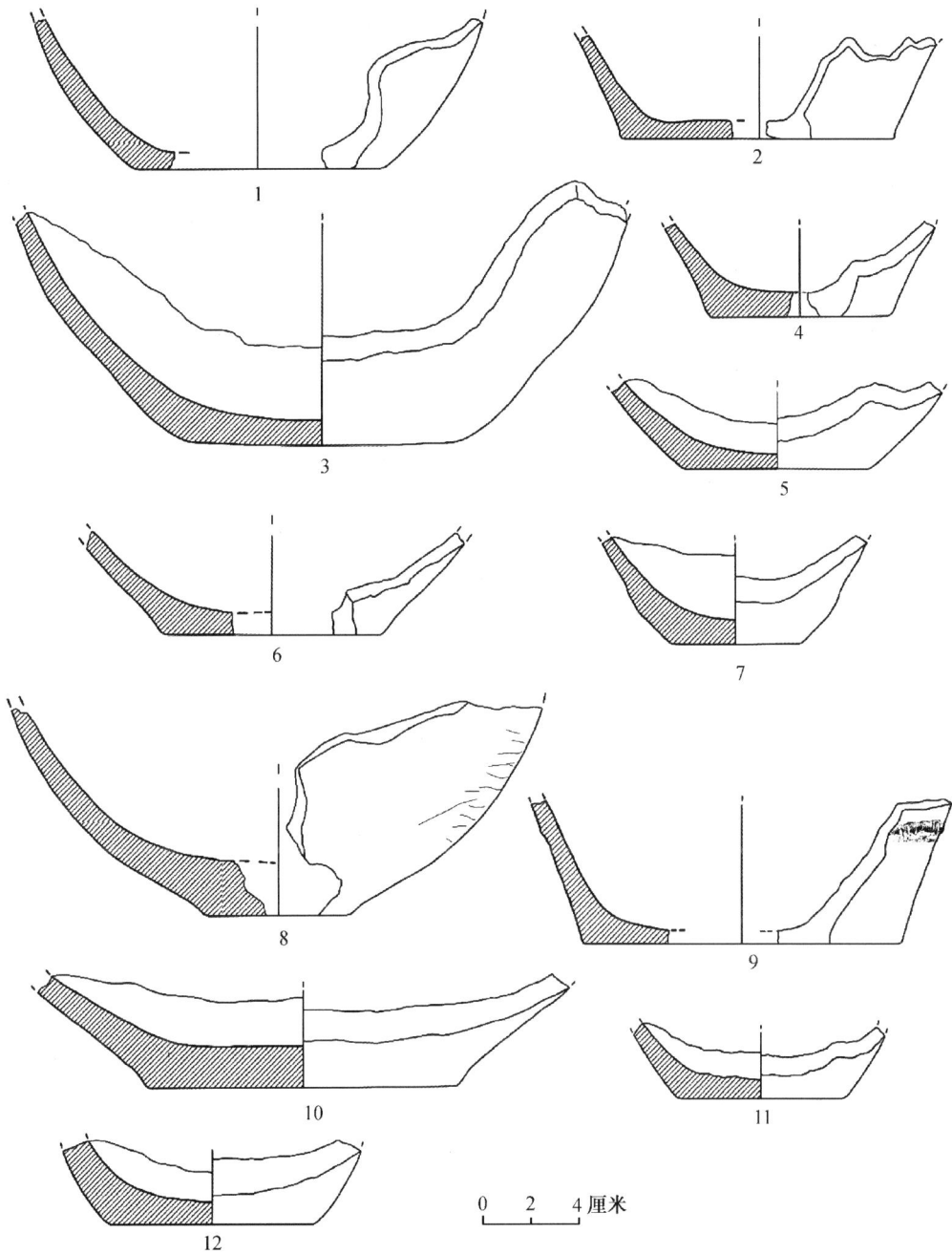

图 4-110　夹砂罐底（一）

1—12. A 型（TN06E03③:122、TN05W05②A:44、TN06E03④:75、TN07W05②B:5、TN07W05②B:
6、TN05E03④:14、TN06W01④:62、TN05E03③:28、TN06W03①:28、TN06W01④:68、TN06E03④:
78、TN07W05②B:3）

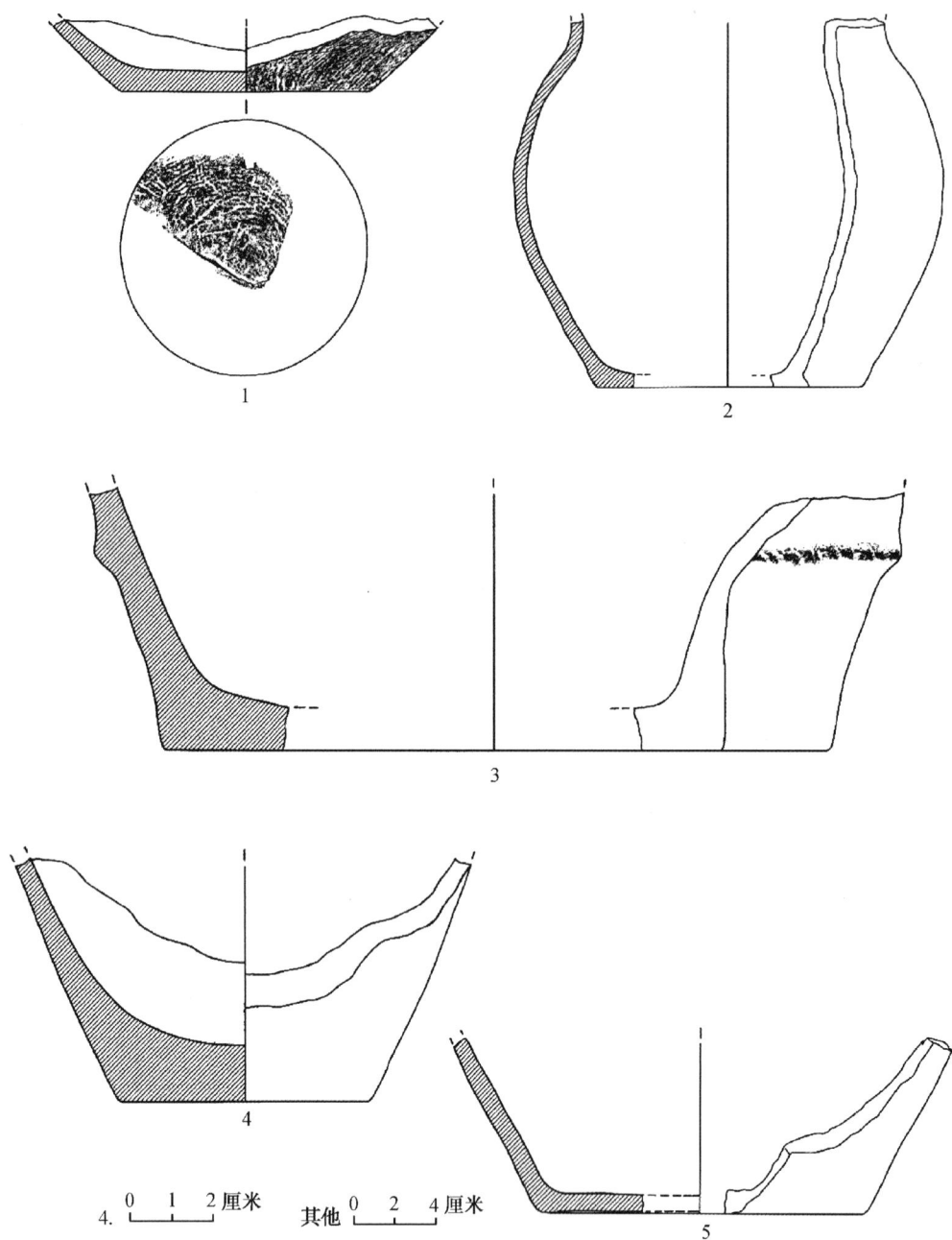

图 4-111　夹砂罐底（二）

1—5. A 型（TN06W01④:69、TN06W03①:13、TN06W01③:46、TN06W01②:14、TN06W06④C:85）

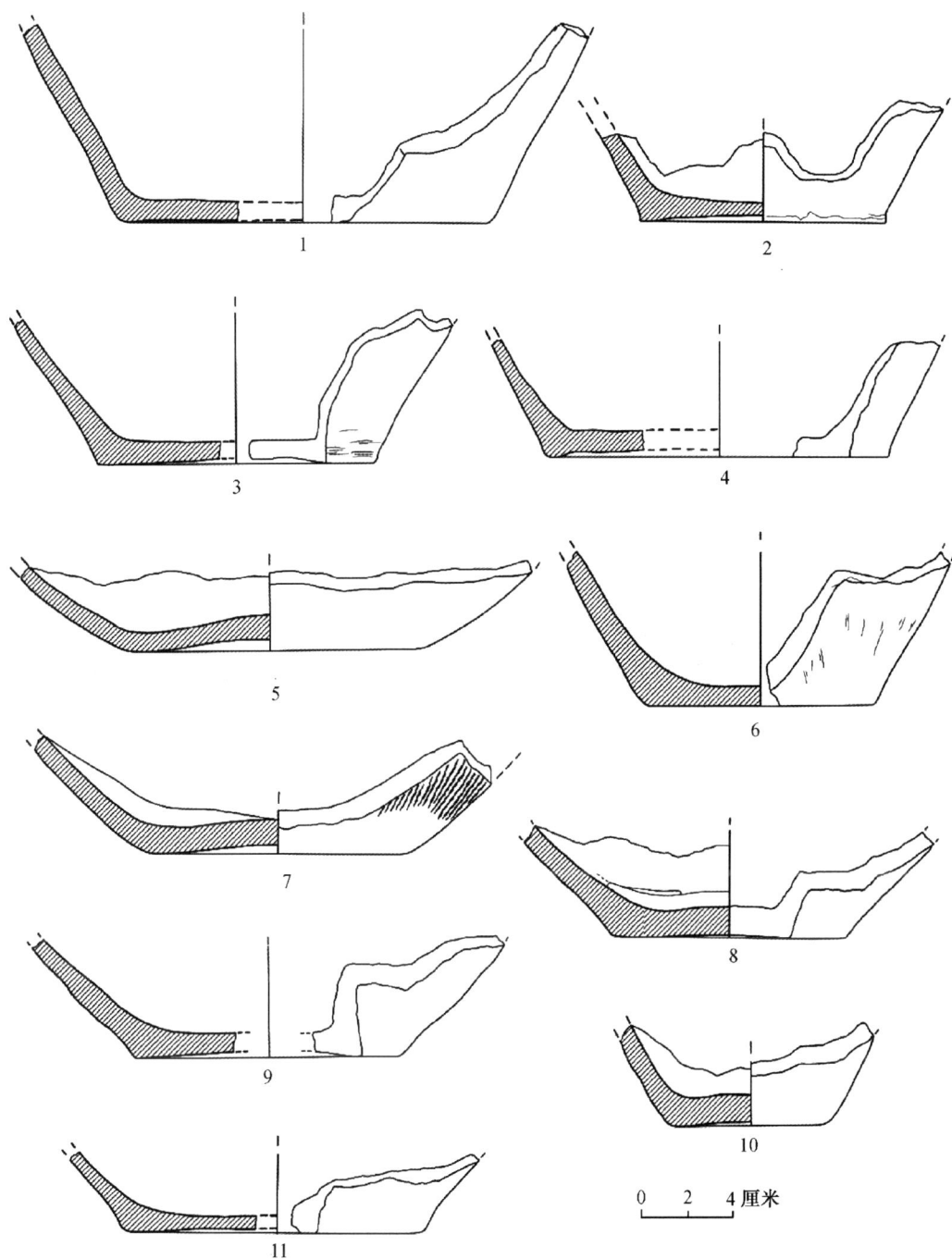

图 4-112　夹砂罐底（三）

1—11. B 型（TN06W06④C：85、TN05W05③：42、TN05W05⑤：27、TN05E03③：30、TN06E03③：156、TN06W04①：26、TN06W06④C：53、TN06E03④：80、TN07W04②：26、TN06W06④C：31、TN05E04④：13）

10、残高3.9厘米（图4-112,8）。标本TN07W04②:26,夹砂灰陶。近器底腹近直,平底微凹。素面。底径11、残高4.6厘米（图4-112,9）。标本TN06W06④C:31,夹砂红陶。腹上部及以上均残,腹下部弧形斜下收至底,平底微内凹。素面。底径7.2、残高4.2厘米（图4-112,10）。标本TN05E04④:13,夹砂红陶。腹上部残缺,近底腹下部近直斜下收,近底部微内凹,平底微凹。素面。底径13、残高3.3厘米（图4-112,11）。标本TN06E03③:131,夹砂灰陶。腹上部残缺,腹下部微弧斜下收,平底微凹。器身腹部饰细绳纹。底径7.8、残高4.3厘米（图4-113,1）。标本TN06W03②B:12,夹砂红陶。腹部以上残,腹下部近斜直下收至底,平底微凹。素面。底径9、残高7.1厘米（图4-113,2）。标本TN06E03③:116,夹砂红陶。腹上部残缺,腹下部近直斜下收,平底微凹。素面。底径13、残高4.8厘米（图4-113,3）。标本TN06E03②:196,夹砂灰陶。腹部以上残,腹下部微弧斜下收至底,平底微内凹。素面。底径12.6、残高5.0厘米（图4-113,4）。标本TN06W01④:55,夹砂红陶。腹上部残缺,腹下部斜下收,底部微内凹。素面。底径12、残高12.5厘米（图4-113,5）。标本TN05W05④:12,夹砂红陶。器上部均残,腹下部近斜直下收至底,平底微内凹。素面。底径9.6、残高7.9厘米（图4-113,6）。标本TN06E03③:132,夹砂红陶。腹上部残缺,腹下部微弧斜下收,平底微凹,内底圆。素面。底径7.3、残高4.3厘米（图4-113,7）。标本TN06W01④:61,夹砂灰陶。腹上部残缺,腹下部微弧斜下收,平底。素面。底径12、残高6.2厘米（图4-113,8）。标本TN06W06④C:84,夹砂红陶,器表因烧制不均匀,呈现红、灰二色。腹上部及以上均残,腹下部近直斜下收至底,平底微凹。素面。底径16、残高8厘米（图4-113,9）。

（2）泥质罐

泥质罐 共78件,据有无纹饰分两型。

A型,共67件,有纹饰。据口、肩部分四亚型。

Aa型,19件,盆形罐,宽折沿,垂溜肩。标本TN08W05②B:128,泥质灰陶。敞口,尖圆唇,沿面弧形外卷,短领,广肩,鼓腹,腹以下残。腹部饰有绳纹。口径25、残高14.5厘米（图4-114,1）。标本TN07W05②B:3,泥质红陶。侈口,尖唇,沿面弧形外卷,圆折沿,弧溜肩,弧腹。腹上壁饰席纹。口径36、残高6.4厘米（图4-114,2）。标本TN06W06②B:104,泥质红陶。侈口,尖唇,折沿,沿面弧形外卷,弧肩微鼓。肩部饰细绳纹。口径31、残高8.3厘米（图4-114,3）。标本TN08W05②B:8,泥质灰陶。敞口,斜方唇,圆折沿,沿面较宽,近斜直外撇,圆溜肩,上腹微鼓,腹下部弧形斜下收至底,圜底内凹。器身饰满拍印斜梯格纹。口径36.4、底径15、高26.4厘米（图4-114,4）。标本TN06W06④:43,泥质红陶。侈口,斜方唇,唇面微凹,圆折沿,沿面近斜直,弧溜肩,弧腹斜下收。器身饰小方格纹。口径23.4、残高10.2厘米（图4-114,5）。标本TN07W06②:2,泥质红陶,内灰外红。侈口,圆唇,卷沿,宽沿,束颈,肩部微弧下溜近无,腹微鼓,腹弧形斜下收至底,最大径在腹上部,平底微凹。颈下至底施变体麦穗纹。口径29.5、底径11、高18.3厘米（图4-114,6）。标本TN06W06②B:119（合为一件）,泥质红陶。侈口,尖圆唇,沿面弧形外卷,圆折沿,溜肩,弧腹。肩部及腹部饰席纹。口径26、残高9.7厘米（图4-114,7）。标本TN07W06②:39,泥质红陶。侈口,方唇,沿面弧形外卷,圆折沿,弧肩,腹上部微鼓斜下收。腹壁饰席纹。口径25、残高7.3厘米（图4-114,8）。标本TN06W06②B:126,泥质红陶。侈口,斜方唇,沿面弧形微外卷,溜肩,弧腹。肩部

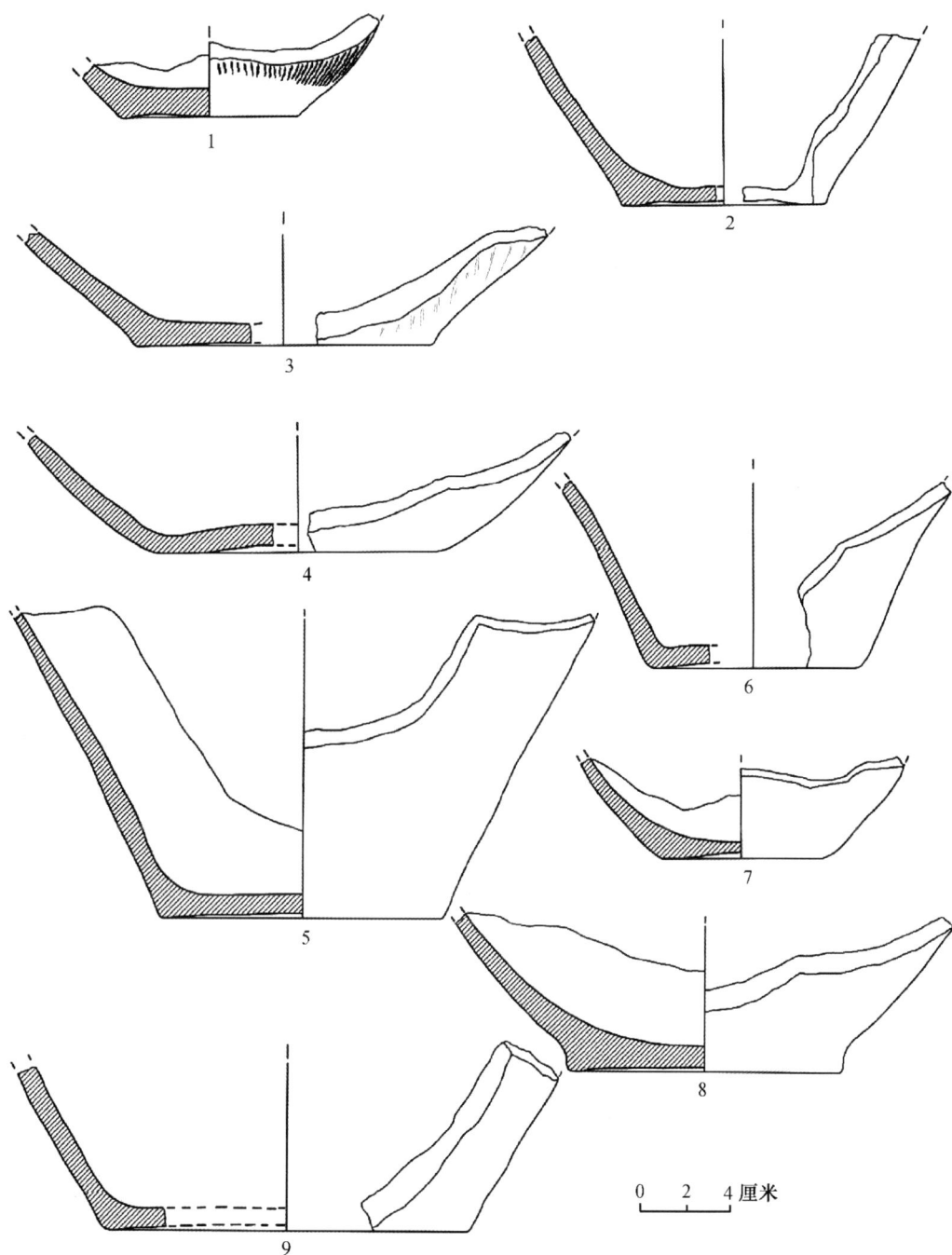

图 4-113　夹砂罐底（四）

1—9. B 型（TN06E03③∶131、TN06W03②B∶12、TN06E03③∶116、TN06E03②∶196、TN06W01④∶
55、TN05W05④∶12、TN06E03③∶132、TN06W01④∶61、TN06W06④C∶84）

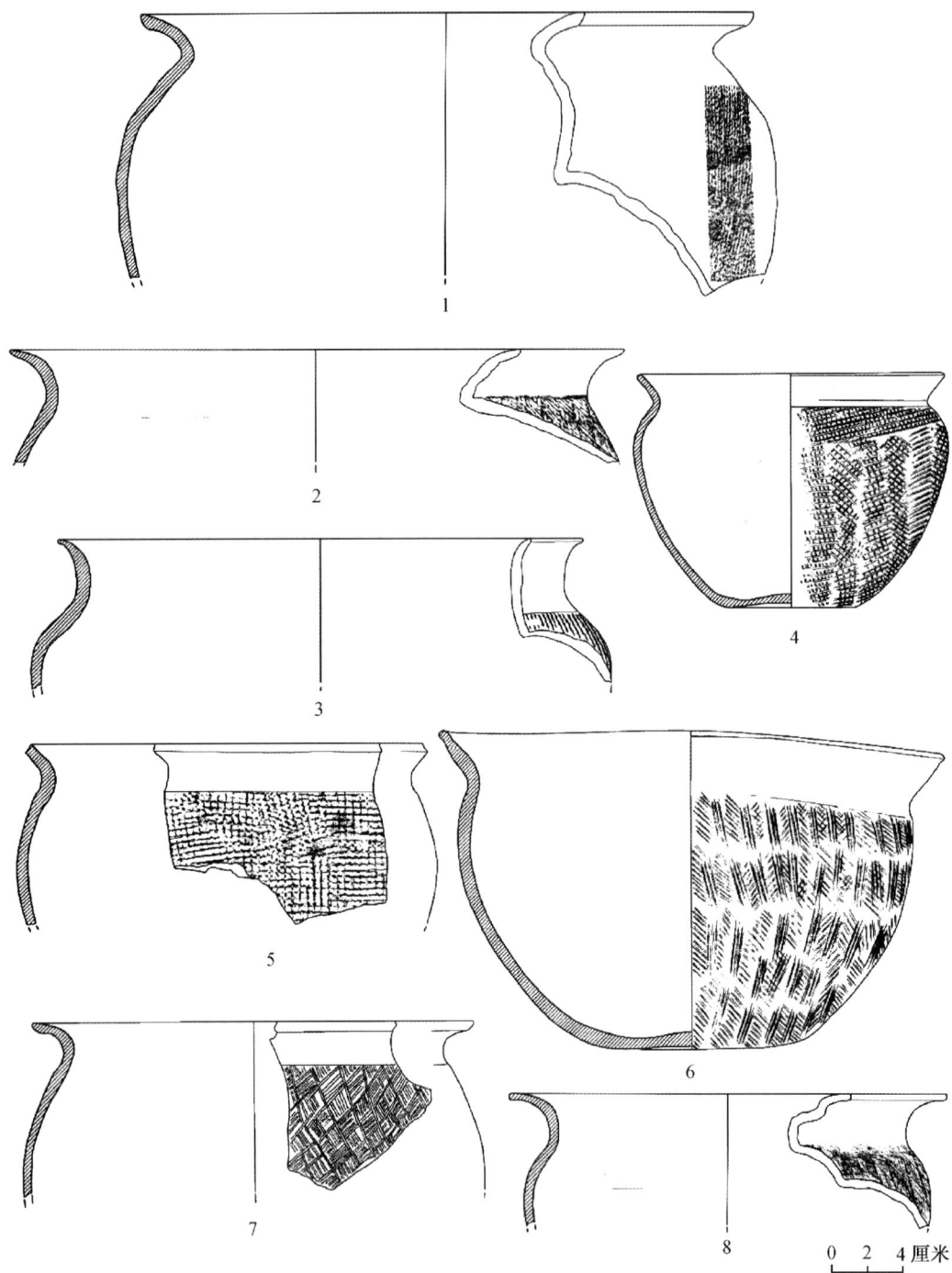

图 4-114　泥质罐(一)

1—8. Aa 型(TN08W05②B:128、TN07W05②B:3、TN06W06②B:104、TN08W05②B:8、TN06W06
④:43、TN07W06②:2、TN06W06②B:119、TN07W06②:39)

及腹部饰席纹。口径29.6、残高8.4厘米(图4-115,1)。标本TN06W06④C:65,泥质红陶。侈口,圆唇,圆折沿,弧溜肩,弧腹。肩部及腹部饰席纹。口径27、残高7.5厘米(图4-115,2)。标本TN06E03②:210,泥质红陶,黑皮。侈口,圆方唇,折沿,沿面较宽,近斜直,弧肩,腹上部微鼓,腹下部及底残,有下收迹象。器外壁饰绳纹。口径31.4、残高8.6厘米(图4-115,3)。标本TN06W06④C:28,泥质红陶。侈口,尖圆唇,圆折沿,沿面弧形外卷,弧肩弧腹。器身饰云雷纹与梯格纹组合。口径26、残高4.9厘米(图4-115,4)。标本TN06W06②B:130,泥质红陶。敞口,尖圆唇,圆折沿,沿面弧形外卷,矮领,弧肩,腹微弧,腹下部及底残。器身饰绳纹。口径30、残高6.2厘米(图4-115,5)。标本TN06W04②B:39,泥质红陶。侈口,尖圆唇,圆折沿,沿面微弧形外卷,弧溜肩,腹上部微弧,腹中部以下残。器肩部饰重菱纹,腹部饰绳纹与套菱纹组合。口径28、残高6.4厘米(图4-115,6)。标本TN08W05②B:158,泥质红陶。敞口,斜方唇,圆折沿,沿面微弧形外卷,弧肩,腹微鼓,斜下收,腹下及底残。腹部饰有交错篮纹。口径26.8、残高12.3厘米(图4-115,7)。TN06W06④C:30,泥质红陶。敞口,尖圆唇,圆折沿,沿面弧形微外卷,弧溜肩,弧腹,腹下部及底残。器身饰磨平的细绳纹。口径27.4、残高8厘米(图4-115,8)。标本TN05W05②A:55,泥质红陶。敞口,圆唇,翻沿,圆折沿,沿面微弧,溜肩,弧腹斜下收,腹部及底残。器身饰云雷纹与梯格纹组合。口径23、残高6.5厘米(图4-115,9)。标本TN06W06②B:185,泥质红陶。侈口,尖圆唇,翻沿,沿面弧形外卷,圆折沿,折腹,腹下部近直斜下收。腹部饰细绳纹。口径23、残高5.4厘米(图4-115,10)。标本TN05W05③:102,泥质红陶。侈口,斜方唇,圆折沿,沿面弧形外卷,弧肩,腹微弧,腹下已残。器身饰方格纹。残宽5.2、残高5.7厘米(图4-115,11)。

Ab型,37件,折沿,斜溜肩,肩多较广。标本TN06W06④:40,泥质红陶。侈口,尖圆唇,折沿,沿面近斜直,近唇处微折,弧溜肩,腹微鼓。器身饰方格纹。口径25、残高4.5厘米(图4-116,1)。标本TN06W06④C:54,硬陶(褐色)。侈口,方唇,翻沿,弧形外卷,圆折沿,矮领,弧溜肩。领部饰数周凹弦纹,肩部饰折线纹。口径26、残高2.9厘米(图4-116,2)。标本TN07W06②:42,泥质红陶。侈口,圆唇,沿面弧形外卷,圆折沿,弧溜肩,腹微鼓。腹上壁饰间断绳纹。口径19、残高9.5厘米(图4-116,3)。标本TN05E03③:47,泥质灰陶。侈口,斜方唇,折沿,沿面近斜直,弧广肩,鼓腹,腹下部及底残。器身饰弦断绳纹。口径15.4、残高5.3厘米(图4-116,4)。标本TN06W06②B:176,泥质灰陶。侈口,斜方唇,下唇较尖,唇面有两周凹槽,圆折沿,弧肩,肩部设两对称耳,已残。肩部饰小方格纹。口径19.6、残高4.9厘米(图4-116,5)。标本TN05E03②:9,泥质红陶。方唇,沿弧形外卷,圆折沿,弧肩稍鼓。口沿下部饰刻划纹,肩部饰勾连雷纹。口径19、残高9.2厘米(图4-116,6)。标本TN06E03③:135,泥质红陶。近矮直口,圆唇,圆折沿,沿面弧形微外卷,矮领,弧肩,鼓腹,腹下部及底残。腹外壁饰绳纹。口径16、残高4.2厘米(图4-116,7)。标本TN06W06②B:99,泥质红陶。侈口,尖圆唇,翻沿,沿面弧形外卷,圆折沿,弧溜肩,腹微鼓。器身饰弦断绳纹。口径19、残高8.8厘米(图4-116,8)。标本TN05E01③:48,泥质红陶。侈口,尖圆唇,沿面弧形外卷,短领,弧肩,肩以下残。口沿四道凹弦纹,领部有七道凹弦纹,肩部饰有篮纹和弦纹。口径21、残高6.4厘米(图4-116,9)。标本TN06W06②B:105,泥质红陶。侈口,尖圆唇,圆折沿,沿面弧形微外卷,溜肩,腹微弧,腹下部及底残。器身饰云雷纹与方格纹组合。口径

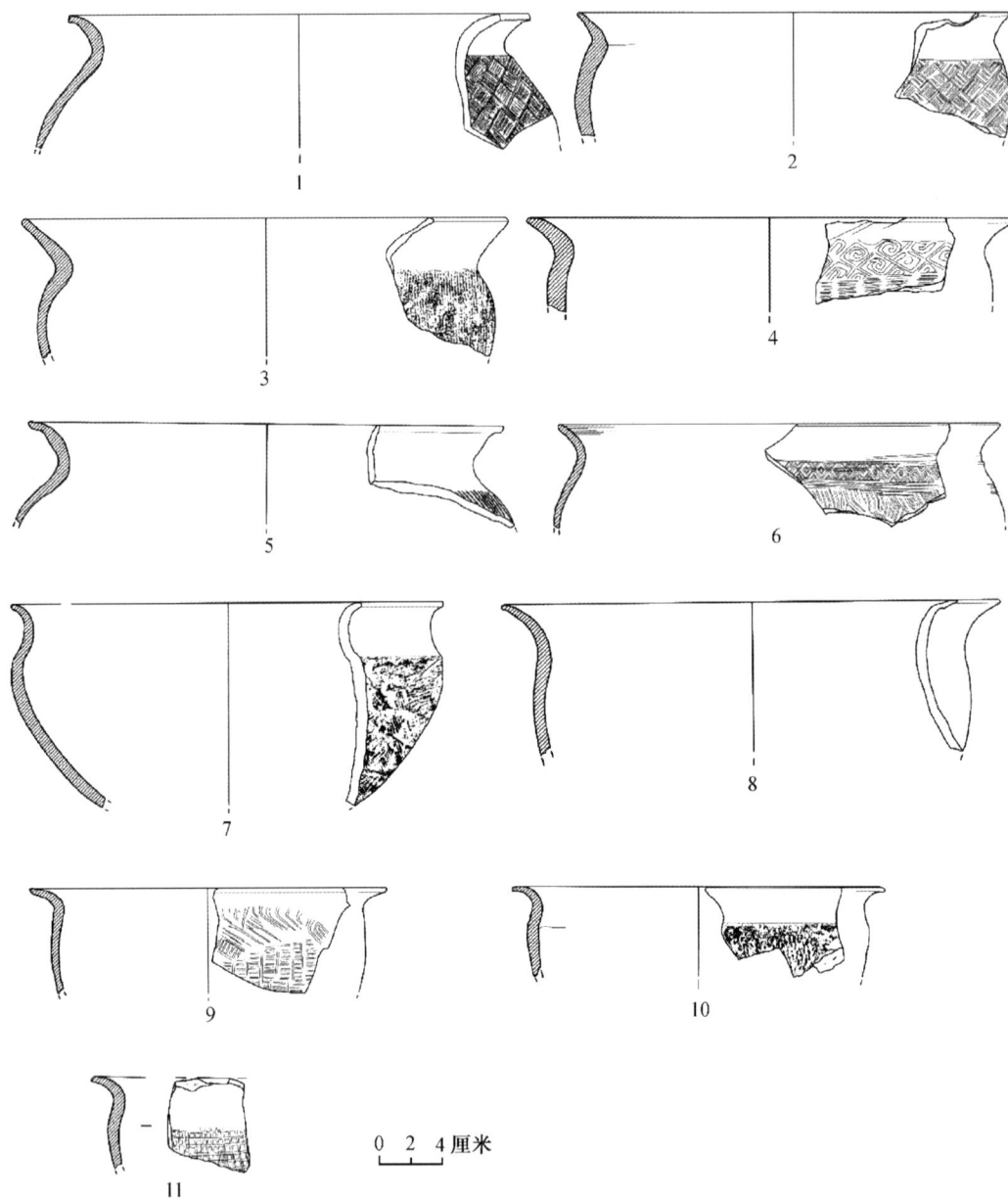

图 4-115　泥质罐（二）

1—11. Aa 型（TN06W06②B：126、TN06W06④C：65、TN06E03②：210、TN06W06④C：28、TN06W06②B：130、TN06W04②B：39、TN08W05②B：158、TN06W06④C：30、TN05W05②A：55、TN06W06②B：185、TN05W05③：102）

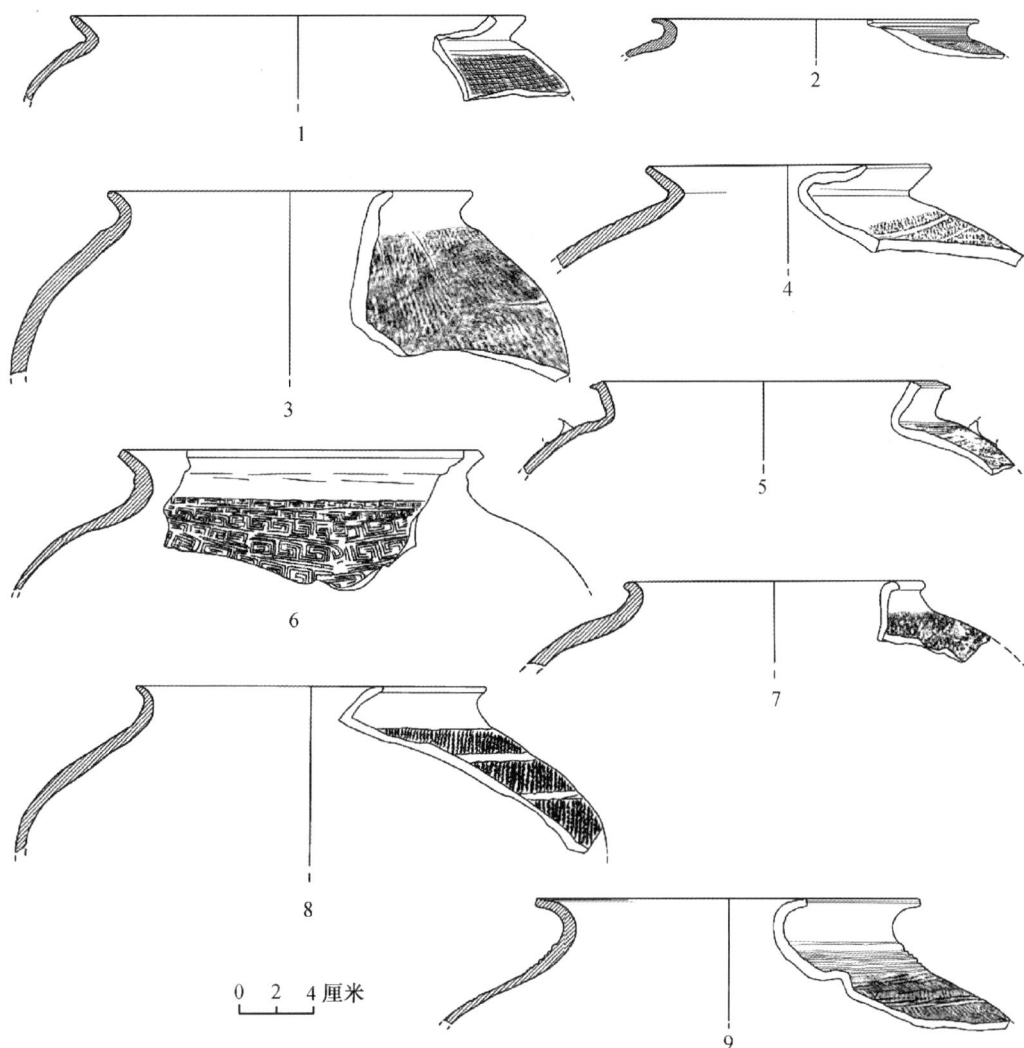

图 4-116 泥质罐（三）

1—9. Ab 型（TN06W06④:40、TN06W06④C:54、TN07W06②:42、TN05E03③:47、TN06W06②B:
176、TN05E03②:9、TN06E03③:135、TN06W06②B:99、TN05E01③:48）

18.4、残高 5.7 厘米（图 4-117,1）。标本 TN05E03④:45,泥质红陶。侈口,斜方唇,唇面有浅
凹槽,圆折沿,沿面微弧形外卷,沿面近唇部有浅凹槽,弧广肩,腹微鼓,腹下部及底残。器身
饰方格纹。口径 19、残高 3.4 厘米（图 4-117,2）。标本 TN05E03④:44,泥质褐陶。侈口,斜
方唇,圆折沿,沿面弧形微外卷,沿面近唇部有浅凹槽,弧溜肩,腹微鼓,腹下部及底残。器身
饰弦断细绳纹。口径 17、残高 4.9 厘米（图 4-117,3）。标本 TN05E03②:10,泥质红陶。侈
口,尖圆唇,沿面弧形外卷,圆折沿,广肩。肩部饰横置梯格纹。口径 24、残高 3.7 厘米
（图 4-117,4）。标本 TN06W06②B:177,硬陶（褐色）。侈口,尖圆唇,圆折沿,沿面弧形外
卷,矮领,弧肩,腹上部微鼓,腹中部以下残。领外壁有数周弦纹,器身外壁饰折线纹与回纹
组合。口径 18、残高 4.9 厘米（图 4-117,5）。标本 TN06E03④:87,泥质红陶。侈口,尖圆

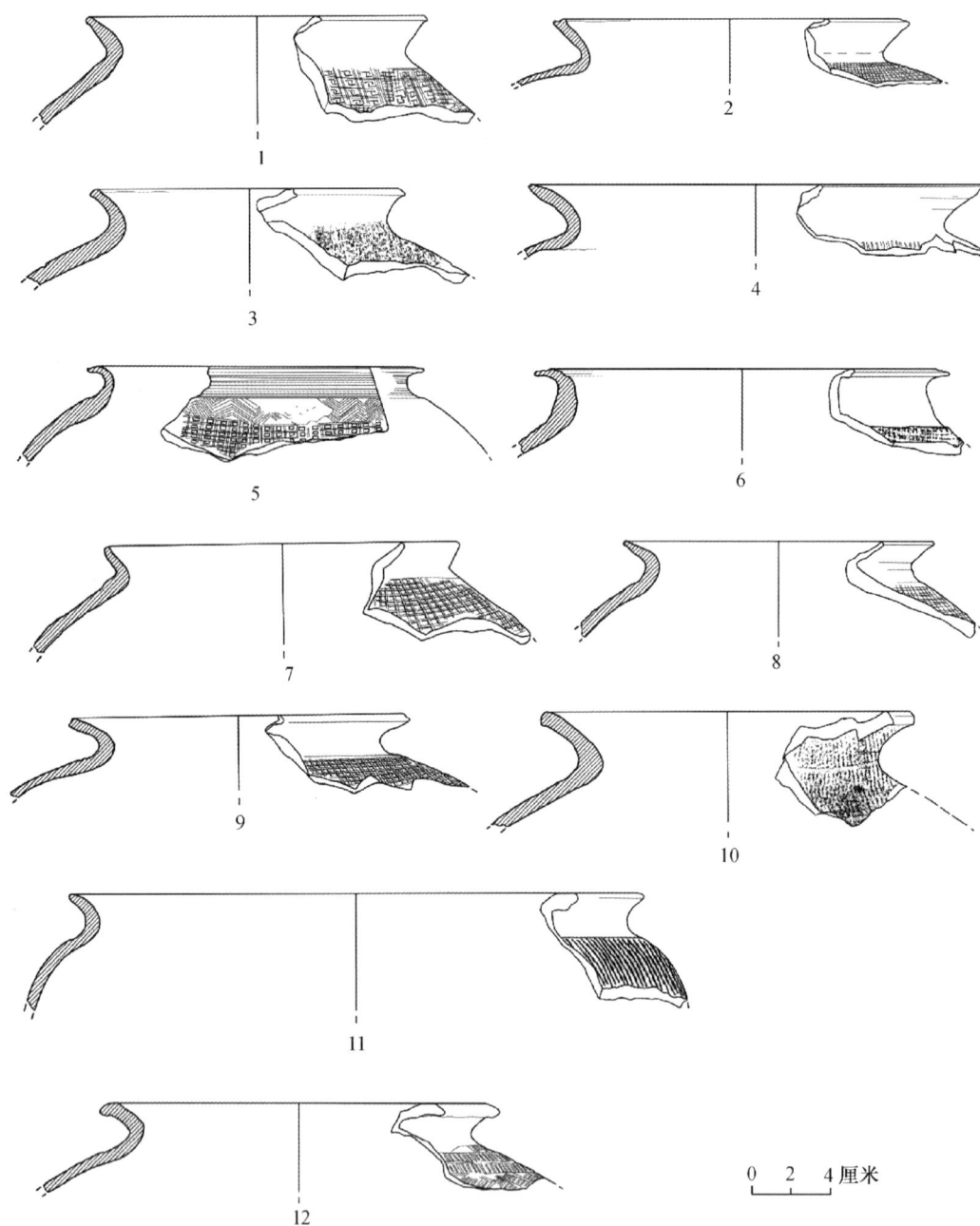

图 4-117　泥质罐（四）

1—12. Ab 型（TN06W06②B：105、TN05E03④：45、TN05E03④：44、TN05E03②：10、TN06W06②B：177、TN06E03 ④：87、TN06W06 ④：42、TN06W06 ② B：121、TN06W06 ④：41、TN05E03 ③：49、TN06W06④C：59、TN06W06④C：35）

唇,圆折沿,沿面弧形外卷,中领,弧肩,肩以下残。沿面上有几周凹槽,肩外壁饰弦断绳纹。口径22、残高4.2厘米(图4-117,6)。标本TN06W06④:42,泥质红陶。侈口,斜方唇,折沿,沿面近斜直,弧溜肩,腹上部微弧,腹中部以下残。器身饰方格纹。口径19、残高5.4厘米(图4-117,7)。标本TN06W06②B:121,泥质红陶。侈口,斜方唇,圆折沿,沿面微凹,弧溜肩。肩部饰方格纹。口径18.6、残高5厘米(图4-117,8)。标本TN06W06④:41,泥质红陶。侈口,斜方唇,唇面微凹,圆折沿,沿面微弧形外卷,弧溜肩,鼓腹。器身饰方格纹。口径18.6、残高4.2厘米(图4-117,9)。标本TN05E03③:49,泥质红陶。侈口,斜方唇,折沿,沿面较宽,微弧形外卷,弧溜肩,鼓腹,腹下部及底残。器身饰弦断绳纹。口径20、残高6厘米(图4-117,10)。标本TN06W06④C:59,泥质红陶。侈口,圆唇,沿面弧形微外卷,圆折沿,弧肩。肩部饰细绳纹。口径30.8、残高6厘米(图4-117,11)。标本TN06W06④C:35,泥质红陶。侈口,尖圆唇,沿面弧形外卷,圆折沿,溜肩。肩部饰梯格纹。口径21.6、残高4.6厘米(图4-117,12)。标本TN06W04②B:37,泥质红陶。侈口,圆唇,圆折沿,沿面微弧形外撇,弧广肩,腹上部以下残。器肩饰横置梯格纹。口径17、残高3.7厘米(图4-118,1)。标本TN06W04②B:35,泥质红陶。侈口,方唇,唇面有一周凹槽,沿面弧形外卷,近唇处微凹,圆折沿,弧肩。沿面外部饰磨平细绳纹,肩部饰弦断绳纹,口沿内壁有轮制时形成的弦纹。口径19、残高4.6厘米(图4-118,2)。标本TN06E03②:211,泥质红陶。侈口,尖圆唇,圆折沿,沿面微弧,矮领,领上有一周折痕,弧肩,腹部及底残。器肩上饰云雷纹。口径16、残高3.4厘米(图4-118,3)。标本TN07W06②:48,泥质红陶。侈口,尖圆唇,沿面弧形外卷,圆折沿,弧溜肩,弧腹。腹上壁饰席纹。口径18、残高4.7厘米(图4-118,4)。标本TN06W06④:45,泥质灰陶。侈口,斜方唇,沿面弧形微外卷,圆折沿,溜肩。肩部饰云雷纹。口径14、残高5.9厘米(图4-118,5)。标本TN06E03②:207,泥质褐陶。侈口,圆唇,沿面微弧形外卷,圆折沿,弧溜肩,弧腹微鼓。肩上部饰弦断绳纹,腹部饰细绳纹。口径12.6、残高6厘米(图4-118,6)。标本TN06W06④C:27,泥质红陶。敞口,尖圆唇,折沿,沿面微凹,溜肩,弧腹,腹部及底残。肩部及腹部饰梯格纹。口径21、残高3.9厘米(图4-118,7)。标本TN06E03④:85,泥质灰陶。侈口,斜方唇,唇下内侧微凹,圆折沿,沿面较宽,微弧,弧溜肩,肩以下残。肩外壁饰凹弦纹与斜方格纹组合。口径13、残高3.8厘米(图4-118,8)。标本TN06W06④:39,泥质红陶。侈口,尖圆唇,沿面弧形微外卷,圆折沿,溜肩。肩部饰方格纹。口径20、残高4.2厘米(图4-118,9)。标本TN06W06④C:62,泥质红陶。侈口,斜方唇,圆折沿,溜肩,腹部以下残。肩部饰席纹。口径14、残高5.6厘米(图4-118,10)。标本TN06W04①:34,泥质灰陶。侈口,圆唇,折沿,弧溜肩。口沿下部饰一周凸弦纹,肩部饰细绳纹。口径18、残高5厘米(图4-118,11)。标本TN05E03②:11,泥质灰陶。侈口,尖圆唇,沿面弧形外卷,圆折沿,折肩,肩下部弧形下张。肩部饰细绳纹。口径20、残高5.2厘米(图4-119,1)。标本TN06W06②B:123,泥质红陶。侈口,圆唇,圆折沿,沿面弧形外卷,溜肩,腹微弧,腹下部及底残。器身饰席纹。口径15、残高3.5厘米(图4-119,2)。标本TN07W03②B:12,泥质灰陶,黑皮。侈口,斜方唇,折沿,沿面弧形外卷,高领,广肩,肩以下残。肩部饰有弦断绳纹。口径18、残高5厘米(图4-119,3)。标本TN06W06④C:43,泥质红陶。侈口,尖圆唇,沿面弧形微外卷,圆折沿,矮领,广肩。肩部饰方格纹。口径18、残高3.4厘米(图4-119,4)。标本

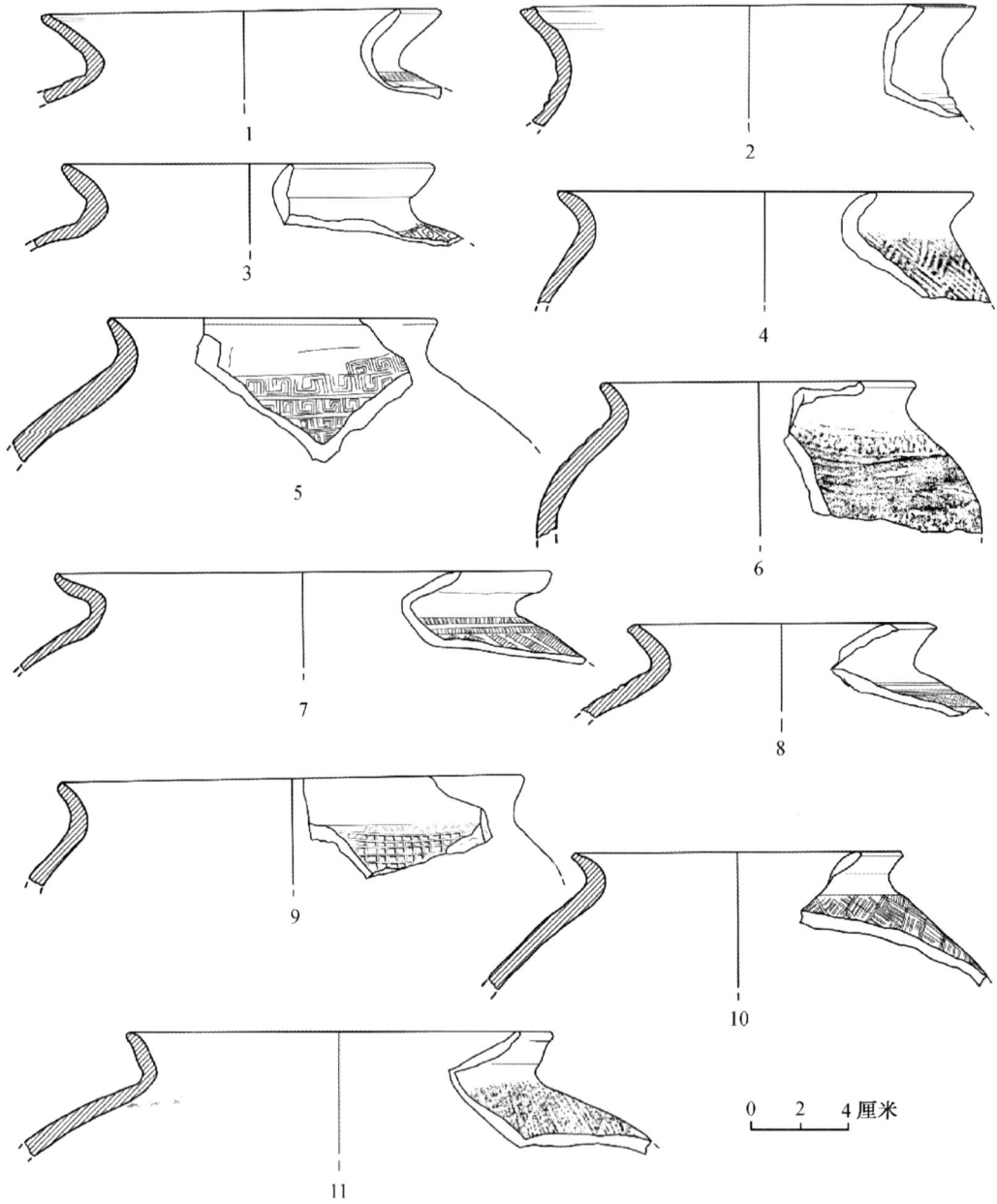

图 4-118　泥质罐（五）

1—11. Ab 型（TN06W04②B∶37、TN06W04②B∶35、TN06E03②∶211、TN07W06②∶48、TN06W06
④∶45、TN06E03②∶207、TN06W06④C∶27、TN06E03④∶85、TN06W06④∶39、TN06W06④C∶62、
TN06W04①∶34）

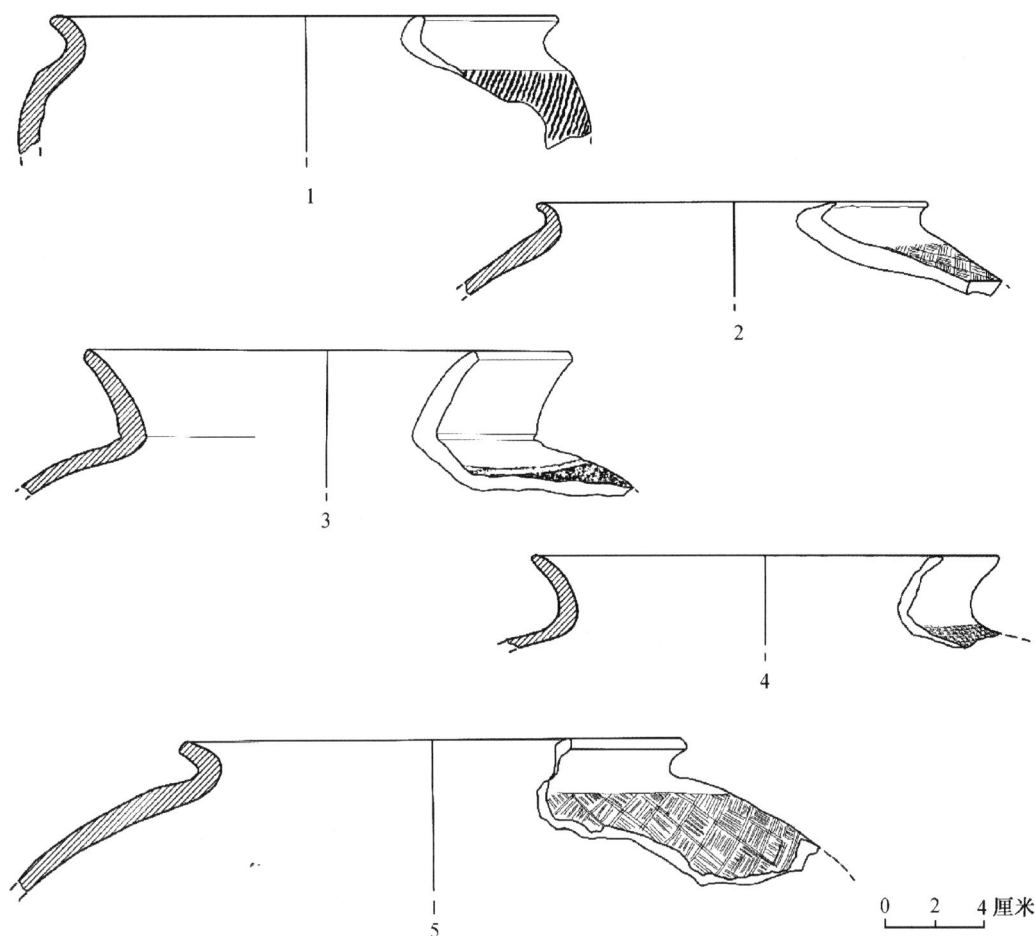

图 4-119 泥质罐（六）

1—5. Ab 型（TN05E03②:11、TN06W06②B:123、TN07W03②B:12、TN06W06④C:43、
TN06W06④C:61）

TN06W06④C:61，泥质红陶。侈口，圆方唇，圆折沿，弧溜肩，肩以下残。肩部饰席纹。口径
19、残高5.4厘米（图4-119，5）。

Ac 型，7件，沿微外撇，近直口，斜溜肩。标本 TN06W06②B:108，泥质灰陶。矮直口，方
唇，弧广肩，鼓腹。肩部及腹部饰席纹。口径27、残高7.5厘米（图4-120，1）。标本
TN06W06④C:60，泥质红陶。侈口，圆方唇，圆折沿，沿较窄，弧肩，腹微鼓，腹下部及底残。
腹外壁饰席纹。残宽7、残高5.4厘米（图4-120，2）。标本 TN06W06②B:123，泥质红陶。侈
口，圆唇，圆折沿，沿面弧形外卷，溜肩，腹微弧，腹下部及底残。器身饰席纹。口径15、残高
3.5厘米（图4-120，3）。标本 TN06W06②B:171，泥质灰陶。口微侈，方唇，平沿，沿面有一
周凹槽，圆折沿，肩近直下张。肩部饰席纹。口径13、残高4.2厘米（图4-120，4）。标本
TN06W06④C:29，泥质红陶。侈口，圆唇，圆折沿，广肩。沿面饰三周凹弦纹，肩部饰横置梯
格纹。口径15、残高3厘米（图4-120，5）。标本 TN06W06④C:60，泥质红陶。侈口，圆方唇，
圆折沿，沿较窄，弧肩，腹微鼓，腹下部及底残。腹外壁饰席纹。残宽7、残高5.4厘米

（图4-120,6）。标本TN06W06④:36,泥质红陶,黑皮。口微侈,尖圆唇,圆折沿,沿面微弧,弧肩,腹上部微鼓,腹中部圆折壁,腹下部微弧形下收,近底腹部及底残。器腹外壁有轮制痕迹。口径9、残高4.6厘米(图4-120,7)。

Ad型,4件,沿口多向外凸伸,有领,斜溜肩。标本TN07W06②:54,泥质褐陶。敞口,尖唇,平沿微内倾,沿面弧形外卷,短领,广肩,肩以下残。领部饰有弦纹,肩部饰有折线纹。口径22、残高3.6厘米(图4-120,8)。标本TN06W06④C:38,泥质红陶。侈口,尖唇,圆折沿,高领,溜肩。口沿内侧饰三周凹弦纹,领外壁饰数周凹弦纹,肩部饰重菱形纹。口径14.8、残高5厘米(图4-120,9)。标本TN06W01②:23,泥质红陶。侈口,尖圆唇,平沿,广肩,肩以下残。唇部有多道凹弦纹,肩部饰有弦断篮纹。口径17.6、残高6.9厘米(图4-120,10)。标本TN06W04②B:41,泥质红陶。敞口,尖圆唇,圆卷沿,沿面弧形外卷,高领,肩部以下已残。器沿面有数周凹痕,领外壁饰凹弦纹。口径20、残高5.2厘米(图4-120,11)。

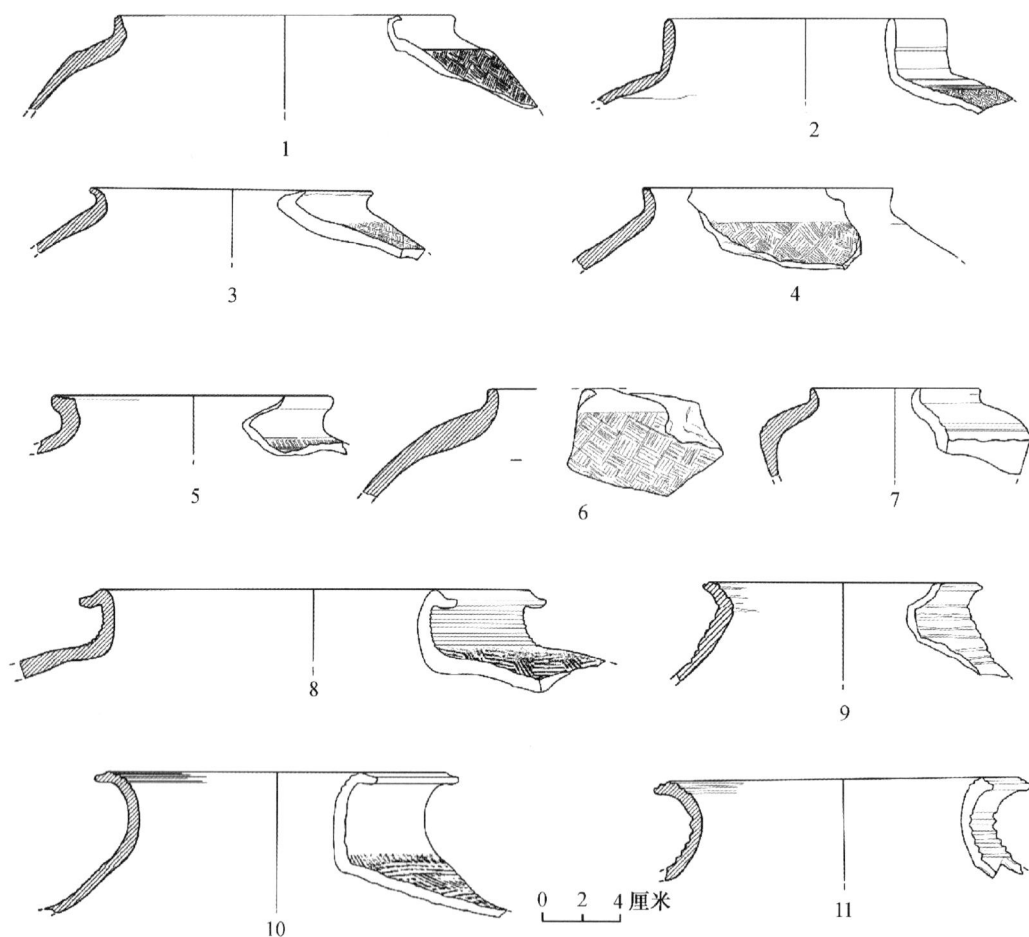

图4-120 泥质罐(七)

1—7. Ac 型 (TN06W06 ②B:108、TN06W06 ④C:60、TN06W06 ②B:123、TN06W06 ②B:171、TN06W06④C:29、TN06W06④C:60、TN06W06④:36) 8—11. Ad 型 (TN07W06②:54、TN06W06④C:38、TN06W01②:23、TN06W04②B:41)

B 型,11 件,素面。标本 TN06W06④C:30,夹砂红陶。侈口,圆唇,折沿,沿面弧形外卷,弧肩,弧腹,腹上部置两对称錾,呈驼峰形,腹下部及底残。素面。口径 17.4、残高 11 厘米(图 4-121,1)。标本 TN06W06④C:36,泥质灰陶。侈口,圆方唇,圆折沿,沿面弧形外卷,矮领,弧溜肩,腹部及底残。领下有一周浅凹槽。口径 17.6、残高 5.0 厘米(图 4-121,2)。标本 TN06E03②:205,泥质红陶。侈口,斜方唇,圆折沿,沿面近斜直,沿面近唇处有一周凹槽,弧溜肩,弧腹微鼓。肩部及腹部饰方格纹。口径 33、残高 8.4 厘米(图 4-121,3)。标本 TN06W06④:36,泥质红陶,黑皮。口微侈,尖圆唇,圆折沿,沿面微弧,弧肩,腹上部微鼓,腹中部圆折壁,腹下部微弧形下收,近底腹部及底残。器腹外壁有轮制痕迹。口径 9、残高 4.6 厘米(图 4-121,4)。标本 TN06E03④:43,泥质灰陶。侈口,圆唇,圆折沿,溜肩。肩部饰磨平细绳纹。口径 22.6、残高 6 厘米(图 4-121,5)。标本 TN06W06④:37,泥质灰陶。口微侈,圆唇,圆折沿,弧肩,腹微鼓。肩部有轮制时形成的弦纹。口径 11、残高 6.2 厘米(图 4-121,6)。标本 TN06E03②:208,泥质褐陶。侈口,尖圆唇,沿面微弧形外卷,圆折沿,溜肩。口部有轮制痕迹,肩部饰云雷纹与浅细绳纹组合。口径 9.4、残高 4.4 厘米(图 4-121,7)。标本 TN06E03③:136,泥质灰陶。直口,圆唇,沿面外微凸出,似矮直领,沿面有一周凹槽,弧溜肩。肩中部饰一周凹弦纹及一周折痕。口径 11、残高 5.4 厘米(图 4-121,8)。标本 TN05E03④:19,泥质红陶,黑皮。侈口,斜方唇,折沿,沿面近斜直,弧溜肩,腹微弧,腹下部及底残。腹上部有一周折痕。口径 25.4、残高 5.6 厘米(图 4-121,9)。标本 TN06W06④C:66,泥质灰陶。口微侈,尖圆唇,折沿,沿面较窄,微凹,弧肩,鼓腹。素面。口径 10、残高 4.6 厘米(图 4-121,10)。标本 TN06W06④C:6,泥质灰陶,黑皮。侈口,尖圆唇,卷沿,窄沿稍外撇,束颈,肩部微弧下溜,肩腹交接处有两对称梯形錾,鼓腹,腹弧形斜下收至底,平底。素面。口径 11.2、腹径 15.2、底径 6.4、高 8.8 厘米(图 4-121,11)。

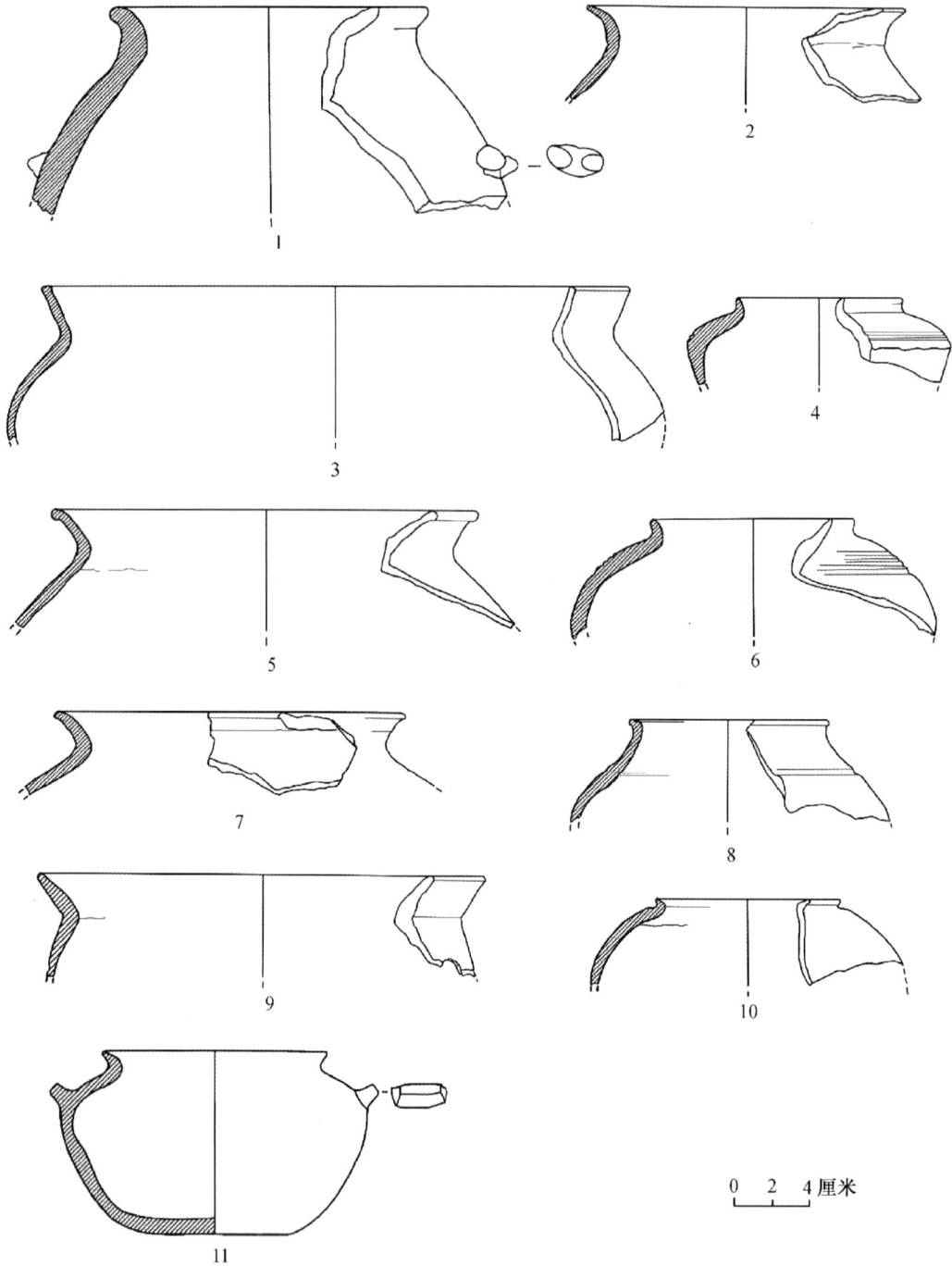

图 4-121　泥质罐（八）

1—11. B 型（TN06W06④C:30、TN06W06④C:36、TN06E03②:205、TN06W06④:36、TN06E03④:43、TN06W06 ④:37、TN06E03②:208、TN06E03 ③:136、TN05E03④:19、TN06W06 ④ C:66、TN06W06④C:6）

泥质罐底　共 15 件,根据底部分两型。

A 型,6 件,平底。标本 TN06W02②:16,泥质灰陶。近底腹部近斜直,底平。底部饰有交错篮纹。底径 14、残高 2.4 厘米(图 4-122,1)。标本 TN06W01③:55,泥质灰陶(略含细砂)。近底腹近直,底近平。底部饰有刻划纹、细绳纹。底径 7.2、残高 4.5 厘米(图 4-122,2)。标本 TN06W06②B:183,泥质灰陶。腹上部以上残,腹下部弧形斜下收至底,平底。腹外壁饰席纹。底径 19、残高 11.9 厘米(图 4-122,3)。标本 TN06E03④:34,泥质灰陶。近底

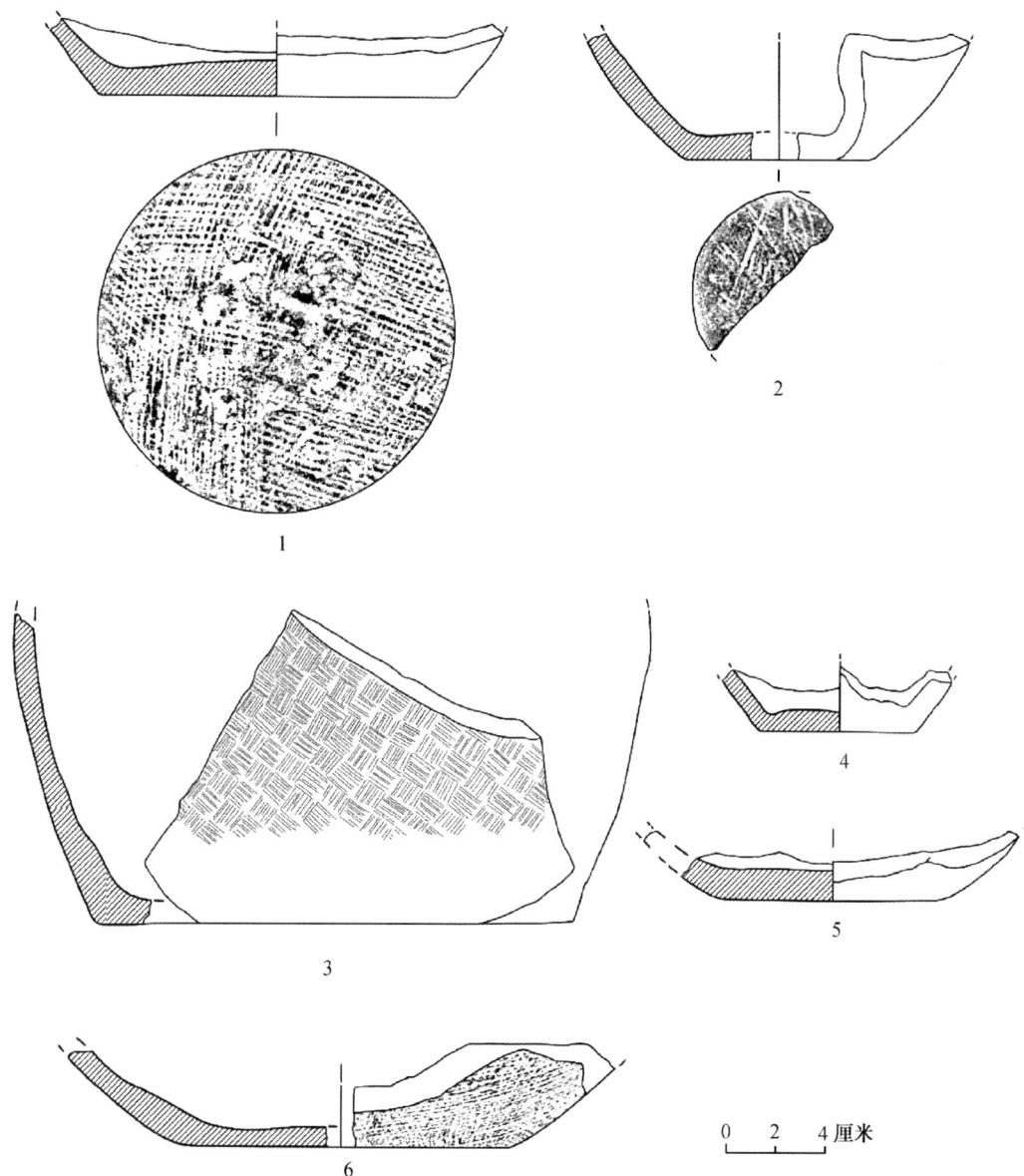

图 4-122　泥质罐底(一)

1—6. A 型(TN06W02②:16、TN06W01③:55、TN06W06②B:183、TN06E03④:34、TN06E02④:53、TN06E03②:230)

腹部斜直下收至底,外平底。素面。底径6、残高1.9厘米(图4-122,4)。标本TN06E02④:53,泥质灰陶。近底腹部微弧,斜下收至底,底微圜。素面。底径9、残高2.7厘米(图4-122,5)。标本TN06E03②:230,泥质褐陶。腹上部残缺,腹下部微弧斜下收至底,平底微凹。腹部饰交错细绳纹,底部饰环形绳纹。底径13、残高3.6厘米(图4-122,6)。

B型,9件,凹圜底。标本TN05W05②A:66,泥质红陶。器上部均残,腹下部微弧斜下收至底,平底。器外壁饰绳纹。底径9、残高6.9厘米(图4-123,1)。标本TN06W06④C:73,泥质红陶,黑皮。腹上部及以上均残,腹下部微弧形斜下收至底,平微凹底。素面。底径13、残高6.2厘米(图4-123,2)。标本TN05E03②:93,泥质红陶。腹上部及以上均残,近底腹部弧

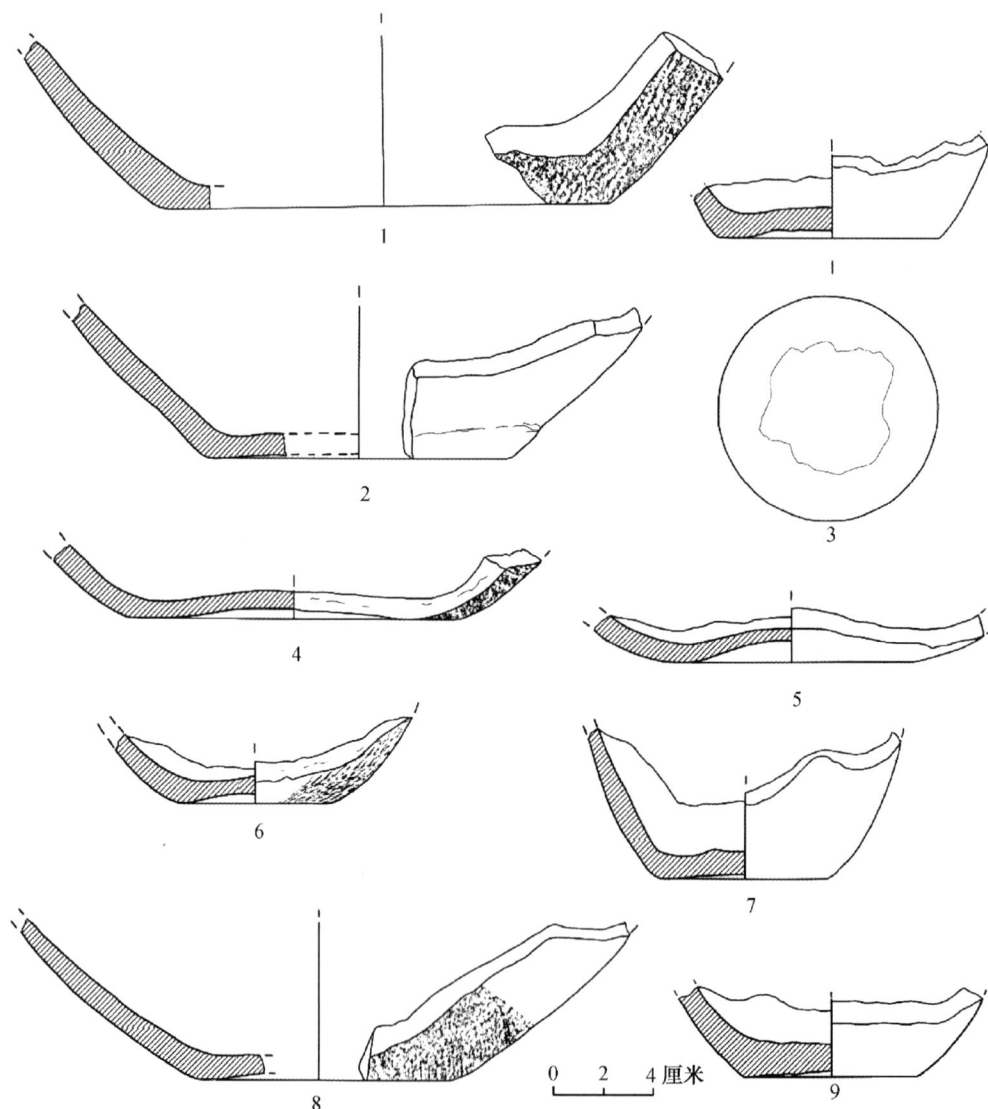

图4-123　泥质罐底(二)

1—9. B型(TN05W05②A:66、TN06W06④C:73、TN05E03②:93、TN05E03④:22、TN06W06④C:74、TN06W06②B:180、TN06E03②:233、TN06E03②:229、TN05E02②:40)

形斜下收至底,平底微内凹。底下中部饰绳纹。底径9.4、残高4.2厘米(图4-123,3)。标本TN05E03④:22,泥质灰陶。底上均残,底为凹圜底。器身饰磨平的绳纹。底径14、残高2.9厘米(图4-123,4)。标本TN06W06④C:74,泥质红陶。底上均残,底为凹圜底。素面。底径9、残高2.2厘米(图4-123,5)。标本TN06W06②B:180,泥质灰陶。器上部均残,近底腹部弧形斜下收至底,平底微内凹。器外壁饰绳纹。底径13、残高4.4厘米(图4-123,6)。标本TN06E03②:233,泥质灰陶。腹上部残缺,腹下部微弧斜下收至底,平底微凹。素面。底径7、残高6厘米(图4-123,7)。标本TN06E03②:229,泥质灰陶,黑皮。腹上部残缺,腹下部微弧斜下收至底,平底微凹。腹部饰细绳纹。底径11、残高6.4厘米(图4-123,8)。标本TN05E02②:40,泥质红陶。器上部均残,近底腹部弧形斜下收至底,平底微凹。素面。底径7、残高3.1厘米(图4-123,9)。

(3) 硬陶罐、硬陶罐底、原始瓷罐底

硬陶罐 共15件,根据口沿分为两型。

A型,12件,折沿。标本TN06W06④C:54,硬陶(褐色)。侈口,方唇,翻沿,弧形外卷,圆折沿,矮领,弧溜肩。领部饰数周凹弦纹,肩部饰折线纹。口径26、残高2.9厘米(图4-124,1)。标本TN06W06②B:174,硬陶(褐色)。侈口,方唇,沿面弧形外卷,沿面近唇处微内凹,矮领,弧肩,肩下部弧形下张。领部有轮制时形成的弦纹,肩部饰折线纹。口径13、残高4.2厘米(图4-124,2)。标本TN05E03②:62,硬陶(褐色)。方唇,卷沿,弧形外卷,圆折沿,矮领,广肩。领部有轮制时形成的弦纹,肩部饰斜置折线纹。口径24、残高4.1厘米(图4-124,3)。标本TN06W06④C:90,硬陶(褐色)。侈口,斜方唇,翻沿,弧形外卷,矮领,弧溜肩。领部有轮制时形成的弦纹,肩部饰折线纹。口径18、残高4.4厘米(图4-124,4)。标本TN06E03②:223,硬陶(褐色)。侈口,斜方唇,唇面有两周浅凹槽,翻沿,沿面弧形外卷,沿面近唇部有一周凹槽,矮领,广肩。领部有轮制时形成的弦纹,肩部饰云雷纹。口径26.4、残高5.4厘米(图4-124,5)。标本TN06W06④:54,硬陶(褐色)。侈口,尖唇,沿面外倾,圆折沿,中领,弧溜肩。领部有轮制时形成的弦纹,肩部饰折线纹。口径17、残高5.6厘米(图4-124,6)。标本TN05E03②:64,硬陶(褐色)。侈口,尖唇,沿面弧形外卷,圆折沿,溜肩下张。肩上部有轮制时形成的弦纹,下部饰套菱纹。口径21、残高5.8厘米(图4-124,7)。标本TN05E03②:65,硬陶(褐色)。方唇,卷沿,弧形外卷,圆折沿,矮领,广肩。领部有轮制时形成的弦纹,肩部饰勾连雷纹。口径21、残高5.2厘米(图4-124,8)。标本TN06W06②B:170,硬陶(褐色)。侈口,尖唇,平沿,沿面弧形微外卷,矮领,弧肩。领部有轮制时形成的弦纹,器身饰折线纹与重回纹组合。口径15.4、残高8厘米(图4-124,9)。标本TN05W05②A:57,泥质灰陶(灰色)。唇残,侈口,圆折沿,沿面微弧形外卷,矮领,弧广肩,腹微鼓,腹下及底残。器腹饰斜方格纹。口径约15、残高6.7厘米(图4-124,10)。标本TN06E03③:162,硬陶(褐色)。侈口,斜方唇,唇面微凹,翻沿,沿面弧形外卷,圆折沿,中领,弧溜肩。领部有轮制时形成的弦纹,器身饰折线纹。口径23.4、残高6厘米(图4-124,11)。标本TN06E03②:226,硬陶(褐色)。侈口,斜方唇,翻沿,弧形外卷,矮领,广肩。领部有轮制时形成的弦纹,肩部饰折线纹。口径12.2、残高3.2厘米(图4-124,12)。

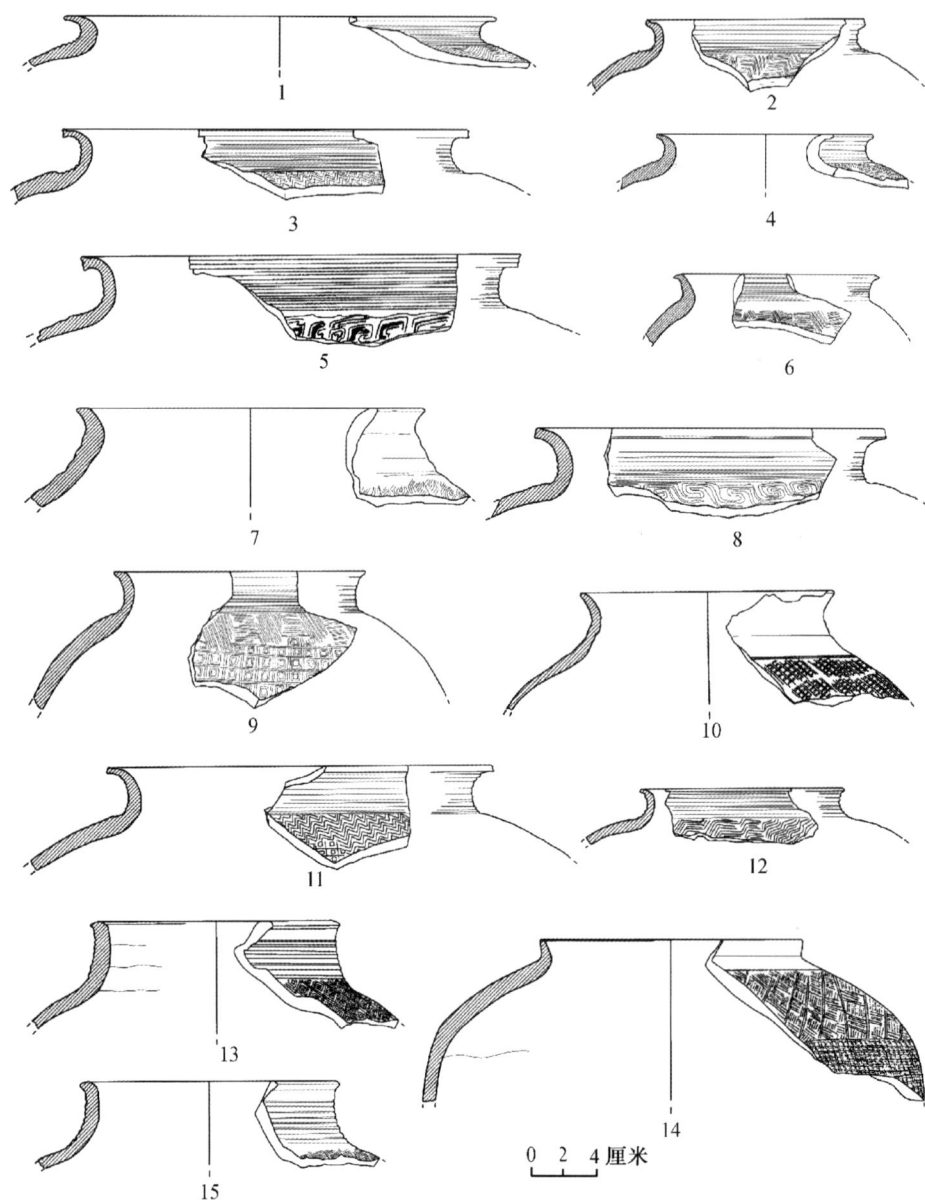

图 4-124　硬陶罐

1—12. A 型（TN06W06④C：54、TN06W06②B：174、TN05E03②：62、TN06W06④C：90、TN06E03②：223、TN06W06④：54、TN05E03②：64、TN05E03②：65、TN06W06②B：170、TN05W05②A：57、TN06E03③：162、TN06E03②：226）　13—15. B 型（TN05W05②A：70、TN06W06②B：131、TN06W06②B：172）

　　B 型，3 件，直口，不出沿。标本 TN05W05②A：70，硬陶（褐色）。口微侈，尖圆唇，高领，弧广肩，腹微鼓，腹下及底残。器领上饰凹弦纹，腹部饰重回纹。口径 15、残高 6.4 厘米（图 4-124，13）。标本 TN06W06②B：131，硬陶（红色）。口微侈，尖唇，沿面有一周凹槽，弧溜肩，弧腹微鼓。器身饰席纹与方格纹组合。口径 15.6、残高 9.4 厘米（图 4-124，14）。标本 TN06W06②B：172，硬陶（褐色）。口微侈，尖圆唇，沿面弧形微外卷，高领，广肩。领部有轮制时形成的弦纹,肩部饰套菱纹。口径 15.4、残高 4.9 厘米(图 4-124,15)。

硬陶罐底　4 件,凹底。标本 TN06E03③:163,硬陶(褐色)。腹上部残缺,腹下部近直斜下收,平底微凹。器身饰折线纹。底径 20、残高 12 厘米(图 4-125,1)。标本 TN06W06④C:90,硬陶(灰色)。腹上部及以上均残,腹下部弧形斜下收至底,平底微内凹。器腹部饰回纹,底部饰有刻划纹。底径 17、残高 6.2 厘米(图 4-125,2)。标本 TN06E03②:226,硬陶(褐

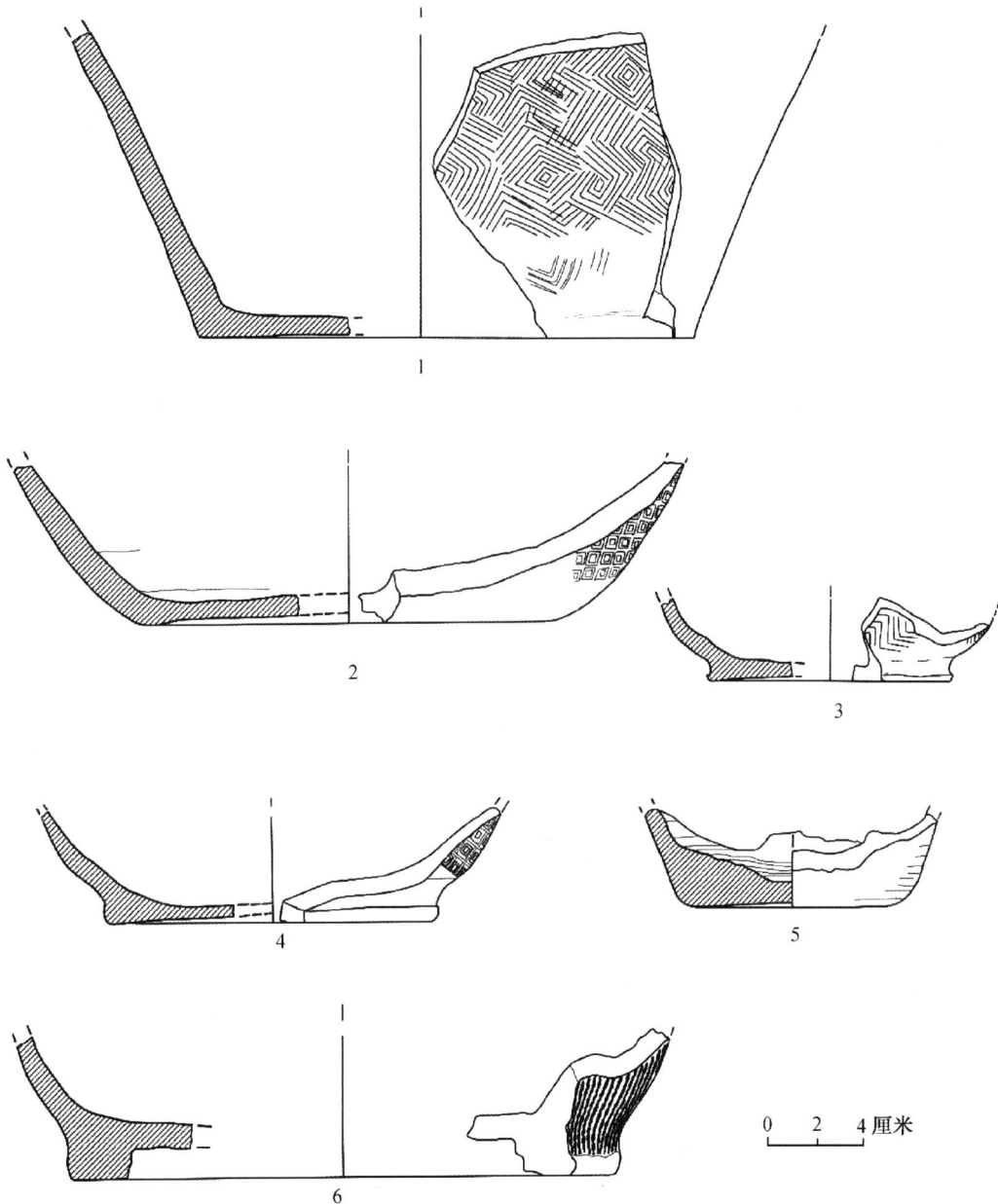

图 4-125　硬陶罐底、原始瓷罐底

1—4. 硬陶罐底(TN06E03③:163、TN06W06④C:90、TN06E03②:226、TN06W06②B:179)

5、6. 原始瓷罐底(TN06W06②B:181、TN06W06④C:26)

217

色)。腹上部残缺,腹下部弧形斜下收,平底微凹,足沿微外撇。腹部饰折线纹。底径10、残高3.2厘米(图4-125,3)。标本TN06W06②B:179,硬陶(褐色)。器上部均残,近底腹部弧形斜下收至底,平底微凹。器腹外壁饰回纹。底径13、残高4.4厘米(图4-125,4)。

原始瓷罐底 2件,凹底。标本TN06W06②B:181,釉陶,青釉红白胎,底下不施釉,有脱釉现象。器上部均残,近底腹部微弧形下收至底,平底微凹。器内有轮制弦纹及烧鼓。底径9、残高3.9厘米(图4-125,5)。标本TN06W06④C:26,夹砂褐。腹上部及以上均残,近底腹部弧形斜下收至底,平底,底部制作不甚规整,有明显拼接及二次加工痕迹。器腹部饰绳纹。底径22、残高5.7厘米(图4-125,6)。

5. 钵

夹砂钵 共30件,根据口部分两型。

A型,10件,敛口或微敞口,根据唇部分三个亚型。

Aa型,5件,方唇。标本TN06E03②:80,夹砂红陶。口微侈,方唇,平沿,腹微弧斜下收,腹下部及底残。素面。口径24.4、残高10.4厘米(图4-126,1)。标本TN06E03②:74,夹砂红陶。敛口,圆方唇,平沿,腹微弧斜下收。素面。口径25、残高5.4厘米(图4-126,2)。标本TN07W05②B:8,夹砂红陶。口微敛,斜方唇,唇面内倾,腹壁微弧斜下收。素面。口径12、残高6.4厘米(图4-126,3)。标本TN08W05②B:98,夹砂褐陶。微敛口,方唇,弧腹,腹以下残。素面。口径17、残高7.4厘米(图4-126,4)。标本TN06E03②:75,夹砂红陶。口微敛,圆方唇,唇面有一周凹槽,弧腹斜下收。素面。口径17.4、残高9厘米(图4-126,5)。

Ab型,4件,圆唇或尖圆唇。标本TN05E03④:24,夹砂红陶。敛口,尖圆唇,溜肩,腹下部微弧斜下收。肩部与腹部之间有一周折痕。口径13、残高9.2厘米(图4-126,6)。标本TN06W04②B:32,夹砂褐陶。敛口,圆唇,弧腹斜下收。素面。口径16、残高7.3厘米(图4-126,7)。标本TN06E03②:76,夹砂灰陶。敛口,圆唇,弧腹微鼓,腹下部微弧斜下收。腹部饰磨平细绳纹。口径15、残高5厘米(图4-126,8)。标本TN06W04①:32,夹砂红陶。敛口,尖圆唇,弧腹斜下收。素面。口径28、残高5.8厘米(图4-127,1)。

Ac型,1件,方唇且向内凸伸。标本TN06W06④C:58,泥质灰陶。口微敛,尖圆唇,窄沿,沿面有两周浅凹槽,带流,腹微弧斜下收,深腹。腹上部饰两周凹弦纹,下部饰方格纹,器内壁饰复线交错刻划纹。口径26、残高14.3厘米(图4-127,2)。

B型,共20件,大敞口,壁较斜,根据口沿分三个亚型。

Ba型,11件,口沿变薄,方唇。标本TN06W04①:36,夹砂灰陶。敞口,方唇,下唇斜下张,腹微弧斜下收。素面。口径25、残高5.6厘米(图4-127,3)。标本TN05E03④:18,夹砂红陶。侈口,方唇,腹部弧形斜下收。素面。口径19、残高6.5厘米(图4-127,4)。标本TN06E02②:115,夹砂红陶。敞口,方唇,唇面微凹,口沿下部微内凹,腹微弧斜下收。素面。口径28、残高4.6厘米(图4-127,5)。标本TN06E02②:113,夹砂红陶。敞口,方唇,沿近平,腹微弧斜下收。素面。口径24.6、残高5厘米(图4-127,6)。标本TN06E03③:155,夹砂红陶。敞口,方唇,口沿内外侧面一周被压扁薄,腹微弧斜下收。素面。口径28、残高5.7

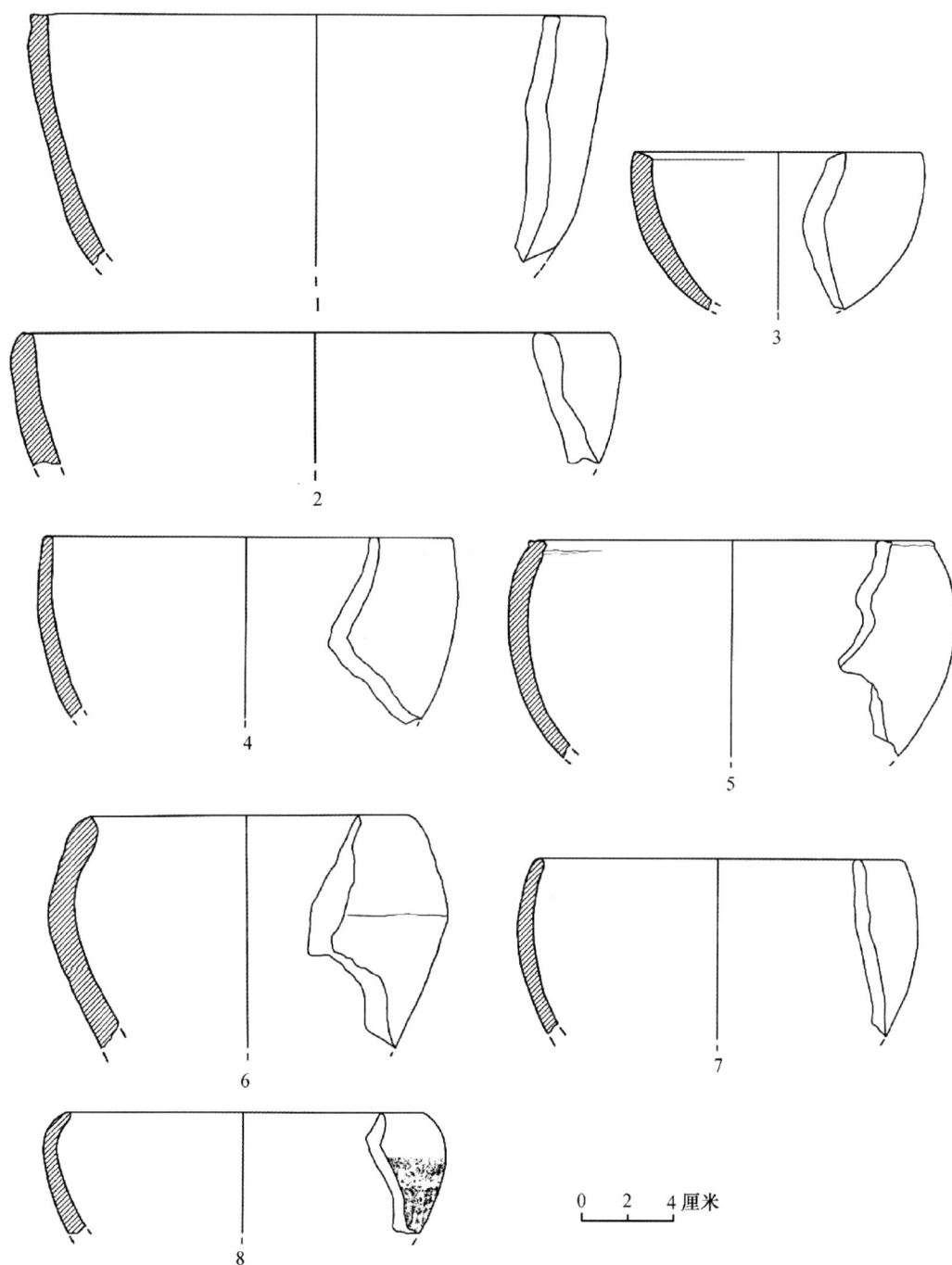

图 4-126　夹砂钵（一）

1—5. Aa 型（TN06E03②:80、TN06E03②:74、TN07W05②B:8、TN08W05②B:98、TN06E03②:75）

6—8. Ab 型（TN05E03④:24、TN06W04②B:32、TN06E03②:76）

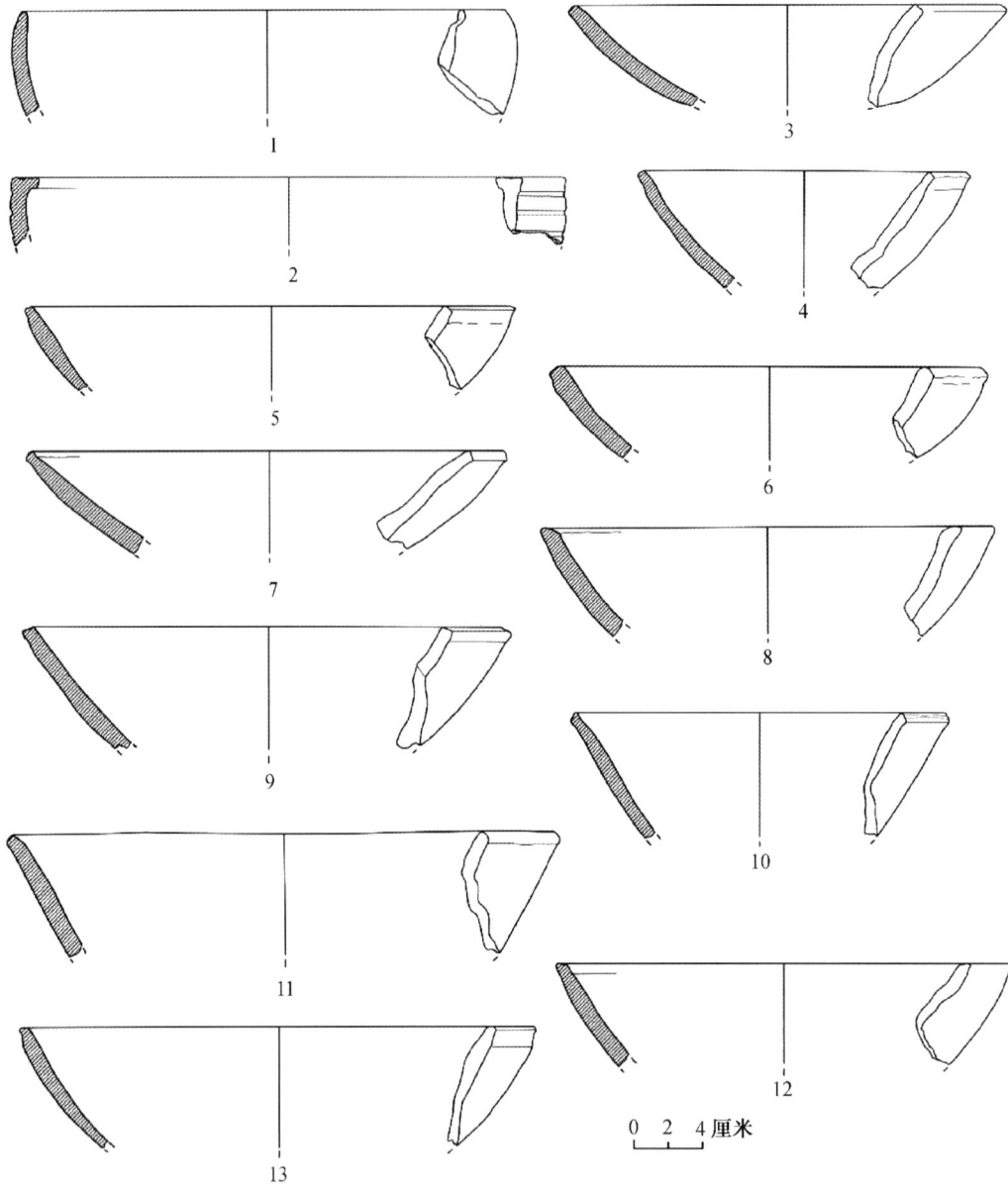

图 4-127　夹砂钵（二）

1. Ab 型 TN06W04①:32　2. Ac 型 TN06W06④C:58　3—13. Ba 型（TN06W04①:36、TN05E03④:18、TN06E02②:115、TN06E02②:113、TN06E03③:155、TN05E03③:44、TN05E03②:68、TN06E02②:102、TN05E03②:71、TN06E03③:154、TN05E04④:9）

厘米（图 4-127,7）。标本 TN05E03③:44,夹砂灰陶。口微敛,斜方唇,沿面内倾,弧腹斜下收,底残。素面。口径 26、残高 6 厘米（图 4-127,8）。标本 TN05E03②:68,夹砂红陶。敞口,方唇,口沿下部微凹,腹微弧斜下收。素面。口径 28、残高 6.7 厘米（图 4-127,9）。标本 TN06E02②:102,夹砂褐陶。敞口,斜方唇,唇面有一周凹槽,腹近直斜下收。口径 21、残高 6.8 厘米（图 4-127,10）。标本 TN05E03②:71,夹砂红陶。敞口,圆唇,腹近直斜下收。素面。口径 31、残高 6.6 厘米（图 4-127,11）。标本 TN06E03③:154,夹砂红陶。侈口,方唇,平沿,腹微弧斜下收,底残。素面。口径 26、残高 5.6 厘米（图 4-127,12）。标本 TN05E04④:9,夹砂红陶。敞口,斜方唇,沿面内倾,口沿下部微内凹,腹微弧下收。素面。口径 29、残高 6.4 厘米（图 4-127,13）。

Bb 型,3 件,沿面变厚,向内伸出一棱。标本 TN06E03③:157,夹砂灰陶,黑皮。敞口,斜方唇,沿面内倾,沿内测内伸一周凸棱,腹微弧斜下收。素面。口径 29.6、残高 5.6 厘米（图 4-128,1）。标本 TN05E03②:70,夹砂红陶。斜方唇,口,腹微弧下收。素面。口径 28.2、残高 4.25 厘米（图 4-128,2）。标本 TN06E03②:78,夹砂灰陶,灰皮。敞口,尖圆唇,沿面内倾,沿面下部有一周凸起,腹微弧斜下收。素面。口径 28.4、残高 6.8 厘米（图 4-128,3）。

Bc 型,6 件,口沿无厚薄变化。标本 TN06E02④:34,夹砂红陶。斜方唇,敞口,腹微弧下收。素面。口径 25.2、残高 4.3 厘米（图 4-128,4）。标本 TN06E03②:77,夹砂灰陶。口微敛,尖圆唇,平沿,腹微弧斜下收。素面。口径 25.6、残高 6.2 厘米（图 4-128,5）。标本 TN07W03②B:210,夹砂红陶。方唇,弧腹,腹以下残。素面。口径 26.6、残高 6.8 厘米（图 4-128,6）。标本 TN05E03④:32,夹砂红陶,夹细砂。敞口,方唇,唇面微凹,腹微弧斜下收。素面。口径 31.4、残高 6.8 厘米（图 4-128,7）。标本 TN06E02②:114,夹砂褐陶。敛口,方唇,平沿,弧腹斜下收。素面。口径 22、残高 5 厘米（图 4-128,8）。标本 TN06E03③:159,夹砂红陶。敞口,斜方唇,弧腹斜下收。素面。口径 25、残高 5.4 厘米（图 4-128,9）。

泥质钵　共 18 件,根据口部分为两型。

A 型,共 12 件,口微敛,或敛口,根据唇部分为两个亚型。

Aa 型,8 件,方唇。标本 TN06E03③:144,泥质灰陶。敛口,斜方唇,沿面内倾,弧腹微鼓,斜下收最大径在腹上部。素面。口径 12.6、残高 6 厘米（图 4-129,1）。标本 TN05E03④:88,泥质灰陶。敛口,圆方唇,唇沿内倾,弧肩,腹部弧形斜下收,近底腹部及底残。素面。口径 9、高 6.4 厘米（图 4-129,2）。标本 TN06W01④:14,泥质灰陶。口微敛,圆方唇,平沿,弧腹,斜下收至底,最大径在腹上部,底部与腹下部内折,微斜下收,平底微凹。素面,口径 14、底径 6.4、高 10.2 厘米（图 4-129,3）。标本 TN08W05②B:91,泥质灰陶,黑皮。敛口,方唇,弧腹,腹以下残。素面。口径 26、残高 8.7 厘米（图 4-129,4）。标本 TN06E03②:220,泥质灰陶,黑皮。口微敛,圆方唇,腹微弧,腹下部及底残,有下收迹象。器腹外壁饰绳纹。口径 12、残高 7.4 厘米（图 4-129,5）。标本 TN08W05②B:10,泥质灰陶。口微敛,斜方唇,沿面内倾,沿下内侧微凹,弧腹斜下收至底,平底。器身饰绳纹。口径 21.2、腹径 22、残高 14.4 厘米（图 4-129,6）。标本 TN08W05②B:99,泥质灰陶。微敛口,方唇,弧腹,腹以下残。素面。口径 16、残高 8.8 厘米（图 4-129,7）。标本 TN06W04②B:16,泥质灰陶。敛口,圆唇,平沿,弧腹斜下收。腹部饰细绳纹。口径 15.4、残高 6.6 厘米（图 4-129,8）。

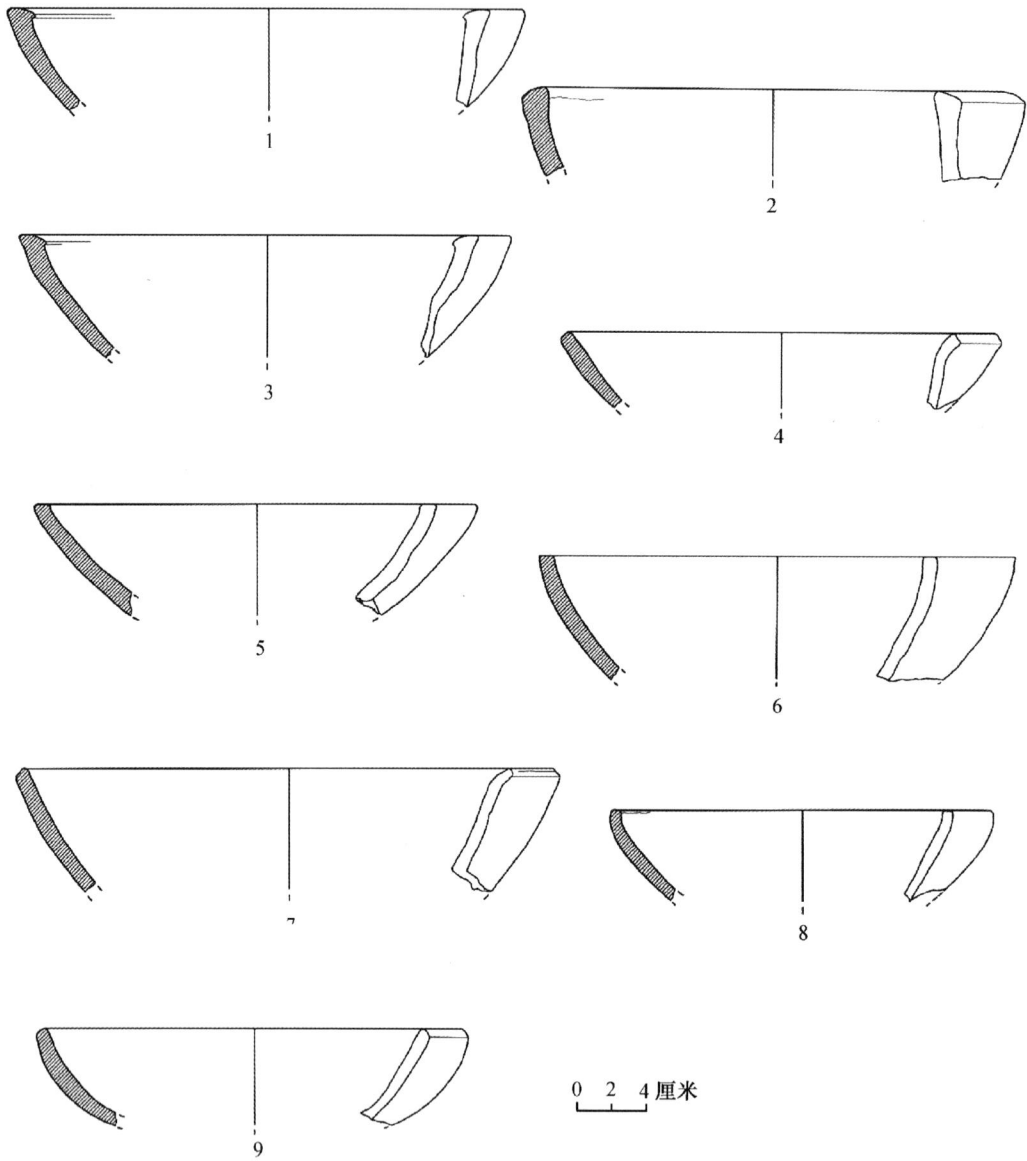

图 4-128　夹砂钵（三）

1—3. Bb 型（TN06E03③:157、TN05E03②:70、TN06E03②:78）　　4—9. Bc 型（TN06E02④:34、
TN06E03②:77、TN07W03②B:210、TN05E03④:32、TN06E02②:114、TN06E03③:159）

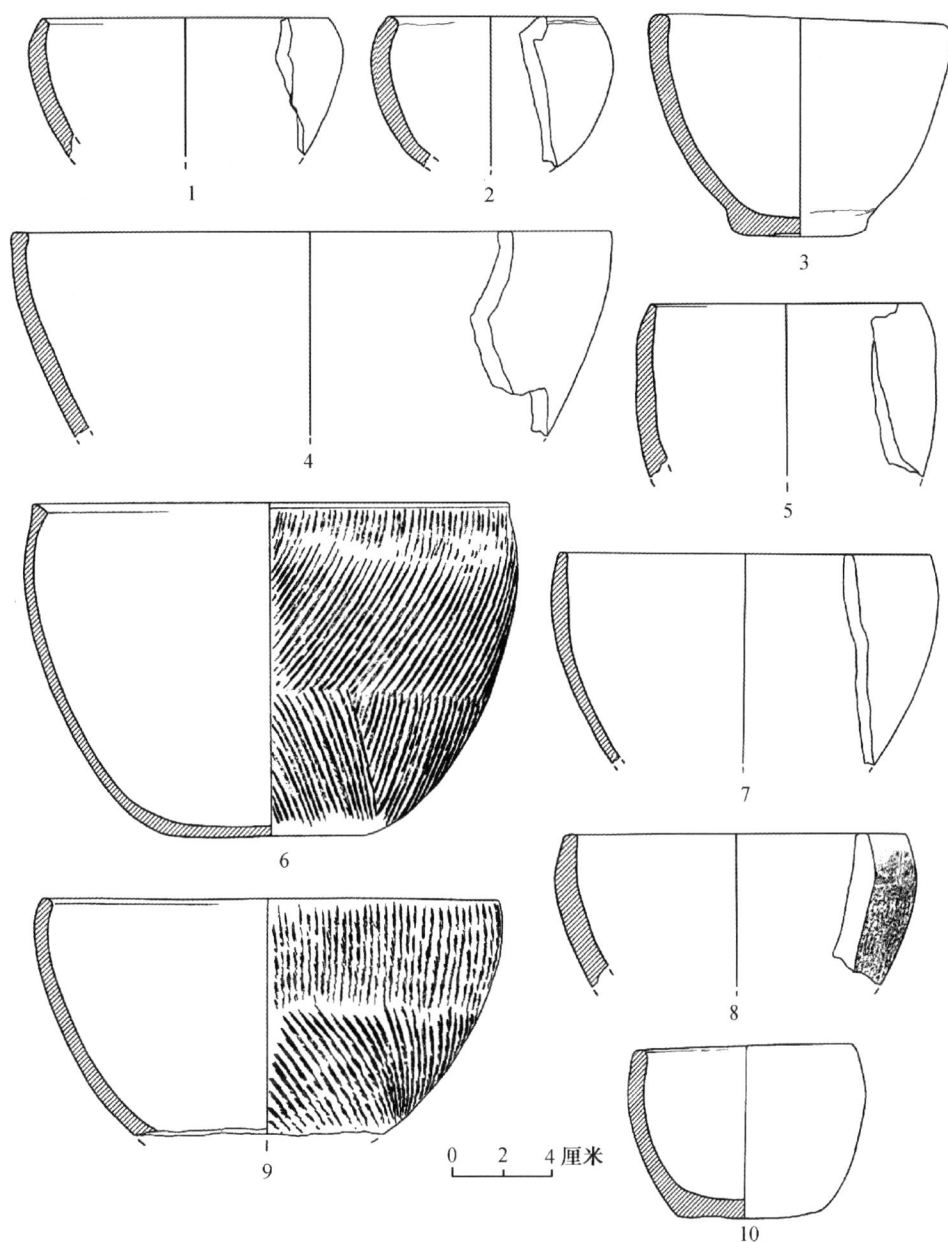

图 4-129　泥质钵（一）

1—8. Aa 型（TN06E03③:144、TN05E03④:88、TN06W01④:14、TN08W05②B:91、TN06E03②:220、TN08W05②B:10、TN08W05②B:99、TN06W04②B:16）9、10. Ab 型（TN08W05②B:98、TN06W01④:15）

Ab 型,4 件,圆唇。标本 TN08W05②B:98,夹砂褐陶。微敛口,方唇,弧腹,腹以下残。素面。口径 17、残高 7.4 厘米（图 4-129,9）。标本 TN06W01④:15,泥质红陶。口微敛,方圆唇,腹微鼓斜下收至底,最大径在腹上部,底近平。素面。口径 10.7、腹径 7、底径 5.5、高 8.1厘米（图 4-129,10）。标本 TN05W05②A:59,泥质灰陶。圆方唇,口微敛,腹微弧,逐渐下收,底残。素面。口径 12、残高 8.6 厘米（图 4-130，1）。标本 TN06E03③:145，泥质灰陶。敛口，圆唇，弧腹微鼓斜下收。器表下部修整器表痕迹。腹中部有稀疏磨过的绳纹。口径 10.6、残高 6.2 厘米（图 4-130，2）。

B 型，共 6 件，根据钵壁分为两个亚型。

Ba 型，3 件，壁部无折弧。标本 TN06W05②:33，泥质灰陶。敞口，方唇，弧腹，腹以下残。素面。口径 21、残高 4.6 厘米（图 4-130，3）。标本 TN06E03②:216，泥质灰陶。敞口，尖

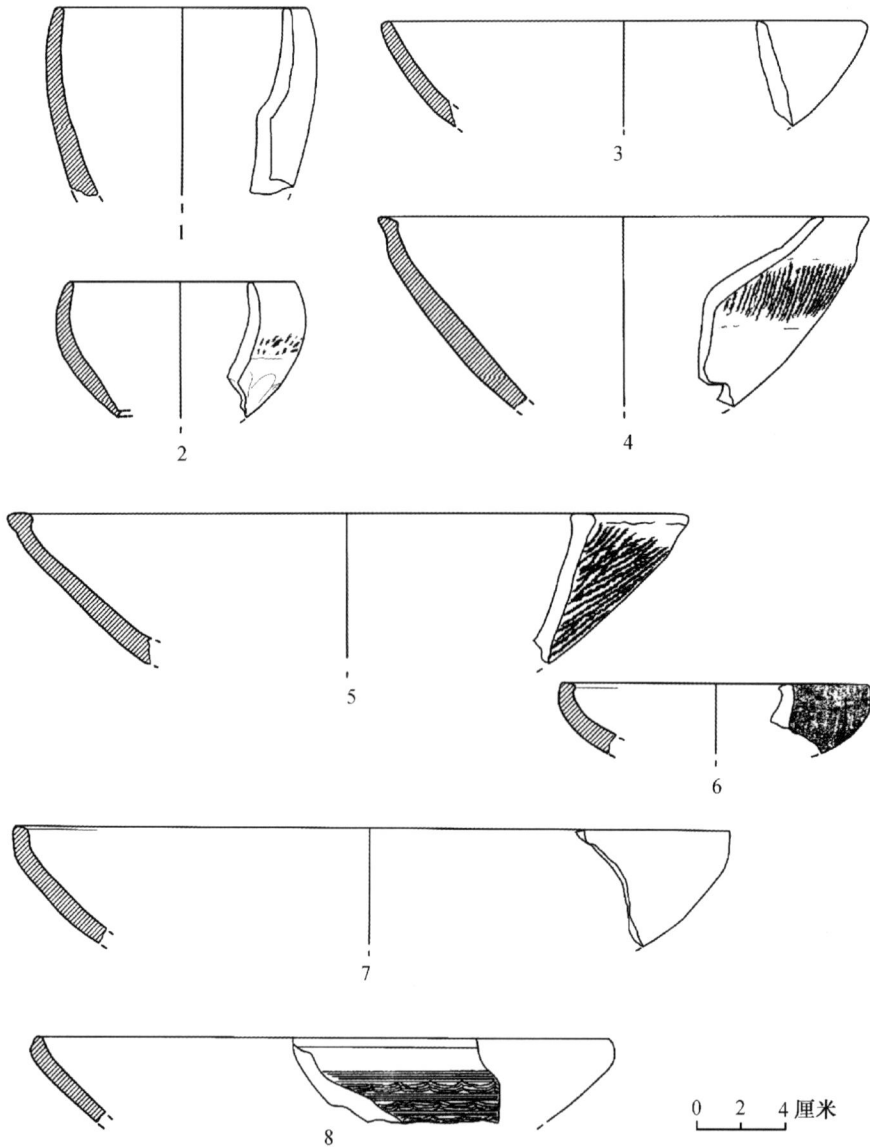

图 4-130 泥质钵（二）

1、2. Ab 型（TN05W05②A:59、TN06E03③:145） 3—5. Ba 型（TN06W05②:33、TN06E03②:216、TN06E03②:214） 6—8. Bb 型（TN06E03②:219、TN06W06④C:74、TN06W06②B:150）

唇,沿面内倾,沿下内弧,腹微弧斜下收至底,底残。腹上部饰磨平细绳纹。口径22、残高8.4厘米(图4-130,4)。标本TN06E03②:214,泥质灰陶,黑皮。口微敛,尖圆唇,平沿,沿下内侧微凹,腹壁近直,斜下收,腹下部及底残。器腹外壁饰绳纹。口径31、残高6.6厘米(图4-130,5)。

Bb型,3件,壁近口部,口部微弧,上折。标本TN06E03②:219,泥质灰陶。敛口,斜方唇,唇沿内倾,弧腹,斜下收,腹下部及底残。器腹外壁饰磨平的绳纹。口径14、残高3.1厘米(图4-130,6)。标本TN06W06④C:74,泥质灰陶。敞口,方唇,沿面近平,弧腹斜下收。素面。口径33、残高5.2厘米(图4-130,7)。标本TN06W06②B:150,泥质灰陶。口微敛,圆方唇,腹近直斜下收。腹部饰弦纹与水波纹组合。口径26、残高3.8厘米(图4-130,8)。

6. 豆

泥质豆盘 共42件,据盘壁情况分两型。

A型,共30件,折壁。据豆盘口部上壁变化分四亚型。

Aa型,3件,上壁斜伸出沿。标本TN06W05②:43,泥质灰陶。敞口,尖圆唇,宽平沿,折腹。近口沿处有一道凹弦纹(图4-131,1)。标本TN06W06④C:62,泥质灰陶。侈口,圆唇,折沿,宽平沿,弧腹斜下收。腹上部有一周折痕。口径20、残高3.8厘米(图4-131,2)。标本TN06W06④C:60,泥质灰陶。侈口,方唇,折沿,宽沿,沿面内倾,折腹,腹下部弧形斜下收。素面。口径22、残高3.5厘米(图4-131,3)。

Ab型,14件,上壁斜弧略对卷。标本TN06W06②B:68,泥质灰陶。敞口,斜方唇,折腹。口径20、残高3.5厘米(图4-131,4)。标本TN06W06②B:151,泥质灰陶。侈口,圆唇,上壁弧形外卷,折壁,下壁微弧斜下收。口径18、残高4.2厘米(图4-131,5)。标本TN06W06②B:147,泥质灰陶。侈口,圆唇,上壁弧形外卷,折壁,下壁微弧斜下收,下接圈足,残缺。口径16、残高4.5厘米(图4-131,6)。标本TN06W06①:1,泥质灰陶。侈口,尖圆唇,豆盘折壁,上壁沿微外卷,下壁微弧斜下收至底,底部微圜,下接矮圈足,呈微侈喇叭状,圈足下沿为方圆唇,圈足制作不太规整,有圈足拼接痕迹。素面。口径12.7、底径6.5、高5.5厘米(图4-131,7)。标本TN06W06②B:9,泥质灰陶。敞口,圆唇,豆盘壁圆折,上壁沿微外卷,下壁弧形斜下收至底,内圜底,下接圈足,圈足微下张,足沿为圆方唇,盘底与圈足相接处(图4-131,8)。标本TN06W06②B:3,泥质红陶。敞口,圆唇,豆盘折壁,上壁沿微外卷,下壁微弧斜下收至底,底部微圜,中间有一小窝,下接圈足,呈微侈喇叭状,圈足下沿为方圆唇,圈足制作不太规整,有圈足拼接痕迹。器表制作规整,素面。口径16.2、高7.5、圈足底径7.9厘米(图4-131,9)。标本TN06W06②B:8,泥质灰陶,器表因火候不均呈现红、灰二色。口微敞,尖唇,浅盘,豆盘折壁,上壁向上微弧形外卷,下壁微弧斜下收至底,内底微圜,下接矮圈足,足外撇呈喇叭状。器表光滑,制作规整。素面。口径17.2、底径10.8、高6.5厘米(图4-131,10)。标本TN06W06②B:149,泥质灰陶。侈口,斜方唇,上壁弧形微外卷,折壁,下壁微弧斜下收。口径18、残高4.2厘米(图4-131,11)。标本TN06W06④C:84,泥质灰陶。侈口,方唇,沿面微外倾,折腹,腹下部微弧斜下收。唇面饰两周凹弦纹。口径16、残高3.2厘米(图4-131,12)。标本TN05E03③:59,泥质灰陶。侈口,圆唇,唇面有一凹槽,腹上微弧,腹下部折下收,底残。素面。口径13.6、残高3厘米(图4-131,13)。标本TN06W06②B:6,

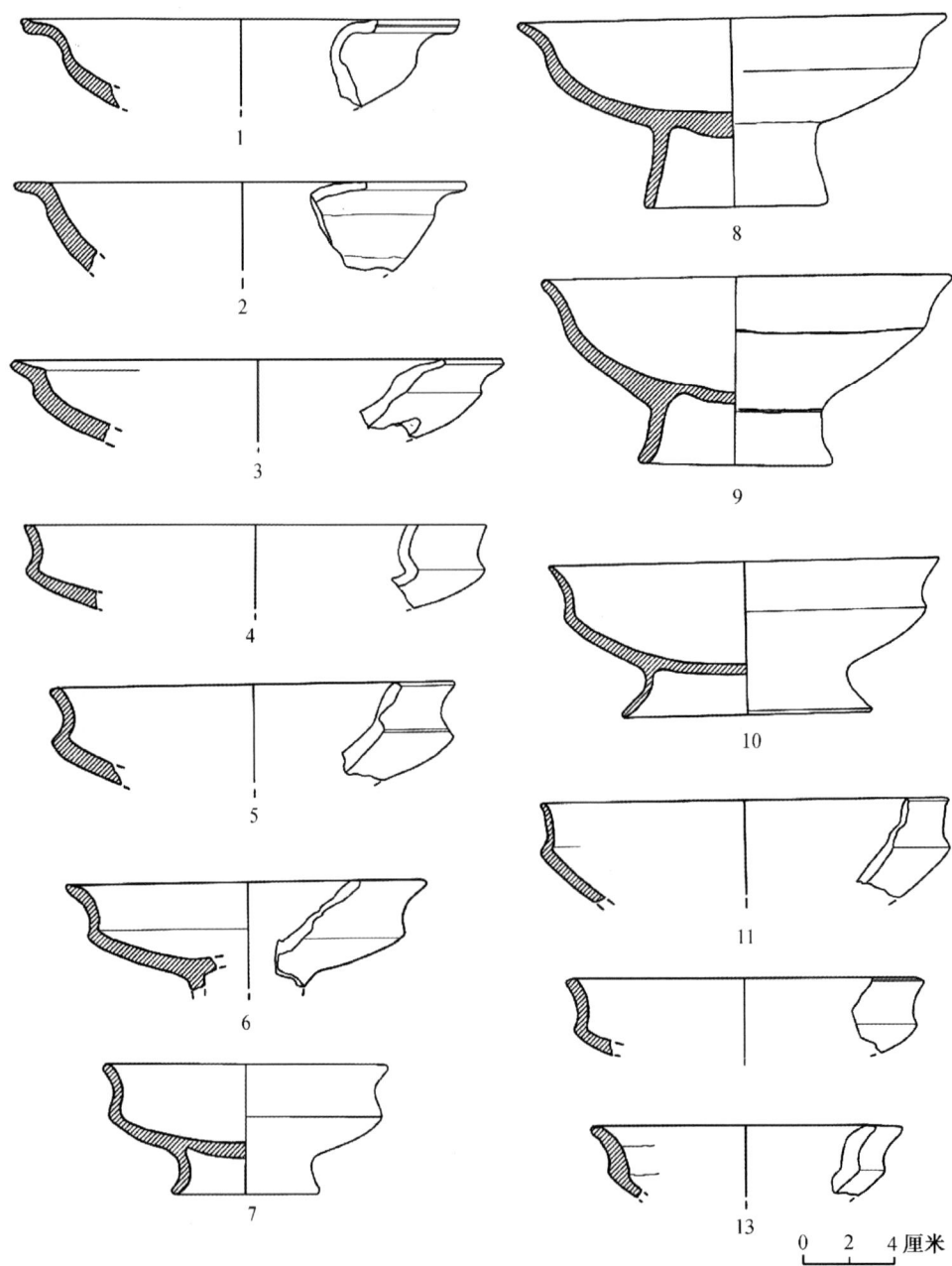

图 4-131　泥质豆盘（一）

1—3. Aa 型（TN06W05②:43、TN06W06④C:62、TN06W06④C:60）　　4—13. Ab 型（TN06W06②
B:68、TN06W06②B:151、TN06W06②B:147、TN06W06①:1、TN06W06②B:9、TN06W06②B:3、
TN06W06②B:8、TN06W06②B:149、TN06W06④C:84、TN05E03③:59）

泥质褐陶。敞口,尖圆唇,口沿面略外卷,腹壁中部折,下壁弧形斜下收至底,底下接矮圈足,圈足底制作不甚规整。素面。口径12.5、底径4.3、高4.7厘米(图4-132,1)。标本TN06W06④:5,泥质红陶。敞口,圆唇,豆盘折壁,上壁沿微外撇,下壁微弧下收至底,底部凹,下接圈足,呈微侈喇叭状,圈足下沿为圆唇。器表制作规整,素面。口径12、高6.5、圈足底径8.3厘米(图4-132,2)。标本TN06W06②B:11,泥质灰陶。敞口,圆唇,豆盘折壁,上壁沿微外撇,下壁微弧斜下收至底,内圜底,底下接圈足,圈足壁下张呈喇叭状,圈足下沿为圆唇。器表制作规整,素面。口径13、高5.9、圈足底径7厘米(图4-132,3)。标本TN06W06②B:10,泥质灰陶。敞口,圆唇,豆盘折壁,上壁沿微外撇,下壁微弧斜下收至底,内圜底,底下接圈足,呈微侈喇叭状,圈足下沿为圆方唇。器表制作规整,素面。口径14.1、高6.9、圈足底径9厘米(图4-132,4)。

Ac型,7件,上壁斜直略外撇。标本TN06W06④C:3,泥质灰陶。敞口,圆唇,豆盘折壁,上壁沿微外卷,下壁微弧斜下收,底部分残,下接圈足,呈微侈喇叭状,圈足下沿为方圆唇。器表制作规整,素面。口径16.2、高7.5、圈足底径7.9厘米(图4-132,5)。标本TN06E03③:148,泥质灰陶。侈口,方唇,沿面近平,弧腹,腹上部近折壁,斜下收,底残。盘壁上部有两周凹痕。口径24、残高3.1厘米(图4-132,6)。标本TN05E03②:97,泥质灰陶。敞口,方唇,折腹,腹下部微弧斜下收。腹上部有轮制弦纹。口径23、残高3.8厘米(图4-132,7)。标本TN06E03③:146,泥质灰陶黑皮。敞口,浅盘,圆方唇,沿面内倾,折壁,弧腹,腹上部折下收,底残。素面。口径22、残高4.4厘米(图4-132,8)。标本TN06E02④:48,泥质褐陶。敞口,尖圆唇,唇沿微内倾,唇面微凹,折腹,腹下部近直斜下收。素面。口径20、残高2.7厘米(图4-132,9)。标本TN06W06②B:148,敞口,泥质灰陶。圆唇,上壁弧形微外卷,折壁,下壁近直斜下收。口沿下部饰两周凹弦纹,底部可见接豆柄的痕迹。口径19、残高3.8厘米(图4-132,10)。标本TN06W06④:33,泥质灰陶。侈口,方唇,腹上部微弧,折腹,腹下部近斜直下收,底残。素面。口径15.2、残高4.6厘米(图4-132,11)。

Ad型,6件,上壁近直略内折。标本TN05E03②:99,泥质红陶,黑皮。敞口,圆方唇,平沿,折腹,腹上部微凹,腹下部微弧斜下收。素面。口径15、残高3.3厘米(图4-132,12)。标本TN06E02④:50,泥质灰陶,黑皮。方唇,宽平沿,敞口,折壁,上壁近直,下壁微弧。口径29.6、残高4厘米(图4-132,13)。标本TN06W06④C:79,泥质红陶,黑皮。圆唇,折壁,上壁近竖直,下壁近斜直下收,近底处残。素面。口径20、残高4.2厘米(图4-133,1)。标本TN05E03②:98,泥质红陶,黑皮。口微敛,方唇,唇面内倾,沿下微凹,圆折腹,腹下部微弧斜下张。腹上部饰一周凹弦纹。口径17、残高3.4厘米(图4-133,2)。标本TN05W05②A:65,泥质灰陶,略含细砂。方唇,口微敛,平沿,弧腹圆折,斜下收,底残。素面。口径23.4、残高5.0厘米(图4-133,3)。标本TN05E02②:41,泥质红陶,灰衣。敞口,斜方唇,折腹。近口沿处,豆盘底有一道粗凹弦纹,可见豆盘底与豆柄连接的痕迹。口径16、残高4厘米(图4-133,4)。

B型,共12件,弧壁。根据口部变化分两亚型。

Ba型,9件,弧壁敞口。标本TN06W04①:46,泥质灰陶。口微敛,圆唇,弧腹斜下收。近底处残。素面。口径22、残高5.5厘米(图4-133,5)。标本TN06E03④:90,泥质灰陶。侈口,尖唇,沿面内倾,沿下内侧微凹,盘壁微弧,斜下收,下接圈足,底残。素面。口径17、残

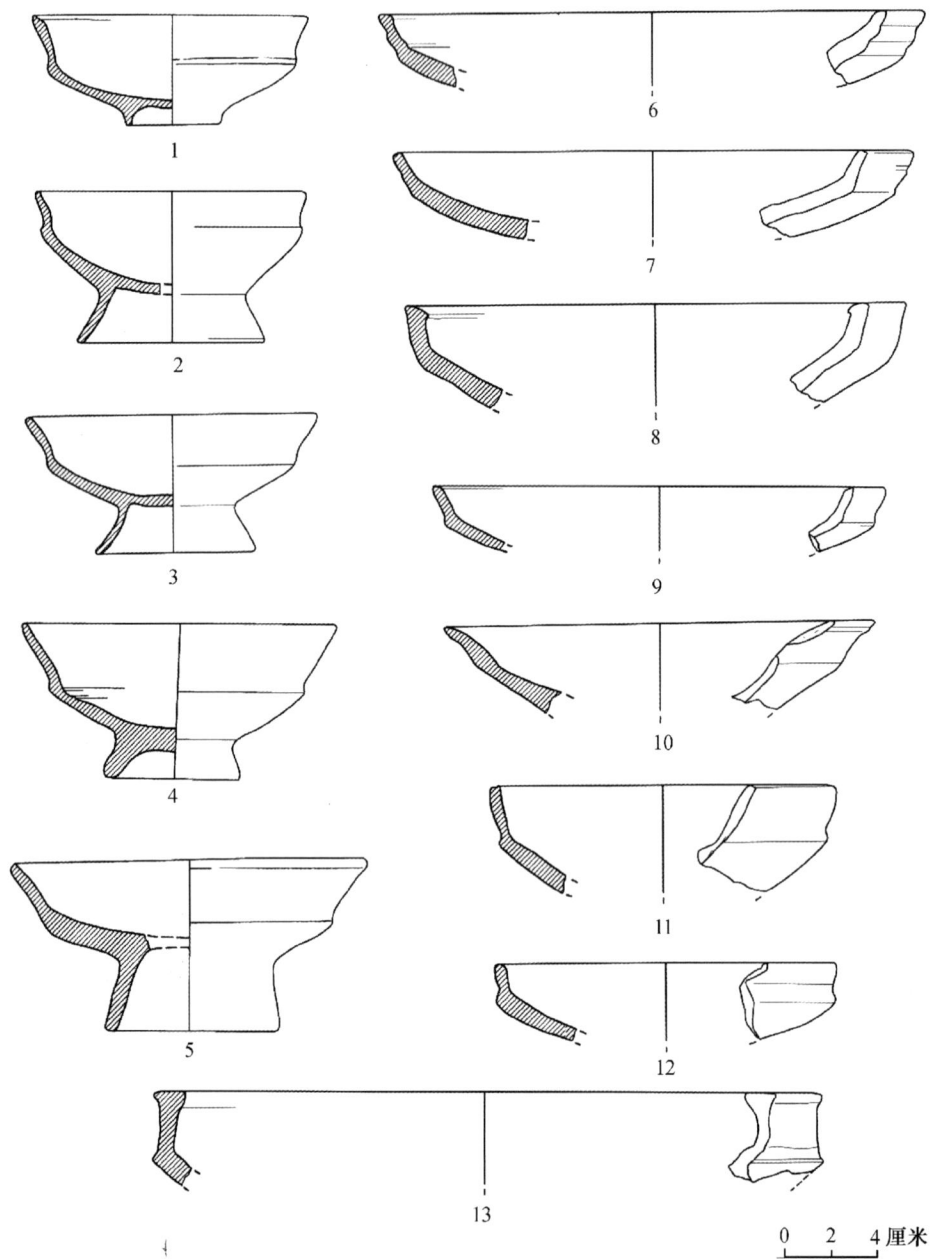

图4-132　泥质豆盘(二)

1—4. Ab 型(TN06W06②B:6、TN06W06④:5、TN06W06②B:11、TN06W06②B:10)

5—11. Ac 型(TN06W06④C:3、TN06E03③:148、TN05E03②:97、TN06E03③:146、TN06E02④:48、TN06W06②B:148、TN06W06④:33)　12、13. Ad 型(TN05E03②:99、TN06E02④:50)

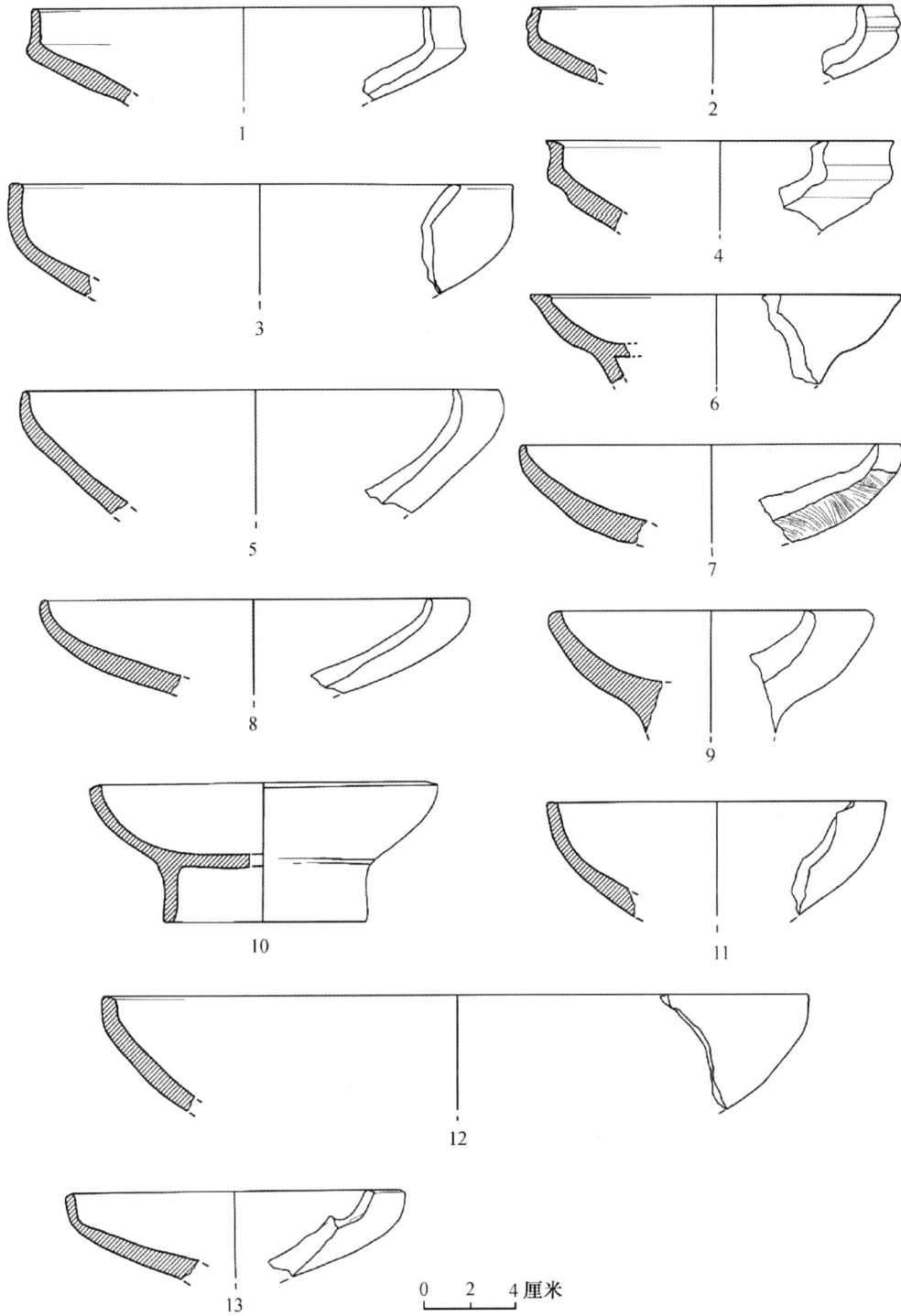

图 4-133　泥质豆盘（三）

1—4. Ad 型（TN06W06④C:79、TN05E03②:98、TN05W05②A:65、TN05E02②:41）

5—13. Ba 型（TN06W04①:46、TN06E03④:90、TN06W04①:45、TN06W06④C:51、TN06W01①:7、TN07W06②:1、TN06E03③:158、TN06W06④C:74、TN06E03 东扩①:15）

高 4 厘米（图 4-133,6）。标本 TN06W04①:45,泥质灰陶。敛口,圆唇,弧腹斜下收。腹部饰刻划纹。口径 18、残高 4.4 厘米（图 4-133,7）。标本 TN06W06④C:51,泥质灰陶。口微敛,圆唇,弧腹斜下收,底残。素面。口径 20、残高 4.2 厘米（图 4-133,8）。标本 TN06W01①:7,泥质灰陶。敛口,圆唇,鼓腹,近底处残。素面。口径 14、残高 5.4 厘米（图 4-133,9）。标本 TN07W06②:1,泥质灰陶。口微敛,方唇,平沿,盘壁微弧斜下收至底,内底微圜,下接圈足,微侈,圈足下沿为方唇。器表制作规整,素面。口径 16.2、高 6.2、圈足底径 9.4 厘米（图 4-133,10）。标本 TN06E03③:158,泥质灰陶,黑皮。深盘,敞口,方唇,底残。素面。口径 16、残高 5.1 厘米（图 4-133,11）。标本 TN06W06④C:74,泥质灰陶。敞口,方唇,沿面近平,弧腹斜下收。素面。口径 33、残高 5.2 厘米（图 4-133,12）。标本 TN06E03 东扩①:15,泥质灰陶,黑皮。口微敛,方唇,平沿,折腹,腹上部近竖直,腹下部近直斜下收。口径 16、残高 4 厘米（图 4-133,13）。

Bb 型,3 件,弧壁敛口。标本 TN06W06④C:73,泥质灰陶。口微敛,方唇,沿内折,沿面微凹,腹部弧形斜下收,近底腹部及底残。素面。口径 23.8、残高 4 厘米（图 4-134,1）。标本 TN06E03②:219,泥质灰陶。敛口,斜方唇,唇沿内倾,弧腹,斜下收,腹下部及底残。器腹外壁饰磨平的绳纹。口径 14、残高 3.1 厘米（图 4-134,2）。标本 TN06W01④:77,泥质红陶。敛口,圆唇,沿面有两道凹槽,腹部微弧斜下收,底残。素面。口径 19.8、残高 3.5 厘米（图 4-134,3）。

泥质豆柄 共 18 件,包括完整豆柄和残豆柄。

完整豆柄,共 13 件。据豆柄壁变化分三型。

A 型,9 件,圈足壁斜直或弧形微外撇。标本 TN05E03④:37,泥质红陶,黑皮。器腹内圜底,下接圈足,下张呈喇叭状,足沿尖圆唇。圈足内底与器底相接处有拼接痕迹,圈足内底饰浅绳纹。底径 18.6、残高 7.8 厘米（图 4-134,4）。标本 TN06W06②B:157,泥质灰陶。圈足下张呈微喇状,足沿尖唇,圈足上部承接器身及器底,器身微弧向上张,圜内底。器身下部及圈足内底饰绳纹,足部有轮制时形成的弦纹,圈足上接器底处有拼接痕迹。底径 11、残高 3.9 厘米（图 4-134,5）。标本 TN06E03③:153,泥质灰陶。圈足下张呈微喇状,足沿圆唇,圈足上部承接器身及器底,器身向上张,圜底,外底有一周拼接痕迹。素面。底径 15、残高 5.2 厘米（图 4-134,6）。标本 TN06W06②B:159,泥质灰陶,内有红胎。器上部均残,近底腹部弧形下收至底,内圜底,下接圈足,足壁微弧形下张,足沿斜圆方唇。素面。底径 9、残高 5 厘米（图 4-134,8）。标本 TN06W06②B:161,泥质灰陶。器上部均残,器内底近平,下接圈足,足壁近斜直下张,足沿圆方唇。素面。底径 10、残高 4 厘米（图 4-134,9）。标本 TN05E03④:48,泥质红陶,黑皮。器腹内平底,下接圈足,下张呈喇叭状,足沿尖圆唇。圈足与器底相接处有拼接痕迹,素面。底径 12.4、残高 7.2 厘米（图 4-134,10）。标本 TN06W06④C:79,泥质灰陶。圈足下张呈喇叭状,足沿方唇,圈足上部残缺,圈足上与器底相接处有拼接痕迹。素面。底径 9、残高 4.8 厘米（图 4-134,11）。标本 TN06W06②B:162,泥质灰陶。器上部均残,近底腹部弧形下收至底,内圜底,下接矮圈足,足壁弧形下张,足端斜圆方唇,圈足内与器底相接处有拼接痕迹。素面。底径 9、残高 5.1 厘米（图 4-134,14）。标本 TN05E03②:100,泥质红陶。圈足下张呈喇叭状,足沿圆唇,圈足上部残缺,圈足上接器底处有拼接痕迹。素面。底径 12.3、残高 8.2 厘米（图 4-134,15）。

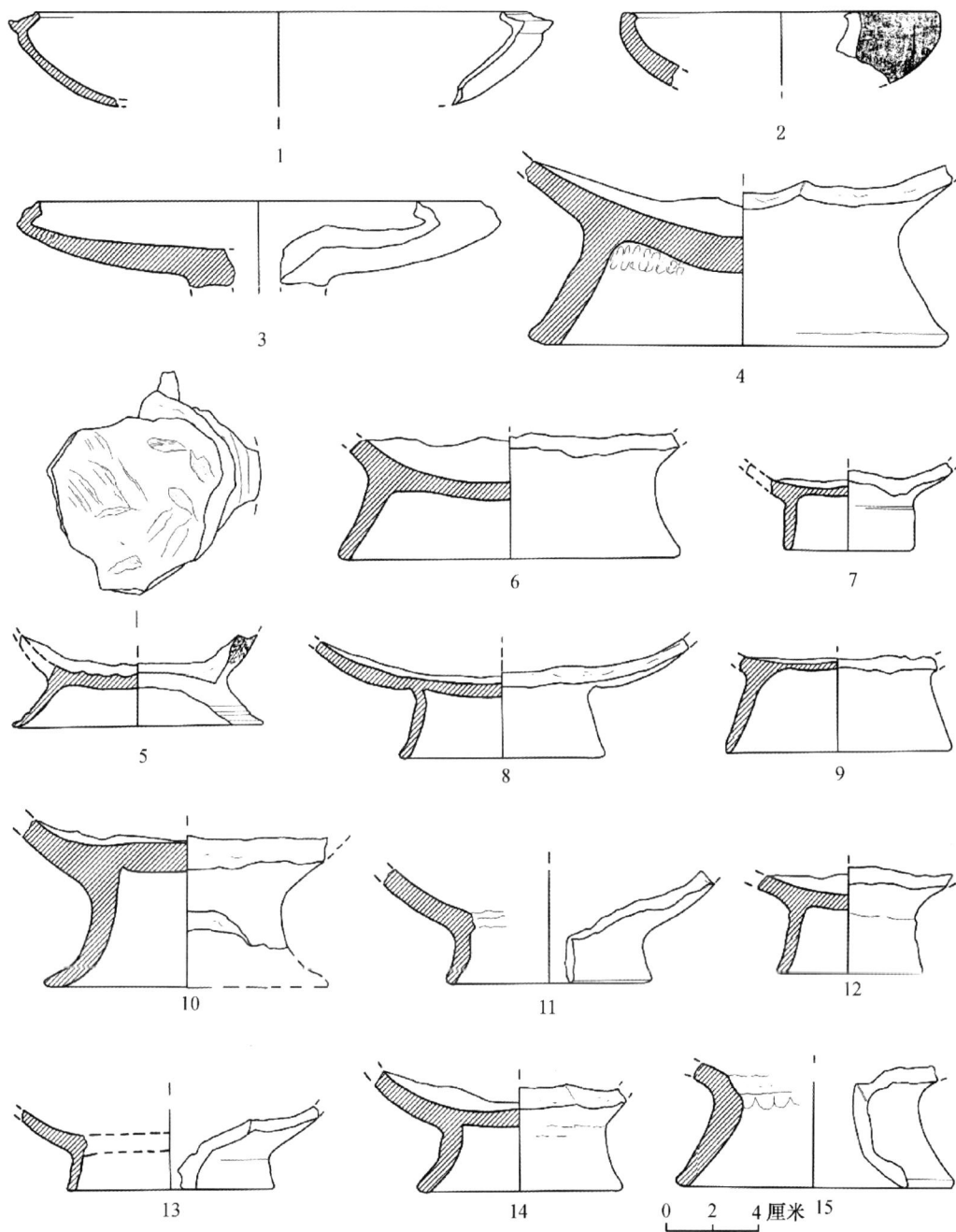

图 4-134 泥质豆盘、泥质豆柄

1—3. 泥质豆盘 Bb 型（TN06W06④C:73、TN06E03②:219、TN06W01④:77） 4—6、8—11、14、15. 泥质豆座 A 型（TN05E03④:37、TN06W06②B:157、TN06E03③:153、TN06W06②B:159、TN06W06②B:161、TN05E03④:48、TN06W06④C:79、TN06W06②B:162、TN05E03②:100）

7、12、13. 泥质豆座 B 型（TN06W06④C:76、TN06W06④C:75、TN06W06②B:163）

B 型,3 件,圈足壁近竖直。标本 TN06W06④C:76,泥质红陶。器腹内底微圜,下接圈足,圈足壁近直,足沿圆方唇。素面。底径5.8、残高3.6厘米(图4-134,7)。标本 TN06W06④C:75,泥质红陶,黑皮。器腹内圜底,下接圈足,下张呈微喇状,足沿圆唇。素面。底径6.4、残高4.6厘米(图4-134,12)。标本 TN06W06②B:163,泥质红陶,黑皮。圈足近直下张,足沿圆方唇,圈足上部承接器身及器底,器身微弧向上张,圈足上接器底处有拼接痕迹。素面。底径9、残高3.5厘米(图4-134,13)。

C 型,1 件,圈足壁先竖直后外撇。标本 TN06E03③:152,泥质灰陶。座上部竖直,下部弧形下张。底径12、残高5.2厘米(图4-135,3)。

残豆柄,5 件。标本 TN06E02④:51,泥质灰陶,黑皮磨光。器底微圜,圈足与器底连接处有明显拼接痕迹,圈足下底残。器底拼接面上有一周刻槽及细绳纹。素面。残高5.2厘米(图4-135,1)。标本 TN06E03③:151,泥质灰陶。器底以上均残,底内为圜底,下接圈足,足柄微竖,下微张,足底残,足沿情况不详。圈足中部有一周突棱。残高6.4厘米(图4-135,2)。标本 TN07W04②:2,泥质灰陶。器上部均残,器底微圜形,器底下接高圈足,弧形下张如喇叭状,圈足沿为尖圆唇。素面。残高10.5厘米(图4-135,4)。标本 TN06W01④:90,泥质红陶。豆盘及圈足残,豆柄微喇。口径16、残高5.2厘米(图4-135,5)。标本 TN05E03③:56,泥质灰陶。器上部均残,近底腹部微弧形斜下收至底,盘内底微圜,下接圈足,足端已残。素面。残高3.6厘米(图4-135,6)。

夹砂豆柄 6 件。标本 TN05E03②:84,夹砂红陶。器上部均残,器内底微圜,下接圈足,下张呈喇叭状,足沿圆唇。素面。底径10、残高5.6厘米(图4-135,7)。标本 TN06W06②B:166,夹砂红陶。圈足微弧下张,足沿圆唇,圈足上部承接器身及器底,器身微弧向上张,内底微圜。素面。底径5.7、残高3.6厘米(图4-135,8)。标本 TN08W05②B:70,夹砂灰陶。近底腹近直,底近直,下接高圈足,弧形下张如喇叭状,圈足沿为方唇。素面。底径12.6、残高7.7厘米(图4-135,9)。标本 TN05E03④:16,夹砂红陶。器腹内圜底,下接圈足,微下张,足底残。素面。残高6.1厘米(图4-135,10)。标本 TN05W05②A:68,泥质灰陶。器腹内圜底,下接圈足,微下张,足底残。素面。残高5.2厘米(图4-135,11)。标本 TN05E03②:90,夹砂红陶。器上部均残,近底腹下部弧形斜下收至底,内圜底,下接圈足,下张呈喇叭状,足端斜方唇,平沿较宽。素面。底径11、残高5.2厘米(图4-135,12)。

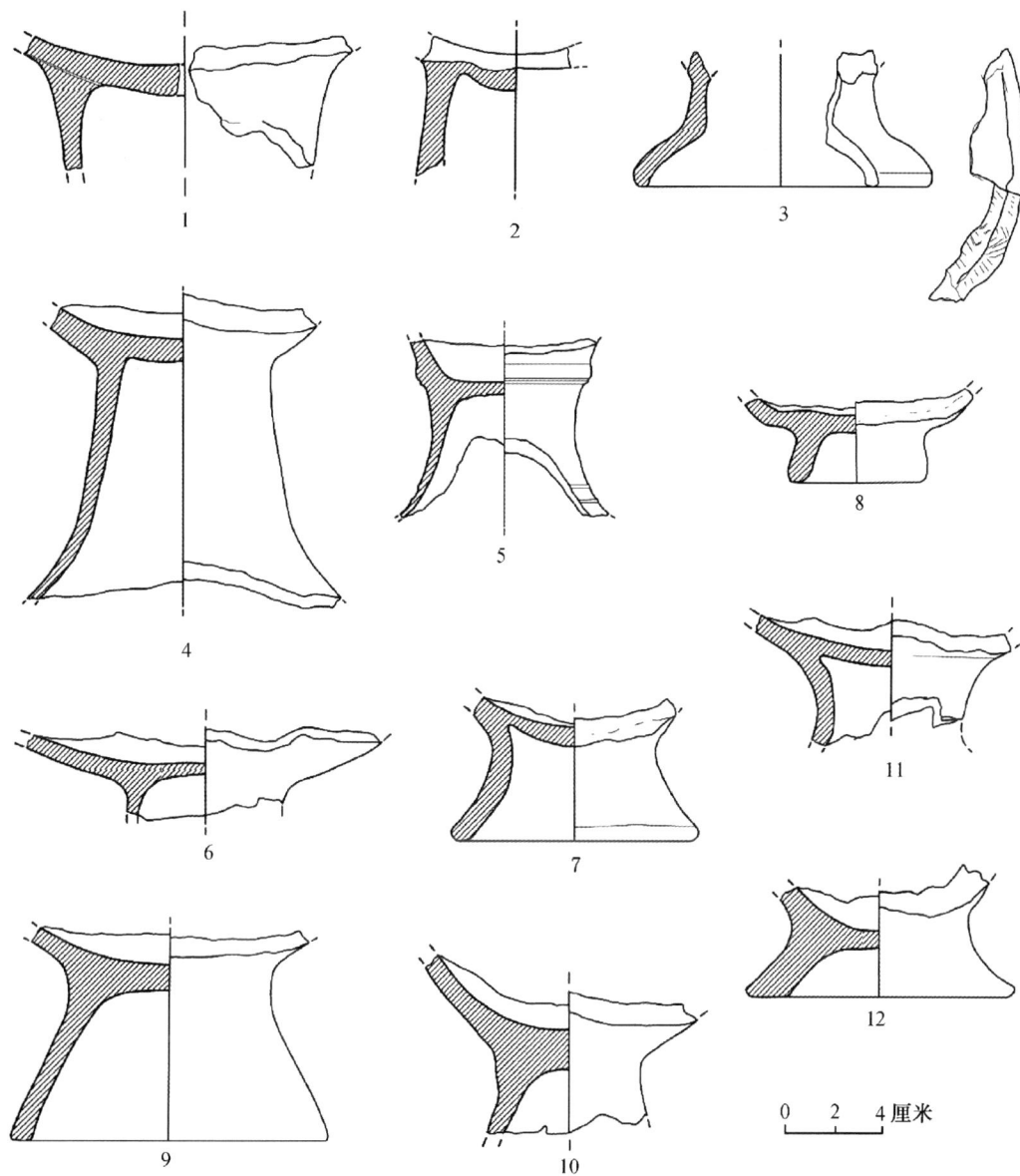

图 4-135　泥质豆柄、夹砂豆柄

1、2、4—6. 泥质残豆柄（TN06E02④：51、TN06E03③：151、TN07W04②：2、TN06W01④：90、
TN05E03③：56）　3. 泥质 C 型豆柄（TN06E03③：152）　7—12. 夹砂豆柄（TN05E03②：84、
TN06W06②B：166、TN08W05②B：70、TN05E03④：16、TN05W05②A：68、TN05E03②：90）

原始瓷豆　共8件。

豆盘,5件。标本TN06W06②B:7,青釉灰白胎。敛口,尖唇,沿面内倾,腹壁上部折,下部弧形斜下收至底,底下有假圈足,圈足底微内凹,底部有烧结现象。腹部折壁上部有一横S形贴附纹饰。口径11.9、底径8.5、高5.3厘米(图4-136,1)。标本TN06W03②B:53,青釉灰白胎。口微敛,方唇,唇沿向内深出突棱,弧肩,肩外置錾形耳,腹上部圆折收,内圜底,下接足,已残。近口沿外有轮制弦纹,耳上有两短竖凹痕。口径24.4、残高10.4厘米(图4-136,2)。标本TN05W05②A:72,原始瓷,灰色。圆唇,敞口,溜肩,腹微弧,折收。器腹有几道刻划纹,沿内壁有轮制弦纹。口径17、残高4.2厘米(图4-136,3)。标本TN06W06④:48,硬陶(褐色)。侈口,尖圆唇,腹上部微内弧,折腹,腹下部弧形下收,底残。盘近口沿内侧及内底近折处有篦梳弦纹。口径12.3、残高4厘米(图4-136,6)。标本TN06E03④:89,原始瓷,青釉灰白胎。敛口,斜方唇,唇面有一周凹槽,折壁,下壁微弧斜下收。上壁饰四周凹弦纹,其上饰一堆塑羊角形纹。口径9、残高3.9厘米(图4-136,7)。

豆柄,3件。标本TN06W06④C:87,原始瓷,灰胎,器身内外施青釉,圈足底部未施釉,有脱釉现象。豆盘上部均残,盘壁下部微弧斜下收至底,下接矮圈足,圈足下张呈喇叭状,足沿近圆方,部分残。盘外壁饰一周凹弦纹,内壁有几周轮制弦纹,圈足底内有制作烧鼓。底径5.8、残高3.4厘米(图4-136,4)。采集,原始瓷,青釉灰褐胎圈足内底不施釉,有脱釉现象。圈足下张成微喇状,足沿方唇,圈足上部承接器身及器底,器身微弧向上张,圜底。圈足上有多道弦纹,且有一穿孔。底径11.2、残高6厘米(图4-136,5)。标本TN06W06④C:93,原始瓷,青釉,灰白胎,有釉层脱落现象。圈足下张呈微喇状,足沿圆唇,圈足上部承接器底,底微凹。素面。底径6.2、残高2.9厘米(图4-136,8)。

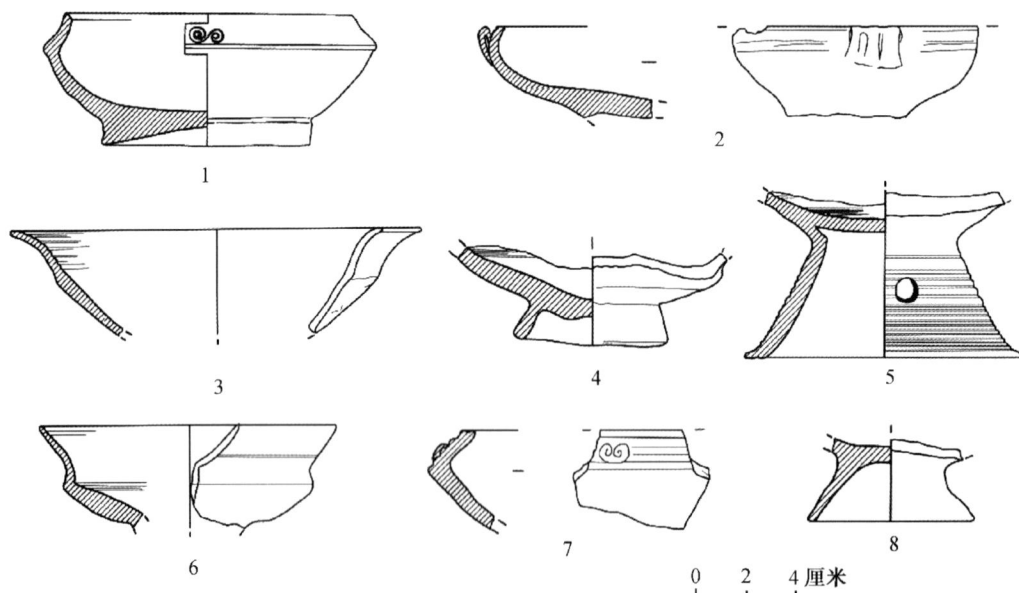

图4-136　原始瓷豆

1—3、6、7. 豆盘(TN06W06②B:7、TN06W03②B:53、TN05W05②A:72、TN06W06④:48、TN06E03④:89)　4、5、8. 豆柄(TN06W06④C:87、采集、TN06W06④C:93)

7. 刻槽盆

泥质刻槽盆 共11件。据有流无流分两型。

A型,3件,有流。标本TN06W06④C:61,泥质红陶。敛口,圆唇,宽平沿,口沿向内伸出一周突棱,带流,腹近直。沿面饰一周凹弦纹,腹上部饰三周凹弦纹。口径32、残高3.8厘米(图4-137,1)。标本 TN06W04②B:45,泥质红陶。敛口,方唇,沿面内倾,带流,折肩,弧腹斜下收。口沿上部流两侧饰一圆形钮,腹下部饰细绳纹,器内壁饰交错刻划纹。残宽5.9、残高5.5厘米(图4-137,2)。标本 TN06W03②B:32,夹砂灰陶。敞口,尖圆唇,沿面近平,沿面有一周凹槽,带流,弧腹斜下收。残沿面饰一圆形乳丁状钮,腹上部有轮制时形成的弦纹,下部饰交错细绳纹,器身内壁饰竖向复线加错刻划纹。残宽13.7、残高7.7厘米(图4-137,5)。

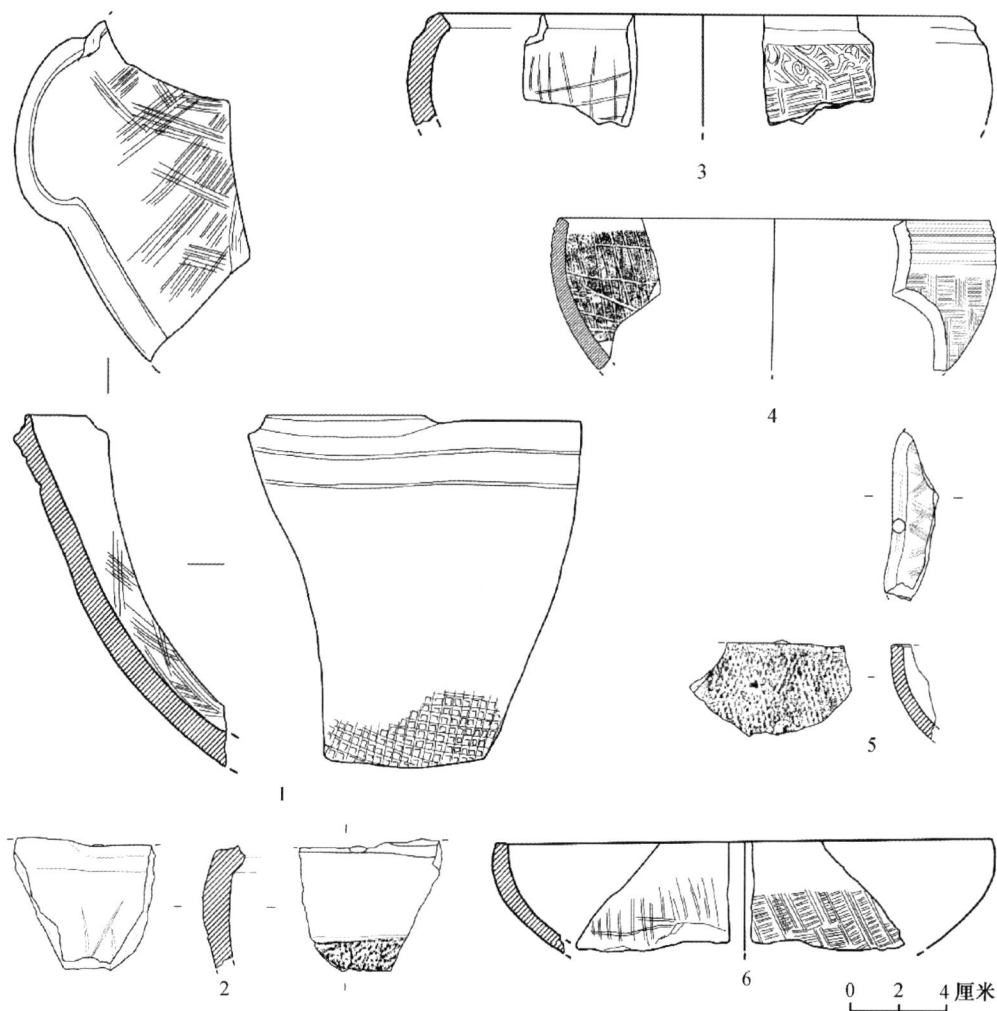

图4-137 泥质刻槽盆

1、2、5. A型(TN06W06④C:61、TN06W04②B:45、TN06W03②B:32) 3、4、6. Ba型(TN06W06④C:57、TN06W04②B:30、TN06W06②B:184)

B 型,共 8 件,无流。据盆腹壁不同又分两亚型。

Ba 型,3 件,盆腹壁较弧。标本 TN06W06④C:57,泥质红陶。敛口,方唇,唇沿内倾,沿下内凹,弧腹。腹部外壁饰云雷纹与梯格纹组合,内壁饰交错刻划纹。口径 22、残高 4.6 厘米(图 4-137,3)。标本 TN06W04②B:30,泥质灰陶。口微敛,斜方唇,唇面内倾,腹壁微弧斜下收,腹下部及底残。器身外壁近口沿处饰数周凹弦纹,腹壁饰梯格纹,内壁饰交错复线刻划纹。口径 30.8、残高 10.4 厘米(图 4-137,4)。标本 TN06W06②B:184,泥质红陶。敛口,方唇,平沿,弧腹斜下收。腹下部饰梯格纹,器身内壁饰刻划纹。口径 21、残高 4.5 厘米(图 4-137,6)。

Bb 型,5 件,盆腹壁略直微弧。标本 TN06W01④:75,泥质灰陶。方唇,口微敛,口沿有一道凹弦纹,沿下内凹,外侧有四道凹弦纹,器物内壁交叉刻槽。口径 32、残高 9 厘米(图 4-138,1)。标本 TN06W03②B:18,泥质灰陶。微敛,方唇,弧腹,腹以下残。唇部饰有一道凹弦纹,腹部饰有绳纹,内饰有刻槽纹。口径 25.2、残高 5.8 厘米(图 4-138,2)。标本 TN06W04②B:46,泥质灰陶。口微敛,圆方唇,唇面有浅凹槽,腹微弧,斜下收,腹下部及底残。器外壁饰弦纹与宽梯格纹组合,内壁饰交错复线刻划纹。口径 23.6、残高 5.5 厘米(图 4-138,3)。标本 TN05W05②A:61,泥质红陶。为一残片,方唇,平沿,腹壁微弧斜下收。外壁上部饰交错刻划纹,下部饰梯格纹,内壁饰刻划纹。残长 4、残高 6.2 厘米(图 4-138,4)。标本 TN06W06④C:76,泥质灰陶。敛口,尖圆唇,沿面内倾,口沿向内伸出,腹微弧斜下收。腹上部饰三周凹弦纹,下部饰细绳纹,器身内壁饰交错复线刻划纹。残宽 8.4、残高 6.6 厘米(图 4-138,5)。

夹砂刻槽盆 3 件,未分型。标本 TN06W06④C:75,夹砂红陶。敛口,尖唇,沿面内侧有一周凹槽,腹上部圆折收,腹下部斜下收。腹外壁饰弦纹与绳纹组合,内壁饰交错刻划纹。口径 23.4、残高 4.4 厘米(图 4-138,6)。标本 TN05W05②A:48,夹砂红陶。器上部均残,下腹部斜收至底,底近平。器外壁饰绳纹,内壁饰交错刻划纹。底径 8、残高 7.8 厘米(图 4-138,7)。标本 TN05E01②:7,夹砂灰陶。敞口,方唇,宽平沿,弧腹,腹以下残。外饰绳纹,内饰刻槽纹。口径 32、残高 11.2 厘米(图 4-138,8)。

8. 盆

夹砂盆 共 7 件,未分型。标本 TN05E03④:10,夹砂红陶。侈口,斜方唇,圆折沿,沿面近斜直,弧肩,弧腹。素面。口径 38.6、残高 7.8 厘米(图 4-139,1)。标本 TN06W06④C:18,夹砂红陶。敞口,圆唇,折沿,沿面较宽,微弧形外撇,腹微弧斜下收。素面。口径 29、残高 8.3 厘米(图 4-139,2)。标本 TN06E03②:45,夹砂红陶。斜方唇,圆折沿,沿面微弧形外撇,弧腹斜下收。素面。口径 29、残高 7.8 厘米(图 4-139,3)。标本 TN05W05②A:36,夹砂灰陶。斜方唇,侈口,折沿,宽沿近斜直,溜肩,腹下及底残。素面。残宽 10.5、残高 7.4 厘米(图 4-139,4)。标本 TN06W06④C:86,夹砂红陶。敞口,尖圆唇,宽平沿,口沿下部微内凹,弧腹斜下收至底,底基本残。素面。口径 25、残高 7.1 厘米(图 4-140,5)。标本 TN06W06②B:5,泥质红陶,略含细砂。侈口,圆方唇,宽沿,沿面微弧形外撇,腹微弧,斜下收至底,平底,器表制作规整。素面。口径 25.2、底径 12.6、高 8.2 厘米(图 4-140,6)。标本 TN05E04⑦:13,夹砂灰陶。侈口,斜方唇,沿面弧形微外卷,圆折沿,弧肩,弧腹。腹下部饰弦纹与细绳纹组合。口径 34、残高 8.2 厘米(图 4-140,7)。

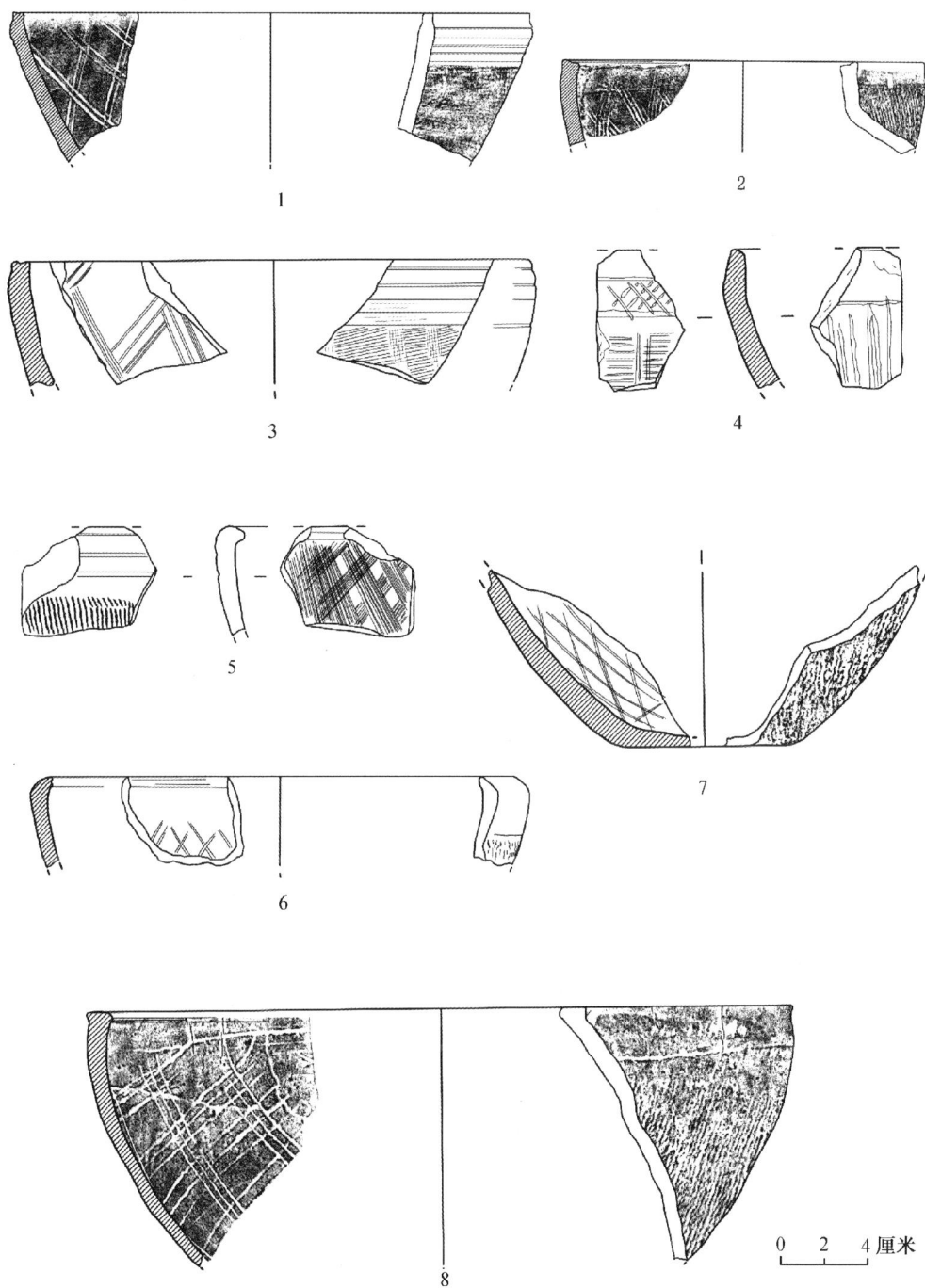

图 4-138　刻槽盆

1—5. Bb 型（TN06W01④:75、TN06W03②B:18、TN06W04②B:46、TN05W05②A:61、TN06W06④
C:76）　6—9. 夹砂刻槽盆（TN06W06④C:75、TN05W05②A:48、TN05E01②:7）

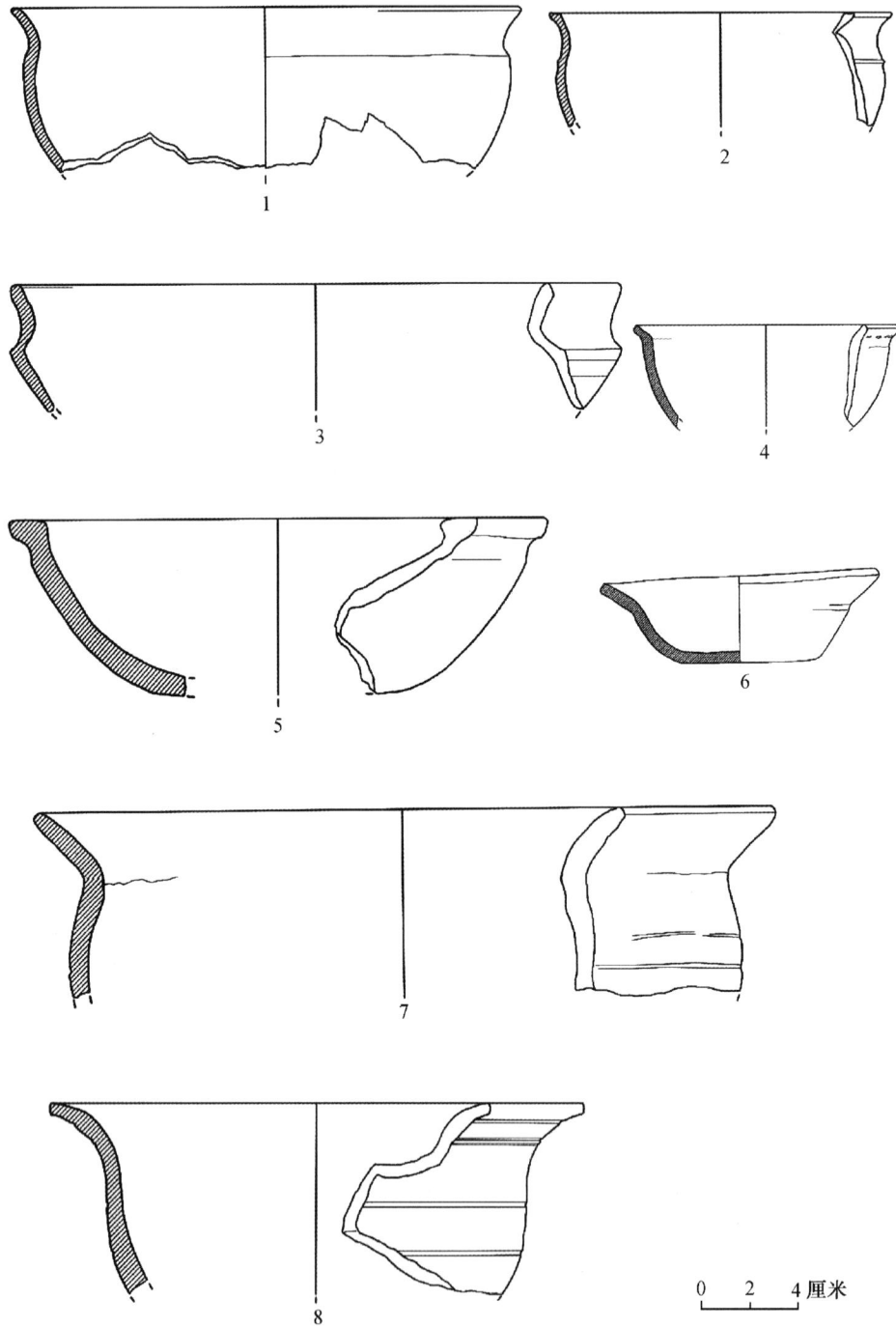

图 4-139　夹砂盆、泥质盆（一）

1—4. 夹砂盆（TN05E03④:10、TN06W06④C:18、TN06E03②:45、TN05W05②A:36）

5、6. 泥质盆（TN06W01②:6、TN06W06②B:146）

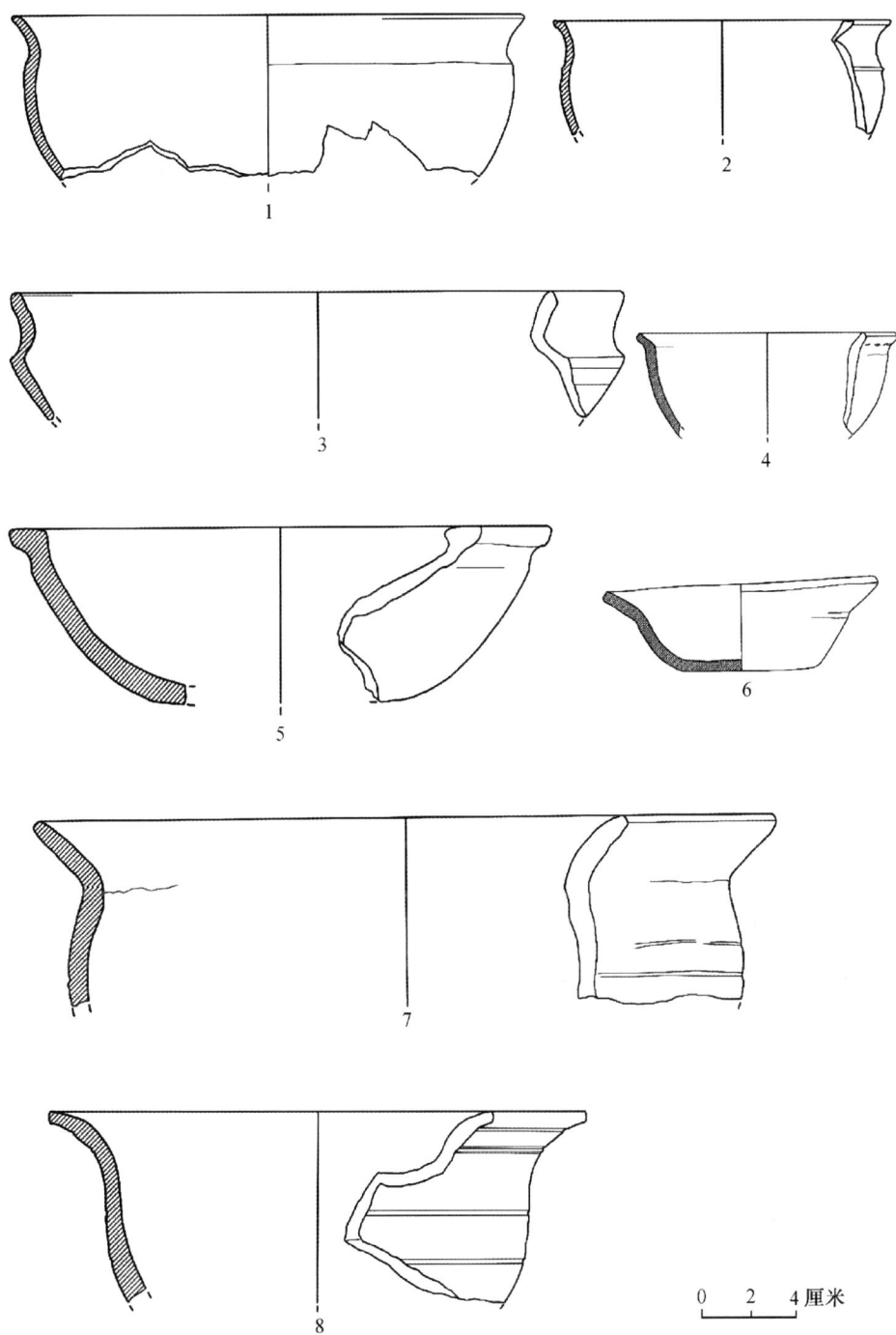

图 4-140　夹砂盆、泥质盆(二)

1—4、8. 泥质盆(TN06E03③:149、TN05W05②A:64、TN06W06④:32、TN06E03②:61、TN06W02
②:18)　5—7. 夹砂盆(TN06W06④C:86、TN06W06②B:5、TN05E04⑦:13)

泥质盆 共9件,未分型。标本TN05W01①:16,泥质红陶,略含细砂。敞口,圆方唇,沿面弧形微外卷,腹壁微弧斜下收。腹壁饰刻划纹。口径15、残高4.8厘米(图4-141,10)。标本TN06W02②:18,夹砂褐陶。圆唇,折沿,沿面弧形外卷,腹微弧,腹下部及底残。素面。口径18、残高4.2厘米(图4-140,8)。标本TN06W06②B:146,泥质灰陶。侈口,尖圆唇,沿面弧形外卷,圆折沿,折肩,弧腹斜下收。素面。口径26、残高8.5厘米(图4-139,6)。标本TN06W06②B:112,泥质灰陶。侈口,圆唇,沿面弧形微外卷,圆折沿,折腹,腹下部微弧斜下收。口径23、残高5.3厘米(图4-141,9)。标本TN06E03③:149,泥质红陶,黑皮。器表因烧制不均匀,呈现红、灰二色。敞口,尖圆唇,弧形微外卷,圆折沿,沿与腹部相接处有一折棱,腹下部弧形斜下收。素面。口径24、残高7.4厘米(图4-140,1)。标本TN05W05②A:64,泥质灰陶。尖圆唇,唇面有一道浅凹槽,侈口,溜肩,弧腹斜下收,下腹及底残。肩部有一周突棱。口径16、残高5.2厘米(图4-140,2)。标本TN06W06④:32,泥质灰陶。侈口,圆唇,腹上部微弧形外卷,腹中部折壁,腹下部近斜直下收,近底腹部及底残。腹下部有轮制痕迹。口径28、残高5.6厘米(图4-140,3)。标本TN06E03②:61,泥质红陶,夹杂少量细砂。侈口,斜方唇,唇面微凹,折沿,腹微弧斜下收。口沿下部有浅戳印痕。口径24、残高9厘米(图4-140,4)。标本TN06W01②:6,泥质灰陶。侈口,斜方唇,沿面斜直微内凹,弧腹。器身间断饰有绳纹。口径29、残高11.3厘米(图4-139,5)。

9. 碗、盂

原始瓷碗 3件,未分型。标本TN08W05②B:11,青黄釉灰白胎。敞口,尖唇,沿面内倾,沿上有一凹槽,腹壁上部折,下部弧形斜下收至底,底下有假圈足,圈足底微内凹,底部有烧结现象。口径15.6、底径9.6、高5.4厘米(图4-141,1)。标本TN06W02②:8,青釉灰白胎。侈口,尖唇,折沿,沿面内倾,内沿近平出,腹上部微鼓,腹下部微弧斜下收至底,平底微内凹,底沿呈斜方。器内底有几周同心圆形凹槽。口径17、底径10、高5.5厘米(图4-141,2)。标本TN06W05①:1,青黄釉灰白胎,釉层严重脱落。敞口,尖唇,折沿,沿面内倾,上有一周凹槽,腹上部圆折,下部弧形斜下收至底,底下接假圈足,圈足斜下微张,圈足下沿为方唇。素面。口径10.2、底径6.2、高3.7厘米(图4-141,3)。

盂 6件,未分型。标本TN07W06②:53,泥质红陶,灰胎,黑皮。侈口,尖圆唇,沿面弧形外卷,圆折沿,弧肩,腹上部微鼓,折下收。腹上壁饰交错刻划纹。口径22、残高3.8厘米(图4-141,4)。标本TN06W06②B:132,泥质红陶,黑皮。侈口,尖圆唇,圆折沿,溜肩,折腹,腹部微弧斜下收。沿面内有两周凹弦纹,肩部饰三周凹弦纹。口径17、残高4.8厘米(图4-141,5)。标本TN06W06②B:169,泥质红陶,黑皮。敛口,斜方唇,沿面内倾,弧溜肩,鼓腹斜下收。肩部有轮制时形成的弦纹。口径16、残高5.2厘米(图4-141,6)。标本TN06W06②B:118,泥质灰陶。矮直口,尖圆唇,折肩微弧,腹上部微鼓,腹下部及底残,有下收现象。器身外壁饰羊角纹、菱形纹与弦纹组合。口径23、残高5.6厘米(图4-141,7)。标本TN06E01③:5,泥质红陶。敛口,尖圆唇,器上壁微折,下壁弧形斜下收。上部有三周凹痕。口径22、残高3.4厘米(图4-141,8)。标本TN05W05②A:60,泥质灰陶。方唇,敛口,圆肩,鼓腹,折下收,底残。肩部有一周突棱。口径19、残2.2厘米(图4-141,11)。

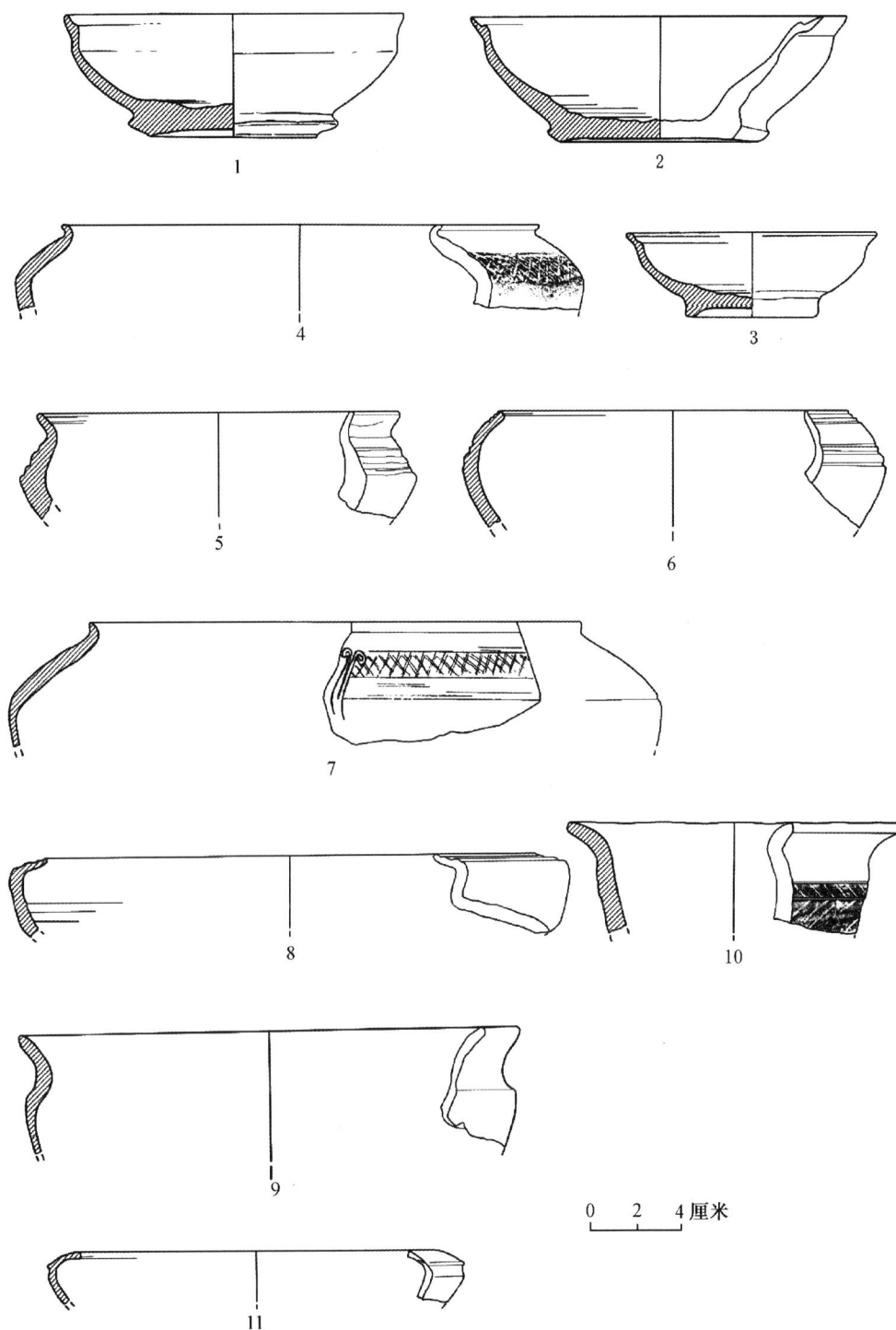

图 4-141 原始瓷碗、盂、泥质盆

1—3. 原始瓷碗（TN08W05②B:11、TN06W02②:8、TN06W05①:1） 4—8、11. 盂（TN07W06②:
53、TN06W06②B:132、TN06W06②B:169、TN06W06②B:118、TN06E01③:5、TN05W05②A:60）
9、10. 泥质盆（TN06W06②B:112、TN05W01①:16）

10. 器盖、盖壁、盖钮

泥质器盖 共 8 件。完整器 2 件,盖钮 6 件,根据盖钮形状差异分两型。

A 型,4 件,盖钮似圈足,中空。标本 TN05E04①:8,泥质红陶。盖顶为圆形,顶部向外出沿,敞口,尖圆唇,平沿;近顶部堆饰有三个兽形装饰,略外撇,盖壁圆弧形外张,壁下口沿为圆唇。近顶部饰有周叶脉纹,盖径 17、高 4.6 厘米(图 4-142,1)。标本 TN05W05②A:1,泥质红陶。盖顶捉手呈玉璧形,内中空,盖壁微弧下张,呈喇叭状,圆唇,近沿部有一周浅凹槽,盖顶与捉手相接处有拼接痕迹。素面。捉手径 5.6、盖径 10.4、高 3 厘米(图 4-142,2)。标本

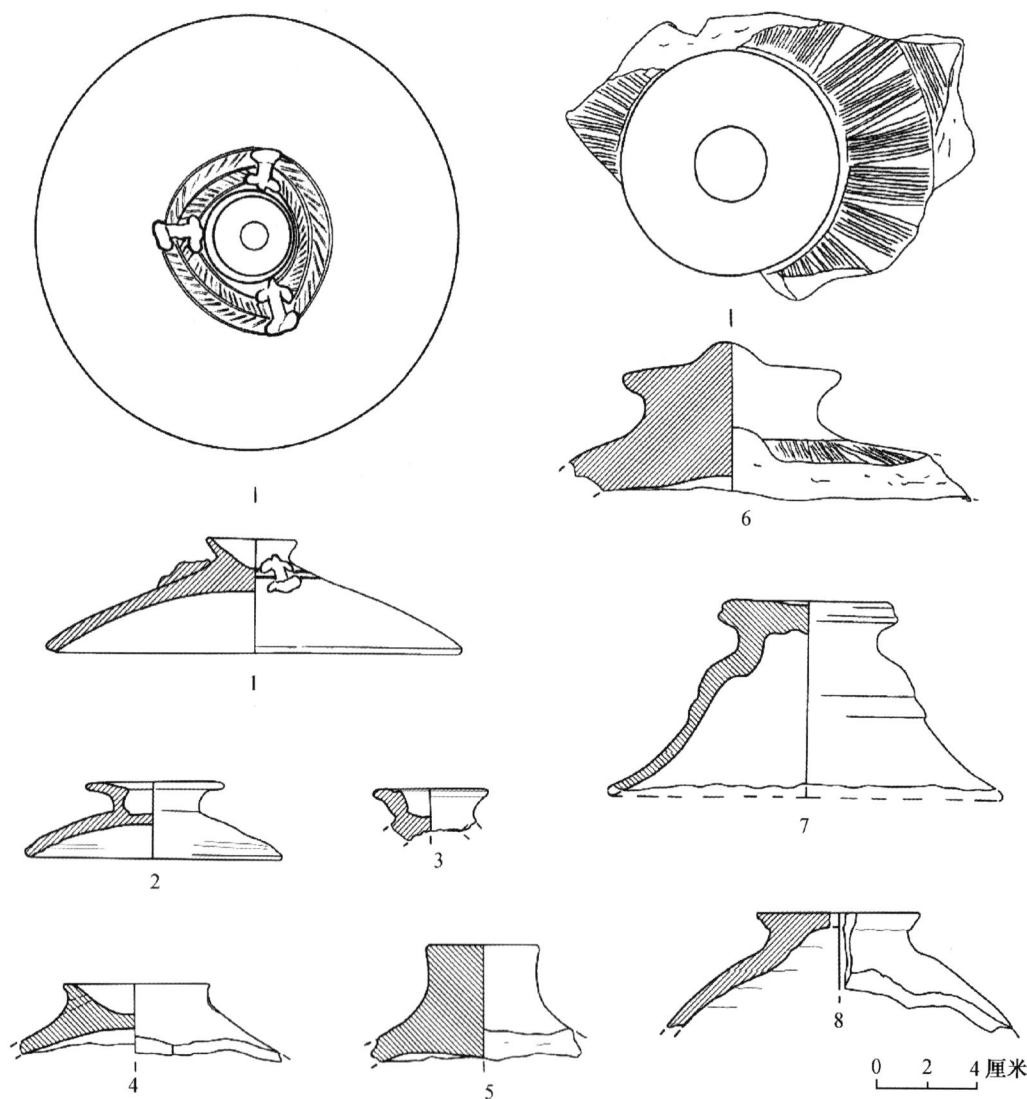

图 4-142 泥质器盖

1—4. A 型(TN05E04①:8、TN05W05②A:1、TN06E02④:53、TN06W06④C:80) 5—8. B 型(TN06E03②:221、TN06W06④:29、TN06W06④C:4、TN06W03②B:41)

TN06E02④:53,泥质灰陶。平面呈玉璧形,内部空心。素面,残高2.0厘米(图4-142,3)。标本TN06W06④C:80,泥质红陶。器上部均残,近底腹下部近斜直下收至底,平底内凹。素面。底径5.8、残高3.1厘米(图4-142,4)。

　　B型,4件,盖钮似假圈足,实柄状。标本TN06E03②:221,泥质灰陶。内底近平,外底斜下收,接一类假圈足状,足壁竖直,底部磨平。素面。底径4.5、残高4.6厘米(图4-142,5)。标本TN06W06④:29,泥质灰陶。盖壁大部分残,近顶部折壁,微弧形下张,顶部微弧,上接捉手,捉手外壁弧形外卷,捉手顶部中心有一圆锥形凸起。盖壁饰竖弦纹。捉手径4.4、盖残高3厘米(图4-142,6)。标本TN06W06④C:4,泥质灰陶。口沿残缺,上腹弧形向上外卷,呈喇叭状,下腹圆折内收至底,平底微内凹。杯腹外壁有两周折痕,足壁有一周凹槽。口径15.9、底径6.8、高7.7厘米(图4-142,7)。标本TN06W03②B:41,泥质灰陶。大平钮,盖壁弧形下张。壁内外均有轮制痕迹。底径6.5、残高4.5厘米(图4-142,8)。

　　盖壁　共5件,据口沿差异分三型。

　　A型,3件,盖壁口沿外凸。标本TN06W06④C:72,泥质红陶。敞口,圆唇,折沿,盖壁微弧斜下张,顶部残缺。沿面饰三周凹弦纹,盖壁有轮制时形成的弦纹。口径23、残高5.4厘米(图4-143,1)。标本TN06W06④C:63,泥质灰陶。盖顶部残,盖壁弧形下张,盖口沿略宽,沿面近平,圆方唇。素面。盖径17、残高2.9厘米(图4-143,2)。标本TN05E03③:66,泥质红陶。盖顶部残缺,盖壁近斜直下张,折沿,沿面微凹,斜方唇。盖壁内外有数周轮制痕迹。口径24.6、残高4.2厘米(图4-143,3)。

　　B型,1件,盖壁口沿内凸。标本TN05E02②:193,泥质灰陶。盖身斜直,顶部残。盖沿较平,圆唇。内壁有数圈凸弦纹。口径17、残高3.3厘米(图4-143,4)。

　　C型,1件,平沿,不向内外凸出。标本TN06W04①:49,泥质灰陶。敞口,尖唇,腹微弧斜下收,腹上部有拼接痕迹。口径14、残高3.2厘米(图4-143,5)。

　　夹砂器盖　共6件。

　　完整器1件,盖钮4件,残盖壁1件。根据盖钮形状差异分两型。

　　A型,2件,钮上部近平。标本TN06W01④:13,夹砂红陶。盖顶近平,微内凹,顶向外出沿,方唇,盖壁微弧斜下张,壁下沿为斜方唇。素面。盖顶径6、高6.9、盖下口径20厘米(图4-143,6)。标本TN06W06④C:87,夹砂红陶。器盖顶部略弧,上接微喇状捉手,捉手顶部微凹,盖壁下张,口沿已残。素面。盖捉手径4.9、残高3.6厘米(图4-143,7)。

　　B型,3件,钮似倒圈足。标本TN05E03②:85,夹砂红陶。器盖壁及口沿已残,顶部上接捉手,呈微喇叭状,斜方唇;盖壁下张。素面。捉手径6.1、残高4.4厘米(图4-143,8)。标本TN05E03④:17,夹砂红陶。器上部均残,器底下接圈足,弧形下张如喇叭状,圈足沿为圆唇,圈足内底为圜底。素面。底径9.2、残高8.0厘米(图4-143,10)。标本TN06E03②:192,夹砂红陶。圈足下张呈微喇状,足沿圆方唇,圈足上部承接器身及器底,器身微弧向上张,内圜底。圈足上部外壁有手捏窝痕。底径7.3、残高5厘米(图4-143,13)。

　　残盖壁,1件。标本TN05E02④:11,夹砂红陶。敞口,方唇,腹微弧斜下收,底部残缺,底有拼接痕迹。素面。口径28、残高5.8厘米(图4-143,9)。

　　原始瓷盖　2件。标本TN07W03②B:16,原始瓷(褐色)。盖顶向上敞开,盖顶口沿为尖唇,平沿,沿面弧形微内凹,盖壁呈弧形下张,广肩,肩部有轮制弦纹,肩以下残。素面。钮径5、残高2.6厘米(图4-143,11)。标本TN06W06④C:94,原始瓷,灰胎褐衣。器盖顶部略弧,上接微喇状捉手,盖顶壁微弧形下张,口沿已残。器外壁有数周轮制痕迹。盖捉手径4.7、残高3.0厘米(图4-143,12)。

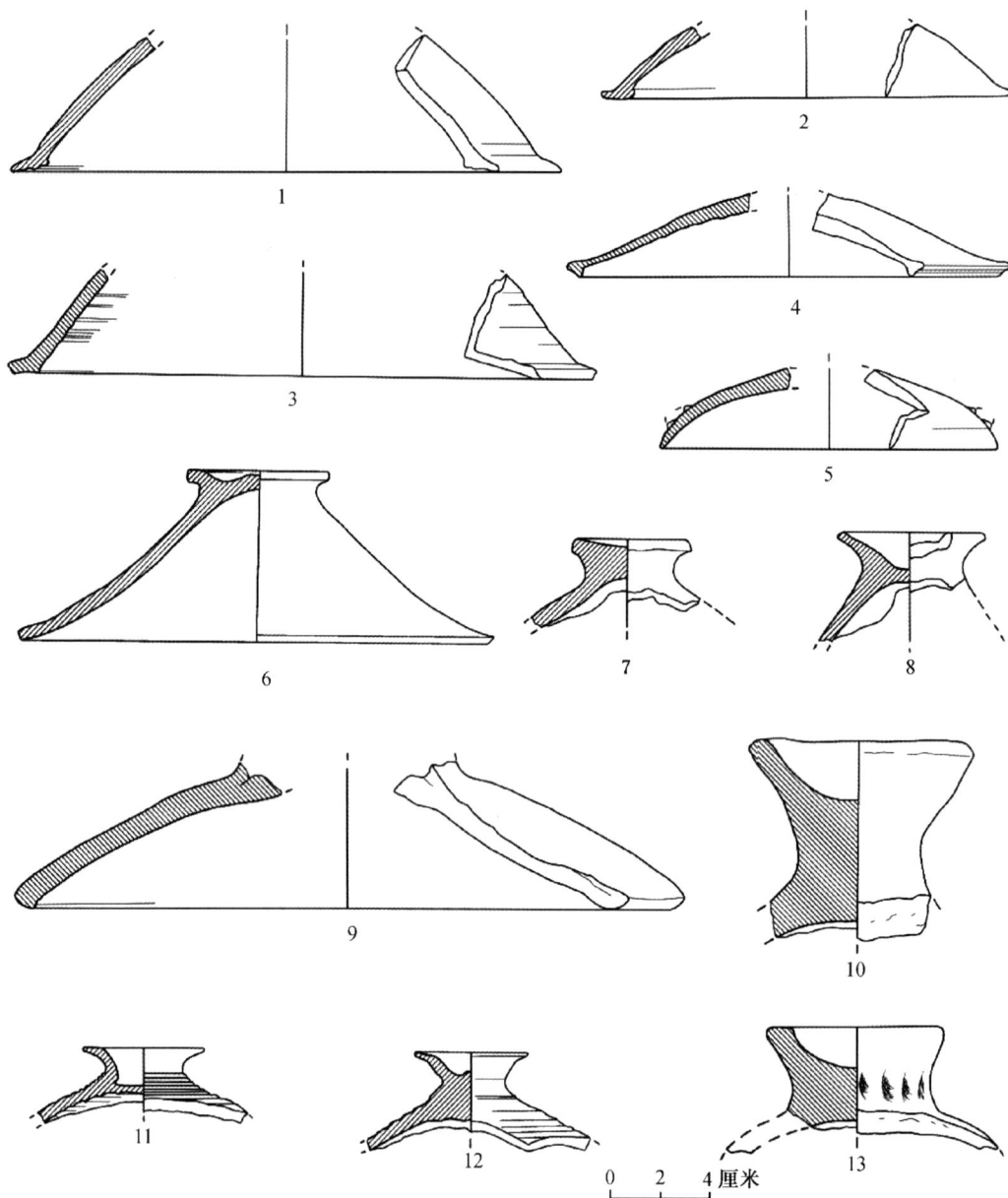

图4-143 器盖、盖壁、盖钮

1—3. 泥质盖壁 A 型(TN06W06④C:72、TN06W06④C:63、TN05E03③:66) 4. 泥质盖壁 B 型
(TN05E02②:193) 5. 泥质盖壁 C 型(TN06W04①:49) 6、7. 夹砂盖钮 A 型(TN06W01④:13、
TN06W06④C:87) 8、10、13. 夹砂盖钮 B 型(TN05E03②:85、TN05E03④:17、TN06E03②:192)
9. 夹砂残盖壁(TN05E02④:11) 11、12. 原始瓷盖(TN07W03②B:16、TN06W06④C:94)

11. 小陶器

陶饼　共 21 件,根据有无穿孔分为两型。

A 型,3 件,有穿孔。标本 TN06W03①:1,夹砂红陶。平面略呈圆形,两面有数个圆形小孔,截面略呈长方形。直径 8.9 ~ 9.9、厚 1.8 厘米(图 4-144,1)。标本 TN05E03①:3,夹砂灰陶。整体呈圆形,边缘圆弧,断面近椭圆形,两面有数个圆形小孔,未穿透。直径 8.6、厚 1.8 厘米(图 4-144,2)。标本 TN05E03①:2,夹砂红陶。整器已残,边缘微弧,中间较厚,边缘略薄,两面有数个平面圆形的小口,未穿透。残径 6.3 ~ 6.4、厚 2.2 厘米(图 4-144,3)。

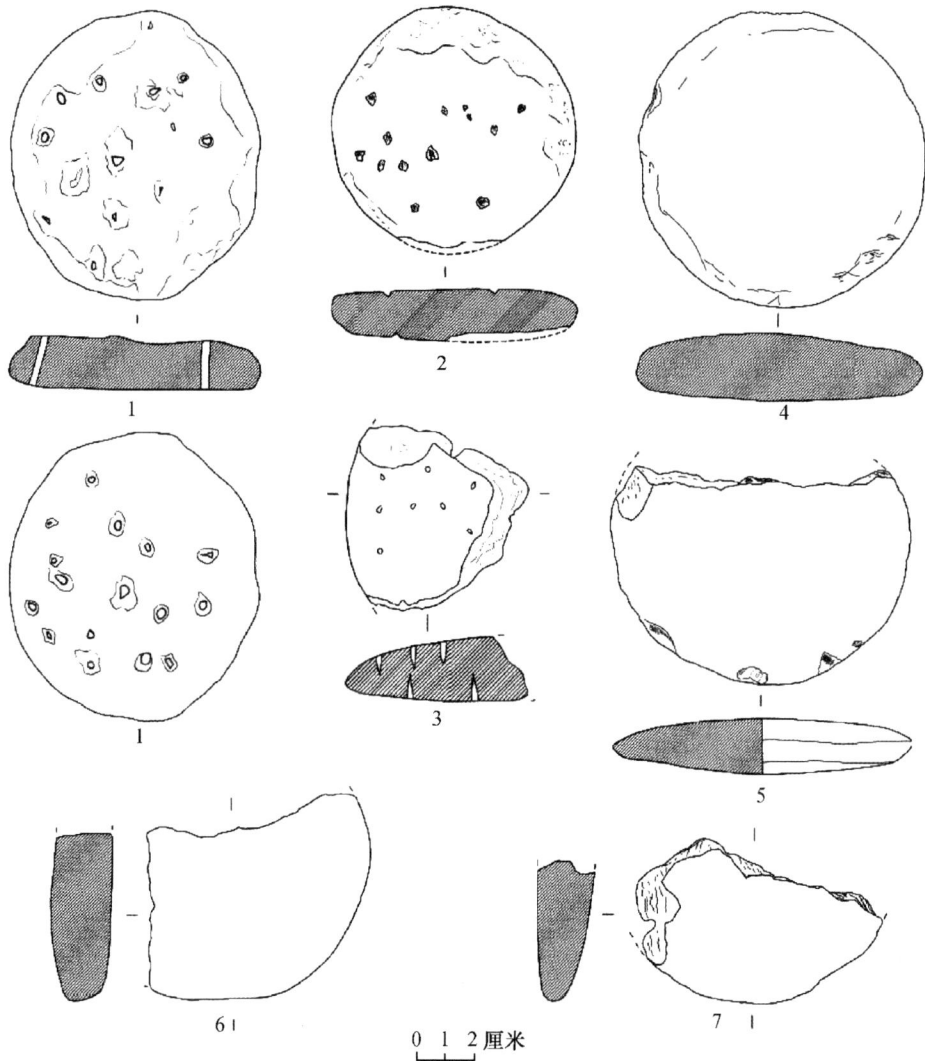

0　1　2 厘米

图 4-144　陶饼(一)

1—3. A 型(TN06W03①:1、TN05E03①:3、TN05E03①:2)　4—7. B 型(TN05E02①:2、TN05E03
①:1、TN05E04④:1、TN05W02②:4)

B型,18件,无穿孔。标本TN05E02①:2,加砂红陶,器表因烧制不均匀,呈现红、褐二色。平面呈圆形,中间厚,边缘略薄,边缘圆弧。直径10.2、厚2.3厘米(图4-144,4)。标本TN05E03①:1,夹砂褐陶。部分残,平面呈半圆形,中间较厚,四周较薄,边缘圆弧。素面。直径11.7、厚1.9厘米(图4-144,5)。标本TN05E04④:1,夹砂陶,一面红一面黑。残断,平面略呈扇形,中间较厚,四周较薄,圆唇。残径7.9、厚2.1厘米(图4-144,6)。标本TN05W02②:4,夹砂红陶。残,略呈圆形,中间较厚,边缘较薄,一面近平,一面微弧。残径5.6~8.8、厚2厘米(图4-144,7)。标本TN06E03③:1,平面呈圆形,两面微弧,边缘圆弧。直径8.5~8.8、厚1.8厘米(图4-145,1)。标本TN07W05②B:1,夹砂褐陶。整体近呈圆形,一面平,一面微弧,中间略厚,边缘略薄。直径8.2~8.6、厚1.6厘米(图4-145,2)。标本TN06E03④:3,夹砂红陶。部分残,成体呈圆形,两面微弧,中间较厚,边缘略薄,横断面近似椭圆形。直径10.6、厚2.3厘米(图4-145,3)。标本TN05E03②:1,夹砂灰陶。平面呈圆形,中间微厚于四周,边缘圆弧。素面。直径10.8、厚1.8厘米(图4-145,4)。标本TN06E03东扩①:1,夹砂红陶。略呈圆形,中间厚四周薄,边缘微圆唇。素面。残径11、厚2厘米(图4-145,5)。标本TN05E03②:87,夹砂红陶。略呈圆形,边缘为圆唇,中间厚边缘薄,大部分已残。素面。残径9.5、厚2.0厘米(图4-145,6)。标本TN05E03④:38,夹砂灰陶。呈半圆形,中间厚四周薄,圆唇。素面。残径10.2、厚1.6厘米(图4-145,7)。标本TN05E03②:89,夹砂红陶。呈半圆形,中间厚四周薄,尖圆唇。素面。残径9.7、厚1.6厘米(图4-145,8)。标本TN05E04②:1,夹砂红陶。残断,平面呈扇形,中间厚,边缘略薄,边缘圆弧。残径9.8、厚1.8厘米(图4-145,9)。标本TN06E03②:79,夹砂灰陶。残饼呈扇形,中间厚四周薄,圆唇。素面。残径8.6、厚2.5厘米(图4-145,10)。标本TN06E03④:69,夹砂红陶。半残,边缘圆弧,中间稍厚,边缘较薄。残长7.8、厚1厘米(图4-145,11)。标本TN06E01②:19,夹砂灰陶。略呈圆形,边缘微圆唇。素面。残径4.9、厚1~1.4厘米(图4-145,12)。标本TN06E03④:68,夹砂红陶。半残,边缘圆弧,中间稍厚,边缘略薄。残长5.4、厚2.6厘米(图4-145,13)。标本TN06W06④C:3,夹砂红陶。残,呈圆形,边缘微弧,中间较厚,边缘较薄,两面微弧。残径7.9~5.7、厚2.1厘米(图4-145,14)。

陶拍 共8件,根据捉手的长短分为两型。

A型,3件,捉手较长。标本TN06E01②:10,泥质红陶。整体呈倒蘑菇形,下为圆饼状,中部较厚,边缘较薄,上有近圆柱形捉手,实心。直径6.2、高7.3厘米(图4-146,1)。标本TN05E01②:1,夹砂灰陶。整体呈倒蘑菇形,下为圆饼状,边缘较薄,上有近圆锥形捉手,实心。直径8、高5厘米(图4-146,2)。标本TN08W05②B:1,夹砂红陶,器表因烧制不均匀,呈现红、褐二色。倒蘑菇形陶拍,下为圆饼状,底平,上有捉手,实心。直径8.5~8.7、高5.6厘米(图4-146,3)。

B型,5件,捉手较短。标本TN05E04①:2,夹砂灰陶。整体呈倒蘑菇形,下为圆饼状,上有圆纽形捉手,实心。直径9~9.9、高3.8厘米(图4-146,4)。标本TN07W03①:2,灰褐色石质。倒蘑菇形陶拍,下为圆饼状,上有捉手,实心。直径8.4、高3.4厘米(图4-146,5)。标本TN06E03②:81,夹砂红陶。残陶拍为弧边,中有一圆形把手,圆唇。素面。残径4、残高2.1厘米(图4-146,6)。标本TN06W01②:3,夹砂红陶。倒蘑菇形,下为圆饼状,上有捉手,

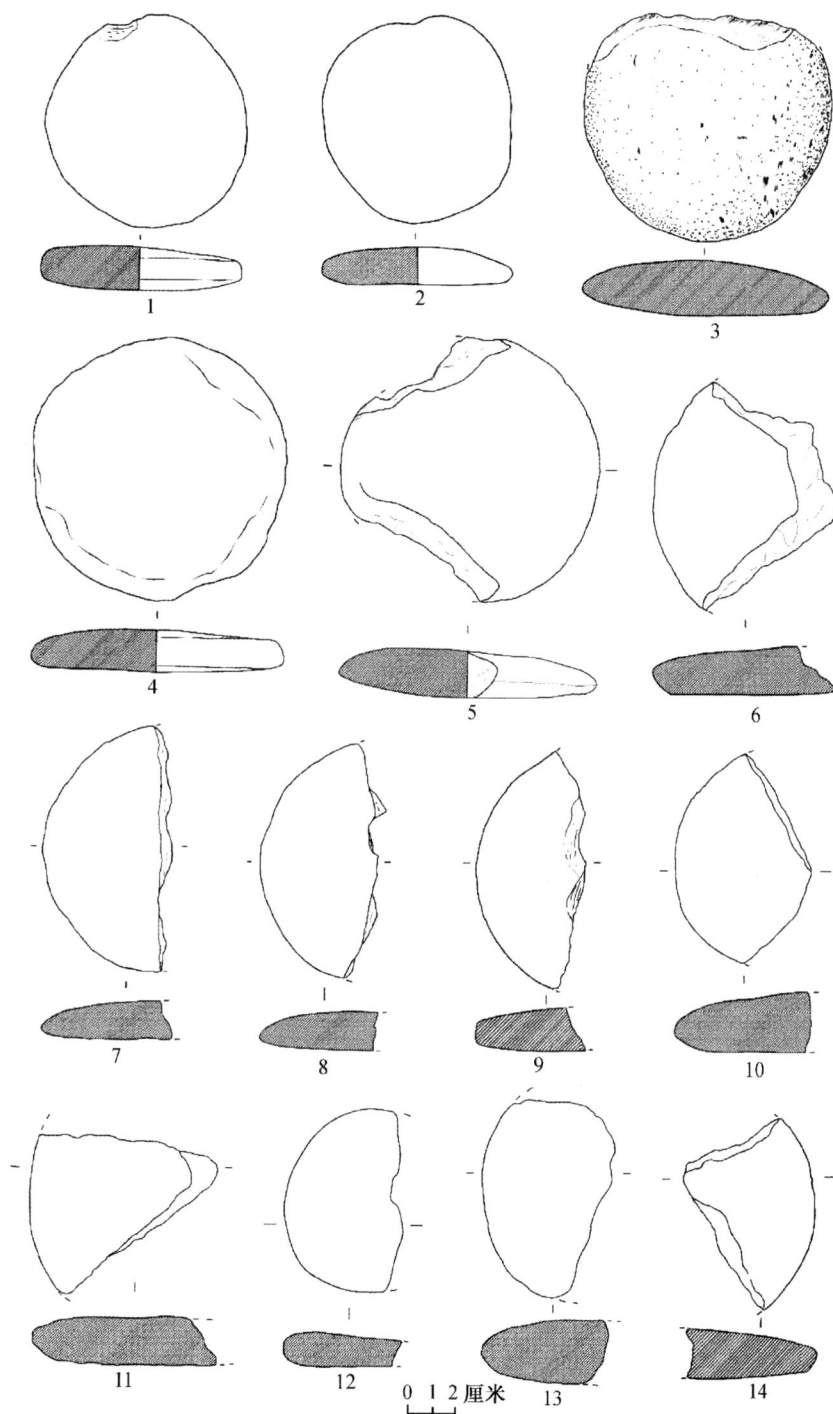

图 4-145 陶饼(二)

1—14. B 型(TN06E03③:1、TN07W05②B:1、TN06E03④:3、TN05E03②:1、TN06E03 东扩①:1、TN05E03②:87、TN05E03④:38、TN05E03②:89、TN05E04②:1、TN06E03②:79、TN06E03④:69、TN06E01②:19、TN06E03④:68、TN06W06④C:3)

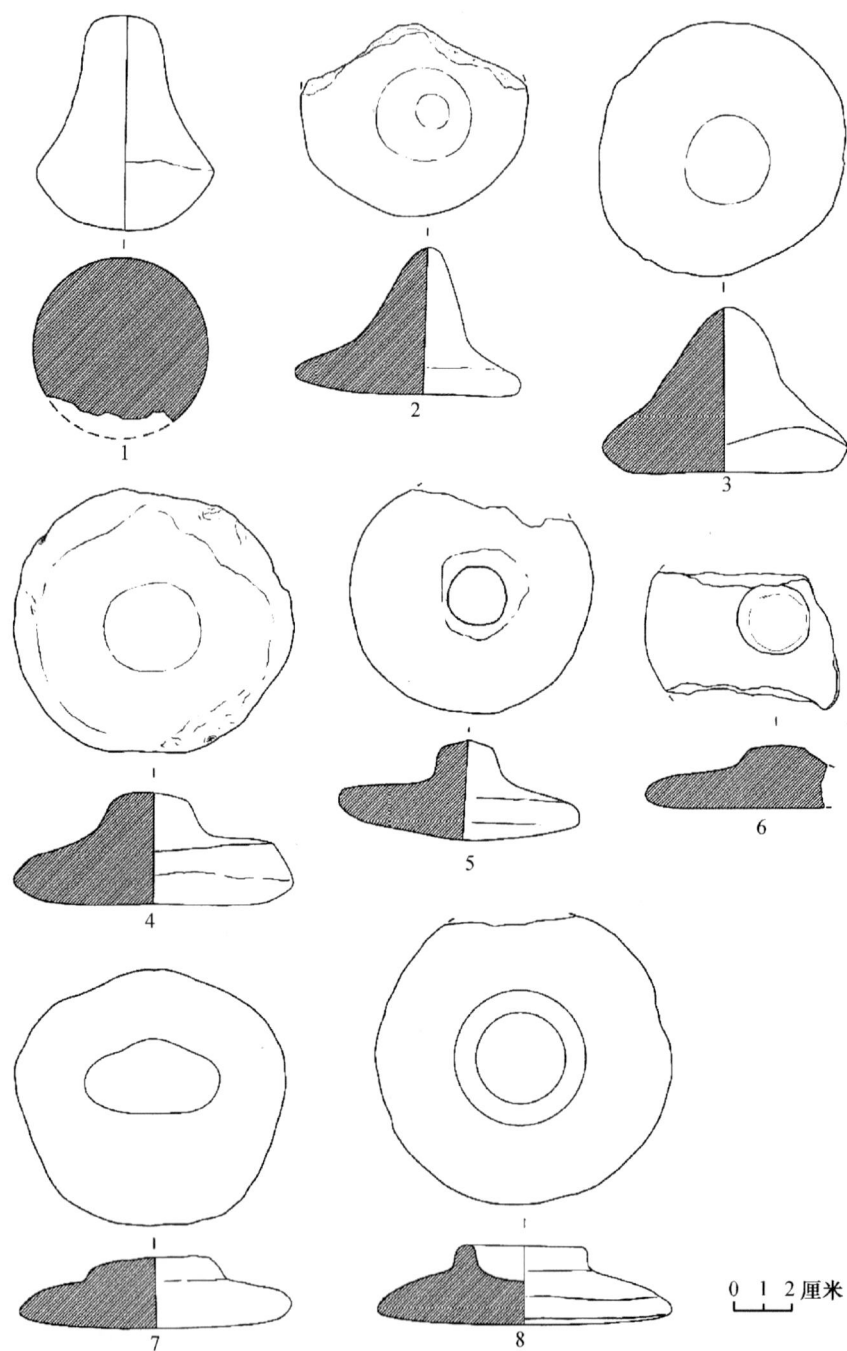

图 4-146　陶拍

1—3. A 型（TN06E01②:10、TN05E01②:1、TN08W05②B:1）　　4—8. B 型（TN05E04①:2、TN07W03①:2、TN06E03②:81、TN06W01②:3、TN06W01G1:5）

捉手部分残,实心。直径 8.7 ~ 9.6、残高 2.4 厘米(图 4-146,7)。标本 TN06W01G1:5,泥质褐陶。呈倒蘑菇形,下为圆饼状,上有捉手,端部内凹。直径 13、高 2.7 厘米(图 4-146,8)。

陶瓶　共 18 件,根据整体形制分为四型。

A 型,12 件,弧边圆角长方形。标本 TN06W06④:2,夹砂红陶。平面呈圆角长方形,两面平,边缘圆弧。两面饰刻划纹。截面呈圆角长方形。长 9.2、宽 5.4、厚 2.1 厘米(图 4-147,1)。标本 TN06W06②B:4,夹砂红陶。平面呈圆角长方形,两面平,边缘圆弧。两面饰刻划纹。截面呈圆角长方形。长 8.6、宽 5.8、厚 2.5 厘米(图 4-147,2)。标本 TN06E03②:9,夹砂褐陶。残断,平面略呈半圆形,两面平,边缘圆弧。两面饰刻划方格纹。残长 4.5、宽 6、厚 2.1 厘米(图 4-147,3)。标本 TN05E04②:3,夹砂红陶。平面呈椭圆形,中间厚,边缘略薄,截面呈圆角长方形。两面饰刻划纹。长 8.8、宽 4.6、厚 3 厘米(图 4-147,4)。标本 TN05E02①:1,夹砂灰陶。圆角长方形,横截面为椭圆形,两面刻划交错弦纹。长 7.7、宽 5.3、厚 2 厘米(图 4-147,5)。标本 TN05E04③:1,夹砂红陶,器表因烧制不均匀,呈现红、褐二色。平面呈椭圆形,中间厚,边缘略薄,截面呈圆角长方形。两面饰刻划方格纹。长 7.9、宽 5.2、厚 2.4 厘米(图 4-147,6)。标本 TN06E03②:6,夹砂褐陶。残断,平面呈半椭圆形,两面微弧,边缘圆弧。通体饰刻划纹。残长 9.9、残宽 4、厚 2.7 厘米(图 4-147,7)。标本 TN05E03②:5,夹砂红陶,器表因烧制不均匀,呈现红、黑二色。残断,平面呈圆角长方形,中间较厚,四周较薄,截面呈扁椭圆形。两面饰刻划方格纹。残长 6.8、宽 5.8、厚 1.55 厘米(图 4-147,8)。标本 TN05E04①:4,夹砂红陶。残断,中间较厚,边缘略薄,截面呈圆角长方形。两面饰刻划方格纹。残长 7.2、宽 6、厚 2.4 厘米(图 4-147,9)。标本 TN05E03②:2,泥质红陶。圆角长方形,横截面为椭圆形,两面刻划交错弦纹。长 6.5、宽 4.7、厚 2.3 厘米(图 4-147,10)。标本 TN06W06②B:13,夹砂褐陶。部分残,呈椭圆形,周边圆唇,中间厚边缘薄。饰刻划纹。残长 5.0、残宽 6.1、厚 2.3 厘米(图 4-147,11)。标本 TN08W05②B:35,泥质红陶,器表因烧制不均匀,呈现红、灰二色。平面呈圆角长方形,两面微弧,边缘圆弧。两面饰刻划纹。长 6.4、宽 5、厚 2 厘米(图 4-147,12)。

B 型,2 件,近圆形。标本 TN06W06②B:12,夹砂褐陶。呈椭圆形,中间稍厚,边缘略薄,周边圆唇。饰交错刻划纹。长 7.8、宽 6.05、厚 2.0 厘米(图 4-148,1)。标本 TN06E03②:8,夹砂褐陶。平面呈椭圆形,两面平,边缘近直。通体饰刻划方格纹。直径 4.4 ~ 5.2、厚 1.9 厘米(图 4-148,2)。

C 型,2 件,一端圆角弧边,一端略尖。标本 TN06E03①:2,夹砂红陶,器表因烧制不均匀,呈现红、灰二色。平面略呈梭形,一头较宽,一头较窄,两面微弧,边缘弧形。通体饰刻划纹。长 8.9、宽 1.3、厚 2.4 厘米(图 4-148,3)。标本 TN06W06④C:2,夹砂红陶。平面呈椭圆形,两面平整,边缘圆弧。通体饰刻划纹。长 10.5、宽 6.5、厚 3.1 厘米(图 4-148,4)。

D 型,2 件,两端较尖,近橄榄形。标本 TN06W06④:3,夹砂红陶。整体呈梭形,两面平整,边缘弧形。通体饰刻划纹。长 11.2、宽 3.5、厚 2.55 厘米(图 4-148,5)。标本 TN05E03②:3,夹砂褐陶。平面呈梭形,中间宽,两头尖,截面呈扁椭圆形。两面饰刻划纹。长 11.2、宽 5.1、厚 2.8 厘米(图 4-148,6)。

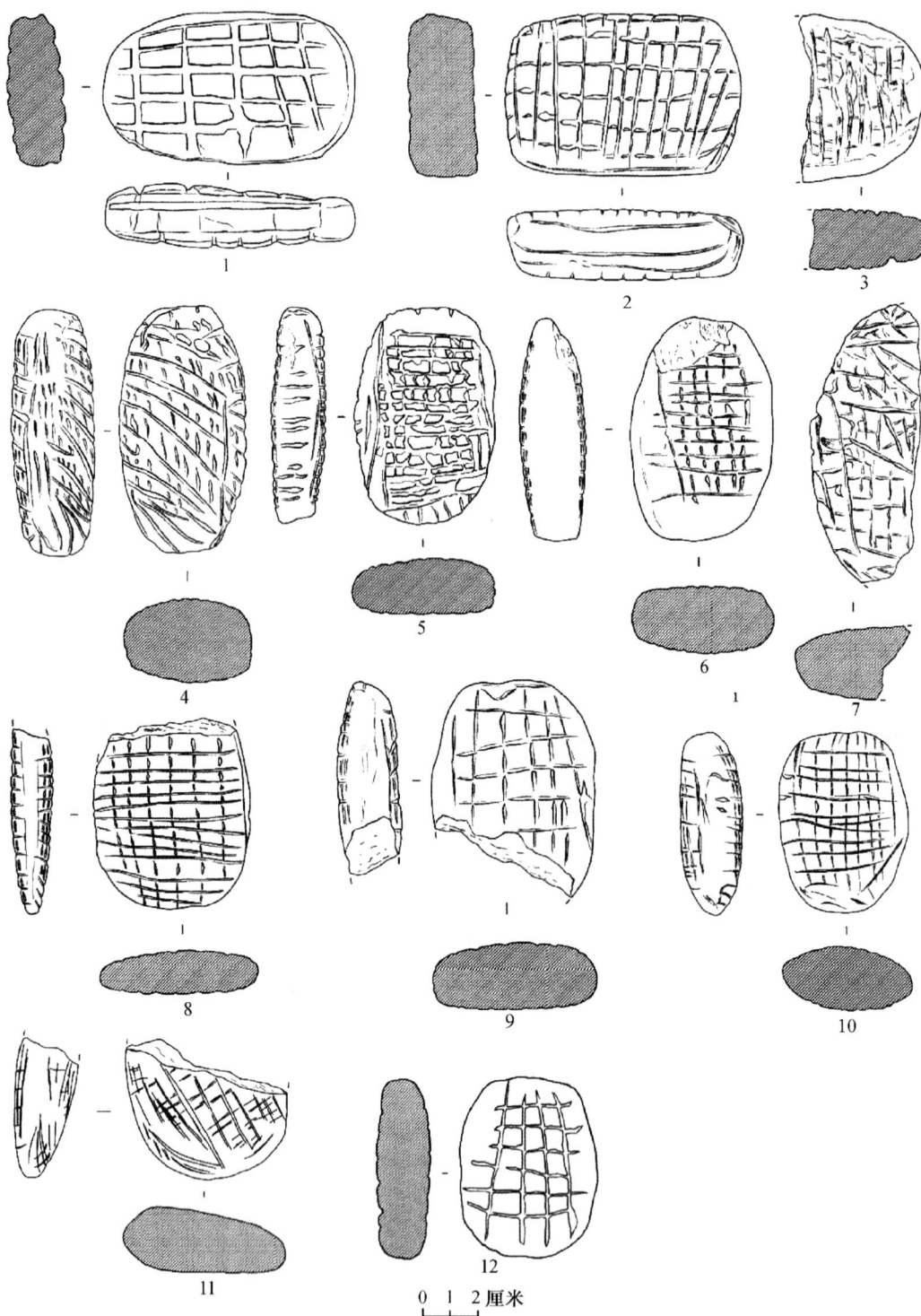

图 4-147　陶甋

1—12. A 型（TN06W06④:2、TN06W06②B:4、TN06E03②:9、TN05E04②:3、TN05E02①:1、
TN05E04③:1、TN06E03②:6、TN05E03②:5、TN05E04①:4、TN05E03②:2、TN06W06②B:13、
TN08W05②B:35）

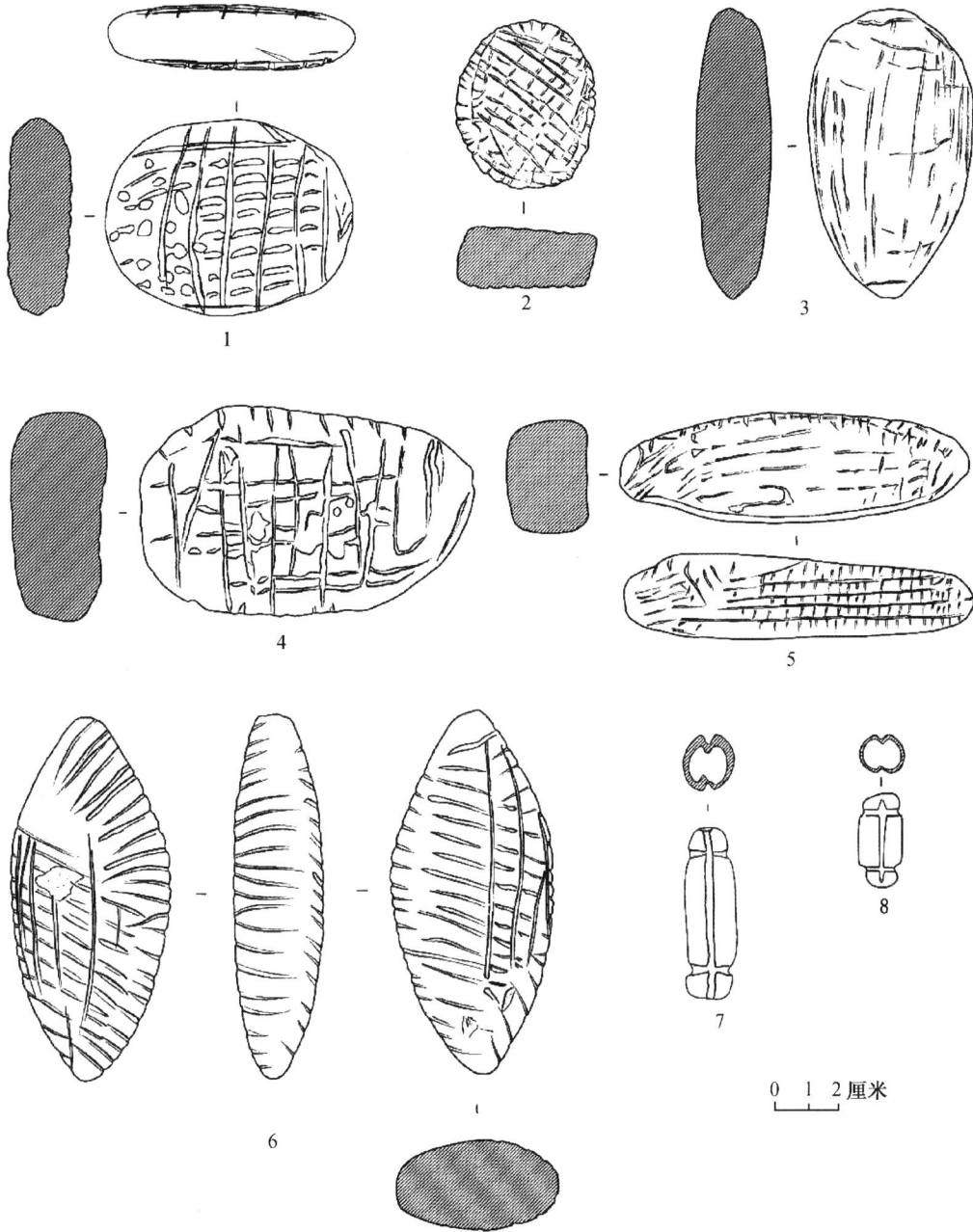

图 4-148　陶瓶及陶网坠

1、2. B 型陶瓶（TN06W06②B:12、TN06E03②:8）　3、4. C 型陶瓶（TN06E03①:2、TN06W06④C:2）

5、6. D 型陶瓶（TN06W06④:3、TN05E03②:3）　7、8. 陶网坠（TN06W06④C:2、TN06W04①:1）

陶网坠 2件。标本TN06W06④C:2,夹砂褐陶。扁长体,中凹,两端两侧各有一凹槽用以系绳。长5.3、宽1.7厘米(图4-148,7)。标本TN06W04①:1,夹砂褐陶。扁长体,中凹,两端两侧各有一凹槽用以系绳。长2.9、宽1.4厘米(图4-148,8)。

陶纺轮 共7件,根据整体形制分为两型。

A型,5件,圆饼形。标本TN06W01①:3,夹砂灰红色。部分残,圆饼形,断面梯形,上部略凸,下部平整,中间穿孔。外径6.3、孔径7、厚1.5厘米(图4-149,1)。标本TN06W01①:2,泥质灰陶。圆饼形,断面为椭圆形,两面平整,中部穿孔。外径6.3、宽6.6、厚1.4厘米(图4-149,2)。标本TN06W01③:3,夹砂红陶。圆饼形,断面略呈梯形,上部略凸,下部平整,中间穿孔。外径5.3~5.2、孔径8、厚2厘米(图4-149,3)。标本TN06E03②:13,泥质褐陶。璧形纺轮,两面平整,边缘圆弧,中部穿孔。直径4.6、孔径0.55、厚0.8厘米(图4-149,4)。标本采集①:3,夹砂褐陶。璧形纺轮,两面平整,边缘圆弧,中部穿孔。直径3.3~3.5、孔径0.7、厚1.85厘米(图4-149,5)。

B型,2件,算珠形。标本TN08W05西扩②:6,夹砂陶,一面黑色,一面褐色。算珠形纺轮,中部穿孔。直径3.4、孔径0.5~0.6、高2.5厘米(图4-149,6)。标本ZD:10,泥质灰陶。整体呈算珠形,中间宽,两头窄,上有数道弦纹,中部穿孔。直径4.3、孔径0.6、高3.1厘米(图4-149,7)。

小陶钵 17件。标本TN06E03③:6,夹砂红陶。口微敛,斜方唇,唇面内倾,弧腹斜下收至底,底部近平,底部有一周凹痕。制作不甚工整。素面。口径10、腹径11.5、底径8、高6.4厘米(图4-149,8)。标本TN06W03①:2,夹砂红陶。口微敛,斜方唇,唇沿内倾,弧腹斜下收至底,平底。素面。口径8.6、腹径9.7、底径6.4、高6.9厘米(图4-149,9)。标本TN06W06②B:1,夹砂红陶。尖圆唇,因制作不规整,口沿既内敛又微外卷,腹微弧,斜下收至底,最大径在腹中部,底部微弧近平。素面。口径8.5、腹径9.5、底径6、高7.4厘米(图4-149,10)。标本TN05E03①:1,夹砂灰陶。口沿残,弧溜肩,弧腹斜下收至底,平底微内凹。素面。腹径11、底径6.2、残高7.3厘米(图4-149,11)。标本TN05E02②:44,泥质红陶。直口,方唇,近竖直腹,平底。素面。口径6.2、底径6、高2.8厘米(图4-149,12)。标本TN08W05②B:7,泥质褐陶。敛口,尖圆唇,口沿不平,弧腹斜下收,圜底。素面。口径3.3、腹径3.8、高3.4厘米(图4-149,13)。标本TN06W01③:8,泥质红陶。口沿残,圆唇,腹部微弧形,斜下收至底,最大腹径在腹中部,底微圜。器表饰手捏窝痕纹。口径7.8、腹径8、高6厘米(图4-149,14)。标本TN05E04④:4,夹砂红陶,外红内灰。口微敛,方唇,平沿,弧腹斜下收至底,底近平。素面。口径11.5、腹径11.7、高6.2厘米(图4-149,15)。标本TN05E04④:1,泥质红陶,器表因烧制不均匀,呈现红、灰二色。敛口,尖圆唇,口沿不平,一高一低,腹微弧斜下收,平底微弧。素面。口径4.4、底径2.7、高3.2厘米(图4-149,16)。标本TN06W01③:7,夹砂红陶。圆唇,口微敛,弧腹斜内收至底,平底微内凹,中心突出。素面。口径10.2、底径6.2、高5.2厘米(图4-149,17)。标本TN05E02②:45,泥质红陶。直口,圆方唇,近斜直腹,平底。素面。口径4.2、底径3、高1.8~2.5厘米(图4-149,18)。标本TN06W01④:2,夹砂褐陶。侈口,圆唇,外壁微弧,斜下收至底,小圜底。素面。口径7.8、高4.4厘米(图4-149,19)。

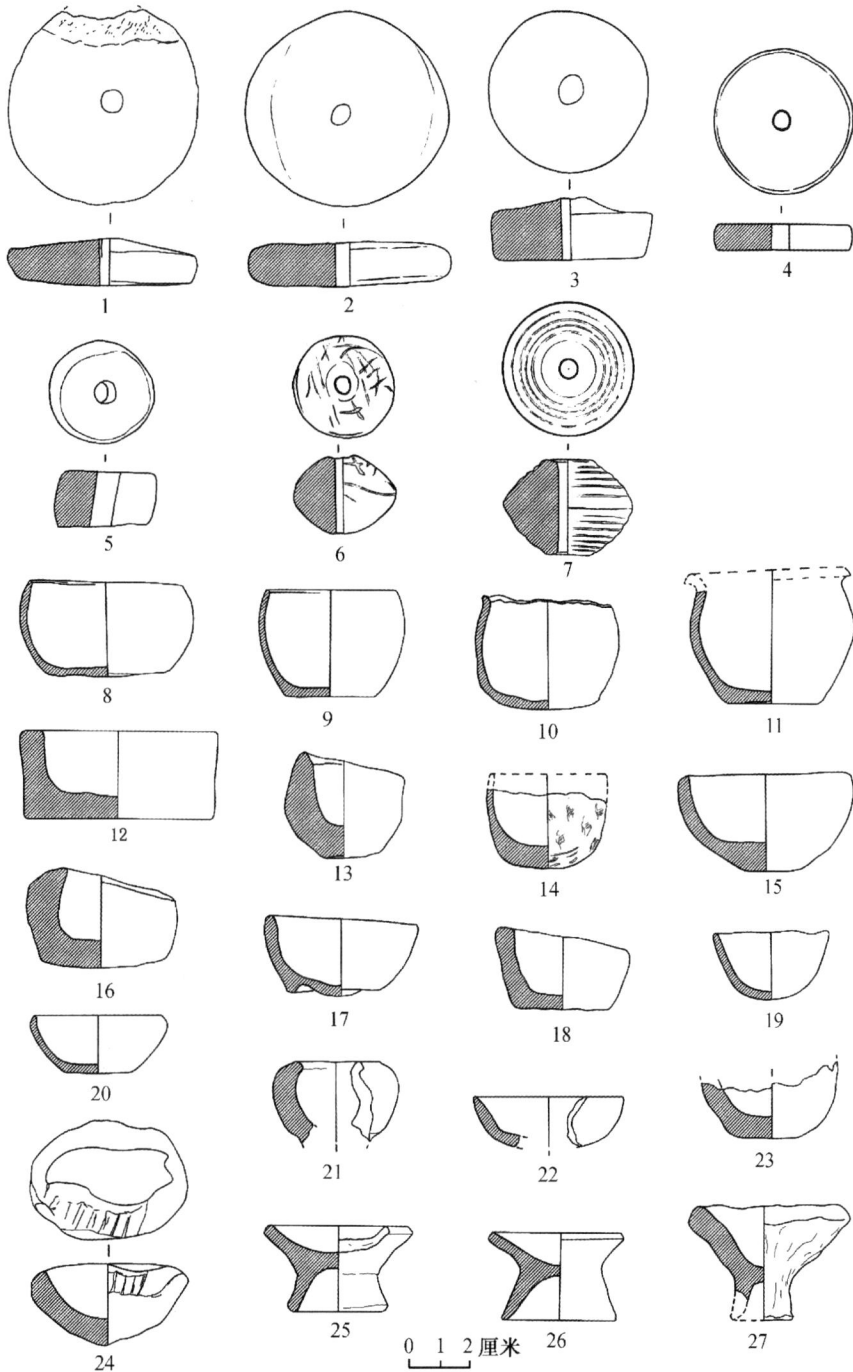

图 4-149 陶纺轮及小陶器

1—5. A 型陶纺轮（TN06W01①:3、TN06W01①:2、TN06W01③:3、TN06E03②:13、采集①:3）
6、7. B 型陶纺轮（TN08W05 西扩②:6、ZD:10） 8—24. 小陶钵（TN06E03③:6、TN06W03①:2、
TN06W06②B:1、TN05E03①:1、TN05E02②:44、TN08W05②B:7、TN06W01③:8、TN05E04④:4、
TN05E04④:1、TN06W01③:7、TN05E02②:45、TN06W01④:2、TN05E04②:2、TN05E03④:49、
TN06W06②B:165、TN05E03②:83、TN06E01②:7） 25—27. 小陶杯（TN06E03②:73、TN06E03
②:21、TN06W04②B:47）

标本 TN05E04②:2,夹砂红陶。敛口,尖唇,弧腹斜下收至底,平底。素面。口径9.1、底径 4.4、高3.7厘米(图4-149,20)。标本 TN05E03④:49,泥质灰陶。敛口,圆唇,沿下微凹,鼓 肩,弧腹斜下收。素面。口径4.6、残高5.2厘米(图4-149,21)。标本 TN06W06②B:165,夹 砂红陶。口微敛,尖圆唇,弧腹斜下收。素面。口径10、残高3.2厘米(图4-149,22)。标本 TN05E03②:83,夹砂红陶。腹上部及以上均残,腹下部弧形,斜下收至底,底微圜。素面。 底径4、残高4.8厘米(图4-149,23)。标本 TN06E01②:7,泥质褐陶。整体呈贝壳状,中间 空,近口沿部一侧有短竖浅凹痕。长5.2、宽3.8、厚2.6厘米(图4-149,24)。

小陶杯 3件。标本 TN06E03②:73,夹砂红陶。敞口,圆方唇,盘壁近斜直下收,内底 微圜,下接圈足,圈足下张呈微喇状,足沿圆方唇。素面。口径9.8、底径7.6、残高4.4厘米 (图4-149,25)。标本 TN06E03②:21,夹砂红陶。敞口,方圆唇,壁近斜直下收呈喇叭状,凹 圜底,底下有喇叭状圈足,圈足内有黑色燎烤痕迹,圈足边沿不规整,近方圆唇,整器有手制 痕迹。素面。口径9.1、底径7.6、高5.7厘米(图4-149,26)。标本 TN06W04②B:47,泥质 灰陶。圈足下张呈微喇状,足沿圆方唇,圈足上部承接器底,深圜底。素面。底径5.4、残高 3.7厘米(图4-149,27)。

二、石器

1. 石锛

共25件,根据有无段分为两型。

A 型,2件,有段。标本 TN06E03③:2,灰白色石质。平面呈长方形,一面平,一面上部有 段,平刃,单面刃,通体磨光,纵截面略呈刀形。长12.9、宽4.8、厚1.8厘米(图4-150,1)。 标本 TN06E01③:1,灰白色石质。平面呈长方形,一面平,一面上部有段,平刃,单面刃,通体 磨光。长6.6、宽4.1、厚1.2厘米(图4-150,2)。

B 型,共23件,无段,根据整体形状分为两亚型。

Ba 型,10件,宽扁形。标本 TN06W06④C:4,灰褐色石料。呈长方形,上部窄,刃部宽, 双面刃,通体磨光。长6.6、宽4.4、厚2厘米(图4-150,3)。标本 TN06E01②:3,黑褐色石 质。平面略呈长方形,两面微弧,平刃,刃部有残断,单面刃,通体磨光,截面略呈梯形。长7、 宽3.1、厚0.9厘米(图4-150,4)。标本 ZD·C:4,灰白色石质。平面呈长方形,两面平,上 部有一道凹槽,平刃,单面刃,通体磨光,截面略呈梯形。长5、宽3.6、厚0.9厘米(图4-150, 5)。标本 TN06W01④:3,青灰色石料。宽体,一面微弧,一面平,刃部略宽,单面刃,通体磨 光。长5.5、宽3.9、厚1.8厘米(图4-150,6)。标本 TN06E01②:8,深灰色石质。平面略呈 梯形,两面平,刃部残断,单面刃,通体磨光。长9.3、宽4.8、厚2.8厘米(图4-150,7)。标本 TN06W04①:2,青灰色石料。近长方形,一面平,一面微弧,单面刃,通体磨光。长7.4、宽 3.4、厚2.0厘米(图4-150,8)。标本 TN06W01④:6,灰白色石质。平面略呈长方形,两面微 弧,刃部局部残断,单面刃,通体磨光,局部残断,截面呈梯形。长9、宽4.6、厚2.2厘米(图 4-150,9)。标本 TN06W01④:4,灰色石质。残断,平面略呈长方形,两面微弧,通体磨光,局 部残断,截面略呈椭圆形。残长8.3、宽4.3、厚2.4厘米(图4-150,10)。标本 TN06W04①:

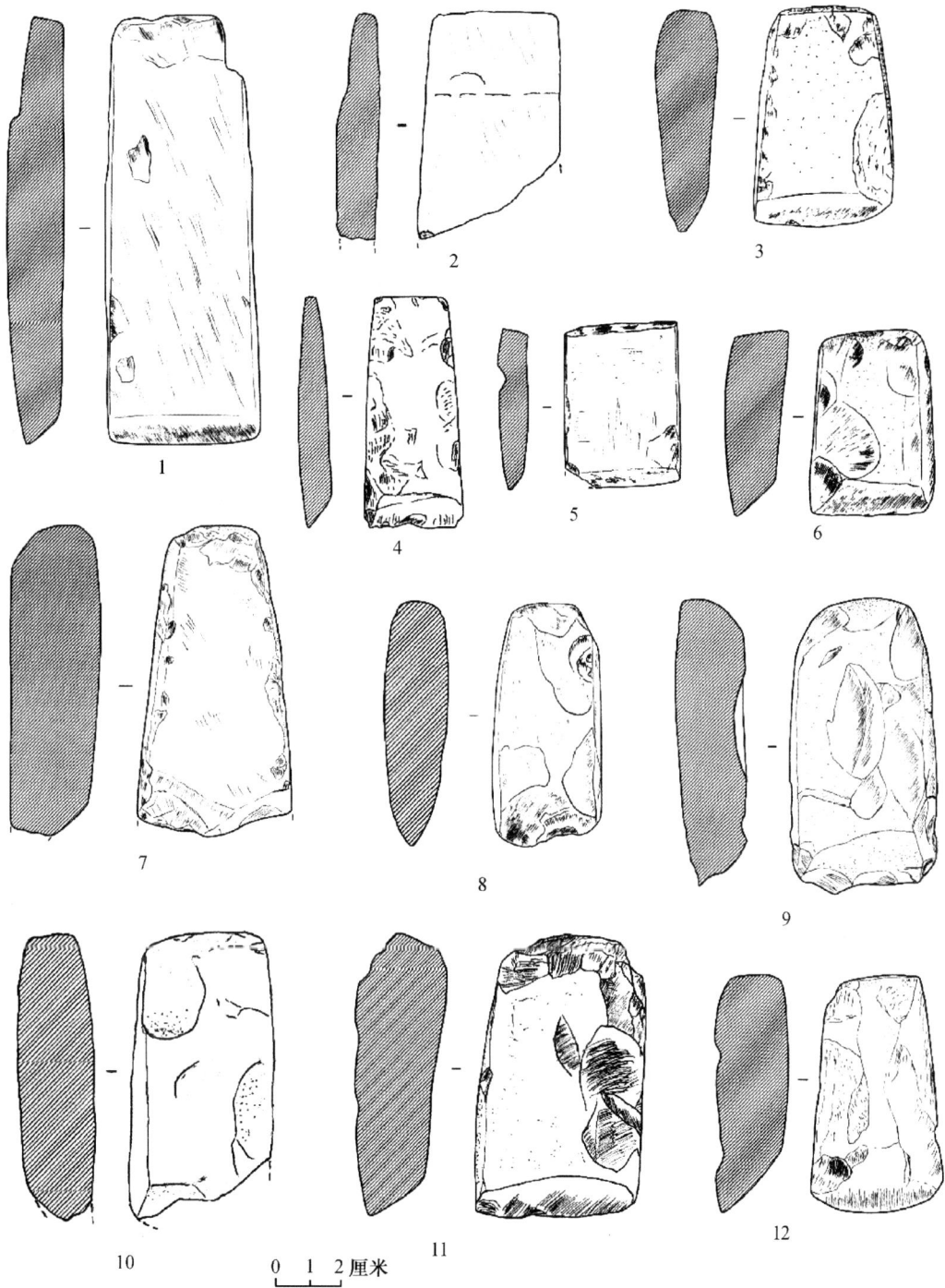

图 4-150 石锛（一）

1—2. A 型（TN06E03③:2、TN06E01③:1） 3—12. Ba 型（TN06W06④C:4、TN06E01②:3、ZD·
C:4、TN06W01④:3、TN06E01②:8、TN06W04①:2、TN06W01④:6、TN06W01④:4、TN06W04①:5、
TN06E01②:9）

5,青灰色石质。残断,平面略呈长方形,面部微内凹,背部微弧,刃部微弧,单面刃,通体磨光,截面略呈梯形。残长8.2、宽5、厚2.7厘米(图4-150,11)。标本TN06E01②:9,灰褐色石料。整体近长方形,上端略窄,刃部略宽,一面近平,一面微弧,单面刃,较平的一面有两横浅凹槽,整体磨光。长7.1、宽4.1、厚2.3厘米(图4-150,12)。

Bb型,13件,窄长条形。标本TN06E01②:8-2,黄褐色石质。平面呈长方形,两面平,平刃微弧,单面刃,截面呈梯形。长15.4、宽4.1、厚4厘米(图4-151,1)。TN06W01③:6,灰白色石质。残断,平面略呈长方形,四面平,通体磨光,截面呈长方形。残长11.2、宽3.5、厚2.8厘米(图4-151,2)。标本TN06W04②B:1,灰黄色石质。平面略呈长方形,有残断现象,一面内凹,一面弧形,单面刃,局部磨光。长9.3、宽4.8、厚2.8厘米(图4-151,3)。标本TN05E01采集:1,灰色砂石。上端部分残,刃部略宽,一面平,一面微弧,单面刃,有磨平。长

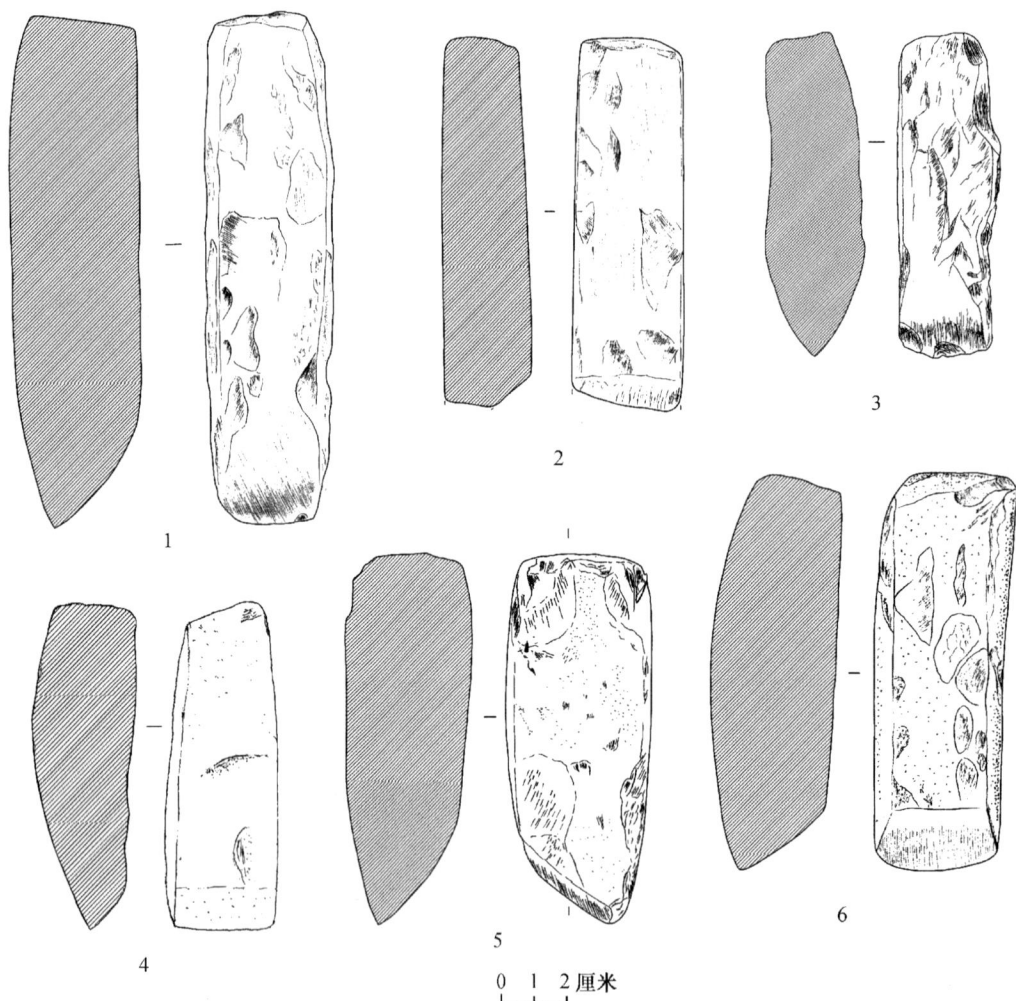

0　1　2厘米

图4-151　石锛(二)

1—6. Bb型(TN06E01②:8-2、TN06W01③:6、TN06W04②B:1、TN05E01采集:1、TN06E01②:11、TN07W02③B:2)

9.7、宽3.5、厚3.3厘米(图4-151,4)。标本TN06E01②:11,青灰色石料。整体呈长方形,体形较厚,刃部略收,两面近平,单面刃,有磨平。长11.1、宽4.5、厚3.9厘米(图4-151,5)。标本TN07W02③B:2,青灰色石料。整体呈长方形,一面平,一面微弧,单面刃,有磨平。长12、宽4、厚4.1厘米(图4-151,6)。标本TN05E03④:1,灰白色石质。近长方形,一面平,一面微弧,单面刃,通体磨光。长7.7、宽3.5、厚2.05厘米(图4-152,1)。标本TN06E01采集:1,青灰色石质。平面呈长方形,正面平,背微弧,弧刃,单面刃,截面呈梯形。长7.2、宽3.5、厚2.25厘米(图4-152,2)。标本TN05E01③:46,砺石部分残。余者近呈长方形,两面平,壁竖直。素面。残长7、宽3、厚2.4厘米(图4-152,3)。标本TN05E03④:3,灰白色石料。近长方形,一面微弧,一面平,单面刃,通体磨光。长5.4、宽2.3、厚1.7厘米(图4-152,4)。标本TN05W05②A:2,青灰色石质。平面呈不规则形,有残断现象,两面平,平刃,单面刃,通体磨光,截面略呈梯形。长7.3、宽2.8、厚2.6厘米(图4-152,5)。标本TN06E03②:7,青灰色石料。上端略窄,刃部略宽,一面近平,一面微弧,单面刃,有磨平。长7.1、宽2.9、厚2.5厘米(图4-152,6)。标本TN06E03②:19,青灰色相间石质。平面呈长方形,两面平,弧刃,单面刃,通体磨光,截面呈梯形。长8.4、宽3、厚3.1厘米(图4-152,7)。

2. 石刀

共34件,根据刃、背部情况分为两型。

A型,13件,直刃。标本采集:9,灰褐色石质。残断,平面略呈三角形,一面微弧,一面平,斜弧刃,单面直刃,上部穿孔,两面钻,未穿而断,通体磨光,截面略呈梯形。残长5.9、宽3.7、厚0.7厘米(图4-153,1)。标本TN05E04①:1,深褐色石质。残断,平面略呈半圆形,正面微弧,背面平,平刃,单面直刃,上部有一穿孔,两面钻,未穿而断,通体磨光,截面略呈梯形。残长11.3、宽5.15、厚1.01厘米(图4-153,2)。标本TN06E02①:2,青灰色石料。残,弧背,刃部近平,一面平,一面微弧,单面直刃,通体磨光。残长6.3、宽5.7、厚0.8厘米(图4-153,3)。标本TN05E03④:5,灰色石料。已残,整体近呈梯形,背微折,直刃,单面刃,通体磨光。残长6.6、宽5.8、厚1.0厘米(图4-153,4)。标本TN06W01④:9,紫红色石料,含细砂。已残,宽体,背微弧,直刃,双面刃,通体磨光,上残留一对钻孔。残长6.5、宽5.8、厚1.0厘米(图4-153,5)。标本TN06W01③:5,黑褐色石质。残断,平面略呈梯形,两面平,刃部微凹,单面刃,刃近直,刃部有一缺口,左侧有一残孔,通体磨光,截面呈梯形。残长7.4、宽4.6、厚0.95厘米(图4-153,6)。标本TN05E04④:6-2,灰褐色石料。整体近长方形,背部近平,刃部微弧,一面平,一面微弧,单面平刃。残长6.4、宽5、厚1.0厘米(图4-153,7)。标本TN06W05①:3,灰褐色石料。残,余部形状不规则,残留刃部近平,单面平刃。残长6.4、残宽6.9、厚1.05厘米(图4-153,8)。标本TN06W02②:1,青灰色石质。平面略呈梯形,两面平,两侧及下部都有刃,下部近直刃微凹,单面刃,上部有两穿孔,两面钻,未穿而断。长9.3、宽3.6、厚0.5厘米(图4-154,1)。标本TN06W05①:2,深灰色石质。平面呈方形,两面平,直刃,单面刃,截面略呈梯形。长4.75、宽4.3、厚0.8厘米(图4-154,2)。标本TN06W01④:7,深灰色石质。残断,平面略呈长方形,两面平,刃部微弧,单面刃,右侧有一残孔,面部有一块残断,通体磨光,横截面略呈刀形。残长8.9、宽5.6、厚0.9厘米(图4-154,3)。标本

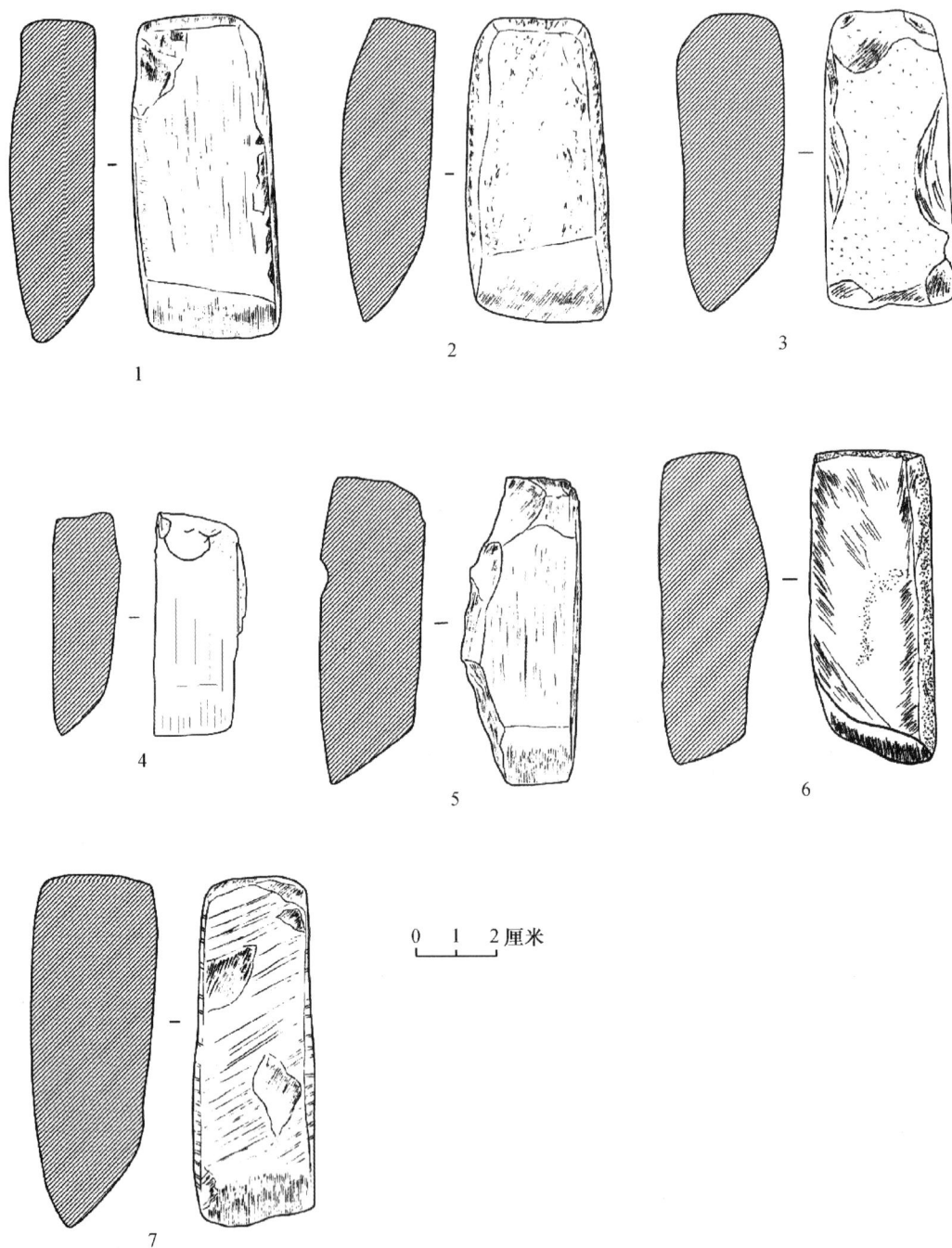

图 4-152　石锛（三）

1—7. Bb 型（TN05E03④:1、TN06E01 采集:1、TN05E01③:46、TN05E03④:3、TN05W05②A:2、TN06E03②:7、TN06E03②:19）

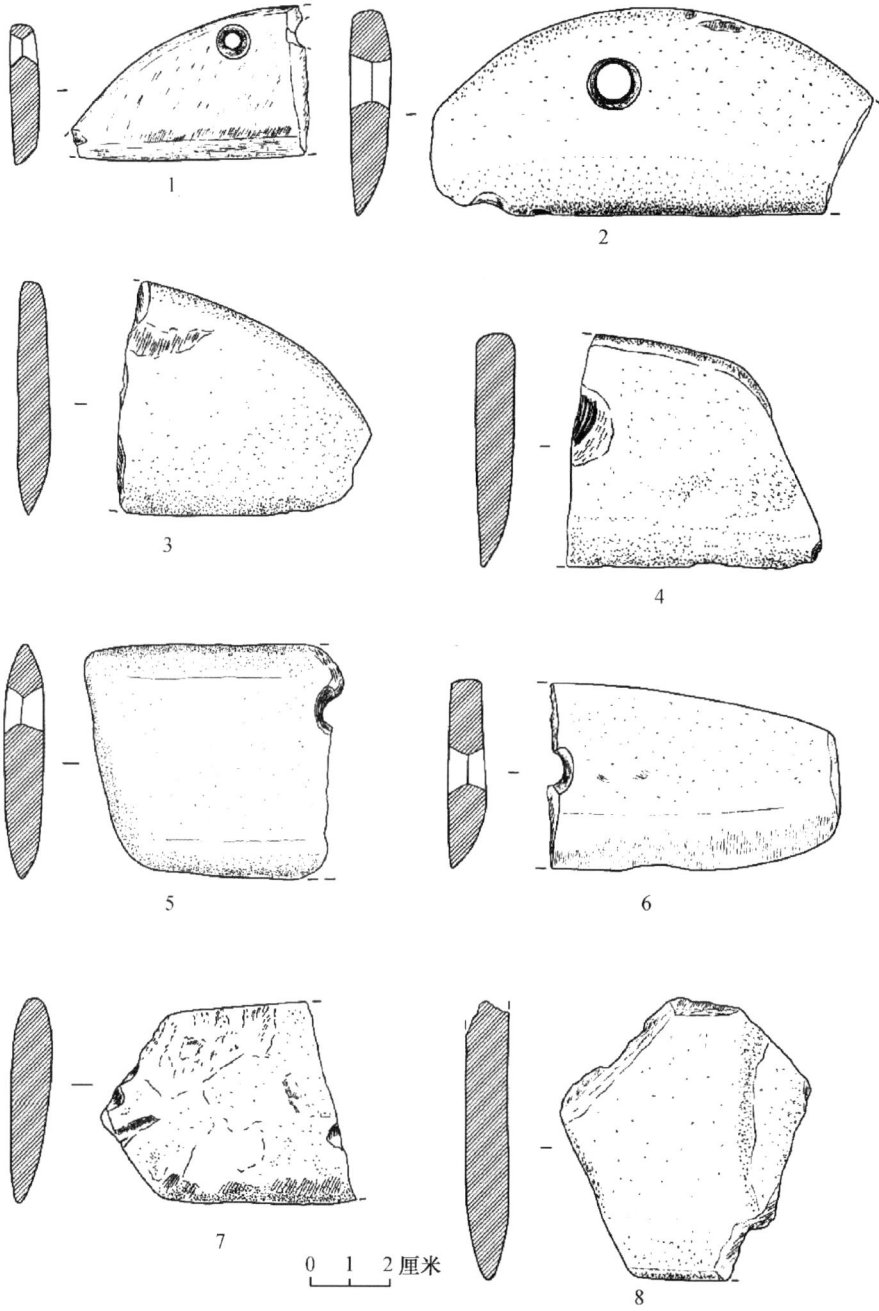

图 4-153　石刀（一）

1—8. A 型（采集:9、TN05E04①:1、TN06E02①:2、T、N05E03④:5、TN06W01④:9、TN06W01③:
5、TN05E04④:6-2、TN06W05①:3）

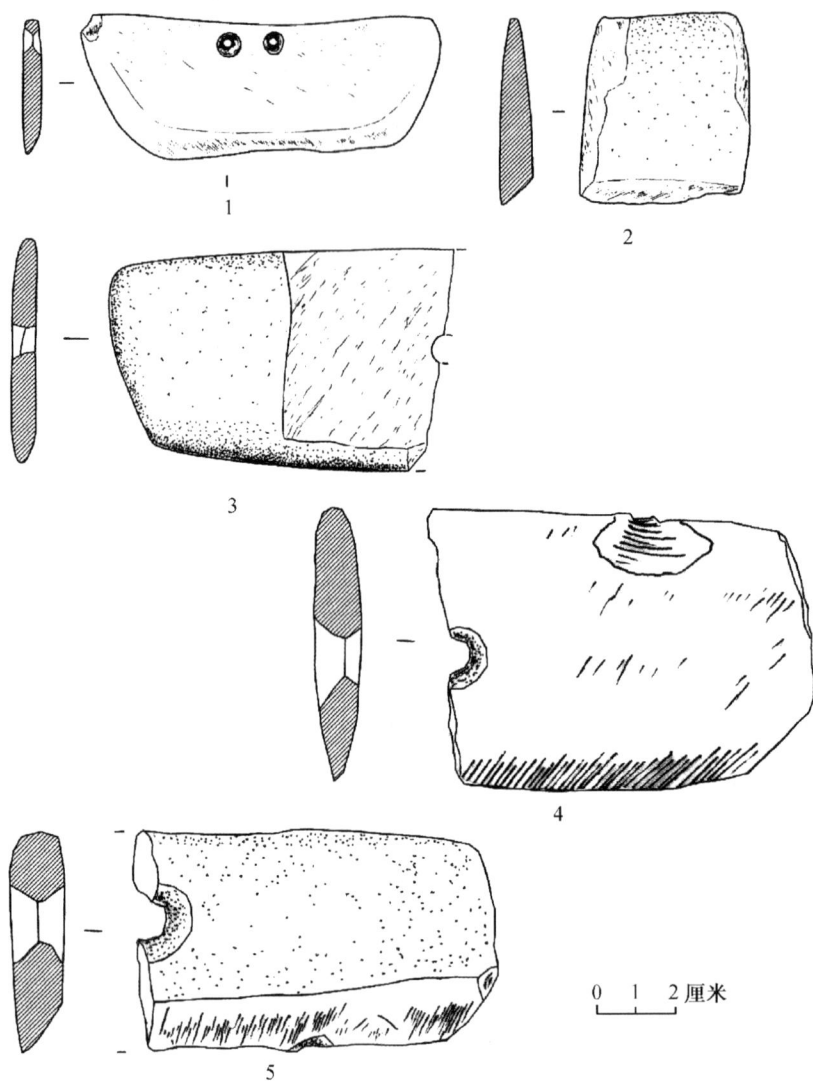

图 4-154 石刀（二）

1—5. A 型（TN06W02②:1、TN06W05①:2、TN06W01④:7、TN06W06④:6、TN06W06④:7）

TN06W06④:6，石质，灰色，磨光。整体略呈长方形，残半，孔对钻。残长6.6、宽4.7、厚0.75厘米（图4-154,4）。标本TN06W06④:7，石质，有灰、褐二色，磨光。整体略呈长方形，残半，孔对钻。残长7.4、宽4.4、厚1.1厘米（图4-154,5）。

B型，共21件，弧刃。根据背部不同分为两个亚型。

Ba型，11件，直背。标本TN06E03②:3-1，黑灰色石质。整体呈长条形，两面平，斜弧刃，单面刃，中部穿两孔，两面对钻，通体磨光，截面略呈梯形。长15.7、宽5.3、厚1厘米（图4-155,1）。标本TN06W04②B:7，两边残，整体呈正方形，背部近平，单面刃，刃部微弧，上有一个对钻穿孔。残长3.5、宽3.4、厚0.6厘米（图4-155,2）。标本TN06W05①:5，灰白色石料。整体近呈倒三角形，背部近直微内弧，刃部向外凸弧，背部略薄，两面微弧，双面刃，上有一圆形穿孔,通体磨光。长 11.2、宽 4.3、厚 0.5 厘米(图 4-155,3)。标本 TN08W05②B:4,灰褐色石质。残断,平面略呈扇形,两面平,斜弧刃,单面刃,刃部磨光,截面呈梯形。残长 6.9、宽 5.4、厚 1 厘米(图 4-155,4)。标本 TN06E01②:5,黑褐色石质。残断,平面略呈方形,正面弧形,背面平,右侧有一残孔,弧刃,单面刃,通体磨光,截面呈倒三角形。残长 6.2、宽 5.3、厚 1 厘米(图 4-155,5)。标本 TN07W03②B:21,石质,深灰色,磨光。整体略呈长方形,残,孔对钻。素面。残长 8.8、宽 5.5、厚 0.4～0.5 厘米(图 4-155,6)。标本 TN05E03④:4,黑灰色石料。已残,整体近呈长方形,刃部及背部微弧,单面刃,通体磨光,上残留一个对钻的孔。残长 7.6、宽 5.4、厚 1.0 厘米(图 4-155,7)。标本 TN06E03④:4,灰褐色石料。残,背部近直,刃部微斜弧,两面近平,单面刃,上有一对钻的穿孔。残长 6.2、宽 5、厚 0.6 厘米(图 4-155,8)。标本 TN06E03②:3-2,灰色石质,残,整体呈梯形,两面近平,单面刃,弧刃,有一个对钻穿孔。残长 5.9、宽 5.3、厚 1.0 厘米(图 4-155,9)。标本 TN06E03④:7,紫褐色砂石。残,直背。刃部微斜弧,一面平,一面微弧,单面刃,通体磨光。残长 4.5、宽 5.4、厚 1 厘米(图 4-155,10)。标本 TN05E04④:6-1,青灰色石料。整体近长方形,背部近平,刃部微弧,一面平,一面微弧,单面刃,上残有两个对钻的孔,通体磨光。残长 5.1、宽 3.4、厚 0.55 厘米(图 4-155,11)。

Bb 型,10 件,弧背。标本 TN05E04②:5-2,灰褐色石质。残断,平面呈圆角梯形,两面平,右侧有一残孔,弧刃,单面刃,截面呈倒三角形。残长 4.3、宽 4.3、厚 1.1 厘米(图 4-156,1)。标本 TN05E04①:6,黄褐色石质。残断,平面略呈梯形,两面平,弧刃,单面刃,截面呈梯形。残长 5.8、宽 5.6、厚 0.6 厘米(图 4-156,2)。标本采集:2,紫褐色石质。残断,平面略呈三角形,一面微弧,一面平,斜弧刃,单面刃,中上部穿孔,两面钻,未穿而断,通体磨光,截面略呈倒三角形。残长 8、宽 5.6、厚 1.2 厘米(图 4-156,3)。标本 TN05E04②:5-1,灰褐色石质。残断,平面呈圆角梯形,两面平,左侧有一残孔,弧刃,单面刃,截面呈梯形。残长 6.1、宽 5.4、厚 0.6 厘米(图 4-156,4)。标本 TN06W02②:4,深灰色石质。残断,两面平,弧刃,单面刃,刃部有一残缺,通体磨光,截面呈梯形。残长 6.6、残宽 4.8、厚 1 厘米(图 4-156,5)。标本 TN06E03②:3,灰褐色砂石。残,背近平,刃微弧,一面平,一面微弧,单面刃,上有一对钻穿孔,通体磨光。残长 8.7、宽 4.8、厚 0.8 厘米(图 4-156,6)。标本 TN05E04①:5,黄褐色石质。残断,平面略呈梯形,两面微弧,弧刃,双面刃,左侧有一残孔,截面呈楔形。残长 8.4、宽 5.7、厚 1 厘米(图 4-156,7)。标本 TN07W03②B:18,石质,灰色,磨光。整体略呈长方形,残半,孔对钻。素面。残长 5.3、宽 5、厚 0.9～1 厘米(图 4-156,8)。标本 TN05E03③:2,深灰色石料。已残,整体近呈长方形,背部微弧,弧刃,单面刃,通体磨光,上残留一个对钻的孔。残长 9.2、宽 4.5、厚 0.6 厘米(图 4-156,9)。标本 TN06W01④:5,深灰色石料。已残,整体呈长条形,刃部及背部微弧,单面刃,通体磨光,上残留两个对钻的孔。残长 7.1、宽 3.9、厚 0.55 厘米(图 4-156,10)。

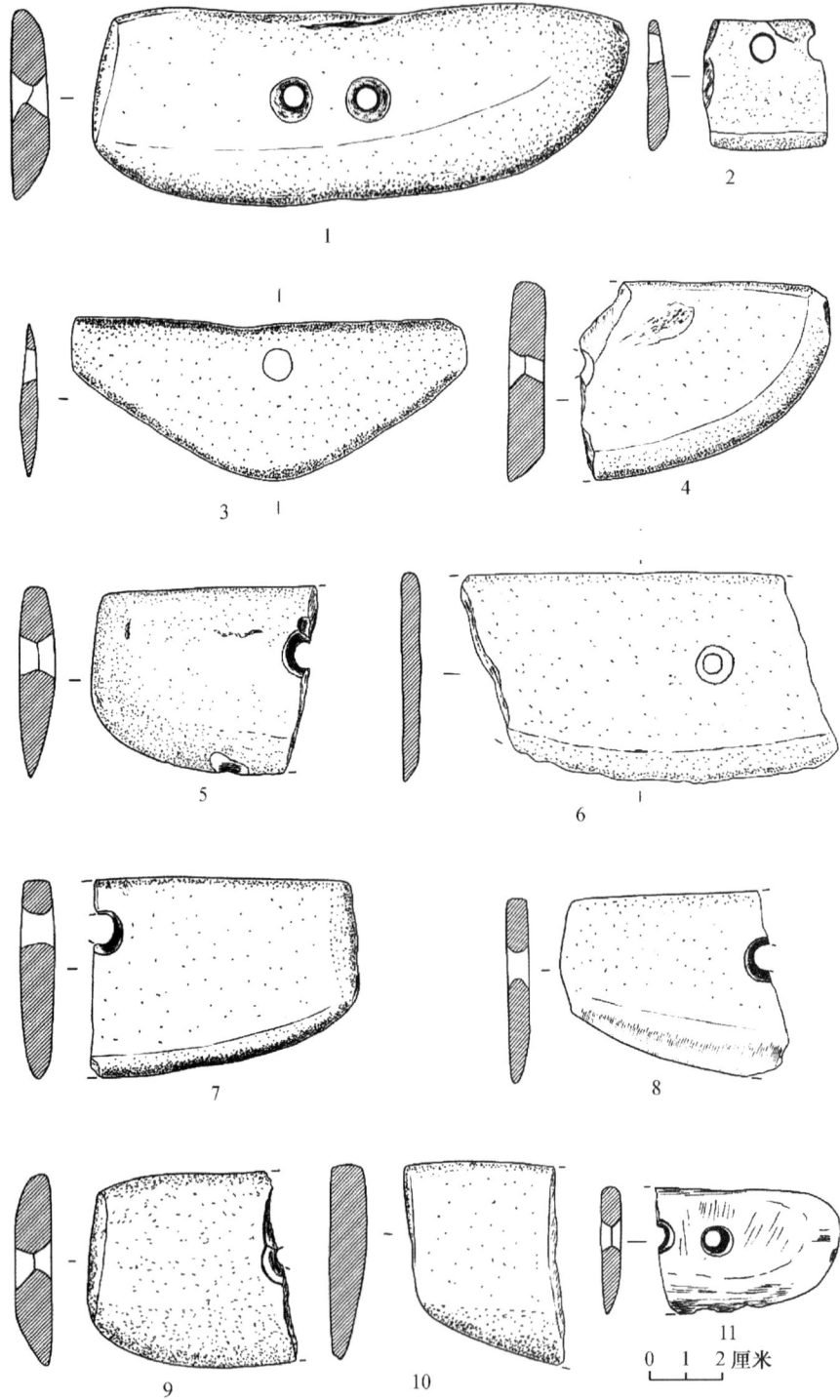

图 4-155　石刀（三）

1—11. Ba 型（TN06E03②:3-1、TN06W04②B:7、TN06W05①:5、TN08W05②B:4、TN06E01②:5、
TN07W03②B:21、TN05E03④:4、TN06E03④:4、TN06E03②:3-2、TN06E03④:7、TN05E04④:6-1）

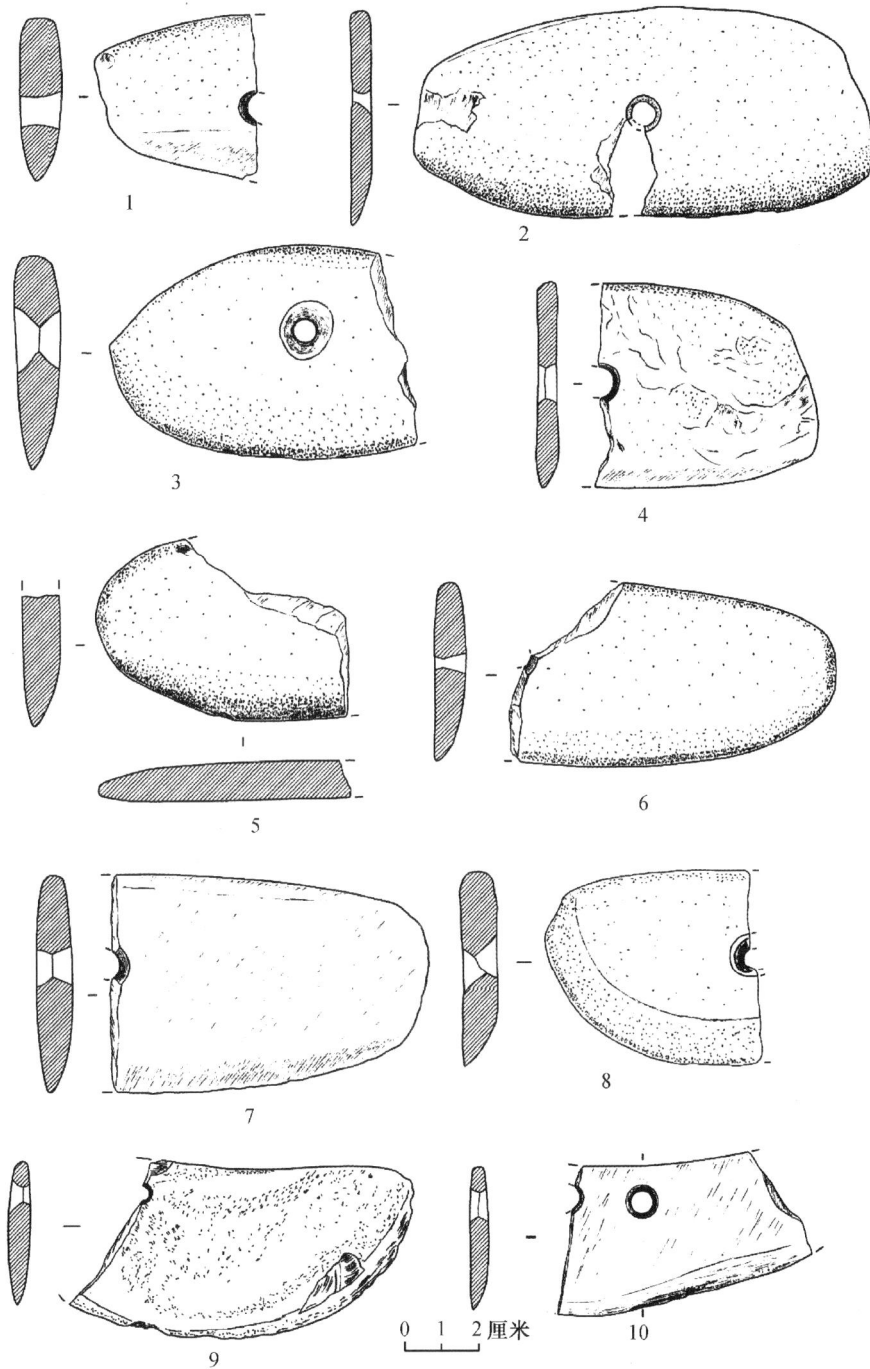

图 4-156　石刀（四）

1—10. Bb 型（TN05E04②:5-2、TN05E04①:6、采集:2、TN05E04②:5-1、TN06W02②:4、TN06E03
②:3、TN05E04①:5、TN07W03②B:18、TN05E03③:2、TN06W01④:5）

3. 石铲

共 12 件,根据有无肩分为两型。

A 型,共 4 件,有肩。

完整器,3 件。标本 TN06E02②:5,灰褐色石质。肩部不太明显,上部窄,下部宽,正面弧形,背面平,弧刃,双面刃。长 13.6、宽 9.7、厚 2.5 厘米(图 4-157,1)。标本 TN05E03②:7,灰白色石质。上部较窄,刃部较宽,肩部较明显,刃部弧形,双面刃,通体磨光,局部残断,截面略呈楔形。长 12、宽 7.3、厚 2.6 厘米(图 4-157,2)。标本 TN05E04①:3,黑灰色石质。肩部较明显,两面平,弧刃,单面刃,通体磨光,截面呈楔形。长 6.6、宽 7.8、厚 0.8 厘米(图4-157,3)。

残器,1 件。标本 TN06E03④:9,灰褐色石料。残,整体近呈长方形,一面平,一面微弧,两边较薄,有磨平。残长 8.4、宽 7.5、厚 1.3 厘米(图 4-157,4)。

B 型,共 8 件,无肩。

完整器,5 件。标本 TN06E01②:8-①采集,灰褐色石质。肩部不太明显,上部窄,下部宽,两面平,弧刃,双面刃。长 12.4、宽 6.6、厚 2.2 厘米(图 4-157,5)。标本 TN06W02②:3,灰黄色石质。平面略呈长方形,两面平,弧刃,双面刃,截面呈楔形。长 12.4、宽 7.1、厚 1.5 厘米(图 4-157,6)。标本 TN06W01①:1,深灰色石质。形体较长,双肩不太明显,上部窄,刃部略宽,呈弧形,双面刃,通体磨光。长 20.4、宽 8.6、厚 2.9 厘米(图 4-157,7)。标本 TN06E01②:1,黑灰色石料。上端残,刃部较宽,两面微弧,双面刃,有磨平。残长 7.9、宽 5.5、厚 1.7 厘米(图 4-157,8)。标本 TN06W04①:4,深灰色石质。上端略窄,刃部较宽,一面微内凹,一面弧形,单面刃。残长 10.8、宽 6.7、厚 3.8 厘米(图 4-157,9)。

残器,3 件。标本 TN06W01④:8,紫褐色砂岩。呈舌形,体扁平,通体磨光,弧刃,双面刃。残长 7.1、宽 8.1、厚 1.6 厘米(图 4-157,10)。标本 TN06E02②:3,青灰色石质。平面呈梯形,两面微弧,有残断现象,刃部近平,双面刃。长 9.2、宽 6.1、厚 1.5 厘米(图 4-157,11)。标本 TN06W02②:2,黑褐色石质。平面略呈圆角梯形,正面微弧,背面平,上部有一残缺,弧刃,双面刃,截面呈楔形。长 12.1、宽 16.7、厚 1.9 厘米(图 4-157,12)。

4. 石镰、石斧、石钺及石杵

石镰 5 件。标本 TN06W05①:4,灰白色石料。整体呈长方形,刃部及背部微弧,两面微弧形下收,双面刃,有磨平。长 13.3、宽 4.6、厚 1.4 厘米(图 4-158,1)。标本 ZD·C:7,青灰色石质。残断,平面呈不规则形,弧刃,单面刃,下部有一残孔,通体磨光。残长 9.8、宽 4.9、厚 1.1 厘米(图 4-158,2)。标本 TN06W04②B:2,黄灰色石质。残断,两面微弧,刃部微内凹,双面刃,截面呈椭圆形,上下两头较尖。残长 14.8、宽 4.7、厚 1 厘米(图 4-158,3)。标本 TN06W01③:4,青灰色石质。残断,两面微弧,刃部内凹,双面刃,通体磨光,截面呈椭圆形,上下两头较尖。长 11.1、宽 5.4、厚 1.5 厘米(图 4-158,4)。标本 TN06W06④:4,石质,灰色,磨光。整体略呈长方形,部分残。残长 10.2、宽 6.6、厚 1.2 厘米(图 4-158,5)。

石斧 共 3 件。

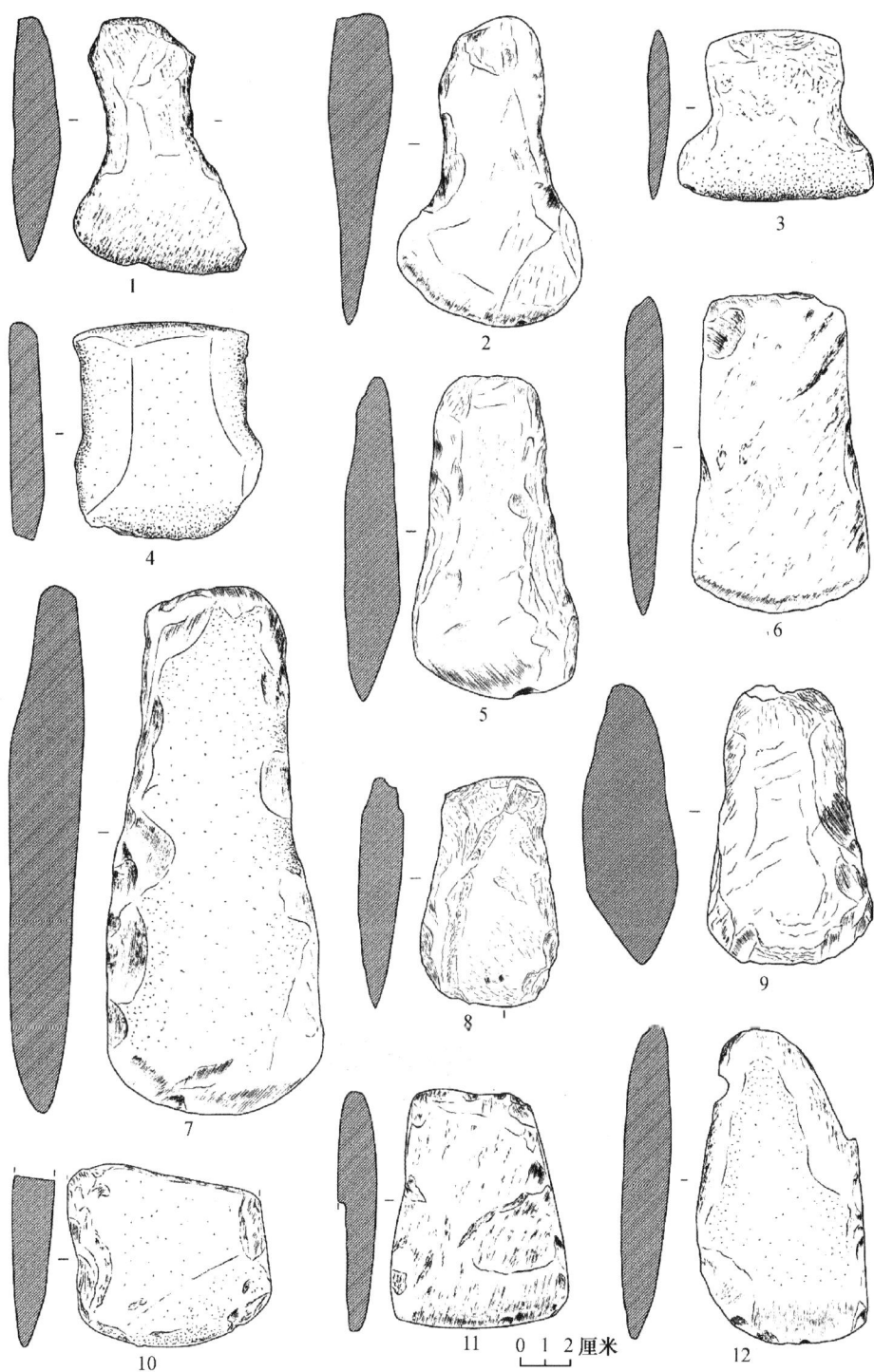

图 4-157　石铲

1—4. A 型 (TN06E02②:5、TN05E03②:7、TN05E04①:3、TN06E03④:9)　5—12. B 型 (TN06E01②:8-①采集、TN06W02②:3、TN06W01①:1、TN06E01②:1、TN06W04①:4、TN06W01④:8、TN06E02②:3、TN06W02②:2)

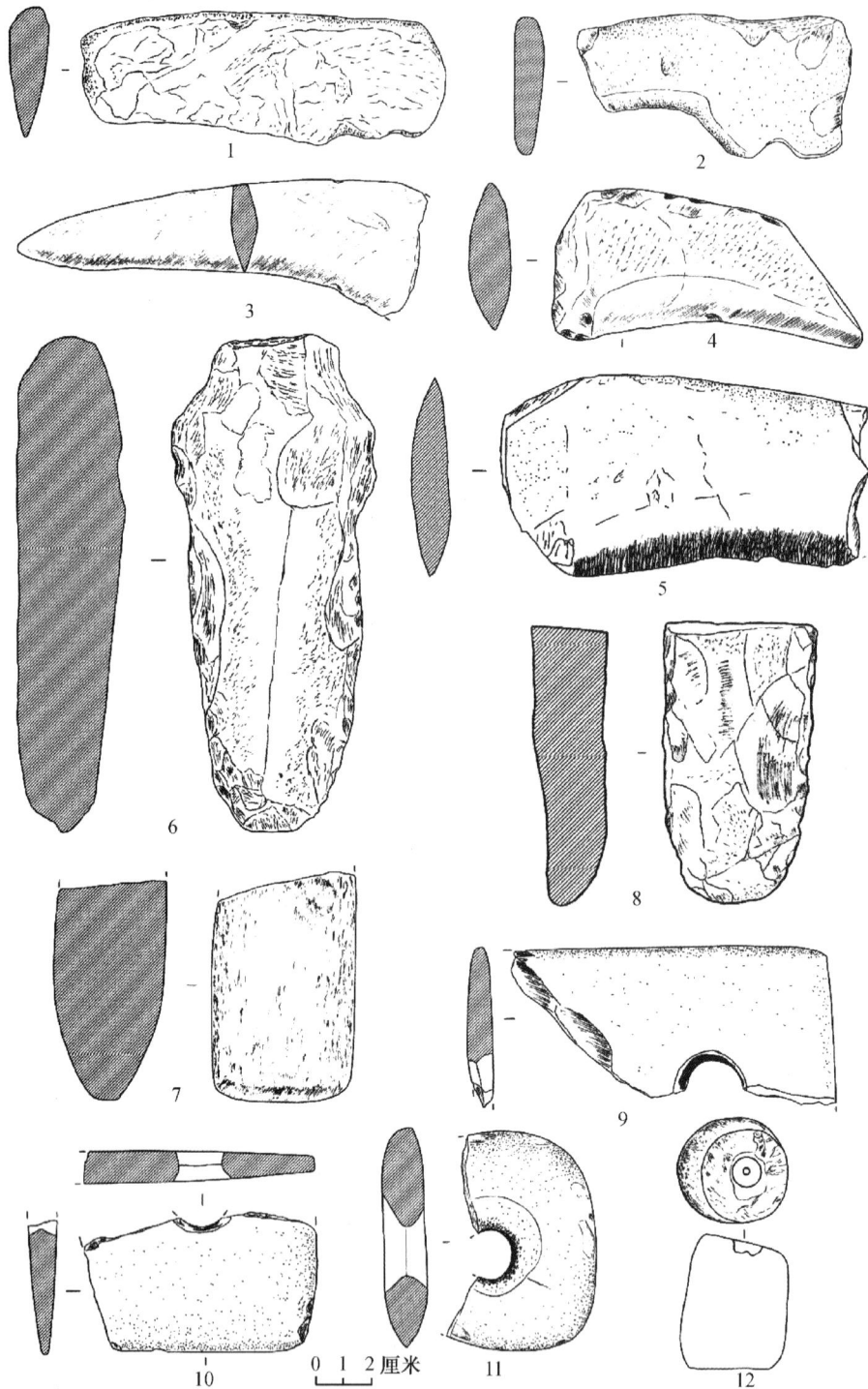

图 4-158 石镰、石斧、石钺及石杵

1—5. 石镰（TN06W05①:4、ZD·C:7、TN06W04②B:2、TN06W01③:4、TN06W06④:4）6—8. 石斧（TN06E01②:6、TN06E02②:4、TN06W01④:12） 9—11. 石钺（采集:12、TN06W01②:4、TN06E02②:2） 12. 石杵（TN08W05②B:12）

完整器,1 件。标本 TN06E01②:6,红褐色石质。整体呈长条形,有残断现象,截面略呈圆柱形。长 17.4、宽 7.4、厚 3.9 厘米(图 4-158,6)。

残器,2 件。标本 TN06E02②:4,青灰色石质。残断,平面呈长方形,两面微弧,平刃微弧,双面刃,刃部磨光,截面呈倒三角形。残长 8.1、宽 5.3、厚 4 厘米(图 4-158,7)。标本 TN06W01④:12,青灰色石质。两面弧形,凹凸不平,顶部残断,刃部微弧,两面刃,一侧稍薄,一侧稍厚。残长 9.4、宽 5.3、厚 2.7 厘米(图 4-158,8)。

石钺　3 件。标本采集:12,青绿色石质。残断,平面呈梯形,背部微弧,下部有一残孔,通体磨光,截面呈长条形,下部较尖。残长 11.5、残宽 5.6、厚 0.9 厘米(图 4-158,9)。标本 TN06W01②:4,灰白色石质。残断,平面略呈长方形,两面平,平刃,双面刃,上部有一残孔,截面呈倒三角形。残长 8.4、残宽 4.8、厚 1.1 厘米(图 4-158,10)。标本 TN06E02②:2,灰白色石料。残,整体呈圆角方形,刃部微弧,中部有一对钻的孔,整体磨光。残径 5.5~7.7、孔径 1.6~3.4、厚 1.6 厘米(图 4-158,11)。

石杵　1 件。标本 TN08W05②B:12,黑灰色石质。整体呈圆柱形,上有一圆圈内凹,内有一圆点凸起,通体磨光。直径 3.8~4、高 4.8 厘米(图 4-158,12)。

5. 石镞、石饼及石纺轮

石镞　共 4 件,根据有无铤分为两型。

A 型,2 件,有铤。标本 ZD·C:5,深灰色石质。残断,双翼,中有脊,双面刃,扁形铤。残长 7.4、宽 2.7、厚 0.9 厘米(图 4-159,1)。标本 TN05E03④:2,青灰色石质。双翼,翼较窄,中有脊,圆形铤,双面刃,截面呈菱形。残长 7、宽 1.7、厚 0.7 厘米(图 4-159,2)。

B 型,2 件,无铤。标本 TN06W01④:1,灰白色石质。残缺,尖角长方形,横截面略呈梯形。残长 7.3、宽 2.8、厚 0.45 厘米(图 4-159,3)。标本 ZD·C:6,灰色石质。残断,平面呈三角形,两面平,双翼,双面刃,刃部磨光。残长 4.6、宽 2.7、厚 0.3 厘米(图 4-159,4)。

石饼　2 件。标本 TN07W05①:1,灰褐色石料。呈圆形,两面工整,横断面近呈圆角方形,通体磨光。直径 6.2~5.8、厚 0.85 厘米(图 4-159,5)。标本 TN05E01③:1,灰黄色石质。平面呈圆形,两面平整,边缘圆弧。直径 6.2、厚 1.1 厘米(图 4-159,6)。

石纺轮　3 件。标本 TN05E04④:2,灰褐色石质。略残,两面平整,中部穿孔,两面钻,未穿而断,边缘圆弧。直径 5.4、厚 0.9~1 厘米(图 4-159,7)。标本 TN06E02①:1,浅灰褐色石质。残半,一面平,一面微弧,边缘略薄,中间略厚,中部有一对钻形成的圆形穿孔,边缘圆弧。直径 6.4、厚 0.8 厘米(图 4-159,8)。标本 TN06E03③:3,灰褐色石质。略残,两面平整,中部有一对钻形成的圆形穿孔,边缘圆弧。直径 4.4、厚 0.8 厘米(图 4-159,9)。

6. 砺石

3 件。标本 TN06W06④C:1,黄褐色石质。平面略呈长方形,中部内凹,一面微弧,一面内凹。长 15.1、宽 7.2、厚 2.2~4.2 厘米(图 4-160,1)。标本 TN06E03②:4,青灰色石料。残,余部近呈梯形,两面近平,横断面近呈长方形。残长 30、残宽 20、厚 4.6 厘米(图 4-160,2)。标本 TN05E04①:7,黄褐色石质。残断,平面呈不规则形,两面平,截面略呈平行四边形。残长 12.9、宽 6.8、厚 1.8 厘米(图 4-160,3)。

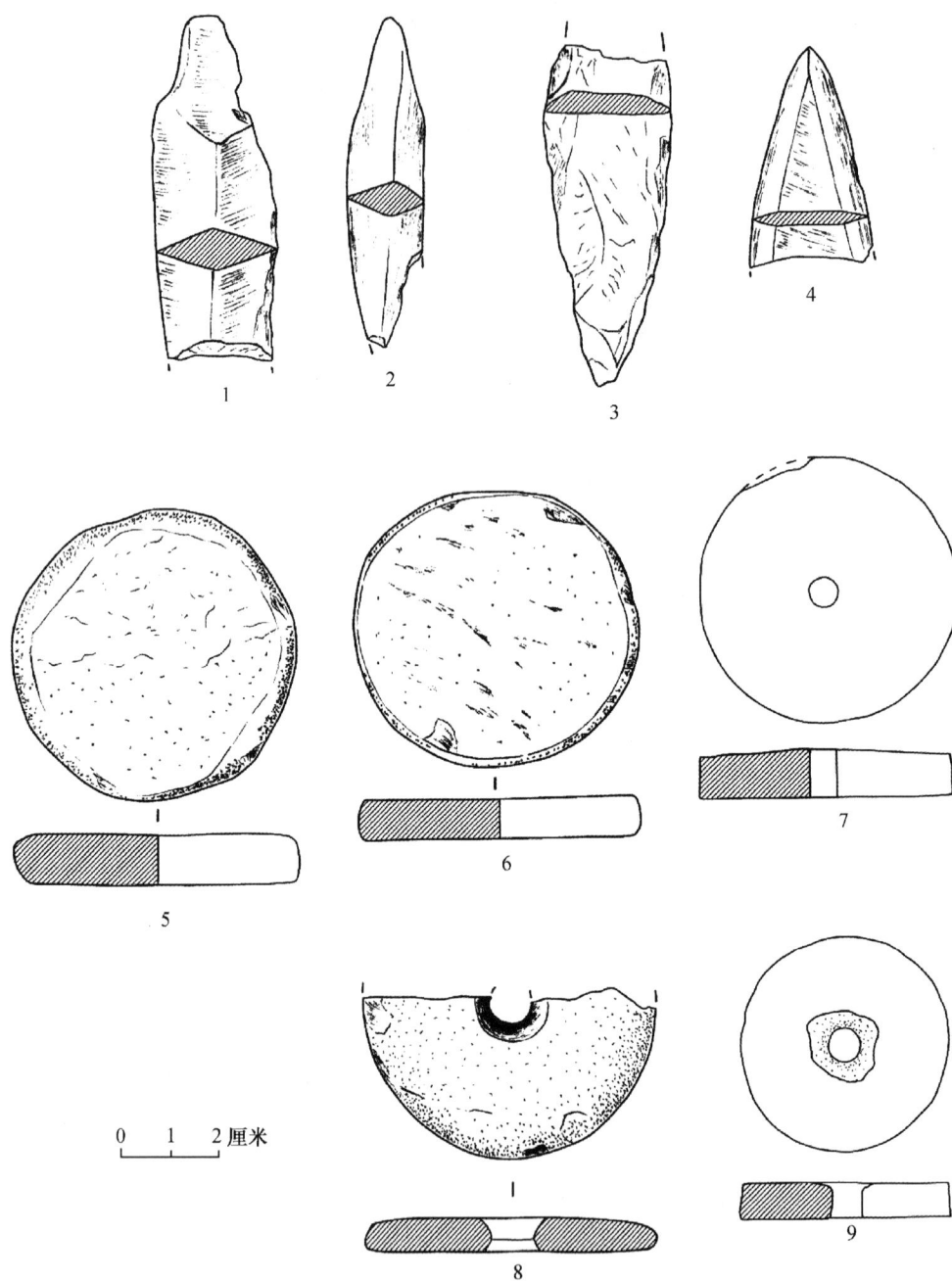

图 4-159　石镞、石饼及石纺轮

1、2. A 型石镞(ZD·C:5、TN05E03④:2) 3、4. B 型石镞(TN06W01④:1、ZD·C:6) 5、6. 石饼
(TN07W05①:1、TN05E01③:1) 7—9. 石纺轮(TN05E04④:2、TN06E02①:1、TN06E03③:3)

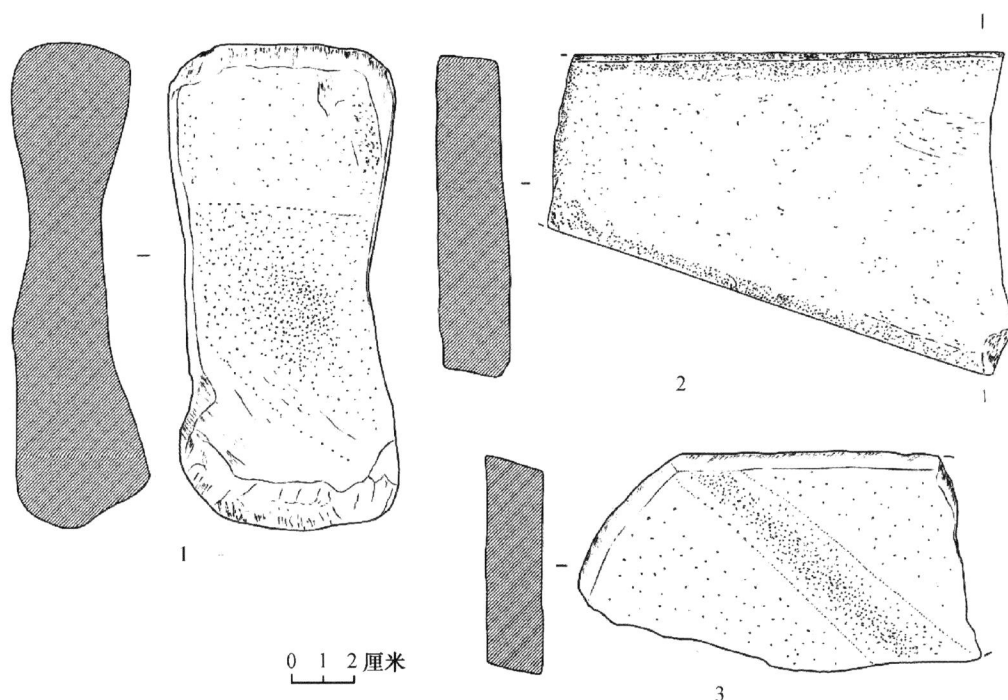

图4-160 砺石

1—3.（TN06W06④C：1、TN06E03②：4、TN05E04①：7）

7. 未加工完成器

6件。标本TN06E03④：5，灰褐色石料。未完工，上端较宽，刃部略宽，一面平，一面微内弧，有磨光。长9.2、宽6.2、厚2.01厘米（图4-161，1）。标本TN06E03②：1，白色石料。残，余部近呈三角形，一面近平，一面微弧，上有数道交错刻划纹。残长19.3、宽15.4、厚4.1厘米（图4-161，2）。标本TN06W05①：2，灰褐色石料。未加工完成的石锛，上端略窄，下端较宽，两面均平，上有对钻的孔，未穿透。长7.35、宽4.8、厚0.9厘米（图4-161，3）。标本TN08W05②B：5，灰白色石质。残断，平面呈长方形，两面平，弧刃，刃部微磨制完成，截面呈长方形。残长6.9、宽5.4、厚1厘米（图4-161，4）。标本TN07W03②B：23，未成形石刀。石质，灰色，磨光。整体略呈长方形，残半，未穿孔。素面。残长4.9、宽4、厚0.6～0.7厘米（图4-161，5）。标本TN07W04②：1，黑灰色石质。整体呈长条形，两面微弧，截面略呈梯形。长10.5、宽4.3、厚2.6厘米（图4-161，6）。

三、铜器

铜镞 共11件，根据有翼无翼分为两型。

A型，共10件，有翼，根据有无镂空下分两亚型。

Aa型，1件，有镂空。标本TN06W01②：1，绿色铜质。双翼，翼作镂空状，两边各有三孔，翼较宽，中有脊，出后锋，双面刃，方形铤。长8.9、宽5厘米（图4-162，1）。

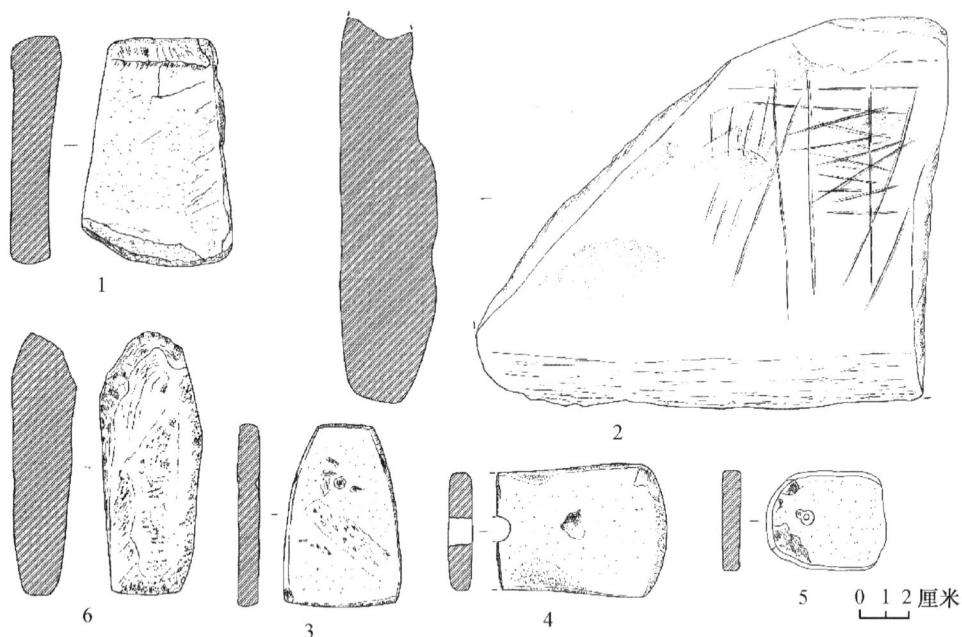

图 4-161　未加工完成器

1—6.（TN06E03④:5、TN06E03②:1、TN06W05①:2、TN08W05②B:5、TN07W03②
B:23、TN07W04②:1）

Ab 型,9 件,无镂空。标本 TN06E02④:3,绿色铜质。双翼,翼较窄,中有脊,出后锋,双面刃,圆形铤。残长 4.6、宽 2.5 厘米(图 4-162,2)。标本 TN06E03②:12,绿色铜质。双翼,翼较窄,中有脊,双面刃,长方形铤。长 3.5、宽 1.2 厘米(图 4-162,3)。标本 TN06E03②:5,绿色铜质。残,腐朽较为严重,有脊,铤近圆。残长 4.7、宽 1.6 厘米(图 4-162,4)。标本 TN06E03②:2,绿色铜质。双翼,中有脊,双面刃,圆形铤。残长 4.8、宽 1.8 厘米(图 4-162,5)。标本 TN07W02G1:1,铜质,绿色。残,有脊,近方铤。两翼有残。残长 4、残宽 1.5 厘米(图 4-162,6)。标本 TN06E02③:2,绿色铜质。双翼,翼窄,中有脊,双面刃,圆形铤。长 5.4、宽 1、厚 0.6 厘米(图 4-162,7)。标本 TN05E04②:1,绿色铜质。双翼,中有脊,出后锋,双面刃,刃与脊之间有血槽,扁柱形铤。残长 4、宽 1.5、厚 0.85 厘米(图 4-162,8)。标本 TN06E02④:2,绿色铜质。双翼,中有脊,出后锋,双面刃,刃与脊之间有血槽,圆形铤。残长 5.1、宽 2.4 厘米(图 4-162,9)。标本 TN06E03②:18,绿色铜质。残,有脊,出后锋,铤近梅花状。残长 3.6、宽 1.7 厘米(图 4-162,10)。

B 型,1 件,无翼。标本 TN07W03②B:1,绿色铜质。整体呈锥形。残长 1.5、厚 0.4 厘米(图 4-162,11)。

铜削　1 件。标本 TN06W06④C:1,绿色铜质。残断,一面弧形,一面平,双面刃。残长 3.7、宽 1.5、厚 0.5 厘米(图 4-162,12)。

铜足　1 件。标本 TN08W05②B:2,绿色铜质。扁柱形足,实心。残高 4.3 厘米(图 4-162,13)。

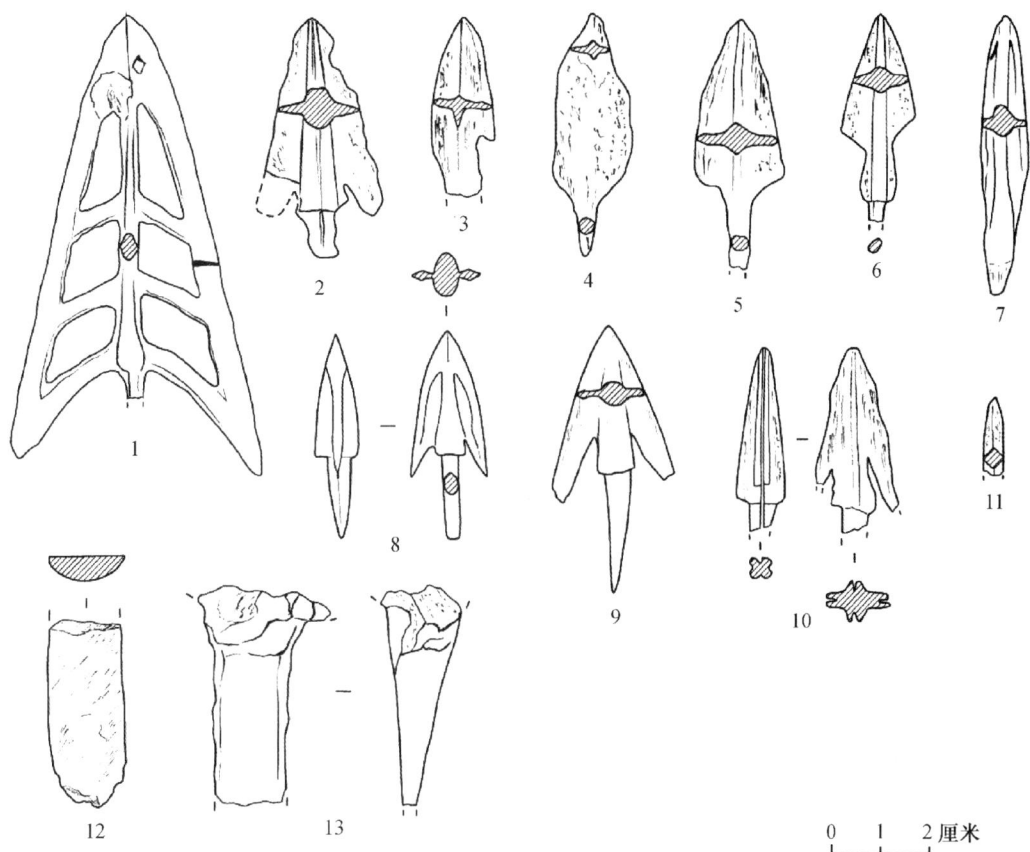

图 4-162　铜镞、铜削、铜足

1. Aa 型铜镞（TN06W01②:1） 2—10. Ab 型铜镞（TN06E02④:3、TN06E03②:12、TN06E03②:
5、TN06E03②:2、TN07W02G1:1、TN06E02③:2、TN05E04②:1、TN06E02④:2、TN06E03②:18）
11. B 型（TN07W03②B:1） 12. 铜削（TN06W04④C:1） 13. 铜足（TN08W05②B:2）

四、骨角标本

鹿角　2 件。标本 TN05E03②:4，右侧鹿角，自然脱落。残长 24.7 厘米（图 4-163，3）。标本 TN05E04②:2，鹿角。残长 15.9 厘米（图 4-163，4）。

牙齿　3 件。标本 TN06W04②B:10-2，牛科动物，游离齿，右上颌 M^3。残长 4.7、宽 3.0、厚 2.3 厘米（图 4-163，5）。标本 TN06E02②:1，兽牙。残长 5.9、宽 1.8 厘米（图 4-163，6）。标本 TN05E02④:1，牙齿。残长 3.3、宽 1.9 厘米（图 4-163，7）。

骨器　3 件。标本 TN07W02③B:1，鹿角器，中型鹿鹿角制成，圆锥体略弯曲，出叉处残，根部有一对钻圆形穿孔，表面经磨制较为光滑。残长 12.4、宽 2.4、厚 1.5 厘米（图 4-163，1）。标本 TN06W04②:2-2，用鹿角制成，形态似骨匕。长 6.8、宽 1.4、厚 0.8 厘米（图 4-163，2）。标本 TN06E02②:9，肩胛骨，呈扇形，牛的左肩胛骨制成，肩胛冈和远端有明显的磨制痕迹。长 22.7、残宽 7.9 厘米（图 4-164，6）。

骨骼　9 件。标本 TN06E03 采集:11-2，麋鹿右肱骨远端。残长 13.2、宽 7.5 厘米

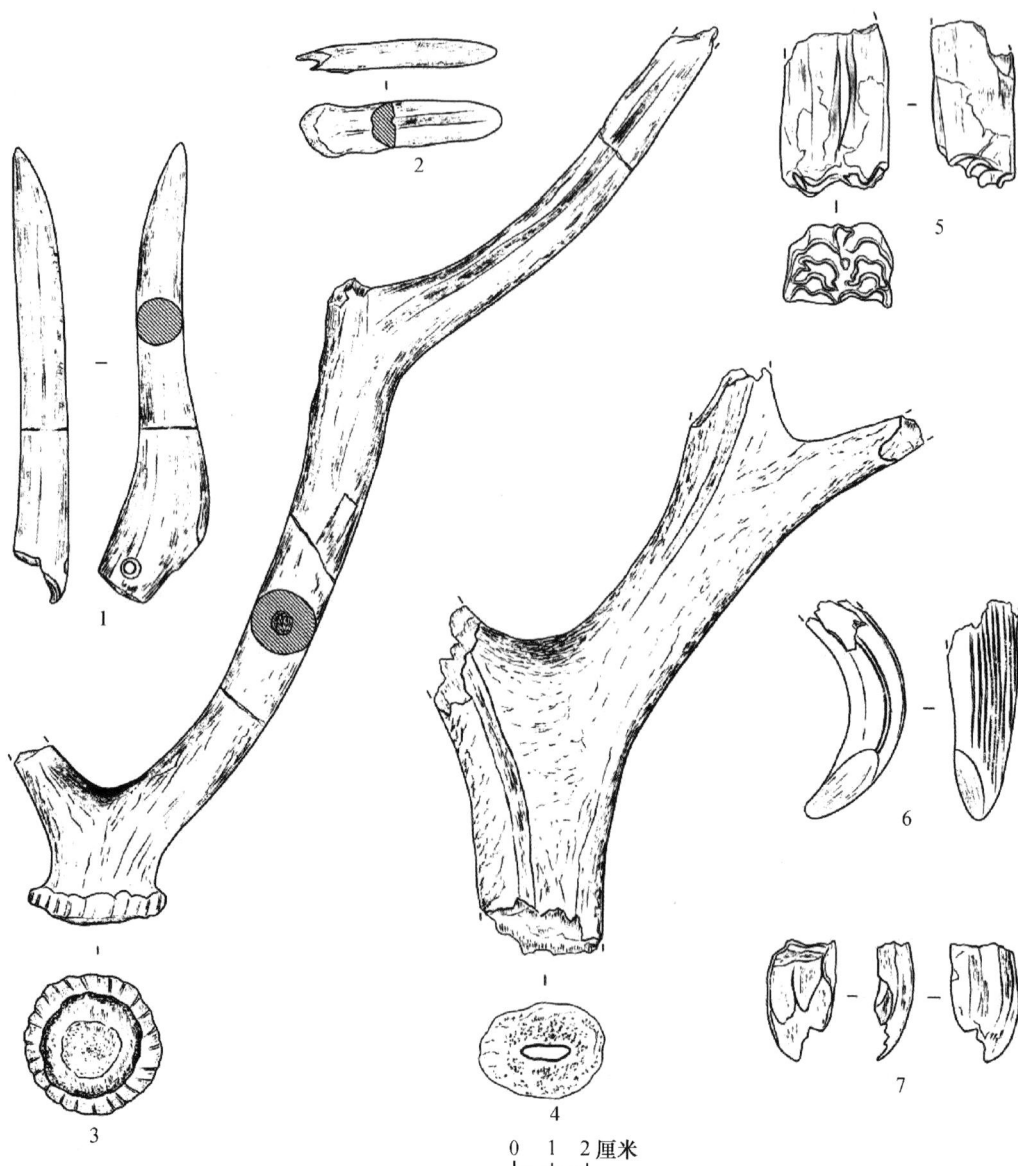

图 4-163 骨器、鹿角及牙齿

1、2. 骨器（TN07W02③B:1、TN06W04②:2-2）   3、4. 鹿角（TN05E03②:4、TN05E04②:2）

5—7. 牙齿（TN06W04②B:10-2、TN06E02②:1、TN05E02④:1）

（图 4-164,1）。标本 TN06E03②:20,梅花鹿左股骨远端。远端宽 5.1、残长 7.3、厚 5.9 厘米

（图 4-164,2）。标本 TN05E03③:1,肩胛骨近端,远端残。残长 15.1、宽 7.1 厘米（图 4-164,

3）。标本 TN06E03②:16-1,狗右尺骨。长 16.6、宽 2.4、厚 1.3 厘米（图 4-164,4）。标本

TN06E03②:16-2,狗右桡骨。总长 16.5、近端宽 1.8、近端厚 1.1、远端宽 2.3、远端厚 1.21 厘

米。（图 4-164,5）。标本 TN06W04②B:2-1,牛肩胛骨,右肩胛骨近端,远端残。残长 17.8、

宽 8 厘米（图 4-164,7）。标本 TN06W04②B:10-1,马科动物,趾骨,保存完整。长 7.9、宽

5.2、厚3.9~2.4厘米(图4-164,8)。标本 TN06E03②:10-3,麋鹿左肩胛骨近端。残长12.6、宽5.3厘米(图4-164,9)。标本采集:1,长10.1、宽6.8厘米(图4-164,10)。

電骨板 1件。标本 TN05E04④:3,整体近呈长方形,上有少许刀砍痕迹及磨痕。长8.9、宽6、厚0.4~0.9厘米(图4-164,11)。

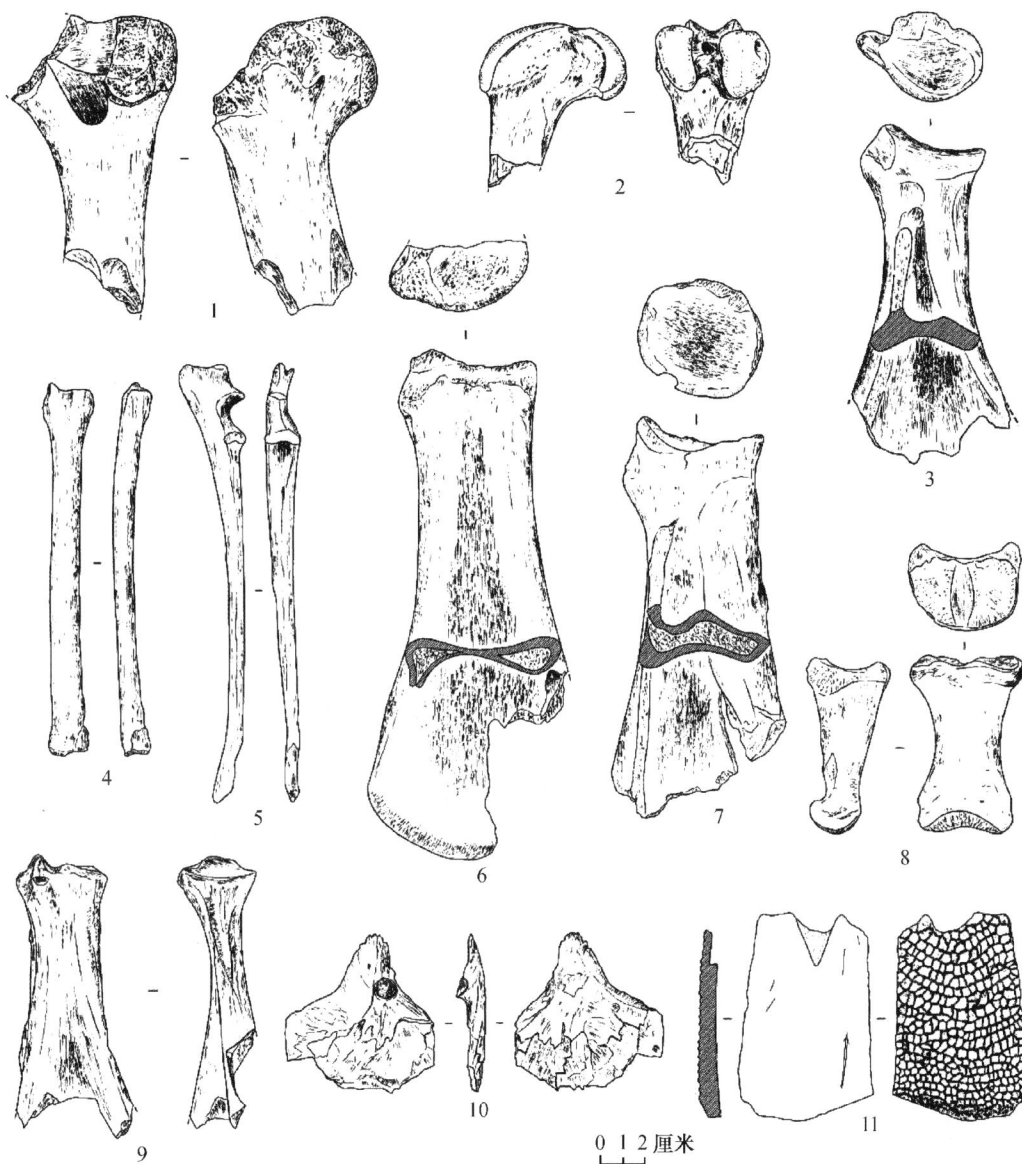

图4-164　骨骼

1—5、7—10. 骨骼(TN06E03 采集:11-2、TN06E03②:20、TN05E03③:1、TN06E03②:16-1、TN06E03②:16-2、TN06W04②B:2-1、TN06W04②B:10-1、TN06E03②:10-3、采集:1)

6. 骨器(TN06E02②:9)　11. 電骨板(TN05E04④:3)

第五章　多学科考古研究

第一节　镇江丁家村遗址炭化植物遗存的初步分析

　　宁镇地区以宁镇山脉和秦淮河流域为中心,因其独特的地理位置和环境,在史前便是一个相对独立的文化区域,先后经历了丁沙地遗存、北阴阳营文化、薛城文化类型。相当于中原的二里头文化时期,宁镇地区孕育了点将台文化,并在此基础上,形成了一支独具特色的商周土著文化——湖熟文化①。相较于同时期周边地区的考古学研究,目前对湖熟文化的相关探讨多关注于考古学文化面貌上②,对当时的古环境也有所涉及③,但因缺乏相关材料,对湖熟文化聚落的生业模式则甚少有直接探讨,仅有依据出土器物所做的分析④。对此,丁家村湖熟文化遗址的考古发掘为我们提供了一个契机。

　　丁家村遗址位于江苏省镇江市润州区韦岗镇红旗村(图5-1),因312国道镇江段建设需要,2013年由镇江博物馆调查发现并于2014年对其进行抢救性发掘。遗址为一马鞍形土台,总面积约29000平方米,考古发掘集中于遗址的北部。发现了灰坑、灰沟、墓葬、房址、灶等遗迹,以及陶、瓷、石器等各类遗物。从揭露的文化遗存面貌来看,丁家村遗址北部遗存属于典型的湖熟文化遗存⑤。发掘过程中采集了土样进行植物考古分析,本文将报告这批样本的鉴定和分析结果。丁家村遗址炭化植物遗存分析是宁镇地区湖熟文化植物考古工作的初步尝试,将为湖熟文化生业经济的探讨提供重要的信息。

一、材料与方法

　　本次分析的样本有两个来源:一是2014年发掘期间,发掘者从遗址北部G2第二层⑥拣选出的炭化植物遗存;二是野外发掘结束后,我们清理发掘区北部TN06W03西壁G2剖面、TN06W04西壁G2剖面、F12和H3剖面并采13份、81升土样,于2016年9月在发掘队驻地

---

①　邹厚本主编:《江苏考古五十年》,南京出版社,2000年,第52-86、149-158页。

②　张敏:《试论点将台文化》,《东南文化》,1989年第3期。

　　肖梦龙:《江淮地区与江南古文化的交融》,《南方文物》,1996年第2期。

③　萧家仪、徐时强、肖霞云:《南京郭家山遗址植硅体分析与湖熟文化环境背景》,《古生物学报》,2011年第50卷第2期。

④　沈志忠、陈越:《宁镇地区早期农业发展研究》,《中国农史》,2013年第6期。

⑤　镇江博物馆、复旦大学文史研究院:《江苏镇江丁家村遗址发掘简报》,《东南文化》,2017年第1期。

⑥　据发掘者介绍,在发掘现场筛洗的土样来自G2内的"黑土层",由于筛洗工作进行较早,并未细分不同的黑土层。因此将此来源的样本笼统地均归入G2②。

274

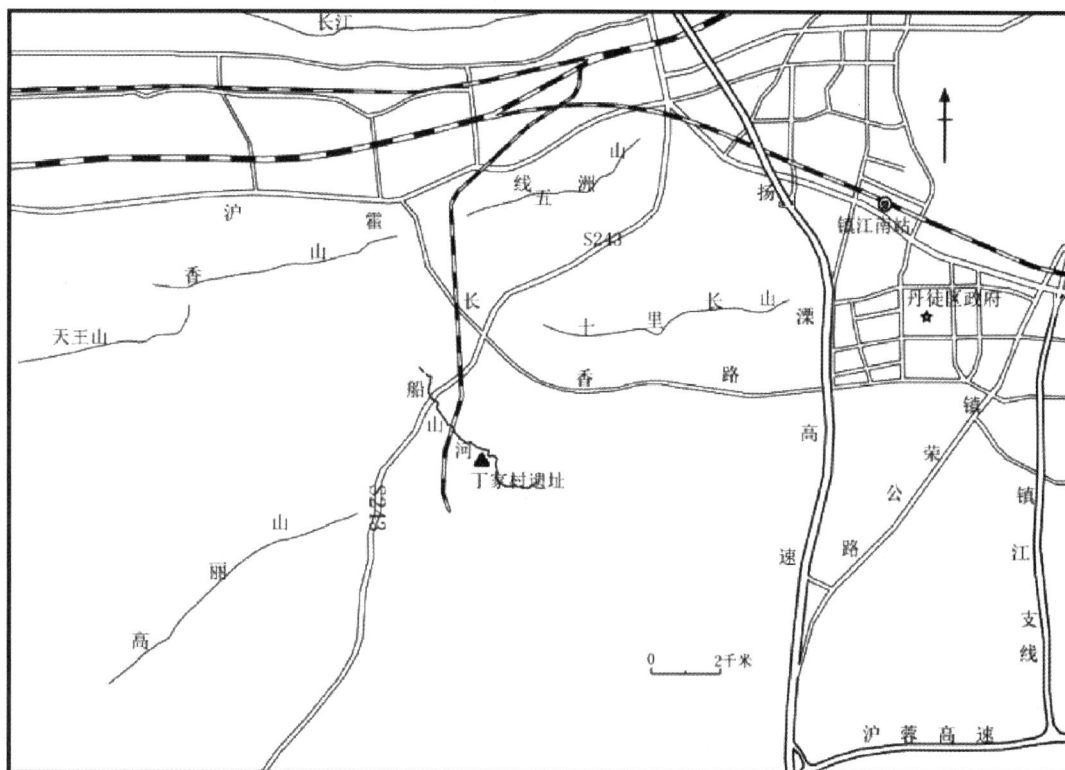

图 5-1　丁家村遗址位置示意图

对这批土样进行浮选。具体方法是采用小水桶法将事先阴干的土样浸泡于水中,待炭化物上浮后用孔径为 80 目的筛子收集,反复轻搅土样至无炭化物浮出后将桶内土样倾倒于两层分样筛(孔径分别为 20 目和 60 目)上进行二次筛洗,并收集分样筛上遗存。

浮选获得的炭化植物遗存中大小超 4 毫米的炭屑将送交相关专家进行进一步种属鉴定,炭化种子和果实主要依据实验室收集积累的古代标本、现代标本及相关图谱[①]进行鉴定。

根据出土遗物判断,本次采样的单位在相对年代上自西周早期延续至春秋早期。同时,我们选送了 2 份样本至美国 Beta 实验室进行 AMS 测年。

二、结果

1. 测年结果

测年样本来自 G2②a 层和 H13,根据出土遗物判断,二者均属于西周早期。测年结果见表 5-1,与考古遗物研究结果一致。

[①] 刘长江、靳桂云、孔昭宸:《植物考古:种子和果实研究》,科学出版社,2008 年。郭琼霞:《杂草种子鉴定图鉴》,中国农业出版社,1998 年。关广清、张玉茹、孙国友等:《杂草种子图鉴》,科学出版社,2000 年。

表5-1　丁家村遗址炭化植物遗存测年结果

实验室序号	样本单位	样本内容	AMS结果	校正年代
Beta－443999	2014ZDG2②a	炭化小麦	2770±30BP	Cal. 2995－2855 BP
Beta－444000	2014ZDH13	木炭	2870±30BP	Cal. 3000－2860 BP

2．炭化种子果实

丁家村遗址出土的大多数种子果实保留有可鉴定的特征部位,部分破损严重、不具备鉴定条件的碎块归为不可鉴定类,合计12粒/块,不计入统计之列。

13份剖面样品共计鉴定出274粒炭化植物种子,包括水稻、粟、黍、小麦等农作物,以及黍亚科、豆科、藜属、苋属等非农作物(表5-2)。2014年由发掘者从G2②黑土堆积拣选获得的炭化植物遗存比较丰富,包括稻米439、稻秕子51、稻碎块66、粟91、黍50、小麦3546、小麦秕子74、大豆58、黍亚科4、豆科2、大戟科1、葡萄属12、蛇葡萄属2、苍耳1、梅核(碎)5、壳斗科(栎果)5、紫杉(?)1、木防己属1、未知3,共计4346粒/块。

两类样本中可鉴定的植物遗存共计22个科/属/种。由于2014年样本缺少数量和容积等信息,故仅进行数量百分比统计(表5-3)。需要说明的是,水稻和小麦均发现了成熟饱满的颖果、未成熟的秕子及碎块,统计以前两者为准,碎块不计入总数。

两类样本均以农作物遗存居多,除极少量未知种属遗存外,2016年浮选样本中农作物遗存占62.05%,非农作物遗存占33.21%;2014年拣选样本中农作物遗存占99.15%,非农作物遗存占0.78%(图5-2)。

表5-2　丁家村遗址2016年浮选所获植物遗存登记表

类别	H3	H1	F12	F12烧土面上烧结面	TN06W 03G2①	TN06W 03 G2②a	TN06W 03 G2②b	TN06W 03 G2③	TN06W 04 G2④	合计
年代	春早	春早	西早、中	西早、中	西早	西早	西早	西早	西早	/
容积(升)	12	7	6.5	8.5	7	17	3	8.5	11.5	81
密度(粒/升)	2.33	0.28	3.38	1.17	0.71	9.52	3.66	2.94	0.78	3.38
水稻	2		7	7+51碎	1	12	2		4	35
粟			3	1	1	34	3	11	2	55
黍			2			1				3
小麦		1	3			60	3	10		77
黍亚科	2		5		1	46		2		56
豆科			2			1				3
野大豆						2				2
藜属	3					1				4
苋属								1		1
大戟科						1				1

续表

类别	H3	H1	F12	F12 烧土面上烧结面	TN06W 03G2①	TN06W 03 G2②a	TN06W 03 G2②b	TN06W 03 G2③	TN06W 04 G2④	合计
马齿苋属	15				1		1			17
唇形科	1				1	1				3
牛筋草						1				1
果壳/块茎	1					2				3
未知	4	1		2			1	2	3	13
合计	28	2	22	10	5	162	11	25	9	274

表5-3　丁家村遗址炭化植物遗存统计表

类别			浮选部分		拣选部分
			出土概率%（n＝13）	数量百分比%（n＝274）	数量百分比%（n＝4346）
农作物	禾本科	水稻	61.54	12.77	11.27
		粟	76.92	20.07	2.09
		黍	15.38	1.09	1.15
		小麦	53.85	28.10	83.29
	豆科	大豆	/	/	1.33
非农作物	禾本科	黍亚科	61.54	20.44	0.09
		牛筋草	7.69	0.36	/
	豆科	野大豆	15.38	0.73	/
		其他豆科	15.38	1.09	0.05
	藜科	藜属	15.38	1.46	/
	苋科	苋属	7.69	0.36	/
	马齿苋科	马齿苋属	30.77	6.20	/
	菊科	苍耳	/	/	0.02
	大戟科		7.69	0.36	0.02
	唇形科		23.08	1.09	/
	葡萄科	葡萄属	/	/	0.28
		蛇葡萄属	/	/	0.05
	蔷薇科	梅核	/	/	0.12
	壳斗科	栎果	/	/	0.12
	防己科	木防己属	/	/	0.02
	红豆杉科	紫杉（？）	/	/	0.02
	果壳/块茎		15.38	1.09	/
其他	未知		46.15	4.74	0.07

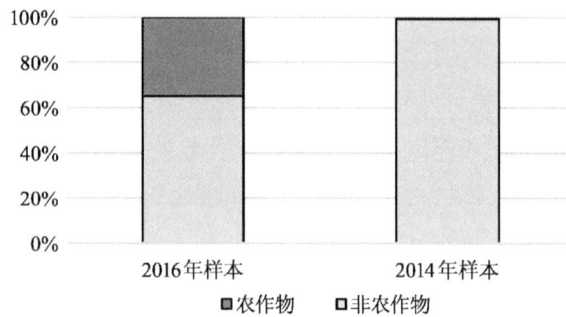

图5-2 农作物与非农作物百分比示意图

（1）农作物遗存

农作物遗存包括水稻、粟、黍、小麦和大豆，其中大豆均出自2014年拣选样本。2016年浮选的农作物中，以粟的出土概率最高，其次为水稻、小麦和黍，数量百分比则以小麦最多，其次为粟和水稻，黍所占比重极低（图5-3左）。2014年样本为人工拣选所得，获得的炭化遗存以大籽粒种子居多，小麦的数量百分比达到84.01%，水稻为11.37%，粟、黍和大豆都非常低（图5-3右）。

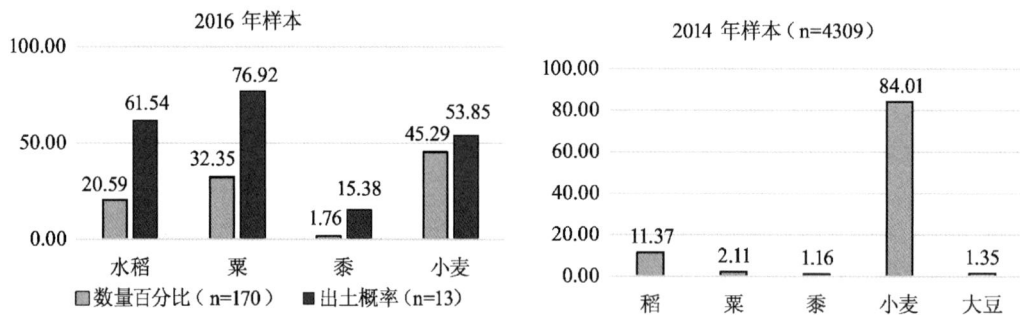

图5-3 农作物遗存百分比与出土概率示意图
（2014年样本缺失容积信息，此处仅统计数量百分比）

稻（*Oryza sativa* L.）

两类样本均发现了水稻，包括炭化稻米、秕子和稻米碎块，极少数残留颖壳和护颖。水稻的出土概率在所有植物遗存中仅次于粟。从数量百分比来看，水稻在两批样品所有种子果实中的百分比十分接近（表5-3）。就农作物而言，水稻在2014年和2016年样本中分别占农作物总数的11.37%和20.59%。完整的炭化稻米上沟槽清晰可见，胚区在顶端一侧略内凹（图5-4,1）。随机测量30粒炭化稻，籽粒长、宽、厚均值分别为3.402、1.798和1.372毫米，平均长宽比为1.910左右。现代籼稻的长宽比值一般在2.3以上，粳稻的比值在1.6～2.3之间[1]，丁家村遗址稻米的长宽比均值落在粳稻范围内。统计显示，长江中游和黄河中游地区的水稻粒型自龙山晚期开始已经较趋于稳定，而丁家村的炭化稻米在粒型上明显小于商周时期的同类遗存，与长江下游地区广富林遗址良渚时期稻米的大小更接近[2]（图5-5）。

---

① 游修龄：《从河姆渡遗址出土稻谷试论我国栽培稻的起源、分化与传播》，《作物学报》，1979年第5卷第3期。
② 陈航：《上海广富林遗址出土植物遗存研究》，中国社会科学院研究生院硕士学位论文，2014年。

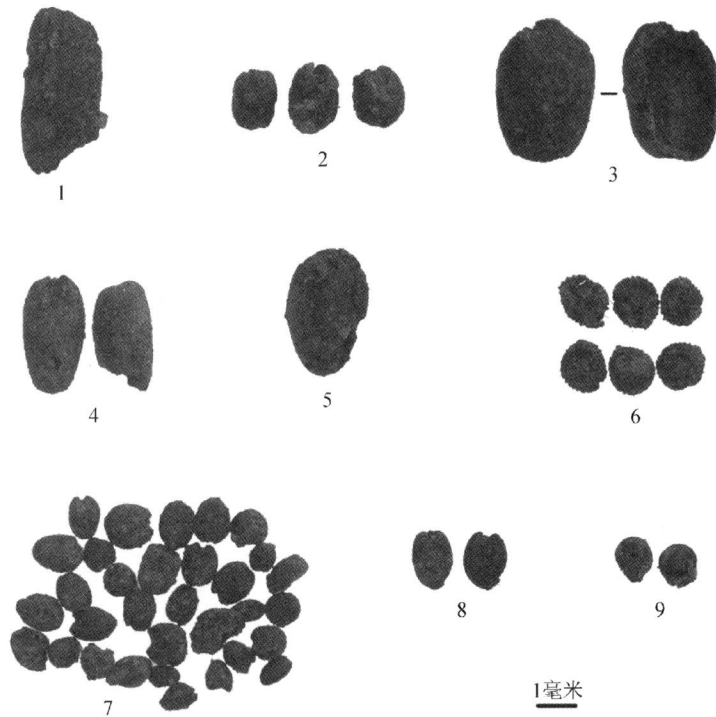

图5-4　部分炭化植物遗存（比例尺为1毫米）

（1.水稻；2.粟；3、4.小麦；5.野大豆；6.马齿苋属；7.黍亚科；8.狗尾草；9.藜属）

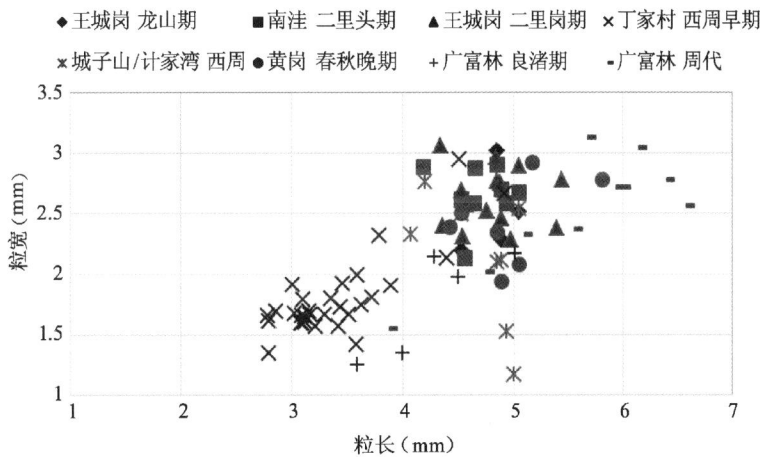

图5-5　部分遗址出土先秦时期炭化稻米粒型分布图①

① 文中统计数据来源：王城岗遗址见《河南登封王城岗遗址浮选结果及分析》，赵志军《植物考古学：理论、方法和实践》，科学出版社，2010年。南洼遗址见郑州大学历史文化遗产保护研究院编著《登封南洼：2004—2006年田野考古报告》，科学出版社，2015年。城子山、计家湾和黄岗遗址见唐丽雅：《江汉地区新石器时代晚期至青铜时代农业生产动态的植物考古学观察》，中国社会科学院研究生院博士学位论文，2014年。广富林遗址见陈航：《上海广富林遗址出土植物遗存研究》，中国社会科学院研究生院硕士学位论文，2014年。

粟(*Setariaitalica* Beauv.)

2016 年浮选样本发现 55 粒粟,出土概率是所有植物遗存中最高的,达 76.92%,在所有植物遗存和农作物遗存中分别占 20.07% 和 32.35%。绝大多数炭化小米籽粒饱满,胚区爆裂成 U 形(图 5-4,2)。随机测量完整粟粒 20 粒,均长 1.156、均宽 1.061、均厚 0.882 毫米(表 5-4)。除个别非成熟的不饱满籽粒外(图 5-6),丁家村遗址西周时期的粟与南洼遗址殷墟时期的同类遗存更接近,而湖北城子山遗址的粟在粒型上显得更多样化,这可能与该遗址出土粟的成熟程度有关。这在一定程度上也反映了丁家村遗址出土的粟生长程度较一致,抑或大多是经过一定加工拣选所得的较成熟饱满籽粒。

表 5-4　炭化农作物种子尺寸

类别	粒型范围(毫米)			平均值(毫米)		
	长	宽	厚	长	宽	厚
水稻 N = 30	2.785 ~ 4.921	1.134 ~ 2.944	1.000 ~ 1.975	3.402	1.798	1.372
粟 N = 20	0.843 ~ 1.473	0.773 ~ 1.294	0.587 ~ 1.294	1.156	1.061	0.882
黍 N = 20	1.090 ~ 2.091	1.029 ~ 1.943	0.809 ~ 1.985	1.441	1.309	1.985
小麦 N = 30	2.237 ~ 3.976	1.218 ~ 3.111	1.128 ~ 2.567	3.143	2.172	1.277
大豆 N = 1	/	/	/	5.219	2.592	1.470

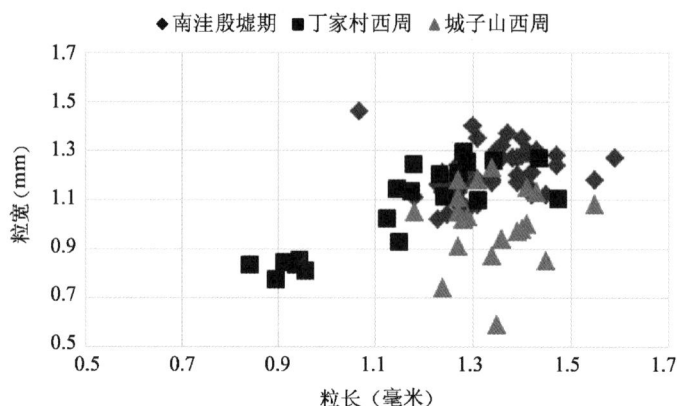

图 5-6　部分遗址先秦时期炭化粟粒型分布图

黍(*Panicummiliaceum* L.)

浮选样本中仅发现 3 粒炭化黍,拣选样本中共计获得 50 粒。不论是浮选样本还是拣选样本,黍所占的数量百分比都仅 1% 稍多,出土概率也是农作物遗存中最低的。炭化黍粒近圆形,长大于宽,胚区占粒长的 1/2 以下,因炭化爆裂呈 V 状。随机测量 20 粒炭化黍,均长 1.441、均宽 1.309、厚 1.985 毫米。

小麦(*Triticumaestivum* L.)

共发现 3623 粒成熟小麦和 74 粒秕子(图 5-4,3、4)。浮选样本中小麦的出土概率为 53.85%,在所有种子果实和农作物中分别占 28.10% 和 45.29%。在拣选样本中,小麦占所有种子果实和农作物的百分比分别是 83.29% 和 84.01%。成熟小麦的长、宽、厚均值分别为 3.143、2.172 和 1.277 毫米,秕子的均值分别为 2.508、1.423 和 1.075 毫米。对部分先秦时期小麦遗存数据综合分析,我们发现小麦粒型有一定的区域差异。东部地区(包括中原地区和长江下游的丁家村遗址)的小麦遗存,粒长的变幅稍大于粒宽的变幅,而西部(如丰台遗址)的小麦明显较东部地区的小麦粒型大。而从总体上看,丁家村遗址出土的小麦粒型在进行对比的遗址中是最小的(表 5-5,图 5-7)。小麦粒型的区域差异可能与品种、驯化程度、水热条件、耕种技术等有一定关系,具体情况有待更多的研究来证实。

表 5-5　部分先秦时期遗址出土的炭化小麦平均长宽值

平均值　　遗址	王家嘴	王城岗		瓦店	青龙泉	南洼	丁家村
长(mm)	3.39	3.31	3.67	3.50	4.36	3.52	3.42
宽(mm)	2.61	2.37	2.59	2.37	2.43	2.47	2.37

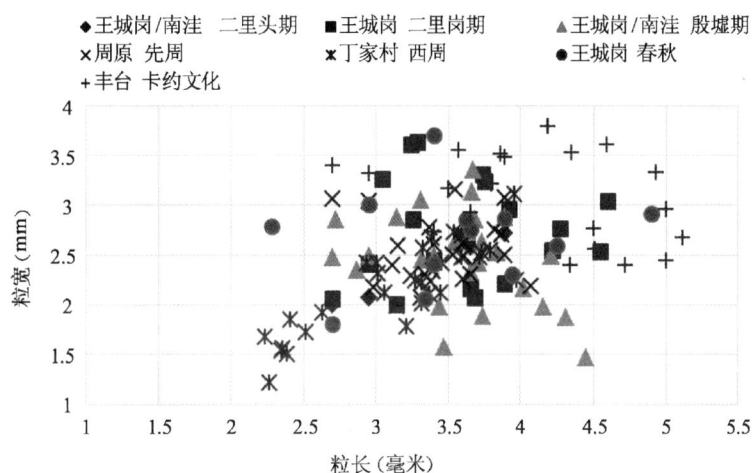

图 5-7　部分遗址先秦时期小麦粒型分布图

大豆(*Glycine max*(L.)mer.)

本次在拣选样本中发现了 58 粒炭化大豆遗存,基本上都爆裂严重,呈现蜂窝状的组织结构,也多具有豆类遗存"油亮"的视觉效果。对其中仅有的一粒保存状态较好、保留有种脐的大豆进行测量,其长 5.219、宽 2.592、厚 1.470 毫米。与王城岗[1]、大辛庄[2]和南洼[3]遗址出土的商代大豆遗存相比,丁家村的大豆在粒长上与王城岗遗址的大豆较为接近,但粒宽和粒厚都比上述几处遗址的略小。而与目前所见周代的大豆遗存[4]相比,丁家村的大豆粒型

---

[1]　赵志军、方燕明:《登封王城岗遗址浮选结果及分析》,《华夏考古》,2007 年第 2 期;赵志军:《河南登封王城岗遗址浮选结果及分析》,赵志军《植物考古学:理论、方法和实践》,科学出版社,2010 年。

[2]　陈雪香、方辉:《从济南大辛庄遗址浮选结果看商代农业经济》,山东大学东方考古研究中心编:《东方考古》(第 4 集),科学出版社,2008 年;陈雪香:《海岱地区新石器时代晚期至青铜时代农业稳定性考察》,山东大学博士学位论文,2007 年。

[3]　吴文婉、张继华、靳桂云:《河南登封南洼遗址二里头到汉代聚落农业的植物考古证据》,《中原文物》,2014 年第 1 期。

[4]　吴文婉、靳桂云、王海玉等:《古代中国大豆属(*Glycine*)植物的利用与驯化》,《农业考古》,2013 年第 6 期。

也基本小于已知的周代大豆遗存尺寸。

（2）非农作物遗存

非农作物遗存包括禾本科、豆科等（图5-8）。以禾本科最多，其中黍亚科（Panicoideae）（图5-4,7）种子在筛洗样本中占20.44%，出土概率达61.54%。保存较完好的黍亚科种子中可以鉴定到属、种的有马唐属和狗尾草（图5-4,8）等。马唐和狗尾草都是考古遗址中最典型的农田杂草，在两类样本中均有发现。禾本科穇属的牛筋草（Eleusineindica（L.）Gaertn.）一般被视为农田杂草，同时也可作为草食动物的饲草，本次仅发现1粒。

除了大豆，豆科（Fabaceae）遗存中能确定到种的有野大豆（G. sojaSieb. et Zucc.），仅在筛选样本中发现2粒（图5-4,5），测量其中完整的1粒，其长3.151、宽1.996、厚1.718毫米。另有3粒豆科种子因种脐等部位保存不佳未能鉴定到种。豆科是对人类生活影响最重要的两个大科之一，是人类食品中很多蛋白质、油脂、淀粉等营养成分和蔬菜的重要来源①。我国先民对豆科尤其是其中的大豆属植物的利用至少可以追溯至约8000年前②。

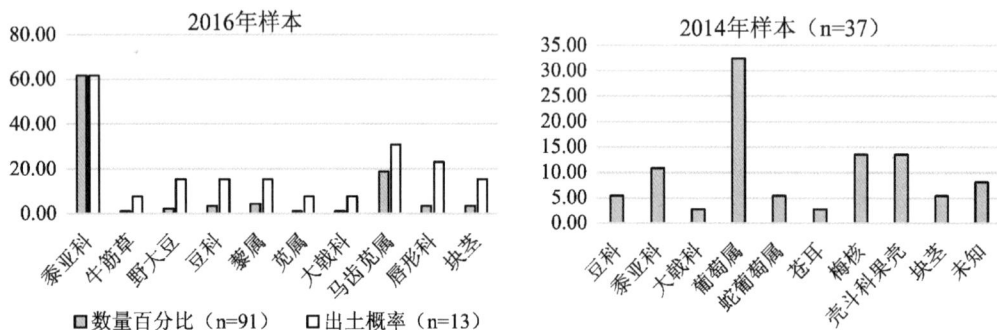

图5-8　非农作物遗存百分比与出土概率示意图

（2014年样本缺失容积信息，此处仅统计数量百分比）

藜属（Chenopodium sp.）、苋属（Amaranthus sp.）、马齿苋属（Portulaca L.）、苍耳（Xanthium sibiricum Patrin ex Widder）、大戟科（Euphorbiaceae）、唇形科（Labiatae）等在个别样本中都有发现，其中马齿苋属种子（图5-4,6）的出土概率和数量百分比相较其他更突出，在所有植物遗存中分别为30.77%和6.20%，在非农作物中数量百分比上升至18.68%。藜属（图5-4,9）和苋属分别发现4粒和1粒。藜属植物在以往研究中多被视为杂草类遗存，但实际上这类植物的很多部位都可被利用，如其嫩叶可被食用，植株也可作为动物饲料。苋属的部分种同样具有经济价值，也可作为野菜或家畜饲料。苍耳属菊科，是常见的田间杂草，其总苞具有钩状硬刺，容易贴附于人体或家畜身上。本次在拣选样本中发现的是苍耳的一半种仁，不见其硬质总苞外壳，除可能是偶然进入遗址的杂草外，也可能被去除硬壳另作他用。大戟科和唇形科种子数量极少，唇形科在出土概率上次于黍亚科和马齿苋属。

除上述外，本次还发现数种可食的果类遗存，包括葡萄科的葡萄属（VitisL. sp.）、蛇葡萄属（Ampelopsis Michaux）、蔷薇科的梅（Armeniacamume Sieb.）、壳斗科的栎果及少量无法确定

---

① 刘长江、靳桂云、孔昭宸:《植物考古:种子和果实研究》,科学出版社,2008年。

② 吴文婉、靳桂云、王海玉等:《古代中国大豆属（Glycine）植物的利用与驯化》,《农业考古》,2013年第6期。

种属的块茎和果壳残块。葡萄属、蛇葡萄属和梅都有鲜美多汁的果肉可供食用。橡子则为坚果类,在史前南北方考古遗址中为常见的被人类利用的植物资源①。

本次拣选样本中还见有防己科的木防己属(*Cocculus* DC.(nom. conserv.))、疑似红豆杉科紫杉(*Taxuscuspidata*)的种子。二者多为乔木,从现代植物学角度来看为不可食类型,它们可能来自聚落周边植被并被先民偶然带入遗址。

(3)其他植物遗存

其他植物遗存为少量暂未能鉴定出种属的未知遗存,共计16粒。

三、分析与讨论

1.采样和提取方法对于植物考古的意义

在植物考古研究中,不同的采样和提取方法会造成结果的偏差,这在本次两类样本的分析结果中得到一定反映。2014年样本为发掘者随机从G2中肉眼所见"黑土堆积"采集,采用了人工拣选的提取方法。2016年样本为针对性采样和剖面采样相结合,采用了小水桶浮选法提取遗存。在获得的植物遗存中,拣选发现的植物遗存种类(16个科/属/种)较浮选(14个科/属/种)的多。但拣选所得的植物遗存个体均较大,肉眼更容易发现,浮选发现的植物遗存除籽粒较大的几类农作物种子外,还发现了更多细小的、肉眼不容易发现并拣取的非农作物遗存。从具体植物来看,粟、黍一类小籽粒遗存理论上更容易在手工拣选过程中被遗漏。本次拣选发现的粟占该来源植物遗存的2.09%,与浮选所得差距较大,这很可能与炭化粟粒个体较小、手工拣选所造成的误差有关。但同时拣选所得的黍又比浮选所得明显多,这除了因为成熟黍籽粒的个体较大较容易在筛洗中保留在操作者使用的孔径1毫米分样筛上外,应与采样位置有重要关系。

尽管样本总量有限,两种采样和提取方法也存在不同的偏差,但也相互弥补了一定的不足,我们认为本次获得的植物遗存在一定程度上具有代表性。本次工作很好地反映了采样背景对获得植物遗存数量和种类的影响,也再次提醒我们在今后的工作中,依据研究目的制定科学的、可行的采样方案并严格施行是开展植物考古研究的基础。

2.植物利用与聚落生业方式

植物遗存组合显示丁家村先民对植物资源的利用至少包括了生产和采集两种方式。

从两类样本的量化比较来看,农作物在拣选样本中的表现更突出,数量百分比高达99.15%,远超非农作物遗存,这可能与手工拣选更容易遗漏细小杂草种子相关。但在浮选样本中,农作物的比例也高达62.05%。非农作物中黍亚科、牛筋草、马齿苋属等都是常见的田间农田杂草,特别是黍亚科中的狗尾草、马唐属都伴生在粟、黍农田。这种植物遗存组合

---

① 秦岭、傅稻镰:《河姆渡遗址的生计模式——兼谈稻作农业研究中的若干问题》,山东大学东方考古研究中心编:《东方考古》(第3集),科学出版社,2006年;Tao Dawei, Wu Yan, GuoZhizhong, *et al*. Starch grain analysis for groundstone tools from Neolithic Baiyinchanghan site: implications for their function in Northeast China, *Journal of Archaeological Science*, 2011(38).

及辅证的杂草种子遗存都明确反映了农业生产在丁家村聚落生计结构中的重要性。丁家村遗址所在的台形土包相较四周海拔差 2～3 米，周围地形相对平坦，其向北即有河流自西向东而过，先民可以利用土台及周边的小片地块进行农业生产，以此满足聚落日常的食物所需。

在非农作物遗存中，藜属、葡萄属、蛇葡萄属、梅、栎果和块茎等都是可食的野生植物资源，是先民植物性食物的组成部分。藜属植物的许多种都可以食用其嫩叶部位，研究表明人类对藜属植物的利用由来已久，在一定程度上也被进行栽培和驯化[1]。葡萄属、蛇葡萄属所在的葡萄科，以及梅所在的蔷薇科一直都是人类开发摘食的果类资源。葡萄可以直接食用，野葡萄还可以用来酿酒，这在贾湖[2]和两城镇[3]遗址中均有实证。尽管本次只在拣选样本中发现极少量葡萄种子，但葡萄的消费方式不同于其他谷物，其在野外被食用完直接丢弃的可能性很大，因此葡萄在丁家村先民食谱中的消费比例可能更高。栎果在南北方史前遗址中十分常见，在田螺山遗址中还发现了满坑储存的同类遗存[4]。上述浆果、核果、坚果类植物的果期从夏季延续至秋季，给先民提供了美味的水果，是饮食中糖分、水分、淀粉的重要补充。同时，从发现的野生植物来看，虽然大多为草本植物，但也不乏大戟科、藜科等具有灌木、半灌木和稀乔木特征的种类。遗址周边还围绕着海拔不高的几座小山包，这些山林中的其他植物资源都可以作为先民采集食物补充供给的对象。

3. 农作物结构及相关问题

丁家村遗址的农作物遗存包括了水稻、黍、粟、小麦和大豆，呈现一种五谷齐全的结构。从已有的植物考古资料来看，五谷皆备的农作物结构始于龙山时代，至先秦时期已经成为多个聚落较稳定的农业生产内容，如河南登封王城岗[5]和郑州东赵遗址[6]、山东济南大辛庄[7]、即墨北阡[8]和高青陈庄遗址[9]等。其他如陕西周原遗址[10]、山东济南唐冶遗址[11]等尽管不见

① Karl-Ernst Behre. Collected seeds and fruits from herbs as prehistoric food, *Vegetation History and Archaeobotany*, 2008, 17(1); Zhao Zhijun: New Archaeobotanic Data for the Study of the Origins of Agriculture in China, *Current Anthropology*, 2011, 52 (S4).

② Patrick E. McGovern, Zhang Juzhong, Tang Jigen, *et al.* Fermented beverages of pre- and proto-historic China. *PNAS*, 2004, 101(51).

③ Patrick E. McGovern, Anne P Underhill, Fang Hui, *et al.* Chemical identification and cultural implications of a mixed fermented beverage from late prehistoric China. *Asian Perspectives*, 2005, 44(2).

④ 北京大学中国考古学研究中心、浙江省文物考古研究所编:《田螺山遗址自然遗存综合研究》,文物出版社, 2011 年。

⑤ 北京大学考古文博学院、河南省文物考古研究所:《登封王城岗考古发现与研究(2002—2005)》,大象出版社, 2007 年。

⑥ 杨玉璋、袁增箭、张家强等:《郑州东赵遗址炭化植物遗存分析记录的夏商时期农业特征及其发展过程》,《人类学学报》,2017 年第 36 卷第 2 期。

⑦ 陈雪香:《海岱地区新石器时代晚期至青铜时代农业稳定性考察——植物考古学个案分析》,山东大学博士学位论文,2007 年。

⑧ 赵敏:《山东省即墨北阡遗址炭化植物遗存研究》,山东大学硕士学位论文,2009 年。

⑨ 靳桂云、王传明、郑同修等:《山东高青陈庄遗址炭化种子果实研究》,《南方文物》,2012 年第 1 期。

⑩ 周原考古队:《周原遗址(王家嘴地点)尝试性浮选的结果及初步分析》,《文物》,2004 年第 10 期。

⑪ 赵敏、陈雪香、高继习等:《山东省济南市唐冶遗址浮选结果分析》,《南方文物》,2008 年第 2 期。

水稻,但也都发现了粟、黍、小麦和大豆。上述发现基本集中在我国北方。丁家村的浮选结果证明了这种多种农作物并存的种植制度也存在于南方地区。这种耕种制度一方面保证了农业生产总量,一方面也有效降低了粮食种植的风险,是农业发展水平的重要标志之一[①]。

五种农作物在丁家村聚落农业生产体系中的地位存在差异。从出土概率来看,以粟最高(76.92%),其次分别为水稻(61.54%)、小麦(53.85%)和黍(15.38%),大豆仅在拣选样本中发现,无法计算其出土概率。就数量百分比而言,以小麦的表现最突出,占比达到45.29%,其次为粟(32.35%)、水稻(20.59%)、黍(1.76%)和大豆(1.35%)。单纯从这两组数据来看,水稻不论是在出土概率,还是在数量百分比上都不具备优势,相反旱地作物粟和小麦在农作物组合中占据了十分重要的位置,呈现出一种以旱作为主、稻作为辅的生产结构。但如果从谷物籽粒的大小来分析,情况则未必完全如此。粟、黍属于小籽粒谷物,水稻则属于大粒型,二者的千粒重相差甚远。在人类选择食物果腹时,大籽粒谷物理当成为优势对象;同时,在食物加工的过程中,大籽粒谷物被丢弃的可能性更小,丢失后被捡拾的可能性更大,因此遗落在遗址中并最终被我们发现、获取的可能性就更小。考虑到丁家村遗址位于传统的稻作农业区内,我们倾向认为水稻应该还是这一聚落最主要的农作物之一。期待后续的植硅体分析提供更多的线索和证据。

粟、黍是典型的北方旱作农业代表,来自上山[②]和城头山遗址[③]的证据表明粟类作物的南传在距今 6500—6000 年前已经发生。长江流域,特别是在长江中游混作区,粟(黍)和水稻在农业体系中很可能是同等重要的[④],系统的植物考古研究表明江汉地区东部自新石器时代晚期至西周时期,农业生产从典型的稻作农业生产转变为普遍对粟进行利用或栽培[⑤]。向东的淮河流域在新石器时代晚期也可能存在一个稻粟混作区[⑥]。最新研究更表明,淮河上、中游地区在史前时期存在一个稻旱混作模式,其中上游地区最早可能于裴李岗文化晚期已经形成,中游地区至迟到新石器时代晚期也是这种模式[⑦]。长江下游地区在史前时期则几乎以水稻为唯一的农作物[⑧]。进入历史时期,上海广富林遗址发现了属于周代的少量粟[⑨]。本次丁家村遗址发现了粟和黍两种旱地作物,尤其是粟在出土概率和百分比上都具有明显的优势,这表明在西周早期,丁家村先民已经种植北方的农作物。粟、黍作为文化传

①　北京大学考古文博学院、河南省文物考古研究所:《登封王城岗考古发现与研究(2002—2005)》,大象出版社,2007 年。

②　赵志军、蒋乐平:《浙江浦江上山遗址浮选出土植物遗存分析》,《南方文物》,2016 年第 3 期。

③　HirooNasu, ArataMomohara, Yoshinori Yasuda, et al. The occurrence and identification of Setariaitalica (L.) P. Beauv. (foxtail millet) grains from the Chengtoushan site (ca. 5800 cal B. P.) in central China, with reference to the domestication centre in Asia. VegetHistArchaeobot, 2007(16): 481–494.

④　吴传仁、刘辉、赵志军:《从孝感叶家庙遗址浮选结果谈江汉平原史前农业》,《南方文物》,2010 年第 4 期。

⑤　唐丽雅:《江汉地区新石器时代晚期至青铜时代农业生产动态的植物考古学观察》,中国社会科学院研究生院博士学位论文,2014 年。

⑥　王星光、徐栩:《新石器时代粟稻混作区初探》,《中国农史》,2003 年第 3 期。

⑦　杨玉璋、程志杰、李为亚等:《淮河上、中游地区史前稻—旱混作农业模式的形成、发展与区域差异》,《中国科学:地球科学》,2016 年第 8 期。

⑧　秦岭:《中国农业起源的植物考古研究与展望》,《考古学研究(九)》,科学出版社,2012 年,第 260–315 页。

⑨　陈航:《上海广富林遗址出土植物遗存研究》,中国社会科学院研究生院硕士学位论文,2014 年。

播的一个方面,在环境条件允许的情况下被小规模种植也是可能的。而从目前的考古材料来看,以丁家村为代表的宁镇地区接纳粟、黍的时间应该更早。

小麦是本次工作最重要的收获之一。在丁家村遗址的拣选样本中共计发现了 3546 粒成熟小麦和 74 粒未发育完全的秕子,占拣选所得植物遗存总数的 83.29%;在筛洗样本中,小麦也是农作物遗存中数量最多的,在所有植物遗存和农作物中占比分别达到 28.10% 和 45.29%。量化分析显示,小麦是丁家村聚落农业生产中最重要的内容之一,其地位甚至可能超越了水稻。我们对来自丁家村遗址 G2②a 层的炭化小麦的测年结果显示其年代为 2770±30BP,校正年代为距今 2995—2855 年,相当于西周早中期。

以往学界对小麦在中国境内的推广多认为发生在西汉中期以后[1],其作为粮食作物的重要地位至少在汉代才得到确立[2]。但近年来植物考古研究显示,小麦在龙山时代自西亚传入中国后迅速发展,在多个遗址中都有发现[3],至迟在距今 4000 年以前小麦已经广泛分布在我国北方及西南地区,"南稻北麦"生产格局的转变也在距今 4000 年前后就开始了[4]。小麦的种植在夏商时期已经出现了强化,在以中原为核心的北方地区已经普遍存在,尤其是早商时期政治扩张的需求推动了小麦在商王朝统治的王畿范围之内形成局部的种植规模扩大[5]。到春秋战国时期,中国北方地区已经广泛种植小麦了[6]。而在南方地区,目前所见先秦时期的证据来自成都平原[7]和云南海门口遗址[8],东南地区更多的是秦汉以后的考古发现。丁家村遗址西周时期炭化小麦的发现为该地区先秦时期农业研究新增了重要的材料。

早期的植物遗存发现显示宁镇地区自史前以来都属于稻作农业区,如北阴阳营[9]、高淳薛城[10]、牛头山[11]等遗址都发现了稻属植硅体。点将台—湖熟文化时期是本地区早期农业的兴盛阶段,根据生产工具的演变可称之为犁耕农业[12]。而本次发现的粟、黍与小麦同属于旱地作物,这些非原生农作物的来源可能来自中原地区的文化传播影响。新石器时代中期,粟(黍)农业伴随着文化交流和人群迁徙已经进入长江中下游地区,宁镇地区很可能也不例外。

---

① 卫斯:《我国汉代大面积种植小麦的历史考证》,《中国农史》,1988 年第 4 期;惠富平:《汉代麦作推广因素探讨——以东海郡和关中地区为例》,《南京农业大学学报(社会科学版)》,2001 年第 4 期;彭卫:《关于小麦在汉代推广的再探讨》,《中国经济史研究》,2010 年第 4 期。

② Nicole Boivin, Dorian Q Fuller, Alison Crowther. Old World globalization and the Columbian exchange: comparison and contrast. *World Archaeology*, 2012, 44(3).

③ 如青海互助丰台遗址、陕西扶风周原遗址王家嘴地点、河南洛阳皂角树遗址和登封王城岗遗址等。

④ 赵志军:《中华文明形成时期的农业经济发展特点》,《国家博物馆馆刊》,2011 年第 1 期;Zhao Zhijun. Eastward spread of wheat into China—New data and new issues. *Chinese Archaeology*, 2009(9).

⑤ 陈雪香:《中国青铜时代小麦种植规模的考古学观察》,《中国农史》,2016 年第 3 期。

⑥ 赵志军:《小麦传入中国的研究——植物考古资料》,《南方文物》,2015 年第 3 期。

⑦ 石涛:《成都平原先秦时期植物遗存研究》,北京大学硕士学位论文,2012 年;姜铭:《成都平原先秦时期农业的植物考古学观察》,四川大学硕士学位论文,2015 年。

⑧ 薛佚宁:《云南剑川海门口遗址植物遗存初步研究》,北京大学硕士学位论文,2010 年。

⑨ 宇田津彻郎、邹厚本、藤原宏志等:《江苏省新石器时代遗址出土陶器的植物蛋白石分析》,《农业考古》,1999 年第 1 期。

⑩ 王才林、周裕兴、王志高等:《江苏高淳县莲薛城遗址的植物蛋白石分析》,《农业考古》,2002 年第 3 期。

⑪ 刘林敬、萧家仪、华国荣等:《南京牛头岗遗址植硅体分析及环境考古意义》,《古生物学报》,2009 年第 48 卷第 1 期。

⑫ 陈越:《宁镇地区早期农业发展研究(距今 7000—2500 年)》,南京农业大学硕士学位论文,2013 年。

而在新石器时代末期,宁镇地区深受中原、海岱地区商文化的影响,除在器物、墓葬习俗等方面的表现外①,也从本次植物遗存分析中粟、黍、麦等旱地作的突出表现中可得到一定反映。丁家村先民在传统的稻作农耕基础上,也应种植和消费了其他旱地作物,并且粟、黍传入本地区的时间应比小麦更早。但由于本次分析的样本数量较少,依据本次结果所进行的分析是十分初步的,粟、黍和麦一类旱地作物与水稻之间孰重孰轻的关系,以及丁家村聚落农业生产的真实格局还有赖于以后更多材料和分析来剖析。

四、结语

本次对丁家村遗址开展的分析是宁镇地区湖熟文化遗址植物考古研究的工作尝试,为湖熟文化生业经济研究提供了材料和线索。通过对丁家村遗址两种来源样本出土植物遗存的鉴定、统计和初步分析,显示丁家村遗址的农作物遗存明显占据优势,聚落的生计以农业生产为主,采集野生植物资源为补充。农作物的种类包含了粟、黍、稻、小麦和大豆,属于稻旱混作的模式。水稻是丁家村所在宁镇地区的传统农业生产对象,粟、黍和小麦属于外来旱地作物,它们的出现可能是宁镇地区与中原、海岱地区之间文化交流互动的结果,其中粟、黍比小麦的传入更早。囿于分析的样本数量太少,暂无法单纯依据本次所得的数据和统计结果对旱地作物的具体来源、聚落农业生产的真实格局做进一步分析。我们期待未来更多遗址的工作来帮助厘清上述问题。

(吴文婉 司红伟 王书敏 李永军)

第二节 镇江丁家村遗址动物遗存分析

2014年,镇江博物馆对丁家村遗址进行了抢救性考古发掘,发掘面积2600平方米。发掘过程中,发掘者收集了一批动物骨骼标本,受镇江博物馆委托,笔者对丁家村遗址出土的动物骨骼进行了整理。现将结果报告如下。

一、材料和方法

镇江博物馆在发掘丁家村遗址时,对肉眼所见的动物骨骼进行了收集,对地层和单位的土样采用水洗法获得了一些碎小的动物骨骼。本报告仅是对现场采集动物骨骼的鉴定。发掘者按照地层和单位对这批骨骼进行了收集,清洗后在骨骼上注明了出土层位。经过统计,这批动物骨骼共70块,它们大多数出土于地层堆积中,仅有少数出土于灰坑和灰沟。

本次工作的基本程序是:先按单位对这些动物骨骼进行种属鉴定,确定其所属的部位及左右,统计它们的数量,对脊椎动物的颌骨、牙齿、肢骨及部分椎骨进行测量,观察骨骼表面有无切割等人工痕迹,根据鉴定结果登记卡片,在此基础上进行各种统计和分析。由于骨骼样本数量偏少,且遗址时代跨度较大,所以本次并没有对动物骨骼统计数据进行最小个体数分析。在

---

① 邹厚本主编:《江苏考古五十年》,南京出版社,2000年。

鉴定时选择的对照标本是上海博物馆和上海自然博物馆的现生动物骨骼标本,同时也参考了一些中外文的动物骨骼图谱①。骨骼测量标准参考《考古遗址出土动物骨骼测量指南》②。

二、概况

丁家村遗址出土的骨骼大部分保存状况较差,风化程度较高。根据鉴定结果,丁家村遗址出土的动物骨骼都属于脊椎动物,可鉴定种属的骨骼有 50 件,占出土骨骼数量的 71.4%。一些骨骼由于缺乏明显的鉴定特征,无法鉴定种属和部位,只能将其归入哺乳动物的碎骨片,这类骨骼共计 20 块,占出土骨骼数量的 28.6%。在能够鉴定的哺乳动物骨骼中,由于认识的原因,有些也仅能鉴定到科。

现按照生物学顺序,将丁家村遗址各个文化时期的动物种类记述如下:

脊椎动物　*Vertebrate*

哺乳纲　*Mammalia*

　食肉目　*Carnivora*

　　犬科　*Canidae*

　　　狗　*Canis familiaris Linnaeus*

　偶蹄目　*Artiodactyla*

　　猪科　*Suidae*

　　　家猪　*Sus scrofa domesticus*

　　鹿科　*Cervidae*

　　　麋鹿　*Elaphurus davidiaus*

　　　梅花鹿　*Cervus Nippon*

　　　小型鹿科　未定属

　　牛科　*Bovidae*

　　　黄牛　*Bos sp.*

　奇蹄目　*Perissodactyla*

　　马科　*Equidae*

　　　马　*Equus caballus*

这里需要说明的是,对于鹿科动物骨骼,除了部分带有角的头骨和少量带有牙齿的颌骨具有继续分类的依据,大部分鹿科动物骨骼特征相似,因此本文按照骨骼形态的大小,将其区分为大型、中型、小型鹿科动物 3 类。然而,根据鹿角的特征判断,大型鹿科动物应该为麋鹿,中型鹿科动物应该是梅花鹿,而小型鹿科动物可能为獐或麂,由于这次未发现相关的角和犬齿,所以本文暂称之为小型鹿科动物。对于猪科动物骨骼,一般认为除头骨外,野猪和家猪在骨骼形态上虽然存在一定的差异,但具体的特征由于缺乏对比材料,目前还没有一个

---

　　①　伊丽莎白·施密德:《动物骨骼图谱》,李天元译,中国地质大学出版社,1990 年;Akira Matsui(松井章),*Fundamentals of Zooarchaeology in Japan*,Kyoto University Press,2008.

　　②　(德)冯登德里施:《考古遗址出土动物骨骼测量指南》,马萧林、侯彦峰译,科学出版社,2007 年。

确切的标准,而家猪和野猪无生物学意义上的种间区别,因此,在没有确切判断标准的前提下,本文暂时把丁家村遗址发现的猪科动物骨骼笼统地称为猪骨。鉴于长江流域有着悠久的家猪驯养的历史,本文暂时把丁家村遗址发现的猪骨定为家猪。

因此,根据以上统计结果,丁家村遗址出土的动物骨骼全部属于脊椎动物,共计 7 种,分别为狗、猪、麋鹿、梅花鹿、小型鹿科动物、黄牛和马。

三、分类记述

狗　共 2 块。都出土于 TN06E03②,一件为右尺骨(TN06E03②:16 - 1),保存完整,总长 194.06 毫米(图 5-9,1);一件为右桡骨(TN06E03②:16-2),保存完整,总长 165.15 毫米 ±,近端宽 18.11、近端厚 11.94、远端宽 23.71、远端厚 12.43 毫米(图 5-9,2)。

猪　共 6 块。头骨 1 块,仅保留后头骨部分。左上犬齿 1 枚。寰骨 1 块,标本 TN06W02⑨:6 - 1(图 5-6,3)。下颌骨 3 块,标本 TN06E03②:14,为右下颌骨,齿式为 Mand R(×, ×, ×, M_1, M_2), M_1 长 13.95、前宽 8.21、后宽 9.06 毫米, M_2 长 17.42、前宽 11.28、后宽 11.94 毫米, M_2 轻微磨损, M_3 未萌出,属于未成年个体;2 件为下颌骨联合部,都出土于 TN06E03F6:15,其中一件左侧保留了从 I_2 到 M_2 部分,其中 I_2、犬齿、M_2 缺失,保留了 $P_2 \sim M_1$,M_1 长 14.65、前宽 9.84、后宽 10.05 毫米,右侧保留了从 I_1 到犬齿部分,但是牙齿缺失(图 5-9,4)。

大型鹿科动物　共 12 块。鹿角 3 块,其中 1 块鹿角为自然脱落,根据角的特征,这 3 块鹿角都是麋鹿角。肩胛骨 1 块,标本 TN06E03②:10 - 3,左肩胛骨近端(图 5-9,5)。肱骨 3 块,TN06E03②:10 - 2,右肱骨远端(图 5-9,7);标本 TN06W03G2②:1012,左肱骨远端 2 块。股骨 1 块,标本 TN06W03G2②:1013,左侧近端。掌骨 2 块,标本 TN06E03⑦C:11 - 1,右掌骨,总长度约 191.3 毫米 ±(图 5-9,6);标本 TN06W04G2②:1,左掌骨近端,宽 55.37,厚 35.69 毫米。跖骨 1 块,标本 TN06W03G2②:1006,左跖骨近端,近端宽 53.92、厚 49.25 毫米(图 5-9,8)。中央附骨 1 块。

中型鹿科动物　共 13 块。鹿角 5 块,其中有 3 块为自然脱落。标本 TN05E03②:4,右侧鹿角,自然脱落(图 5-9,15)。头骨带角 5 块。标本 TN07W03G2②:910,头骨带左右 2 个角座(图 5-9,9);左头骨带角 3 块;标本 TN06W03G2②:1007,右头骨带角 1 块(图 5-9,10)。下颌骨 1 块,标本 TN07W03G2②:912,右侧下颌骨,保留了 $P_3 \sim M_3$ 部分,其中 P_3、P_4 只留齿根,$M_1 \sim M_3$ 保留,M_1 长 13.97、前宽 10.16、后宽 10.72 毫米, M_2 长 16.4、前宽 11.65、后宽 10.26 毫米, M_3 长 23.61、前宽 11.52 毫米(图 5-9,11)。桡骨 1 块,标本 TN06W02⑦A:15,左桡骨远端,远端宽 34.16、厚 35.15 毫米(图 5-9,14)。股骨 1 块,标本 TN06E03②:20,左远端,远端宽 50.63、厚 58.89 毫米(图 5-9,13)。

小型鹿科动物　1 块。标本 TN06W03G2②:1014,右肩胛骨近端,肩胛盂直径 17.76 毫米(图 5-9,12)。

鹿角 1 块。标本 TN06W04②:48,制作为骨器。

牛科动物　共 12 块。肩胛骨 4 块。右肩胛骨近端 3 块。标本 TN06W04②:3,远端残(图 5-9,16)。左肩胛骨近端 1 块。下颌骨 1 块,标本 TN06W02⑦A:6,右侧下颌骨,齿式为 Mand R(X, X, M_2, M_3), M_2 长不可测,前宽 30.52、后 15.46 毫米; M_3 长 39.6、前宽 13.82 毫

米±（图5-9,17）。游离齿2颗。1颗为左上颌 M^2（TN06W04②:10-2），1颗为右上颌 M^3（TN06W04G2②:3）（图5-9,18、19）。桡骨1块，标本 TN06W02⑨:6-1，左桡骨骨干。掌骨1块，标本 TN06W04H1:1，右掌骨远端，远端宽61.47±、厚33.26毫米（图5-9,20）。跟骨1块，标本 TN06W02⑨:6-2，左跟骨，远端关节脱落（图5-9,21）。距骨1块，标本 TN06E03F6:15，右距骨，总长222.78毫米±，近端宽54.26、中部最细30.7毫米±（图5-9,22）。腰椎1块。

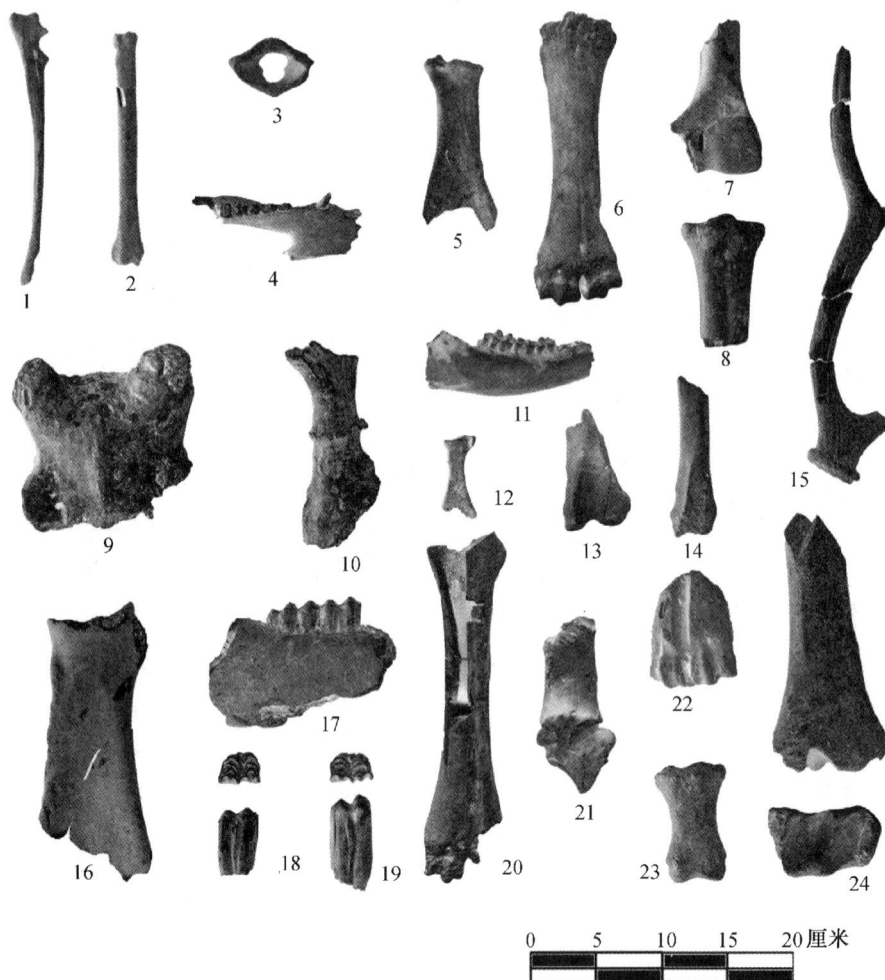

图5-9 丁家村遗址出土的动物骨骼

1.狗右尺骨（TN06E03②:16-1）　2.狗右桡骨（TN06E03②:16-2）　3.猪寰骨（TN06W02⑨:6-1）　4.猪下颌骨（TN06E03F6:15）　5.麋鹿左肩胛骨（TN06E03②:10-3）　6.麋鹿右掌骨（TN06E03⑦C:11-1）　7.麋鹿右肱骨（TN06E03②:10-2）　8.麋鹿左距骨（TN06W03G2②:1006）　9.梅花鹿头骨（TN06W03G2②:910）　10.梅花鹿右头骨带角（TN06W03G2②:1007）　11.梅花鹿右下颌骨（TN07W03G2②:912）　12.小型鹿科动物右肩胛骨（TN06W03G2②:1014）　13.梅花鹿左股骨远端（TN06E03②:20）　14.梅花鹿左桡骨（TN06W02⑦A:15）　15.梅花鹿鹿角（TN05E03②:4）　16.牛右肩胛骨（TN06W04②:3）　17.牛右下颌骨（TN06W02⑦A:6）　18.牛左上第二臼齿（TN06W04②:10-2）　19.牛右上第三臼齿（TN06W04G2②:3）　20.牛右掌骨远端（TN06W04H1:1）　21.牛左跟骨（TN06W02⑨:6-2）　22.牛右距骨（TN06E03F6:15）　23.马趾骨（TN06W04②:10-1）　24.马左胫骨远端（TN07W03G2②:911）

马科动物　共3块。趾骨1块。标本TN06W04②:10-1,保存完整(图5-9,23)。胫骨2块,分别出土于H1和TN07W03G2②:911,皆为左胫骨远端,后者保存较好,远端宽73.42、厚41.67mm,关节处有明显的狗咬痕迹(图5-9,24)。

四、讨论和分析

丁家村遗址发现的动物骨骼中,可能与家畜饲养有关的动物主要是狗、猪、牛和马。

中国常见的牛科动物主要包括水牛和黄牛两类。丁家村遗址出土的牛骨应该大部分属于黄牛,水牛掌骨整体形状宽短,而丁家村遗址发现的掌骨整体形状较长,符合黄牛的骨骼特征,丁家村遗址发现的牛的距骨也具有与黄牛相似的窄、长的形态特征。

根据动物考古学研究,中国家养黄牛的起源至少可追溯至新石器时代末期的公元前2500—前2000年,已经确认出土家养黄牛的遗址包括甘肃永靖大何庄、甘肃永靖秦魏家墓地、河南淮阳平粮台、河南新密古城寨、河南禹州瓦店,以及河南柘城山台寺等黄河流域上、中、下游地区[①]。目前长江流域新石器时代遗址发现的牛骨基本都为水牛,如江苏昆山绰墩遗址、浙江下家山遗址、上海江海遗址等[②]。夏商时期的遗址主要有长江三角洲地区发现的马桥遗址,遗址出土的牛骨也被鉴定为水牛[③]。丁家村遗址主要遗存属于商周时期,该时期遗址的动物考古学研究尚少,该遗址所发现的黄牛骨骼是目前长江流域动物考古学研究重要的早期例证。

中国境内新石器时代以来发现的马骨最早可以追溯到距今3700年前甘青地区的齐家文化。黄河中下游地区,家马的出现不早于距今约3300年前的商代晚期。以殷墟为代表,商代晚期家马突然大量出现,而且这一时间与世界家马的起源相比相差数千年,所以袁靖先生认为中国的家马是从中国境外传入的[④]。长江流域早期遗址中以往没有发现过马骨遗存。但是,宁镇地区曾经在西周至春秋晚期的墓葬中发现过几批车马器,主要地点有丹徒大港烟墩山M1[⑤]、母子墩墓[⑥]、磨盘墩82DMM1[⑦]、六合程桥M1、M2[⑧]、吴县何山墓[⑨]、丹徒谏壁王家山墓[⑩]、青龙山M1[⑪]、丹徒北山顶大墓等[⑫],车马器主要包括马衔、马镳、车辖、车軎、节

---

① 吕鹏:《试论中国家养黄牛的起源》,《动物考古(第一辑)》,文物出版社,2010年。

② 苏州市考古研究所:《昆山绰墩遗址》,文物出版社,2011年;浙江省文物考古研究所:《良渚遗址群考古报告之六——卞家山》,文物出版社,2014年;上海市文物管理委员会考古部:《上海奉贤县江海遗址1996年发掘简报》,《考古》,2002年第11期。

③ 上海市文物管理委员会:《马桥(1993—1997年发掘报告)》,上海书画出版社,,2002年。

④ 袁靖:《中国古代家养动物的动物考古学研究》,《第四纪研究》,2010年第2期。

⑤ 江苏省文物管理委员会:《江苏丹徒烟墩山出土的古代青铜器》,《文物参考资料》,1955年第5期。

⑥ 镇江市博物馆:《江苏丹徒大港母子墩西周铜器墓发掘简报》,《文物》,1984年5期。

⑦ 南京博物院等:《江苏丹徒磨盘墩周墓发掘简报》,《考古》,1985年第11期。

⑧ 江苏省文管会等:《江苏六合程桥东周墓》,《考古》,1965年第3期;南京博物院:《江苏六合程桥二号东周墓》,《考古》,1974年第2期。

⑨ 吴县文物管理委员会:《吴县何山东周墓》,《文物》,1984年第5期。

⑩ 镇江博物馆:《江苏镇江谏壁王家山东周墓》,《文物》,1987年第12期。

⑪ 丹徒考古队:《丹徒青龙山春秋大墓及附葬墓发掘报告》,《东方文明之韵——吴文化国际学术研讨会论文集》,岭南美术出版社,2000年。

⑫ 江苏省丹徒考古队:《江苏丹徒北山顶春秋墓发掘报告》,《东南文化》1988年第3、4期。

约等。《史记·吴太伯世家》曾经记载吴王寿梦二年申公巫臣教吴用兵乘车,但是从考古发现的车马器来看,吴国使用马车的时间更早。丁家村遗址所发现的马骨遗存虽然尚缺乏足够的地层学材料的支持,但是它说明了至少在两周时期家马已经被引入到长江流域。

由于丁家村遗址出土的动物骨骼数量不多,而且遗址的时代跨度较大,所以本文没有对遗址出土的动物骨骼进行细致的统计分析,从可鉴定标本数来看,家养动物与野生动物的数量大致相当,分别为23件和27件,占可鉴定标本总数的46%和54%。

除了家养动物外,丁家村遗址发现的野生动物主要为各类鹿科动物,一般认为梅花鹿生活在林间灌木丛或林缘草地中,麋鹿栖息于平原的沼泽草地或芦苇地,小型鹿科动物如獐等生活在河岸、湖边、海滩芦苇或茅草丛生的环境中①。所以,根据丁家村遗址发现的鹿科动物种属,大致可以推测遗址当时所处的自然环境主要为湿地草原环境,遗址附近有沼泽地带、灌木丛等。

除了满足食用、畜力等功能外,动物骨骼还常常被用作制作工具的重要原料。丁家村遗址发现的动物骨骼中,共有6件骨骼有明显的加工痕迹,它们属于骨器或骨器的半成品。

骨器有4件。标本TN06E03⑫:20,用中型哺乳动物肢骨制成,下端磨制呈圆弧状,似骨匕。残长16.2厘米(图5-10,1)。标本TN06W04②:2-2,用鹿角制成,形态也似骨匕,残长6.8厘米(图5-10,2)。标本TN06E03⑦C:11-4,由中型鹿科动物的鹿角制作而成,鹿角为自然脱落,近角盘处有对穿的方形孔,上端残。角盘直径6.2~7.2、残长11厘米(图5-10,3)。标本TN06E02②:9,用牛的左肩胛骨制成,肩胛冈和远端都有明显的磨制痕迹。长22.7、残宽7.9厘米(图5-10,6)。

骨器的半成品有2件。标本TN06W04G2①:6,用麋鹿的鹿角制成,下部有明显的切割痕迹,角尖部有磨制后形成的平面。残长12.2、宽4.3厘米(图5-10,4)。标本TN06E03⑥:3,用鹿角制成,一端有截取骨料后留下的砍痕,鹿角表面修整成平面,鹿角中段有明显的砍斫和切削痕迹。残长14.4、宽2.2、厚1.6厘米(图5-10,5)。

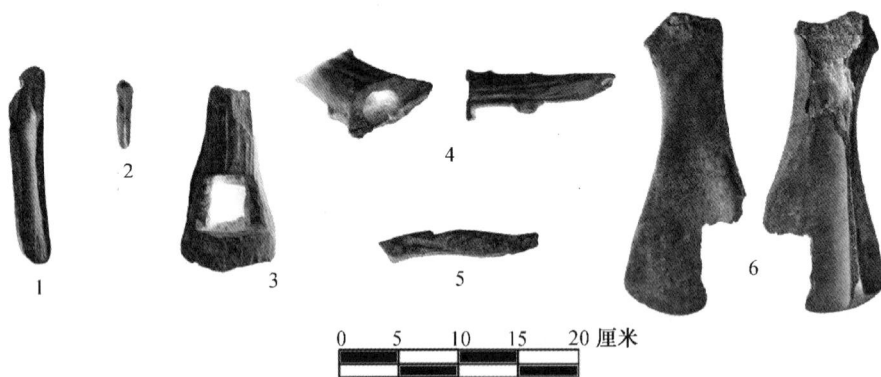

0 5 10 15 20 厘米

图5-10　丁家村遗址出土的骨器及半成品

1. 骨匕(TN06E03⑫:20)　2. 骨匕(TN06W04②:2-2)　3. 骨器(TN06E03⑦C:11-4)　4. 骨器半成品(TN06W04G2①:6,左图为锯切痕局部放大照片)　5. 骨器半成品(TN06E03⑥:3)　6. 骨铲(TN06E02②:9)

---

① 盛和林:《中国野生哺乳动物》,中国林业出版社,1999年。

五、结语

丁家村遗址出土的动物骨骼全部属于哺乳动物,共计 7 种,分别为狗、猪、麋鹿、梅花鹿、小型鹿科动物、黄牛和马。鹿科动物生活习性显示,丁家村遗址所处的自然环境主要为湿地草原环境。丁家村遗址发现了一定数量的黄牛和马,它们是长江流域这两类家养动物重要的早期例证。丁家村遗址植物考古学研究还发现了小麦的植物遗存。这些发现表明,随着黄河流域文化向宁镇地区的渗透,黄牛、马、小麦等北方文化传统的家养动植物也逐渐被南方文化吸收和利用,它与以往发现的陶器、青铜器等物质遗存一起构成了探讨青铜时代宁镇地区与黄河流域之间文化交流的重要材料。

（陈　杰　司红伟）

第三节　镇江丁家村遗址人骨 C、N 稳定同位素分析简报

一、样品概况

丁家村遗址共发掘 17 座墓葬,但是人骨样品保存状况极差,绝大部分墓葬没有提取出人骨样品。本研究样品选取自 M9 和 M11 墓主人的骨骼遗存(表 5-5)。

二、样品前处理

骨胶原的提取方法是依据国外学者 Jay 和 Richards 文章,并稍加修改。[①] 机械去除骨样内外表面的污染物,置于 0.5mol/L HCL(4℃)中脱钙,每隔两天更换酸液,直至骨样松软、无明显气泡为止。去离子水洗至中性,常温下 0.125mol/L NaOH 浸泡 20 小时,再洗至中性。于 0.001mol/L HCL 溶液中 70℃明胶化 48 小时,趁热过滤,冷冻干燥后得骨胶原。

三、样品的测试

C、N 元素含量及 C、N 稳定同位素比值测定,在中国科学院大学考古稳定同位素实验室(AIL, UCAS)进行。所用仪器为 Elementar Vario-Isoprime100 型稳定同位素质谱分析仪。测试 C、N 含量的标准物质为磺胺(Sulfanilamide)。C、N 稳定同位素比值分别以 USGS 24 标定碳钢瓶气(以 PDB 为基准)和 IEAE-N-1 标定氮钢瓶气(以 AIR 为基准)为标准。每 10 个测试样品中,分别插入 1 例咖啡因、CH6 和 N2 为标准样品。同位素的分析精度皆为 ±0.2‰,测试结果以 $\delta^{13}C$(相对于 PDB)、$\delta^{15}N$(相对于 AIR)表示,详见表 5-5。

---

① Jay M, Richards M P. Diet in the Iron Age cemetery population at Wetwang Slack, East Yorshire, Carbon and nitrogen stable isotope evidence. *J Archaeolo Sci*, 2006, 33: 653 – 662.

表5-5　丁家村遗址人骨C、N稳定同位素测试结果

序号	遗址	墓号	C(%)	N(%)	C/N摩尔比	$\delta^{13}C$(‰)	$\delta^{15}N$(‰)
1	丁家村	M9	37.4	13.8	3.2	-18.8	13.4
2	丁家村	M11	43.2	16.0	3.2	-19.2	11.2

四、骨骼污染判断

骨骼在埋藏过程中受到湿度、温度及微生物等因素的影响，其结构和化学组成可能会发生改变。因此，判断骨样是否被污染是进行C和N稳定同位素分析的前提。[1] 其中，判断骨胶原是否污染的最重要指标当属骨胶原的C和N含量及C/N摩尔比值。现代胶原蛋白的C、N含量分别为41%和15%左右[2]，C/N摩尔比在2.9～3.6。[3] 尽管古骨中的胶原蛋白因保存情况的不同，其C和N含量常有所波动，但其C/N摩尔比正常，可视其为未污染样品，开展稳定同位素分析。

由表5-5可知，丁家村两例样品的C/N摩尔比均为3.2，处于正常范围之内，表明这两例样品提取的骨胶原未受到外界污染，同位素测试结果可靠，可进行后续的分析工作。

五、稳定同位素分析结果和初步讨论

据光合作用途径的不同，陆生植物包括C_3植物和C_4植物两类植物。C_3植物，具有低的$\delta^{13}C$值，平均值为-26.5‰，主要以稻、麦和大豆为代表；而C_4类植物的$\delta^{13}C$值通常较高，平均值为-12.5‰，主要以粟类、玉米和高粱等为代表。在植物的C经消化吸收转化为动物骨胶原中的C过程中，$\delta^{13}C$值将发生富集。若不考虑C同位素在营养级的分馏效应，以100% C_3为食的动物和人，其$\delta^{13}C$值为-21.5‰，以100% C_4类为食的动物和人，其$\delta^{13}C$值为-7.5‰。[4]丁家村两例先民的$\delta^{13}C$值分别为-19.2‰和-18.8‰，平均值为-19.0±0.3‰，表明先民总体上以C_3类食物为主，兼具少量C_4类食物(图5-11)。

根据丁家村遗址的植物考古研究可知，农作物遗存包括有水稻、黍、粟、小麦和大豆，呈现一种五谷齐全的结构。但是从出土概率和数量百分比来看，水稻都不具备优势，相反旱地作物粟和小麦在农作物组合中占据了十分重要的位置，表现了一种以旱作为主、种植水稻为辅的生产体系。量化分析显示，小麦是丁家村聚落农业生产中最重要的内容之一，其地位甚至可能超越了水稻(镇江博物馆，待发表资料)。

丁家村两例先民的食物结构总体上以C_3类植物和以C_3类植物为食物的动物资源为主，结合植物考古研究结果可知，推测为小麦和水稻，但仅凭C稳定同位素分析结果，尚无法

---

[1]　Hedges R E M. Bone diagenesis: An overview of processes. *Archaeometry*, 2002, 44: 319-328.

[2]　Ambrose S H. Preparation and characterization of bone and tooth collagen for stable isotope analysis. *J Archaeol Sci*, 1990, 17: 431-451.

[3]　DeNiro M. Post-mortem preservation of alteration of in vivo bone collagen isotope ratios in relation to palaeodietary reconstruction. *Nature*, 1985, 317: 806-809.

[4]　蔡莲珍、仇士华等：《碳十三测定和古代食谱研究》，《考古》，1984第10期。

　　胡耀武、杨学明等：《古代人类食谱研究现状科技考古论丛》(第二辑)，中国科学技术大学出版社，2000年。

判断两者之间的比例大小。

　　丁家村遗址发现了粟和黍两种旱地作物,尤其是粟在出土概率和百分比上都具有明显的优势,这表明至迟在西周时期,丁家村所在的宁镇地区已经接纳了北方的农作物并进行了种植(镇江博物馆,待发表资料)。但是丁家村两例先民的 $\delta^{13}C$ 值表明,粟黍类食物在先民饮食结构中所占比例很低,并不占有重要地位。

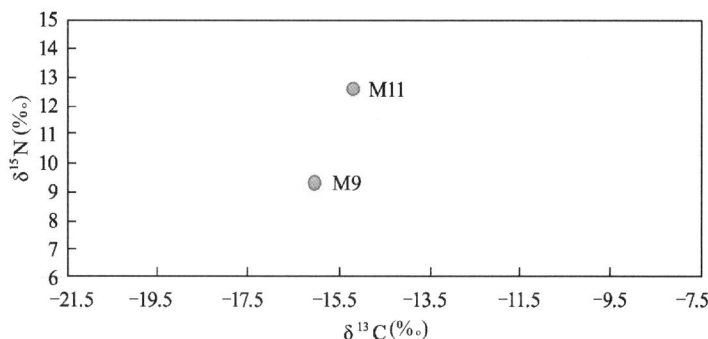

图 5-11　丁家村遗址先民的 $\delta^{13}C$ 和 $\delta^{15}N$ 值散点图

表 5-6　不同地区遗址先民的稳定同位素分析比较

遗址	地区	年代	样本数量	δ13C(‰)	δ15N(‰)	参考文献
丁家村	长江流域	周代	2	−19.0 ±0.3	12.3 ±0.3	本文
鲤鱼墩	华南沿海	7000 – 6000	2	−17.0 ±1.3	13.8 ±1.4	胡耀武,2010①
田螺山	长江流域	7000 – 5500	10	−20.7 ±0.5	8.7 ±0.9	南川雅男,2011②
三星村	长江流域	6500 – 5500	19	−20.1 ±0.2	9.7 ±0.3	胡耀武,2007③
塔山	长江流域	5900 – 5600	3	−18.4 ±0.5	9.2 ±0.5	张国文,2015④
昙石山	华南地区	5000 – 4300	17	−18.4 ±1.1	10.8 ±1.5	吴梦洋,2016⑤
前掌大墓地	华东地区	商末周初	48	−8.9(n=36)	10(n=48)	张雪莲,2012⑥
北阡	华东沿海	周代	4	−9.2 ±0.8	10.5 ±0.5	王芬,2012⑦

　　与 $\delta^{13}C$ 值主要反映先民饮食的主要粮食种类不同, $\delta^{15}N$ 值更多地用以确定先民个体的营养级状况。研究表明,沿食物链的营养级每上升一级, $\delta^{15}N$ 值将富集 3‰ ~ 5‰,这意味着植食动物比其所食的植物 $\delta^{15}N$ 值约富集 3‰ ~ 5‰,而肉食动物又比植食动物 $\delta^{15}N$ 值富集

　　① 胡耀武、李法军等:《广东湛江鲤鱼墩遗址人骨的 C、N 稳定同位素分析:华南新石器时代先民生活方式初探》,《人类学学报》,2010 年第 3 期。
　　② 南川雅男,松井章,中村慎一等:《由田螺山遗址出土的人类与动物骨骼胶质炭氮同位素组成推测河姆渡文化的食物资源与家畜利用》,北京大学中国考古学研究中心,浙江省文物考古研究所《田螺山遗址自然遗存综合研究》,文物出版社,2011 年,第 262 – 269 页。
　　③ 胡耀武、王根富等:《 江苏金坛三星村遗址先民的食谱研究》,《科学通报》,2007 年第 1 期。
　　④ 张国文、蒋乐平等:《浙江塔山遗址人和动物骨的 C、N 稳定同位素分析》,《华夏考古》,2015 年第 2 期。
　　⑤ 吴梦洋、葛威等:《海洋性聚落先民的食物结构:昙石山遗址新石器时代晚期人骨的碳氮稳定同位素分析》,《人类学学报》,2016 第 2 期。
　　⑥ 张雪莲、仇士华等:《山东滕州市前掌大墓地出土人骨的碳、氮稳定同位素分析》,《考古》,2012 年第 9 期。
　　⑦ 王芬、樊榕等:《即墨北阡遗址人骨稳定同位素分析:沿海先民的食物结构》,《科学通报》,2012 年第 12 期。

3‰~5‰。在缺乏明确营养级 $\delta^{15}N$ 值时,可以认为,陆生环境中,食草动物的 $\delta^{15}N$ 值大约为 3‰~7‰,杂食类动物的 $\delta^{15}N$ 值为 7‰~9‰,肉食类动物的 $\delta^{15}N$ 值则大于 9‰。对于以淡水类为主的动物,其 $\delta^{15}N$ 值略高于陆生环境下同营养级的动物,而以海生类食物为主的动物,其 $\delta^{15}N$ 值最高。

丁家村两例先民 $\delta^{15}N$ 值的分别为 11.2‰和13.4‰,均值为12.3‰,远高于9‰,表明其食物结构中包含大量的海生类食物资源。这两例先民 $\delta^{15}N$ 均值高于三星村、田螺山和昙石山遗址等先民,接近鲤鱼墩遗址的分析结果,呈现明显的海生类食物资源为主的模式(表5-6)。

六、结论

本研究通过对丁家村遗址出土的人骨进行胶原蛋白的提取和 C、N 稳定同位素分析,可以得出以下初步结论:

丁家村遗址两例先民总体上以 C3 类食物为主,兼具少量 C4 类食物。结合已有植物考古研究成果,推测先民食物结构中以水稻和小麦为主,而粟黍类食物所占比例很低,并不占有重要地位。此外,先民食物中除了包括一定数量的陆生动物肉食资源,同时大量摄入海洋鱼类食物资源。但由于该遗址人骨保持情况较差,研究个体较少,该结论尚待更多考古发现和稳定同位素分析工作的开展和验证。

(王　宁)

第四节　镇江丁家村遗址陶瓷样品分析
——波长色散 X 荧光光谱(WDXRF)检测报告

有关原始瓷的专门研究始于 20 世纪 60 年代,大多数研究都是围绕着原始瓷的性质与定名、原始瓷的产地、原始瓷与陶器的关系、原始瓷的起源时间等几个大问题展开的[①]。其中中国科学院上海硅酸盐研究所的周仁等对陕西张家坡西周居住遗址的原始瓷样品做了化学成分、矿物组成、烧成温度和物理性能的测定,并依此对该遗址的原始瓷的烧制工艺和产地问题做了分析[②]。之后越来越多的科技考古学者投入到原始瓷的科技研究中,他们围绕原始瓷的器质界定、制作工艺、产地等问题,使用多种方法对原始瓷的物理性能及胎釉的化学成分测试分析,所测样品来自河南、陕西、山东、安徽、江西、江苏、浙江、福建、广东、广西等地区出土的各个时期的原始瓷。镇江地区是原始瓷集中出土的地区,发现了大量的原始瓷,年代从商代一直延续到春秋时期。然而对于镇江地区原始瓷的研究,仍然停留在传统的类型学的研究上,科技检测手段在该地区原始瓷研究的应用上仍然是一片空白。该地区的原始瓷最早出现于何时? 是当地生产还是外来的? 如果是外来的,产于何处? 与其他地区的

---

① 谢西营:《商周原始瓷器研究综述》,沈岳明、郑建明主编《原始瓷起源研究论文集》,文物出版社,2015 年,第 75 – 89 页。

② 周仁等:《张家坡西周居住遗址陶瓷碎片的研究》,《考古》,1960 年第 9 期;周仁等:《张家坡西周陶瓷烧造地区的探讨》,《考古》,1961 年第 8 期。

原始瓷都有什么关系？这些都是亟待解决的问题。

2013 年 12 月，镇江博物馆在调查拟建设的 312 国道镇江段时发现了丁家村遗址。2014 年 2 月，镇江博物馆开始抢救发掘丁家村遗址。丁家村遗址位于镇江市润州区韦岗镇红旗村丁家组，地处宁镇山脉南侧高丽山与十里长山的山间谷地，东侧有船山河流过，沿河而上还有赵家团山、磨盘山、巫岗村、涧西等遗址。出土遗物种类以陶器为主，石器次之，另有少量原始瓷器、青铜器及骨角器等。该遗址出土的原始瓷数量虽然不多，但是年代从商代晚期一直延续到春秋时期，基本可以代表镇江地区原始瓷发展的整个过程，所以该遗址所出土的原始瓷是研究宁镇地区原始瓷的重要材料①。有鉴于此，本文选取了镇江丁家村遗址的原始瓷及疑似原始瓷②的标本做了检测分析，以期研究其工艺特征，并判断疑似原始瓷标本的性质。

一、实验部分

1. 样品选择

本次检测的样品是由镇江博物馆提供的，均出土于镇江丁家村遗址。本次检测共选取了 18 件样品，其中原始瓷 10 件，编号为 ZDY-01 至 ZDY-10；疑似原始瓷 7 件，编号为 ZDYY-01 至 ZDYY-07。标本的具体信息见表 5-9。

表 5-9　样品描述

实验室编号	考古学编号	年代	器物描述
ZDYY-01	TN05W01④:71	商晚	豆足。胎色灰紫色，胎中有极小的白色杂质。表面深褐色。
ZDYY-02	TN06W04H2:10	商晚	豆盘口沿，有錾。胎色灰白，胎中有白色及黑色杂质。外表深灰色，内表疑似深灰色脱落。
ZDYY-03	TN06W02G2②:3	商晚	豆盘，有錾。胎色灰黑，胎中有极小的白色及黑色杂质。表面深褐色。
ZDYY-04	G2 采集	商晚	豆足。胎色紫红，胎中有白色及黑色杂质。豆盘内底有釉，釉极薄，呈黄绿色。
ZDYY-05	TN05E01⑤:50	商晚	豆足。胎色灰，胎中少量白色杂质。豆盘内底有釉，釉极薄，呈深褐色。另外其他部分的表面也与胎的颜色不同，呈褐色。
ZDYY-06	TN06W02④:27	商晚	豆盘。胎色灰白，有少量灰色和白色杂质。豆盘外壁泛红色，红色外表之上还有零星的深褐色附着物。
ZDYY-07	TN06W06②:89	春秋	胎色白而泛红，胎中有极少量的黑色杂质。表面无釉。
ZDY-01	TN06E03⑥:97	西周	胎色灰白，胎中有少量的黑色和白色杂质。釉色青绿，釉薄。
ZDY-02	TN06W06④:46	西周	胎色灰，胎中有少量黑色杂质。仅在豆盘内壁见黄褐色釉，釉薄且有脱落现象。豆盘外壁无釉。

---

① 司红伟等：《江苏镇江丁家村遗址发掘简报》，《东南文化》，2017 年第 1 期。
② 本文中所谓"疑似原始瓷"，指的是考古发掘工作者依据肉眼观察及经验，认定为原始瓷的部分样品。但因其表面无釉或仅有零星的薄釉分布，又与原始瓷有别。因此笔者认为尚不能直接称其为"原始瓷"，而以"疑似原始瓷"暂代之。

续表

实验室编号	考古学编号	年代	器物描述
ZDY-03	TN06W06④:49	西周	胎色灰白,胎中有白色和黑色杂质。釉色青绿,釉薄且有脱落现象。
ZDY-04	TN06W06④:50	西周	胎色灰,胎中有明显的白色和黑色杂质。釉色青绿,釉薄且有脱落现象。
ZDY-05	TN06W04②:67	春秋	胎色灰白,胎中有黑色和白色杂质。釉色深绿,釉较厚且有较明显流釉和积釉现象。
ZDY-06	TN06E03④:89	春秋	胎色灰白,胎中少见杂质。釉色青绿,釉层较厚,且有积釉现象。
ZDY-07	TN06W06③:86	春秋	碗底。胎色灰白,胎中有黑色和白色杂质。釉色黄绿,釉薄且均匀,积釉现象不明显。
ZDY-08	TN06W02②:8	春秋	胎色灰白,胎中有明显的黑色和白色杂质。釉色黄绿,釉呈薄,有缩釉现象。
ZDY-09	TN07W04H1:7	春秋	胎色灰白,胎中有黑色和白色杂质。釉色青绿,釉层较厚,且有积釉现象。
ZDY-10	TN06W06②:181	春秋	胎色灰白,胎中杂质较少。釉色黄绿,釉层薄,有积釉现象。

2. 分析方法

本文拟采用 X 射线荧光光谱分析(XRF)检测选取样品的胎。X 射线荧光光谱分析方法具有可测元素种类范围广、分析速度快、可同时测多个元素、测试准确可靠、制样方便、操作简单、测试价格便宜等多种优点,使用该方法可以实现微损甚至无损分析,因此该方法非常适合检测考古样品①。样品测试所用仪器为南京大学现代分析中心的波长色散 X 荧光光谱仪(WDXRF)。该仪器由美国热电公司生产,仪器型号为 ARL-9800XP + 型。

3. 样品预处理

由于波长色散 X 荧光光谱光谱仪的进样室较小,采集的样品难以放入仪器进样室。为了避免更为严重的破坏,笔者没有切割样品,而是直接在样品上取粉末样品。先用去离子水将标本表面的泥土清洗干净,之后再放入超声波清洗机中用去离子水清洗。清洗完毕后,放入烘干箱进行烘干。后使用圆柱形的碳化钨牙钻,磨去样品待取样部位的表面,并用无水乙醇清洗取样部位。最后使用球形碳化钨牙钻直接在取样部位取0.1g粉末样品,封装,送检。

二、结果与讨论

我们共检测了镇江丁家村遗址出土的7件疑似原始瓷样品和10件原始瓷样品。7件疑

---

① Beckhoff B. ,Kanngieβer B. ,Langhoff N. ,Wedell R. ,Wolff H. ,Handbook of Practical X-Ray Fluorescence Analysis, New York:Springer,2006:687 – 700;Pollard M. ,Batt C. ,Stern B. & Young S. M. M. ,Analytical Chemistry in Archaeology,Oxford city:Cambridge University Press,2006:101 – 109;Shackley M. S,X-Ray Fluorescence Spectrometry (XRF) in Geoarchaeology,New York:Springer,2011:7 – 44.

似原始瓷中,ZDYY-07的年代为春秋时期,其余样品均为商代晚期。10件原始瓷样品的年代从西周延续至春秋时期。所有样品胎的主次量化学元素含量见表5-10。

表5-10　丁家村遗址出土陶瓷样品胎化学组成(wt%)

样品编号	SiO_2	Al_2O_3	Fe_2O_3	K_2O	TiO_2	MgO	Na_2O	CaO	NiO	P_2O_5	MnO	净烧失量	烘干失重
ZDYY-01	68.11	20.49	4.71	2.11	0.92	0.77	0.75	0.52	0.16	0.09	0.07	1.16	0.67
ZDYY-02	74.76	15.66	2.93	1.65	0.89	0.50	0.41	0.60	0.05	0.54	0.01	1.88	0.95
ZDYY-03	74.04	15.50	4.00	1.62	0.80	0.52	0.28	0.36	0.10	0.48	0.02	2.18	0.70
ZDYY-04	72.53	18.49	3.34	1.62	0.79	0.62	0.38	0.44	0.17	0.10	0.04	1.39	0.60
ZDYY-05	70.51	18.98	4.05	1.68	0.79	0.71	0.28	0.56	0.23	0.17	0.02	1.93	0.43
ZDYY-06	74.42	17.40	2.74	1.30	0.69	0.54	0.28	0.45	0.11	0.43	0.01	1.53	0.44
ZDYY-07	76.95	14.29	1.68	1.92	0.83	0.78	0.56	0.44	0.04	0.08	0.02	2.32	0.57
ZDY-01	74.13	16.22	1.40	3.41	0.63	0.26	0.14	0.25	0.15	0.05	0.02	3.20	0.63
ZDY-02	75.40	15.47	2.37	1.40	0.89	0.52	0.59	0.38	0.03	0.71	0.02	2.05	0.39
ZDY-03	69.19	21.85	2.08	2.42	0.78	0.31	0.96	0.40	0.06	0.03	0.03	1.77	0.20
ZDY-04	73.63	17.00	2.02	2.62	0.91	0.48	0.55	0.69	0.01	0.10	0.01	1.85	0.79
ZDY-05	72.31	19.05	1.48	3.09	0.89	0.30	0.49	0.52	0.14	0.06	0.03	1.49	0.24
ZDY-06	74.16	17.53	1.01	3.20	0.49	0.21	0.77	0.00	0.07	0.03	0.02	1.95	0.25
ZDY-07	76.10	16.24	1.58	1.75	0.67	0.41	0.48	0.31	0.03	0.21	0.01	2.15	0.57
ZDY-08	74.32	17.96	1.90	2.14	0.69	0.37	0.34	0.32	0.02	0.30	0.01	1.52	0.17
ZDY-09	75.57	15.34	2.01	2.20	0.79	0.41	0.53	0.32	0.04	0.57	0.02	2.12	0.31
ZDY-10	75.05	16.25	1.66	1.80	0.65	0.35	0.42	0.35	0.03	1.00	0.03	2.32	0.40

注:以上数据为105℃下烘干4小时后的干态值。烘干失重不计入归一化计算。

1. 原始瓷的胎料种类

检测结果表明,所有10件原始瓷样品胎的SiO_2含量均大于69%,在69.19%~76.10%区间,Al_2O_3的含量均小于22%,在21.85%~19.05%,SiO_2/Al_2O_3在3.17~4.93浮动。这种高硅低铝的特征,与南方地区常见的瓷石原料相符①。因此所有10件原始瓷样品的胎应当都是以瓷石为原料制作的。

2. 疑似原始瓷的性质

检测结果表明,所有7件疑似原始瓷样品胎的SiO_2含量均大于68%,在68.11%~76.95%区间,Al_2O_3均小于21%,在14.29%~20.49%,SiO_2/Al_2O_3在3.32~5.39浮动。这种高硅低铝的特征与原始瓷样品相似,因此这种疑似原始瓷样品的胎应当也是以瓷石为原料制作的。尽管如此,7件疑似原始瓷样品中有5件(ZDYY-01、ZDYY-02、ZDYY-03、ZDYY-06、ZDYY-07)表面无釉,这一特征明显不同于原始瓷,也不符合瓷器表面需施有高温釉这一

---

① Guo Yanyi. Raw Materials for Making Porcelain and the Characteristics of the Porcelain Wares in North and South China in Ancient Times, Archaeometry, 1987,29(1);张福康:《中国古陶瓷的科学》,上海美术出版社,2000年,第2页;陈铁梅:《在宏观和历史的视角下对北方出土商周原始瓷产地的再探讨》,《考古》,2016年第6期。

判定的标准①。因此这些样品尚不能称为原始瓷,而是一种以瓷石为胎料的硬陶器。另外2件疑似原始瓷的样品(ZDYY-04、ZDYY-05),其表面有零星的薄釉分布。这些釉是人工施加还是自然形成的,决定了这些标本的性质。然而由于客观条件所限,我们暂无法测定样品的釉,因此只能留到以后再研究讨论。

3. 陶瓷样品胎料选择与处理的变化

上文中笔者推测本次检测的陶瓷器样品均以瓷石作为胎料。虽然如此,但其胎料的成分仍有比较明显的差别,主要区别在 Fe_2O_3 的含量上。从图5-13样品铁含量的箱图中可以看出,随着年代的变晚,样品胎料中的 Fe_2O_3 有了明显的下降。Fe_2O_3 是陶瓷器胎中的主要着色剂,含铁量较高的胎色往往较深,这就是有些高铁样品的胎呈现灰紫色或紫红色的原因。再者,Fe_2O_3 在陶瓷胎中还起到了助溶剂的作用,其含量的减少导致原始瓷器胎的熔点提高,从而使其可以承受更高的烧造温度,以生成莫来石和较高的玻璃态,提高瓷胎的瓷化程度②。随着年代的变化,采集样品中的 Fe_2O_3 逐渐减少,说明工匠们为了提高瓷胎的烧成温度并使瓷胎的胎色变浅,而有意识地改善了对胎料的选择及加工处理技术。

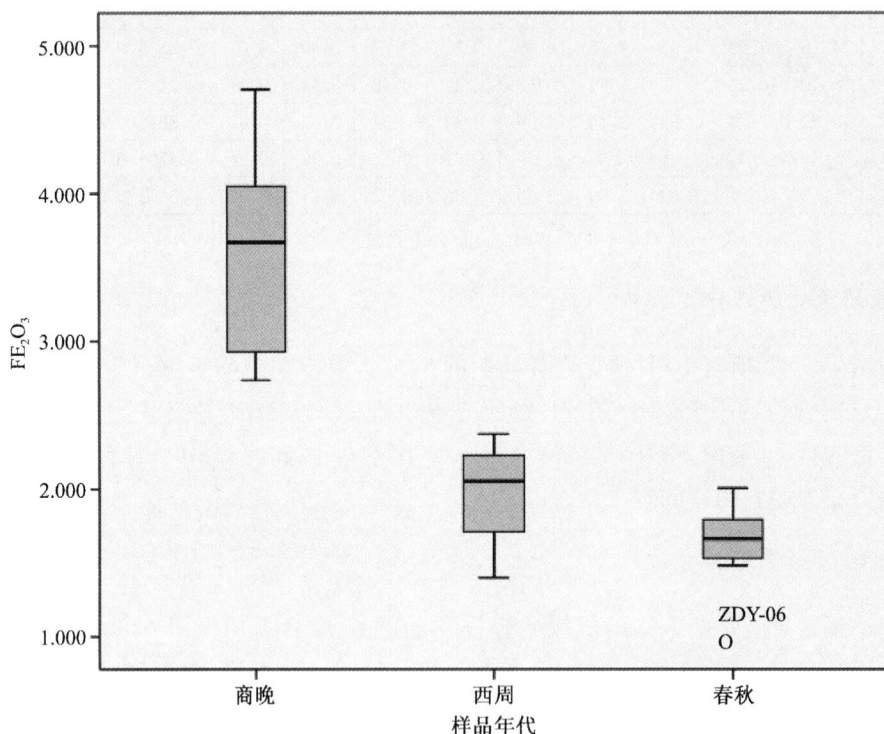

图5-13 丁家村遗址陶瓷样品 Fe_2O_3 含量箱图

(李泽群　王晓琪　司红伟)

① 王昌燧等:《"原始瓷器"概念与青瓷起源再探讨》,《考古》,2014年第9期。
② 中国硅酸盐学会编:《中国陶瓷史》,文物出版社,2011年,第78页。

第五节　镇江丁家村遗址出土石器微痕分析报告

　　江苏镇江丁家村遗址是一处典型的商周时期遗址,为基岩层上发展起来的台形遗址。2014 年以来,镇江博物馆对其进行了发掘,发现了柱洞群、灰坑、墓葬、灰沟等遗迹,出土了大量陶瓷器、石器、青铜器及动植物标本。遗址分布于河流西岸的岗地上,临近水田及池塘。遗址总面积接近 3 万平方米,规模较大,可能为船山河流域的中心聚落。在对丁家村遗址文化层堆积浮选中获得了丰富的炭化植物遗存,包括小麦、水稻、粟、黍、大豆等农作物,其中小麦的数量最为突出,这些发现对研究该区域先民农业结构及小麦的传播具有重要意义。遗址还出土了较多石器,器型主要有刀、锛、铲、镰、镞、纺轮、磨石等[1]。

　　石器使用痕迹的显微观察,即微痕研究,是石器分析的一种方法。同一种工具,以不同使用方式加工同一种对象时,产生的痕迹是不同的;以相同使用方式加工不同对象时,产生的痕迹也是不同的[2]。微痕分析作为一种实证方法,在解决石器功能方面具有自身的优势,开展对磨制石器的微痕研究是很有必要的。本研究尝试运用微痕分析方法,对丁家村出土的磨制石器进行功能的考察,判断这些细石器是否经过使用,以及可能的使用方式和加工对象。本文系初步的微痕报告,仅对此次研究的标本与数据予以解释。

一、研究方法

　　根据观察设备和倍数的不同,微痕分析一般分为"高倍法"[3][4]和"低倍法"[5][6]两种技术。这两种技术各有优势和不足,经过长期的实践,学界基本达成共识,认为两种方法相结合效果更佳[7]。本次观察采用超景深三维显微镜 KEYENCE VHX – 5000,观察倍数为主要为 20 ~ 200 倍。在观察前,所有样本经过超声波清洗。

(一)相关定义

　　本次观察前,首先尝试对石锛和石凿进行了形态与技术的区分。石锛的判断依据依次为:(1) 器宽大于器厚;(2) 多为单面刃;(3) 器身多有用于捆绑的打制痕迹。石凿的判断依据依次为:(1) 器物宽厚相当或者器厚大于器宽;(2) 双面刃为主,偶有单面刃;(3) 器身多无用于捆绑的打制痕迹。

　　在观察和记录微痕时,以石器有刃的一面为 B 面,反面则为 A 面,侧刃为 C 面。当石器为

---

　　① 镇江博物馆、复旦大学文史研究院:《江苏镇江丁家村遗址发掘简报》,《东南文化》,2017 年第 1 期。

　　② Semenov S A (translated by Thompson M W). *Prehistoric Technology*:*An Experiment Study of the Oldest Tools and Artifacts from Traces of Manufacture and Wear*. London:Cory, Adams & Mackay, 1964.

　　③ Keeley L H. *Experimental Determination of Stone Tool Uses*. Chicago:The University of Chicago Press, 1980.

　　④ 王小庆:《石器使用痕迹显微观察的研究》,文物出版社,2008 年。

　　⑤ Odell G H. Towards a more behavioral approach to archaeological lithic concentrations. *American Antiquity*, 1980, 45 (2):404 – 431.

　　⑥ 高星、沈辰主编:《石器微痕分析的考古学实验研究》,科学出版社,2008 年。

　　⑦ Shea J J. On accuracy and relevance in lithic use-wear analysis. *Lithic Technology*, 1987, 16(2 – 3):44 – 50.

双面刃或者刃的位置不明时,一般以写有器物编号的一面为 A 面,反面为 B 面,侧刃为 C 面。

(二)微痕观察项目

微痕观察的主要项目一般有片疤、光泽、磨圆和擦痕。和打制石器相比,磨制石器具有耐磨性好、使用寿命长等特性[①],本次观察对具体的观察项目加以调整和定义,最终以组合特征为依据进行综合判断。

石器刃缘受到力的作用时即会崩坏而形成破损,片疤因此是使用痕迹的重要特征之一。针对片疤进行观察分析的要素有大小、分布及终止形态。片疤大小可根据显微镜放大倍数分为超大型 V(肉眼可见)、大型 L(10 倍以下可观察到)、中型 M(10~20 倍可观察到)、小型 S(20 倍以上可观察到)、极小型 T(40 倍以上可观察到)。片疤分布模式指片疤之间的关系,可分为连续式 C、丛簇式 R、分散式 S、间隔式 D、不均匀式 U、层叠式 P(图 5-14)。片疤终止形态指其在终端的形状,可分为羽翼状 F、卷边状 H、阶梯状 S、折断状 B(图 5-15)。

当石器划过其他材料时,二氧化硅的显微颗粒与周围工作环境中的二氧化硅颗粒一起分散地被压在石器表面,这会在石器工作面上产生细微的变化,以至于能反射更多的光[②]。光泽的分布形态可分为零星分布 OP、散漫分布 DP、线状分布 LP、片状分布 SP,其光亮程度可分为初始光泽 IP、微亮光泽 WP、毛糙光泽 MP、明亮光泽 BP。

磨圆程度可分为零磨圆 AR、轻度磨圆 LR、中度磨圆 MR、严重磨圆 HR。

擦痕是因摩擦产生的磨痕,一般可以指示工具的运动方向。根据其与刃缘的位置及程度可分为零擦痕 AS、平行擦痕 LS、垂直擦痕 RS、斜交擦痕 DS。

连续分布　　　　　间隔分布　　　　　分散分布　　　　　层叠分布

图 5-14　片疤分布模式示意图

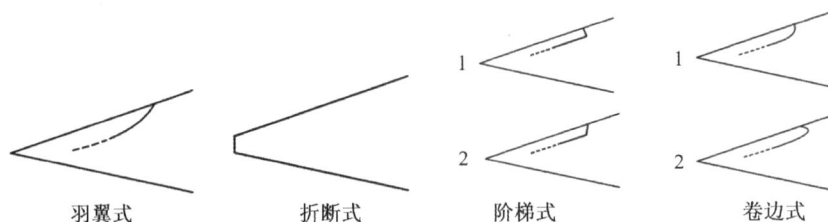

羽翼式　　　　　折断式　　　　　阶梯式　　　　　卷边式

图 5-15　片疤终端形态示意图

二、微痕观察结果与初步分析

(一)石锛

丁家村出土石锛 62 件,部分残断比较严重。本次对所有完整标本进行观察并分析,共

① 陈虹、刘吉颖、汪俊:《从原料角度探讨中国磨制石器出现及发展的动因》,《考古》,2017 年第 10 期。

② John J. Shea. Lithic Microwear Analysis in Archeology. *Evolutionary Anthropology*,1992:143 – 150.

计52件,其中包括5件有段石锛和3件有槽石锛。微痕结果见表5-11。

分析结果表明,大多数石锛刃缘崩损严重,使用时间和使用强度较大,多数刃缘已失去效能。40件石锛(占观察总数的77%)带有明确的加工木头的痕迹,表现为明亮光泽、典型的"翻越状"片疤①,以及与刃缘近垂直的擦痕等。2件石锛(TN05E01H19:1、TN05W01④:1)刃缘平滑,几乎无崩损,且显现出毛糙光泽,可能与加工皮革有关②。1件石锛(TN06E01②:8)的刃缘破损非常严重,侧刃呈粉碎感,可见白色粉碎状晶体,应与加工干骨头有关。1件石锛(TN06E03⑥:7)的刃缘破损非常严重,但是由于后埋藏磨蚀影响较大,仅能判断为疑似加工硬性物质,无法推测具体功能。1件石锛没有使用痕迹(TN06W02③:11),器身可见均匀的人工磨制痕迹和磨制光泽。

值得注意的是,有7件石锛刃缘处的片疤上覆盖有新的磨制痕迹,疑似经过使用破损后对刃缘进行维修。有些石锛经过维修后继续使用,带有使用痕迹,亦有个别标本维修后未见新的使用痕迹(TN06W04G2②:12)。还有一些石锛,崩损比较对称地分布于两面(TN0FW03G2②:6),其使用方式可能与传统认为的石锛使用方式有所不同,可能更类似于石凿的隙裂动作。另外,不少石锛的崩损主要集中于石器的两侧角,刃缘中部相对平滑,可能与装柄方式有关。

(二)石刀

丁家村出土石刀58件,石镰6件。本次共观察并分析石刀35件(占观察标本总数的60%),石镰4件,其余均为残块,不适合微痕观察。微痕结果见表5-12。

2件石镰(TN06W04F21:1,2015ZDC:7)显现出明确的加工软性植物的"镰刀光泽(sickle gross)"③,以及一定方向的擦痕,应与收割禾本科植物有关。2件石镰后埋藏痕迹严重,无法做出准确判断,但是结合器型,推测其功能为收割软性植物。

大多数石刀刃缘较厚,使用时间和使用强度较大,多数刃缘已失去效能。2件石刀微痕特征不典型,不易判断使用方式。1件石刀(TN06E03⑥:6)未开刃,刃缘较厚,可以为判断石刀的功能提供参照。其余32件石刀,多数带有明确的与加工软性植物相关的大片明亮光泽和斜向擦痕,而且多数为一面光泽较为发育,光泽呈条带状分布,距离刃缘3～5毫米,推测与"掐穗"④动作相关。有些石刀(TN06E02M4:1)两面刃缘有相似方向的片疤,可能在使用过程中存在翻面使用的现象。

(三)石凿

丁家村出土石凿14件,本次共观察并分析石凿12件。微痕结果见表5-13。

---

① 陈福友、曹明明、关莹、吕锦燕:《木质加工对象实验与微痕分析报告》,高星、沈辰主编《石器微痕分析的考古学实验研究》,科学出版社,2008年,第41－60页。

② Odell, G H. 1996. Stone Tools and Mobility in the Illinois Valley: From Hunter-gatherer Camps to Agricultural Villages. International Monographs in Prehistory, Ann Arbor.

③ Kaminska-Szymaczak J. Cutting Graminae tools and "sickle gloss" formation. *Lithic Technology*, 2002, 27:111－151.

④ 谢礼晔:《二里头遗址石斧和石刀的微痕分析——微痕分析在磨制石器功能研究中的初步尝试》,中国社会科学院考古研究所编:《中国早期青铜文化——二里头文化专题研究》,科学出版社,2008年,第355－469页。

这批石凿表面经过较严重的后埋藏影响,磨蚀严重,微痕表现以片疤为主,不易观察到光泽和擦痕。10件石凿(占观察标本总数的83.3%)刃缘破损与磨圆情况较为相似,加工对象应为中等硬度的物质。而且,其中多数标本上观察到典型"翻越状"片疤,在一件标本(TN06W04G2①:5)上观察到与加工木头相关的明亮光泽,因而推测为与加工木质材料有关。

2件石凿刃缘崩损相对严重,刃部失去效能,侧刃表现出粉碎状破损,推测为加工硬性物质。其中一件标本ZDG2②:10的一侧角损坏严重,整条刃缘呈现明显的层叠状片疤,刃脊严重偏离中线,与砍砸干骨的痕迹相似①,推测与加工干骨有关。另一件标本(TN06W04G2②:3)的侧刃有垂直线性砸痕,局部呈粉碎状,可能与加工石质材料有关。

(四)石铲与石钺

丁家村出土石铲(含石钺)28件,由于大部分为毛坯或残断,本次共观察并分析相关标本11件,其中包括1件石钺。微痕结果见表5-14。

微痕结果显示,石钺(TN06W03G2②:6)刃缘两面表现出层叠状破损,有典型的"翻越状"片疤和与加工木头相关的明亮片状光泽,表面有斜向擦痕,侧刃有平行擦痕,推测该石钺的功能为劈砍木材,类似于薄刃斧。

其余10件石铲刃缘破损情况较为相似,表现为层叠状破损和严重磨圆,似乎在使用时受到较大的摩擦力,而且使用强度较大。石铲(TN06W02④:3)表面观察到明亮光点和擦痕,表明这些标本可能与加工中性无机质材料有关,疑似为掘土②。

(五)石镞与矛头

丁家村工出土石镞和石矛头共计9件,由于石矛头磨蚀严重,本次仅对4件石镞进行微痕观察与分析。

这4件石镞的尖部破损严重,呈现典型的投射撞击破损痕迹(Diagnostic Impact Fracture)③,包括"弯曲型"破裂和雕刻器型破裂,指示明确的投射功能④,与器型关联度极高。

(六)磨石

本次有2件磨石经过微痕观察,二者均为圆柱体形,表面显示出明显的、密集的、深度较大的磨痕,与一般使用产生的擦痕或磨制石器过程中产生的磨痕有所区别。标本TN06E01⑥:2一端圆形表面和圆周边刃缘可见密集、平行的磨痕,以及红色残留物,疑似用于研磨红色矿物颜料。标本TN08W05②:12一端的圆形表面亦有类似的磨痕,但是没有发现残留物。

---

① Chen H, Wang J, Lian H, Fang M, Hou Y, Hu Y. An experimental case of bone-working usewear on quartzite artifacts. *Quaternary International*, 2017(434):129-137.

② 王小庆:《石器使用痕迹显微观察的研究》,文物出版社,2008年。

③ Dochall J E. Wear traces and projectile impact: a review of the experimental and archaeological evidence. *Journal of Field Archaeology*, 1997(24):321-331.

④ Yaroshevich A, Kaufman D, Nuzhnyy D, Bar-Yosef O, Weinstein-Evron M. Design and performance of microlith implemented projectiles during the Middle and the Late Epipaleolithic of Levant: experimental and archaeological evidence. *Journal of Archaeological Science*, 2009(37):368-388.

三、初步结论

此次经过微痕观察的磨制石器共计119件,占丁家村出土磨制石器总数的56%,微痕结果对于了解丁家村遗址人类的行为具有指示意义。根据微痕观察的结果,结合前人的研究成果,我们对以下几类石器的功能有了初步认识:

(1)石锛是一种木作工具,多为向下向内砍削木材,也有少量石锛的功能类似石凿,用于隙裂木材。有少量的轻薄型石锛可能用于加工皮革。从数量和使用强度来看,石锛在丁家村遗址占有重要地位,是西周时期一种常用的生产工具。

(2)石刀主要用来加工禾本科植物,主要与"掐穗"行为相关;石镰主要是用来收割禾本科植物的工具。一件石刀或石镰可能经过很长时间的使用,是主要的农业生产工具。石刀的数量和使用强度的比例远远大于石镰,可能对了解当时常用的收获方式有所帮助。

(3)石凿的主要功能为加工木材,也有用于隙裂骨质材料和石质材料的情况。石铲石钺的主要功能是加工木材。

(4)石铲的功能相对单一,主要用于掘土、翻土等工作。

(5)石钺是实用器,用于劈砍木材,功能与薄刃斧类似。

(6)石镞的主要功能就是投射,与器型的相关度很大。

(7)磨石主要用于研磨,对象可能是不同的,包括矿物颜料、植物等。

(陈　虹　沈易铭　金　瑶　陈　舟)

表5-11　石锛微痕观察记录(51件,带*者有照片,见彩版)

器物编号	器物名称	重量(g)	位置	片疤 分布	片疤 尺寸	片疤 终端	片疤 方向	光泽 形态	光泽 程度	擦痕	磨圆	功能判断	使用强度	备注
TN06E03⑥:13*	有段石锛	69.5	A	R	V/L	H	—	SP	BP	RS	—	加工木头	严重	两侧角崩损严重;刃部磨制痕迹覆盖于两面使用擦痕之上,疑似经过维修
			B	—	—	—	—	LP	BP	RS	—			
			C	—	—	—	—	—	DP/BP	LS	—			
TN06W02 F22:3*	有段石锛	126.6	—	—	—	—	S	—	—	—	—	不明	不明	使用刃残缺;器身遍布均匀的磨制痕迹和磨制光泽
TN06W05 G2④:1*	有段石锛	64.7	A	C/P	M/S	F	S	—	—	RS	HR	加工木头	中度	磨蚀严重;疑似平行装柄
			B	U	M/S	H	—	LP	BP	RS	HR			
			C	—	—	—	—	LP	BP	RS	—			
TN05E04 ⑦:2*	有段石锛	124.8	A	C/P	L	H/S	S	—	—	DS	HR	加工木头	严重	使用时力量不均衡,一侧破损较另一侧严重许多。疑似重损经过维修
			B	C/P	L	H/S	S	OP	BP	RS	HR			
			C	—	—	—	—	—	—	RS	HR			
TN05W04 H2:1*	有槽石锛	71.2	A	R/P	M/S	H	—	—	—	DS	—	加工木头	中度	刃缘中部有一个大凹缺;使用时间不长刃部即严重损坏,可能加工对象较硬,或使用不当
			B	R/P	L/M/S	H	—	OP	IP	RS	—			
			C	—	L/M/S	S/H	—	—	—	RS	MR			
TN06E03 ⑦:1	石锛	80.8	A	R/P	L/M/S	H	—	—	—	DS	—	加工木头	较大	
			B	R/P	L/M/S	H	—	LP	BP	RS	HR			
			C	—	—	—	—	DP	BP	—	—			
TN05E01 ⑤:1*	石锛	70.3	A	—	—	—	—	—	—	RS	—	加工木头	较小	几乎无崩损
			B	U	S	H	—	LP	BP	DS	—			
			C	—	—	—	—	SP	BP	—	MR			

续表

器物编号	器物名称	重量(g)	位置	微痕描述								功能判断	使用强度	备注
				片疤				光泽		擦痕	磨圆			
				分布	尺寸	终端	方向	形态	程度					
TN05E01H19:1*	石锛	88.7	A	C	T	F	S	OP	MP	RS	—	刮皮	中度	几乎无崩损
			B	C	T	F	S	—	—	—	—			
			C	—	—	—	—	OP	MP	RS	—			
TN06W01H6:1	石锛	104.6	A	R	L/M	S/H	—	DP	BP	RS	—	加工木头	较大	两侧角崩损，其余大部分刃缘较平滑
			B	S	L	—	—	SP	BP	RS	—			
			C	—	—	—	—	—	—	RS	HR			
TN06W05G2②:6*	石锛	—	A	C/P	L/M	S/H	—	—	—	—	—	加工木头	严重	崩损严重；B面为接触面
			B	C/P	L/M	H	—	LP	BP	RS	HR			
			C	—	—	—	—	SP	BP	RS	HR			
TN07W03G2②:5*	石锛	96.4	A	S	M/S	S/H	S	—	—	RS	MR	加工木头	较小	一侧角崩损严重，其余大部分刃缘较平滑；使用时间不长，刃部即严重损坏，可能加工对象较硬，或使用不当
			B	S	M/S	S/H	—	—	—	RS	MR			
			C	—	—	—	—	—	—	—	—			
TN06W05②:1*	石锛	67.7	A	C	L/M	S/H	—	LP/SP	BP	—	—	加工木头	较大	侧角可能经过侧向撞击
			B	R/P	L/M	S/H	—	—	—	—	—			
			C	—	—	—	—	—	—	—	MR			
TN05W01④:1*	石锛	26.5	A	D	S	—	—	LP	MP	LS	—	加工皮	中度	几乎无崩损；刮与切兼具
			B	D	S/M	—	—	LP	WP	RS	HR			
			C	—	—	—	—	—	—	—	—			
TN06W02③:11*	石锛	21.6	A	C	S	F	—	SP	WP	—	—	无	无	边缘基本平滑，片疤上覆盖有磨制痕迹，可见均匀的磨制光泽；经过维修；无二次使用
			B	—	—	—	—	—	—	—	—			
			C	—	—	—	—	—	—	—	—			

续表

器物编号	器物名称	重量(g)	位置	微痕描述								功能判断	使用强度	备注
				片疤				光泽		擦痕	磨圆			
				分布	尺寸	终端	方向	形态	程度					
TN06W02④:1	石锛	161.4	A	R/D	L/M	H	—	—	—	RS	—	加工木头	较大	两侧角崩损，其余大部分边缘较平滑；疑似平行装柄
			B	R/D	L/M	H	—	—	—	—	HR			
			C	—	—	—	—	SP	BP	LS/RS	HR			
TN06W05⑤:1	石锛	50.1	A	C	S	F	—	OP	WP	—	—	加工中性物质	较小	一侧角崩损，大部分边缘平滑
			B	C	S	F	—	—	—	—	—			
			C	—	—	—	—	—	—	RS	MR			
TN06W02⑤:4	石锛	26.6	A	S/P	V/M/S	S/H/S	—	DP	IP	DS	—	加工木头	中度	一侧角崩损严重，大部分边缘较平滑
			B	S	S	F	—	LP	WP	DS	—			
			C	—	—	—	—	OP	IP	RS	MR			
TN06W02③:10	有槽石锛	51	A	D/C	L/M/S	S	—	—	—	RS	HR	加工木头	严重	磨蚀严重
			B	S	L	S	—	—	—	—	HR			
			C	—	—	H	—	—	—	—	—			
TN06W05⑤:2	石锛	8.6	A	C	S	—	—	SP	BP	RS	—	不明	未使用	全身遍布均匀磨制光泽
			B	—	—	—	—	—	—	—	—			
			C	—	—	—	—	—	—	—	—			
TN06W05③:1	石锛	20.2	A	R	L/M	H/F	—	OP	IP	RS	MR	加工中性物质	较小	后埋藏痕迹严重
			B	—	—	—	—	—	—	—	—			
			C	—	—	—	—	—	—	RS	MR			
TN06W03 G2②:9	石锛	30.1	A	S	S	F	—	—	—	RS	MR	加工木头	中度	器身遍布磨制光泽，局部明亮光泽为金属光泽；两侧角崩损
			B	S	V/M/S	S/F	—	—	—	—	—			
			C	—	—	—	—	—	—	—	MR			

续表

器物编号	器物名称	重量(g)	位置	微痕描述 片疤 分布	尺寸	终端	方向	光泽 形态	程度	擦痕	磨圆	功能判断	使用强度	备注
TN07W03 G2②:2	石锛	221.5	A	C/P	V/L	C	—	—	—	DS	HR	加工中性物质	较大	崩损较少，可能由于刀缘较厚；侧刃有砸痕
			B	—	—	—	—	—	—	—	HR			
			C	P	—	—	—	—	—	DS	HR			
TN06E01 ④:4	石锛	109.7	A	—	L/M	—	—	—	—	—	—	不明	不明	破损，磨蚀严重，加工硬性物质，不易判断
			B	—	—	—	—	—	—	—	—			
			C	—	—	—	—	—	—	—	—			
TN06W02 F12:1	石锛	110.22	A	C/P	V/L/S	F/S	—	LP	BP	RS	—	加工木头	严重	崩损严重；侧刃局部呈粉碎状，有砸痕；疑似加工较硬的木头
			B	C/P	V/L/M	F/H/S	—	—	—	—	MR			
			C	—	—	—	—	—	—	—	MR			
TN07W03 G2②:6	石锛	84.6	A	D	L	H/S	—	LP	WP	—	MR	加工木头	较小	
			B	R	L	H	—	—	—	DS	MR			
			C	—	—	—	—	OP	IP	RS	HR			
TN06W01 ⑤:1	石锛	89.1	A	C/R/P	V/L/M/S	S/H/F	—	—	—	DS	—	加工木头	严重	崩损严重，刀缘中部受力较大；表面和边缘有磨制痕迹，疑似经过维修和二次使用
			B	C/R/P	V/L/M	H/S	—	—	—	—	MR			
			C	—	—	—	—	—	—	—	HR			
TN06E01 ⑥:1	石锛	260.4	A	R/P	V	H	—	—	—	—	HR	加工木头	严重	崩损严重
			B	R/P	V	H	—	—	—	—	HR			
			C	—	—	—	—	—	—	—	HR			
TN06W04 G2②:8	石锛	218.8	A	R/P	L/M	S	—	—	—	—	—	加工木头	严重	崩损严重
			B	P	L/M	S/H	—	—	BP	—	HR			
			C	—	—	—	—	—	—	—	—			

续表

器物编号	器物名称	重量(g)	位置	微痕描述								功能判断	使用强度	备注
				片疤				光泽		擦痕	磨圆			
				分布	尺寸	终端	方向	形态	程度					
TN05E02 H14:1*	石锛	108.8	A	P	L/M/S	S/H	S	SP	BP	—	—	加工木头	较大	疑似平行装柄，左侧使用强度较大，崩损严重；B面光泽为金属光泽
			B	R	L/M/S	S/H	—	LP	BP	DS	—			
			C	—	—	—	—	OP	IP	—	HR			
TN06E03⑥:7	石锛	43.2	A	R/P	L/M	H/B	—	—	—	—	MR	加工硬性物质	较大	破损严重，后埋藏磨蚀严重
			B	P	—	—	—	—	—	—	—			
			C	—	—	—	—	—	—	—	HR			
ZDC2②:9	石锛	107.6	A	P	L/M/S	S	S	—	—	—	—	加工木头	严重	两角破损严重，片疤边缘疑似有磨制光泽，疑似平行装柄，动作有一定角度
			B	—	—	—	—	LP	BP	RS	—			
			C	—	—	—	—	—	—	—	HR			
TN07W04②:30	石锛	172.1	A	D/P	L/M/S	S/H	—	LP	BP	RS	—	加工木头	严重	疑似平行装柄
			B	—	—	—	—	OP	BP	RS	—			
			C	P	—	—	—	—	—	LS	—			
TN05W05 F8:1	石锛	48.2	A	R	L/M	S/H	—	SP	WP	—	—	加工木头	中度	两侧角和中部崩损严重，其余边缘部分较平滑；疑似平行装柄
			B	R	L/M	H	—	LP	BP	DS	—			
			C	—	—	—	—	—	—	—	MR			
TN06E03③:2*	石锛	234.4	A	C	L/M/S	S/H	—	OP	IP	—	—	加工木头	中度	局部崩损严重；平行的磨制痕迹覆盖于片疤上，疑似经过维修
			B	—	M	H	—	—	—	—	—			
			C	—	—	—	—	—	—	—	—			
TN06W01④:3	石锛	74	A	C/P	M/S	H/S/F	—	SP	BP	RS	MR	加工木头	中度	片疤几乎对称分布于两面，两侧角崩损；疑似垂直装柄
			B	D/P	L/M	H/S	—	OP	WP	RS	MR			
			C	—	—	—	—	—	—	—	MR			

续表

器物编号	器物名称	重量(g)	位置	微痕描述								功能判断	使用强度	备注
				片疤				光泽		擦痕	磨圆			
				分布	尺寸	终端	方向	形态	程度					
TN06E01②:9	石锛	89.8	A	C/P	L/M/S	S/F	—	LP	WP	—	—	加工木头	较大	崩损严重
			B	R/P	M/S	F/S/B	—	LP	IP	RS	MR			
			C	—	—	—	—	—	—	—	MR			
2015Z D·C:4	有槽石锛	36.6	A	—	L	H	—	—	—	—	—	加工木头	中度	两侧角崩损严重
			B	U	S	F	—	—	—	—	—			
			C	—	—	—	—	LP	BP	RS	MR			
TN06W06⑤:4*	石锛	97.1	A	C/P	L/M/S	S/H	—	—	—	RS	—	加工木头	严重	崩损严重
			B	R/P	L/M	H	—	—	—	RS	HR			
			C	—	—	—	—	OP	IP	RS	HR			
TN06E01采集:1	石锛	113.5	A	—	—	—	—	—	—	—	HR	加工中性物质	较小	磨蚀严重
			B	—	—	F/H	—	—	—	RS	HR			
			C	—	—	—	—	—	—	RS	HR			
TN05W05②:2	有段石锛	92.4	A	C	S	S	S	SP	BP	RS	—	加工木头	严重	一侧角崩损严重
			B	C	S	F/H	—	SP	BP	—	HR			
			C	—	—	—	—	SP	BP	—	HR			
TN06E01②:8	石锛	226.6	A	P	L/M	S	—	—	—	—	—	加工骨头	严重	破损非常严重，边缘有粉碎感，有白色粉碎状晶体
			B	P	L/M	S	—	—	—	—	—			
			C	—	—	—	—	—	—	—	HR			
TN06W01④:6	石锛	176.4	A	C/P	L/M/S	S	—	LP	BP	—	—	加工木头	严重	崩损严重
			B	C/P	L/M/S	S	—	—	—	RS	—			
			C	—	—	—	—	—	—	RS	HR			

续表

器物编号	器物名称	重量(g)	位置	微痕描述								功能判断	使用强度	备注
				片痕			方向	光泽		擦痕	磨圆			
				分布	尺寸	终端		形态	程度					
TN06E01②:3	石锛	36	A	C/P	L/M	S/H	—	DP/LP	IP/BP	RS	—	加工木头	较大	大部崩损严重，部分刃缘无使用痕迹；着力不均衡或接触材料位置不均衡
			B	C/P	L/M	S/H	S	DP/SP	IP/BP	—	MR			
			C	—	—	—	—	—	BP	—	MR			
TN05E01③:46	石锛	—	A	C/P	L/M/S	S/H	—	—	—	—	HR	加工木头	严重	崩损严重
			B	C/P	L/M/S	S	—	—	—	—	HR			
			C	—	—	—	—	—	—	—	HR			
TN06W04①:2	石锛	102.7	A	C/P	V/S	F/H	—	—	—	—	—	加工木头	严重	崩损严重
			B	C/P	V/L/M/S	S/H/F	—	—	—	—	HR			
			C	—	—	—	—	—	—	—	HR			
TN05E03④:3	石锛	41.2	A	R	L/M/S	S/H	—	—	—	—	MR	加工木头	较小/中度	边缘较平滑；可见平行磨制痕迹和均匀的磨制光泽；经过维修和再利用
			B	—	—	—	—	—	—	—	—			
			C	—	—	—	—	—	—	—	HR			
TN06E02⑤:1	石锛	228.9	A	C/P	V/L/M	S/F	—	—	—	—	—	加工木头	严重	崩损严重
			B	R/P	L/M	F/S	—	—	—	RS	MR			
			C	—	—	—	—	—	—	RS	HR			
TN06W04 G2②:12*	石锛	42.9	A	S	L	—	—	—	—	—	—	加工木头	严重/无使用	两侧角崩损，其余大部分刃缘处有明显的磨制痕迹和磨制光泽；经过维修，无二次使用
			B	S	M	F	—	SP	BP	—	—			
			C	C	S	S/H	—	SP	BP	LR	HR			
TN05E02⑤:3	石锛	149.1	A	P	L/M/S	S	—	—	—	—	—	加工木头	严重	崩损严重，侧刃局部呈粉碎状
			B	P	L/M/S	H	S	—	—	—	—			
			C	—	—	—	—	—	—	—	HR			

续表

器物编号	器物名称	重量(g)	位置	分布	尺寸	终端	方向	形态	程度	擦痕	磨圆	功能判断	使用强度	备注
					片疤			光泽						
TN06W04①:5	石锛	183.5	A	P	L/M	S	—	—	—	—	HR	加工木头	严重	破损严重，有典型的撞击痕迹
			B	D/P	L/M	S	—	—	—	RS	—			
			C	—	—	H	—	—	—	—	HR			
TN06E03⑤:4	石锛	186.8	A	C/P	V/L/M/S	S/F	—	—	—	—	MR	加工木头	严重	一侧角崩损相对严重
			B	R	L/S	H/S	—	—	—	RS	MR			
			C	—	—	—	—	—	—	—	MR			

表 5-12　石刀、石镰微痕观察记录（39 件，带 * 者有照片）

器物编号	器物名称	位置	分布	尺寸	终端	方向	形态	程度	擦痕	磨圆	功能判断	使用强度	备注
				片疤			光泽						
TN06E03②:3*	石刀	A	R	L/M	F	S	SP	BP	—	—	切割软性植物	严重	边缘较平滑；A 面接触材料较 B 面多；20 倍即可见明显光泽
		B	O	L	F/H	S	—	—	—	—			
		C	—	—	—	—	SP	BP	LS	HR			
2015 ZD.C.9	石刀	A	C	T	F	S	—	—	DS	—	切割软性植物	中度	边缘较平滑；表面近垂直长线痕为磨制痕迹
		B	C	T	F	S	SP	BP	—	—			
		C	—	—	—	—	—	—	—	MR			
TN06E03⑥:6*	石刀	A	—	—	—	—	—	—	—	—	未使用	—	未开刃
		B	—	—	—	—	—	—	—	—			
		C	—	—	—	—	—	—	—	—			

器物编号	器物名称	位置	微痕描述								功能判断	使用强度	备注
			片疤				光泽		擦痕	磨圆			
			分布	尺寸	终端	方向	形态	程度					
TN06W01④:5	石刀	A	R	M/S	F	B	DP	BP	—	—	切割软性植物	中度	A面光泽较B面强
		B	C	M/S	F/S	B	DP	BP	LS	—			
		C	C	M/S	—	B	SP	BP	—	MR			
TN06W05②:4	石刀	A	S	M	F	B	—	—	RS	MR	切割软性植物	中度	
		B	S	L/M	F	B	—	—	RS	MR			
		C	—	—	—	—	OP	IP–	—	—			
TN05E03④:4*	石刀	A	S/C	R/M/S	F	B	SP	BP	DS	—	切割软性植物	严重	A面光泽较B面强,20倍即可见明显光泽
		B	C	M/S	F	B	LP	BP	DS	—			
		C	—	—	—	—	SP	BP	DS	HR			
TN06E02 M4:1*	石刀	A	D	L	F/H	—	LP	WP	LS	—	切割软性动物	中度	弧刃处有连续小片疤
		B	D	L	F/H	S	LP	WP	LS	—			
		C	—	—	—	—	SP	MP	DS	HR			
TN06W02②:1	石刀	A	P	M/S	H/S	S	—	—	—	—	切割软性植物	中度	刃缘中部凹陷;后埋藏痕迹严重
		B	P	M/S	H/S	S	—	—	—	HR			
		C	C	M/S	—	B	SP	—	LS	HR			
TN05E04①:1*	石刀	A	C	L/M/S	F/H	S	LP/SP	BP	LS	—	切割软性植物	严重	20倍即可见光泽;B面中部有一个大凹缺;A面光泽呈条带状分布,B面光泽分布范围较A面大
		B	C	L/M/S	F/H	S	SP	BP	—	—			
		C	—	—	—	—	LP	BP	—	HR			

314

续表

器物编号	器物名称	位置	微痕描述							功能判断	使用强度	备注
			片疤				光泽		擦痕	磨圆			
			分布	尺寸	终端	方向	形态	程度					
TN05E03③:2	石刀	A	D/C	L/M/S	H/F	S	LP/DP	BP/MP	—	—	切割软性植物	严重	B面接触材料较A面多；20倍即可见明显光泽；器身端布毛糙光泽，可能使用行动物皮进行磨光
		B	—	—	—	—	OP/DP	BP/MP	—	—			
		C	—	—	—	—	LP/DP	BP/MP	—	—			
TN06E03:采集3*	石刀	A	—	—	—	—	LP	BP	—	—	切割软性植物	较大	A面边缘处明显发黑；光泽平行于刀刃，呈逐渐减弱趋势
		B	—	—	—	—	OP	IP	—	—			
		C	C	T	—	S	LP	BP	—	HR			
TN06W04G2②:1*	石刀	A	C/R	S/M	F/S/H	—	OP	IP	—	—	切割软性植物	较小	经过维修，通体磨制痕迹为纵向，维修痕迹为横向，且覆盖一部分片疤
		B	C/R	S/M	F/S/H	—	LP	—	LS	—			
		C	—	—	—	—	LP/SP	BP	—	—			
TN06E03④:4	石刀	A	S	S/M	F	—	OP	IP	—	—	切割软性植物	中度	石料较粗糙
		B	S	M/S	F	—	—	—	—	—			
		C	—	—	—	—	OP	IP	LS	MR			
TN07W03②:27	石刀	A	U	L/M	F	—	DP	BP	—	MR	切割软性植物	较大	表面有疑似植物印痕或胶状物
		B	C	L/M	F	S	—	—	DS	MR			
		C	—	—	—	—	—	—	RS	HR			
TN07W03②:18	石刀	A	C/D	L/S	F	S	LP	IP	LS	—	切割软性植物	较大	B面较A面接触材料多；50倍可见初始光泽；石料较粗糙
		B	C/D	L/S	F	S	—	IP	—	—			
		C	—	—	—	—	—	IP	—	HR			

续表

器物编号	器物名称	位置	微痕描述								功能判断	使用强度	备注
			片疤				光泽		擦痕	磨圆			
			分布	尺寸	终端	方向	形态	程度					
TN06E01②:5*	石刀	A	D	M/S	F	S	LP	BP	—	—	切割软性植物	严重	20倍即可见明显光泽，A面光泽较B面发育
		B	C	L/M/S	F	S	SP	BP	—	—			
		C	—	—	—	—	OP	IP	RS	MR			
TN06W02③:9	石刀	A	C	S/M	F	S	LP	BP	LS	—	切割软性植物	中度	崩损严重；石料较粗糙
		B	C	S/M	F	S	LP/SP	BP	LS	—			
		C	—	—	—	—	SP	—	LS	MR			
TN06W02③:8	石刀	A	C	M/S	F	S	OP	IP	—	—	切割软性植物	中度	边缘明显发黑
		B	C/D	M/S/L	F	S	OP	IP	—	—			
		C	—	—	—	—	DP	IP	—	HR			
TN06W02②:4	石刀	A	D	M/S	F	S	OP	IP	—	—	切割软性植物	中度	边缘较平滑，明显发白；石料较粗糙
		B	D	M/S	F	S	OP	IP	—	—			
		C	—	—	—	—	OP	IP	—	HR			
TN06W05 G2②:3*	石刀	A	C	L/M/S	F	—	—	—	—	—	切割软性植物	较大	疑似经过维修，边缘有密集的维修平行磨制痕迹，覆盖个别片疤
		B	C	L/M/S	F	—	—	—	LS	—			
		C	—	—	—	—	OP	IP	—	HR			
TN06E02①:2	石刀	A	—	M	F/H	—	—	—	LS	—	切割软性植物	较大	刃缘较平滑
		B	C	T	F	S	OP	IP	LS	—			
		C	—	—	—	—	—	IP	LS	MR			

续表

器物编号	器物名称	位置	片疤 分布	尺寸	终端	方向	光泽 形态	程度	擦痕	磨圆	功能判断	使用强度	备注
TN06W01 ⑤:5*	石刀	A	C	T	F	S	LP	BP	—	—	切割软性植物	严重	刃缘中部有一个大凹缺；光泽分布有一定方向性，由边缘向内渐弱
		B	C	T	F	S	LP	BP	—	—			
		C	—	—	—	—	—	BP	LS	HR			
TN06E03 ⑤:7	石刀	A	S	L	F	S	OP	IP	DS	—	切割软性植物	中度	
		B	S	L	F	S	—	—	—	—			
		C	—	—	—	—	OP	WP	—	HR			
TN05E04 采集①:6	石刀	A	C	M/S	F	S	SP	BP	LS/DS	—	切割软性植物	较大	
		B	—	—	—	S	SP	BP	LS	—			
		C	—	—	—	—	LP/SP	IP	—	HR			
TN06W05 ①:5	石刀	A	C/D	M/S/L	F	S	—	—	LS	—	不明	中度	
		B	C/D	M/S	F	S	—	—	LS	—			
		C	—	—	—	—	—	—	—	LR			
2014ZDG2 ②:8	石刀	A	C	S	F	S	OP	IP	—	—	切割软性植物	中度	大缺口较多；石料较粗糙
		B	R	M/S	S/F	S	OP	IP	—	—			
		C	—	—	—	—	SP	BP	—	HR			
TN06W05 G2②:4	石刀	A	—	L	F	S	SP	BP	LS	HR	切割软性植物	中度	石料较粗糙；边缘较平滑
		B	—	L	F	S	SP/LP	BP	LS	HR			
		C	—	—	—	S	—	—	LS	HR			

续表

器物编号	器物名称	位置	微痕描述								功能判断	使用强度	备注
			片疤				光泽		擦痕	磨圆			
			分布	尺寸	终端	方向	形态	程度					
TNN06W05红烧土:2	石刀	A	S/C	L/S	F	B	OP	WP	DS	—	切割软性植物	中度	有几处间隔分布的缺口;光泽不发育
		B	C	S	F	B	—	—	—	—			
		C	—	—	—	—	—	—	DS	MR			
TNN06W05②:2	石刀	A	D	M/S	F	S	OP	IP	—	—	切割软性植物	较大	B面光泽较A面多,50倍可见
		B	C	M/S	F	S	SP/LP	BP	—	—			
		C	—	—	—	—	OP	WP	—	MR			
TNN06W2④:2	石刀	A	R	L/M	F	—	—	—	—	—	不明	较大	崩损严重;石料粗糙
		B	R	L/M	F	—	—	—	—	—			
		C	—	—	—	—	—	—	LS	MR			
丁家村采集:2	石刀	A	G	L	F	S	LP	BP	DS	—	切割软性植物	较大	
		B	—	—	—	—	—	—	LS	—			
		C	—	—	—	—	SP	BP	RS	HR			
T05E04采集	石刀	A	C	L/S	F	S	—	—	—	—	切割软性植物	较大	石料较粗糙
		B	C	L/M/S	F/H	S	OP	BP	LS	—			
		C	—	—	—	—	SP	BP	—	—			
TN05E04采集:5	石刀	A	C	M/S	F	S	OP	IP	LS	—	切割软性植物	较大	A面接触材料较B面多;50倍即可见明显光泽
		B	C	M/S	F	S	DP	WP	LS	—			
		C	—	—	—	—	DP	WP	—	MR			

续表

器物编号	器物名称	位置	微痕描述								功能判断	使用强度	备注
			片疤				光泽		擦痕	磨圆			
			分布	尺寸	终端	方向	形态	程度					
TN06W03 H3:1	石刀	A	C	M/S	F	B	OP	IP	—	—	切割软性植物	较小	刃缘中部凹陷
		B	C	M/S	F	B	OP/LP	IP/BP	—	—			
		C	—	L	S	—	SP	—	—	MR			
TN06E02 ⑤:20	石刀	A	S	M/S	F	—	OP	IP	—	—	切割软性植物	中度	
		B	C	M/S	F	—	—	—	RS	—			
		C	—	—	—	—	SP	WP	—	MR			
TN06W04 F21:1*	石镰	A	U	L	F	—	LP/DP	WP	LS	—	切割软性植物	较大	边缘平滑,几乎无片疤
		B	U	L	—	—	LP/DP	WP	LS	—			
		C	—	—	—	—	LP/DP	WP/BP	—	HR			
TN06E03 ⑥:5	石镰	A	U	M/S	F	B	—	—	—	—	切割软性物质	较小	后埋藏痕迹严重;结合器型推测为切割植物
		B	U	M/S	F	B	—	—	—	—			
		C	—	—	—	—	—	—	—	MR			
TN06W01 ③:4	石镰	A	U	S	F	B	—	—	—	—	切割软性物质	较小	后埋藏痕迹严重;结合器型推测为切割植物
		B	U	S	F	B	—	—	—	—			
		C	—	—	—	—	—	—	—	MR			
2015 ZDC:7*	石镰	A	C	S	F	S	OP	WP	RS	HR	切割软性植物	较大	
		B	C	S	F	S	SP	WP	RS	HR			
		C	—	—	—	—	—	—	RS	HR			

表5-13　石凿微痕观察记录（12件，带＊者有照片）

器物编号	重量(g)	位置	微痕描述								功能判断	使用强度	备注
			片疤				光泽		擦痕	磨圆			
			分布	尺寸	终端	方向	形态	程度					
TN05E01⑤:58＊	131.7	A	C/P	V/L/M	F/H	—	—	—	—	HR	加工中性物质	严重	A面崩损严重，侧刃有砸痕；疑似加工木头
		B	C/P	M/S	F/S	—	—	—	—	MR			
		C	—	—	—	—	—	—	—	HR			
TN05E03⑥:5	369.3	A	C/P	V/L/M/S	F/S/H	—	—	—	—	MR	加工中性物质	严重	磨蚀严重；A面崩损较严重；疑似加工木头
		B	C	M/S	F	—	—	—	—	HR			
		C	—	—	—	—	—	—	—	—			
TN05E04⑦:3＊	362.2	A	—	—	—	—	—	—	—	MR	加工中性物质	较小	边缘较平滑，崩损较少；疑似加工木头
		B	S	M	H	—	—	—	—	MR			
		C	—	—	—	—	—	—	RS	HR			
TN06E01②:8-2	502.3	A	R	L/M	F/H	—	—	—	RS	MR	加工中性物质	中度	磨蚀严重；两侧角崩损相对较多，使用痕迹较为明显
		B	R/P	L/M/S	F/S	—	—	—	RS	MR			
		C	—	—	—	—	—	—	—	—			
TN06E03②:19	150.4	A	—	—	B	—	—	—	—	HR	加工中性物质	严重	刃缘崩损严重，失去效能；疑似加工木头
		B	C/P	V/L/M	F/S	—	—	—	—	—			
		C	—	—	—	—	—	—	—	HR			
TN06W04②:1	268	A	R/P	L/M	F/H	—	—	—	—	—	加工中性物质	严重	磨蚀严重；崩损严重，失去效能；疑似加工木头
		B	C	V/L/M	F/H/S	—	—	—	—	—			
		C	—	—	—	—	—	—	—	HR			

器物编号	重量(g)	位置	微痕描述								功能判断	使用强度	备注
			片疤				光泽		擦痕	磨圆			
			分布	尺寸	终端	方向	形态	程度					
TN06W04 G2①:5*	225	A	P	V/M	F/H	—	—	—	—	—	加工中性物质	严重	崩损严重，有典型翻越状片疤；侧刃呈效能；疑似加工木头
		B	S	V/L/M	F/H/S	—	OP	IP	DS	HR			
		C	—	—	—	—	—	—	—	HR			
TN06W04 G2②:3*	125.5	A	C/P	V/L/M	S/F	—	—	—	—	HR	加工硬性物质	严重	崩损严重，失去效能；侧刃有垂直线性砸痕，局部呈粉碎状，可能加工石质材料；磨蚀严重
		B	C/P	V/L/M	S/F	—	—	—	—	—			
		C	—	—	—	—	—	—	RS	HR			
TN06W05 G2②:5	297.8	A	C/P	L/M/S	S/F	—	—	—	—	MR	加工中性物质	严重	崩损严重，侧刃有砸痕；磨蚀严重，疑似加工木头
		B	C/P	V/L/M/S	S/F	—	—	—	—	MR			
		C	—	—	—	—	—	—	—	HR			
TN06W05 ②b黄土堆积:2*	89	A	C/P	V/L	S/F	—	—	—	—	MR	加工中性物质	严重	崩损严重，疑似加工木头
		B	R/P	V/L	H/S	—	—	—	—	MR			
		C	—	—	—	—	—	—	—	HR			
ZDG2 ②:10	321.2	A	C/P	L/M	S/H/F	—	—	—	—	MR	加工硬性物质	严重	一侧角损坏较严重，刃缘破损呈翻越状；疑似加工干骨
		B	C/P	M/S	S/F	—	—	—	—	MR			
		C	—	—	—	—	—	—	—	HR			
ZDG2 ②:11*	210.4	A	C/P	V/L/M	H/B/S	—	—	—	—	—	加工硬性物质	严重	崩损严重，刃缘局部呈翻越状；疑似用于不同硬度的材料，一器多用
		B	R/P	L/M	S/H	—	—	—	—	—			
		C	—	—	—	—	—	—	—	HR			

表 5-14　石铲、石锛微痕观察记录（11件，带＊者有照片）

器物编号	器物名称	位置	微痕描述								功能判断	使用强度	备注
			片疤				光泽		擦痕	磨圆			
			分布	尺寸	终端	方向	形态	程度					
TN06W03 G2②:6＊	石锛	A	C/P	L/M/S	F/H	—	DP	BP	RS	MR	加工中性物质	严重	加工木头
		B	C/P	L/M/S	F/H	—	DP	BP	RS	MR			
		C	—	—	—	—	DP	BP	—	HR			
TN06W02 ②:2	改制石铲	A	D	L	F/S	—	—	—	—	HR	加工中性物质	较大	经过改型的器物；作为石铲后，使用时主要进行纵向运动；刃缘粗糙
		B	P	L	—	—	—	—	RS	HR			
		C	—	—	—	—	—	—	—	—			
TN05E03 ②:7	有肩石铲	A	U/P	L/M	S/F	—	—	—	—	HR	加工中性物质	中度	使用中受到的摩擦力较大
		B	R	L/M	S	—	—	—	—	HR			
		C	—	—	—	—	—	—	—	—			
TN05W05 ③:2	有肩石铲	A	C/P	L/M/S	S/F	—	—	—	—	HR	加工硬性物质	较大	使用中受到的摩擦力较大
		B	C/P	L/M/S	S/F	—	—	—	RS	HR			
		C	—	—	—	—	—	—	—	—			
TN07W04 H2:7	石铲	A	C/P	L/M	S/H	—	—	—	—	HR	加工硬性物质	较大	石料较粗糙
		B	R/P	L/M	S/H	—	—	—	—	HR			
		C	—	—	—	—	—	—	—	—			
TN05W04 H7:1＊	石铲	A	C/P	L/M/S	S/B	—	—	—	—	HR	加工硬性物质	较大	疑似加工无机质材料
		B	C/P	L/M/S	S/B	—	—	—	—	HR			
		C	—	—	—	—	—	—	—	HR			

器物编号	器物名称	位置	微痕描述								功能判断	使用强度	备注
			片疤				光泽		擦痕	磨圆			
			分布	尺寸	终端	方向	形态	程度					
TN06E01②:8	石铲	A	R/P	L/M/S	S/F	—	—	—	—	HR	加工硬性物质	中度	B面崩损较A面多；磨蚀严重
		B	R/P	L/M/S	F/S	—	—	—	—	HR			
		C	—	—	—	—	—	—	—	HR			
TN06E03⑥:9*	有肩石铲	A	R/P	L/M	S	—	OP	WP	—	—	加工硬性物质	中度	光泽指示疑似加工无机质（土壤）
		B	R/P	M	S	—	—	—	RS	HR			
		C	—	—	—	—	—	—	RS	HR			
TN06W01④:8*	石铲	A	U/P	L/M	F/S	—	—	—	—	MR	加工中性物质	中度	石料粗糙；受到的摩擦力较大
		B	U/P	L/M	F/S	—	—	—	—	MR			
		C	—	—	—	—	—	—	RS	HR			
TN06W02④:3*	石铲	A	S	M/S	F	—	—	—	DS	MR	加工中性物质	较小	加工木头
		B	S	S	F	—	OP	BP	DS	MR			
		C	—	—	—	—	—	—	—	HR			
TN06W04 G2②:11	靴型石铲	A	C	L/M	F	—	—	—	—	HR	加工硬性物质	中度	疑似加工无机质
		B	C	L/M	F/S	—	—	—	—	HR			
		C	—	—	—	—	—	—	—	—			

第六节　镇江丁家村遗址年代测试报告

BETA **Beta Analytic** Inc.
DR. M.A. TAMERS and MR. D.G. HOOD

4985 S.W. 74 COURT
MIAMI, FLORIDA, USA 33155
PH: 305-667-5167 **FAX:** 305-663-0964
beta@radiocarbon.com

REPORT OF RADIOCARBON DATING ANALYSES

Dr. Hongwei Si

Report Date: 8/31/2016

Zhenjiang Museum

Material Received: 8/22/2016

Sample Data	Measured Radiocarbon Age	Isotopes Results o/oo	Conventional Radiocarbon Age(*)
Beta - 443999 SAMPLE: 2014ZDG2(2)A ANALYSIS: AMS-Standard delivery MATERIAL/PRETREATMENT: (charred material): acid/alkali/acid 2 SIGMA CALIBRATION : Cal BC 1045 to 905 (Cal BP 2995 to 2855)	2770 +/- 30 BP	d13C= -22.1	2820 +/- 30 BP
Beta - 444000 SAMPLE: 2014ZDH13 ANALYSIS: AMS-Standard delivery MATERIAL/PRETREATMENT: (charred material): acid/alkali/acid 2 SIGMA CALIBRATION : Cal BC 1050 to 910 (Cal BP 3000 to 2860)	2870 +/- 30 BP	d13C= -27.2	2830 +/- 30 BP

Results are ISO-17025 accredited.   AMS measurements were made on one of 4 in-house NEC SSAMS accelerator mass spectrometers.The reported age is the "Conventional Radiocarbon Age", corrected for isotopic fraction using the d13C.   Age   is reported as RCYBP (radiocarbon years before present, abbreviated as BP,   "present" = AD 1950). By international convention, the modern reference standard was 95% the 14C signature of NBS   SRM-4990C (oxalic acid) and calculated using the Libby 14C half life (5568 years). Quoted error   on the BP date is 1 sigma (1 relative standard deviation with   68% probability) of counting error   (only) on the combined measurements of sample, background and modern reference   standards.   Total error at Beta (counting +   laboratory) is known to be well   within +/- 2 sigma. d13C values are reported in parts per thousand (per mil)   relative to PDB-1 measured on a   Thermo Delta Plus IRMS. Typical d13C error is +/- 0.3 o/oo. Percent modern carbon (pMC) and Delta   14C (D14C) are not absolute. They equate to the Conventional Radiocarbon   Age.   Calendar calibrated results were calculated the material appropriate   2013 database (INTCAL13, MARINE13 or   SHCAL13).   See graph report for references.

CALIBRATION OF RADIOCARBON AGE TO CALENDAR YEARS

(Variables: C13/C12 = -22.1 o/oo : lab. mult = 1)

Laboratory number	**Beta-443999 : 2014ZDG2(2)A**
Conventional radiocarbon age	**2820 ± 30 BP**
Calibrated Result (95% Probability)	**Cal BC 1045 to 905 (Cal BP 2995 to 2855)**
Intercept of radiocarbon age with calibration curve	Cal BC 975 (Cal BP 2925)
Calibrated Result (68% Probability)	Cal BC 1010 to 925 (Cal BP 2960 to 2875)

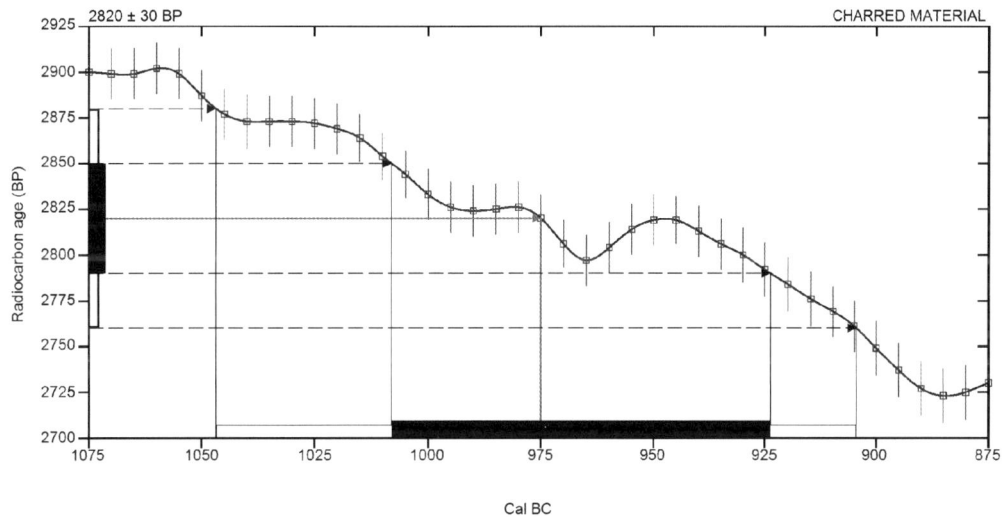

Database used
INTCAL13

References
Mathematics used for calibration scenario
A Simplified Approach to Calibrating C14 Dates, Talma, A. S., Vogel, J. C., 1993, Radiocarbon 35(2):317-322
References to INTCAL13 database
Reimer PJ et al. IntCal13 and Marine13 radiocarbon age calibration curves 0–50,000 years cal BP. Radiocarbon 55(4):1869–1887., 2013.

Beta Analytic Radiocarbon Dating Laboratory
4985 S.W. 74th Court, Miami, Florida 33155 · Tel: (305)667-5167 · Fax: (305)663-0964 · Email: beta@radiocarbon.com

CALIBRATION OF RADIOCARBON AGE TO CALENDAR YEARS

(Variables: C13/C12 = -27.2 o/oo : lab. mult = 1)

Laboratory number	Beta-444000 : 2014ZDH13
Conventional radiocarbon age	2830 ± 30 BP
Calibrated Result (95% Probability)	Cal BC 1050 to 910 (Cal BP 3000 to 2860)
Intercept of radiocarbon age with calibration curve	Cal BC 1000 (Cal BP 2950)
Calibrated Result (68% Probability)	Cal BC 1015 to 970 (Cal BP 2965 to 2920) Cal BC 960 to 930 (Cal BP 2910 to 2880)

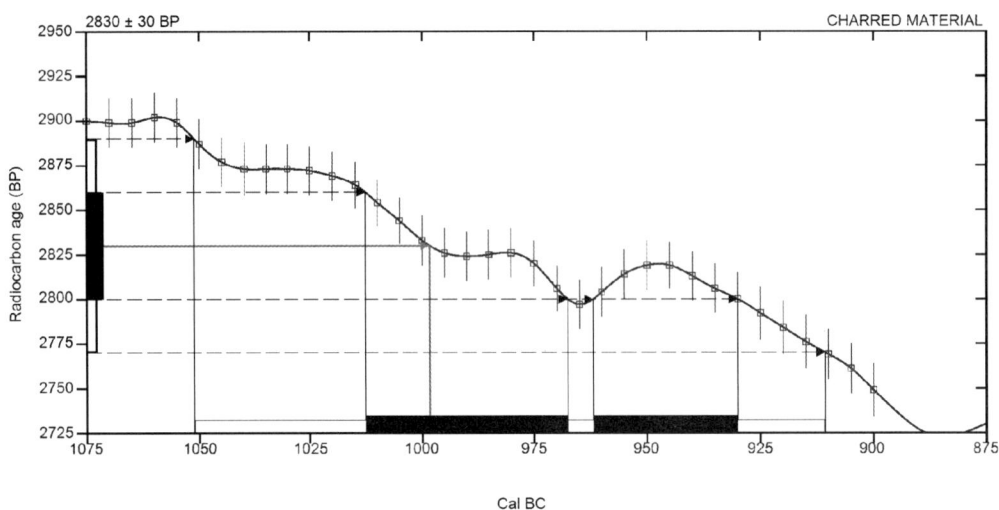

Database used
INTCAL13

References
Mathematics used for calibration scenario
A Simplified Approach to Calibrating C14 Dates, Talma, A. S., Vogel, J. C., 1993, Radiocarbon 35(2):317-322
References to INTCAL13 database
Reimer PJ et al. IntCal13 and Marine13 radiocarbon age calibration curves 0–50,000 years cal BP. Radiocarbon 55(4):1869–1887., 2013.

Beta Analytic Radiocarbon Dating Laboratory
4985 S.W. 74th Court, Miami, Florida 33155 · Tel: (305)667-5167 · Fax: (305)663-0964 · Email: beta@radiocarbon.com

第六章　结　语

第一节　遗迹与遗物的认识

丁家村遗址北部发现的许多柱洞群建筑相关遗迹及出土的众多鬲、甗等器物,在宁镇地区商周时期有着广泛的分布,属于典型的湖熟文化遗存。该遗址的发掘揭示了该类遗存的居址、墓葬在聚落中的分布情况,以及陶器器类组合、石器、铜器、骨器等的共存关系,为认识及确立丁家村遗址的文化性质提供了依据。

一、遗迹

该遗址发现了与房址相关的柱洞群 23 处、灰坑 31 个、墓葬 17 座、烧灶遗迹 5 处、灰沟 2 条等。

（一）灰坑、灰沟

丁家村遗址发现的 31 个灰坑,壁底多不规整,未发现加工痕迹,其形成过程可能为自然因素较多,且灰坑填土出土遗物多不丰富,从这些灰坑遗迹中可以观察或提取的人的行为意识信息比较少。

丁家村遗址发现的灰沟位于遗址边缘,壁呈斜坡状,底圜,未发现加工痕迹,其形成过程的推测依据信息较少,出土遗物比较丰富,其用途可能为当时人们居住生活之用。这一现象在镇江地区其他台形遗址中普遍存在,如龙脉团山遗址、凤凰山遗址、松子头遗址等都存在相近似的灰沟遗存。

（二）建筑遗迹、烧造遗迹

这里之所以用建筑遗迹来描述及前文用 F 为成群的柱洞来标示,是因为这些遗迹只见柱洞、碎块状的红烧土堆积等,未见房基基槽等,但根据以往镇江地区台形遗址的发掘与前人研究,这些遗迹多倾向于被认为与居住相关性更强,同时在松子头遗址成排柱洞范围内发现过墙基,又有龙脉团山遗址出现过近似半地穴式房址,房址周边有相间近同的柱洞,有门道台阶。结合以往相近地理区间及时代相近的台形遗址的发掘,我们倾向于认为这些柱洞群、红烧土堆积更可能为建筑遗存。丁家村遗址发现的柱洞群大体分为两类,一类是四柱洞式,单体柱洞为近圆形,直径在一米左右,四个柱洞形成近四米见方的小台面,台面周边多见有灰土。一类是多柱洞式,这些柱洞多没有明显的成方规律可循。柱洞平面多为圆形,直径

327

多为20厘米左右。

关于这些柱洞群因较少发现活动面、门道等更多的指示性特征,其用途还需要更丰富、充实的实物材料来进一步证实。对于这些遗迹还希望在以后的发掘中能够引起更多的关注。

丁家村遗址发现的烧造遗迹多似灶坑,位于柱洞群之间,或者周边分布较多红烧土堆积,其可能与房址的活动面相关,因发掘时未发现更多的指向性证据,所以不能将其与某一有规律的柱洞群联系在一起,只能单独标示为烧造遗迹。

(三)墓葬

在丁家村遗址中发现了17座墓葬,均为长方形竖穴土坑墓,多没有发现随葬品,墓葬人骨多不存,少数墓葬人骨保存状况良好,据南京博物院朱晓汀副研究员对发现的骨骼鉴定,这些墓葬墓主大多为未成年人。又根据墓葬人骨 C、N 稳定同位素分析,并结合本遗址的植物考古研究结果,可知丁家村遗址两例先民的食物结构总体上以 C_3 类(小麦和水稻)食物为主,并含有少量的 C_4 类(粟、黍)食物。墓葬位置多与红烧土堆积、柱洞群相关,打破红烧土堆积或位于柱洞群之间,这些特征体现了一定的埋藏习俗。

查阅以往宁镇地区发掘的台形遗址的资料时,发现以往发掘的台形遗址中发现的墓葬遗存甚少。究其原因,一是埋藏环境不利于骨骼的保存,二是墓葬不在台形遗址上分布,抑或与埋藏习俗有关,这些因素或许只是这一现象的一些原因,期待更有力的材料来证明或推动这一问题的探讨。

二、遗物

出土遗物为陶器、石器、骨器、青铜器等。陶器器类有鬲、甗、鼎、罐、钵、豆、刻槽盆、饼、瓶、纺轮等;石器多为锛、刀,其次有铲、斧、镰、纺轮、镞、砺石等;铜器多为镞。除此之外,在发掘过程中还提取了各文化堆积和遗迹单位内土样浮选样品,并对出土的动物骨骼进行了全面收集。

(一)陶器、石器

从陶质陶色的比例上看,早晚变化不明显。从器类变化上看,晚期相对早期而言,新出器类为瓶、网坠、圈足盘,网坠、圈足盘数量极少,但簋基本不见;原始瓷器新出碗。从纹饰上分辨,早期的梯格纹发展到晚期数量比例大幅减少,这应与梯格纹主要流行于早期有关,晚期的席纹在早期未有发现;其余纹饰的数量比例变化不大。

从遗址中出土的石质生产工具如刀、砺石、锛、石铲、石镰等(表6-1)推测,当地先民从事相当比重的农业生产。在石刀、石斧、石铲这些生产工具中,石刀所占比重较高,专门用于农业生产的石锛数量也有增加。石锛的加工方法主要为磨制、对钻及管钻穿孔和研磨等。对这个遗址出土的动植物遗存研究也证实,当时农业种植已为主业,还存在动物家养生产,另外反映获取肉食资源的方式——渔猎的工具(网坠、镞)则比较少。

表 6-1　生产工具类遗物统计表

陶器	陶瓬	陶饼形器	陶纺轮	陶拍	陶网坠							合计
	18	42	19	14	2							95
石器	石锛	石刀	砺石	石铲	石斧	石镞	石镰	石饼	石纺轮	石杵	石钺	半成品及不明器形石器	258
	77	60	29	27	6	9	8	3	5	2	5	27	
铜器	铜镞												24
	24												

（二）动植物标本

除了家养动物外,丁家村遗址发现的野生动物主要为各类鹿科动物,一般认为梅花鹿生活在林间灌木丛或林缘草地中,麋鹿栖息于平原的沼泽草地或芦苇地,小型鹿科动物如獐等生活在河岸、湖边、海滩芦苇或茅草丛生的环境中。所以,根据丁家村遗址发现的鹿科动物种属,大致可以推测遗址当时所处的自然环境主要为湿地草原环境,遗址附近有沼泽地带、灌木丛等。

丁家村遗址出土的动物骨骼全部属于哺乳动物,共计 7 种,分别为狗、猪、麋鹿、梅花鹿、小型鹿科动物、黄牛和马。鹿科动物生活习性显示,丁家村遗址所处的自然环境主要为湿地草原环境。

丁家村遗址发现了一定数量的黄牛和马,它们是长江流域这两类家养动物重要的早期例证。这从一定程度上表明,随着黄河流域文化向宁镇地区的渗透,黄牛、马等北方传统的家养动物也逐渐被南方吸收和利用,它与以往发现的陶器、青铜器等物质遗存一起构成了探讨青铜时代宁镇地区与黄河流域之间文化交流的重要材料。

丁家村遗址的农作物遗存包括有水稻、黍、粟、小麦和大豆,呈现出一种五谷齐全的结构。

三、探讨

从遗址出土柱洞群、陶器、石器来看,丁家村遗址的先民们曾过着定居生活,并有一定农耕经济成分。此次清理出 23 个与房址相关的柱洞群(含烧土堆积),同时发现与之并存的烧灶坑遗迹,这些烧灶坑可能经过长期烧烤,都有一层坚硬的烧结面,说明当时人类居住或使用的时间可能较长。另外,还清理出儿童墓葬 16 座,《试论湖熟文化》(曾昭燏,1959 年)提到儿童墓葬多埋在居住房屋之内或居址旁边,体现了一定的区域丧葬习俗与居址特征。丁家村遗址出土完整和复原的陶器共近百件,陶炊器以鬲、甗为主,其次为鼎。盛储器类多见罐、钵、豆、盆,其次为盂等,这也是定居生活的生动写照。

丁家村遗址动物结构群的构成反映出遗址当时所处的自然环境主要为湿地草原环境。遗址中数量大致相当的家养动物与野生动物遗存表明,畜养在先民生业模式中占有重要地位;而出土的植物遗存中以小麦、水稻、粟黍为主,还有少量的大麦、小麦和大麻作物,以及一些从事农业种植磨制工具的发现说明当时先民也从事一定以种植小麦、水稻、粟、黍为主的农业生产。柱洞群遗迹、陶器、磨制石器等的发现,表明该遗址是一处定居聚落,先民从事着以农业为主,畜养、渔捞等经济方式多元并存的生业方式。

商周时期这些北方物质文化在南方的出现,原因有以下几点:从社会政治因素方面看,中原地区小麦大幅推广种植,这一情况夏商时期已经存在(陈雪香,2016);从文化方面看,对吴文化的普遍认识是吴国建立后的文化,而吴国是在中原的先进文化传入的基础上产生的次生国家。在这一历史背景下,这些宁镇地区出现的北方动植物可能是中原文化辐射的一种结果,这些动植物遗存与具有中原特征的青铜器一样是构成吴地物质文化的重要组成部分。从自然环境方面看,西周时期宁镇地区气候特征处于低温冷季节。

丁家村遗址是宁镇地区典型的台形遗址之一,其具有北方因素的动植物遗存或许并非仅有,随着以后考古工作的开展,相信会有更多有科学依据的遗存数据积累,对探讨宁镇地区商周时期的生业方式会更加全面及详细具体。我们期待未来更多的考古发现证实及充实以上内容。另外,我们也发现考古工作需要多学科交流及共同参与,才能更充分提取考古遗存的全面的信息。

第二节　时代断定与意义

从发掘情况看,丁家村遗址发掘区东部探方⑤层及其下,以及西部探方③层及其下遗存可归为早期遗存。该期遗存以 G2、柱洞群、墓葬等遗迹为代表,出土遗物以夹砂红陶为主,其次为泥质红陶、泥质灰陶、硬陶器,原始瓷器少见。纹饰多为梯格纹、绳纹等。炊器中鬲、甗较多,鼎发现较少,夹砂红陶素面鬲较多,存在绳纹鬲,但数量不多,鬲的这一情况近于团山遗址第三期。商晚西周早期也存在素面鬲基本取代绳纹鬲的情况。鼎足多见素面圆锥状、带按窝侧扁锥状等。另外出土遗物中不乏商代的原始瓷豆等,或具有商代特征的器物出土,如豆(TN05E04⑥:1、TN05W05⑦:2、TN06W02⑪:3)等,结合《论湖熟文化分期》一文中对器物分期序列的对比分析,这几件器物更接近商代晚期的特征。还有器物上较多地饰梯格纹也是商晚西周早期的风格,虽然丁家村遗址发掘区没有发现商代的地层堆积,但丁家村遗址确实存在比西周略早的遗物,这至少可以说明一点,丁家村遗址或周边可能存在比西周时期略早的人类活动,抑或是晚期先民沿用早期先民的遗物。结合地层中遗物测年结果,我们推断早期遗存时代为西周早中期。

晚期地层主要为东西部探方②及边缘倾向堆积的③或④层,出土遗物稍多,且不单纯,比早期新出了原始瓷碗,根据《论土墩墓分期》一文中对原始瓷豆、碗的分期,将发掘区第②层出土原始瓷碗(TN06W06②B:7)与《大墩边墩报告》①大墩 M1 的第三、四期之碗、豆进行比对,推断其时代相当于中原春秋早期;原始瓷碗(TN06W02②:8、TN08W05②B:11)与溧阳

---

① 刘建国:《论土墩墓分期》,《东南文化》1989 年第 4、5 合期;李永军、孙研、王克飞:《江苏丹徒薛家村大墩、边墩墓发掘简报》,《东南文化》2010 年第 5 期。

春秋早中期庙山土墩墓①的 M3:4、5 器型很接近,所以该遗址的时代下限应为春秋前期。第④层开始出现原始瓷碗,第②—④层为春秋前期地层。晚期地层中也包含有许多早于春秋前期的遗物,如西周时期的豆,这说明可能存在早期遗物使用到春秋早期这一现象,抑或为春秋时期人们及当时发掘时工作人员的扰动因素。

丁家村遗址的发现具有以下意义。第一,该遗址是坐落在基岩层上的特例,为在基岩层上发展起来的台形遗址提供了地层参照。丁家村遗址地形复杂,遗址近 3 万平方米的面积,以及周边数量较多的池塘等因素,这些都初步具备了较大聚落的规模及防御因素,属于山河流域的中心聚落,在镇江湖熟遗址中具有重要的地位和价值。第二,成排成组分布的柱洞群式居住遗迹的空间布局,有助于湖熟遗址聚落形态的研究。众多的儿童墓葬丰富了宁镇地区湖熟文化墓葬的稀缺。第三,出土遗物的类型学分析为该区域同时期器物进行异同研究、不同时期的器物演变序列研究、文化因素分析与文化交融互动研究增添了新的内容。第四,丁家村遗址中大量碳化小麦的发现为该区域饮食结构及小麦的传播提供了实物资料。第五,黄牛的发现为其种属的传入与文化交流提供了较好的案例。第六,丁家村遗址的动植物遗存、器物组合、遗迹分布从不同角度提供了宁镇地区商周时期湖熟文化栖居形态、生计方式等方面的重要信息。

---

① 李永军:《溧阳天目湖庙山土墩墓》,《印记与重塑:镇江博物馆考古报告集》,江苏大学出版社,2010 年。

附　表

附表一　灰坑统计表

编号	位置	层位关系	现状	坑口形状	结构	填土	包含物
H1	位于TN06W04内	开口于①层下,向下打破生土	残	圆角长方形	斜壁,平底。长252、宽118、深38厘米。	红褐土,较硬	无
H2	位于TN05W04内	开口于①层下,向下打破生土	残	不规则方形	直壁,圜底,长170、宽170、深33厘米。	灰土,较软	夹砂红陶鬲,少量夹砂灰陶罐及泥质红陶等(均残片)。
H3	分布于TN06W03及TN06W02内,部分延伸到TN05W03及TN05W02隔梁内	开口于①层下,向下打破生土	残	不规则方形	直壁斜收,宽210、长700、最深60厘米。	灰土,较软	夹砂红陶鬲,少量夹砂灰陶罐及泥质红陶等(均残片)。
H4	位于TN05W01内	开口于①层下,向下打破⑪层	残	长圆形	弧壁,平底,最长272、宽212、深40厘米。	①填黑土,土质较松软,②填黄土,土质较硬	少量夹砂鬲、罐残片
H5	位于TN05E01内	开口于②层下,向下打破③层	残	近圆形	弧壁,平底,最长156、宽140、深24厘米。	灰褐土夹红烧土颗粒,较软	无
H6	位于TN06W01内	开口于①层下,向下打破⑨层	残	椭圆形	斜壁,圜底,长294、宽160、最深30厘米。	灰土夹红烧土颗粒,较软	出土少量夹砂陶残片
H7	分布于TN06W04、TN06W05、TN05W04及TN05W05内	开口于①层下,向下打破生土	残	平面呈不规则形状	斜壁,平底,最长约300、最宽70、最深约80厘米。	灰黑土,较硬	少量夹砂陶残片
H8	分布于TN05W01及TN05E01内	开口于①下,向下打破⑧层	残	长圆形	弧壁,平底,长276、宽154、深34~40厘米。	红褐土夹红烧土颗粒	少量残陶片

编号	位置	层位关系	现状	坑口形状	结构	填土	包含物
H9	位于 TN06W03 内	开口于①层下,向下打破生土	残	圆角长方形	斜壁,平底,长90、宽48、最深24厘米。	灰褐土,较硬	无
H10	位于 TN06W04 内	开口于⑥B层下,向下打破生土	残	圆角长方形	斜壁,平底,长100、宽40、最深30厘米。	坑上有一薄层烧结面,坑内填灰褐土,较硬	无
H12	位于 TN06W05 内	开口于⑦下,向下打破生土	残	圆角长方形	斜壁,微圜底,长198、宽116、最深56厘米。	灰褐土,较硬	无
H13	位于 TN05E01 及 TN05E02 内,部分延伸至探方外	开口于⑪层下,向下打破基岩层	残	椭圆形	斜壁,近平底,长约600、宽约270、深约75厘米。	灰黑土,较硬	少量残陶片
H14	位于 TN05E02 内	开口于③层下,向下打④层	残	不规则	壁微斜,近平底,长约520、宽约75~325、深约56厘米。	黑灰土,较硬	少量残陶片
H17	位于 TN06E02 内	开口于⑫层下,向下打破基岩层	残	近长方形	斜壁,平底,长88、宽48、深42~46厘米。	灰黑土夹风化基岩,较硬	无
H18	位于 TN05E03 内	开口于⑥层下,向下打破基岩层	残	近长方形	斜壁,弧底,长140、宽102~109、深10~24厘米。	灰褐土夹风化基岩,土质较软	无
H19	位于 TN05E01 内,部分延伸至北隔梁下,	开口于⑪层下,向下打破基岩层	残	近长方形	直壁,近平底,长150、宽70~80、深35厘米。	灰褐土,较软	无
H20	位于 TN05E01 内	开口于④层下,向下打⑤层红烧土堆积	残	近弧边三角形	弧壁,近平底,长130、宽120、深30厘米。	灰褐土,较硬	无
H21	位于 TN06E03 内,部分压于 TN05E03 北隔梁之下	开口于①层下,向下打破②、③层,被H22打破	残	扇形	弧壁,圜底,长40、宽33、深40厘米。	灰褐土,较软	无
H22	位于 TN06E03 南部偏西,部分压于 TN05E03 北隔梁之下未发掘。	开口于①层下,向下打破②、③层	残	半圆形	弧壁,圜底,长40、宽33、深40厘米。	黄灰色土夹红烧土粒,较硬	无
H24	位于 TN06E03 南部偏东,部分压于 TN05E03 北隔梁之下	开口于②层下,向下打破③、④层及H28	残	半椭圆形	长约75、宽45、深约40厘米。	灰褐色土,较软	无

编号	位置	层位关系	现状	坑口形状	结构	填土	包含物
H25	位于TN06E03南部偏东,部分压于TN05E03北隔梁下	开口于②层下,向下打破③层和H28	残	半圆形	直壁,平底,长约45、宽25、深70厘米。	黄灰色土,较软	无
H27	位于TN06E03东南角,向东向南均深入隔梁下	开口于③层下,向下打破④、⑥、⑦C层	残	扇形	弧壁,圜底,长约85、宽90、深110厘米。	深灰色土,较软	无
H28	位于TN06E03南部稍偏东,部分压于TN05E03北隔梁下	开口于③层下,向下打破④、⑥、⑦C层,并被H24和H25所打破	残	扇形	弧壁,底微圜,长约145、宽55、深约90厘米。	灰褐色土,较软	无

附表二　墓葬统计表

墓号	位置	层位关系	形状	墓向	填土	葬式	单人一次葬或合葬	头向	面向	性别年龄	随葬品
M1	位于TN06E02内	开口于④层下，向下打破⑤层	圆角长方形，竖穴土坑墓	57°	黑灰花土夹红烧土	仰身直肢	单人一次葬	头向东	面向北	10岁左右，性别不详	无
M2	位于TN06E02内	开口于④层下，向下打破⑤层	圆角长方形，竖穴土坑墓	78°	黑灰花土	仰身直肢	单人一次葬	头向东	面向北	1岁半左右，性别不详	无
M3	位于TN06W01内	开口于①层下，向下打破⑥层	椭圆形，竖土坑墓	88°	黄灰花土	仰身直肢	单人一次葬	头向东	面向南	不详	无
M4	位于TN06E02内	开口于④层下，向下打破⑤层	圆角长方形，竖穴土坑墓	72°	黑灰花土	侧身直肢	单人一次葬	头向东北	面向南	男性年龄不详	残石刀
M5	位于TN06E02内	开口于②层下，向下打破⑤、⑥、(Ⅱ)、⑫层	圆角长方形，竖穴土坑墓	23°	黑灰花土	无	无骨骼	无	无	不详	无
M6	位于TN06E01内	开口于⑥层下，向下打破⑩层	圆角长方形，竖穴土坑墓	98°	黄褐花土	仰身直肢	单人一次葬	头向东	面向不明	1岁左右，性别不详	无
M7	位于TN06E03内	开口于④层下，向下打破⑤、⑥层	圆角长方形，竖穴土坑墓	79°	黑灰褐花土	仰身直肢	单人一次葬	头向不明	面向不明	不详	无
M8	位于TN06E01内	开口于②层下，向下打破⑤、⑥层	近椭圆形，竖穴土坑墓	48°	灰褐土含烧土	仰身直肢	单人一次葬	头向东北	面向北	未成年，具体年龄及性别不详	无
M9	位于TN06E03内	开口于④层下，向下打破⑤、⑥层	近椭圆形，竖穴土坑墓	52°	灰褐土含烧土	仰身直肢	单人一次葬	头向东北	面向北	3岁左右，性别不详	无
M10	位于TN06E01内	开口于⑥层下，向下打破⑩层	圆角长方形，竖穴土坑墓	94°	黄褐花土	仰身直肢	单人一次葬	头向东	面向不明	不详	无

续表

墓号	位置	层位关系	形状	墓向	填土	葬式	单人一次葬或合葬	头向	面向	性别年龄	随葬品
M11	位于TN06E01内	开口于⑥层下，向下打破⑩层	圆角长方形，竖穴土坑墓	96°	黄褐花土	仰身直肢	单人一次葬	头向东	面向南	6岁左右，性别不详	无
M12	位于TN06E01内	开口于⑥层下，向下打破⑩层	圆角长方形，竖穴土坑墓	110°	黄褐花土	仰身直肢	单人一次葬	头向东	面向上	未成年，具体年龄及性别不详	无
M13	位于TN05E02内	开口于①层下，向下打破基岩层	圆角长方形，竖穴土坑墓	83°	灰花土含风化基岩	仰身直肢	单人一次葬	头向东	面向上	7岁左右，性别不详	无
M14	位于TN06E02内	开口于①层下，向下打破基岩层	圆角长方形，竖穴土坑墓	86°	黄褐花土	仅残留部分头骨，葬式不明	单人一次葬	头向东	面向不明	不详	无
M15	位于TN06E02内	开口于①层下，向下打破基岩层	圆角长方形，竖穴土坑墓	73°	黄褐花土	仰身屈肢	单人一次葬	头向东	面向不明	1岁左右，性别不详	无
M16	位于TN05E01内	开口于①层下，向下打破基岩层	圆角长方形，竖穴土坑墓	70°	灰褐花土	仰身直肢	单人一次葬	头向东	面向不明	未成年，具体年龄及性别不详	无
M17	位于TN06E02内	开口于①层下，向下打破基岩层	圆角长方形，竖穴土坑墓	81°	灰花土	仰身直肢	单人一次葬	头向东	面向不明	10岁左右，性别不详	无

附表三　F6 房址统计表

编号 F6	形状	填土	直径(厘米)	深度(厘米)	结构备注
1	圆形	黄褐土	24	12	无柱芯
2	圆形	黄褐土	28	9	无柱芯
3	圆形	黄褐土,浅灰色柱芯	30	18	中部有一直径10、深18厘米柱芯
4	圆形	黄褐土	40	16	无柱芯
5	圆形	黄褐土,浅灰色柱芯	42	18	中部有一直径15,深18厘米柱芯
6	圆形	黄褐土	50	20	无柱芯
7	圆形	黄褐土	50	22	无柱芯
8	圆形	黄褐土	40	20	无柱芯
9	圆形	黄褐土	46	16	无柱芯

附表四　F7 房址统计表

编号 F7	形状	填土	直径(厘米)	深度(厘米)	结构备注
1	圆形	灰褐土含烧土颗粒,柱芯黄褐土	64	14	有一直径14、深10厘米柱芯
2	圆形	灰褐土含烧土颗粒,柱芯浅灰白土	70	20	有一直径12、深16厘米柱芯
3	圆形	灰土含烧土颗粒	50	16	无柱芯
4	圆形	灰土含烧土颗粒	35	18	无柱芯
5	圆形	灰褐土含烧土颗粒,柱芯浅灰白土	44	28	有一长径16、短径10、深近20厘米的椭圆形柱芯
6	圆形	灰褐土含烧土颗粒,柱芯浅灰白土	56	20	有一直径16、深12厘米的柱芯
7	圆形	灰土含木炭颗粒	36	18	无柱芯
8	圆形	灰褐土含烧土颗粒,柱芯浅灰白土	46	16	有一直径12、深10厘米的柱芯
9	圆形	灰褐土含烧土颗粒,柱芯浅灰白土	64	22	有一直径18、深16厘米的柱芯
10	圆形	灰褐土含烧土颗粒,柱芯浅灰白土	58	20	有一直径16、深14厘米的柱芯

附表五　F12房址统计表

编号F12	形状	填土	直径(厘米)	深度(厘米)	结构备注
1	圆形	灰褐土含红烧土颗粒	30	35	无柱芯
2	圆形	灰褐土含红烧土颗粒	10	15	无柱芯
3	圆形	灰褐土含红烧土颗粒	20	25	无柱芯
4	圆形	灰褐土含红烧土颗粒	25	36	无柱芯
5	圆形	灰褐土含红烧土颗粒	18	20	无柱芯
6	圆形	灰褐土含红烧土颗粒	16	18	无柱芯
7	圆形	灰褐土含红烧土颗粒	20	20	无柱芯
8	圆形	灰褐土含红烧土颗粒	35	40	无柱芯
9	圆形	灰褐土含红烧土颗粒	15	20	无柱芯
10	圆形	灰褐土含红烧土颗粒	10	15	无柱芯
11	圆形	灰褐土含红烧土颗粒	20	25	无柱芯
12	圆形	灰褐土含红烧土颗粒	15	18	无柱芯
13	圆形	灰褐土含红烧土颗粒	30	40	无柱芯
14	圆形	灰褐土含红烧土颗粒	25	30	无柱芯
15	圆形	灰褐土含红烧土颗粒	20	25	无柱芯
16	圆形	灰褐土含红烧土颗粒	15	25	无柱芯
17	圆形	灰褐土含红烧土颗粒	15	20	无柱芯
18	圆形	灰褐土含红烧土颗粒	25	25	无柱芯
19	圆形	灰褐土含红烧土颗粒	20	24	无柱芯
20	圆形	灰褐土含红烧土颗粒	15	18	无柱芯
21	圆形	灰褐土含红烧土颗粒	20	22	无柱芯
22	圆形	灰褐土含红烧土颗粒	30	36	无柱芯
23	圆形	灰褐土含红烧土颗粒	45	55	无柱芯
24	圆形	灰褐土含红烧土颗粒	15	18	无柱芯
25	圆形	灰褐土含红烧土颗粒	45	52	无柱芯
26	圆形	灰褐土含红烧土颗粒	15	18	无柱芯
27	圆形	灰褐土含红烧土颗粒	15	20	无柱芯

附表六　F15 房址统计表

编号 F15	形状	填土	直径（厘米）	深度（厘米）	结构备注
1	圆形	灰褐土含烧土颗粒	25	24	无柱芯
2	圆形	灰褐土含烧土颗粒	22	18	无柱芯
3	圆形	灰褐土含烧土颗粒	24	18	无柱芯
4	圆形	灰褐土含烧土颗粒	16	28	无柱芯
5	圆形	灰褐土含烧土颗粒	18	26	无柱芯
6	圆形	灰褐土含烧土颗粒	20	25	无柱芯

附表七　F24 房址统计表

编号 F24	形状	填土	尺寸（厘米）	深度（厘米）	结构备注
1	圆形	灰黑土	直径 52	16	无柱芯
2	圆形	灰黑土	直径 53	18	无柱芯
3	圆形	灰黑土	直径 48	22	无柱芯
4	圆形	灰黑土	直径 36	18	无柱芯
5	圆形	灰黑土	直径 52	20	无柱芯
6	圆形	灰黑土	直径 34	22	无柱芯
7	近长方形	灰黑土	长 62、宽 42	24	无柱芯
8	圆形	灰黑土	直径 54	24	无柱芯

附表八　F8 房址统计表

编号 F8	形状	填土	直径（厘米）	深度（厘米）	结构备注
1	圆形	灰黑土	15	10	无柱芯
2	圆形	灰黑土	25	25	无柱芯
3	圆形	灰黑土	20	30	无柱芯
4	圆形	灰黑土	25	18	无柱芯
5	圆形	灰黑土	30	20	无柱芯
6	圆形	灰黑土	15	15	无柱芯
7	圆形	灰黑土	25	25	无柱芯
8	圆形	灰黑土	30	30	无柱芯
9	圆形	灰黑土	30	25	无柱芯
10	圆形	灰黑土	25	20	无柱芯
11	圆形	灰黑土	35	30	无柱芯
12	圆形	灰黑土	25	25	无柱芯

续表

编号 F8	形状	填土	直径（厘米）	深度（厘米）	结构备注
13	圆形	灰黑土	40	35	无柱芯
14	圆形	灰黑土	20	20	无柱芯
15	圆形	灰黑土	25	25	无柱芯
16	圆形	灰黑土	40	25	无柱芯
17	圆形	灰黑土	20	20	无柱芯
18	圆形	灰黑土	35	28	无柱芯
19	圆形	灰黑土	26	25	无柱芯
20	圆形	灰黑土	40	36	无柱芯
21	圆形	灰黑土	40	28	无柱芯
22	圆形	灰黑土	68	25	无柱芯
23	圆形	灰黑土	32	25	无柱芯
24	圆形	灰黑土	40	30	无柱芯
25	圆形	灰黑土	20	35	无柱芯
26	圆形	灰黑土	30	32	无柱芯
27	圆形	灰黑土	40	35	无柱芯
28	圆形	灰黑土	35	35	无柱芯
29	圆形	灰黑土	30	35	无柱芯
30	圆形	灰黑土	20	25	无柱芯
31	圆形	灰黑土	45	45	无柱芯
32	圆形	灰黑土	50	56	无柱芯
33	圆形	灰黑土	55	55	无柱芯
34	圆形	灰黑土	40	50	无柱芯
35	圆形	灰黑土	55	55	无柱芯
36	圆形	灰黑土	25	50	无柱芯

附表九　F11 房址统计表

编号 F11	形状	填土	直径（厘米）	深度（厘米）	结构备注
1	圆形	灰褐土	40	45	无柱芯
2	圆形	灰褐土	45	40	无柱芯
3	圆形	灰褐土	20	25	无柱芯
4	圆形	灰褐土	15	20	无柱芯
5	圆形	灰褐土	20	30	无柱芯

编号 F11	形状	填土	直径(厘米)	深度(厘米)	结构备注
6	圆形	灰褐土	15	20	无柱芯
7	圆形	灰褐土	40	52	无柱芯
8	圆形	灰褐土	15	25	无柱芯
9	圆形	灰褐土	20	35	无柱芯

附表十　F16 房址统计表

编号 F16	形状	填土	直径(厘米)	深度(厘米)	结构备注
1	圆形	灰黑土	38	12	无柱芯
2	圆形	灰黑土	30	26	无柱芯
3	圆形	灰黑土	28	28	无柱芯
4	圆形	灰黑土	30	20	无柱芯
5	圆形	灰黑土	50	26	无柱芯
6	圆形	灰黑土	30	12	无柱芯
7	圆形	灰黑土	32	12	无柱芯
8	圆形	灰黑土	38	20	无柱芯
9	圆形	灰黑土	30	12	无柱芯
10	圆形	灰黑土	46	26	无柱芯
11	圆形	灰黑土	30	20	无柱芯
12	圆形	灰黑土	28	10	无柱芯
13	圆形	灰黑土	38	12	无柱芯
14	圆形	灰黑土	38	20	无柱芯
15	圆形	灰黑土	30	14	无柱芯
16	圆形	灰黑土	40	12	无柱芯
17	圆形	灰黑土	30	14	无柱芯
18	圆形	灰黑土	24	12	无柱芯
19	圆形	灰黑土	40	20	无柱芯
20	圆形	灰黑土	40	20	无柱芯
21	圆形	灰黑土	30	10	无柱芯
22	圆形	灰黑土	24	12	无柱芯
23	圆形	灰黑土	50	40	无柱芯
24	圆形	灰黑土	50	42	无柱芯
25	圆形	灰黑土	28	16	无柱芯

续表

编号 F16	形状	填土	直径（厘米）	深度（厘米）	结构备注
26	圆形	灰黑土	52	44	无柱芯
27	圆形	灰黑土	20	10	无柱芯
28	圆形	灰黑土	30	10	无柱芯

附表十一　F17 房址统计表

编号 F17	形状	填土	直径（厘米）	深度（厘米）	结构备注
1	圆形	灰黑土夹风化基岩	52	26	无柱芯
2	圆形	灰黑土夹风化基岩	38	22	无柱芯
3	圆形	灰黑土夹风化基岩	52	24	无柱芯
4	圆形	灰黑土夹风化基岩	30	24	无柱芯
5	圆形	灰黑土夹风化基岩	50	26	无柱芯
6	圆形	灰黑土夹风化基岩	26	22	无柱芯
7	圆形	灰黑土夹风化基岩	40	24	无柱芯
8	圆形	灰黑土夹风化基岩	60	26	无柱芯
9	圆形	灰黑土夹风化基岩	30	22	无柱芯
10	圆形	灰黑土夹风化基岩	40	22	无柱芯
11	圆形	灰黑土夹风化基岩	26	23	无柱芯
12	圆形	灰黑土夹风化基岩	30	23	无柱芯

附表十二　F18 房址统计表

编号 F18	形状	填土	直径（厘米）	深度（厘米）	结构备注
1	圆形	黄褐土	46	24	无柱芯
2	圆形	黄褐土，浅灰色柱芯	44	26	有一直径 14、深 26 厘米柱芯
3	圆形	黄褐土，浅灰色柱芯	48	24	有一直径 18、深 24 厘米柱芯
4	圆形	黄褐土	24	14	无柱芯
5	圆形	黄褐土	20	18	无柱芯
6	圆形	黄褐土	44	26	无柱芯
7	圆形	黄褐土，浅黄色柱芯	40	30	有一直径 16、深 16 厘米柱芯
8	圆形	黄褐土含风化基岩	40	20	无柱芯
9	圆形	黄褐土，浅灰色柱芯	40	26	有一直径 12、深 26 厘米柱芯
10	圆形	黄褐土	20	18	无柱芯
11	圆形	黄褐土	26	16	无柱芯

附表十三　F19 房址统计表

编号 F19	形状	填土	直径（厘米）	深度（厘米）	结构备注
1	圆形	灰褐土	20	15	无柱芯
2	圆形	灰褐土	35	10	无柱芯
3	圆形	灰褐土	30	15	无柱芯
4	圆形	灰褐土	20	20	无柱芯
5	圆形	灰褐土	20	10	无柱芯
6	圆形	灰褐土	35	25	无柱芯
7	圆形	灰褐土	35	30	无柱芯
8	圆形	灰褐土	50	30	无柱芯

附表十四　F20 房址统计表

编号 F20	形状	填土	直径（厘米）	深度（厘米）	结构备注
1	圆形	灰黑土夹风化基岩	25	28	无柱芯
2	圆形	灰黑土夹风化基岩,黄褐色柱芯	55	45	有一直径25、深45厘米柱芯
3	圆形	灰黑土夹风化基岩	25	50	无柱芯
4	圆形	灰黑土夹风化基岩,黄褐色柱芯	55	58	有一直径30、深58厘米柱芯
5	圆形	灰黑土夹风化基岩	50	20	无柱芯
6	圆形	灰黑土夹风化基岩	30	15	无柱芯
7	圆形	灰黑土夹风化基岩	45	40	无柱芯
8	圆形	灰黑土夹风化基岩	20	15	无柱芯
9	椭圆形	灰黑土夹风化基岩,黄褐色柱芯	65	50	有一直径25、深50厘米柱芯
10	椭圆形	灰黑土夹风化基岩,黄褐色柱芯	60	30	有一直径15、深30厘米柱芯

附表十五　F21 房址统计表

编号 F21	形状	填土	尺寸（厘米）	深度（厘米）	结构备注
1	圆形	灰黑土夹风化基岩	直径30	8	无柱芯
2	圆形	灰黑土夹风化基岩	直径36	28	无柱芯
3	圆形	灰黑土夹风化基岩	直径40	16	无柱芯
4	圆形	灰黑土夹风化基岩	直径30	20	无柱芯
5	近方形	灰黑土夹风化基岩	34×32	30	无柱芯

编号 F21	形状	填土	尺寸(厘米)	深度(厘米)	结构备注
6	近圆形	灰黑土夹风化基岩	42×50	10	无柱芯
7	圆形	灰黑土夹风化基岩	直径40	16	无柱芯
8	近方形	灰黑土夹风化基岩	44×38	30	无柱芯

附表十六　F22 房址统计表

编号 F22	形状	填土	尺寸(厘米)	深度(厘米)	结构备注
1	圆形	黄褐土	直径36	24	无柱芯
2	圆形	黄褐土	直径22	12	无柱芯
3	椭圆形	黄褐土	50×60	42	无柱芯
4	圆形	黄褐土,灰褐色柱芯	直径50	20	有一直径30、深20厘米柱芯
5	圆形	黄褐土	直径50	14	无柱芯
6	圆形	红褐土,灰褐色柱芯	直径26	22	有一直径12、深14厘米柱芯
7	圆形	黄褐土,灰褐色柱芯	直径46	28	有一直径14、深28厘米柱芯
8	圆形	黄褐土	直径50	24	无柱芯
9	圆形	黄褐土	直径50	18	无柱芯
10	圆形	黄褐土	直径50	34	无柱芯
11	近圆形	黄褐土	64×56	42	无柱芯
12	圆形	黄褐土	直径20	10	无柱芯
13	圆形	黄褐土	直径60	30	无柱芯
14	圆形	黄褐土	直径12	20	无柱芯
15	圆形	黄褐土	直径20	12	无柱芯
16	圆形	黄褐土	直径22	20	无柱芯
17	圆形	黄褐土	直径40	42	无柱芯
18	圆形	黄褐土,灰褐色柱芯	直径22	10	有一直径10、深10厘米柱芯
19	圆形	黄褐土	直径16	16	无柱芯
20	圆形	黄褐土	直径46	34	无柱芯
21	椭圆形	黄褐土	16×32	14	无柱芯
22	圆形	黄褐土	直径50	20	无柱芯
23	圆形	黄褐土	直径30	12	无柱芯
24	椭圆形	黄褐土	36×40	20	无柱芯
25	椭圆形	黄褐土,钱黄土柱芯	50×60	32	有一直径26、深12厘米柱芯
26	近长方形	黄褐土	30×24	20	无柱芯

附表十七　F23 房址统计表

编号 F23	形状	填土	尺寸（厘米）	深度（厘米）	结构备注
1	椭圆形	灰黑土夹风化基岩	50×42	18	无柱芯
2	椭圆形	灰黑土夹风化基岩	34×29	12	无柱芯
3	葫芦形	灰黑土夹风化基岩	长84、宽18-48	12	无柱芯
4	近方形	灰黑土夹风化基岩	40×50	22	无柱芯
5	圆形	灰黑土夹风化基岩	直径40	18	无柱芯
6	圆形	灰黑土夹风化基岩	直径40	8	无柱芯
7	圆形	灰黑土夹风化基岩	直径40	16	无柱芯

附表十八　地层编号调整表

发掘区西部探方					
原编号	报告编号	原编号	报告编号	原编号	报告编号
TN07W05①	TN07W06①	TN08W04①	TN08W04①	TN06W04②	TN06W04②B
TN07W05②	TN07W05②B	TN08W04②	TN08W04④B	TN06W04 烧土层	TN06W04③
TN07W05③	TN07W05④B	TN08W04③	TN08W04⑤B	TN06W04③	TN06W04⑥B
TN07W04①	TN07W05①	TN05W04①	TN05W04①	TN06W04④	TN06W04⑥B
TN07W04①	TN07W04①	TN05W05①	TN05W05①	TN06W03①	TN06W03①
TN07W04②	TN07W04④B	TN05W05②	TN05W05②A	TN06W03②	TN06W03②B
TN07W04③	TN07W04⑥B	TN05W05③	TN05W05⑤A	TN06W03③	TN06W03⑥B
TN07W03①	TN07W03①	TN05W05④	TN05W05⑥A	TN06W03④	TN06W03⑦
TN07W03②	TN07W03②B	TN05W05⑤	TN05W05⑦	TN06W06①	TN06W06①
TN07W03 烧土层	TN07W03③	TN06W05①	TN06W05①	TN06W06②	TN06W06②B
TN07W02①	TN07W02①	TN06W05 烧土层	TN06W05③	TN06W06 烧土层	TN06W06③
TN07W02②	TN07W02②B	TN06W05②	TN06W05④A	TN06W06③	TN06W06④C
TN07W02③	TN07W02②B	TN06W05③	TN06W05⑤A	TN06W06④	TN06W06④C
TN07W02 烧土层	TN07W02③	TN06W05④	TN06W05⑥B	TN06W06⑤	TN06W06④C
TN08W05①	TN08W05①	TN06W05⑤	TN06W05⑦	TN06W06⑥	TN06W06④C
TN08W05②	TN08W05②B	TN06W05⑥	TN06W05⑧		
TN08W05③	TN08W05⑤B	TN06W04①	TN06W04①		
发掘区东部探方					
原编号	报告编号	原编号	报告编号	原编号	报告编号
TN05E04①	TN05E04①	TN05E04⑫	TN05E04⑧D	TN05E02⑥	TN05E02⑫
TN05E04②	TN05E04②	TN05E04⑬	TN05E04⑫	TN05E02⑦	TN05E02⑫

续表

发掘区东部探方					
原编号	报告编号	原编号	报告编号	原编号	报告编号
TN05E04③	TN05E04②	TN05E03⑤	TN05E03④	TN05E01①	TN05E01①
TN05E04④	TN05E04③	TN05E03 烧土层	TN05E03⑤	TN05E01②	TN05E01②
TN05E04⑤	TN05E04④	TN05E03⑥	TN05E03⑥	TN05E01③	TN05E01③
TN05E04⑥	TN05E04④	TN05E03⑦	TN05E03⑫	TN05E01 烧土层	TN05E01⑤
TN05E04⑦	TN05E04④	TN05E02①	TN05E02①	TN05E01④	TN05E01⑥
TN05E04 烧土层	TN05E04⑤	TN05E02②	TN05E02②	TN05E01⑤	TN05E01⑪
TN05E04⑧	TN05E04⑥	TN05E02③	TN05E02③	TN05E01⑥	TN05E01⑫
TN05E04⑨	TN05E04⑥	TN05E02④	TN05E02④	TN06E03①	TN06E03①
TN05E04⑩	TN05E04⑥	TN05E02 烧土层	TN05E02⑤	TN06E03②	TN06E03②
TN05E04⑪	TN05E04⑦D	TN05E02⑤	TN05E02⑪	TN06E03③	TN06E03③
TN06E03④	TN06E03④	TN06E01①	TN06E01①	TN06W01⑧	TN06W01⑨
TN06E03 烧土层	TN06E03⑤	TN06E01②	TN06E01②	TN06W01⑨	TN06W01⑩
TN06E03⑤	TN06E03⑥	TN06E01③	TN06E01③	TN06W01⑩	TN06W01⑪
TN06E03⑥	TN06E03⑦C	TN06E01 烧土层	TN06E01⑤	TN06W02①	TN06W02①
TN06E03⑦	TN06E03⑫	TN06E01④	TN06E01⑥	TN06W02②	TN06W02②
TN06E02①	TN06E02①	TN06E01⑤	TN06E01⑩	TN06W02 烧土层	TN06W02⑤
TN06E02②	TN06E02②	TN06E01⑥	TN06E01⑪	TN06W02③	TN06W02⑦A
TN06E02③	TN06E02③	TN06W01①	TN06W01①	TN06W02④	TN06W02⑨
TN06E02④	TN06E02④	TN06W01②	TN06W01②	TN06W02⑤	TN06W02⑪
TN06E02 烧土层	TN06E02⑤	TN06W01③	TN06W01③	TN05W01①	TN05W01①
TN06E02⑤	TN06E02⑥	TN06W01④	TN06W01④	TN05W01②	TN05W01⑥
TN06E02⑥	TN06E02⑧B	TN06W01 烧土层	TN06W01⑤	TN05W01③	TN05W01⑥
TN06E02⑦	TN06E02⑧C	TN06W01⑤	TN06W01⑥	TN05W01④	TN05W01⑪
TN06E02⑧	TN06E02⑪	TN06W01⑥	TN06W01⑦B		
TN06E02⑨	TN06E02⑫	TN06W01⑦	TN06W01⑧A		

备注：本报告的地层编号是采用统一地层后调整的编号，与地层出土器物上的实际写号有所不同。器物的实际写号因为发掘层位认识的变化而需要调整，在考古发掘中比较常见，同时对一个遗址的多次发掘，出现新层位，使原有层位的序号出现变化也较常见。本报告采用对应表的方式，将地层的原始编号与调整后的编号进行对比，以便查阅。

附表十九　TN05E03 陶片器型、纹饰统计表

单位：TN05E03②

器型＼陶系	鬲口沿	鬲足	甗腰	甗口沿	罐口沿	圈足	钵口沿	器底	甑	陶饼	鼎足	器纽	豆盆	鼎口沿	圈足盆	刻槽盆	残片	合计
夹砂红陶	55	105	17	11	14		10	16	1	5	10	3		4			785	1036
泥质红陶					3	1		2						1	1	1	60	69
灰陶					6	2	1	4					7				98	118
印纹硬陶					3			3									27	33
合计	55	105	17	11	26	3	11	25	1	5	10	3	8	4	1	1	970	1256
百分比	0.044	0.083	0.013	0.009	0.02	0.002	0.009	0.02	0.008	0.004	0.008	0.002	0.006	0.003	0.0008	0.0008	0.77	

单位：TN05E03②

纹饰＼陶系	绳纹	方格纹	间断绳纹	夔纹	梯格纹	夔纹加梯格纹	素面	刻划纹	戳印纹	折线纹	回纹	回纹折线	合计
夹砂红陶	6		4				1019	3	4				1036
泥质红陶	10	1		3	41	1	13						69
灰陶	58	5		1			49	2					118
印纹硬陶				2			1			6	21	3	33
合计	74	6	7	6	41	1	1082	5	4	6	21	3	1256
百分比	0.059	0.005	0.006	0.005	0.032	0.0008	0.86	0.004	0.003	0.005	0.017	0.002	

单位：TN05E03③

器型＼陶系	鬲口沿	鬲足	甗口沿	甗腰	罐口沿	豆盆	刻槽盆	器底	钵口沿	圈足	甑	残片	合计
夹砂红陶	17	49	5	8	11			12	3	1	2	470	578
泥质红陶					5	2						60	67
灰陶					4	3				2		120	129
印纹硬陶												14	14
黑支红胎					1							25	26
合计	17	49	5	8	21	3	2	12	3	3	2	689	814
百分比	0.02	0.06	0.006	0.009	0.026	0.004	0.002	0.014	0.004	0.004	0.002	0.85	

单位：TN05E03③

纹饰\陶系	绳纹	方格纹	间断绳纹	回纹	夔纹	刻划纹	梯格纹	折线纹	素面	合计
夹砂红陶	12		3			1			561	578
泥质红陶	13	12	1		2		21		18	67
灰陶	100		11			2			16	129
印纹硬陶				11	2			1		14
黑支红胎	22		2						2	26
合计	148	12	17	11	4	3	21	1	595	814
百分比	0.18	0.015	0.02	0.014	0.005	0.004	0.026	0.001	0.73	

单位：TN05E03④

器型\陶系	鬲口沿	鬲足	甗腰	甗口沿	罐口沿	器底	簋座	鍪	桥形钮	钵口沿	残片	合计
夹砂红陶	11	50	11	7	3	9	1	2	1	1	196	292
泥质红陶					4						22	26
灰陶					3	6	2			1	82	94
印纹硬陶						3					13	16
合计	11	50	11	7	10	18	3	2	1	2	313	428
百分比	0.025	0.12	0.025	0.016	0.023	0.042	0.007	0.005	0.002	0.005	0.73	

单位：TN05E03④

纹饰\陶系	绳纹	回纹	方格纹	间断绳纹	素面	刻划纹	合计
夹砂红陶	4			2	284	2	292
泥质红陶	13		9		4		26
灰陶	56		3	2	28	5	94
印纹硬陶		15			1		16
合计	73	15	12	4	317	7	428
百分比	0.17	0.035	0.028	0.009	0.74	0.016	

单位：TN05E03⑤

器型 陶系	鬲口沿	鬲足	甗口沿	甗腰	圈足	器底	罐口沿	残片	合计
夹砂红陶	3	11	3	6	3	2	3	40	71
泥质红陶							1	10	11
灰陶					1		3	3	7
印纹硬陶								3	3
合计	3	11	3	6	4	2	7	56	92
百分比	0.032	0.12	0.032	0.65	0.043	0.022	0.076	0.6	

单位：TN05E03⑤

纹饰 陶系	绳纹	回纹	素面	合计
夹砂红陶			71	71
泥质红陶	10		1	11
灰陶	3		4	7
印纹硬陶	3			3
合计	13	3	76	92
百分比	0.14	0.032	0.83	

单位：TN05E03⑥

器型 陶系	鬲口沿	鬲足	甗腰	甗口沿	罐口沿	钵口沿	圈足	豆盆	鼎足	器底	残片	陶拍	陶算	合计
夹砂红陶	5	13	4	6	2	4	1		1	9	156	1	1	203
泥质灰陶					2		1			1	16			20
灰陶					3	1		1		2	12			18
印纹硬陶					8					2	38			48
黑支红陶					5						9			9
合计	5	13	4	6	19	5	1	2	1	14	226	1	1	298
百分比	0.017	0.043	0.013	0.02	0.063	0.017	0.003	0.007	0.003	0.047	0.76	0.003	0.003	

单位：TN05E03⑥

纹饰 陶系	绳纹	方格纹	梯格纹	回纹	附加堆纹	间断绳纹	素面	合计
夹砂红陶	6						197	203
泥质红陶	12	2	2			1	3	20
灰陶	10	2			2	7	4	18
印纹硬陶				42			6	48
黑支红胎	4					2	3	9
合计	32	4	2	42	2	3	13	298
百分比	0.10	0.013	0.007	0.14	0.007	0.01	0.72	

单位：TN05E03⑫

器型 陶系	鬲口沿	鬲足	甗口沿	圈足	鼎底	罐口沿	鼎口沿	残片	合计
夹砂红陶	4	4	3	2	4	2	1	49	69
泥质灰陶				2				8	10
红陶								10	10
印纹硬陶								3	3
合计	4	4	3	4	4	2	1	70	92
百分比	0.043	0.043	0.032	0.043	0.043	0.021	0.01	0.76	

单位：TN05E03⑫

纹饰 陶系	绳纹	回纹	梯格纹	素面	刻划纹	合计
夹砂红陶	2			66	1	69
泥质红陶			6		4	10
灰陶	4			6		10
纹饰陶片		2			1	3
合计	6	2	6	72	6	92
百分比	0.065	0.021	0.065	0.78	0.065	

单位：TN05E03F2 内陶片

器型 陶系	鬲口沿	残片	合计
夹砂红陶	2	32	34
泥质灰陶		24	24
合计	2	56	58
百分比	0.03	0.97	

单位：TN05E03F2 内陶片

纹饰 陶系	绳纹	间断绳纹	方格纹	素面	合计
夹砂红陶	3			31	34
泥质红陶	14	4	3	3	24
合计	17	4	3	34	58
百分比	0.29	0.07	0.05	0.59	

附表二十　TN06W03 陶片器型、纹饰统计表

单位：TN06W03②B

器型 陶系	甗口沿	甗腰	鬲口沿	鬲足	罐口沿	刻槽盘	罐底	豆盆	钵口沿	残片	器盖	合计
夹砂红陶	2	2	7	9	2		2		2	310		336
泥质红陶					1					29		30
灰陶					3	1				25	1	30
印纹硬陶								1		27		28
合计	2	2	7	9	6	1	2	1	2	391	1	424
百分比	0.005	0.005	0.017	0.021	0.015	0.002	0.005	0.002	0.005	0.92	0.002	

单位：TN06W03②B

纹饰 陶系	绳纹	梯格纹	方格纹	折线纹	刻划纹	间断绳纹	素面	回纹	合计
夹砂红陶	13					3	320		336
泥质灰陶	4	19	1			1	4		30
灰陶	12		8	1	2	4	3		30
印纹硬陶							2	26	28
合计	29	19	9	1	5	5	329	26	424
百分比	0.07	0.05	0.021	0.002	0.01	0.01	0.76	0.06	

单位：TN06W03⑥B

器型 陶系	鬲口沿	鬲足	甗腰	钵口沿	器盖纽	鍪	甗口沿	残片	石器	兽骨	合计
夹砂红陶	2	19	6	3	1	1	2	220			254
泥质红陶								32			32
灰陶								51			51
印纹硬陶								8			8
其他									2	5	7
合计	2	19	6	3	1	1	2	311	2	5	352
百分比	0,006	0.054	0.017	0.008	0.003	0.003	0.006	0.88	0.006	0.014	

单位：TN06W03⑥B

纹饰 陶系	绳纹	梯格纹	刻划纹	方格纹	回纹	素面	间断绳纹	合计
夹砂红陶	3		1			249	1	254
泥质灰陶	8	8		2		14		32
灰陶	22			1		23	5	51
印纹硬陶					7	1		8
合计	23	8	1	3	7	287	6	345
百分比	0.07	0.023	0.003	0.009	0.02	0.83	0.017	

单位：TN06W03F19

器型 陶系	鬲口沿	鬲足	鼎足	罐口沿	鼎口沿	刻槽盆	残片	豆盘	器底	合计
夹砂红陶	3	2	3	2	1		23		1	35
泥质红陶				1			14			15
灰陶						1	7	2		10
印纹硬陶							5			5
合计	3	2	3	3	1	1	49	2	1	65
百分比	0.046	0.03	0.046	0.046	0.015	0.015	0.75	0.03	0.015	

单位：TN06W03F19

纹饰 陶系	绳纹	梯格纹	附加堆纹	回纹	折线纹	素面	合计
夹砂红陶	7		1			27	35
泥质灰陶	3	10				2	15
灰陶	2				2	6	10
印纹硬陶				1		4	5
合计	12	10	1	1	2	39	65
百分比	0.18	0.15	0.015	0.015	0.03	0.6	

单位：TN06W03G2 隔梁

器型 陶系	鬲口沿	鬲足	甑口沿	甑腰	簋	钵口沿	器底	罐口沿	残片	石器	罐子	合计
夹砂红陶	5	7	9	3	3	4	3	2	138		1	175
泥质红陶						2	1		10			13
灰陶						1	1		10			12
印纹硬陶									2			2
其他										4		4
合计	5	7	9	3	3	6	5	3	160	4	1	206
百分比	0.024	0.033	0.043	0.014	0.014	0.029	0.024	0.014	0.78	0.019	0.005	

单位：TN06W03G2 隔梁

纹饰 陶系	绳纹	梯格纹	刻划纹	方格纹	间断绳纹	素面	回纹	附加堆纹	合计
夹砂红陶	2		3		3	166		1	175
泥质灰陶	1	7				5			13
灰陶	2		2	3	1	4			12
印纹硬陶							2		2
合计	5	7	5	3	4	175	2	1	202
百分比	0.024	0.035	0.024	0.015	0.02	0.87	0.01	0.005	

单位：TN06W03H3

器型 陶系	瓶口沿	瓶腰	罐口沿	碗	钵口沿	器底	罐耳	鬲足	鼎足	残片	石器	篑	豆把	合计
夹砂红陶	3	2	3		2	5	1	2	8	170				196
泥质红陶			2							16		1	1	20
红陶										32				32
原始瓷				1										1
其他												1		1
合计	3	2	5	1	2	5	1	2	8	218	1	1	1	250
百分比	0.012	0.008	0.02	0.004	0.008	0.02	0.004	0.008	0.032	0.87	0.004	0.004	0.004	

单位：TN06W03H3

纹饰 陶系	梯格纹	方格纹	戳印纹	素面	折线纹	合计
夹砂红陶			7	189		196
泥质灰陶		1		18	1	20
红陶	28			4		32
原始瓷				1		1
合计	28	1	7	42	1	249
百分比	0.11	0.004	0.028	0.85	0.004	

附　图

附图一

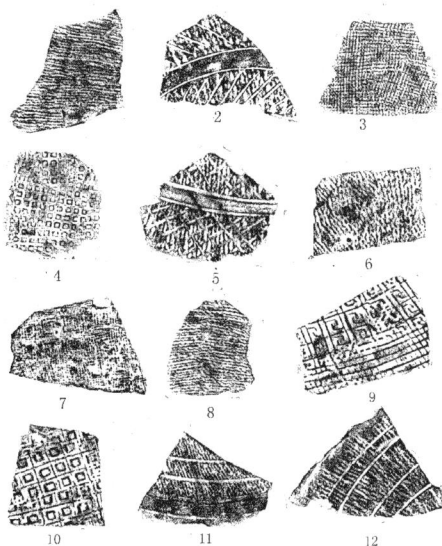

拓片一　TN06E03陶片纹饰①(1-8)、③(9-12)

1.细绳纹　2.绳弦加刻划纹　3.方格纹　4.回纹

5.绳纹加刻划纹　6.绳纹　7.回纹　8.绳纹　9.方格纹加夔纹

10.回纹　11-12.间断绳纹

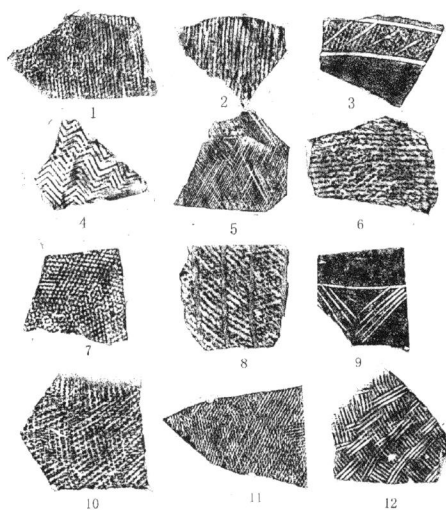

拓片二　TN06E03陶片纹饰③(1-5)、
　　　　底层生土上(6-12)

1-2.绳纹　3.绳纹加刻划纹　4.折线纹　5.刻划纹　6.粗绳纹

7.方格纹　8.间断绳纹　9.刻划纹　10-11.绳纹

12.梯格纹

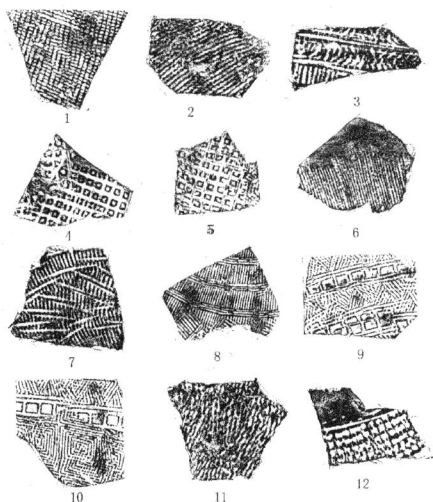

拓片三　TN06E03陶片纹饰G1(1-6)、底层生土上(7-8)、
　　　　TN06E03③陶片纹饰(9-12)

1.方格纹　2.绳纹　3.梯格纹　4-5.凸回纹　6.细绳纹

7-8.梯格纹　9.回纹加斜绳纹　10.回纹加重回纹

11.粗绳纹　12.方格纹

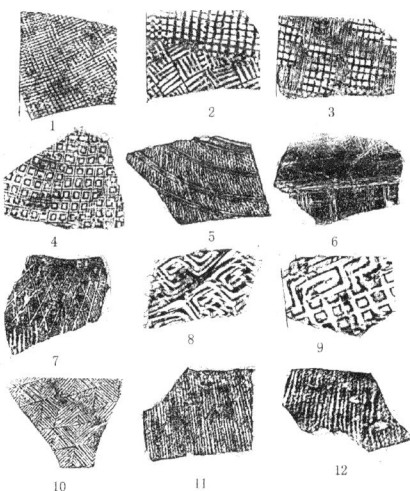

拓片四　TN06E03③陶片纹饰③(1-12)

1.方格纹　2.方格纹加席纹　3.方格纹加细绳纹　4.回纹

5.间断绳纹　6.刻划纹　7.刻划纹加细绳纹　8.夔纹

9.夔纹加回纹　10.菱形填线纹　11-12.绳纹

TN06E03 陶片纹饰(1)

附图二

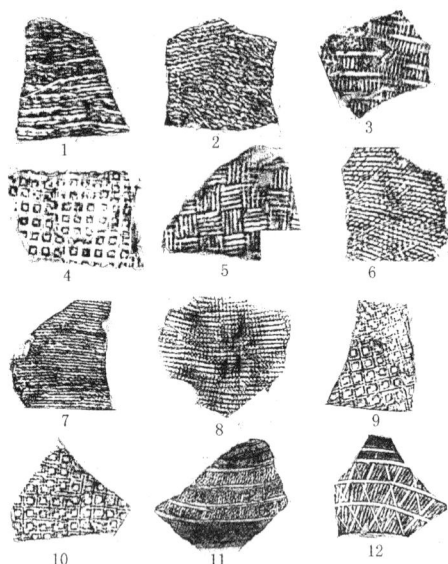

拓片五　TN06E03陶片纹饰③(1-5)
　　　　TN06E03陶片纹饰④(8-12)
1-2.绳纹　3.梯格纹　4.凸形回纹　5.席纹　6.交错绳纹
7.细绳纹　8.方格纹　9-10.回纹　11.间断绳纹
12.间断绳纹加刻划纹

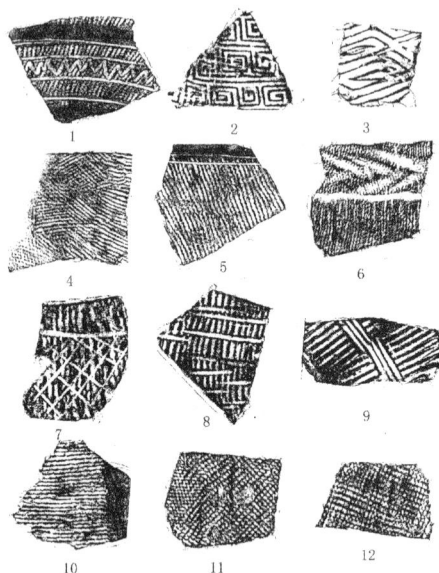

拓片六　TN06E03陶片纹饰④(1-12)
1.间断绳纹加刻划纹　2-3.夔纹　4-5.绳纹
6.绳纹加附加堆纹　7.绳纹加刻划纹　8-9.梯格纹
10.细绳纹　11-12.方格纹

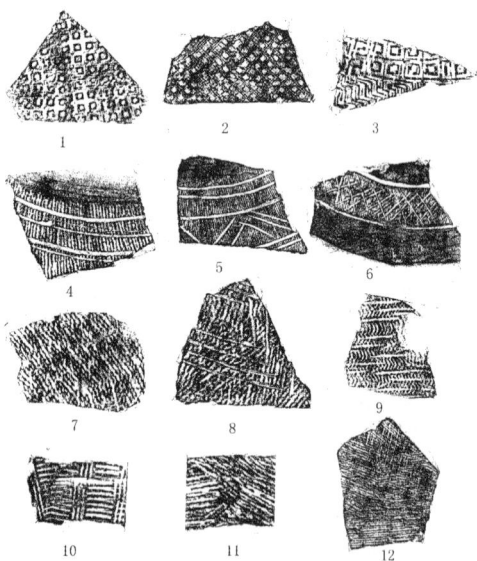

拓片七　TN06E03陶片纹饰⑥(1-12)
1-2.回纹　3.回纹折线纹　4.间断绳纹　5.间断绳纹加刻划纹
6.刻划纹　7.绳纹　8.绳纹刻划纹　9-10.梯格纹
11.交错绳纹　12.细绳纹

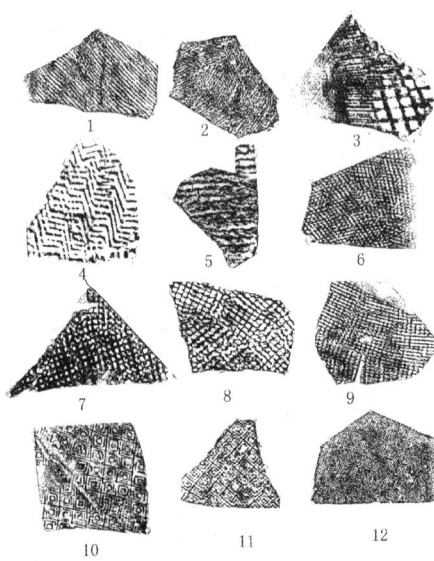

拓片八　TN06E03陶片纹饰⑥(1-4)
　　　　TN06E03陶片纹饰⑦C(5-12)
1-2.细绳纹　3.细绳纹加方格纹　4.折线纹　5.粗绳纹
6-9.方格纹　10-12.回纹

TN06E03 陶片纹饰(2)

附图三

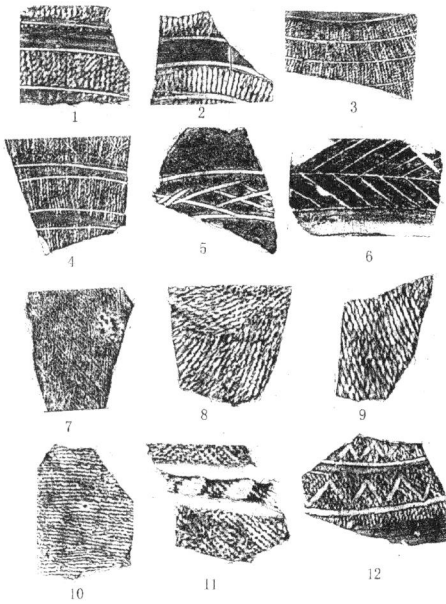

拓片九　TN06E03陶片纹饰⑦C(1-12)

1-3.间断绳纹　4.间断绳纹加交叉刻划纹　5-6.刻划纹
7.套菱纹　8-10.绳纹　11.绳纹附加加堆纹
12.绳纹加刻划纹

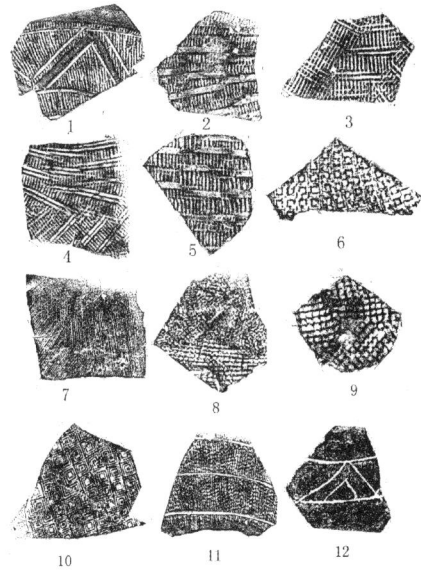

拓片十　TN06E03陶片纹饰⑦C(1-7)(8-12)

1.绳纹加刻划纹　2-5.梯格纹　6.凸回纹
7.细绳纹　8-9.方格纹　10.回纹
11.间断绳纹　12.刻划纹

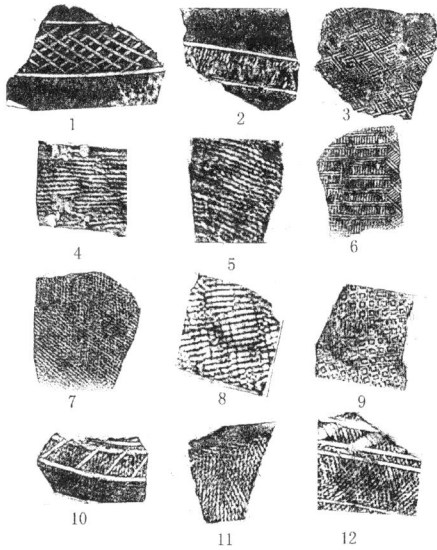

拓片十一　TN06E03陶片纹饰⑫(1-7)
　　　　　TN06W01陶片纹饰①(8-11)、②(12)

1.刻划纹　2.刻划纹绳纹　3.套菱纹　4-5.绳纹
6.梯格纹　7.细绳纹　8.方格纹　9.回纹
10.绳纹加刻划纹　11.细绳纹　12.绳纹加附加加堆纹

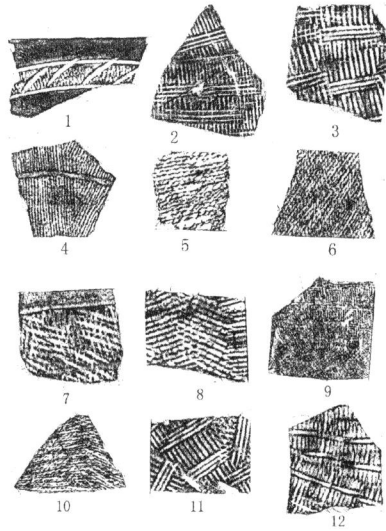

拓片十二　TN06W01陶片纹饰②(1-6)、
　　　　　③(7-12)

1.绳纹加凹弦纹　2-3.梯格纹　4-6.细绳纹
7.粗绳纹　8.交错绳纹　9.回纹　10.绳纹
11-12.梯格纹

TN06E03 陶片纹饰(3)

附图四

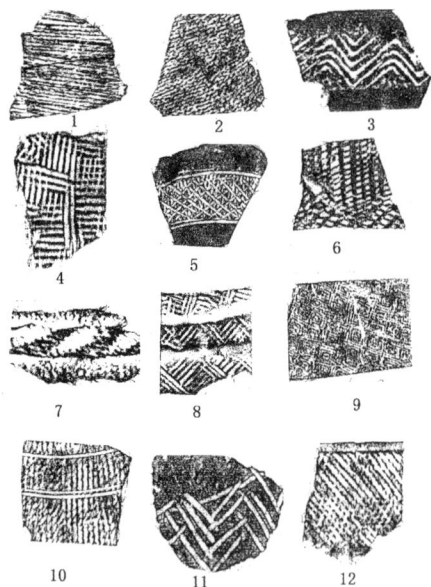

拓片十三　TN06W01陶片纹饰③(1-2)、④(3-12)

1-2.细绳纹　3.水波纹　4.梯格纹　5.刻划纹加绳纹
6.方格纹　7-8.附加堆纹加绳纹加梯格纹　9.回纹
10.间断绳纹　11.刻划纹　12.绳纹

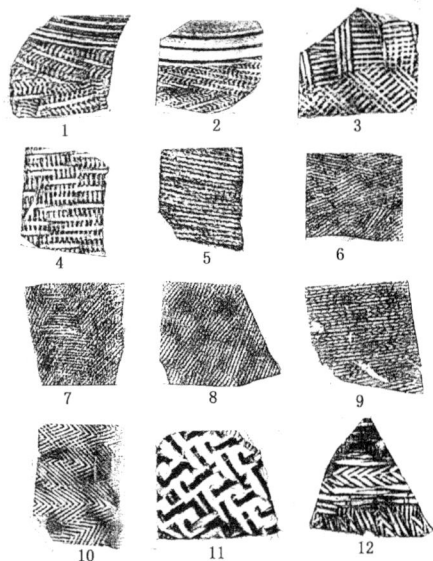

拓片十四　TN06W01陶片纹饰④(1-10)、⑥(11-12)

1-2.梯格纹加菱纹　3-4.梯格纹　5-8.细绳纹
9.叶脉纹　10.折线纹　11-12.戳印纹

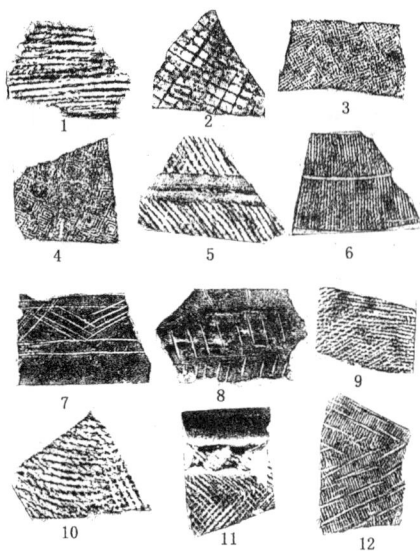

拓片十五　TN06W01陶片纹饰⑥(1-12)

1.粗绳纹　2.方格纹　3-4.回纹　5-6.间断绳纹
7-8.刻划纹　9-10.绳纹　11.绳纹加附加堆纹
12.梯格纹

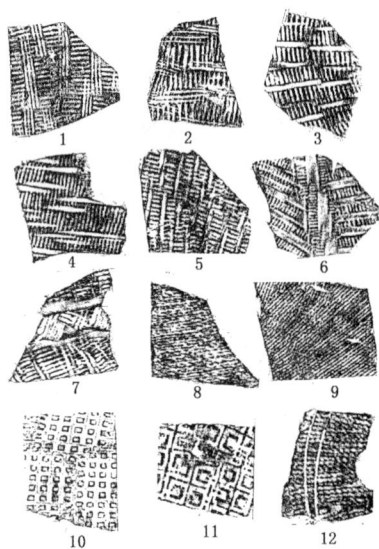

拓片十六　TN06W01陶片纹饰⑥(1-9)、
G1(10-12)

1-6.梯格纹　7.梯格加纹附加堆纹
8-9.细绳纹　10-11.回纹　12.绳纹

TN06W01 陶片纹饰(1)

附图五

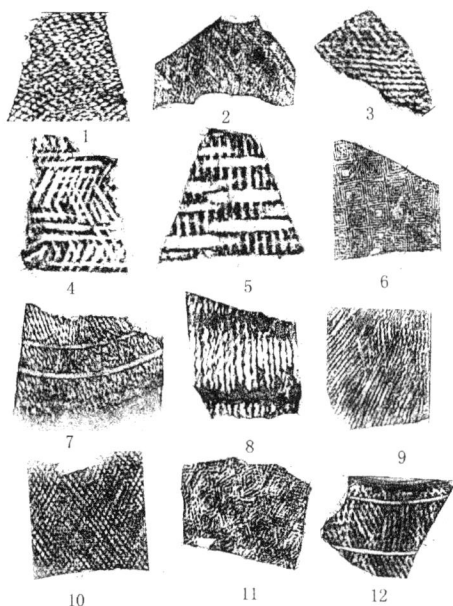

拓片十七　TN06W01陶片纹饰H6(1-5)(6-9)、
　　　　　　⑨(10-12)

1.方格纹　2.回纹　3.绳纹　4-5.梯格纹
6.回纹　7.间断绳纹　8.绳纹　9.细绳纹　10.方格纹
11.回纹　12.间断绳纹

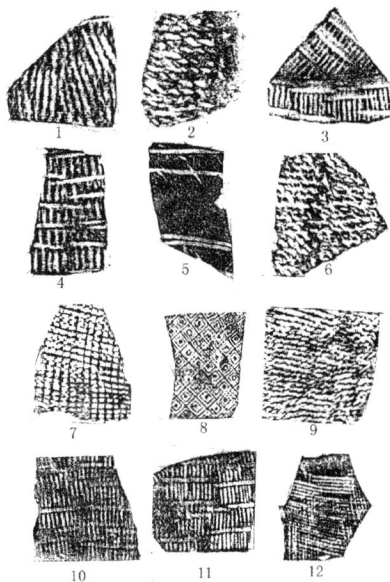

拓片十八　TN06W01陶片纹饰⑨(1-4)
　　　　　　TN06W02陶片纹饰①(5-12)

1-2.绳纹　3-4.梯格纹　5.绳纹　6.凹弦纹　6.粗绳纹
7.方格纹　8.回纹　9.绳纹　10-11.梯格纹
12.细绳纹

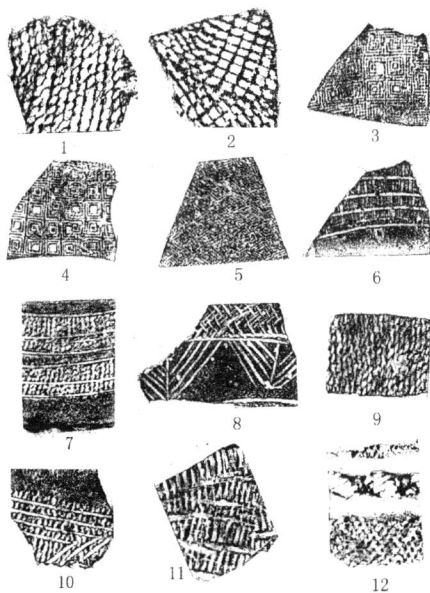

拓片十九　TN06W02陶片纹饰②(1-12)

1.粗绳纹　2.方格纹　3-5.回纹　6-7.间断绳纹
8.刻划纹　9.绳纹　10.绳纹加刻划纹　11.梯格纹
12.交错绳纹加附加堆纹

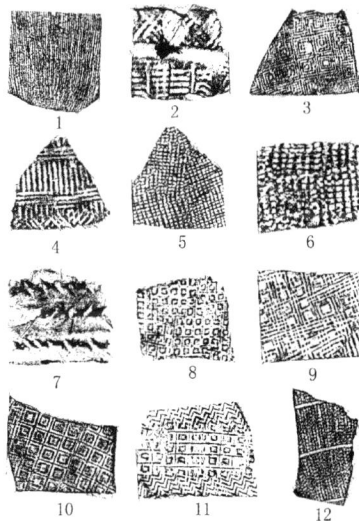

拓片二十　TN06W02陶片纹饰②(1-4)、③(5-12)

1.细绳纹　2.梯格纹加附加堆纹　3.回纹　4.梯格纹
5-6.方格纹　7.附加堆纹　8-10.回纹
11.回纹加折线纹　12.间断绳纹

TN06W01、TN06W2 陶片纹饰

附图六

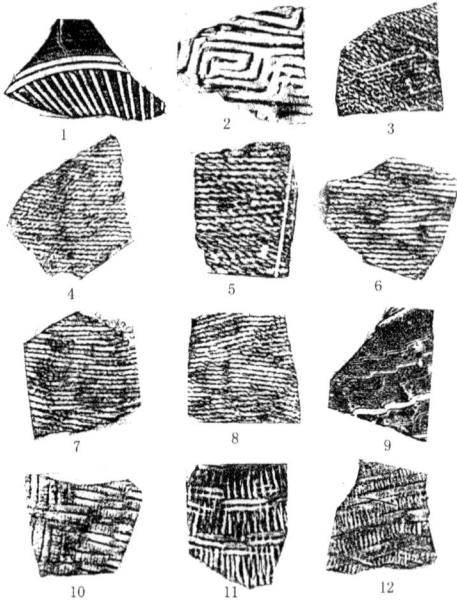

拓片二十一　TN06W02陶片纹饰⑦A(1-12)

1.刻划纹　2.夔纹　3-8.绳纹　9.水波纹
10-12.梯格纹

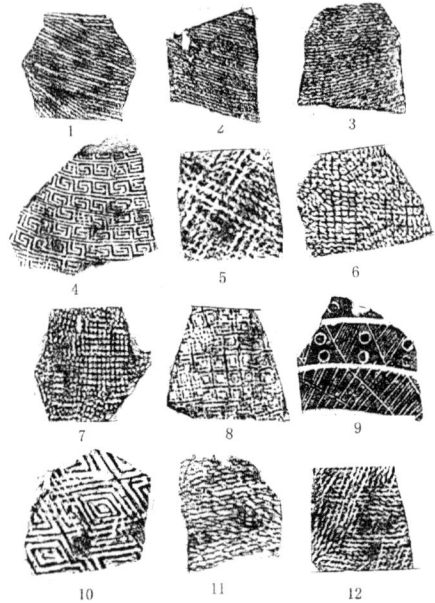

拓片二十二　TN06W02陶片纹饰⑦A(1-4)、⑨(5-12)

1-3.细绳纹　4.夔纹　5.粗绳纹　6-7.方格纹
8.回纹　9.刻划纹加圆圈套菱纹　10.菱形重回纹　11-12.绳纹

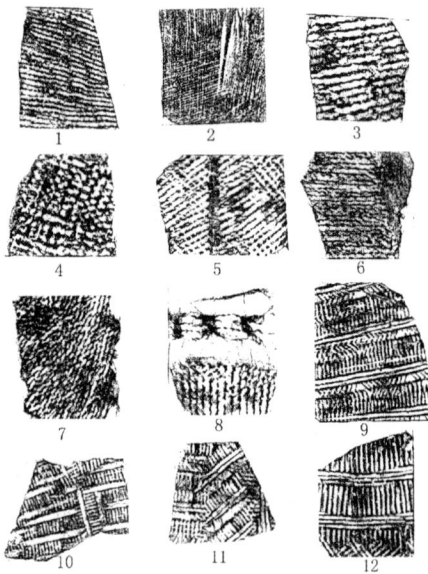

拓片二十三　TN06W02陶片纹饰⑨(1-2)、⑪(3-12)

1.绳纹　2.细绳纹　3.粗绳纹　4.方格纹　5.交错绳纹
6-7.绳纹　8.绳纹加附加堆纹　9-12.梯格纹

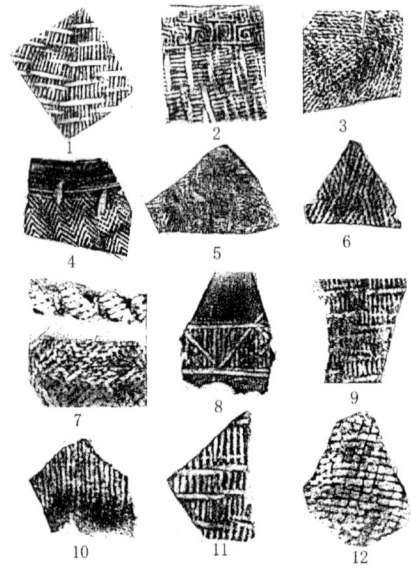

拓片二十四　TN06W02陶片纹饰⑪(1-4)、F11(5-10)
H3(11)；TN06W03陶片纹饰①12

1.梯格纹　2.梯格纹加夔纹　3.细绳纹　4.折线纹
5.回纹　6.绳纹　7.绳纹加附加堆纹　8.绳纹加刻划纹
9.梯格纹　10.细绳纹　11.梯格纹　12.方格纹

TN06W02 陶片纹饰

附图七

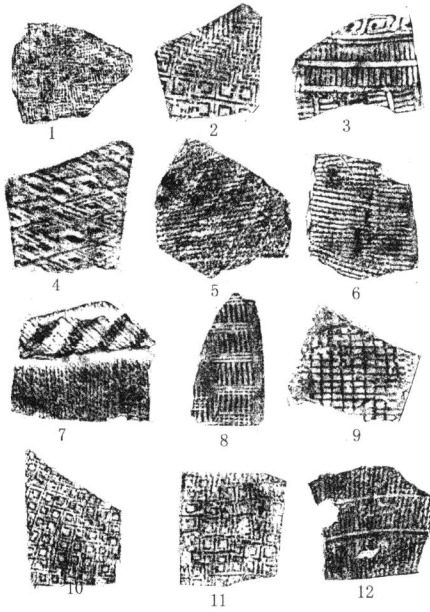

拓片二十五　TN06W03陶片纹饰①（1-8）、②B（9-12）

1.回纹　2.回纹加折线纹　3.夔纹加梯格纹　4.套菱纹
5-6.绳纹　7.绳纹加附加堆纹　8.梯格纹　9.方格纹
10-11.回纹　12.间断绳纹

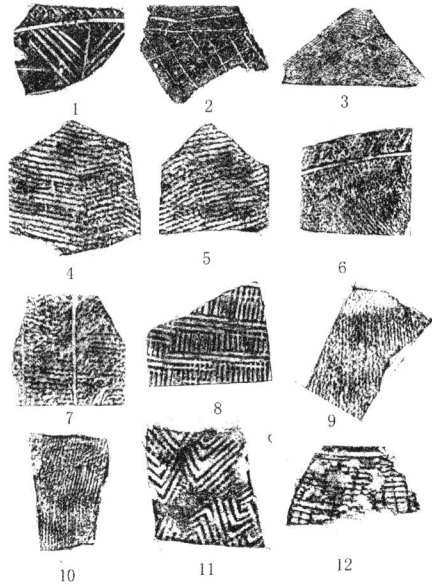

拓片二十六　TN06W03陶片纹饰②（1-11）、⑥B（12）

1-2.刻划纹　3.套菱纹加回纹　4-5.绳纹
6-7.绳纹加凹弦纹　8.梯格纹　9-10.细绳纹
11.折线纹　12.方格纹

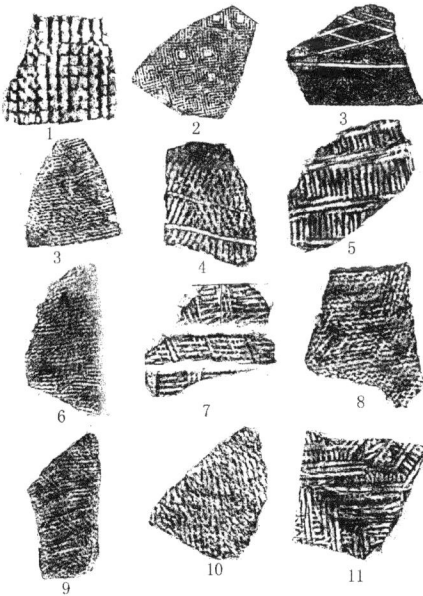

拓片二十七　TN06W03陶片纹饰⑥B（1-7）、F19（8-12）

1.方格纹　2.回纹　3.刻划纹　4.绳纹
5.绳纹弦纹　6.梯格纹　7.梯格纹　8.绳纹
9-11.绳纹　12.梯格纹

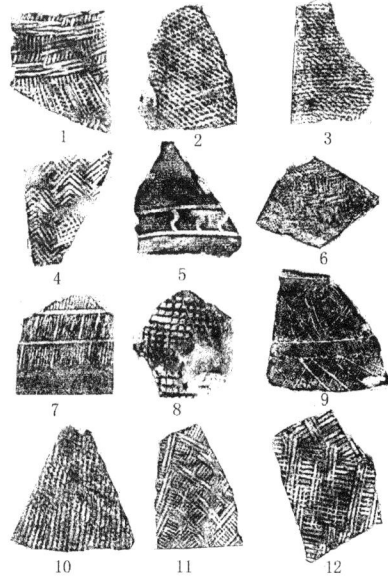

拓片二十八　TN06W03陶片纹饰 F19（1-4）、
　　　　　　　G2（5-12）

1.梯格纹　2-3.细绳纹　4.折线纹　5.戳印纹　6.回纹
7.间断绳纹　8.方格纹　9.刻划纹　10.绳纹
11-12.梯格纹

TN06W03 陶片纹饰（1）

附图八

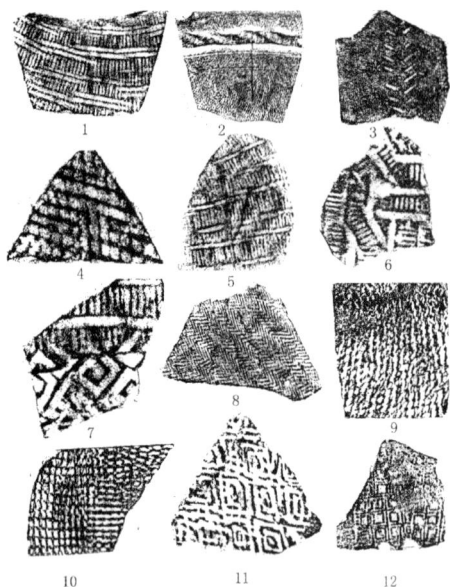

拓片二十九　TN06W03陶片纹饰 G2(1-2)、H3(3-8)
　　　　　　TN06W04陶片纹饰①(9-12)

1.梯格纹　2.绳纹加附加堆纹　3.戳印纹　4.方格纹　5-6.梯格纹
7.梯格纹云雷纹　8.折线纹　9.粗绳纹　10.方格纹　11-12.回纹

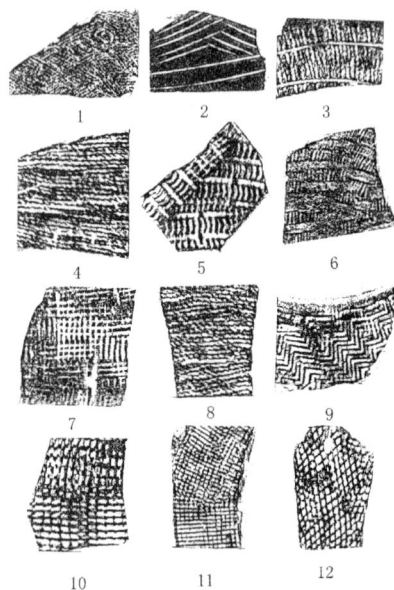

拓片三十　TN06W04陶片纹饰①(1-9)、②B(10-12)

1.回纹　2.刻划纹　3.间断绳纹　4.绳纹　5-7.梯格纹
8.细绳纹　9.折线纹　10-12.方格纹

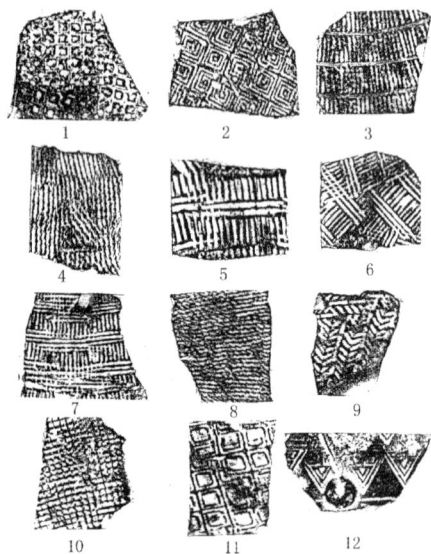

拓片三十一　TN06W04陶片纹饰②B(1-9)、⑥B(10-12)

1-2.回纹　3.间断绳纹　4.绳纹　5-7.梯格纹
8.细绳纹　9.叶脉纹　10.方格纹　11.回纹
12.重三角纹乳丁纹

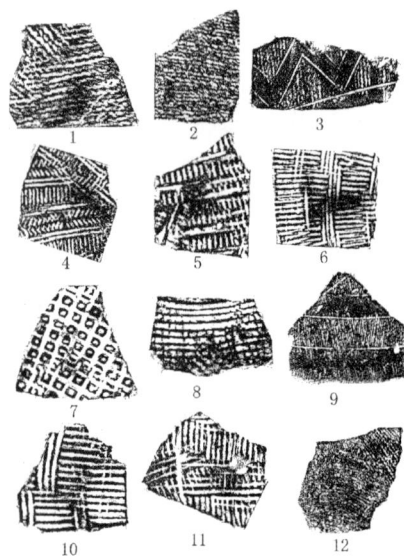

拓片三十二　TN06W04陶片纹饰⑥B(1-6)、F4(7-12)

1-2.绳纹　3.绳纹加刻划纹　4-6.梯格纹　7-8.方格纹
9.间断绳纹　10-11.梯格纹　12.细绳纹

TN06W03 陶片纹饰(2)

附图九

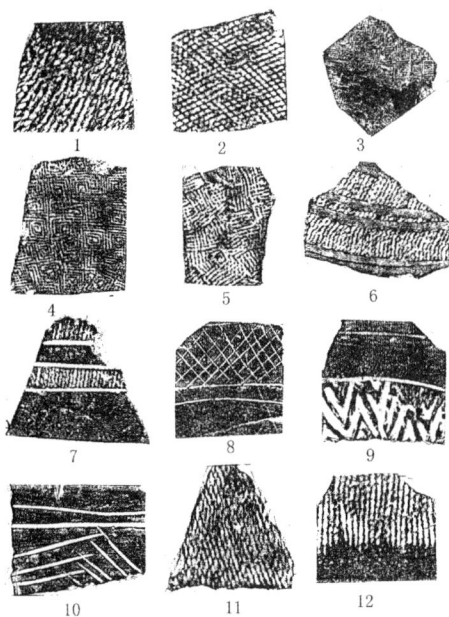

拓片三十三　　TN06W04陶片纹饰G2（1-12）

1.粗绳纹　2.方格纹　3-5.回纹　6-7.间断绳纹

8-10.刻划纹　11-12.绳纹

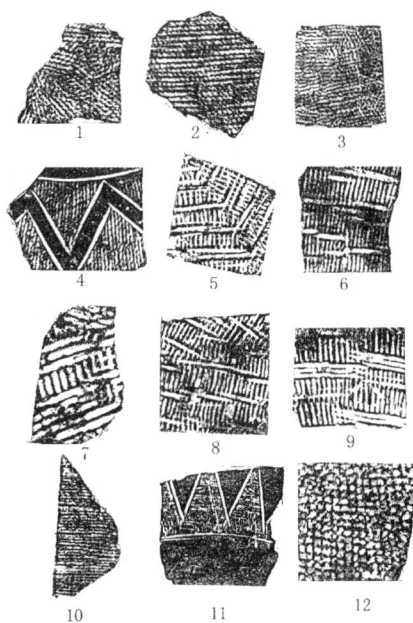

拓片三十四　　陶片纹饰G2（1-11）、H1（12）

1-3.绳纹　4.绳纹　5-9.梯格纹　10.细绳纹

11.细绳纹加刻划纹　12.方格纹

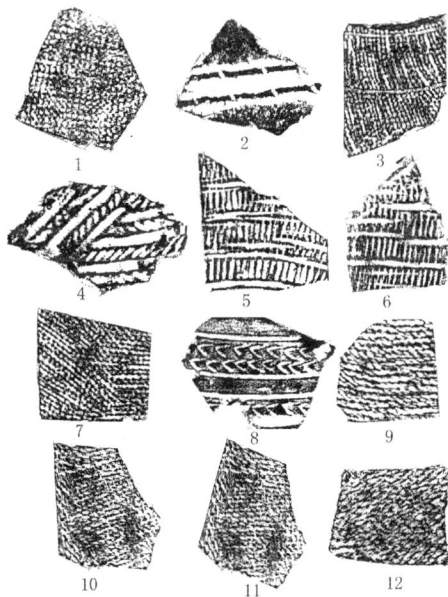

拓片三十五　　TN06W04陶片纹饰H1（1-8）

TN06W05陶片纹饰②（9-12）

1.方格纹　2.附加堆纹　3.刻划纹　4-6.梯格纹

7.绳纹　8.细绳纹　9-12.粗绳纹

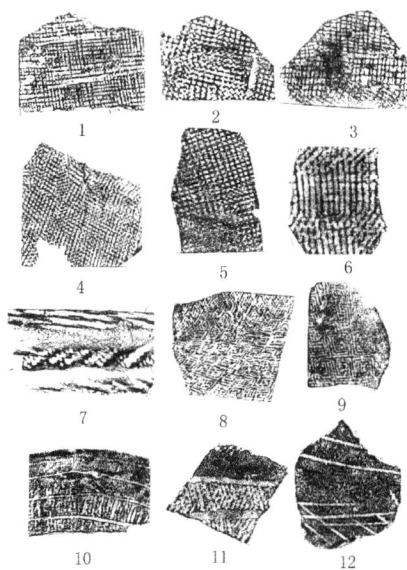

拓片三十六　　TN06W05陶片纹饰②（1-12）

1-6.方格纹　7.附加堆纹　8-9.重回纹

10-11.间断绳纹　12.刻划纹

TN06W04、TN06W06 陶片纹饰

附图十

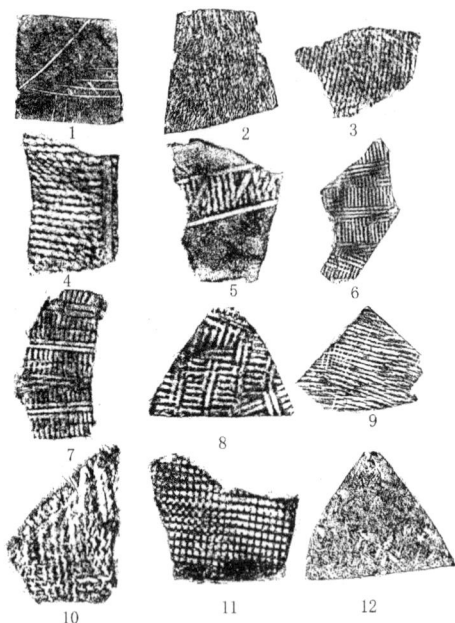

拓片三十七　TN06W05陶片纹饰②（1-9）、③（10-12）

1. 刻划纹　2-4. 绳纹　5. 绳纹加刻划纹
6-8. 梯格纹　9. 蓝纹　10. 粗绳纹　11. 方格纹
12. 回纹

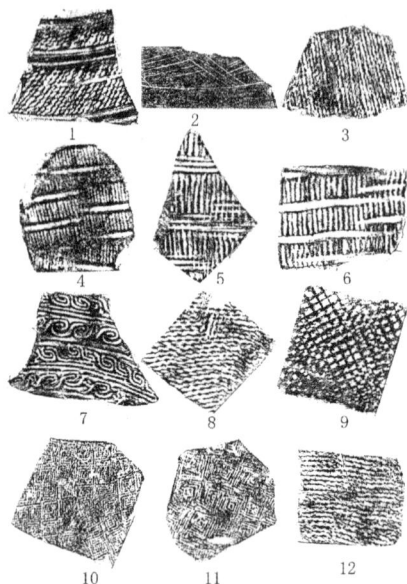

拓片三十八　TN06W05 陶片纹饰②（1-7）、G2①（8-12）

1. 间断绳纹　2. 刻划纹　3. 绳纹　4-6. 梯格纹　7. 云雷纹
8. 粗绳纹　9. 方格纹　10-11. 回纹　12. 绳纹

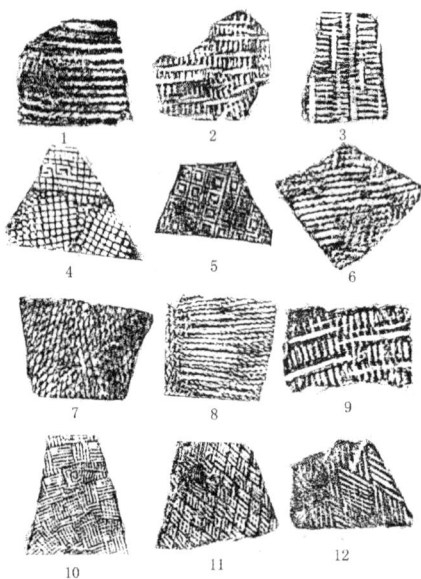

拓片三十九　TN06W05陶片纹饰G2①（1-3）
黄土堆积（4-12）

1. 绳纹　2-3. 梯格纹　4. 方格纹　5. 回纹
6-8. 绳纹　9. 梯格纹　10-12. 席纹

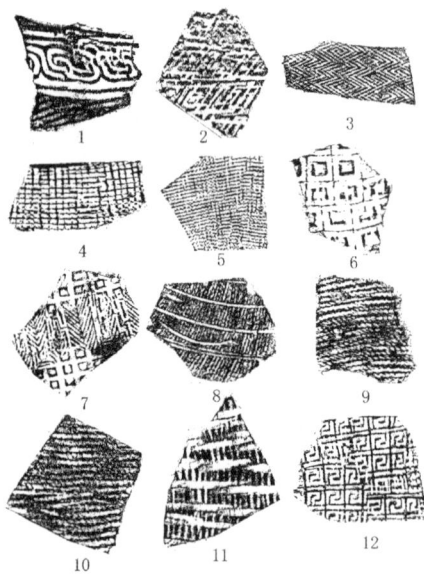

拓片四十　TN06W05陶片纹饰（1-12）

1-2. 云雷纹　3. 折线纹　4-5. 方格纹　6. 回纹
7. 回纹加折线纹　8. 间断绳纹　9-10. 绳纹
11. 梯格纹　12. 云雷纹

TN06W05 陶片纹饰

附图十一

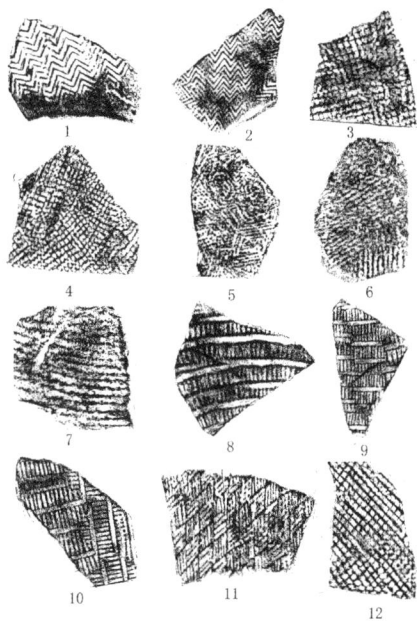

拓片四十一　　TN06W05陶片纹饰 1
　　　　　　　TN06W06陶片纹饰①（2-11）、② 12

1-2.折线纹　3-4.方格纹　5.回纹
6-7.绳纹　8-10.梯格纹　11.席纹　12.方格纹

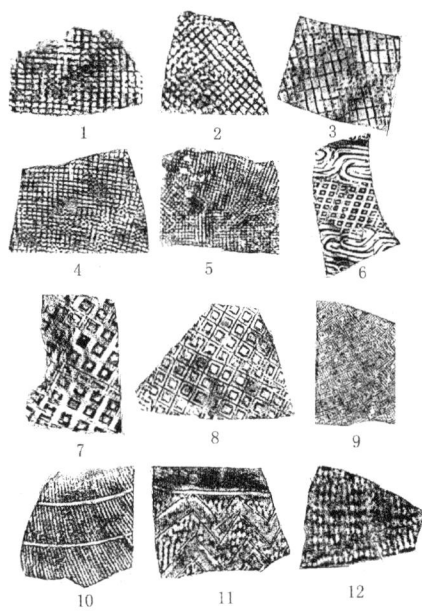

拓片四十二　　TN06W06陶片纹饰②（1-12）

1-5.方格纹　6.方格纹加夔纹　7-9.回纹
10.间断绳纹　11.刻划纹加绳纹　12.绳纹

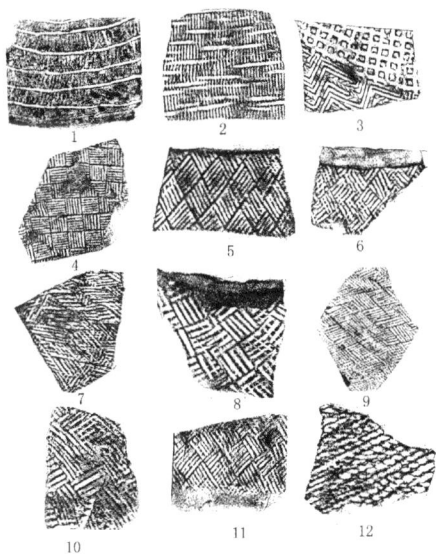

拓片四十三　　TN06W06陶片纹饰②（1-11）、③ 12

1.绳纹加凹弦纹　2.梯格纹　3.凸方格纹加折线纹
4-11.席纹　12.粗绳纹

拓片四十四　　TN06W06陶片纹饰③（1-12）

1-2.方格纹　4.方格纹加席纹　5-7.回纹　8-9.回纹加折线纹
10.间断绳纹　11-12.绳纹

TN06W05、TN06W06 陶片纹饰

附图十二

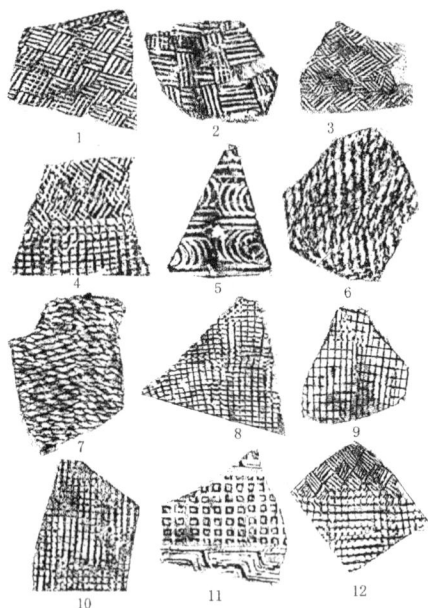

拓片四十五　TN06W06陶片纹饰④ C(1-12)

1-3.席纹　4.席纹加方格纹　5.半月纹

6-7.粗绳纹　8-10.方格纹　11.方格纹加云纹

12.方格纹加席纹

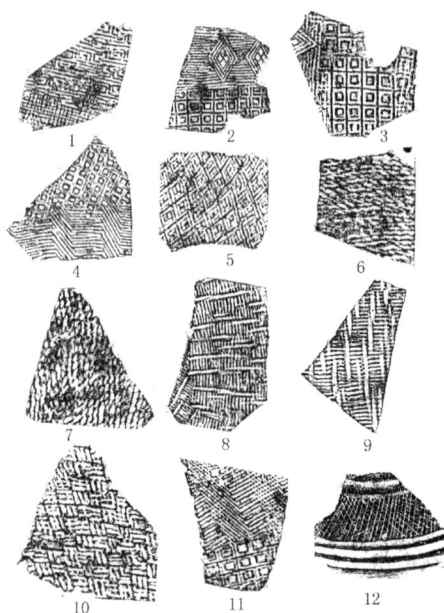

拓片四十六　TN06W06陶片纹饰④ C(1-12)

1.方格纹加雷纹　2-3.回纹加条纹加菱形田字纹

4.回纹加折线纹　5.菱形填线纹　6-7.绳纹　8-9.梯格纹

10.席纹　11.折线纹加回纹　12.凹弦纹加刻划纹

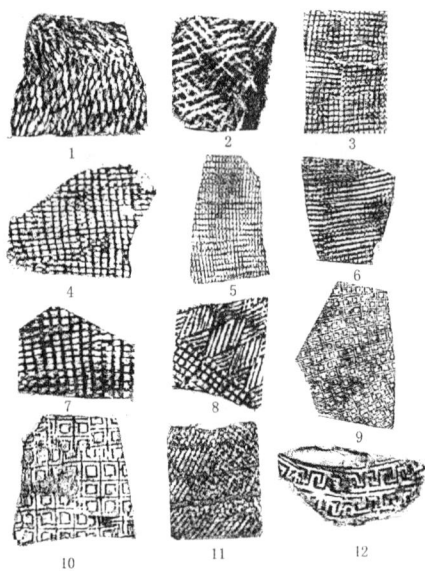

拓片四十七　TN06W06陶片纹饰④ C(1-12)

1-2.粗绳纹　3-7.方格纹　8.方格纹加席纹

9-10.回纹　11.间断绳纹　12.菱纹

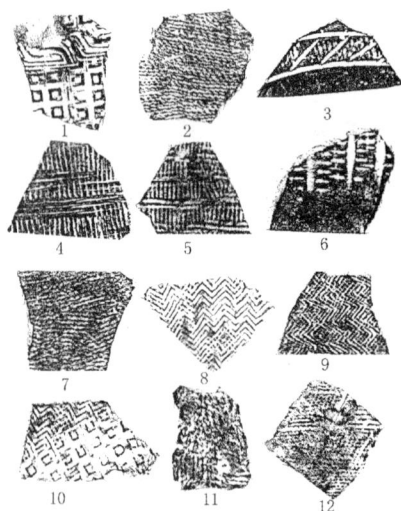

拓片四十八　TN06W06陶片纹饰④ C(1-10)、(11-12)

1.菱纹加回纹　2.绳纹　3.绳纹加刻划纹　4-6.梯格纹

7.细绳纹　8-9.折线纹　10.折线纹加回纹　11-12.绳纹

TN06W06 陶片纹饰

附图十三

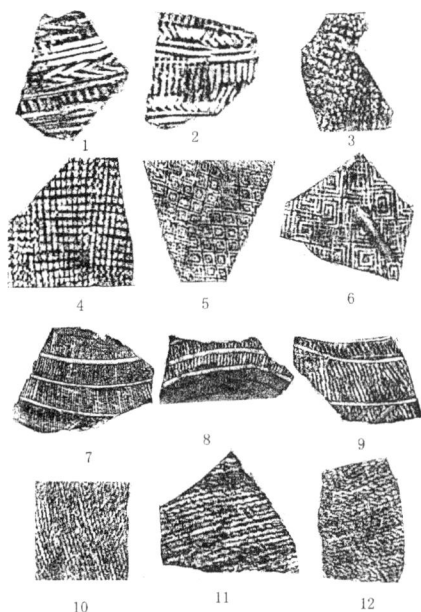

拓片四十九　TN06W06陶片纹饰（1-2）
　　　　　　TN07W02陶片纹饰③（3-12）

1-2.梯格纹　3-4.方格纹　5-6.回纹
7-9.间断绳纹　10-12.绳纹

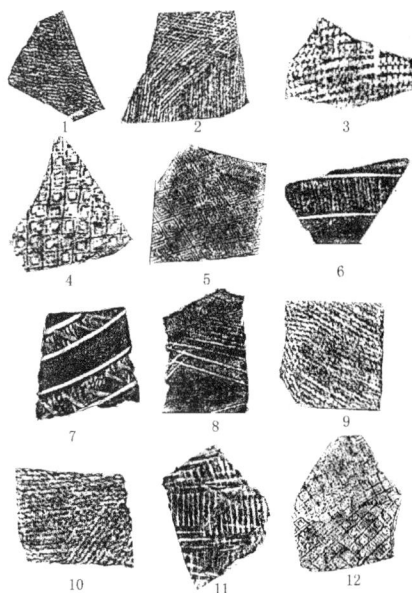

拓片五十　TN07W02陶片纹饰③（1-2）
　　　　　TN07W03陶片纹饰②（3-11）、③12

1-2.细绳纹　3.方格纹　4-5.回纹
6.间断绳纹　7.间断绳纹加刻划纹　8.刻划纹
9-10.绳纹　11.梯格纹　12.回纹

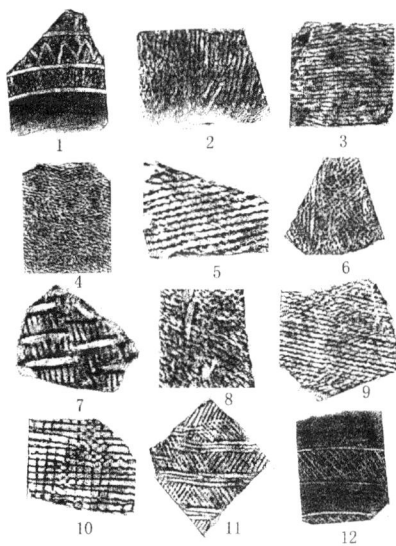

拓片五十一　TN07W03陶片纹饰③（1-7）、F12（8-12）

1.间断绳纹加刻划纹　2-6.绳纹　7.梯格纹
8-9.粗绳纹　10.方格纹　11.蓝纹加交错斜线纹　12.刻划纹

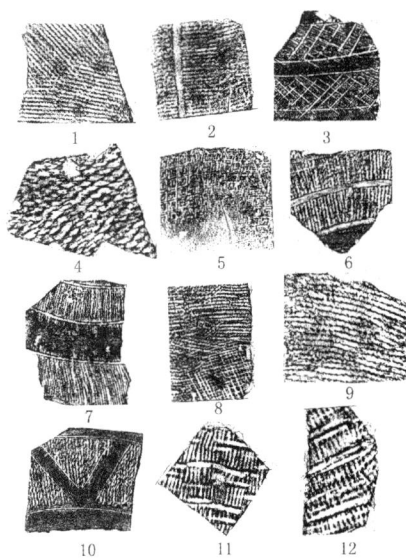

拓片五十二　TN07W03陶片纹饰F12（1-2）、
　　　　　　TN07W04陶片纹饰②（3-12）

1-2.细绳纹　3.凹弦纹加刻划纹　4.粗绳纹
5.回纹　6-7.间断绳纹　8-9.绳纹
10.绳纹加刻划纹　11-12.梯格纹

TN06W06、TN07W02、TN07W03 陶片纹饰

附图十四

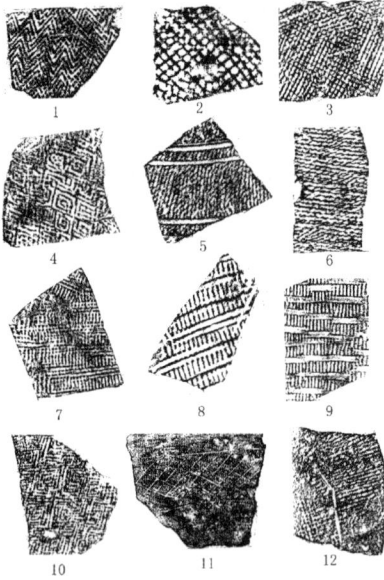

拓片五十三　TN07W04陶片纹饰②1、③（2-8）、
　　　　　　H1（9-12）

1.折线纹　2-3.方格纹　4.回纹　5.间断绳纹　6.绳纹
7-9.梯格纹　10.回纹　11.刻划纹　12.绳纹

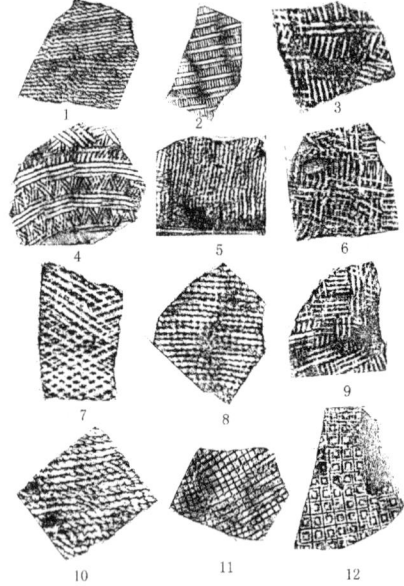

拓片五十四　TN07W04陶片纹饰 H1（1-3）、H2（4-6）
　　　　　　H5（7-9）、TN07W05②（10-12）

1.绳纹　2-3.梯格纹　4.带状刻划纹　5.绳纹　6.梯格纹
7.交错绳纹　8.绳纹　9.席纹　10.粗绳纹　11.方格纹　12.回纹

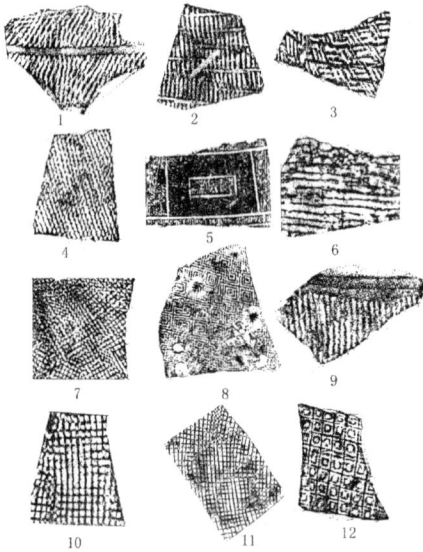

拓片五十五　TN07W05陶片纹饰②（1-5）、H3（6-9）
　　　　　　TN07W06陶片纹饰②（10-12）

1.绳纹加凹弦纹　2.梯格纹　3.席纹　4.细绳纹
5.细绳纹加长方形刻划纹　6.粗绳纹　7.方格纹
8.回纹　9.绳纹　10-11.方格纹　12.回纹

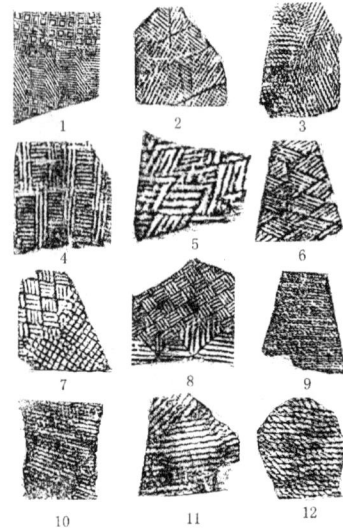

拓片五十六　TN07W06陶片纹饰②（1-8）、TN08W04②（9-11）、
　　　　　　TN08W05②12

1.回纹加折线纹　2.菱形填线纹　3.绳纹　4.梯格纹
5-6.席纹　7.细绳纹加方格纹　8.席纹加三角填线纹
9-11.细绳纹　12.粗绳纹

TN07W04－TN07W06，TN08W04－TN08W05 陶片纹饰

附图十五

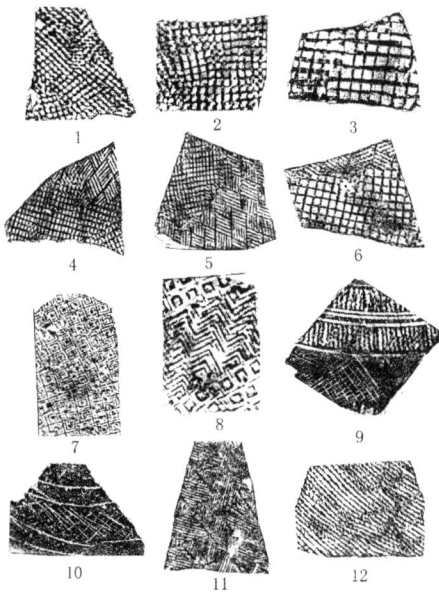

拓片五十七　TN08W05陶片纹饰②（1-12）

1-3.方格纹　4-6.方格纹加席纹　7.回纹
8.回纹加折线纹　9.间断绳纹加刻划纹
10.刻划纹　11.菱形填线纹　12.绳纹

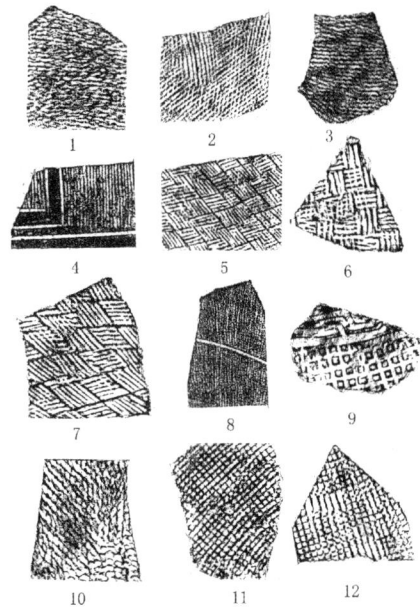

拓片五十八　TN08W05陶片纹饰②（1-9）、（10-12）

1-4.绳纹　5-7.席纹　8.细绳纹　9.云纹加回纹
10.粗绳纹　11-12.方格纹

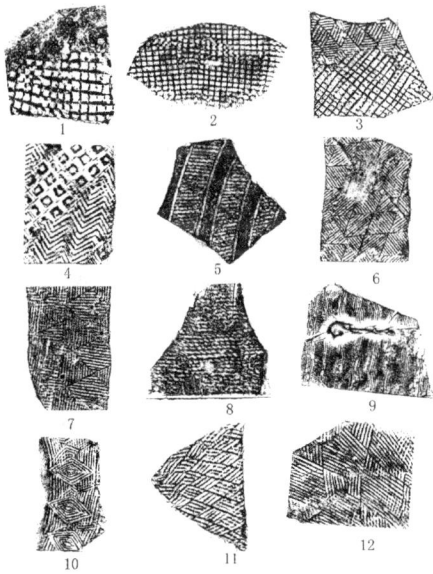

拓片五十九　TN08W05陶片纹饰(1-12)

1-2.方格纹　3.方格纹加席纹　4.回纹加折线纹
5.间断绳纹　6-7.菱形填线纹　8.绳纹
9.水波纹加附加堆纹　10.条形纹加套菱纹
11-12.席纹

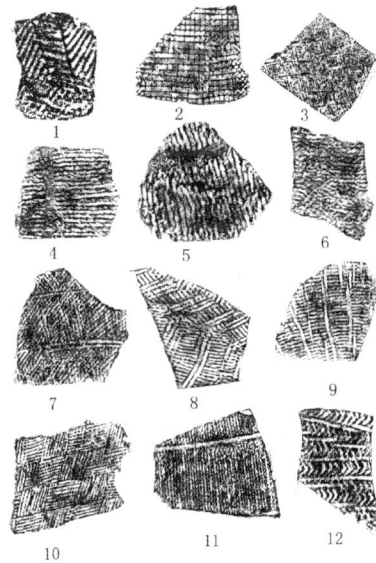

拓片六十　TN08W05陶片纹饰　丁家村采集（2-12）

1.叶脉纹　2.方格纹　3.回纹　4-6.绳纹
7.绳纹加刻划纹　8-9.梯格纹　10.席纹
11.细绳纹　12.叶脉纹

TN08W05 陶片纹饰

附图十六

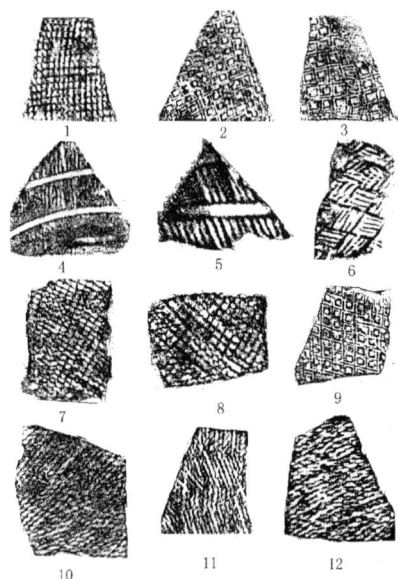

拓片六十一　TN05E01陶片纹饰①(1-6)、②(7-12)

1.方格纹　2-3.回纹　4.间断绳纹　5.梯格纹
6.席纹　7-8.方格纹　9.回纹　10-12.绳纹

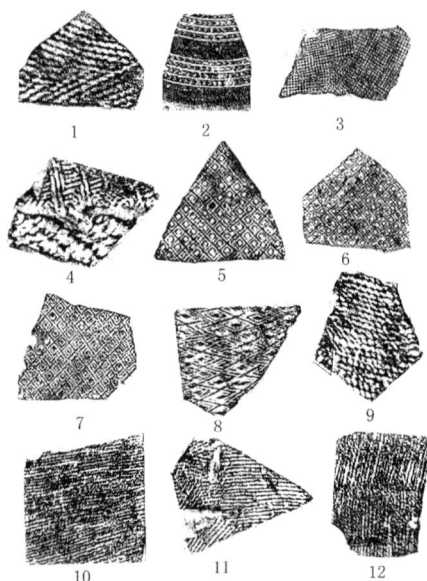

拓片六十二　TN05E01陶片纹饰②(1)、③(2-12)

1.绳纹　2.凹弦纹加戳印纹　3.方格纹　4.附加堆纹加梯格纹
5-7.回纹　8.菱形回纹　9-12.绳纹

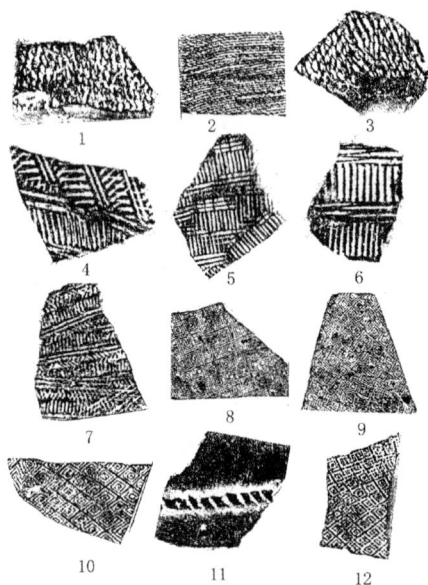

拓片六十三　TN05E01陶片纹饰③(3-10)、⑥(11-12)

1-3.绳纹　4-7.梯格纹　8-10.重回纹
11.附加堆纹　12.回纹

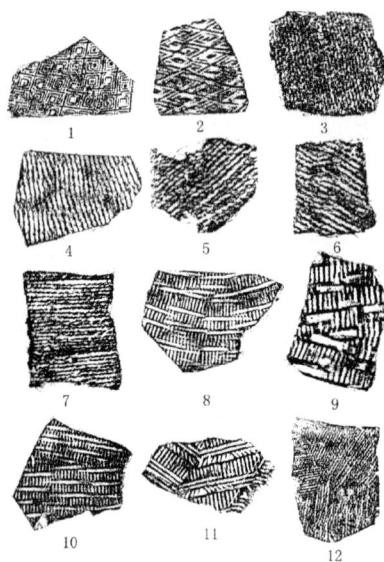

拓片六十四　TN05E01陶片纹饰⑥(1-12)

1.回纹　2.菱形回纹　3-7.绳纹
8-11.梯格纹　12.细绳纹

TN05E01 陶片纹饰(1)

附图十七

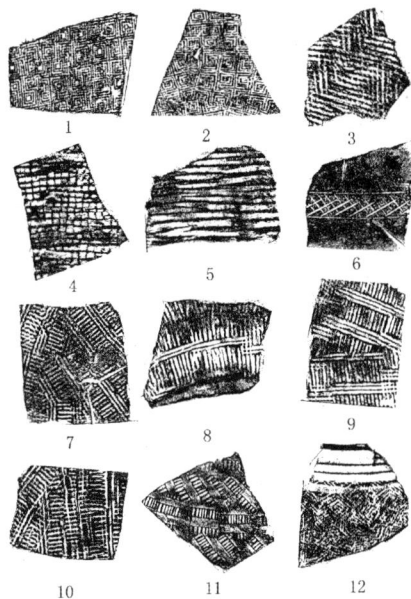

拓片六十五　TN05E01陶片纹饰⑥(1-2)、⑪(3-12)

1-2.重回纹　3.粗绳纹　4.方格纹　5.蓝纹
6.刻划纹　7-11.梯格纹　12.凹弦纹加重回纹

拓片六十六　TN05E01陶片纹饰⑪(1-3)、H8(4-5)、
H13(6-12)

1-2.细绳纹　3.重回纹　4.绳纹　5.梯格纹　6-7.回纹
8.间断绳纹加刻划纹　9.绳纹　10-12.梯格纹

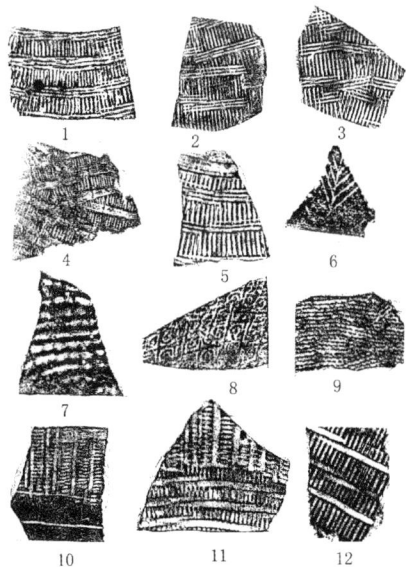

拓片六十七　TN05E01陶片纹饰H13(1-6)、H19(7-12)

1-5.梯格纹　6.叶脉纹　7.绳纹
8.回纹　9.绳纹　10-12.梯格纹

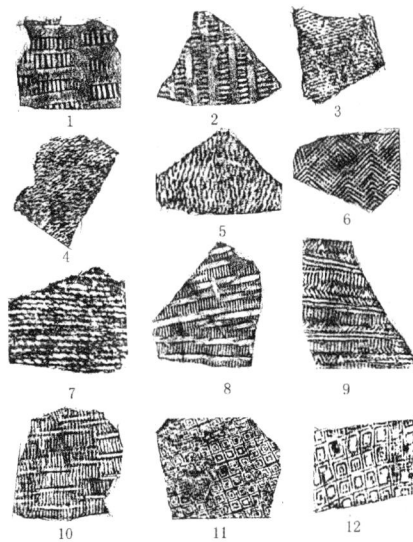

拓片六十八　TN05E01陶片纹饰H19(1-6)、H20(7-10)、
⑤(11-12)

1-2.梯格纹　3-5.细绳纹　6.折线纹
7.绳纹　8-10.梯格纹　11-12.回纹

TN05E01 陶片纹饰(2)

附图十八

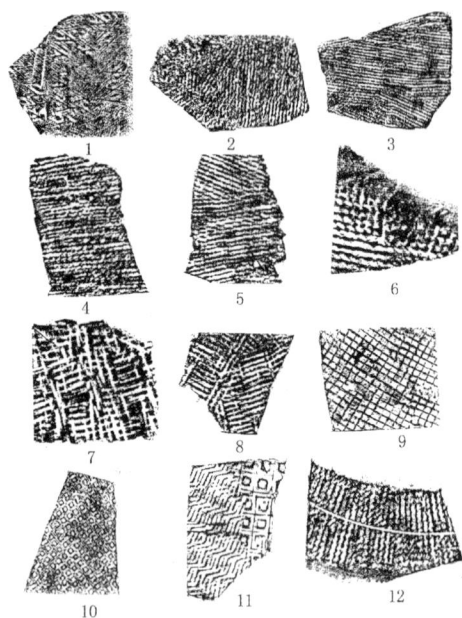

拓片六十九　TN05E01陶片纹饰⑤(1-8)、
TN05E02陶片纹饰①(9-12)

1.套菱纹　2-6.绳纹　7-8.梯格纹　9.方格纹　10.回纹
11.回纹加折线纹　12.间断绳纹

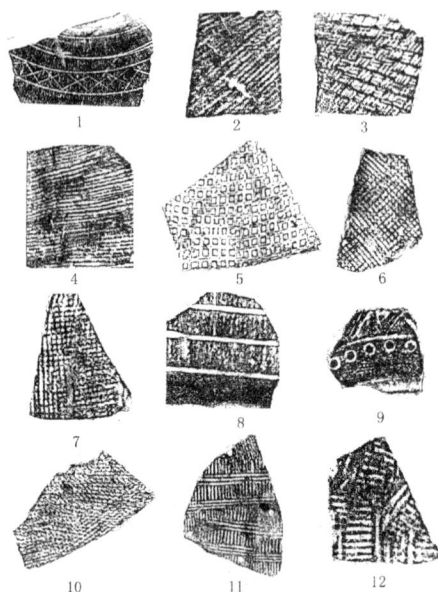

拓片七十　TN05E02陶片纹饰①(1-4)、②(5-12)

1.刻划纹　2.绳纹　3.席纹　4.细绳纹　5.回纹　6-7.方格纹
8.间断绳纹　9.刻划纹加圆圈纹　10.绳纹　11-12.梯格纹

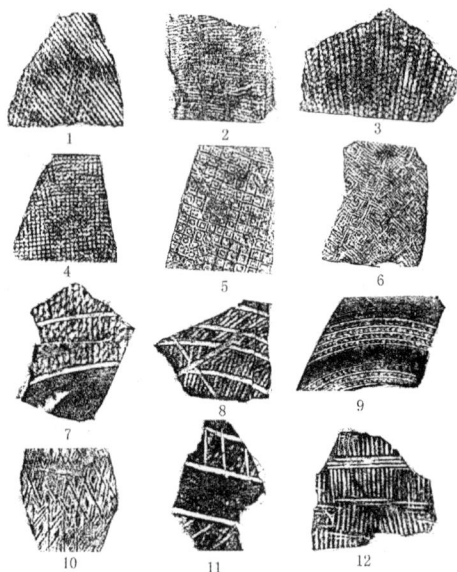

拓片七十一　TN05E02陶片纹饰②(1-2)、③(3-12)

1-2.细绳纹　3.粗绳纹　4.方格纹　5-6.回纹
7-8.间断绳纹　9.刻划纹加戳印纹　10.套菱纹
11.磨光刻划纹　12.梯格纹

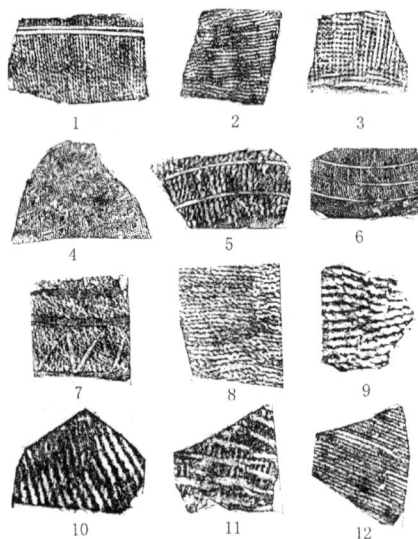

拓片七十二　TN05E02陶片纹饰③(1-2)、④(3-12)

1-2.细绳纹　3.方格纹　4.回纹　5-6.间断绳纹
7.间断绳纹加刻划纹　8-10.绳纹　11.梯格纹
12.细绳纹

TN05E02 陶片纹饰

附图十九

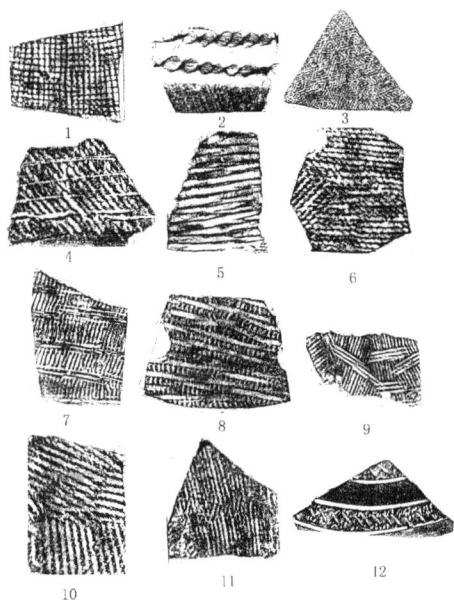

拓片七十三　TN05E02 陶片纹饰⑤（1-9）、H14（10-12）

1.方格纹　2.附加堆纹　3.回纹　4.间断绳纹　5.蓝纹　6.绳纹
7-9.梯格纹　10-11.粗绳纹　12.带状刻划纹

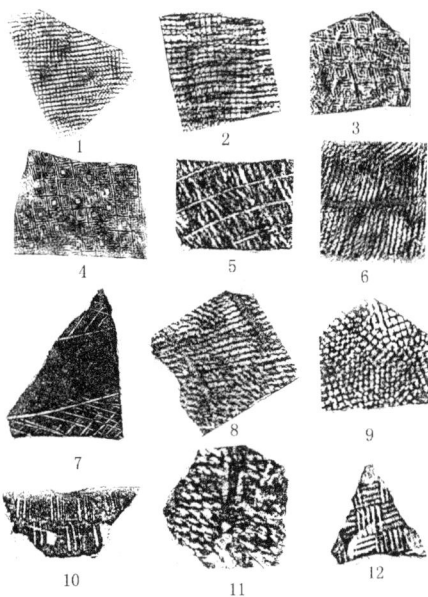

拓片七十四　TN05E02陶片纹饰H14（1-8）、（9-12）

1-2.方格纹　3-4.回纹　5-6.间断绳纹　7.刻划纹
8.绳纹　9.方格纹　10.刻划纹　11.绳纹　12.席纹

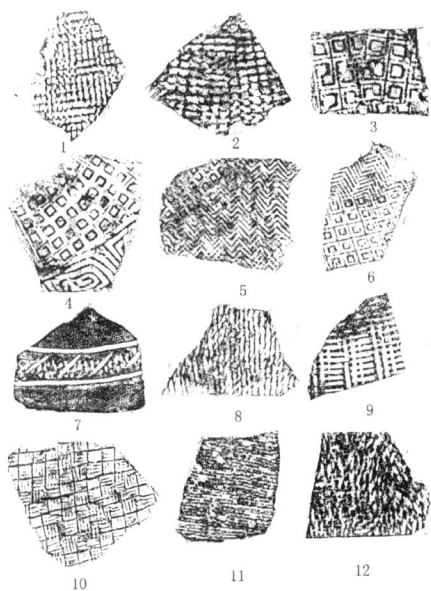

拓片七十五　TN05E03陶片纹饰①（1-11）、②（12）

1-2.方格纹　3.回纹　4.回纹加夔纹
5-6.回纹加折线纹　7.刻划加绳纹　8.绳纹
9.梯格纹　10.席纹　11-12.粗绳纹

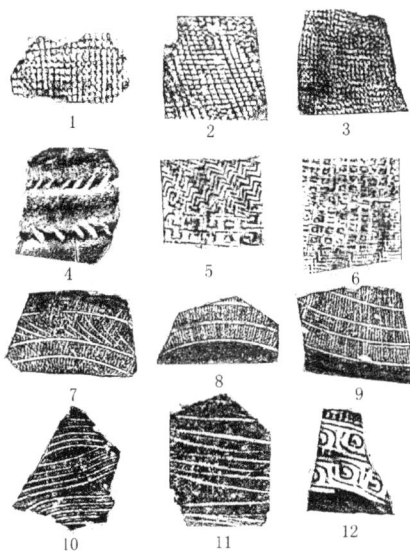

拓片七十六　TN05E03陶片纹饰②（1-12）

1-3.方格纹　4.附加堆纹　5-6.回纹折线纹
7-9.间断绳纹　10-11.刻划纹　12.夔纹

TN05E02、TN05E03 陶片纹饰

附图二十

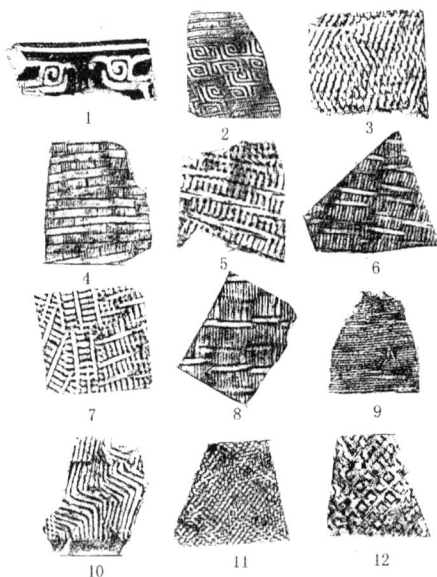

拓片七十七　TN05E03陶片纹饰②(1-10)、③(11-12)

1.夔纹　2.夔纹加梯格纹　3.绳纹　4-8.梯格纹
9.细绳纹　10.折线纹　11.方格纹　12.回纹

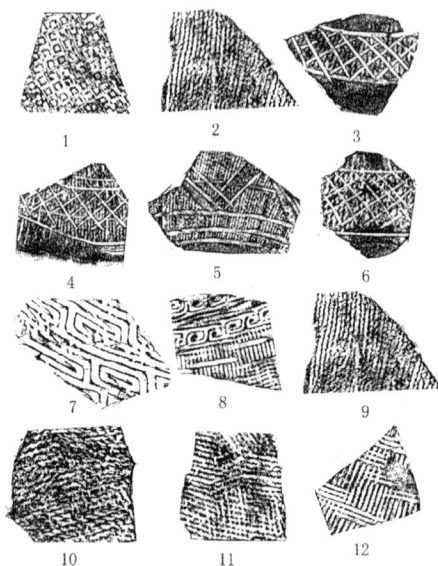

拓片七十八　TN05E03陶片纹饰③(1-12)

1.回纹　2.间断绳纹　3-6.刻划纹加绳纹　7.夔纹
8.夔纹加梯格纹　9-11.绳纹　12.梯格纹

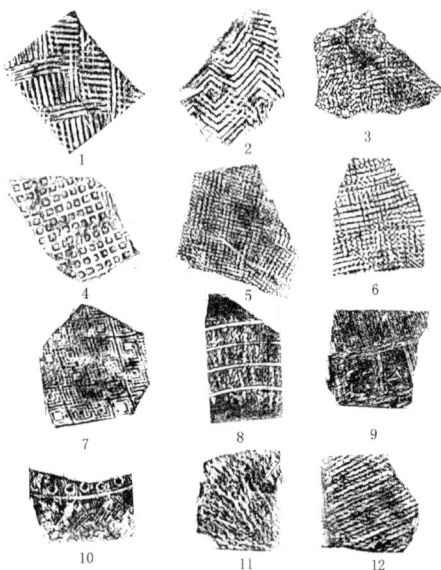

拓片七十九　TN05E03陶片纹饰③(1-2)、④(3-12)

1.梯格纹　2.折线纹　3.绳纹　4.回纹　5-6.方格纹　7.回纹
8.间断绳纹　9.刻划纹　10.刻划纹加圆圈纹　11-12.绳纹

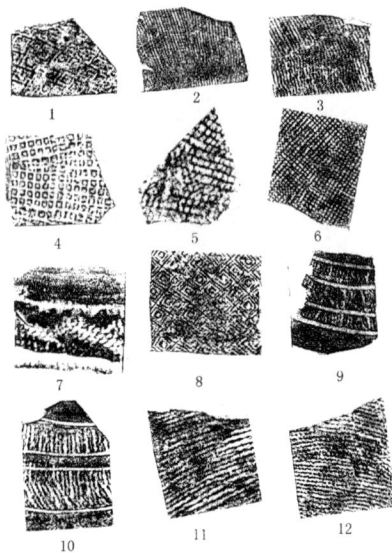

拓片八十　TN05E03陶片纹饰④(1-4)、⑥(5-12)

1.回纹　2-3.绳纹　4.回纹　5-6.方格纹　7.附加堆纹
8.回纹　9-10.间断绳纹　11-12.绳纹

TN05E03 陶片纹饰

附图二十一

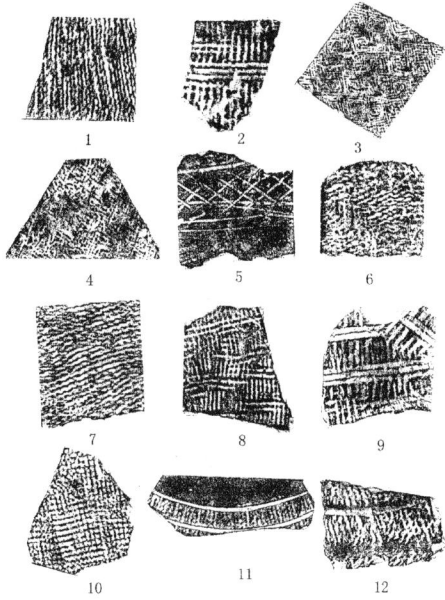

拓片八十一　　TN05E03陶片纹饰⑥（1-2）、
　　　　　　　⑫（3-9）、F2（10-12）

1.绳纹　2.梯格纹　3-4.回纹　5.刻划纹　6-7.绳纹
8-9.梯格纹　10.方格纹　11-12.间断绳纹

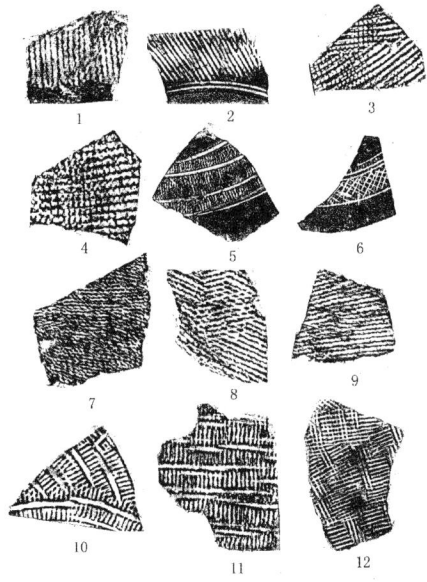

拓片八十二　　TN05E03陶片纹饰F2（1）
　　　　　　　TN05E04陶片纹饰②（2-12）

1.绳纹　2.凹弦纹篮纹　3-4.方格纹　5.间断绳纹　6.刻划纹
7-9.绳纹　10-12.梯格纹

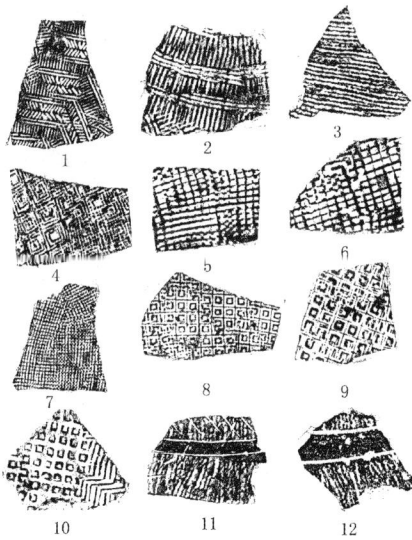

拓片八十三　　TN05E04陶片纹饰②（1-12）

1-2.梯格纹　3.细绳纹　4.重回纹　5-7.方格纹　8-9.回纹
10.回纹折线纹　11-12.间断绳纹

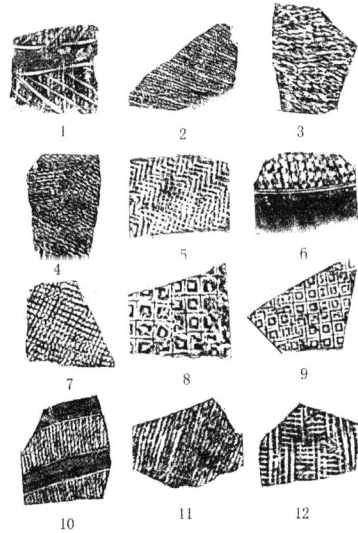

拓片八十四　　TN05E04陶片纹饰②（1-5）、③（6-12）

1.间断绳纹加凹弦纹　2-3.绳纹　4.细绳纹　5.折线纹
6-7.方格纹　8-9.回纹　10.间断绳纹　11.绳纹　12.梯格纹

TN05E03、TN05E04 陶片纹饰

附图二十二

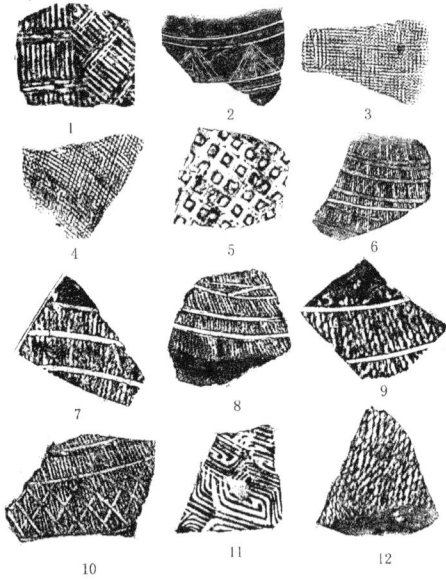

拓片八十五 TN05E04陶片纹饰③(1)、④(2-12)

1.梯格纹 2.凹弦纹加刻划纹 3-4.方格纹 5.回纹
6-9.间断绳纹 10.间断绳纹加刻划纹 11.夔纹 12.绳纹

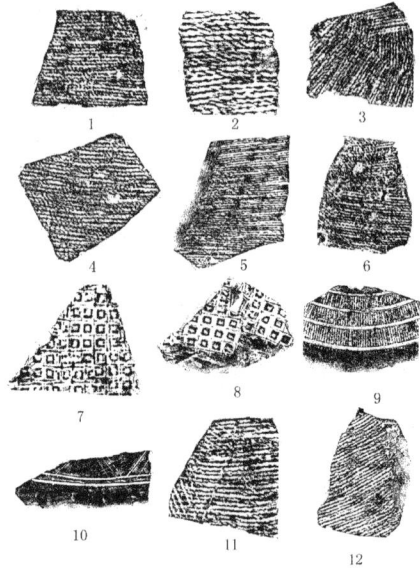

拓片八十六 TN05E04陶片纹饰④(1-12)

1-4.绳纹 5-6.细绳纹 7-8.回纹 9.间断绳纹
10.刻划纹 11-12.绳纹

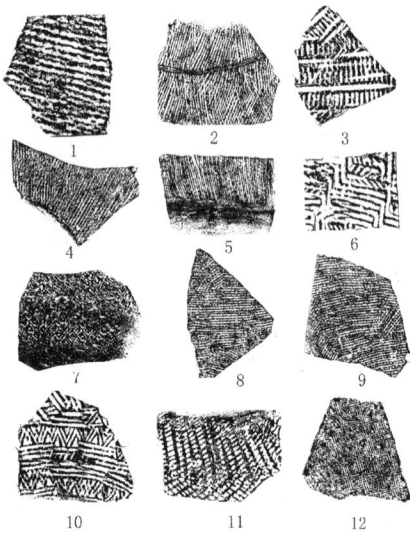

拓片八十七 TN05E04陶片纹饰④(1-6)、⑥(7-9)
TN05W01陶片纹饰①(1-12)

1.绳纹 2.绳纹加凹弦纹 3.梯格纹 4-5.细绳纹
6.折线纹加叶脉纹 7.回纹 8-9.绳纹 10.折线纹加刻划纹
11.方格纹 12.回纹

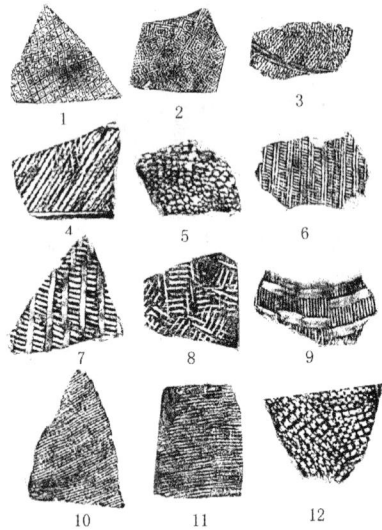

拓片八十八 TN05E04陶片纹饰①(1-11)、②(12)

1-2.回纹 3.间断绳纹 4.绳纹 5.方格纹 6-9.梯格纹
10-11.细绳纹 12.方格纹

TN05E04、TN05W01 陶片纹饰

附图二十三

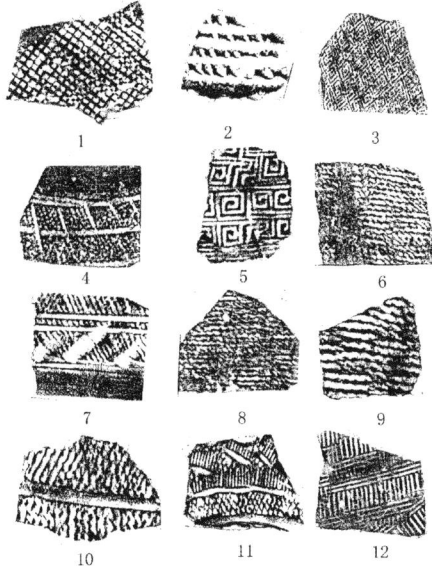

拓片八十九　TN05W01陶片纹饰②（1-12）

1.方格纹　2.附加堆纹　3.回纹　4.间断绳纹　5.夔纹
6-10.绳纹　11.绳纹加方格纹　12.梯格纹

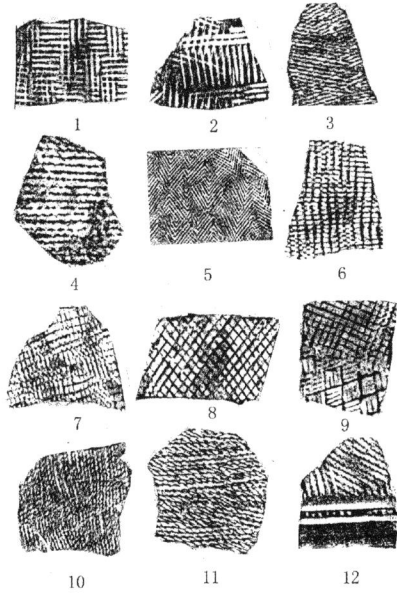

拓片九十　TN05W01陶片纹饰②（1-5）、④（6-12）

1-2.梯格纹　3-4.细绳纹　5.折线纹　6-8.方格纹
9.方格纹加席纹　10-12.绳纹

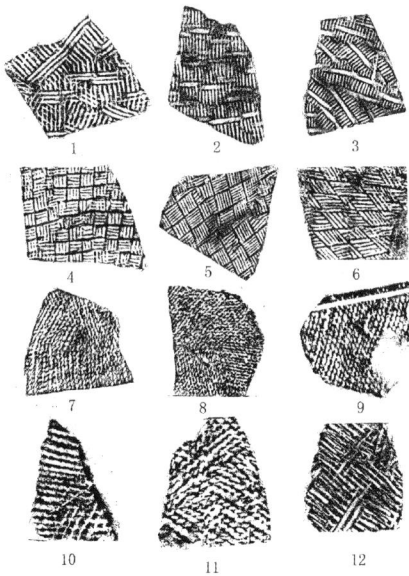

拓片九十一　TN05W01陶片纹饰④（1-8）、H4（9-12）

1-3.梯格纹　4-6.席纹　7-8.细绳纹
9-11.绳纹　12.梯格纹

拓片九十二　TN05W01陶片纹饰H4（1-5）、⑤（6-12）

1-5.梯格纹　6.戳印纹　7.附加堆纹　8.绳纹
9-12.梯格纹

TN05W01 陶片纹饰

附图二十四

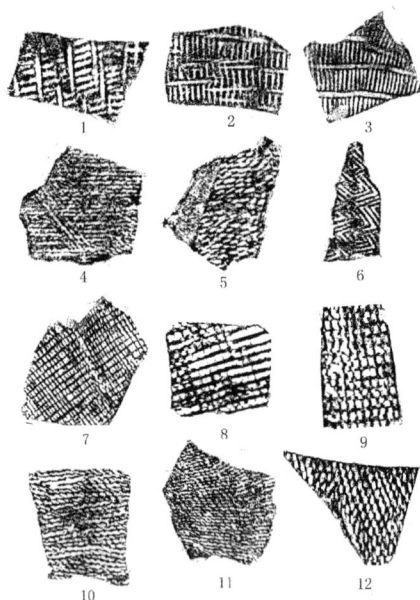

拓片九十三　TN05W01陶片纹饰⑤(1-6)、
　　　　　　⑨(7-12)

1-3.梯格纹　4-5.细绳纹　6.折线纹　7-9.方格纹
10-12.绳纹

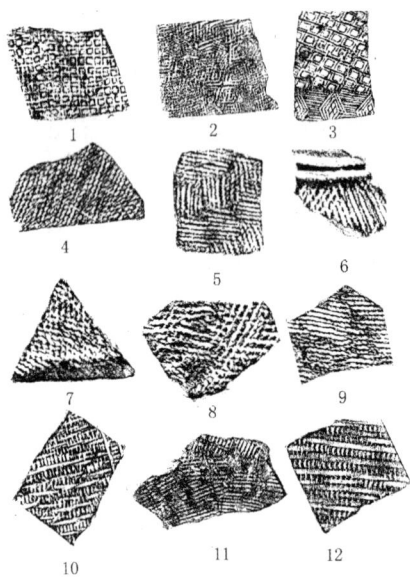

拓片九十四　TN05W01陶片纹饰⑨(1-8)、
　　　　　　TN05W02②(9-12)

1.绳纹　2-5.梯格纹　6-7.席纹　8.细绳纹
9-10.粗绳纹　11.回纹　12.附加堆纹加绳纹

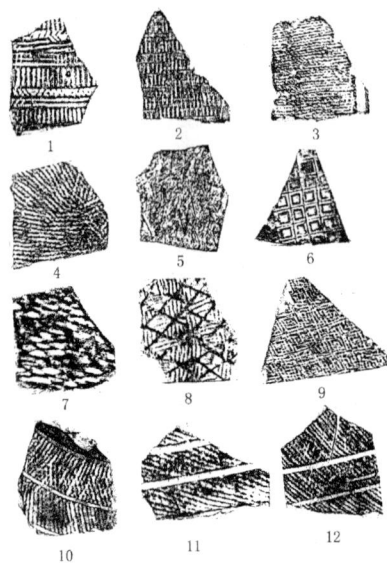

拓片九十五　TN05W01陶片纹饰②(1-12)

1-2.回纹　3.回纹加菱形田字纹　4-9.绳纹
10-12.梯格纹

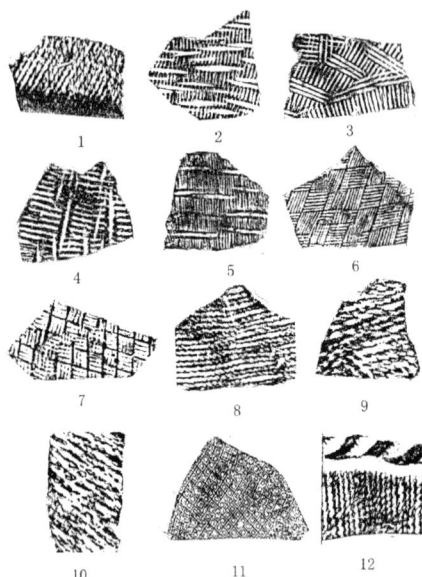

拓片九十六　TN05W02陶片纹饰②(1-5)
TN05W03陶片纹饰②(6-8)、TN05W04①(9-12)

1-2.梯格纹　3-4.细绳纹　5.重叠回纹　6.回纹
7.绳纹　8.席纹　9.重回纹　10-12.间断绳纹

TN05W01－TN05W04 陶片纹饰

附图二十五

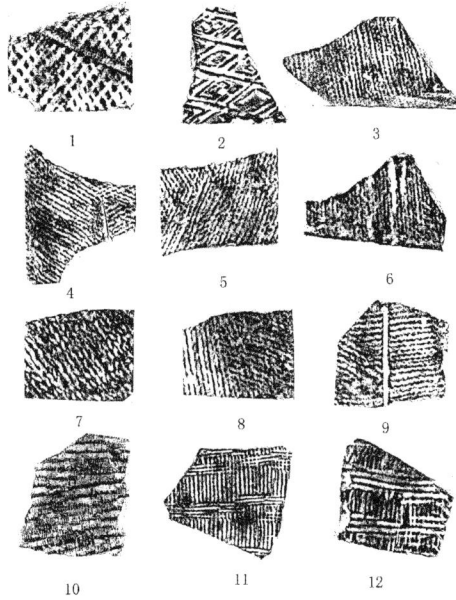

拓片九十七　　TN05W04陶片纹饰①（1-12）

1.交错绳纹　2.菱形回纹　3-8.绳纹　9.绳纹凹弦纹
10-12.梯格纹

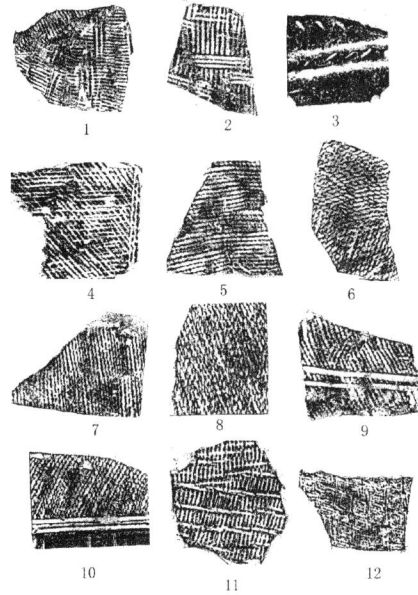

拓片九十八　　TN05W04陶片纹饰①（1-2）、H2（3-11）、
　　　　　　　H7（12）

1-2.梯格纹　3.附加堆纹　4.交错绳纹　5-8.绳纹
9-10.绳纹加凹弦纹　11.梯格纹　12.回纹

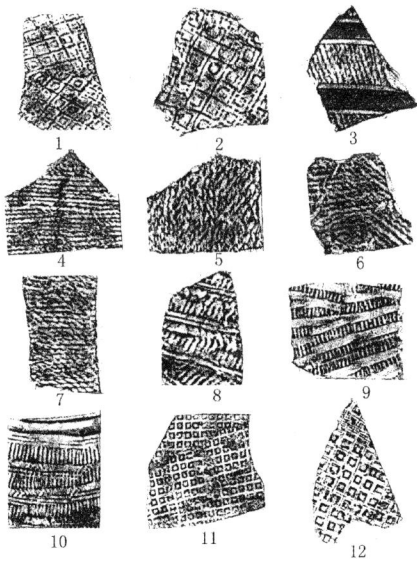

拓片九十九　　TN05W04陶片纹饰H7（1-10）
　　　　　　　TN05W05陶片纹饰①（11-12）

1-2.回纹　3.间断绳纹　4-7.绳纹　8-10.梯格纹
11-12.回纹

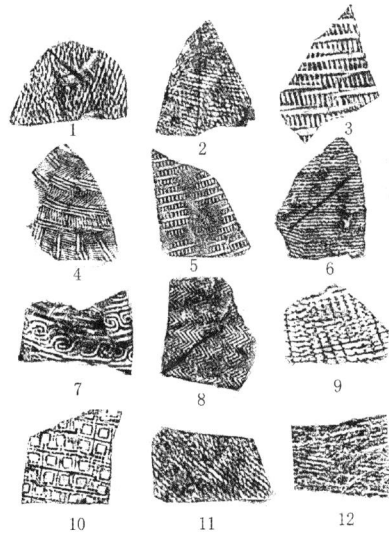

拓片一百　　TN05W05陶片纹饰①（1-8）、②（9-12）

1-2.绳纹　3-5.梯格纹　6.细绳纹　7.云雷纹
8.折线纹　9.方格纹　10.回纹　11-12.绳纹

TN05W04、TN05W05 陶片纹饰

附图二十六

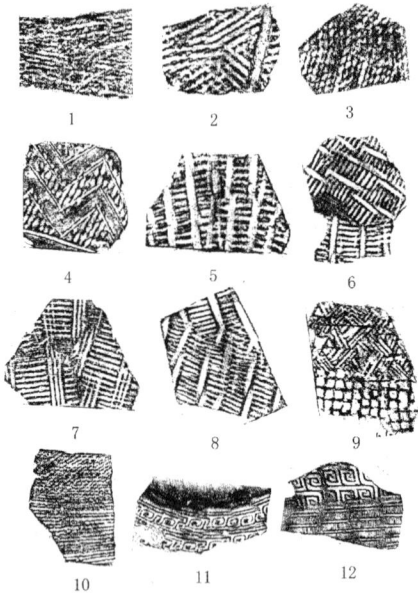

拓片一百零一　TN05W05陶片纹饰②A(1-12)

1-3.绳纹　4.绳纹加刻划纹　5-8.梯格纹　9.席纹加方格纹

10.细绳纹　11.云雷纹　12.云雷纹加梯格纹

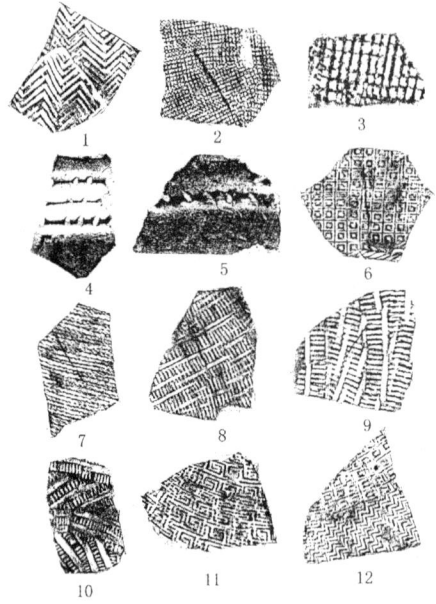

拓片一百零二　TN05W05陶片纹饰②A(1)、⑤A(2-12)

1.折线纹　2-3.方格纹　4-5.附加堆纹　6.回纹

7.绳纹　8-10.梯格纹　11.云雷纹　12.折线纹加回纹

拓片一百零三　TN05W05陶片纹饰⑤A(1)、⑥A(2-7)
　　　　　　　　F9(8-12)

1.折线纹加回纹　2.回纹　3-6.梯格纹

7.云纹加夔纹　8.戳印纹加叶脉纹　9-10.方格纹

11-12.回纹

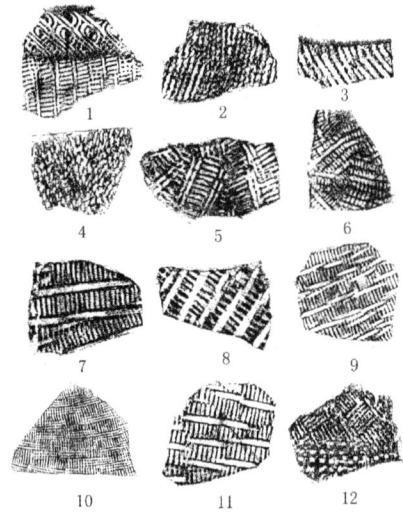

拓片一百零四　TN05W05陶片纹饰F9(1-2)

1.夔纹加梯格纹　2-4.绳纹　5-11.梯格纹

12.席纹加方格纹

TN05W05 陶片纹饰

附图二十七

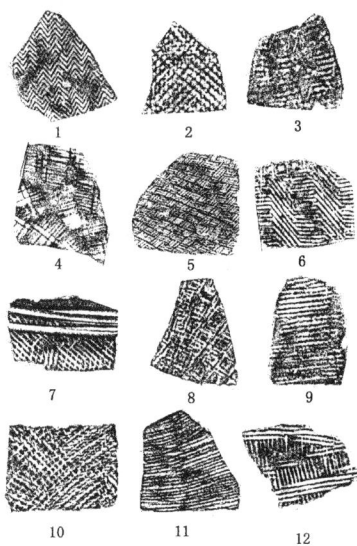

拓片一百零五　TN05W05陶片纹饰F9 (1)、Z2 (2-5)
　　　　　　TN06E01陶片纹饰② (7-12)

1.折线纹　2.方格纹　3.绳纹　4.梯格纹　5.席纹　6.折线纹
7.凹弦纹加绳纹　8.回纹　9-11.绳纹　12.梯格纹

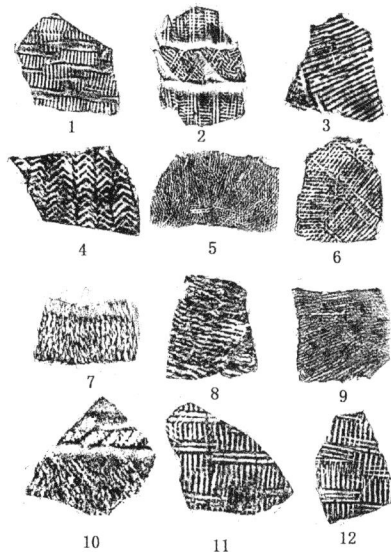

拓片一百零六　TN06E01陶片纹饰② (1-4)、⑥ (5-12)

1.梯格纹　2.梯格纹加附加堆纹　3.条纹　4.叶脉纹　5-9.绳纹
10.绳纹加附加堆纹　11-12.梯格纹

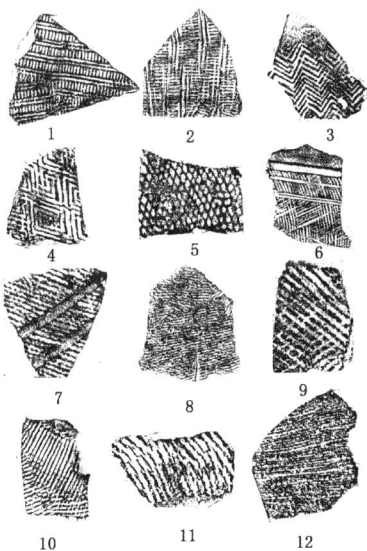

拓片一百零七　TN06E01陶片纹饰⑥ (1-4)、⑩ (5-12)

1-2.梯格纹　3.折线纹　4.重回纹　5.方格纹
6-7.间断绳纹　8-12.绳纹

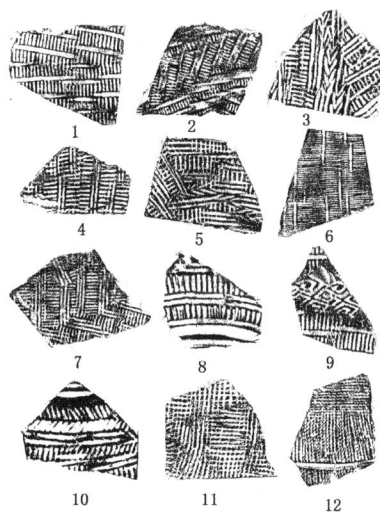

拓片一百零八　TN06E01陶片纹饰⑩ (1-10)、⑪ (11-12)

1-8.梯格纹　9.梯格纹加回纹　10.叶脉纹加梯格纹
11-12.绳纹

TN05W05、TN06E01 陶片纹饰

附图二十八

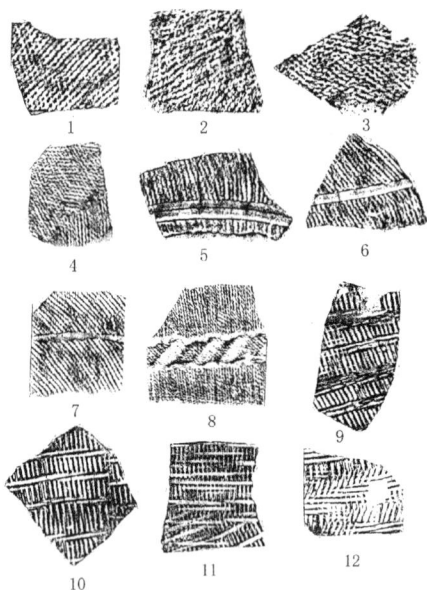

拓片一百零九　TN06W01陶片纹饰⑥ (1-12)

1-4.绳纹　5-7.绳纹加凹弦纹　8.绳纹加附加堆纹
9-12.梯格纹

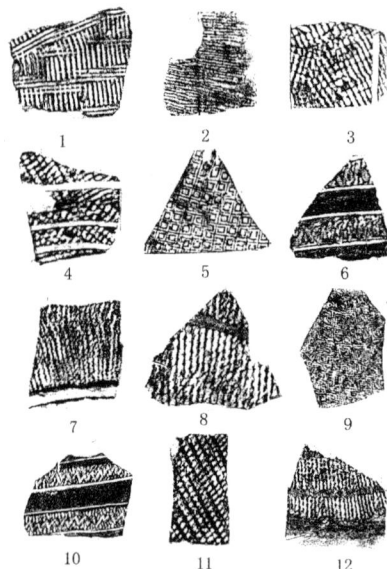

拓片一百一十　TN06E01陶片纹饰② (1-2)、G1 (3-9)
　　　　　　　　⑤ (10-12)

1.梯格纹　2.细绳纹　3-4.方格纹　5.回纹　6.刻花纹加凹弦纹
7.绳纹　8.绳纹加弦纹　9.重回纹　10.凹弦纹加刻划纹　11.方格纹
12.间断绳纹

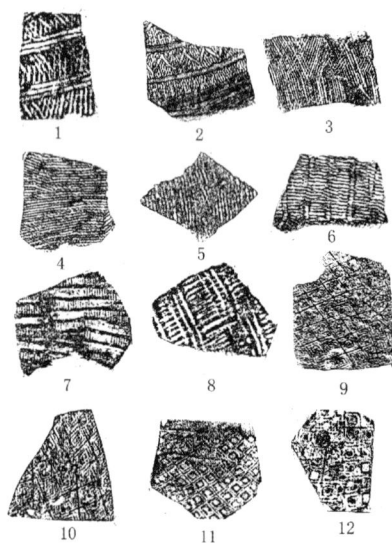

拓片一百一十一　TN06E01陶片纹饰⑤ (1-10)
　　　　　　　　TN06E01陶片纹饰① (11-12)

1.间断绳纹　2.间断绳纹加刻划纹　3-5.绳纹
6-8.梯格纹　9-10.重回纹　11-12.回纹

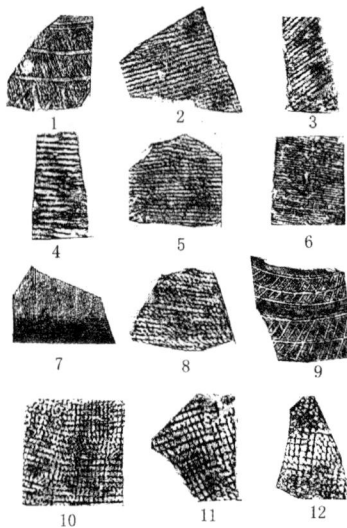

拓片一百一十二　TN06E02陶片纹饰① (1-8)、② (9-12)

1.间断绳纹　2-5.绳纹　6-8.细绳纹　9.带状刻划纹　10-12.方格纹

TN06E01 陶片纹饰

附图二十九

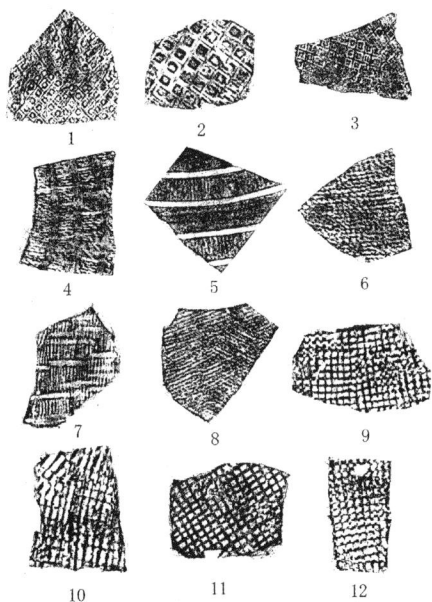

拓片一百一十三　TN06E02陶片纹饰②(2-9)、③(10-12)

1-3.回纹　4-5.间断绳纹　6.绳纹
7.梯格纹　8.细绳纹　9-12.方格纹

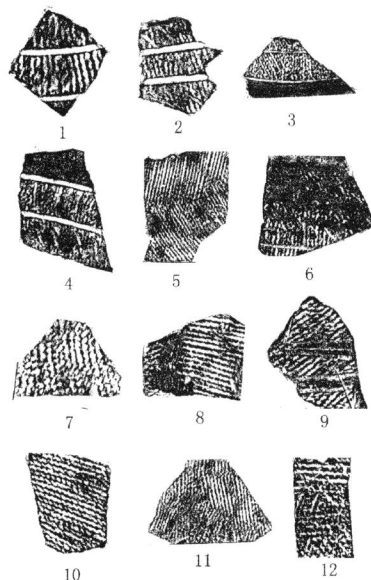

拓片一百一十四　TN06E02陶片纹饰③(1-12)

1-4.间断绳纹　5-12.绳纹

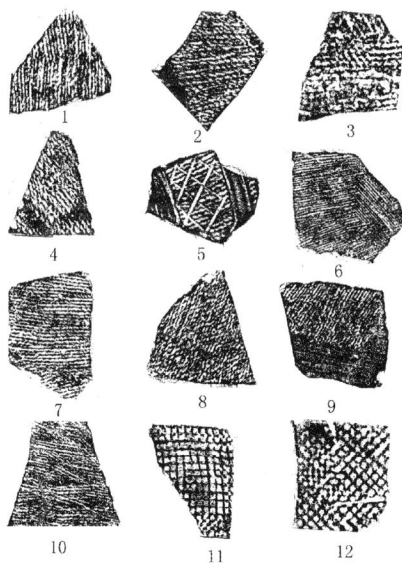

拓片一百一十五　TN06E02陶片纹饰③(1-10)、④(11-12)

1-4.绳纹　5.绳纹加刻划纹　6-10.细绳纹
11-12.方格纹

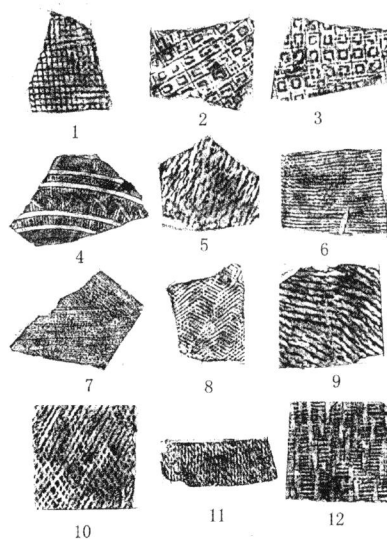

拓片一百一十六　TN06E02陶片纹饰④(1-8)、⑪(9-12)

1.方格纹　2-3.回纹　4.间断绳纹　5.绳纹　6-7.细绳纹
8.折线纹　9.粗绳纹　10-11.绳纹　12.梯格纹

TN06E02 陶片纹饰

后　记

　　丁家村遗址从 2014 年 2 月开始了田野发掘工作,到 2015 年年底基本结束。从 2016 年初进入对发掘资料的整理阶段。由于出土标本数量较多,整理工作的任务繁重,加之整理工作与其他考古发掘项目并行,因此历时较长。报告最终能够顺利出版,与所有参与发掘、整理的人员的共同努力密不可分。整理工作多有反复,工作人员进行了数次的校对、修改与完善,力求最大限度地呈现丁家村遗址发掘的材料。

　　丁家村遗址的发掘得到了镇江市文广新局的大力支持,也得到了江苏省文物局、南京博物院领导的关注,镇江博物馆杨正宏馆长、分管考古发掘工作的王书敏副馆长也给予了极大的指导和关心。发掘期间,南京博物院领导多次到工地进行指导,为遗址的发掘提出了关键性的建议,丁家村遗址的发掘才能够始终把握好方向。

　　除此之外,部分兄弟院校及同行专家为丁家村遗址的发掘整理提供了帮助。2014 年 5 月,国家文物局曾专门组织初任领队培训班学员参观考古工地的发掘,指导并进行了交流;山东大学靳桂云教授在发掘期间到工地进行考察,教授专门提到她本人对于炭化小麦的兴趣;南京博物院朱晓汀副研究员观察了墓葬并提取了部分骨骼。整理期间,在馆领导的支持下,丁家村遗址动植物、石器标本等都已请专家进行鉴定并出具了鉴定报告。

　　由于时间仓促,再加上编者的水平和经验有限,本书难免存在不足之处,诚望各位师长、同行、读者批评指正。

编　者

2017 年 8 月

1. 丁家村遗址远景（西北—东南）

2. 丁家村遗址勘探

3. 丁家村遗址测绘

1. 清表及布方工作照

2. 丁家村遗址耕土层清理结束(东—西)

3. 丁家村遗址发掘场景一(西—东)

1. 丁家村遗址探方发掘场景二(东—西)

2. 丁家村遗址探方发掘场景三(东—西)

3. 丁家村遗址发掘场景四(西—东)

1. TN06E02 东壁细部

2. TN06W01 北壁细部

TN06W03

1. 西壁细部

2. 北壁细部

3. 平面细部

TN06W05

1. 东壁细部

2. 西壁细部

3. 北壁细部

TN05E03

1. 西壁细部

2. 南壁细部

TN06E03

1. 东壁细部一

2. 东壁细部二

3. 北壁细部

1. F2

2. F3

3. F4

4. F5

1. F6

2. F7

3. F8

4. F9

5. F10

1. F11

2. F12

3. F13

1. F16

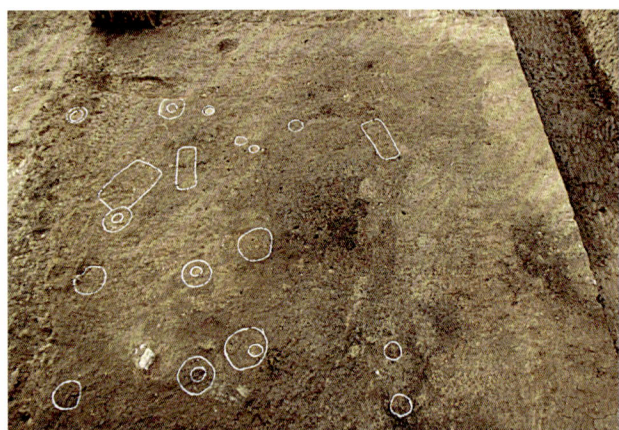

2. F18

3. F17

4. F19

5. F20

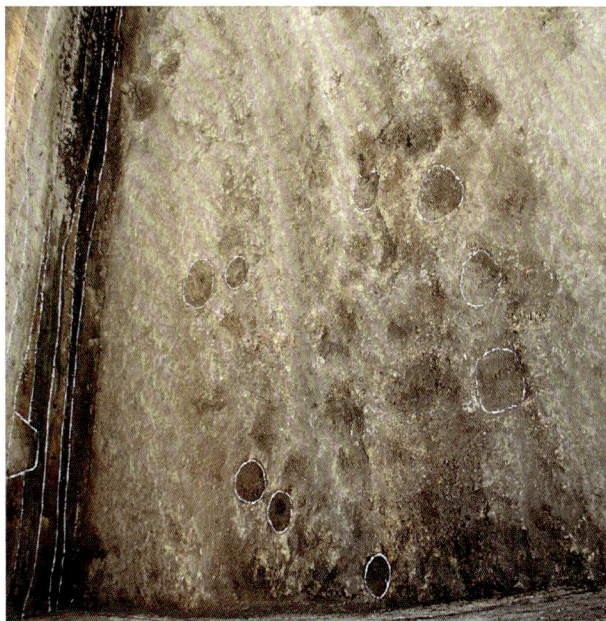

1. F21

2. F22

3. TN06W02 基岩面上柱洞群

4. TN05W04 生土面柱洞群

5. 红烧土面柱洞群

1. H4 发掘前

2. H4 发掘后

3. H6 发掘前

4. H6 发掘后

5. H5

6. H9

1. H10

2. H12

3. H17

4. H18

5. M1

6. M2

1. M4

2. M5

3. M8

4. M10 发掘前

5. M10 发掘后

1. M12 发掘前

2. M12 发掘后

3. M13

4. M14

5. M15

6. M16

7. M17

1. Z1 发掘前

3. Z2 发掘前

2. Z1 发掘后

4. Z2 发掘后

5. Z4

1. G2 发掘前（南—北）

2. 南京博物院领导指导工作

3. 江苏省文物局领导指导工作

1. 工地开放日

2. 工地安全检查

3. 镇江市法院员工参观遗址

4. 王书敏领队现场讲解

5. 2014 年田野考古领队岗前培训班学员参观遗址

6. 312 指挥部领导参观工地

鬲

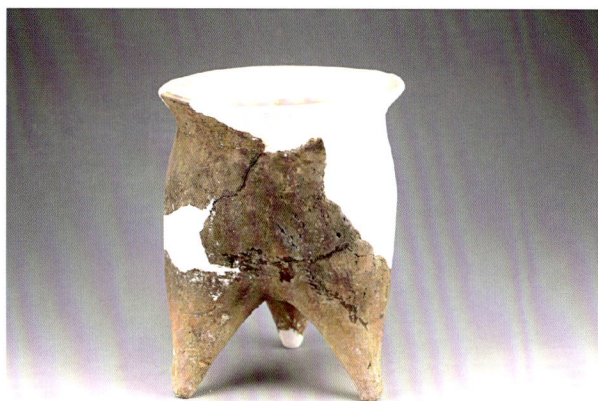

1. 鬲（TN06W04G2②：7）

4. 鬲（TN05E01H19：3）

2. 鬲（TN06W03G2②：21）

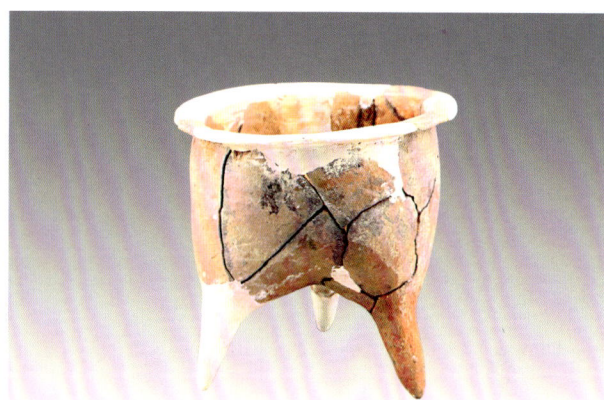

5. 鬲（TN06W05⑧：1）

3. 鬲（TN07W03G2底 4）

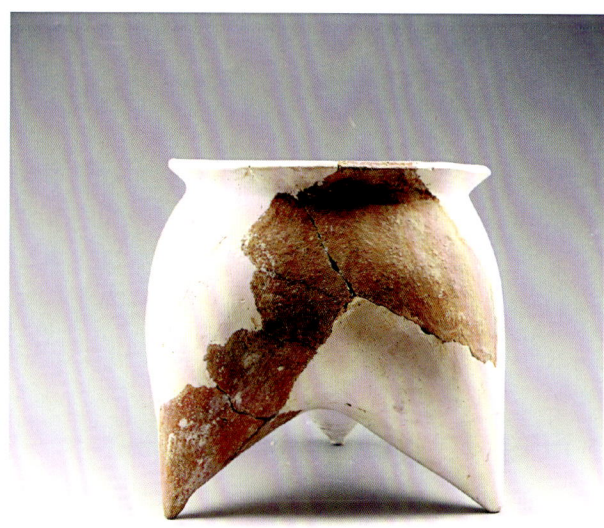

6. 鬲（TN06W05G2②：13）

三足器、碗、鬲

1. 三足器(TN05E01③:3)

2. 三足器(TN05E02②:2)

3. 三足器(TN06W04⑥B:2)

4. 碗(TN06W04H1:1)

5. 原始瓷碗(TN06W06②B:7)

6. 原始瓷碗(TN08W05②B:11)

7. 鬲(TN06E03④:10)

8. 鬲(TN06W06④C:5)

鬲、豆

1. 鬲(ZDG2②:1)

2. 鬲(TN05E01H13:1)

3. 鬲(ZDG2:②)

4. 鬲(ZDG2②:2)

5. 鬲(TN06W03G2②:11)

6. 泥质豆盘(TN06W05G2:12)

罐、钵、盆形罐

1. 罐(TN06W06④C：6)

2. 罐(TN05E03①：1)

3. 罐(TN06E03⑦C：12)

4. 盆形罐(TN07W06②：2)

5. 盆形罐(TN05W01⑪：2)

6. 钵(G2②：209)

7. 盆形罐(TN06E03H19：4)

8. 盆形罐(TN08W05②B：8)

鼎、豆

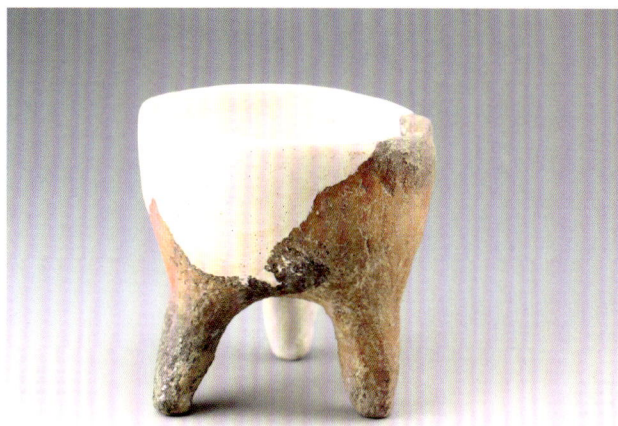

1. 鼎（南部探沟：11）

2. 豆（TN05E04①：13）

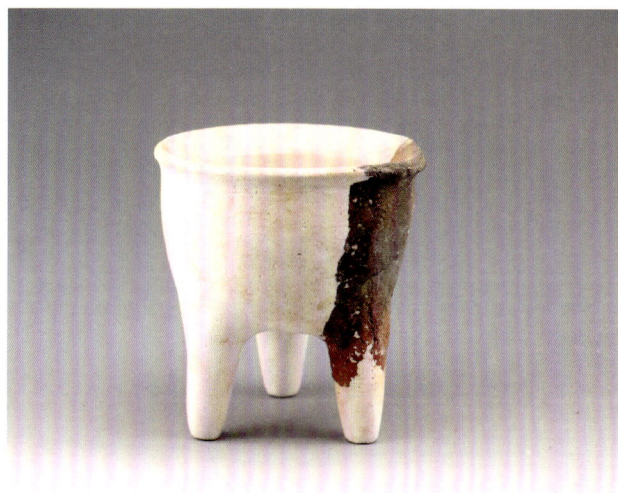

3. 鼎（TN07W06②：3）

4. 豆（TN06W02⑪：3）

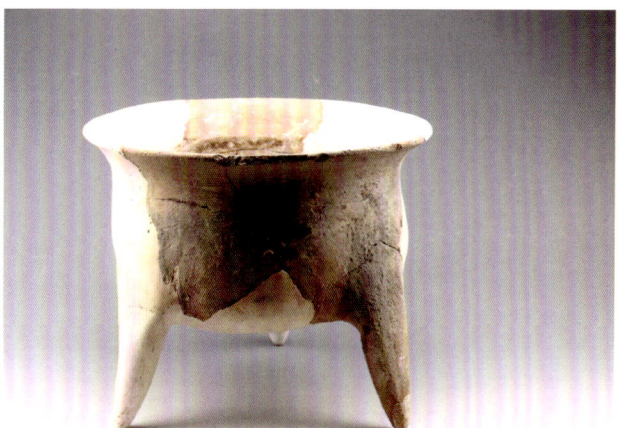

5. 鼎（TN07W05②B：3）

6. 鼎（TN06W06②B：2）

钵(一)

1. 钵(TN05E01H19:5)

2. 钵(TN06E01⑥:3)

3. 钵(G2②:3)

4. 钵(TN06W01③:8)

5. 钵(TN06W03①:2)

6. 钵(TN05E01 烧土内:1)

7. 钵(TN06W03G2:3)

钵(二)

1. 钵(TN06W03⑥B:1)

2. 钵(TN06W01④:14)

3. 钵(TN06W03G2②:20)

4. 钵(TN06W04G2①:4)

5. 钵(TN08W05②B:10)

6. 钵(TN08W05②B:9)

钵(三)

1. 硬陶钵(TN06W04G2②:16)

2. 钵(TN06W01④:15)

3. 钵(TN06W01③:7)

4. 钵(TN06W03H3:3)

5. 钵(G2②:4)

6. 钵(TN06E03③:6)

7. 钵(TN07W03G2②:7)

8. 钵(TN06W02⑦A:2)

豆

1. 豆（TN06W06②B:3）　　2. 豆（TN06W06②B:9）　　3. 豆（TN06W06②B:10）

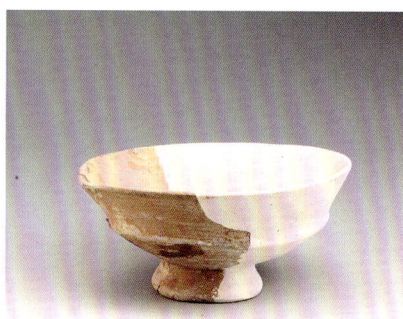

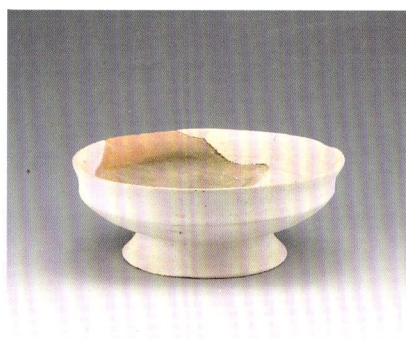

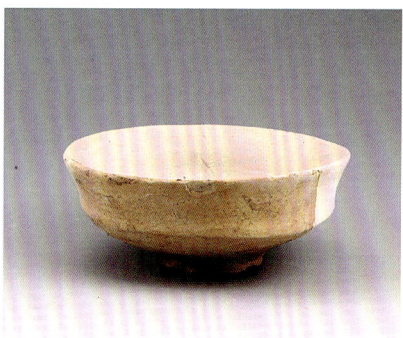

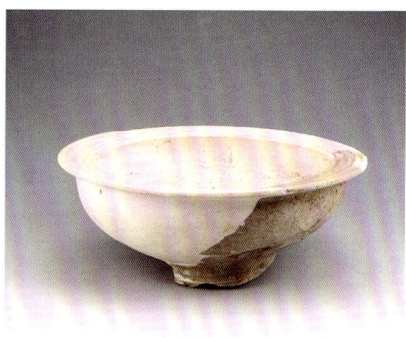

4. 豆（TN06W06②B:8）　　5. 豆（TN06W06④C:5）　　6. 豆（TN06W06④C:3）

7. 豆（TN06W06②B:11）　　8. 豆（TN07W06②:1）　　9. 豆（TN06W03G2:22）

10. 豆（TN06W06①:1）　　11. 豆（TN06W06②B:6）　　12. 豆（TN06W02⑪:2）

盨、罐、筒形器

1. 盨（G2②:7）

2. 罐（TN06W05G2②:10）

3. 盨（TN06W03G2②:5）

4. 盨（TN06WO5G2②:7）

5. 盨（ZDG2②:6）

6. 筒形器（TN07W03G2②:8）

器盖、支座、圈足盘

1. 器盖（TN05E01H19:2）　　2. 器盖（TN05E04①:8）　　3. 器盖（TN06W01④:13）

4. 器盖（TN06W01⑥:53）　　5. 器盖（TN06W04G2②:18）　　6. 器盖（TN06W06④C:4）

7. 器盖（TN06W02⑪:1）　　8. 器盖（TN06W03F19:1）

9. 器盖（TN05W05②A:1）　　10. 支座（TN06E03②:21）　　11. 圈足盘（TN05E01②:3）

羊角把、网坠、陶拍

2. 网坠(TN06W04①:1)

1. 羊角把(TN05E02H14:35)

3. 网坠(TN06W06④C:2)

4. 陶拍(TN06E01②:10)

5. 陶拍(TN06W04G2:3)

陶　拍

1. 陶拍（TN06W01G2:6）

2. 陶拍（TN06W01G1:5）

3. 陶拍（TN05E01②:1）

4. 陶拍（TN05E03⑥:6）

5. 陶拍（TN05E02①:1）

6. 陶拍（TN05W05②A:1）

陶器制作痕迹（一）

1. 鬲口沿（内壁拼接痕迹，TN06W06②B:32）

2. 鬲足(TN06W06②B:86)

3. 把手(TN06W06④C:82)

4. 甗腰（颈部拼接痕迹，(TN06W06④C:47)

5. 鬲足(TN06W06④C:45)

6. 圈足(TN06W06④C:81)

7. 器底(TN06W03G2:45)

8. 甗(残部，右图为口沿拼接痕接细部,TN06W05G2②:369)

9. 鬲足（填垫痕迹，TN06W06④C:42）

10. 瓷碗(TN06W03⑥B:4)

陶器制作痕迹（二）

1. 甗腰（有拼接痕迹，TN05E03③:73）

2. 器部（TN05E03②:93）

3. 甗腰（腰部有拼接痕迹，TN05E03②:94）

4. 圈足（TN05W05⑦:44）

5. 甗腰（TN06E02①:24）

6. 圈足（TN06E03③:153）

7. 甗腰（有拼接痕迹，TN06E03②:23）

8. 鼎足（有器底拼接痕迹，TN05W05⑦:13）

9. 鼎足（有出榫拼接，TN05W05⑦:14）

10. 鬲足（足与器壁拼接处，TN06W06①:19）

11. 鬲足（填垫痕迹，TN05W05②A:11）

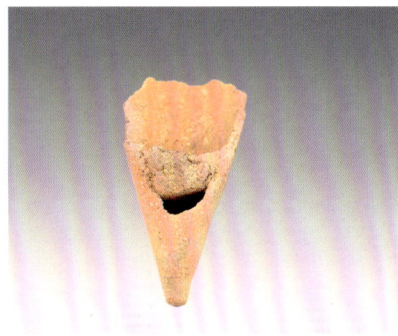

12. 鬲足（填塞痕迹，TN06W06②A:84）

小陶器

1. 小陶杯(TN06W01④:2)

2. 小陶杯(TN05E01H19:6)

3. 小陶器(TN06E01②:7)

4. 小陶钵(TN05E03⑥:1)

5. 小陶钵(TN05E04④:1)

6. 小陶杯(TN06W05F15:2)

陶　饼

1. 陶饼(TN06W03①:1)

2. 陶饼(TN06E02⑧B:2)

3. 陶饼(TN05E03⑥:7)

4. 陶饼(TN05E02H14:4)

5. 陶饼(器底的二次使用，
TN06W06④C:57)

6. 陶饼(TN05E03②:1)

陶 甂(一)

1. 陶甂(TN06W06④C:2)

2. 陶甂(TN06W06④C:3)

3. 陶甂(TN06W06④C:2)

4. 陶甂(TN06W06②B:4)

5. 陶甂(TN05E04②:3)

6. 陶甂(TN05E04①:2)

陶 瓿(二)

1. 陶瓿(TN06W06②B:12)

2. 陶瓿(TN05E03②:2)

3. 陶瓿(TN06E03②:8)

4. 陶瓿(TN06E03①:2)

5. 陶瓿(TN05E03②:3)

6. 陶瓿(TN05E03②:6)

石　刀

1. 石刀(TN06W04G②:1)

2. 石刀(TN06W04G2②:1)

3. 石刀(TN06W02②:1)

4. 石刀(TN06F15:4)

5. 石刀(TN06E02M4:1)

6. 石刀(TN06W03H3:1)

7. 石刀(丁家村采集:2)

8. 石刀(TN05E03③:2)

9. 石刀(TN06W01⑥:5)

10. 石刀(TN05E03⑥:2)

11. 石刀(TN05E04①:1)

12. 石刀(TN05E03⑥:2)

石 锛

1. 石锛(TN05E01⑪:12)

2. 石锛(TN07W03G2:6)

3. 石锛(TN07W02②B:2)

4. 石锛(TN06W05⑦:2)

5. 石锛(TN06W05G2④:1)

6. 石锛(TN06W02⑪:4)

7. 石锛(TN06W02⑦A:10)

8. 石锛(TN06E03②:19)

9. 石锛(TN06E01②:3)

10. 石锛(TN05E03⑥:5)

11. 石锛(TN05E04⑥:2)

12. 石锛(TN05W04H2:1)

石锛、石杵、石镞、石钺、半成器

1. 石锛(TN06W01H6:1)　　　2. 石锛(TN06W02⑦A:11)　　　3. 石锛(TN06E03⑫:1)

4. 石锛(TN05W01⑪:1)　　　5. 石锛(TN05E01 采集:1)　　　6. 半成器(TN06W05①:2)

7. 石杵(TN06E01⑪:2)　　　8. 石杵(TN08W05②B:1)　　　9. 石镞(TN06E02⑥:2)

10. 石镞(TN07W03G2:1)　　　11. 石杵(TN05W05⑦:1)　　　12. 石钺(采集:12)

石铲、石斧、石镰

1. 石铲(TN07W04H2:7)

2. 石斧(TN06W05H5:6)

3. 石铲(TN06E02②:5)

4. 石铲(TN05W05⑤A:2)

5. 石铲(TN05E04⑦:1)

6. 石铲(TN05E04①:3)

7. 石铲(TN05E03②:7)

8. 石铲(TN06W02②:3)

9. 石铲(TN06W01①:1)

10. 石镰(TN06E03⑦C:5)

11. 石镰(TN06W04②B:2)

12. 石铲(TN06W01③:4)

石器（一）

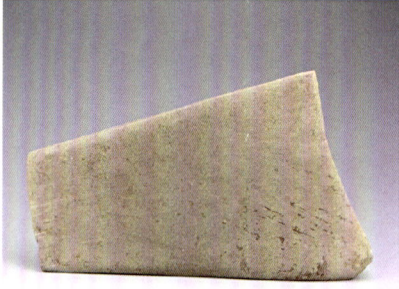

1. 砺石（TN06E03②:4）

2. 石镞（TN05E01⑫:2）

3. 石镞（TN05W05F9:1）

4. 石镰（TN06W05F15:1）

5. 未加工完成器（TN06E01⑪:3）

6. 石刀（TN06W05①:5）

7. 石刀（TN06W05①:4）

8. 石刀（TN06W03G2①:1）

9. 石铲（TN06W05G2②:7）

10. 石斧（TN06E01②:6）

11. 石刀（TN05E03⑥:5）

石器(二)

1. 砺石(TN05W01⑥:3)

2. 砺石(TN06W06④C:1)

3. 石杵(TN08W05②B:1)

4. 石饼(TN05E01③:1)

鱼骨、鼋骨板

1. 鱼骨(丁家村采集:1)

1. 鼋骨板(TN05E04⑤:3)

铜块、铜镞、铜器

1. 铜块(TN05E01③:2)　　　2. 铜器(TN06W06④C:1)　　　3. 铜器(TN06W02⑦:1)

4. 铜器(TN08W05②B:2)　　　5. 铜镞(TN05E04②:1)　　　6. 铜镞(TN06E01②:18)

7. 铜镞(TN06E01F5④:2)　　　8. 铜镞(TN06E02③:2)　　　9. 铜镞(TN06E02④:2)

10. 铜镞(TN06W04G2:1)　　　11. 铜镞(TN07W02G1:1)　　　12. 铜镞(TN06W01②:1)

红烧土块

1. 红烧土块(TN05W05②:73)

2. 红烧土块(TN05W05②:74)

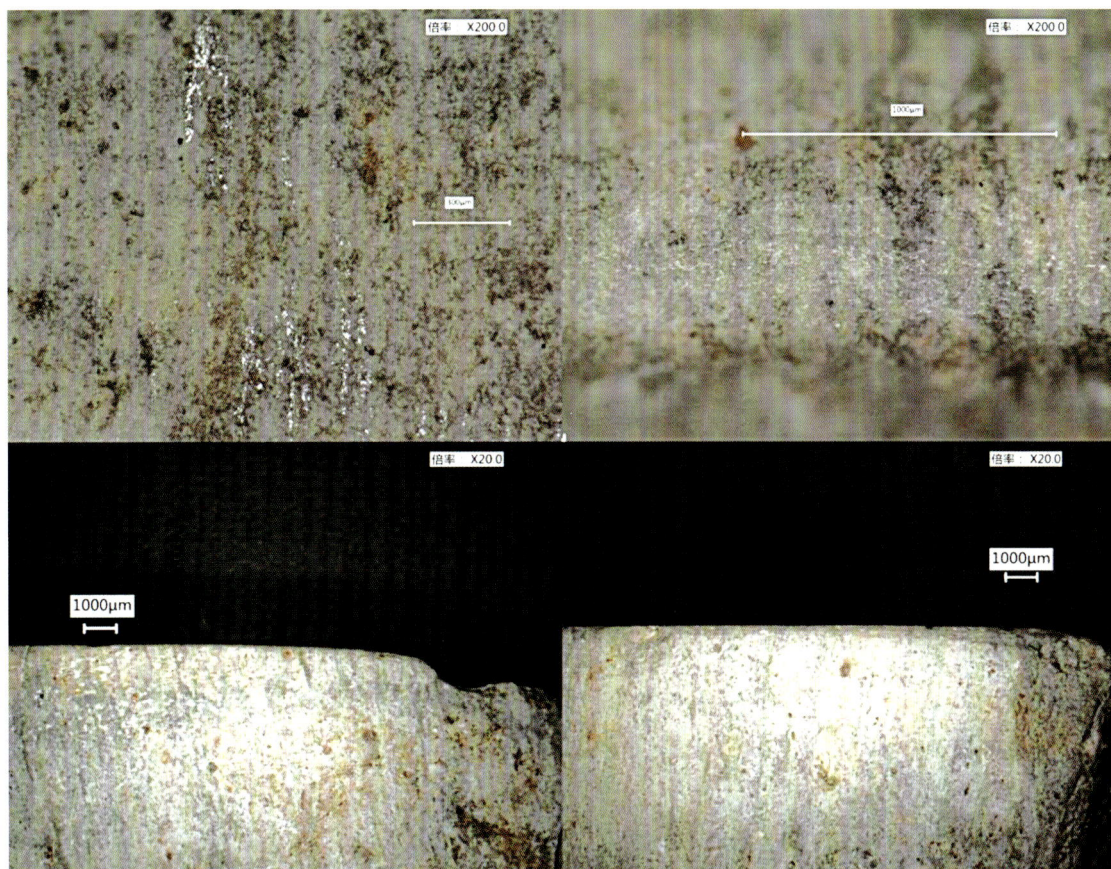

石锛 TN06E03⑥:13
左上:B 面 200×光泽;右上:C 面 200×磨光;左下/右下:A 面/B 面 20×刃缘轮廓

石锛 TN06W02F22:3
左:50×磨制痕迹;右:200×磨制光泽

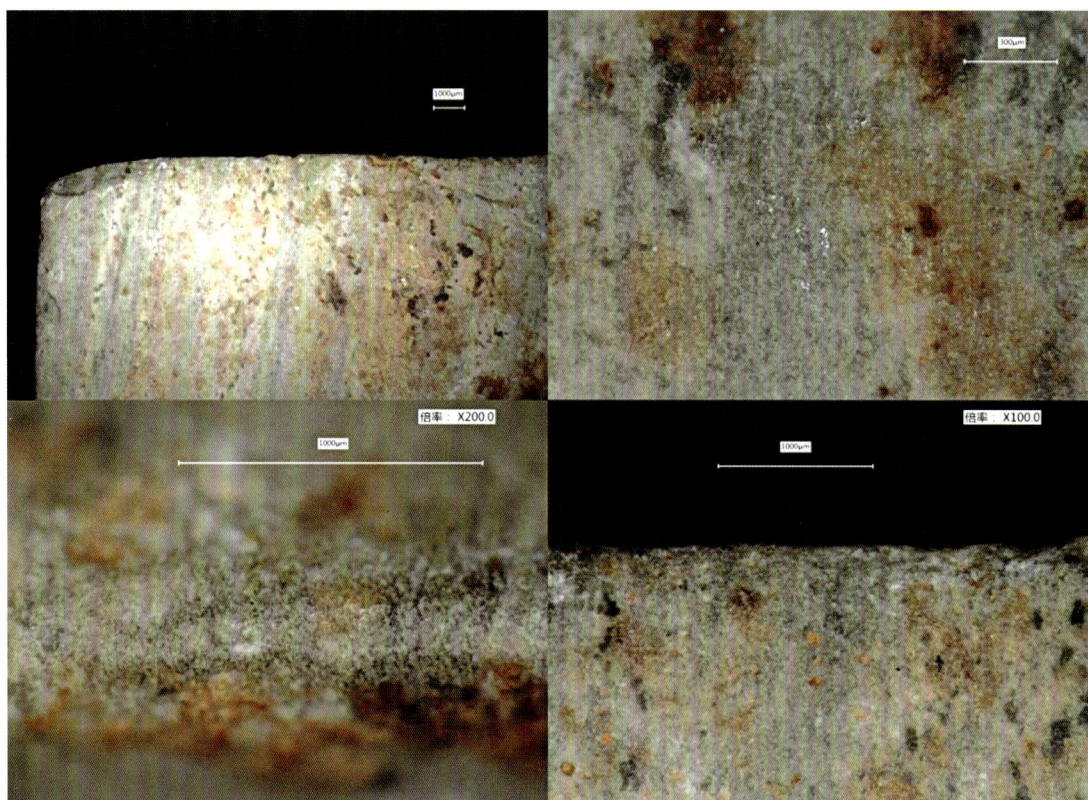

石锛 TN06W05G2④：1
左上：A 面 20×片疤；右上：B 面 200×光泽；左下：C 面 200×光泽、磨圆；右下：A 面 100×擦痕

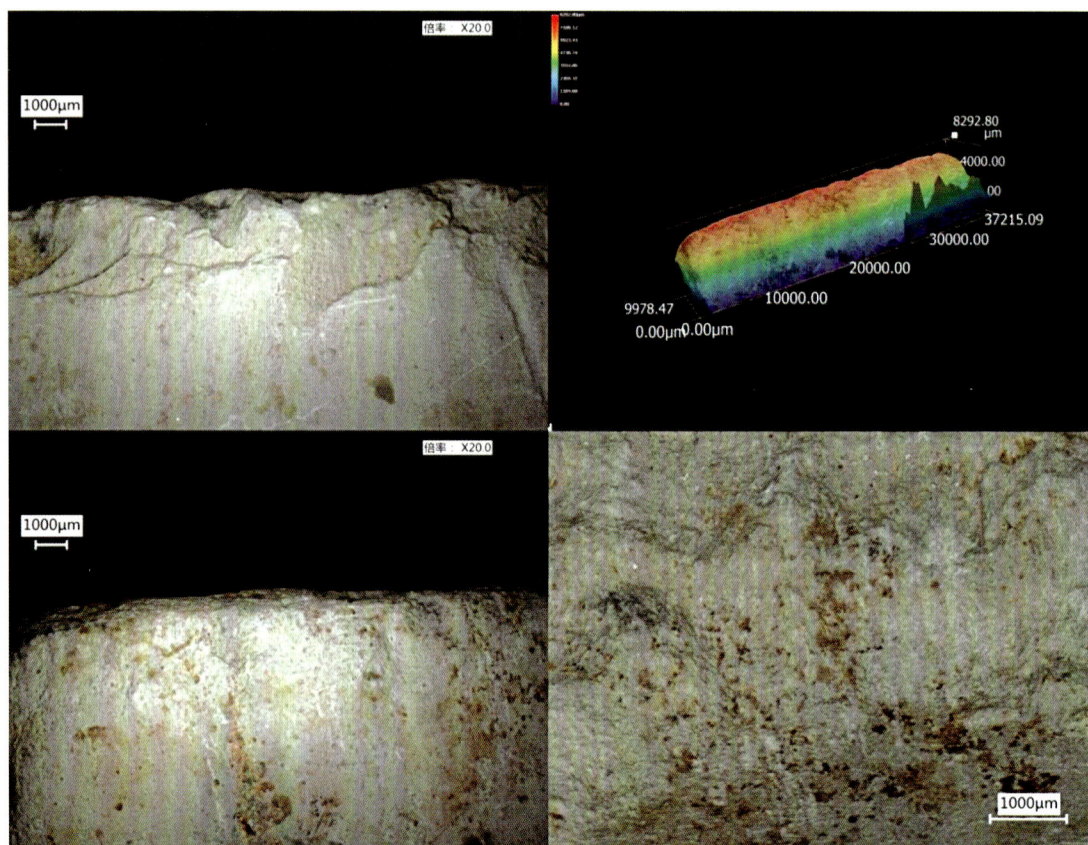

石锛 TN05W04⑦：2
左上：A 面 20×片疤；右上：3D 效果；左下：B 面 20×磨圆、片疤；右下：C 面 50×擦痕

石锛 TN05W04H2∶1
左上∶A 面 100×擦痕；右上∶C 面 50×片疤、擦痕；左下∶B 面 50×磨圆、擦痕；右下∶3D 效果

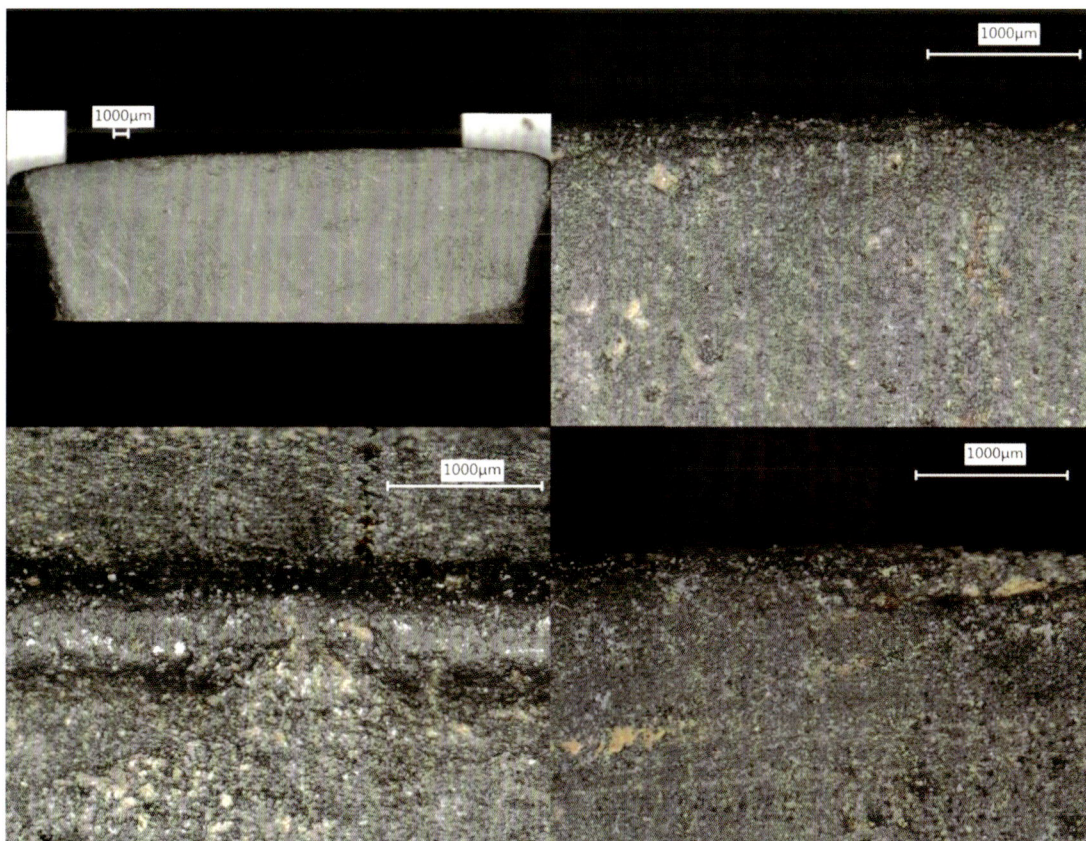

石锛 TN05E01⑤∶1
左上∶B 面 50×刃缘轮廓；右上/右下∶A 面/B 面 100×擦痕；左下∶C 面 100×磨圆、光泽

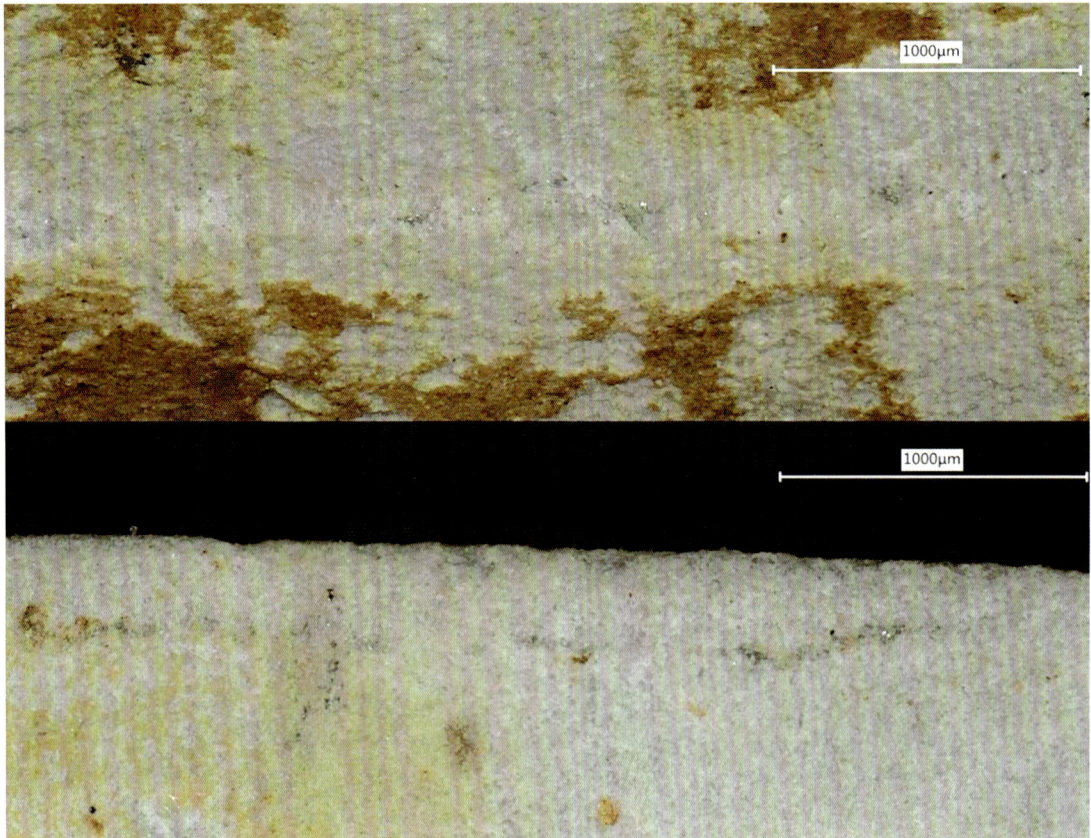

石锛 TN05E01H19：1
上：C 面 100×擦痕、光泽；下：A 面 100×片疤、擦痕

石锛 TN06W05G2②：6
左上：B 面 100×光泽；右上：3D 效果；左下：A 面 20×片疤；右下：C 面 150×擦痕、光泽

石锛 TN07W03G2②:5
上:B 面 50×擦痕;下:A 面 20×片疤

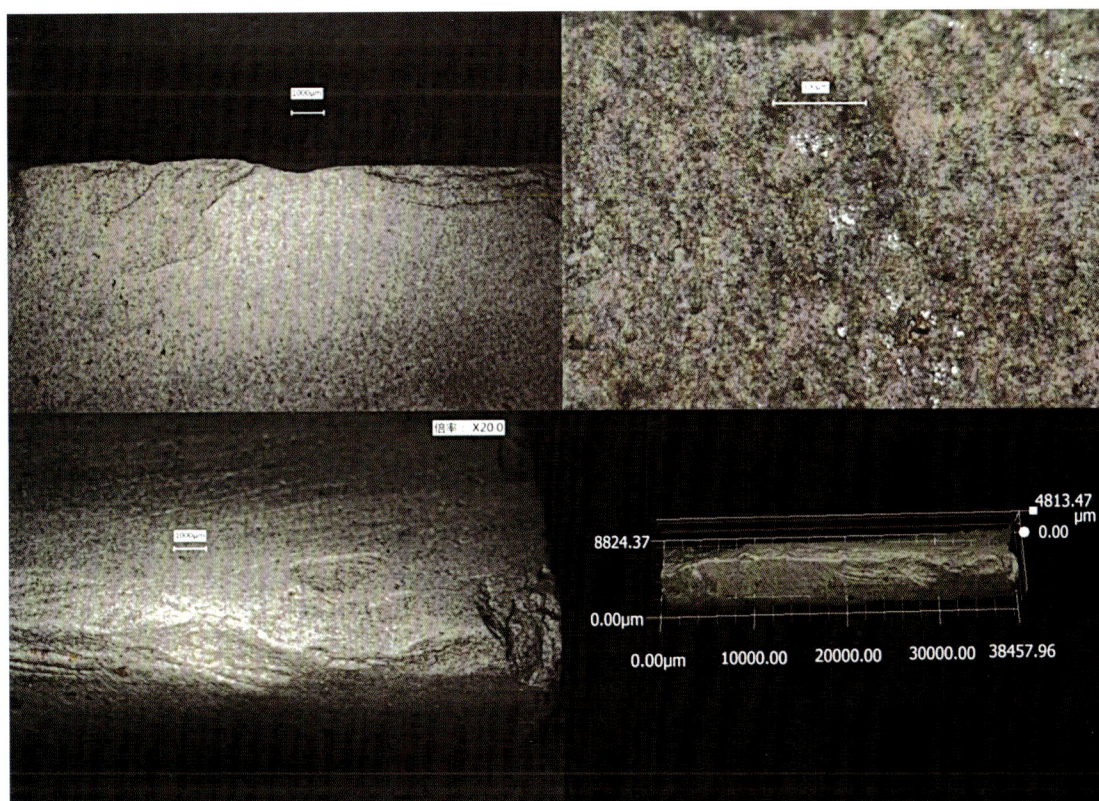

石锛 TN06W05②:1
左上:A 面 20×片疤;右上:B 面 200×光泽;左下:C 面 20×磨圆、片疤;右下:3D 效果

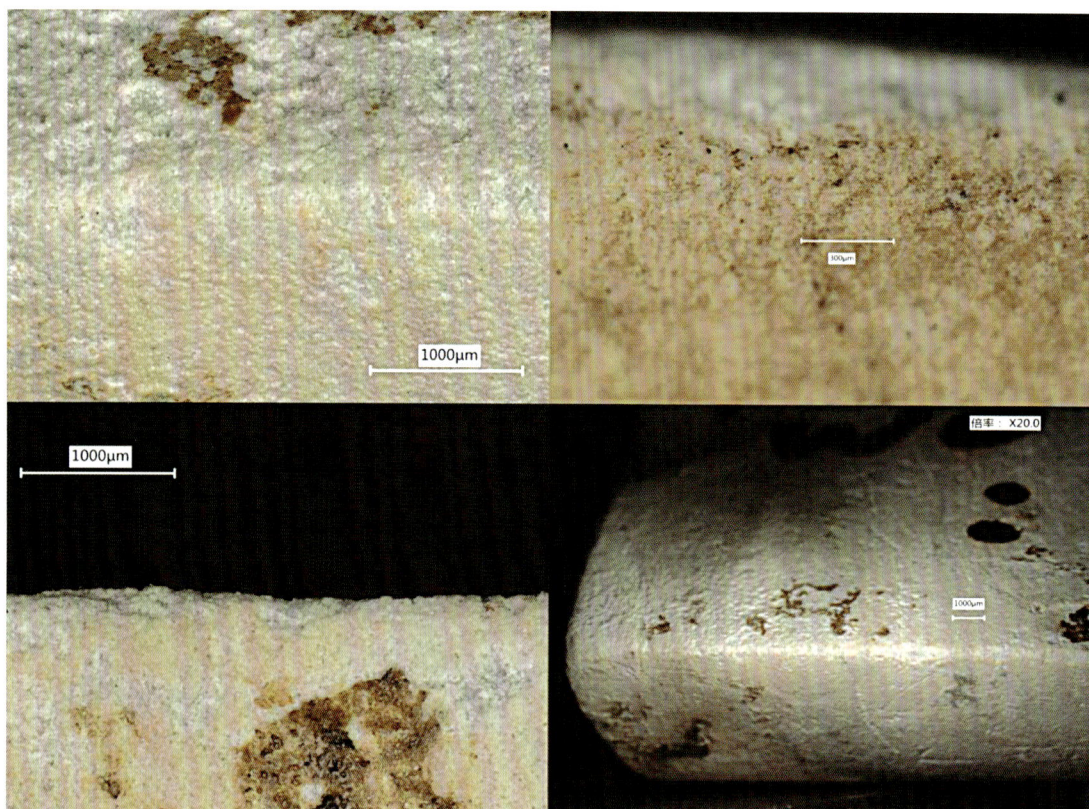

石锛 TN05W01④:1
左上:C 面 100×磨圆、擦痕;右上:B 面 200×擦痕;左下:A 面 100×片疤;右下:C 面 20×刃缘轮廓

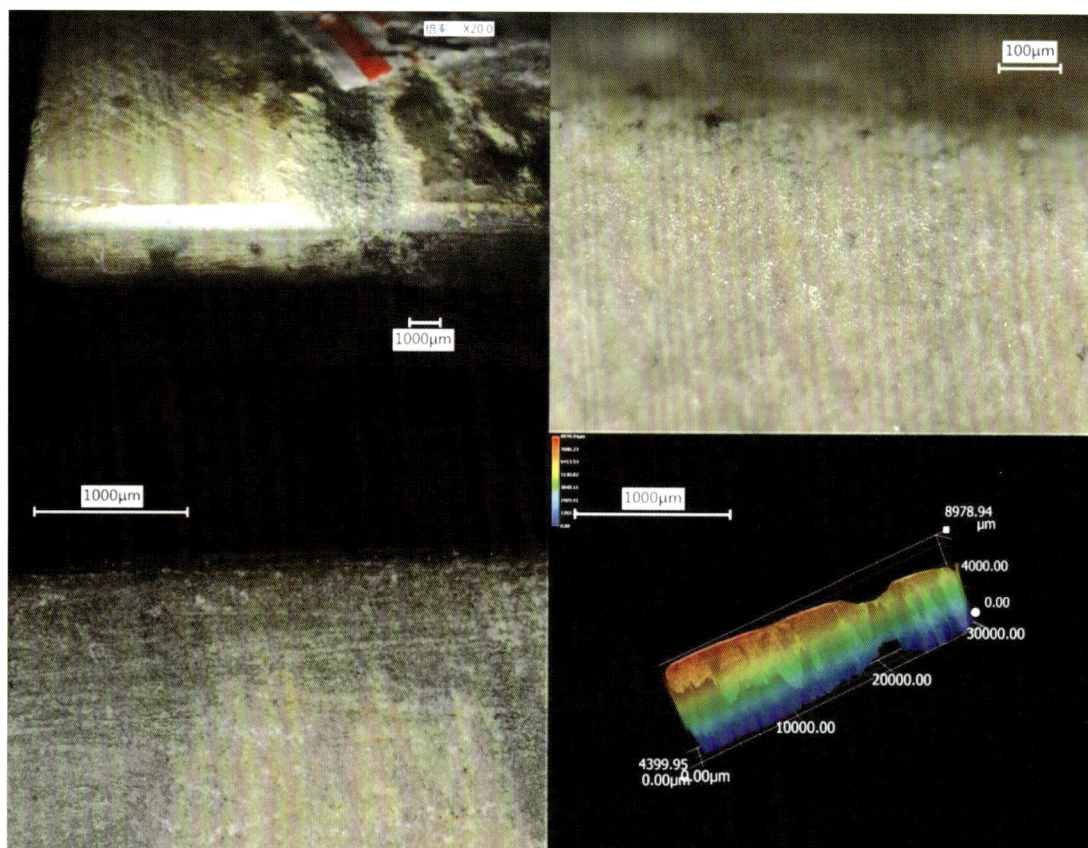

石锛 TN06W02③:11
左上:C 面 20×刃缘轮廓;右上:A 面 400×磨光;左下:B 面 100×磨制痕迹;右下:3D 效果

石锛 TN05E02H14：1
左上：B 面 50×擦痕；右上：B 面 200×光泽；左下：C 面 50×磨圆；右下：A 面 20×片疤

石锛 TN06E03③：2
左上/左下：A 面 20×片疤；右上：A 面 200×光泽；右下：B 面 20×磨制、维修痕迹

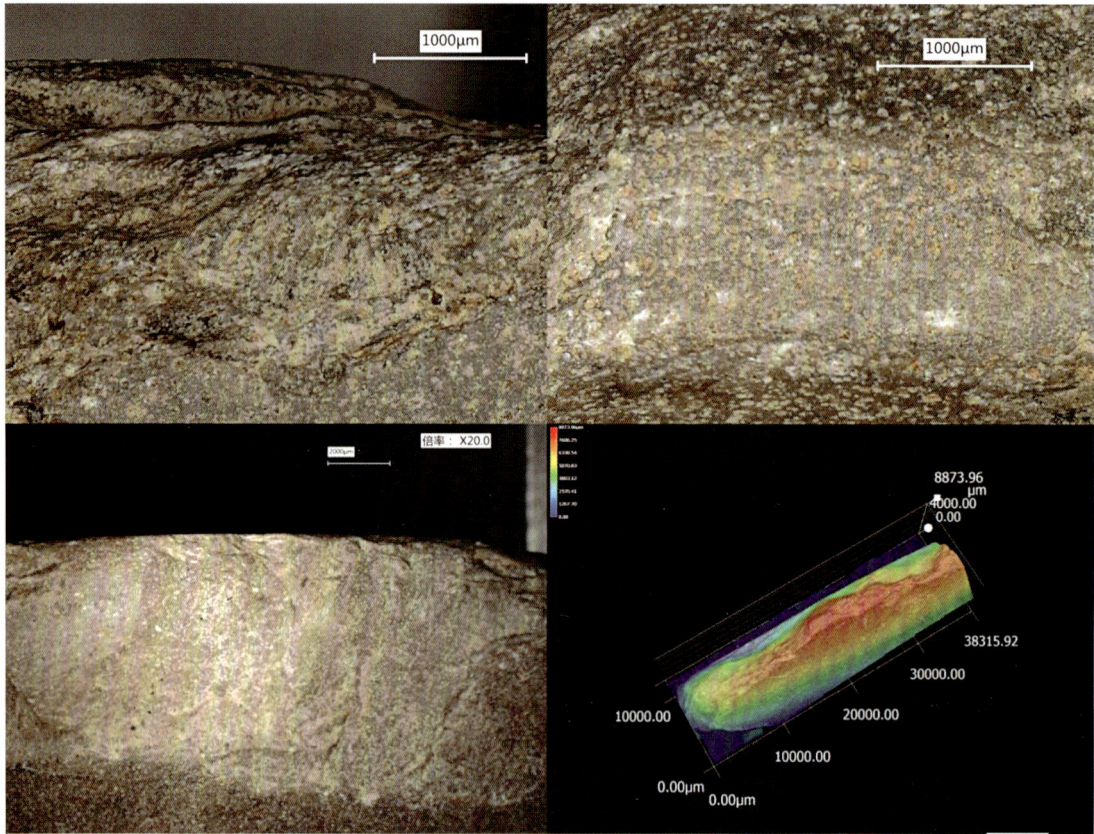

石锛 TN06W06⑤：4
左上：B 面 100×擦痕；右上：C 面 100×光泽、磨圆；左下：A 面 20×片疤；右下：3D 效果

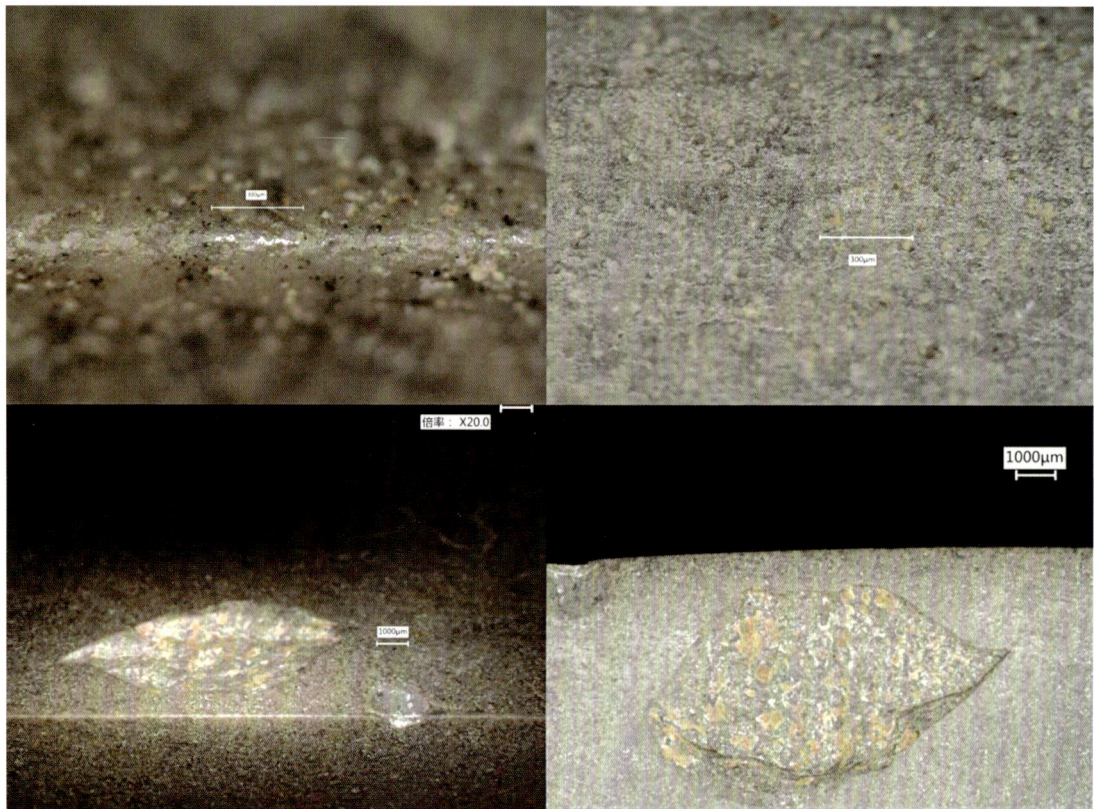

石锛 TN06W04G2②：12
左上：C 面 200×光泽；右上：B 面 200×磨光
右下：C 面 20×刃缘轮廓；右下：A 面 20×片疤、磨制痕迹、维修痕迹

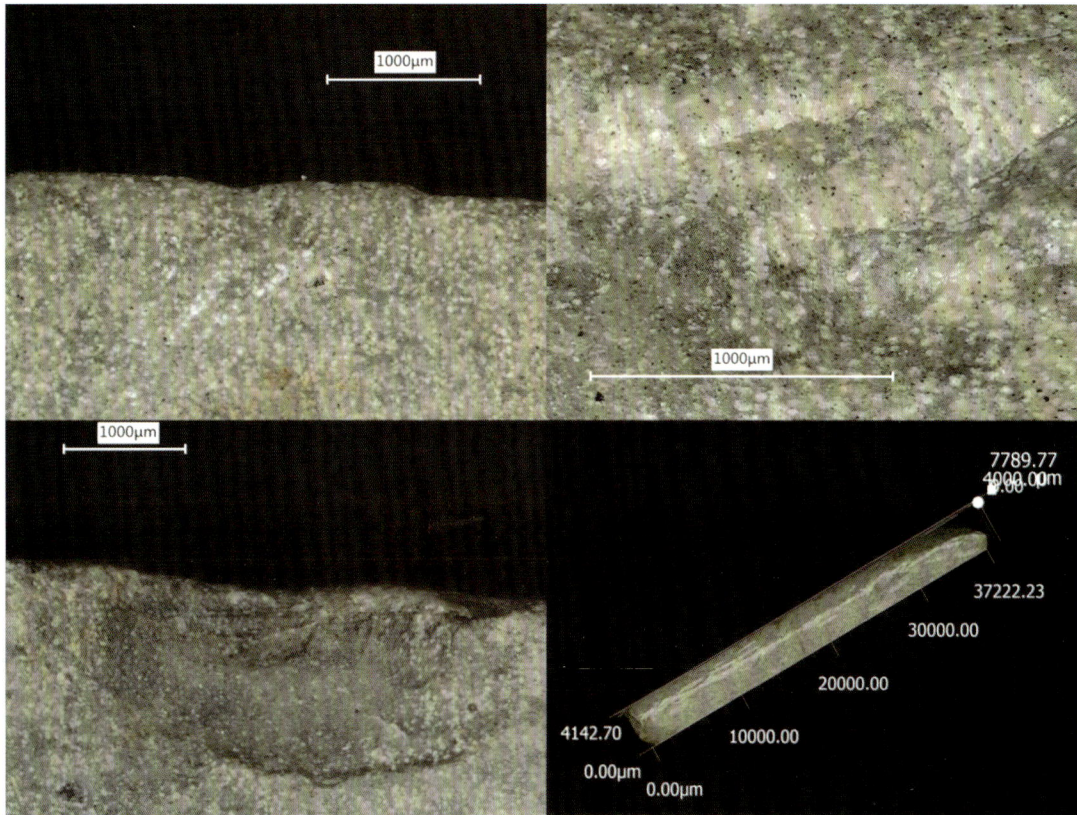

石锛 TN06W01④:3

左上:A 面 100×擦痕;右上:C 面 200×擦痕、光泽;右下:B 面 80×片疤;右下:3D 效果

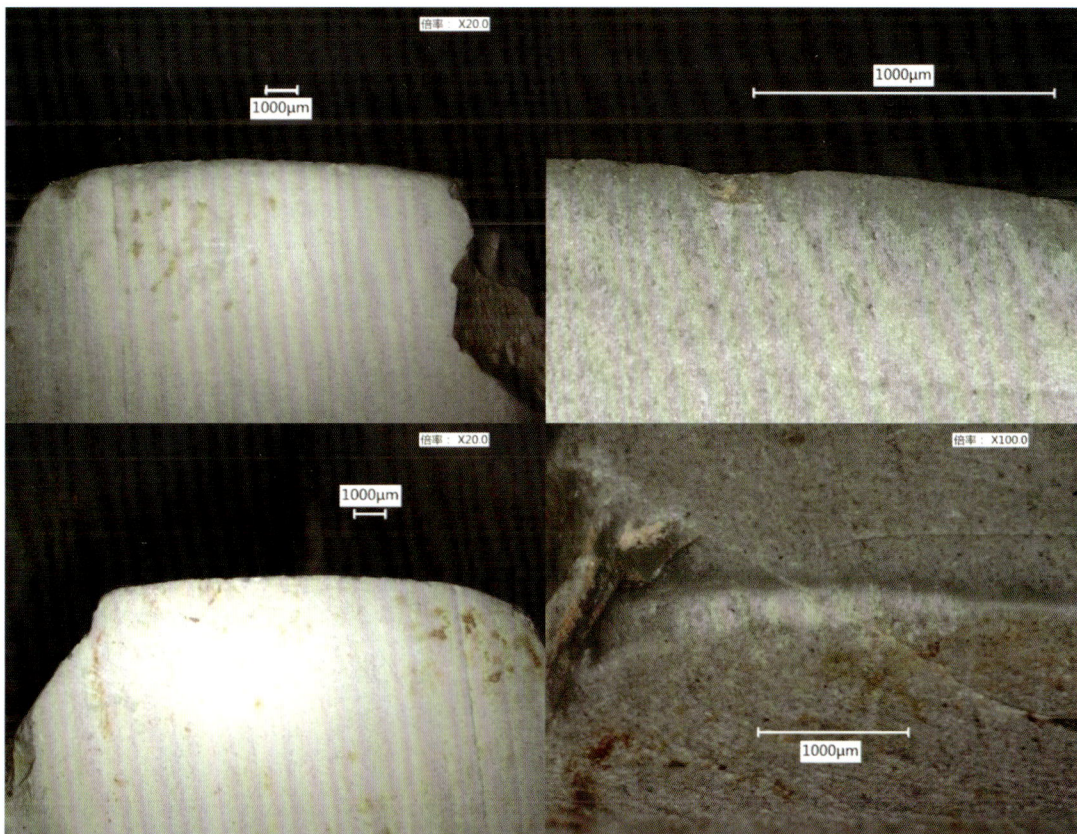

石锛 TN06W02⑤:4

左上/右下:A 面/B 面 20×刃缘轮廓;右上:A 面 200×擦痕;右下:C 面 100×磨圆

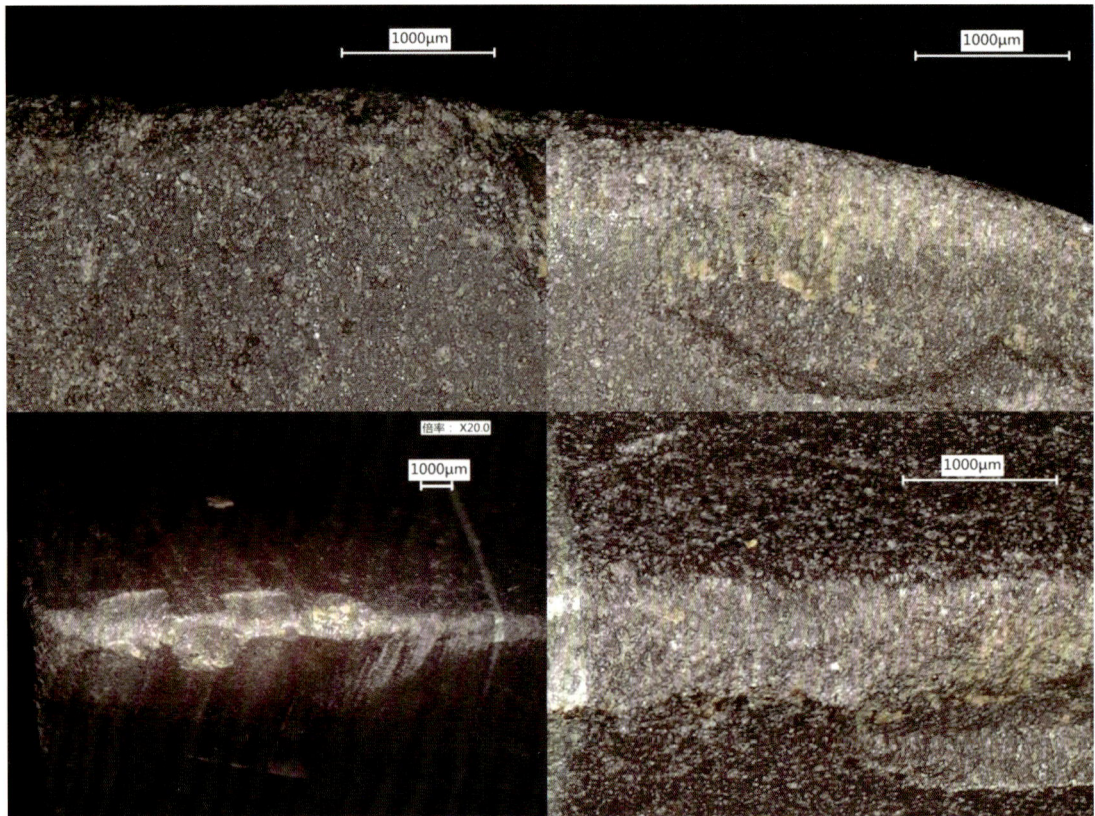

石锛 TN0FW03G2②:6

左上:A 面 100×擦痕、光泽;右上:B 面 100×擦痕、片疤;右下:B 面 30×片疤;右下:3D 效果

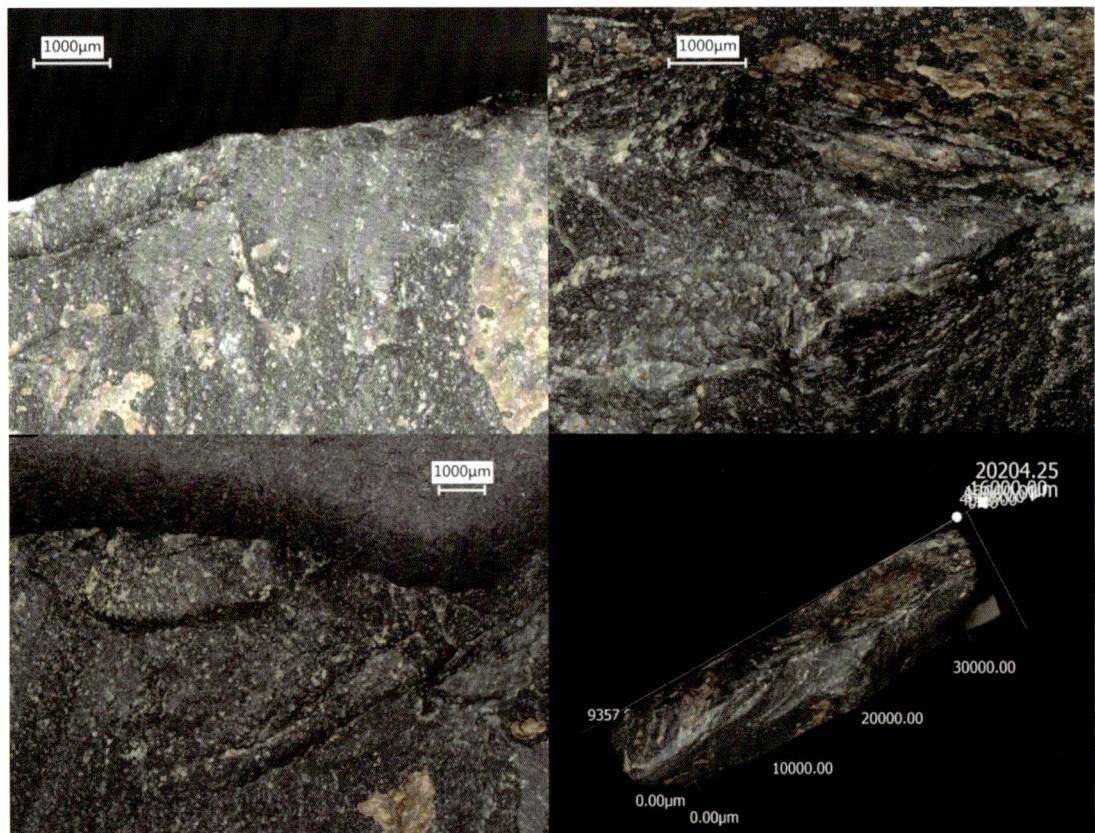

石锛 TN06W01⑤:1

左上:A 面 50×擦痕、磨制痕迹;右上:C 面 50×磨圆;右下:B 面 30×片疤;右下:3D 效果

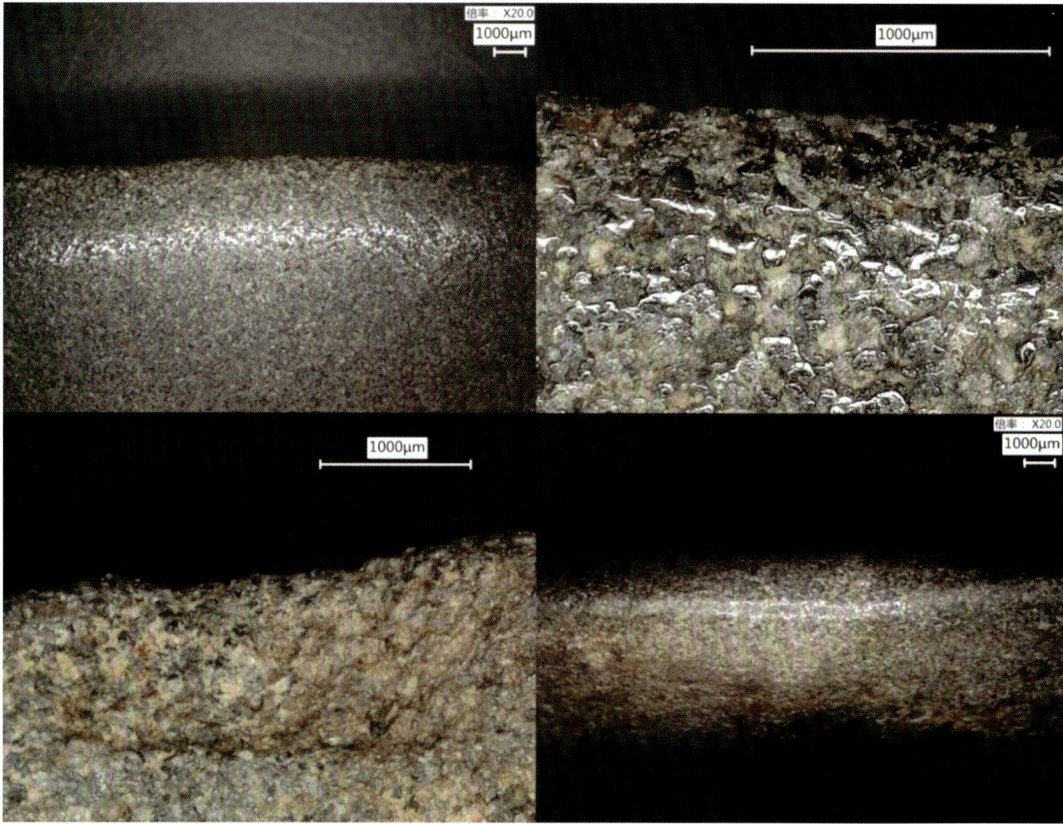

石刀 TN06E03②:3
左上:A 面 20×刃缘轮廓;右上:A 面 200×光泽;左下:B 面 100×擦痕;右下:C 面 20×磨圆、光泽

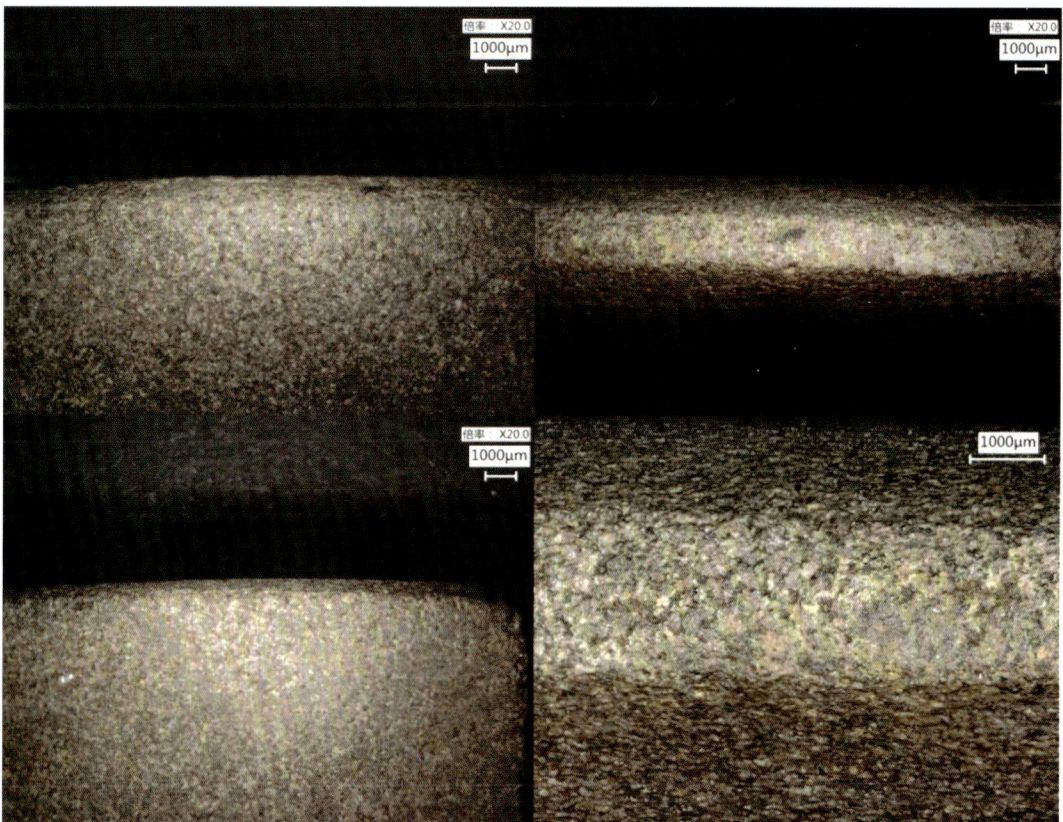

石刀 TN06E03⑥:6
左上/右上/左下:A 面/C 面/B 面 20×轮廓(未开刃);右下:C 面 50×未使用痕迹

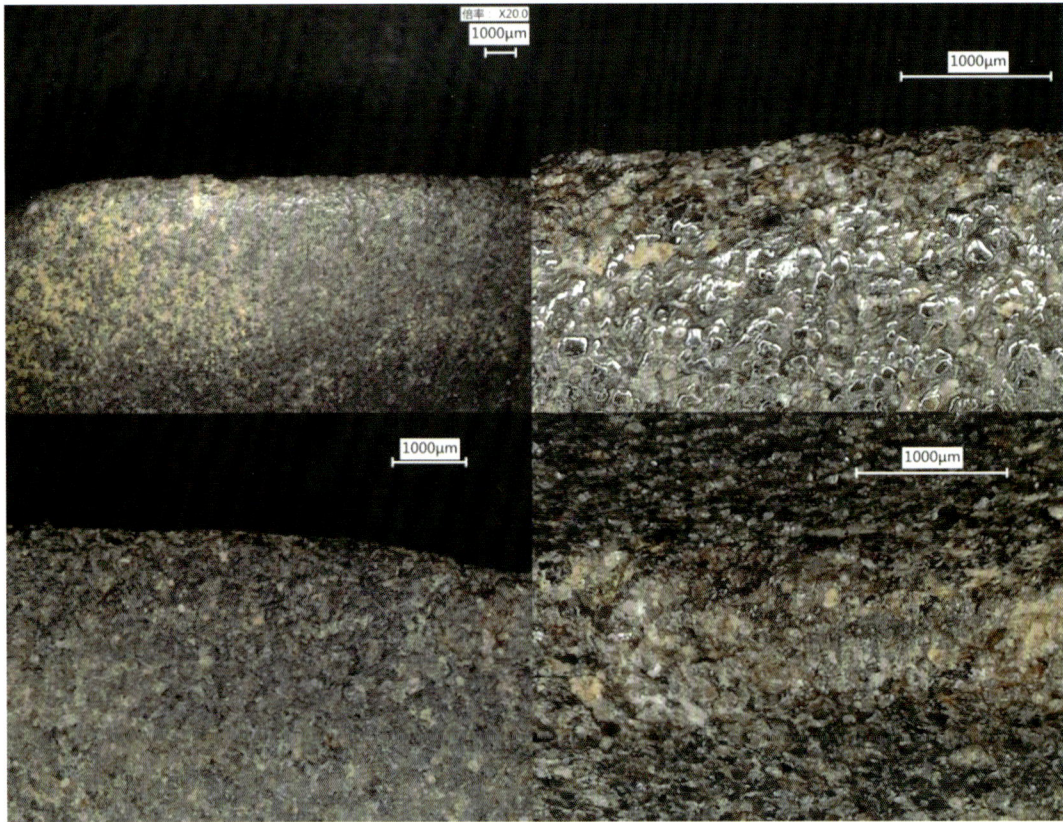

石刀 TN05E03④:4
左上:A 面 20×片疤、光泽;右上:A 面100×明亮光泽
左下:B 面 50×擦痕;右下:C 面 100×擦痕、零星点光泽

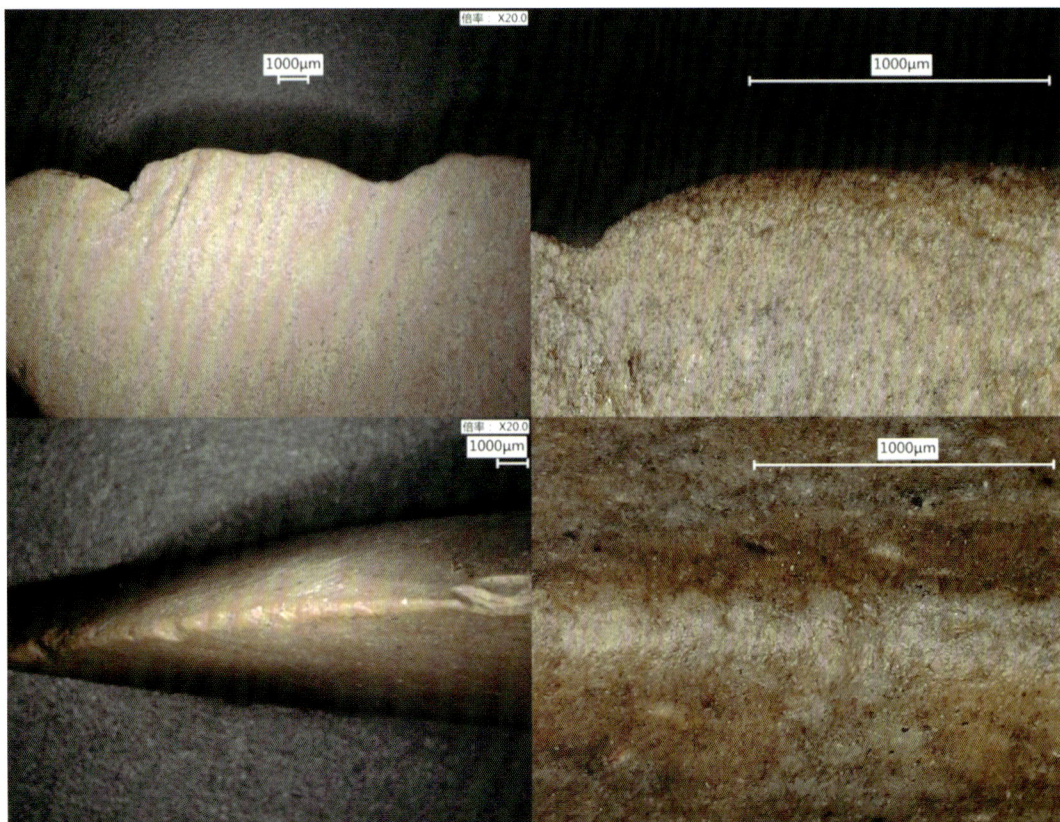

石刀 TN06E02M4:1
左上/左下:A 面/C 面 20×片疤;右上:B 面 200×擦痕;右下:C 面 200×擦痕、光泽

石刀 TN05E04①：1
左上：A 面 20×片疤、光泽；右上：B 面 200×光泽
左下：C 面 200×明亮光泽；右下：C 面 20×磨圆、光泽

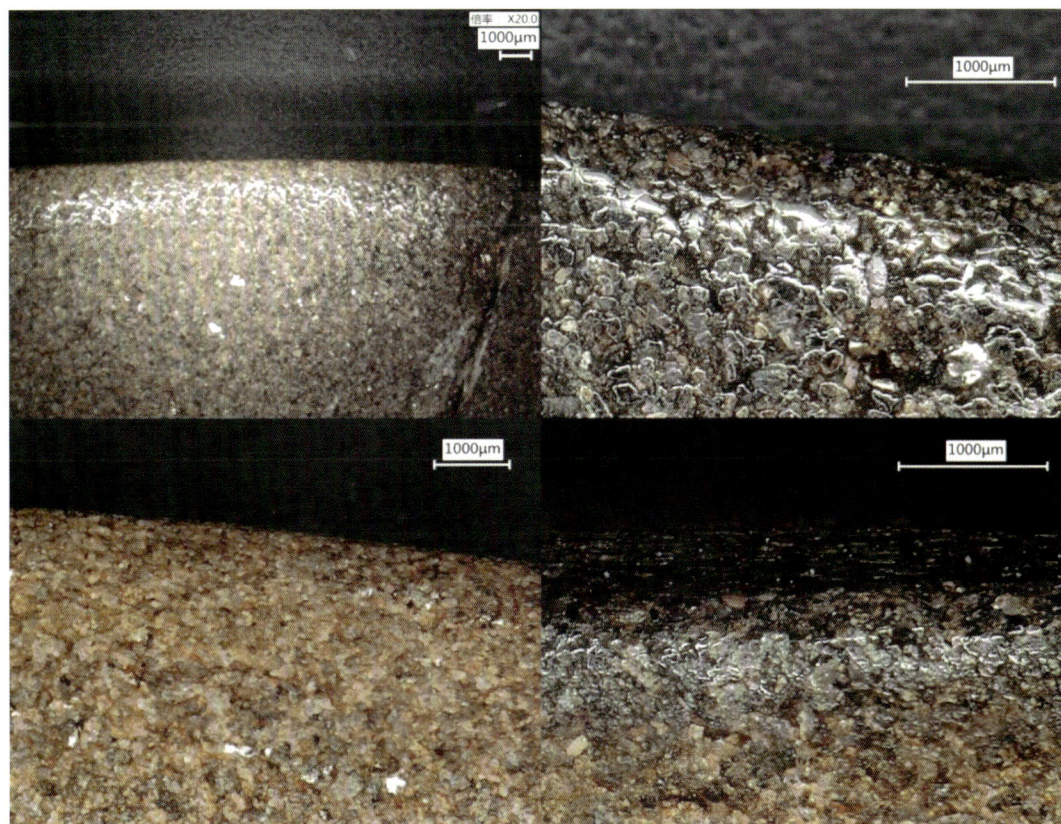

石刀 TN06E03：采集 3
左上：A 面 20×刃缘轮廓；右上：A 面 100×明亮光泽；
左下：B 面 50×零星光泽；右下：C 面 200×擦痕、光泽

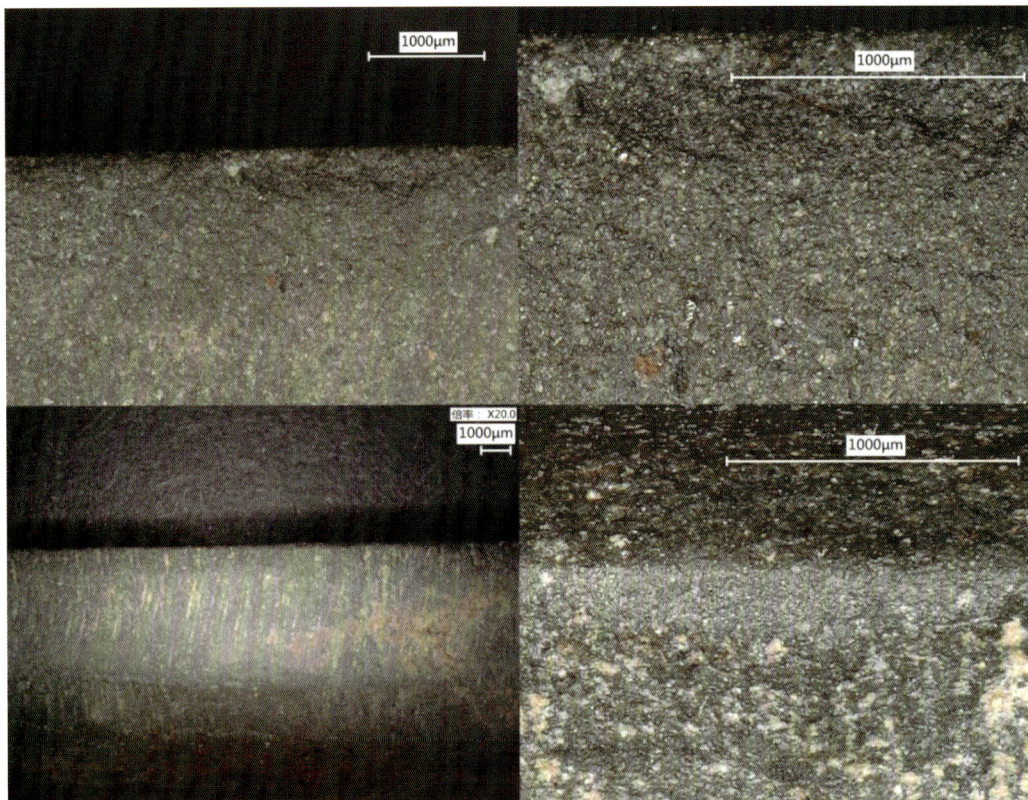

石刀 TN06W04G2②:1
左上:A 面 80×维修痕迹;右上:A 面 200×磨制光泽、前次使用残留的点光泽
左下:B 面 20×磨制痕迹;右下:C 面 200×磨制痕迹

石刀 TN06E01②:5
左上:A 面 20×片疤;右上:A 面 200×明亮光泽
左下:B 面 200×斜交擦痕、光泽;右下:C 面 20×磨圆、片疤

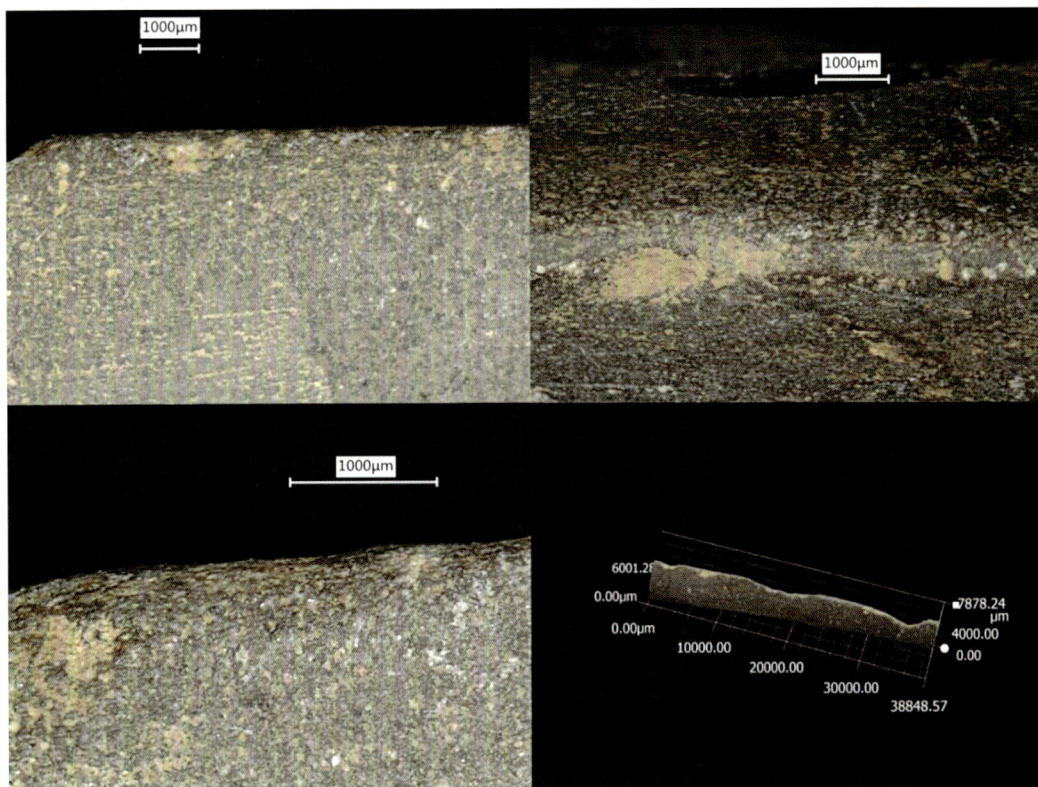

石刀 TN06W05G2②:3
左上:A 面 40×片疤、磨制痕迹;右上:C 面 50×磨圆、磨制痕迹
左下:B 面 100×平行磨制痕迹疑似维修痕迹;右下:3D 效果

石刀 TN06W01⑤:5
左上:B 面 200×光泽;右上:C 面 50×光泽;
左下:A 面 20×刃缘轮廓、光泽;右下:B 面 200×无光泽(对比)

石镰 TN06W04F21:1
左上:A 面 80×片疤、光泽;右上/左下:B 面/C 面 200×光泽;右下:C 面 20×刃缘轮廓

石镰 2015ZD.C:7
左上:A 面 75×片疤、擦痕;右上:B 面 75×擦痕;左下:C 面 20×片疤、磨圆;右下:C 面 100×光泽

石凿 TN05E04⑦:3
上:C 面 40×擦痕;下:A 面 40×刃缘轮廓

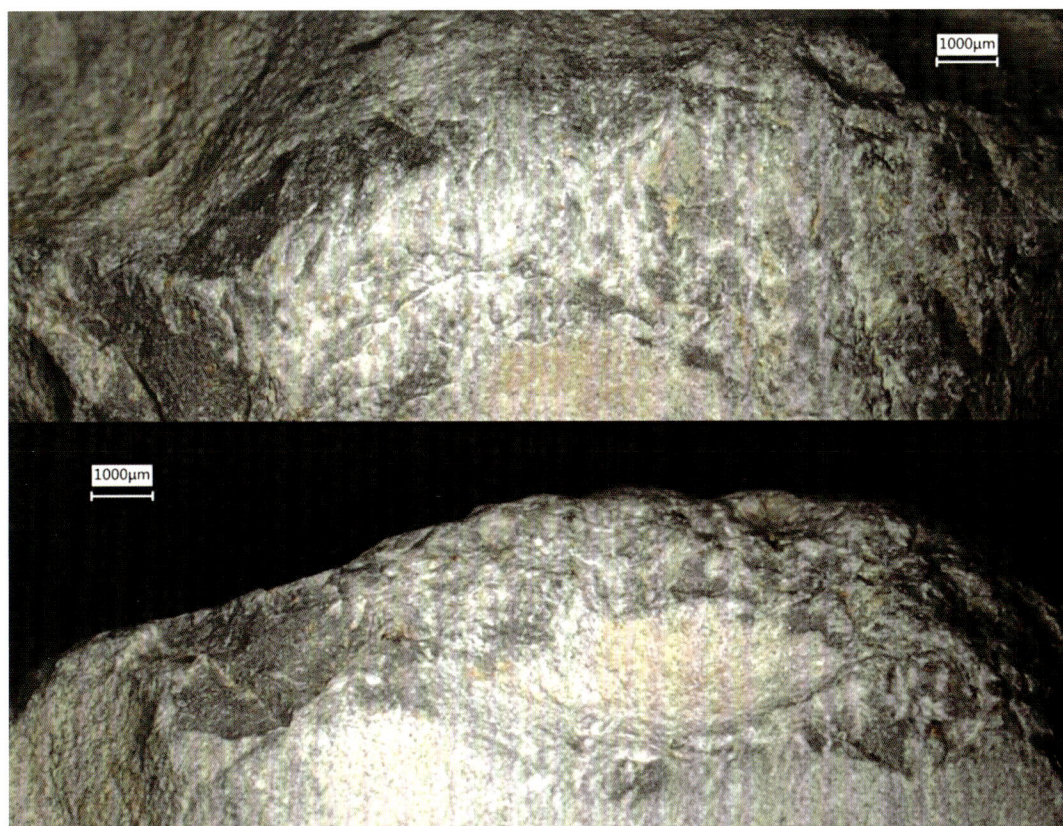

石凿 TN06W04G2②:3
上:C 面 20×砸痕;下:B 面 20×片疤

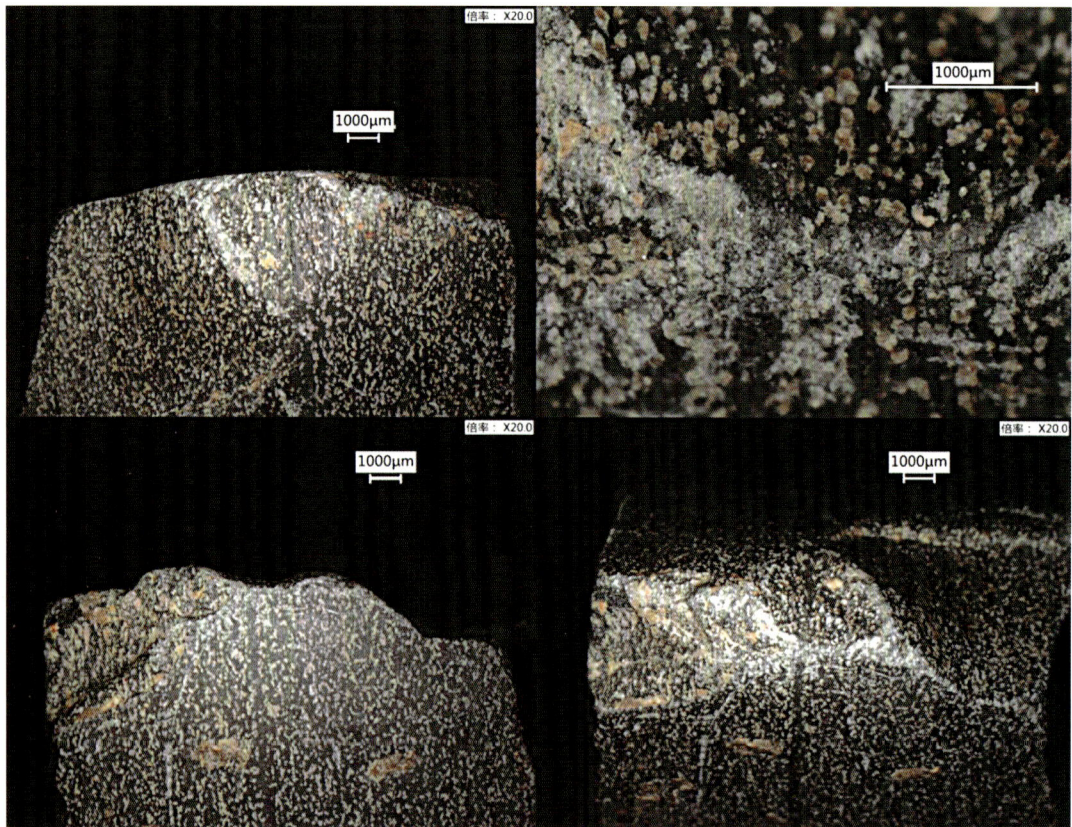

石凿 TN06W05②：6 黄土堆积：2
左上/左下：A面 B面/20×轮廓、片疤；右上：C面 100×磨圆；右下：C面 20×片疤

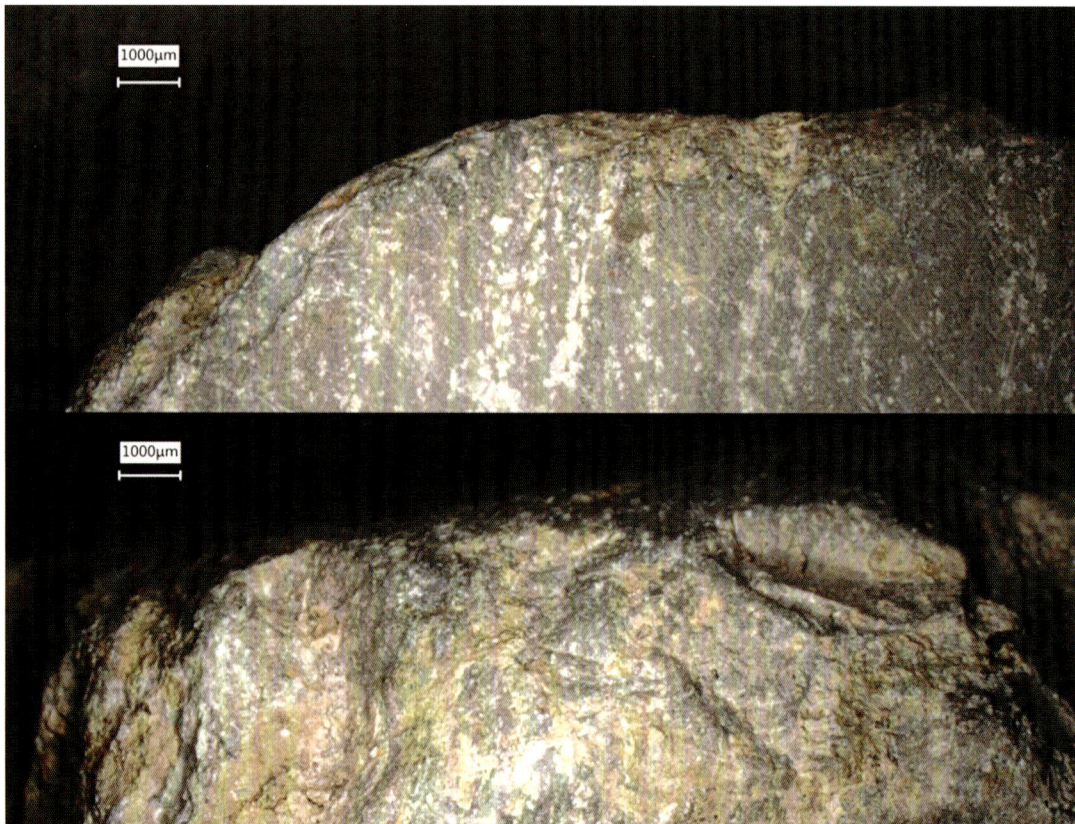

石凿 TN05E01⑤：58
上：B面 20×擦痕；下：C面 20×片疤

石凿 TN06W04G2①:5
左上:B面 100×光泽;右上:3D效果;左下:A面 20×片疤;右下:C面 40×磨圆

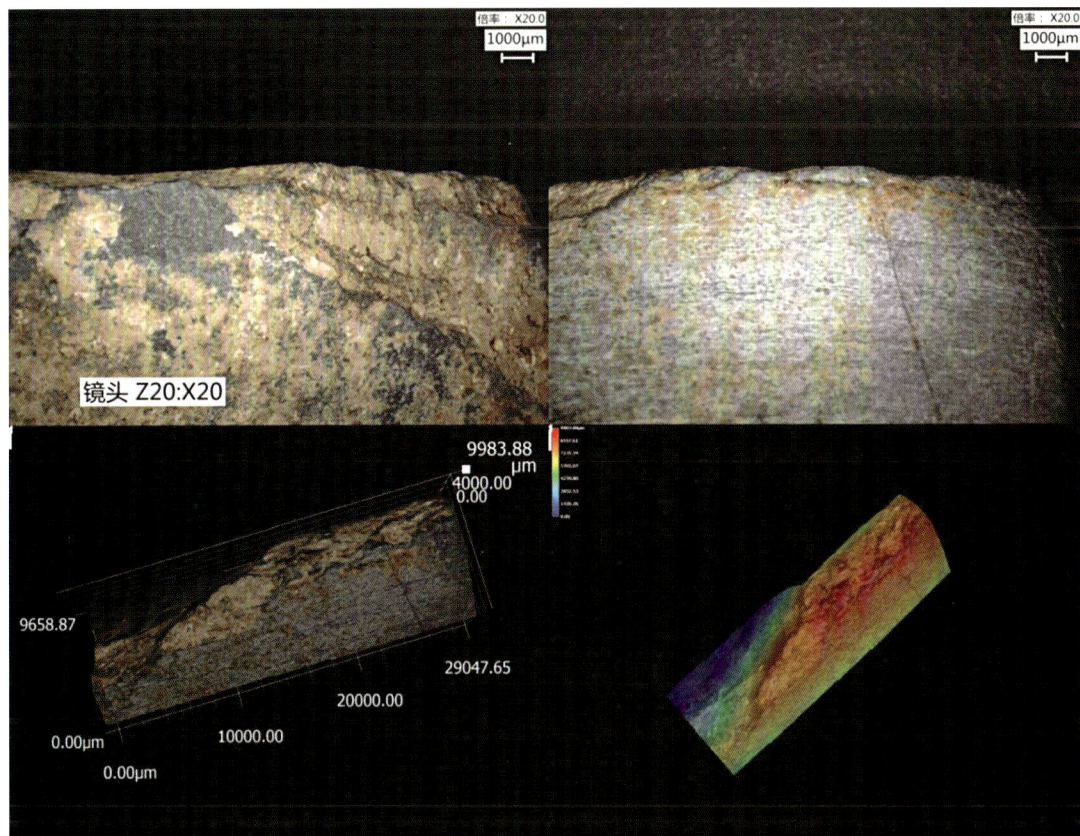

石凿 ZDG2②:11
左上/右上:A面/B面 20×片疤;左下/右下:3D效果

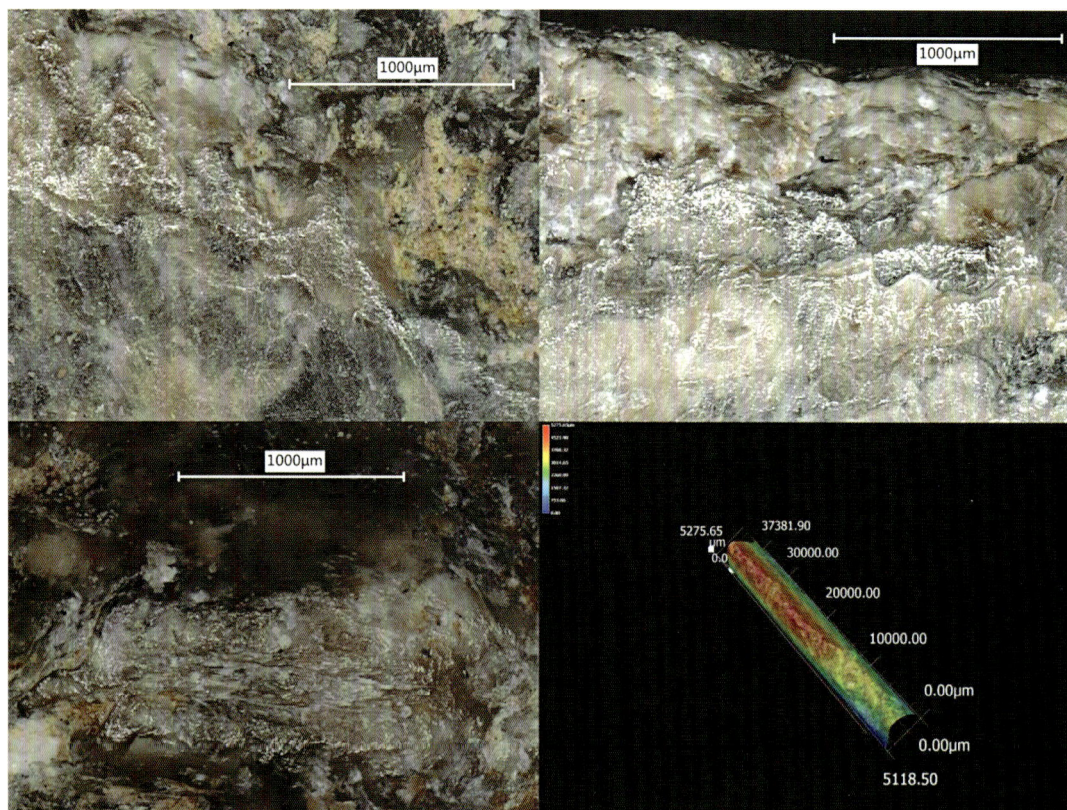

石钺 TN06W03G2②:6
左上/右上:A 面/B 面 150×光泽;左下:C 面 150×擦痕、光泽;右下:3D 效果

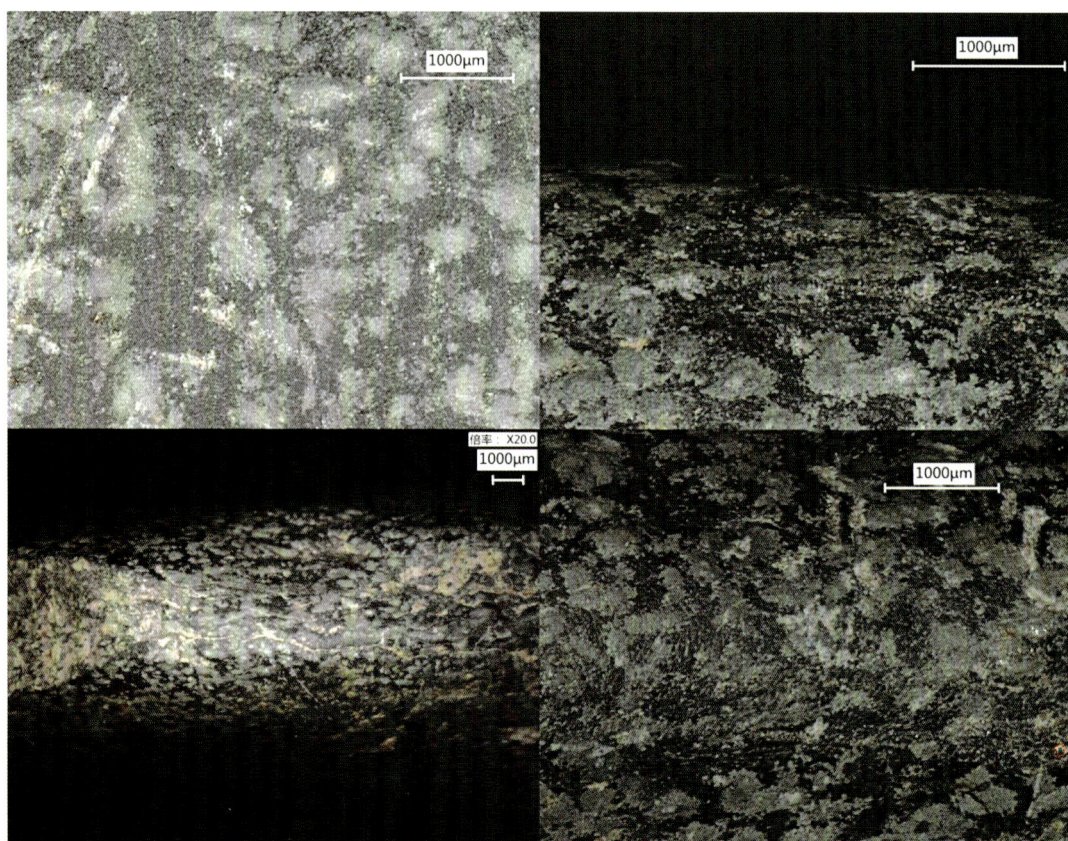

石铲 TN06E03⑥:9
左上:A 面 75×光泽;右上:B 面 100×擦痕;左下:C 面 20×磨圆;右下:C 面 75×擦痕

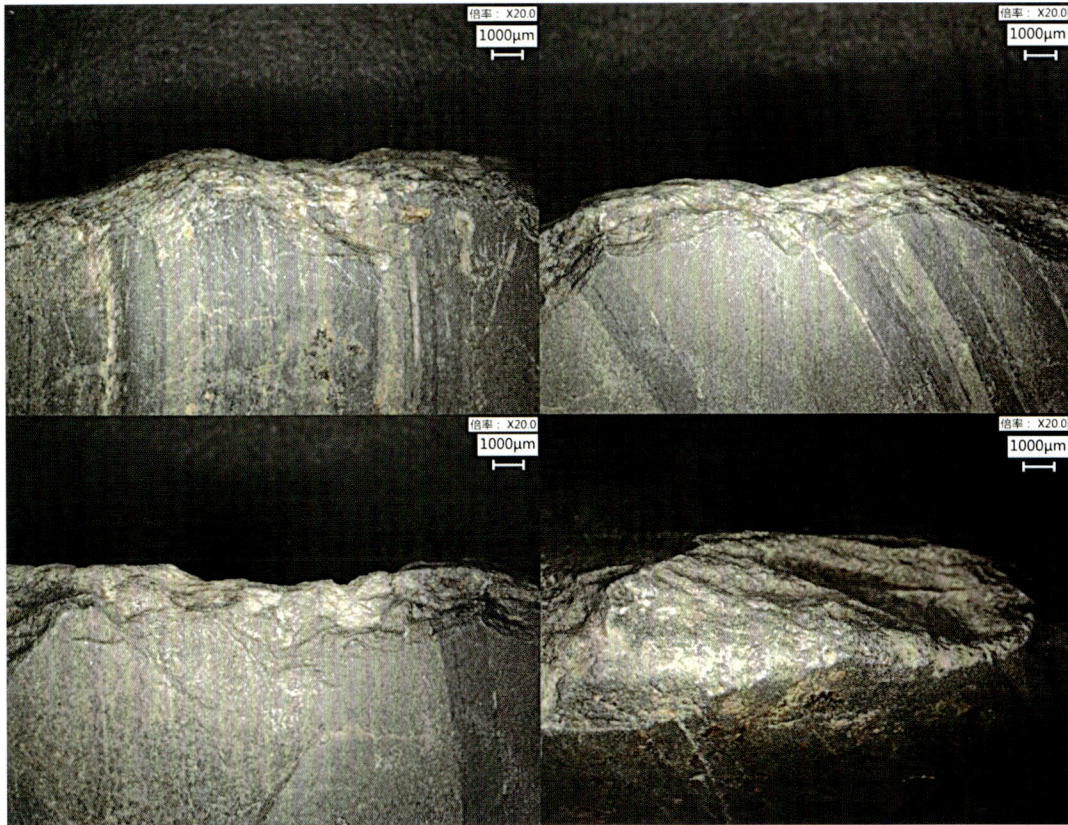

石铲 TN05W04H7：1
左上/右上/左下：A 面/B 面/B 面 20×片疤、磨圆；右下：C 面 20×磨圆

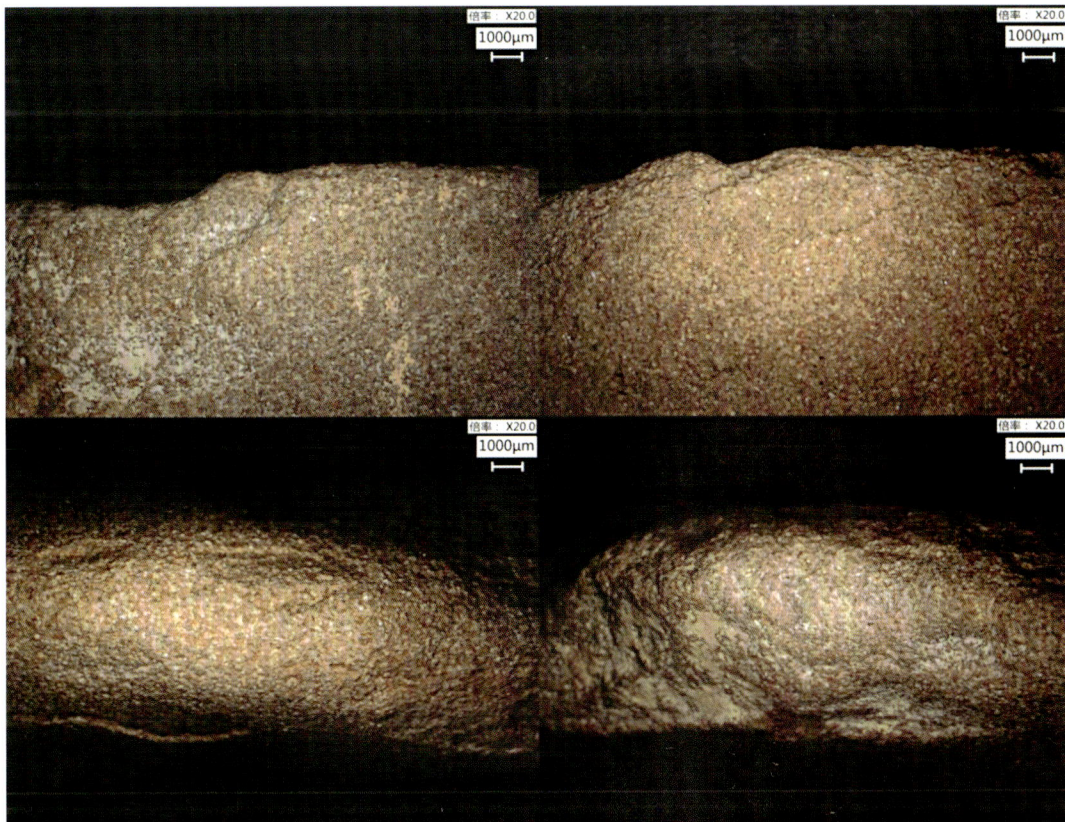

石铲 TN06W01④：8
左上：A 面 20×刃缘轮廓、片疤；右上：B 面 20×片疤；左下/右下：C 面 20×磨圆、擦痕

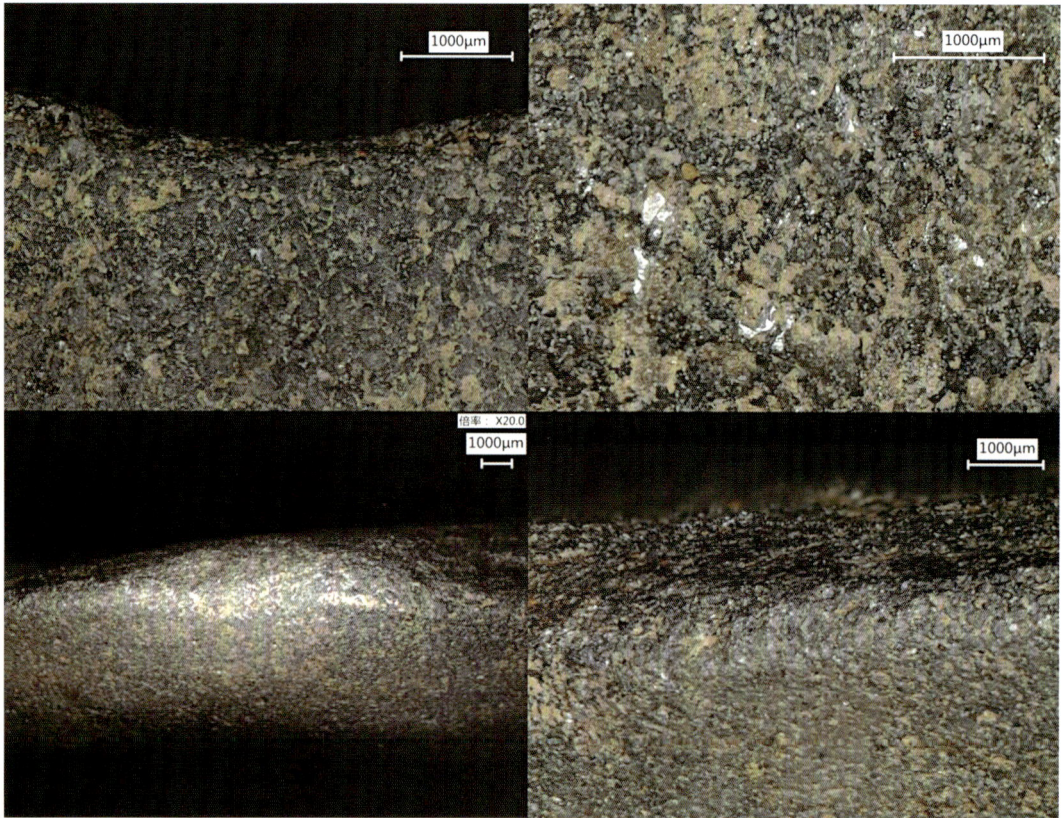

石铲 TN06W02④:3

左上:A面75×擦痕;右上:B面200×光泽;左下:C面20×侧刃轮廓;右下:C面50×磨圆、擦痕

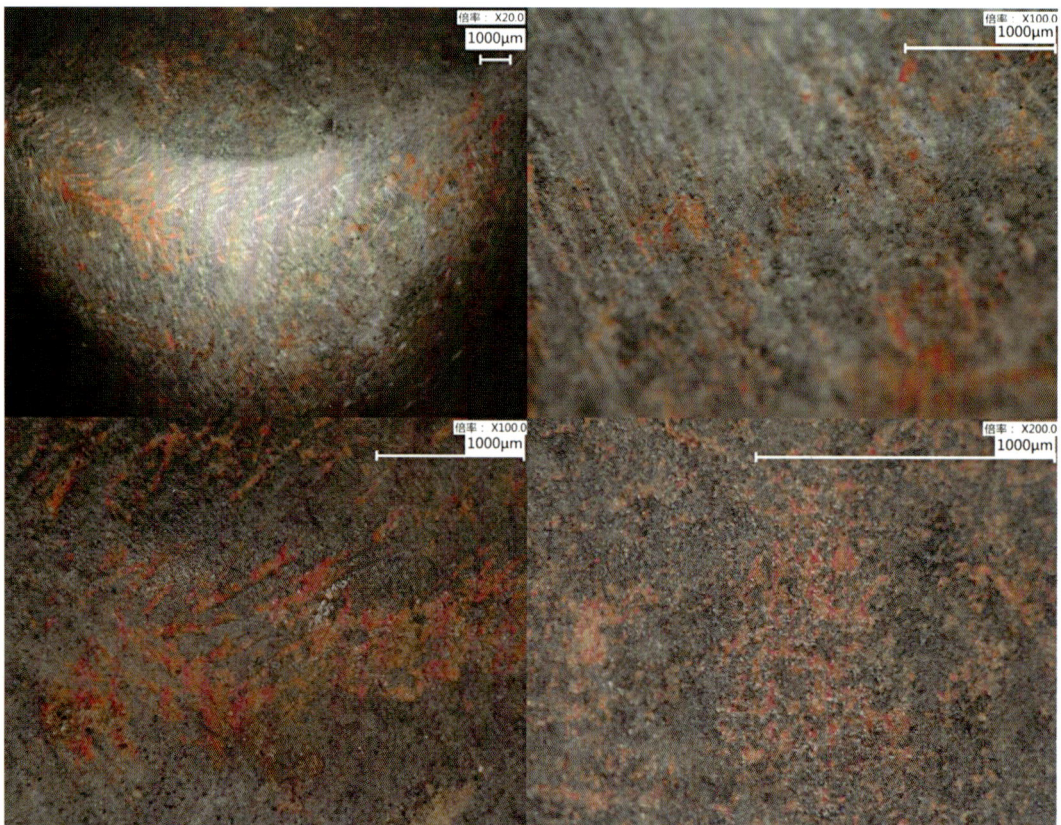

磨石 TN06E01⑥:2

左上:20×整体轮廓;右上:100×磨制痕迹;左下:100×磨制痕迹、红色颜料;右下:200×红色颜料

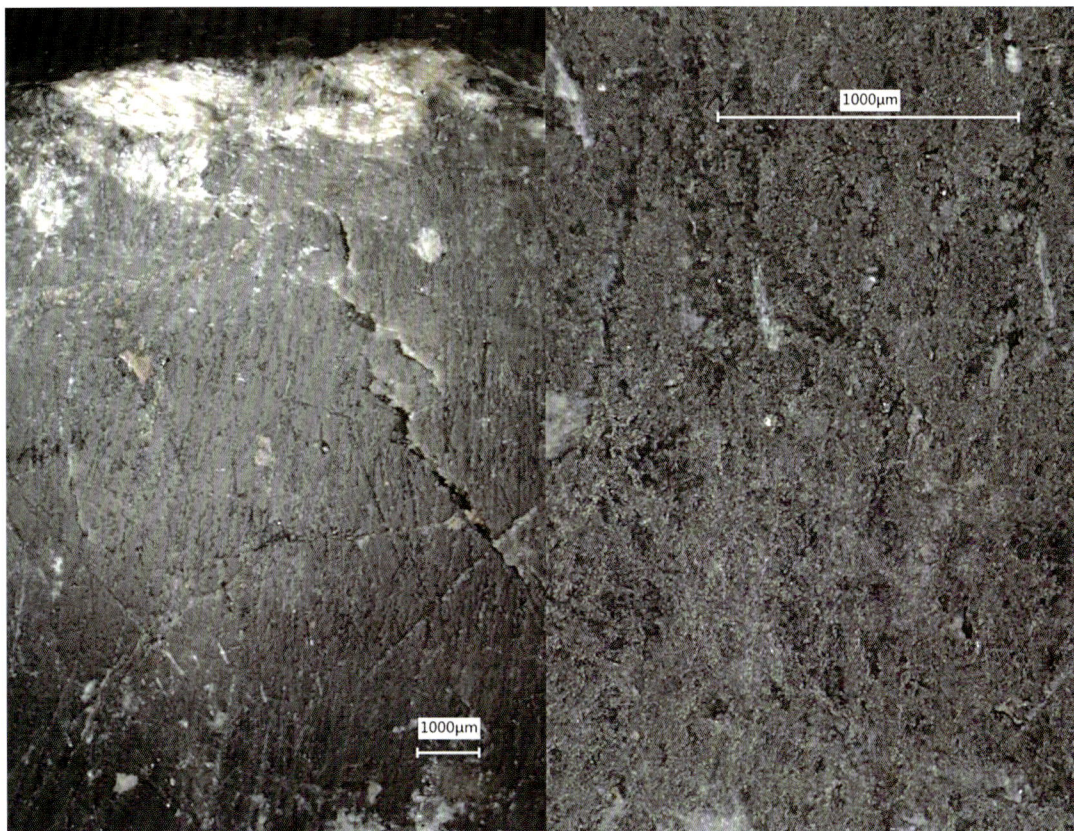

磨石 TN08W05②:12

左:20×磨制痕迹;右:100×磨制痕迹

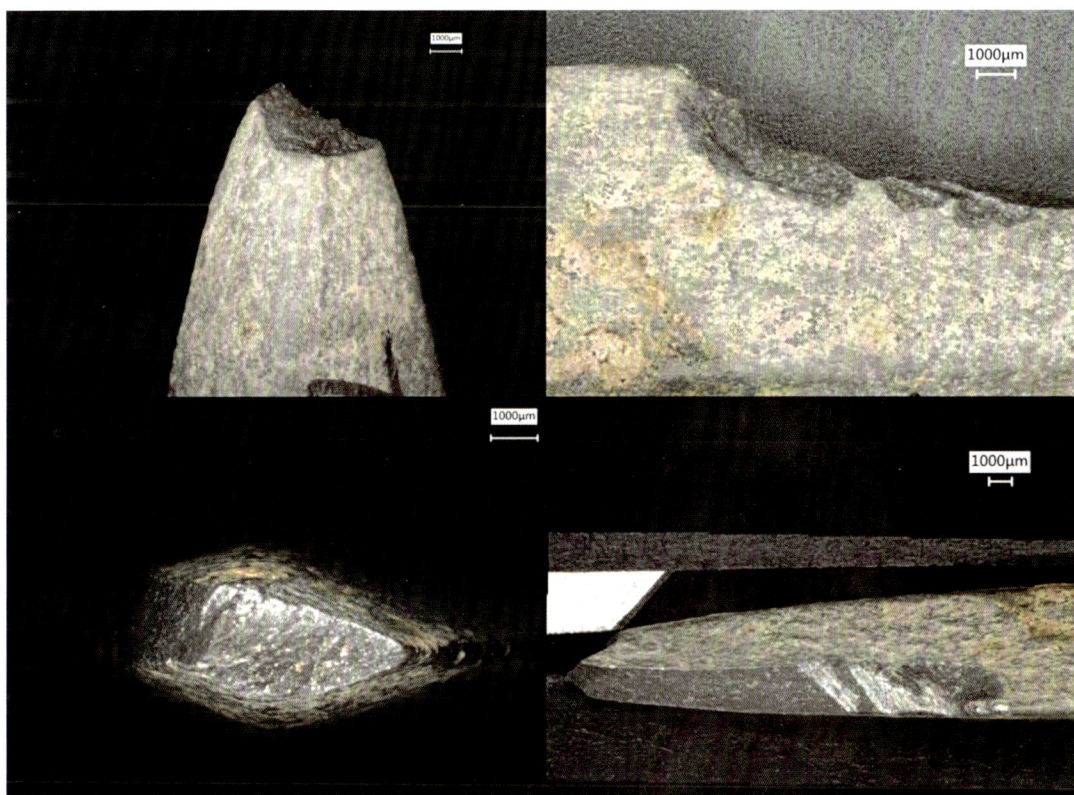

石镞 TN05E03④:2

左上:A面 80×弯曲破裂、光泽;右上:A面 50×左侧刃片疤

左下/右下 30×:尖部雕刻器破裂、右侧雕刻器破裂

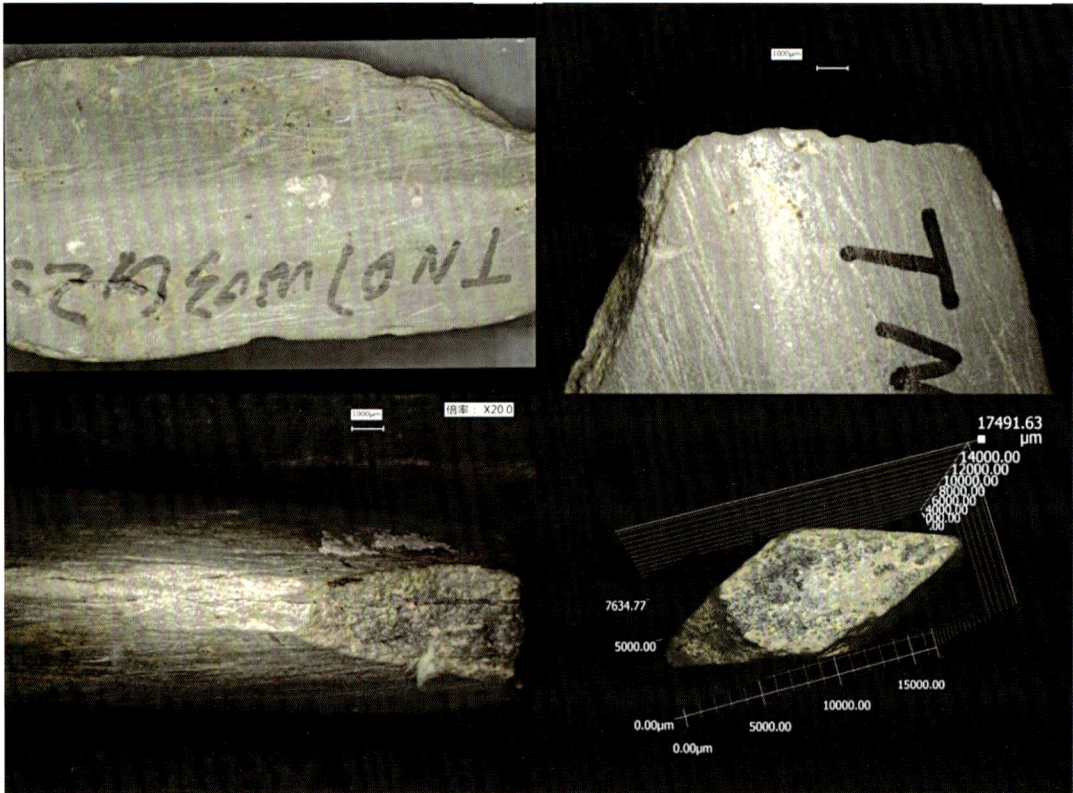

石镞 TN0FW03G2：1
左上：A 面 10×刃缘轮廓；右上：A 面 20×片疤；左下：C 面 20×左侧刃片疤；右下：尖部 3D 效果

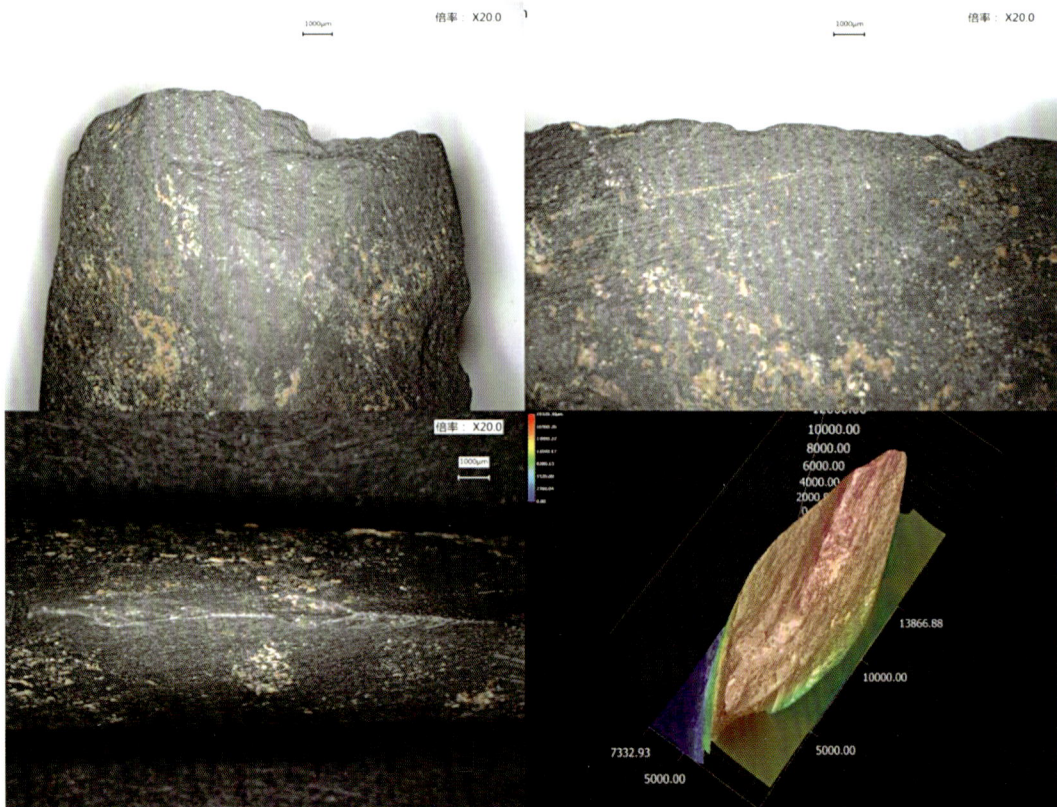

石镞 TN05W05⑤：1
左上：B 面 20×尖部片疤；右上：B 面 20×右侧刃轮廓
左下：C 面 20×左侧刃片疤；右下：3D 效果